KB192894

어떻게 살 것인가

교산 이성택 교무의
원불교 정전 강의

교산 이성택 지음

어떻게
살 것인가

가디언

어떻게 살 것인가

우리가 사는 이 시대를 4차 산업혁명 시대라고 합니다. 그리고 우리 모두 실생활에서도 감지하듯이 4차 산업혁명은 인류의 삶에 큰 변화를 가져오고 있습니다. 삶이 변할 뿐 아니라 변하는 속도도 엄청나게 빨라서 어지럼증을 느낄 정도입니다. 이제 지구상의 누구도 이 변화나 속도와 무관하게 살 수 없는 상황이 되었습니다.

저는 매일 아침마다 10여 통이 넘는 문자를 받습니다. 칼럼, 일상의 상식 등 문자 내용이 다양한데, 이제 그 문자를 읽으며 하루를 시작하는 것에 익숙합니다. 그런데 이 문자에 새로운 단어, 들어본 적 없는 용어들이 등장해서 당황할 때가 있습니다. 예를 들어 AI, 블록체인, 커넥티드 카, 사물 인터넷과 같은 단어를 문자를 통해 접하게 되는데, 그럴 때마다 이 시대가 저와는 무관하게 엄청난 속도로 변하고 있다는 걸 새삼 실감합니다.

4차 산업혁명도 이전의 산업혁명과 마찬가지로 인간의 기술이 이루어낸

5

물질문명입니다. 물론 과거의 산업혁명과는 비교할 수 없는 속도로 인류에게 편리를 제공하고 있습니다. 그러나 편리함의 이면에는 부정적인 측면들도 있습니다. 사람들이 습득한 지식의 유효기간이 말할 수 없이 짧아져서 그 흐름을 쫓아가느라 항상 경쟁에 시달리고 있습니다. 또 얼마 전에 겪었던 KT 기지국 화재 사고처럼 예상치 못한 어떤 일로 인해 일상생활 전체가 마비될 위험도 있습니다. 이렇게 물질문명이 발달된 시대에도 젊은이들의 실업 문제 등 생계와 관련된 기본적인 문제들이 여전히 해결되지 못한 채 남아 있습니다.

그래서 저는 이런 시대일수록 인간은 '어떻게 살 것인가?'라는 질문을 던져야 한다고 생각합니다. 물질문명의 발달로는 해결되지 않는 인간의 문제는 이런 질문을 거치지 않을 수 없습니다.

사실 이 질문은 아주 오랜 과거부터 다양한 형태로 제기되었습니다. 가까이에서 그 예를 찾자면, 구한말 시기에 민초들이 제기했던 이념을 들 수 있겠습니다. 국운이 기울고 세계열강이 문호 개방을 무력적으로 요구해오던 시기에 민초들은 나라의 중흥을 염원하며 이념을 만들어냈습니다. 그 이념은 조선에서만 가능했던, 문화적 토양을 반영한 사상입니다.

그 이념이 개벽 사상입니다. 열 개開, 열릴 벽闢입니다. 민중의 잠재의식 속에 깔려 있는 이런 열망을 제일 먼저 끄집어낸 분이 천도교를 창교한 수운 대신사입니다. 대신사께서는 대각 후에 백성들을 향해 '인내천人乃天 하니 사인여천事人如天 하라'는 메시지를 주셨습니다. 대신사의 이 말씀은 당시 사람 대접을 받지 못한 수많은 대중으로부터 폭발적인 환호를 받았습니다. 수많은 사람이 경주 용담으로 모여들었고 스스로가 하늘임을 확인한 것이지요. 신분제도에 염증을 느낀 사람들에게는 엄청난 생각이 아닐 수 없습니다. 위정자들은 자신들이 기득권을 차지하고 있는 당시 체제를 뒤흔들 종교라고 보았습니다. 그래서 이념 운동을 처음 주창한 대신사께서는 위정자들에 의해서 처형당하십니다. 대각하신지 채 4년이 되지 못하여 경상 감영이 있는 대구에서 형장의 이슬로 사라지셨습니다.

대신사의 뒤를 이어 개벽의 새 역사를 주창하신 분은 증산교를 일으킨 강증산 천사입니다. 모악산 대원사에서 대각을 이루시고 스스로를 상제라고 부르며 수많은 이적을 통해 사람들을 모으셨습니다. 물론 후천개벽 새 시대를 주창하신 것이지요. 증산 천사께서는 대각을 이루시고 천지 도수를 천명하니 선천 시대는 상극 시대, 후천 시대는 상생 시대로 규정하십니다. 선천이 상극 시대라 서로 나뉘어서 싸우고 분열되었다고 보셨습니다. 서로 상극으로 얽혀서 전쟁을 하고 그 원한이 신명계에 쌓여 있다는 것입니다. 즉, 선천 시대에 싸움한 원한이 음부계에 가득히 녹아 있다는 것입니다. 음부계와 현실계는 상호작용하여 연결되어 있기 때문에 이 원한을 풀기 전에 현실계가 상생 세계가 되기는 불가능합니다. 그래서 증산 천사께서는 신명계에 어린 원한을 푸는 천지 공사를 하십니다. 이 거창한 공사를 통해서 선천 시대 모든 원한을 싹 풀어버립니다. 그러나 곧바로 후천개벽의 선경 시대가 오느냐? 아직은 아닙니다. 선천 시대의 분열은 신단의 분열이 그 근본 원인입니다. 가정마다 모시는 신, 지역마다 모시는 신, 나라마다 모시는 신, 국가마다 모시는 신, 종교마다 모시는 신이 다르기 때문에 분열과 전쟁이 일어난 것입니다. 그래서 강증산 천사께서 이런 분열된 모든 신단들을 하나의 신단으로 통일시키는 공사를 합니다. 이것이 통일 신단 공사입니다. 신단 통일은 바로 현실 세계를 하나로 만드는 밑바탕입니다. 이런 일련의 후천개벽 공사를 하던 중 대각 후 9년여 만에 갑자기 화천하게 됩니다.

후천개벽 사상을 마지막으로 주창하신 분은 1916년에 대각하신 소태산 박중빈 대종사이십니다. 대각 후 '만유가 한 체성이요, 만법이 한 근원으로

다. 이 가운데 생멸 없는 도와 인과 보응하는 이치가 서로 바탕하여 두렷한 한 기틀을 지었도다'라는 일성을 토로하셨습니다. 이 대각 일성 속에 개벽 사상이 지향하는 이념과 사상이 함축되어 있습니다. '하나이니 하나로' 이것이 바로 개벽 사상을 집대성한 말입니다. 그리고는 이 개벽 사상을 구체화하여 이론적 체계를 세우는 작업을 꾸준히 진행합니다. 사실 각彙의 내용을 문자로 나타내는 작업은 그렇게 간단한 것이 아닙니다. 앞에 나타난 두 선지자들은 이런 작업을 할 시간을 가질 수 없었습니다. 소태산 박중빈 대종사께서는 대각을 이루신 후 원불교라는 교단을 창립하는 과정에서 여러 해야 할 일들이 있었겠지만, 개벽 이념들을 문자로 만들고 그 방법들을 정리하는 작업이야말로 당신의 가장 중요한 과제였다는 것을 아셨음은 분명합니다. 그래서 여러 과정들을 거치면서 작은 책자들을 발행하고 끊임없는 경전 결집 과정을 진행시키십니다. 교조 스스로가 깨달은 내용을 경전화한다는 것은 모든 종교를 통틀어 선례가 없는 일입니다. 교조 스스로가 집필한 경전, 그 경전이 바로 원불교의 정전正典입니다. 1943년 소태산 대종사께서 열반에 드시기 전에 집필을 완성한 내용이 정전에 고스란히 담겨 있습니다. 원불교 정전은 이처럼 후천개벽의 지침서이며, 개벽 세상의 설계도이며, 구한말 민중에 배태되어 태어난 개벽 사상의 이념서이며 결정판입니다.

어떻게 살 것인가? 이 질문은 시대를 초월하여 모든 사람의 화두라고 하였습니다. 그러나 물질 개벽이라는 현상이 물밀듯이 다가오는 현 시대에 어떤 정신을 가지고 살아야 할 것인가,라는 질문은 그 어느 때보다 중요합니다. 그리고 그 해답은 바로 원불교 정전에서 찾을 수 있습니다. 저는 이 시대적인 응답서를 방송으로 강의하였습니다. '물질이 개벽되니 정신을 개벽하자'라는 원불교 개교 표어를 마음에 새기면서 4차 산업혁명 뒤에 오게 될

5차 산업혁명 시대, 즉 마음 산업 시대를 꿈꾸면서 말입니다. 인간이 싸워야 할 대상은 물질만이 아닙니다. 인간은 결국 자신과도 싸워야 합니다. 정신은 자신과의 치열한 싸움에서 개벽됩니다. 정신을 개벽하여 자주력이 확고히 세워지고, 그 자주력으로 인간이 만든 천만 물질을 활용할 때 개벽의 새 세상은 우리에게 다가올 것입니다. 저는 이 책이 이런 시대적 상황에서 방황하는 사람들의 지침서가 되기를 희망합니다.

이 책이 나오기까지 초고 정리를 해준 이대종 교무, 원고 정리를 해준 목타원 이성심 교무, 책이 나오기까지 음으로 양으로 애써준 준산 최용정 교무, 출판에 정성을 다해준 가디언 출판사 신민식 대표와 최연순 본부장께 감사의 마음을 전합니다.

원불교 중앙총부 교산실에서
교산 이성택 합장

2부   열린 시대의 큰 흐름 – 교의편

정전은 어떻게 만들어졌는가?

오늘부터 원불교 교단의 **기본 경전인 정전**正典을 가지고 대종사*의 포부와 경륜을 차근차근 알아가는 시간을 갖겠습니다. 이 강의가 잘되려면 물론 강의를 하는 사람이 잘해야 합니다. 그러니 제 책임이 가장 우선이지만, 듣는 사람의 책임도 큽니다. 듣는 사람이 잘못 들으면 제 말이 잘 나오다가도 쏙 들어가버립니다. 이 점을 잘 알아두시고 혹 피곤하면 제 강의를 자장가 삼아서 자도 됩니다. 아주 편안한 마음으로 들어주시기 바랍니다.

오늘은 첫 시간이니 **정전의 형성 과정**에 대해 말하겠습니다. 정전은 이미 알려져 있듯이 대종사께서 '이것이 정전이다'라고 제시하신

---

* 원불교 교조 박중빈朴重彬의 존칭. 원각성존圓覺聖尊 또는 호인 소태산少太山에 붙여 경칭으로 사용한다.

것이 아니라, 어떤 과정을 통해 형성되었습니다. 그리고 그 과정을 여러분들이 알아야 정전의 소중함을 알 수 있습니다. 정전은 대종사께서 대각大覺*을 하신 때부터 비롯되겠지요?

대종사께서는 원기圓紀 원년圓年 4월 28일 새벽에 대각을 하셨고, 일원상**을 처음으로 구상하신 곳은 김제 금산사 미륵전입니다. 금산사에 가면 미륵전이 있는데, 왼쪽에 '송대'라는 집이 있습니다. 대종사께서 그 집으로 가신 건 원기 4년이었습니다. 교사***에는 8월이라고 되어 있는데 음력이라 양력으로 환산하면 9월쯤입니다. 그곳 금산사 송대에 대종사께서 잠깐 기거하셨습니다.

먼저 그때의 상황을 유추해보면, 대종사께서는 원기 4년 8월 12일 영산에서 구인 제자****와 함께 법인성사*****를 나투셨습니다******. 그 바로 직후 변산 월명암으로 가시기 전에 금산사에 조금 머무셨습니다.

그런데 대종사께서 금산사에 왜 가셨을까? 저에게는 그것이 의문이었습니다. 제가 연마한 결과로는 인연을 구하고 찾기 위해서였습니다. 문을 열고 닫는 한옥집인 금산사 송대에 기거하시면서 인연을 찾고 기다리신 것입니다. 한옥의 문설주 위에는 빈 공간이 있습니다. 그 문설주에 대종사께서

---

* 일원一圓의 진리를 크게 깨침.
** 원불교의 근본이 되는 가르침.
*** 教史. 원불교 역사를 기록한 교서.
**** 九人弟子. 소태산 대종사의 최초 아홉 제자.
***** 法認聖事. 1919년 원불교 초창기에 행한 기도에서 백지혈인(白指血印. 하얀 종이 위에 맨손으로 지장을 찍었는데 혈인으로 지문이 나타난 일)의 이적이 나타난 일. 원불교 창립 당시 아홉 제자들이 소태산 대종사의 지도에 따라 새 회상 창립의 정신적 기초를 다지기 위해 천지신명에게 기도를 올린 바 백지혈인이 나타난 것을 진리계의 인증을 받은 성스러운 일이라 하여 법인성사라고 한다.
****** '나타나다', '현현하다'라는 뜻으로, 주로 부처께서 정신적인 모습을 나타내실 때 사용하는 표현.

일원상을 그리셨습니다. 이 사실이 밝혀지고 나서 선진들이 금산사 송대에 그려진 일원상을 떼어 왔습니다. 그것을 총부에서 보관해왔는데 어느 순간 소실되었습니다.

이렇게 대종사께서는 금산사에서 일원상을 처음 구상하셨습니다. 그 당시 금산사에서는 사건이 있었습니다. 대낮에 젊은 스님 한 분이 갑자기 혼절해서 죽어버린 겁니다. 젊은 스님이 갑자기 죽자 절이 발칵 뒤집어졌고 제자들은 송대에 계시는 대종사께 그 소식을 급히 알렸습니다. 대종사께서 마당으로 나와보니 과연 젊은 사람이 혼절해서 죽어 있었습니다. 그 젊은 스님을 보시고 대종사께서 그 사람 머리 위에 열십자를 그리셨다고 합니다. 그랬더니 혼절해서 죽었던 스님이 벌떡 일어나더랍니다.

여러분들은 이 상황을 이해할 수 있습니까? 이해하지 못해도 괜찮습니다. 이때는 대종사께서 '대각하시고 기도를 마친 직후라' 당신도 모르게 이런 이적들을 나타내신 것입니다. 정산종사°도 그러셨습니다. 대도大道에 들어 대종사 법으로 훈련 받기 전에 당신도 모르게 이적을 행하셨습니다. 그런데 대종사께서는 금산사에서 죽은 스님의 이마에 열십자를 그려 그를 살리셨단 말입니다.

여기서 잠시 강증산 천사天師°°를 말하지 않을 수가 없습니다. 강증산 천사께서는 모악산 대원사에서 통림하시고 7년간 모악산을 중심으로 교화를 하다가 돌아가셨어요. 증산 천사께서는 많은 이적을 나투셨고, 그 제자들은 강증산 천사를 이적의 성인으로 받들었습니다. 그런 천사께서 돌아가신 겁니다. 제자들이 얼마나 비통했겠습니까? 그래서 돌아가신 후에 제자들은 천

° 소태산 대종사의 뒤를 이어 원불교 2대 종법사를 역임한 분.

°° 증산교 계열 종단에서는 그를 상제(上帝, 증산상제, 옥황상제, 구천상제 등), (증산)천사(天師), 선생님 등으로 부른다.

사께서 쓰시던 물품들을 하나씩 나눠 가졌습니다. 자신이 천사의 법을 전수받았다는 것을 인증하려고 강증산 천사의 물품들을 가져간 겁니다. 제자들이 강증산 천사를 많이 흠모하던 상황이었습니다. 그런데 금산사에 죽은 스님을 살린 분이 계신다는 소문이 김제와 원평 일대에 퍼진 것입니다.

그러자 강증산 천사께서 다시 강림하신 걸로 생각하고 대중이 구름같이 모여들었답니다. 그때 모여든 선진들이 송벽조, 구남수 선진입니다. 대종경에 있죠? 이런 분들이 그 이적 때문에 대종사의 제자가 되셨습니다. 대종사는 금산사 송대에서 최초의 일원상을 그리시면서 이적을 통해서 제자가 될만한 인연을 구하셨습니다. 이것이 금산사 송대에 가신 뜻이 아니겠는가, 생각해봅니다. 따라서 정전의 처음에 나오는 일원상은 금산사 송대에서 그리셨던 것이라고 할 수 있겠습니다.

정전이 정식으로 **경전에 편성되기 이전의 과정**을 살펴보겠습니다. 대종사께서는 원기 5년 4월에 실상사(전북 부안군 산내면 중계리 봉래산) 초당에 들어가셨습니다. 초당은 번산 석두암° 터에 일원대도비一圓大道碑가 있는 곳입니다. 그 아래 석두암을 짓기 전에 초가집 초당 몇 칸이 있었어요. 거기에 처음 들어가신 겁니다. 백학명°° 스님 도움으로 들어가셨어요. 그래서 그 해 4월에 실상사 초당에서 최초로 교강을 선포하십니다. 삼

° 석두암은 봉래정사의 다른 이름이다. 1919년 10월, 혈인 기도를 끝내고 부안 봉래산을 찾아 들어간 소태산 대종사는 처음에 월명암과 실상사에 임시로 거처하다가 1921년 9월에 석두암을 지었다. 소태산 대종사는 스스로를 석두거사라고 자칭했다. 석두거사란 이름은 익산 총부 건설 후까지 상당 기간 동안 사용하였다.

°° 白鶴鳴, 학명선사(1867~1929)는 속성 백씨(白氏), 법명 계종(啓宗) 또는 백농(白農), 호가 학명(鶴鳴)인 개화기의 선승이다. 1867년(고종 4년) 전남 영광에서 출생하여 1886년 출가하였으며, 1920년대 내장사에 선원을 세우고 반농반선半農半禪의 불교 혁신 운동을 전개한 고승高僧이다.

강령 팔조목, 사은·사요의 교강을 처음으로 발표하셨어요. 그런데 아쉽게도 그 초당과 석두암은 불타고 없습니다. 그 초당에서 교강을 발표하시고 그 뒤에 석두암을 지으시거든요. 석두암도 다 인연이 있어서 지으셨습니다.

석두암은 초가집으로 송적벽, 김남천 두 분이 한 분은 토수하고, 한 분은 목수하여 지었습니다. 석두암 현판은 백학명 스님이 쓰셨고 대종사께서는 여기에 기거하시게 됩니다. 그런데 그 후에 어떤 일이 일어났습니다. 대종사께서 석두암에 계시는데 김남천, 송적벽, 구남수, 장적조 이런 분들이 시봉을 하십니다. 교강을 발표하고 법을 짜는데, 하루는 대종사께서 정산종사를 부르셨어요. 대종사께 저녁 진지를 드리니까 안 드셔요. "왜 안 잡수십니까?" 정산종사께서 물으시니, "내가 보니 너희들이 싸움을 하고 내 곁을 떠날 것 같다. 그래서 내가 안 먹는다." 하셨어요. 제자들이 "저희가 이렇게 사이가 좋은데 어떻게 그런 일이 있겠습니까?" 하니 대종사께서 진지를 드셨습니다. 그런데 얼마 후, 제자들 간에 싸움이 일어나서 송적벽 선진이 가버렸어요.

정산종사를 부르신 대종사께서는 "정산, 김남천, 송적벽이 저기 양지 쪽에 둘이 앉아서 이야기를 하는데, 기운 뜨는 것을 한번 봐라." 하셨어요. 정산종사께서는 "예, 해가 뜨기 전에 두 사람이 싸움을 하고 한 사람은 남고 한 사람은 떠나겠습니다." 하고 아뢰었습니다. 기운도 잘 띄워야지 잘못 띄우면 어른들한테 다 들켜버려요. 후에 대종사께서 "정산은 나보다 한 수 더 본다. 나는 두 사람이 싸움할 것은 알았는데 하나는 떠나고 하나는 남을 것까지는 몰랐다. 정산은 거기까지 알았다."고 하며 정산종사를 키워주셨다고 합니다.

그때 두 사람은 증산 천사의 유품에 대해서 말하고 있었습니다. 송적벽 선진은 강증산 천사의 제자가 되어 열심히 공부를 하는 중 돌아가셨어요. 돌아가시고 난 후 천사께서 항상 베고 주무시던 목침을 가져왔습니다. 그

18

목침에 대해 이야기를 하던 중이었습니다. 송적벽 선진은 '나는 천사님의 가장 소중한 유품을 가지고 있다'고 생각했습니다. 목침은 항상 베고 자니까 발에 신는 것보다 훨씬 성스럽다고 생각했겠죠. 대종사께 그 목침을 드렸는데 이적은 나투지 않고 계속 무슨 법을 짠다고만 하시니까 그때 송적벽 선진께서 사심이 난 것이죠. 그래서 싸움이 났습니다. 송적벽 선진께서 그 목침을 가지고 떠났습니다. 그래서 원불교에는 그 목침이 없습니다. 지금 증산교에는 그 목침을 원광대학교 지을 때 상량에다가 숨겼다고 알려져 있습니다. 그래서 원광대가 잘 된다는 이야기를 합니다.

이런 과정을 거쳐 정식으로 교강을 발표합니다. 그 후 원기 9년에 대종사께서 원불교 중앙총부를 건설하시고, 이곳 익산에서 1927년 3월에 교단 최초의 교서가 발행됩니다. 바로 《불법연구회 취지규약》입니다. 책 표지가 노란색이어서 선진들께서는 '노란책가위'라고 불렀어요.

이 책에는 영광군 백수면 길룡리의 박 아무개가 불법을 연구하시다가 책을 만들었다는 내용이 처음 나옵니다. 선진들께서는 저 책을 달달 외우셨어요. 공부를 하려면 외워야 합니다. 사리 연구를 공부할 때 가장 쉬운 방법은 외우는 겁니다. 예전에 《사서삼경》을 공부하는 사람들도 다 외웠거든요. 선진들께서 '노란책가위'를 다 외우실 정도로 대종사께서는 공부를 깊이 시키셨습니다.

대종사께서는 "모르는 것 있으면 물어보아라." 하고 말씀하셨어요. 그런데 아는 게 있어야 질문도 할 수 있습니다. 모르면 물을 것이 없죠. 자꾸 물으라고 하니 여자 선진 한 분이 "전남 영광군 백수면 그다음이 뭡니까?" 하고 물었어요. 친절하신 대종사께서는 "길룡리다, 길룡리." 이렇게 가르치셨다고 합니다. 당시 분위기가 어땠을지 짐작이 가죠. 이렇게 집단적으로 교서를 갖고 공부를 처음 시키신 것이 《불법연구회 취지규약》입니다.

두 번째 나온 교재는 《수양연구요론修養硏究要論》입니다. 1932년 4월입니다. 《수양연구요론》에 원불교 교단이 지향하는 선법, 단전주선을 밝혀놓으셨어요. 단전주선은 불교의 선법과 달라요. 불교는 화두선입니다. 화두를 들고 '이 뭣고' 하면서 선을 합니다. 내가 조실에 갔더니 종법사께서 숭산 스님이 쓰신 대화록을 하나 주셨어요. 받아서 읽어보니 '마삼근麻三斤'이라는 말이 나와요. 어느 손님이 스님께 불법이 뭐냐고 물어보니까 마삼근이다,고 대답했어요. 마삼근이 무엇일까 연구하면서 물어봐도 마삼근을 이야기해주는 사람이 없어요. 숭산 스님도 마삼근에 대해 이 이야기, 저 이야기를 하면서도 뭔가 확실한 답을 주질 않는 거예요.

그런데 내가 요새 마삼근에 대해서 알았습니다. 유튜브에 《대승기신론大乘起信論》 강의를 올려놓은 홍익학당 윤홍식 원장 때문에 알았어요. 윤 원장이 지극히 당연한 것을 말함으로써 그것을 묻는 사람이 본래 자리를 돌아보게 하는 것이 화두의 본뜻이다,라는 이야기를 합니다. 스님들의 장삼 한 벌을 짓는 데 삼베가 세 근 든답니다. 불법이 뭔가 하는 물음에 스님들 입는 장삼 만드는 삼베 세 근에 대해 말했습니다. 지극히 당연한 것을 돌아보게 하는 것이 바로 화두선입니다. 지극히 당연한 것이 화두랍니다. 윤 원장은 또 다른 이야기도 합니다. 제주에서 귤 나고 대구에서 사과 나는 것은 당연합니다. 이런 이야기로 화두를 깨치게 하는 것이 바로 화두랍니다.

그런데 대종사께서는 이런 화두선을 채택하지 않으시고 단전주선을 선택하여 《수양연구요론》에서 정식으로 발표하십니다. 원불교 선법이 서서히 정착되는 과정입니다.

그다음에 나온 교재가 《육대요령六大要領》입니다. 이 모든 교재는 대종사께서 직접 내셨습니다. 《육대요령》은 1932년 4월에 나왔습니다. 이 《육대요령》에 원불교 교리의 전반적인 내용이 다 나타납니다. 삼학과 팔조, 사은·사요가 다 들어 있습니다. 《육대요령》이 우리가 지금 보고 있는 정전과 가장 가깝습니다. 《육대요령》을 조금 더 축약한 것이 《삼대요령三大要領》입니다. 1934년 2월에 《육대요령》의 축약판인 《삼대요령》이 나옵니다.

다섯 번째로 불교혁신론인 《조선불교혁신론朝鮮佛教革新論》이 1935년 4월에 발행됩니다. 이 혁신론에 '소수인의 불교를 대중의 불교로 한다'는 내용이 나오는데, 이는 불교를 혁신하겠다는 말입니다. 이때 백학명 스님도 불교 유신론을 만들어요. 불교를 새롭게 하겠다는 내용인데 불교 유신 개혁을 하지는 못했어요. 그런데 대종사께서는 《조선불교혁신론》을 쓰시고 결국 불교를 개혁하셨죠.

불교의 열린 스님들은 원불교를 어떻게 이해할까요? 제가 부산에 있을 때 범어사 주지 스님이 저에게 한 이야기가 있습니다. 당신이 어린 상좌를 할 때 어른 스님들이 모여서 원불교에 대해 이야기했답니다. 헌 집을 고치는데 석가래 하나 빼고 기둥 하나 빼고 해서 고치면 더 어렵고 힘들다, 그럴 바에야 새 터를 잡아서 새 집을 짓는 것이 더 쉽다, 그래서 원불교는 불교의 기둥을 하나 빼고 고친 것이 아니라 새 터를 잡아서 새로 지은 집이다, 새로 지은 불교다,고 당시 어른 스님들이 이야기하더랍니다. 그 이야기를 저한테 해주는데 열린 스님들한테 참 감사한 마음이 들었습니다. 이런 말이 얼마나 중요한지 모릅니다. 앞으로 불교와 원불교와의 관계에서 많은 의견이 충돌될 수 있거든요. 이렇게 열린 스님들이 계시기 때문에 원불교가 불교를 표방하고 나아갈 수 있습니다.

그다음 교재는 《불교정전佛敎正典》입니다. 1943년 8월에 정식으로 나왔습니다. 1943년은 대종사께서 열반하신 해입니다. 6월 1일에 열반하셨습니다. 《불교정전》은 8월에 출판되었는데 다행히도 대종사께서 열반 전에《불교정전》 초판을 보셨습니다. 직접 보시고 기뻐하셨어요. 해방이 1945년이니 일제 시대 말기입니다. 탄압이 극심해서 책을 출간하기가 쉽지 않았어요. 불법연 구회를 탄압하던 때라 더 힘들었습니다. 그래서 원불교 교단에서 김태흡 스 님과 인연을 맺었습니다. 이 스님께서 〈불교시보사〉 사장이었는데, 그 이름 을 빌려서 초판을 찍었습니다. 이 초판을 보시고 대종사께서 그렇게 기뻐하 셨다고 합니다. 김태흡 스님과 대종사께서 함께 찍은 사진도 있습니다.

정식 출간은 이미 말했듯이 8월입니다. 제가 사감을 할 때 김태흡 스님을 두 번 만났습니다. 이분은 해방 이후 봉은사 주지 살인 사건에 연루되었다는 혐의로 옥고를 치르는 등 고초를 겪었고, 친일 전력도 문제가 되어 활동에 많은 제재를 받아 큰 대, 숨을 은 김대은으로 개명을 한 걸로 알고 있습니다. 우리가 오늘부터 공부하려는 《불교정전》은 대종사 당대에 출판되었다는 것 을 알아주기 바랍니다. 정전의 형성 과정에 대해 이렇게 설명을 들어도 정전 만을 보면 그 정전의 특징을 여러분들이 파악하기는 어렵습니다.

그래서 이번에는 **불교 경전 결집**에 대해 이야기하겠습니 다. 부처께서는 붓다가야에서 대각하셨죠? 깨달음을 얻으시고 녹야원으로 가셨어요. 붓다가야라고 하는데 왜 붓다가야라고 할까요? 붓다는 부처입니 다. 가야는 힌두어로 '갔다'는 말입니다. 부처가 갔다, 이것이 붓다가야입니 다. 어디로 갔는가요? 녹야원으로 갔습니다. 그 가시는 과정이 순탄치가 않았습니다. 부처께서는 견명성오도* 하셨지만, 깨달음을 얻으신 그때는 피골이 상접할 정도로 건강이 최고로 악화되었기 때문입니다. 6년간 설산수도** 고행하셨죠. 먹는 것 입는 것 다 만족하지 못했습니다. 그래서 피골이 상접해 버린 것입니다. 그 몸을 이끌고 걸어가셨습니다.

부처께서는 녹야원에서 교진여 등 오비구***를 만났습니다. 오비구의 양젖 공양을 받으시고 기운을 회복하셨어요. 원기를 회복하신 후 오비구에게 법을 설하셨죠. 그런데 오비구들이 고준한 부처의 법문을 알아듣질 못하는 거예요. 부처께서는 아함경阿含經, Agama부터 설하셔요. 아함경은 다라니예요. 다라니는 주문입니다. 그래서 주문을 외우면 극락 간다고 알려줬습니다. 우리가 선해서 자기 마음을 청정하게 하는 것보다 주문을 외워서 가는 게 쉽겠죠? 그렇게 49년간 법을 설하십니다. 엄청난 기간이죠? 이것이 사실인지는 의심이 갑니다. 인도 사람들은 주거 환경이 아주 열악해서 수명이 길지 않거든요. 저는 40대에 네팔과 인도에 갔는데, 인도 사람들한테 40대라고 하니까 깜짝 놀라요. 나를 굉장히 젊게 봤던 건데 그 정도로 40대의 인도 사람들은 훨씬 나이 들어 보여요.

그런데 그런 인도에서 부처는 오래 사셨나 봅니다. 아마도 맨발로 다니셔서 건강하셨던 것 같아요. 맨발로 다니는 건 정말 좋습니다. 사람이 땅에 딱 붙어서 살아야지 땅과 멀어지면 생명이 위태로워집니다. 부처께서는 그렇게 49년을 설법하셨습니다. 아함경, 방등경, 반야경, 천태경 순으로 법을 설하셨습니다. 근기 따라서 설하셨습니다. 그중에서도 반야경과 선종 계통의 경을 21년간 설하셔요. 참고로 알아두시면 됩니다.

---

* 見明星悟道. 석가세존께서 샛별을 보고 도를 깨우침.
** 눈 덮인 설산에서 깨달음을 얻기 위해 하는 수행.
*** 五比丘. 부처께서 깨달은 후 처음으로 부처로부터 교화를 받고 제자가 된 다섯 명의 비구.

부처께서 열반하실 때에 삼처전심* 하신 것에 대해 여러분도 들어봤죠? 부처께서는 마하가섭에게 세 곳에서 마음을 전했습니다. 삼처전심, 마지막이 곽시쌍부槨示雙趺죠? 부처께서 열반하실 때, 수보리는 밖에 있어서 임종을 못 봤어요. 마하가섭이 들어오니 두 발을 관 밖으로 쭉 내 보이시는 겁니다. 그것이 마지막 전심입니다. 부처께서는 살아계실 때 경을 어떻게 하자는 말씀을 하시지 않았습니다. 그래서 제자들이 각자 들은 법설을 암기하고 있었습니다. 누가 기록한 것도 없었습니다. 대종사 법설은 다 기록했습니다. 월말통신, 월보, 회보에 다 정리되어 있습니다. 그런데 부처의 법설은 적힌 것이 없어 전부 다 암기를 합니다.

부처 열반 후에 1200대중은 한편으로는 비통하고 한편으로는 해방감을 느꼈습니다. 왜 해방감을 가졌냐면 부처가 살아계실 때 이렇게 해라, 저렇게 해라,라고 계율을 엄하게 적용하셨거든요. 비구에게는 250개, 비구니에게는 500개의 계율을 주셨습니다. 계율은 또 얼마나 엄하였습니까? 그래서 해방감을 느끼는 제자들이 있었던 건데, 한편으로는 당연히 부처의 열반에 비통함을 느끼는 제자들이 있었겠지요. 마하가섭이 가만히 생각해보니 이래선 안 되겠거든요. 그래서 부처의 경을, 말씀하신 내용들을 외워보자고 했어요. 이렇게 해서 BC 485년에 대중이 1차 결집을 합니다. 이 1차 결집 장소를 제가 가봤어요. 집도 아니고 굴이에요. 굴속에 대중들이 모여서 1차 결집을 시작했습니다. 마하가섭 존자가 회의를 주관하고 아난존자가 암송을 했습니다.

• 三處傳心. 부처께서는 언어를 통한 가르침뿐만 아니라 언어를 떠난 가르침인 선법禪法을 통해 중생들의 본래면목인 부처 마음을 전하였다. 부처께서는 세 곳에서 가섭 존자에게 마음에서 마음으로 법을 전하셨는데 이것을 삼처전심이라 한다.

부처의 10대 제자* 아시죠? 가섭 존자는 두타 제일, 아난 존자는 다문 제일입니다. 다문多聞은 법설을 제일 많이 들었다는 말이죠. 그런데 1차 결집에 관련된 일화가 있습니다. 마하가섭이 회의를 주관하면서 아난 존자에게 부처께 들은 것을 한번 이야기해보라, 하니 아난 존자가 한마디도 못해요. 그래서 가섭 존자가 벼락같이 소리를 칩니다. "저 아난을 끌어내라. 부처님의 법문을 듣고도 말을 못하는 저런 사람은 필요 없다." 하니 끝내 대중이 아난 존자를 끌어냅니다. 아난은 강가로 가서 '부처님이 계실 때는 나를 그렇게 아껴주셨는데, 부처님이 가시니까 이렇게 나를 구박하는구나' 하면서 한 발을 들고 3일 밤 3일 낮을 강가에서 정진합니다. 그리고 '아하!' 하고 깨우침을 얻어 다시 가섭 존자와 대중이 모여 있는 그 굴로 들어갑니다.

어서 오라 반기며 "부처께서 어떻게 말씀하셨습니까?" 다시 물으니, 이와 같이 들었다며 아난의 입에서 법문이 줄줄 나옵니다. 이것이 불경의 결집 과정입니다. 특징은 군송입니다. 무리 군群 외울 송誦 자입니다. 불교 결집은 참 현명합니다. 대중과 함께 한 것이죠. 아난 존자가 외우면 대중들이 '그렇다. 그때 그렇게 말씀하셨다'고 전부 고개를 끄덕였어요. 만장일치로 찬성을 해주는 것입니다.

아난이 외우다가 모르는 곳이 있으면 다른 사람이 보충합니다. 불교의 특성은 이런 결집에서 찾을 수 있습니다. 불교는 대단히 포괄적입니다. 그 포괄성이 어디서 나오겠어요. 이 결집의 과정에서 나왔습니다. 이 과정을 보면 왜 불교가 포괄성을 가지고 있는지 알 수 있습니다. 그런데 1차 결집에서는 암송만 했고 문자화는 못했어요. 문자가 발달하지 못해서 글로 남기지

---

* 부처의 10대 제자는 지혜 제일: 사리자-사리푸트라, 신통 제일: 목련존자-목갈리나, 두타 제일: 마하가섭-마하카사파, 천안 제일: 아나율-아룻다, 해공 제일: 수보리-수부티, 설법 제일: 부루나-푸르나, 논의 제일: 가전연-카트야나, 지계 제일: 우바리-우팔리, 밀행 제일: 라후라-라훌라, 다문 제일: 아난-아난다 이시다.

못하고 대신 암송한 것을 만장일치로 합의한 겁니다.

훗날 2차 결집에 들어갑니다. 2차 결집은 불멸 후 약 100년경입니다. 법문을 다 외워놓았는데, 외웠던 사람들이 자꾸 죽어서 불안합니다. 이래서는 안 되겠다, 하여 문자화합니다. 종이가 없는데 어떻게 글로 남겼을까요? 파초 잎을 빳빳하게 말려 외운 것을 힌두어로 적었습니다. 이렇게 2차 결집을 진행합니다. 그런데 2차 결집 과정에서 문제가 생깁니다. 엄격주의와 융통주의 간 파벌이 생긴 겁니다. 엄격주의는 부처께서 계율에 대해 하신 말씀을 강조합니다. 예를 들면 '정오가 지나면 밥 먹지 마라'와 같은 계율이 대중이 살아가는 데 중요하다는 것입니다.

여러분들도 서원관에서 지켜야 할 것이 많죠? 공회당 앞 정화정사에서 제가 사감을 할 때 신발을 바로 벗어놓으라는 잔소리를 매일 저녁 했어요. 그때 습관이 몸에 익어 지금도 신발을 바르게 벗어놓습니다. 만약 내 신발이 흐트러져 있으면 누가 차버렸구나, 하고 생각합니다.

불교는 계율이 어떻게나 많은지, 이 계율들을 다 지키려면 아주 힘이 듭니다. 그래도 부처 당시에는 좀 간단한 집단이었어요. 걸식 집단이었죠. 금강경에 차제걸이* 란 말이 나오죠. 칠가식이라고 일곱 집을 돌아다니며 밥을 빌어서 그 밥을 퍼놓고 공양을 합니다. 걸식 집단이 사람 사는 데는 제일 편리한 것 같아요. 사람이 살다 보면 융통성을 갖고 처신하는 사람이 있습니다. 예를 들면 그 당시 소금이 워낙 귀했는데, 어떤 사람은 엄격하게 소금을 분배해서 나눠먹자 하고, 어떤 사람은 융통성을 갖고 분배하자고 합니다. 생각에 따라서 의견이 갈라지게 됩니다. 그래서 엄격주의자는 상좌부가 되고 융통주의자는 대중부가 됩니다. 이렇게 상좌부와 대중부로 해서 부파불

• 차제란 '순서대로', '차례대로'라는 뜻이다. 빈부 또는 남녀노소를 가리지 않는다는 말이다.

교로 나뉩니다. 이것이 불교의 초기 역사입니다. 2차 결집에서는 700명이 모여서 함께 암송하고 분담해서 결집을 하여 불경을 만들었습니다.

그다음 3차 결집은 BC 4세기경인 아소카왕 시대에 일어납니다. 이 3차 결집에서 비로소 불경을 세 가지로 분류합니다. 경, 율, 론*으로 분류하는데, 부처의 말씀과 계율, 그리고 경의 해석을 삼장이라고 합니다. 이렇게 삼장으로 분류해서 결집을 합니다. 4차 결집은 AD 125년경인 카니쉬카왕 때입니다. 불경은 이렇게 4차례에 걸친 결집을 통해 형성되었어요. 지금까지 정전 형성 과정과 불경 형성 과정을 살펴보았습니다.

이번에는 기독교의 신약성경은 어떻게 형성되었는지 그 과정을 잠깐 살펴볼까요? 신약성경은 세 가지로 형성되어 있습니다. 첫째는 사복음서입니다. 예수의 제자가 몇 사람이었습니까? 십이사도였죠? 십이사도 중에 네 사람이 복음서를 만들어서 '사'복음서가 된 거예요. 첫째 복음은 마태복음, 두번째가 마가복음, 그다음이 누가복음, 그리고 요한복음입니다. 도올 김용옥 선생이 말씀하시길 신약성경의 기본은 마태복음이랍니다. 그리고 나머지 세 사도는 마태복음을 근거로 비슷하게 한 것이라고 합니다. 도올 선생의 의견입니다. 다음 두 번째 성경은 역사서입니다. 역사서는 사도들의 역사를 기록한 것입니다. 십이사도들의 역사입니다. 세 번째는 편저서입니다. 편저서는 사도 바울이 여행하면서 쓴 편지 내용들을 모아서 엮은 것입니다. 그래서 성경은 사복음서, 역사서, 편저서로 되어 있습니다.

성경은 어떤 성격을 가지고 있을까요? 사도 개인의 결집입니다. 마태가 들은 것은 마태가 쓴 것입니다. 마가가 들은 것은 마가가 결집합니다. 불경

---

* 經律論, 부처께서 말씀하신 교법은 경, 부처의 제자들이 지켜야 할 규칙은 율, 교리를 설명한 것은 론이다.

은 '이와 같이 들었다' 하며 대중이 모여 군송을 했습니다. 군송은 합의하여 결집하는 것입니다. 하지만 성경은 그냥 자기가 들은 것을 이것이다, 하고 내놓은 것입니다. 이렇게 개인적인 기록은 훗날 기독교의 성격을 결정짓는 데 큰 역할을 합니다. 성경은 예수 사후 397년에 로마 정부로부터 국교로 인정되면서 내용이 확정됩니다.

이제 **정전의 특징**을 살펴봅시다. 첫째는 교조 생전에 직접 집필하신 유일무이의 경전입니다. 수운 선생도 대각하신 지 3년 만에 돌아가셨어요. 강증산 천사는 7년 만에 돌아가셨어요. 그러니까 생전에 경전 편찬이 불가능했겠죠? 그런데 소태산 대종사께서는 대각하시고 28년간 제도 사업을 하시면서 정성을 들여 정전을 편찬하셨습니다. 정전은 앞으로 만생령을 제도하기 위한 기본 경전이 됩니다.

두 번째는 생활 공동체 속에서 수정, 보완되었다는 점입니다. 예를 하나 들어보겠습니다. 팔산 선진의 아들 김홍철* 종사에게 직접 들은 이야기입니다. 대종사 당대는 워낙 가난하여 김홍철 종사는 누더기 같은 옷을 입고 다녔답니다. 하루는 서원관 앞 마을인 석방리에 갔는데, 이상하게도 자가용 타고 옷 좀 잘 입은 사람을 보면 동네 개들이 꼬리를 내리고, 좀 만만하다 싶으면 달려듭니다. 형산 김홍철 종사 몰골이 개들에게는 그렇게 보였는지 석방리에

• 1902~1987. 법호 형산亨山. 전남 영광에서 팔산 김광선 선진의 큰아들로 출생하였다. 영산 방언 공사 때 소년의 몸으로 갖은 심부름을 하였고, 출가하여 중앙총부 농업부 감원을 시작으로 총부와 영광에 주로 근무하며 총부 순교감, 원광사 사장, 총부 예감, 총부 교령, 수위단원 등을 역임했다. 퇴임 후 중앙총부에서 교단 원로의 소임을 충실히 하고 대산 종법사를 잘 보필하였다. 종사 법훈을 받았다.

있는 개들이 전부 나와 따라다니며 짖었습니다. 그때 심정이 어땠겠습니까? 당신 마음에는 천하의 대중을 제도하려는 서원을 마음에 갖고 있지만 형상은 거지 중에서도 상거지인 겁니다. 형산 법사께서 대종사께 "석방리에 있는 개가 다 따라다닙니다." 하니 들으시고는 "야, 안 되겠다. 야, 그러면." 하고 의견을 내놓으십니다. "우리가 외출을 할 때는 괜찮은 옷을 입고 나가도록 공동 외출복을 만들면 좋겠습니다. 공동 외출복." 그 외출복 관리 감원을 향산 안이정 법사가 했습니다. 외출할 때 입도록 좋은 옷을 대·중·소로 만들어 놨어요. 그래서 덩치가 큰 사람은 대를 입고 나갔다 들어오면 갈아입고 그랬습니다. 그런데 하루는 대종사께서 안이정 법사를 부르시더랍니다. "야, 공동 외출복 관리 잘하냐. (누구 이름을 딱 대시면서) 누구는 지 옷같이 입고 다닌다더라." 누군가 반납 안하고 다음 날에 또 입고 나간 걸 아시고는, 지 옷같이 입고 다니니까 꼭 반납하도록 해라, 이렇게까지 말씀하신 거예요.

생활 공동체 속에서 세계 인류를 제도하실 교법을 스스로 체험하시면서 결집하신 경전이 정전입니다. 그래서 정전은 생활 속에서 종교의 이념을 실현하는 경이라고 할 수 있습니다.

마지막으로 우리 정전은 불교에 연원을 두고 회상의 면모를 살핀 경입니다. 형성 과정에서 불교에 연원을 대서, 제일 처음 이름이 불교 정전입니다. 초판을 보시고 기뻐하셨다는 이야기를 했죠. 이름을 불교 정전이라고 붙인 연유가 여기 있습니다. '원불교는 불교 아니다'는 말은 하면 안 됩니다. 절대로 안 됩니다. 왜냐하면 대종사께서 불교에 연원을 댔고 첫 경전의 제목은 불교 정전이기 때문입니다. 원불교 정전의 정체성이 확실히 드러납니다. 이 정체성을 확실하게 알고 오늘 들으신 정전의 형성 과정을 잘 이해하시며 교단 생활을 해간다면 큰 도움이 되지 않을까 싶습니다.

1부

정전에 대하여

총서편 (總序編)

1장

왜 마음을 학습하는가?

– 개교의 동기

현하 과학의 문명이 발달됨에 따라 물질을 사용하여야 할 사람의 정신은 점점 쇠약하고, 사람이 사용하여야 할 물질의 세력은 날로 융성하여, 쇠약한 그 정신을 항복 받아 물질의 지배를 받게 하므로, 모든 사람이 도리어 저 물질의 노예 생활을 면하지 못하게 되었으니, 그 생활에 어찌 파란 고해(波瀾苦海)가 없으리요.

그러므로, 진리적 종교의 신앙과 사실적 도덕의 훈련으로써 정신의 세력을 확장하고, 물질의 세력을 항복 받아, 파란 고해의 일체 생령을 광대무량한 낙원(樂園)으로 인도하려 함이 그 동기니라.

오늘부터는 본문으로 들어가서 개교의 동기부터 시작합니다. 대종사께서 경전을 편찬하시면서 일러주신 내용을 살펴보면 대단히 체계적입니다. 개교의 동기를 말하는 문장 일체를 쭉 읽어보면 얼마나 체계적인 문장의 어조를 가지고 있는지 느낄 수 있습니다.

본문을 보면 개교의 동기 처음 단락은 '현하現下'로 시작해 '파란 고해'라는 단어가 마지막에 나오죠. 요약하자면 대종사께서 대오분상大悟分上, 즉 깨달으신 것을 담았습니다. 대오분상해서 보신 시대와 사회의 문제점을 지적하신 겁니다. 당신께서는 20여 년간의 구도 과정을 거쳐서 대각을 하셨죠. 대오를 하셨습니다. 그렇게 깨달으신 분이 얻으신 안목에서 시대의 문제점을 보시고 '사회의 문제점이 이런 것이다'라는 내용을 개교의 동기에서 지적하십니다.

∞

개교의 동기에서는 우선 **시대의 문제점**을 피력하십니다. '현하'라는 단어가 그것을 보여줍니다. 정전 제1장 개교의 동기 첫 단어가 '현하'입니다. 당신께서 깨달음을 얻으신 그 시대적 상황들을 '현하'라는 한 단어로 표현하셨습니다. '현하'라는 단어를 조금 더 넓게 해석하면 '지금부터'라고 해석할 수 있습니다. '지금부터', 이런 뜻을 가진 '현하'를 개교의 동기 첫 단어로 쓰신 건 그 단어 속에 당신이 보신 시대적 상황을 포함시킨 걸로 이해해야 합니다.

대종사께서는 오늘날의 시대를 어떻게 보셨을까요? 선후천의 대교역기로 보셨습니다. 선천과 후천이 서로 바뀌는 대교역기를 현하라는 단어에서 표현했다고 볼 수 있겠습니다.

선후천의 대교역기라고 했는데, 그러면 선천 시대는 어떤 시대입니까. 선천 시대를 정산종사께서는 음시대라고 하셨죠. 밤과 같은 시대라고 표현하셨습니다. 그러면 후천의 개벽으로 지금 교역이 되고 바뀌어가는데 후천은 어떤 시대인가요? 그건 양시대죠. 음시대가 아니라 양시대입니다. 그리고 낮과 같은 시대죠. 그래서 밤이 지나고, 대명천지 밝은 대낮의 양시대가 도래하고 있습니다. 이러한 상황을 '현하'라는 단어에서 암시하고 표현하고 있다고 생각합니다. 선후천 대교역의 기점이 언제냐 하면 '갑자년'입니다. 갑자년에 대종사께서는 어떤 일을 하셨죠? 총부, 중앙총부를 익산에 건설하셨어요. 그때 '불법연구회'라는 간판을 정식으로 걸었습니다. 그래서 갑자년을 기점으로 선천과 후천이 바뀌었습니다. 음시대와 양시대, 선천과 후천을 음양으로 볼 수 있겠는데 음시대는 어떤 시대이고 양시대는 어떤 시대인지 구체적으로 살펴봅시다.

첫째, 어두운 시대에서 밝은 시대로 바뀌는 것입니다. 과거에는 어두운 시대였습니다. 밤은 깜깜합니다. 낮은 환하게 밝습니다. 아주 밝은 낮의 시대가 지금 도래하고 있다고 했는데, 어떤 의미일까요. 사람들의 인지, 즉 지혜가 밝아진다는 말입니다. 음시대가 양시대로 바뀌어 사람들의 인지가 밝아지고 지혜가 열려갑니다. 어떻게 열려가는지 살펴봅시다.

요샌 아이들 곁에 가기가 겁이 나요. 아이들이 정말 똑똑해서 자기가 보고 생각하면 그대로 표현을 하기 때문이에요. 아이들 옆에 잘못 갔다가 저 같은 사람은 봉변 당하기가 일쑤예요. 아마 여러분들 중에도 비슷하게 느끼는 분들이 있을 거예요. 제가 부산교당에서 교구장을 할 때였습니다. 대각개교절이 다가오니 대청소를 해야 할 것 아닙니까? 대청소를 할 때도 윗사람이 먼저 실천을 해야 아랫사람이 따라오죠. 부산교당이 6층입니다. 저도 고무장갑을 끼고 작업복을 입고 열심히 닦았어요. 식구들도 같이 했어요. 그런데 어린이집 원생들이 재롱 잔치를 연습한다고 5층 엘리베이터에서 내려

대각전으로 올라가면서 하는 말이 "청소부 아저씨가 청소하신다." 소리치면서 가요. 지금은 말입니다. 인지가 발달해서 자기 느낌 그대로 표현합니다. 이런 시대로 바뀌어가고 있다는 겁니다.

요즘 운동선수들은 과거의 운동선수들과는 달라요. 뭔가 굉장히 달라졌어요. 운동을 그냥 하지 않고 즐기면서 합니다. 과거의 운동선수와는 인지가 달라져서 그렇다고 봅니다. 인지의 변화 속도는 계속 빨라집니다.

그런데 한편으로는 아직도 이 세계에는 문제가 많은 듯합니다. 제가 전에 뉴스를 보니까 세계적으로 조혼이 문제가 된답니다. 조혼은 우리나라에서 생각할 수도 없는 이야기인데요. 예멘에서는 11세 아이를 결혼을 시켜서 아이를 낳게 만듭니다. 아무것도 모르는 나이인데요. 후천개벽의 시대가 우리 앞에 다가온다고 성현들께서 말씀하셨지만, 세계적으로 볼 때는 개벽의 시기가 아직도 멀지 않았나 생각합니다. 그래서 '현하'라는 단어는 지금부터 계속 작용한다고 봅니다. '오늘날, 앞으로, 지금부터, 이제' 이렇게 시대의 문제점을 제시하신 것은 인지의 발달, 밝아지는 것을 말씀해주셨다고 볼 수 있습니다.

그다음에 선천과 후천의 차이는 막힌 시대와 통하는 시대의 차이입니다. 예를 들면, 밤이 되면 문을 다 닫습니다. 문을 닫고 잠을 잡니다. 제 방에는 가져갈 것도 없는데 밤에 문을 탁탁 잠그고 잡니다. 이것은 밤의 특성입니다. 그래서 밤에는 문을 다 닫은, 갇힌 공간에서 삽니다. 그러다 낮이 되면 그 닫힌 문들이 다 열립니다. 낮에 문을 열지 않고, 나오지 않는 사람은 문제가 있는 사람입니다.

진리가 왜 밤을 선사했는지 생각해보세요. 밤에는 잠자고 쉬라는 의미예요. 진리가 왜 낮을 주었느냐. 낮에는 일하고 활동하고 움직이라고 준 거예요. 이것 하나만 제대로 알아도 전무출신*으로 살기가 굉장히 쉬워요. 그런데 그걸 못하는 겁니다. 제가 서원관 지도 교무 할 때 일입니다. 학생들과 함께 사는데 방학 때는 각자 인연 따라 살다가 오잖아요. 제일 많이 데리고 살 때가 남학생만 120명을 데리고 살았어요. 방학이 끝나고 한 학생이 방학 동안 지낸 보고를 하는데, 자기는 방학 동안 밤을 낮 삼고 낮을 밤 삼았다고 해요. 그 이야기를 듣고 제가 한탄을 했습니다. 밤을 낮 삼고 낮을 밤 삼았다는 것은 거꾸로 살았다는 것 아닙니까. 세상을 거꾸로 산 거예요. 밤을 낮 삼았으니 밤에 한 일이 좋은 일이었겠습니까. 역사는 밤에 이루어진다는 이야기가 있기는 합니다만, 밤에 하는 일이 뭐 좋은 일이었겠냐 이거예요. 우리가 밤은 밤대로 잘 수용해야 해요. 그리고 낮 역시 잘 수용해야 합니다.

현하, 앞으로 오는 시대에는 통하고 열려서 막힌 것들이 안 열리는 데가 없답니다. 북한이 현재까지 열리고 있지 않지만, 안 열릴 수가 없답니다. 왜냐하면 통하는 시대가 되어서 그렇습니다.

'밤을 밤 삼고, 낮을 낮 삼자' 이 말은 정말 명언입니다. 밤을 밤 삼고 낮을 낮 삼아 사는 사람이 정말로 잘 사는 사람입니다. 멋지게 사는 사람입니다. 밤에는 밤에 할 일을 하고 낮에는 낮에 할 일을 하면 되는 거예요. 그래야 막힌 시대에서 통하는 시대로 바뀌게 됩니다.

세 번째로 천권 시대에서 인권 시대로 바뀝니다. 밤은 천권 시대죠. 권리가 어디에 있냐면 하늘에 있죠. 그래서 밤에는 귀신이 나오죠. 귀신이 대낮에 나왔단 소리 들어봤어요? 없어요. 귀신은 밤에 나오는 거예요. 밤은 천권 시대라서 꿈을 꾸어도 이상하게 꿈니다. 그러니까 밤에는 권리가 하늘에 있어서

---

* 출가 교도로서 정신과 육신을 오로지 원불교에 공헌한 사람.

인간이 사시 순환에 순응하며 사는 것이고, 그것이 천권 시대의 모습입니다. 천권 시대에는 권리가 하늘에 있기 때문에 인간이 힘을 못 써요. 그니까 거기에 순응하고 사는 거예요.

그런데 '현하, 앞으로'는 어떻게 되느냐. 인권 시대입니다. 권리가 사람에게 있는 시대로 바뀌는 겁니다. 요새 나오는 농작물들을 보면 전부 제철이 따로 없습니다. 지금 딸기 한참 나오죠. 과거 천권 시대에는 이 계절에 딸기가 나올 수 있습니까? 안 돼요. 그런데 사람들이 비닐하우스를 만들어가지고 사시 순환을 계획하고 응용하고 있습니다. 거꾸로 가는 거예요. 그래서 인간이 하려고 하면 다 되는 겁니다. 과거에 천지창조를 누가 했습니까? 하느님이 했죠. 지금은 하느님이 기계를 만듭니까? 사람이 만들어요. 우주를 왕복하고, 여러 가지 기계를 누가 만드느냐면, 인간이 만들어요. 이런 인권의 시대로 바뀌었습니다. 이것을 '현하'라는 단어로 대종사께서 말씀하시기 시작했어요. 모 회사의 휴대폰이 애니콜이었죠. 저는 이 이름이 굉장한 의미를 가지고 있다고 생각합니다. 원불교의 이념과 사상이 애니콜이라는 이름과 서로 상통한다고 봅니다. 애니콜, 어디든지 콜이 된다는 말이죠. 그렇죠? 그러면 원불교는 어떤 종교입니까? 애니 타임, 애니 웨어, 언제나, 어디에서나 선을 하는 종교입니다. 바로 무시선 무처선입니다.

이렇게 인권 시대, 즉 낮이 되면 사람들이 나와서 활동하고 일하는 시대입니다. 이때 잠자면 문제가 있다 이겁니다. 움직이고 활동하고 일하고 보은하라고 낮을 준 것입니다.

원불교는 어떤 종교냐? 한마디로 말하면 새로운 개벽의 시대에 맞는 종교입니다. 초파일 불교 행사에 가면 여러 가지 생각이 듭니다. 초파일에 절에서 아기 부처에게 물을 끼얹는 행사를 합니다. 부처는 나오실 때부터 부처의 싹수를 갖고 태어난다는 겁니다. 그래서 태어나자마자 사방으로 네 발

자국씩 걸어가면서 '천상천하 유아독존'이라고 했답니다. 그 이야기를 들으면서 수의사인 저는 많은 생각을 했습니다. 하등동물일수록 태어날 때 가장 온전하게 태어납니다. 고등동물일수록 태어날 때 불완전하게 태어납니다. 그런데 부처는 나실 때부터 발걸음을 옮기셨으니 어떻게 된 겁니까. 사람은 최고의 고등동물이니까 가장 불안전하게 태어나는 겁니다. 그래서 부모의 보호를 받으며 성장 과정을 거치면서 인간으로 커나갑니다.

앞으로는 사람의 권리가 한없이 발전하는 시대로 바뀔 것입니다. 그 시작을 알린 분이 최수운 대신사입니다. 그 분이 '인내천하니 사인여천하라' 하셨습니다. '사람이 곧 하늘이니 사람 섬기기를 하늘같이 하라'는 메시지를 인권 시대로 가는 때에 전해주신 것입니다.

여기까지가 시대의 문제점에 대해서 설명한 것이고, 그다음 대오분상해서 세상을 내다보시고 **사회의 문제점**을 지적하셨습니다. 바로 '온 세상에 파란 고해波瀾苦海가 올 것이다'는 부분입니다.

저는 농경 사회에 살았습니다. 여러분들은 산업 사회에 태어나고 자랐죠. 산업 사회가 되면서 농촌의 청소년들이 모두 도시로 갔습니다. 도시화, 즉 물질의 세력을 따라간 것입니다. 사람들은 물질의 세력을 따라 움직였습니다. 그런데 물질이 급속하게 성장하고 발전하면서 주와 종이 바뀌었습니다. 우리는 주종본말을 잘 알아야 합니다. 우리의 정신은 주가 됩니다. 물질은 종입니다. 정신은 근본이 되고 물질은 본말입니다. 이렇듯 주종과 본말이 분명해야 인간 생활이 편안합니다. 그런데 문제는 이 주종본말이 거꾸로 되는 데 있습니다. 거꾸로 될 가능성과 현상들이 많이 나오고 있습니다. 대종사께서는 이것을 사회의 문제점으로 보신 것입니다.

물질을 통해서 인간 생활은 굉장히 편리해졌습니다. 그래서 대종사께서는 '물질의 세력이 점점 우리를 지배하겠다'고 보셨습니다. 정신의 세력은 점점 감소하게 됩니다. 이런 현상을 대종사께서는 '파란 고해'라고 보신 것입니다. 이것은 가치의 전도입니다. 가치가 뒤바뀐 것이죠. 정신이 주가 되어야 하는데 물질이 주가 되는 전도 현상이 일어났습니다.

과거에 서구 사회를 물질문명으로, 동양 사회를 정신문명이라는 단어로 많이 불렀습니다. 서구는 과학이 발달했으니 물질문명이 발달했다고 했고, 동양은 정신이 발달했으니 정신문명이 발달한 거라고 말했습니다. 과학을 하는 사람은 수학을 해야 한답니다. 과학의 기본은 수학이라서 그렇답니다. 인문학의 기본은 역사랍니다. 아마 단재 신채호 선생이 '역사를 잊어버리는 민족과 국가는 미래가 없다'고 말한 이유일 겁니다. 그런데 지금 한국이나 세계를 살펴보면 그런 단어들이 무색해져버렸습니다. 빌 게이츠가 '한국은 IT 산업이 발달할 수밖에 없다'고 말했는데 한국이 무수히 많은 고객을 가지고 있어서라고 합니다. 한국의 무수한 고객은 누굽니까. 한국인들입니다. 한 예로 한국 사람들은 휴대폰 새 기종이 나오면 바로 바꾼답니다. 발전할 수밖에 없죠.

물질이라는 과학 문명이 어디까지 발달할 것인가? 우리는 예측할 수 없습니다. 물질 때문에 일어나는 사회적 현상들을 살펴봅시다. 로또에 1등으로 당첨된 사람들 이야기가 많이 흘러나옵니다. 복권 몇 억을 탔는데 얼마 못가서 다 탕진해버리고 범죄자로 전락했다는 기사를 보았습니다. 바로 정신의 세력이 물질에 끌려가니까 생겨나는 현상입니다. 파란 고해의 현상이죠. 휴대폰의 경우 새로운 기종을 선호하는 경향은 한국 사람이 최고인 것도 그 현상 중의 하나입니다.

그래서 나는 이렇게 생각합니다. 원불교학과생들이 교화해야 할 사람들은 세계의 최첨단을 걷는 사람들입니다. 이 사실을 잘 알아야 합니다. 대종사께서는 이런 현상을 지견하시고 원불교를 개교하셨습니다. 개교하시면서도 전도된 현상을 바로잡으려고 하신 것입니다. 정신의 세력을 확장해서 주를 삼고, 본을 삼고 그리고 정신의 세력을 증가시키는 것이 우리가 해야 할일입니다. 그런 일을 하기 위해서 원불교를 개교한다는 의지를 개교의 동기에 밝히신 것입니다.

여러 가지 사회적 문제점이 앞으로 펼쳐질 거라는 예견이기도 합니다. 개교의 동기 앞부분부터 '파란 고해가 없으리오'까지가 바로 사회적 현상을 예견하여 원불교를 개교하시고 그 문제점을 지적하신 부분입니다.

대종사께서는 체계적이시죠? 시대의 문제, 사회의 문제를 깨달음의 분상에서 보면서 앞으로 이런 문제가 있을 것이다,라고 지적하셨습니다. 그러나 이렇게 지적만 하시지 않고 그 해결 방법을 제시하셨죠. 그러니 공부가 더 재밌죠. 문제점을 지적하는 건 참 쉽습니다. 누구라도 할 수 있어요. 문제점만 제기하면 그것은 책임을 전가하는 것일 뿐이죠. 시대와 사회의 문제점은 대종사가 아니더라도 누구나 지적할 수 있어요. 중요한 건 해결 방법을 제시해야 하는 거예요. 그렇지 않으면 문제 제기 한 것이 아무 소용 없습니다. 문제는 그저 문제로 남고 맙니다. 이 문제를 어떻게 해결하느냐? 바로 '진리적 종교의 신앙'으로 합니다. 이 진리적 종교의 신앙을 통해서 시대와 사회의 문제를 극복하겠다는 해결책을 제시했습니다. 그래서 대종사가 정말 대단하시다고 말하는 겁니다. 개교의 동기 그 짧은 장에서 가장 중요한 맥락을 짚어서 우리에게 제시하신 것입니다.

이제 개교의 동기 두 번째 문장에 나오는 **'진리적 종교'**에 대해 살펴봅시다.

첫째는 진리 자체를 신앙하는 것입니다. 진리 그 자체를 신앙합니다. 이와 반대되는 것이 교조 신앙입니다. 앞에서 시대와 사회의 문제점을 제기하면서 세상에 파란 고해가 온다고 그러셨죠. 왜 이런 현상이 오냐면 종교가 제대로 자기의 역할을 다하지 못하기 때문입니다. 종교가 자기의 역할을 제대로 했으면 파란 고해 현상이 오지 않을 것입니다.

그렇다면 종교는 왜 자기 신앙을 제대로 못할까요. 가장 핵심적인 원인은 교조 신앙입니다. 한국종교지도자협의회(KCRP)가 있어요. 제가 교정원장을 하면서 원불교 대표로 참석합니다. 종교 지도자들이 모여서 이런 저런 이야기를 하고 밥도 먹고 순례도 하는데 평상적인 이야기는 다 통해요. 그런데 교리의 내용으로 들어가면 대화가 막혀버립니다. 교리가 다 다르기 때문입니다. 그래서 상호간에 협력이 잘 안됩니다. 그런데 그나마도 한국의 종교들은 세계에서 볼 수 없는 종교 다원주의입니다. 즉, 전 세계 종교의 백화점입니다. 이해 가죠? 지금은 이슬람도 받아들이고 있습니다. 이슬람의 이맘이 와서 지난 번 대각개교절에 염주를 하나 주었는데 한국에 이슬람 신도가 4, 5만 명 정도랍니다. 이 정도면 세계의 모든 종교를 다 받아들인 겁니다. 그래서 종교 다원주의입니다.

그런데 이렇게 종교가 많은데 왜 종교적 분쟁이 안 일어날까요? 한국에서는 종교 분쟁이 안 일어났어요. 그 핵심에 원불교가 있기 때문입니다. 원불교는 교조를 신앙하지 않아요. 뭘 신앙합니까? 교조께서 깨치신 진리를 신앙합니다. 그 진리 자리에서는 너도 만나고 나도 만나고 모든 종교가 다 만날 수 있어요. 맞죠? 이것이 바로 진리적 종교의 신앙입니다. 이 진리적 종교의 신앙을 통해서 시대와 사회의 문제점을 해결하겠다는 포부와 경륜을 밝허신 것입니다. 과거에는 진리적 종교의 신앙이 되지 않았기 때문에 장엄과 방편이 많이 동원되었어요. 신앙심을 일으키기 위해서죠. 부처께서는 참 복도 많으셔요. 대웅전에 금 안 입은 부처는 안 계셔요. 다 금으로 옷을 입었죠? 그게 장엄 아닙니까. 금을 안 입은 부처보다 금을 입은 부처가 더 매력 있어 보여요. 경주 석굴암 부처를 만들기 위해서 기막힌 공법을 사용했어요. 그것들이 다 장엄입니다. 석굴암 부처 팔에 돌멩이로 점을 찍었답니다. 동해에서 해가 떠오르면 그 빛을 받아서 부처 팔에 있는 돌멩이가 거기서 살아 움직이는 듯했답니다. 지금은 유네스코 세계유산이 되어서 햇빛을 못 보게 문을 닫아놓고 있습니다. 다 가려버렸어요. 참 갑갑하게 해놓았어요.

두 번째로 진리적 종교의 신앙은 진리 변화의 법칙인 인과를 신앙하는 것입니다. 대종사께서 일원상 진리에 '불생불멸과 인과보응'을 말씀하셨습니다. 불생불멸은 체가 되고, 인과보응은 용이 됩니다. 진리가 가만히 있으면 진리의 역할을 못하는 것입니다. 진리는 변합니다. 어떻게 변할까요. 인과로 변해요. 한시도 쉬지 않고 계속 움직이고 변합니다. 지금도 그러고 있습니다. 지구는 지금 돌고 있죠? 자전하면서 공전하죠? 온 우주가 다 움직이잖아요. 이게 다 일원상 진리의 변화 법칙이고, 인과의 위력입니다.

이러한 인과를 신앙하면 자작자수, 즉 자기가 짓고 자기가 받는다는 말이죠. 그리고 자업자득입니다. 자기가 지은 업은 자기가 받습니다. 내가 복을 지으면 여러분들이 내 복 가져갈 수 있나요? 없어요. 진리의 변화 법칙인 인과를 신앙하는 사람은 생활 모습에서 달라집니다. 인과를 믿는 사람은 복록福祿을 사실적인 곳에서 구합니다. 인과를 아는 사람하고 인과를 모르는 사람하고는 취사하는 것에서 천지 차이가 난다는 말입니다.

제가 서원관에 근무할 때, 어떤 학생이 입학했는데 집이 가난한지 이불을 못 해 왔어요. 그래서 내가 이불 한 채를 줬어요. 그걸 받고 그 학생이 얼마나 좋아하던지 이불 한 채를 준 저 역시 굉장히 기뻤습니다. 그냥 듣기에는 이불 한 채 준 것이 뭐가 그리 좋을까 싶겠지만 그 상황을 아는 사람은 그 기쁨을 이해합니다. 인과를 신앙하면 이처럼 자기 신앙의 상벌 패턴이 달라집니다. 이것이 진리적 종교의 신앙입니다.

해결 방법 두 번째는 **사실적 도덕의 훈련**입니다. 사실적 도덕의 훈련으로 시대와 사회의 문제를 해결하겠다는 의지를 보여 주셨습니다.

사실적 도덕의 훈련은 무엇을 말하는 것일까요? 첫째는 마음을 떠나지 않는 것입니다. 인간에게 있어서 제일 중요한 것은 뭘까요? 인간이 가지고 있는 제일 중요한 것은 마음입니다. 가장 사실적인 것 역시 마음입니다. 그래서 사실적 도덕의 훈련은 마음 훈련이라고 이해하면 됩니다.

요즘 인문학이 유행입니다. 방송에도 인문학 강의를 많이 다루고 중요시하는데, 원광대사상연구원에서도 마음인문학을 합니다. 들어보셨죠? 어젠다명을 '마음인문학'이라고 정했어요. 근데 우리가 이런 계획을 세워도 연구재단에서 채택하지 않으면 아무 소용이 없어요. 그런데 채택이 되었습니다. 이 마음인문학 연구소에 10년간 11억을 투자해요. 대단하죠? 마음을 연구하는 데에 11억을 투자합니다. 3년간 1기 3년 평가를 했어요. 그 결과 우수 연구 어젠다로 평가를 받았어요. 그리고 마음에 대한 이론을 책으로 출간했어요. 앞으로 3년간은 프로그램을 만들어요. 마음을 단련하는 프로그램인데, 주제가 바로 인성입니다. 인성 단련을 주제로 하는 게임 프로그램부터 개발합니다. 파란 고해에서 물질에 끌려간다는 이야기를 했죠? 끌려가지 않기 위해서는 주종과 본말을 분명히 해야 한다는 말도 했습니다. 근본을 세워야 합니다. 근본은 마음을 단련하는 것입니다. 그래서 인성이 중요하다고 말합니다.

헌법재판소 재판관을 역임하신 김성대(본명 김종대) 교도가 우리 교단 분이십니다. 헌법재판소 재판관을 퇴직하면 바로 로펌에 들어갈 수 있어요. 로펌에 들어가면 2~3년 만에 억대 수입이 보장됩니다. 그런데 이 교도는 로펌에 안 들어가고 성웅 이순신 장군에 대해 강의를 하고 다닙니다. 이순신 장군에 대한 책을 4권이나 냈어요. 《이순신 평전》이 첫 책이고, 그다음에 《나에게는 아직 12척의 배가 있습니다》를 냈습니다. 이순신 장군의 가장 클라이막스한 부분을 제목으로 했는데, 베스트셀러가 되어버렸습니다. 계속해서 이순신 장군에 대한 강의를 하면서 전국을 다니니 국가에서 인성위원회를 만들어서 위원장으로 김성대 교도를 임명했어요.

인성이 이렇게 중요합니다. 결국 마음이 중요하다는 것이죠. 한국연구재단에서 원광대 마음인문학연구소에 준 어젠다는 정말로 시의적절하게 잘 주었습니다. 우리가 해야 할 일은 사실적 도덕의 훈련을 통하여 마음의 문제를 일상생활에서 어떻게 활용하는가에 대한 프로그램을 만들어 문제를 해결할 수 있게 하는 겁니다. 그것은 마음을 단련하는 훈련이고 사실적 도덕의 훈련이 됩니다.

사실적 도덕의 훈련이 말하려는 두 번째는 더불어 사는 것을 단련하는 것입니다. 사람들은 혼자서는 잘 삽니다. 우리 교무*들이나 여러분들도 마찬가집니다. 우리 교무들이 교당에서 근무하면서 혼자 잘 사는 것은 참 좋은

---

* 원불교 성직자로 교화, 교육 자선 등 원불교 교단의 각종 사업에 종사하는 사람을 일컫는 호칭.

일입니다. 저도 혼자 사는데 참 좋아요. 나한테 혼자 사는 것이 어떠냐고 물어보면 인생은 영원한 혼자 아니냐고 말합니다. 맞죠? 혼자입니다. 그런데 불편할 때도 많아요. 어떤 목사가 이번에 탄생 백주년을 맞이했는데 이웃 종교인이 나한테 20분 동안 추모담을 해달라고 청탁을 했어요. 그런데 강의 내용을 또 원고로 써 내라는 겁니다. 예전에 교정원장과 이사장 할 때는 제목만 정해서 아랫사람한테 주면 원고를 작성해주었어요. 그런데 이제 내가 혼자 다 해야 해요. 혼자하려니 참 답답해요. 혼자 잘 사는 것도 정말로 쉬운 일은 아닙니다. 이렇게 혼자 잘 사는 것도 좋지만 같이, 둘이, 함께 잘 사는 것이 더 중요하고 더 잘 사는 것이라 봅니다. 과거엔 영웅 시대였지만, 이제 더 이상은 아닙니다. 더불어 많은 사람이 같이 살아가야 하고, 그래서 인간관계가 중요해졌습니다.

인간관계는 어떻게 중요할까요. 수학적으로 1+1은 2죠? 근데 인간관계에서 1+1은 2가 아니란 말입니다. 0.5가 될 수도 있고 0.1이 될 수도 있고 최악에 가서는 없는 것보다 못할 수도 있죠? 1+1이 잘 화합되면 2도 되고, 3도 되고, 10도 됩니다. 이걸 여러분들이 알아차려야 됩니다. 그리고 인간관계를 그렇게 해나가야 됩니다. 안 할 수가 없어요. 그렇게 더불어 사는 인간관계가 중요합니다.

앞으로는 공의의 시대가 됩니다. 대종경에 한 제자가 대종사께 여쭈었던 내용이 나옵니다. "현직 종법사보다도 법위가 더 수승한 사람이 있으면 어찌 하오리까?" 하는 제자의 질문에 "공의에 따르라."고 하셨습니다. 공의의 시대입니다. 사실적 도덕의 훈련을 통해서 우리가 다 같이 함께 더불어 잘 사는 시대를 만들어가야 합니다.

지금까지 해결 방법을 두 가지, 진리적 종교의 사실적 도덕의 훈련과 신앙으로 설명했습니다.

이제 **원불교의 목표**에 대해 살펴보겠습니다. 대종사께서 이미 개교의 동기에서 밝혀주셨는데, '광대무량한 낙원'을 목표로 합니다. 원불교 개교의 영원한 목표가 바로 '광대무량한 낙원'입니다. 이름만 들어도 좋죠? 원불교 교단이 집단적으로 지향하는 것이 광대무량한 낙원입니다. 이 말은 인간이 사는 삶의 터전을 낙원으로 만든다는 것입니다. 과거에는 죽어서 천당 간다, 지옥 간다는 생각을 갖고 살았고 말도 그렇게 했어요. 그런데 원불교는 우리들이 지금 살아가는 삶의 현장을 광대무량한 낙원, 극락, 천당으로 만들려고 합니다. 죽어서 가는 세계가 아니라는 말을 이해하겠지요.

그러면 광대무량한 낙원 세계가 어떤 세계인가요?

첫째 마음이 개조된 사람이 사는 세계입니다. 마음이 바뀌었다는 말입니다. 마음이 어떻게 바뀌어야 하는가? 모든 사람이 마음을 어떻게 바꿔야 낙원이 되는가? 우선, 뭔가에 사로잡힌 마음이 자유로운 마음으로 바뀌어야 합니다. 그것이 광대무량한 낙원 세계에 사는 사람이 가진 마음입니다.

부처의 최초 법어가 뭔지 아십니까? 고·집·멸·도苦集滅道 사성제입니다. 고가 어디서 오느냐? 부처께서는 집에서 온다고 했죠. 집은 집착입니다. 마음이 어느 곳에 고정되어 집착이 되면 그때부터 고의 세계가 펼쳐집니다. 노래 가사에도 있죠. '사랑이 무엇이라고 물으신다면 눈물의 씨앗이다'고 합니다. 모든 인간의 고는 집착에서 옵니다. 마음이 어디에 사로잡혀버리면 그 울안에서 살아버립니다. 트고 살아야 하는데 울안에 갇히는 것입니다. 트는 것이 바로 자유로운 마음입니다. 내가 지금 어디에 사로잡혀 있나 살펴보세요. 마음이 어느 곳에 고정되고 사로잡히는 것만 잘 조절해도 일상생활이 참 편안해집니다. 이게 낙원 생활입니다. 아주 쉽습니다. 그런데 말입니다. 그것이 한 번,

두 번, 세 번 하다 보면 습관이 되어버려요. 그리고 습관이 오래되면 업이 됩니다. 자기에 사로잡혀버리고 본래의 자기를 가려버려요.

마음이 개조된 사람은 어떤 사람인가요? 첫째는 자유로운 마음을 가진 사람이고, 둘째는 어두운 마음을 밝은 마음으로 바꾸는 사람이에요. 사실 집착만 해결하면 됩니다. 사람 마음이 왜 어두워지는가? 착심 때문에 어두워집니다. 내가 가끔 탁구를 치는데 1주일에 한 번 총부 탁구장에서 신나게 땀을 흘리며 칩니다. 예전에는 내가 이겨야지 그랬는데 지금은 이기는 것에 상관없이 한 시간 반 정도 치면 만족합니다. 그런데 탁구를 치는 것에도 습이 있어서 그것을 못 고쳐요. 탁구 치는 것도 자기와의 싸움, 내 집착과의 싸움입니다. 그것을 벗어나면 어떻게 되는가? 어두웠던 마음이 밝아집니다. 지혜 광명이 솟아요. 집착에 갇혀 있으면 어둡습니다.

광대무량한 낙원 세계는 모난 마음이 둥근 마음이 되는 세계입니다. 사람의 마음이 모가 나면 다른 사람을 꽉꽉 찔러요. 여러분은 안 찌릅니까? 저는 찌른다든지 이런 것은 없는 것 같아요. 나이 들수록 사람이 많이 말을 들어주고 또 칭찬하는 말을 해주고 그래야 합니다. 나이 들어서 누굴 콕콕 찌르는 말만 하면 사람이 멀어집니다. 나는 외롭지 않으려고 많이 들어주는 편입니다. 많이 들어주니까 좋아해주고 팬클럽이 생겨요. 팬클럽 회장도 있습니다. 사람의 마음이 뾰족해서 자꾸 찌르면 인간관계가 불편해집니다. 모난 마음을 둥근 마음으로 고쳐야 합니다. 축구공이 되어야지 럭비공이 되면 안 됩니다. 마음이 축구공이 되면 이변이 일어나지 않는 한 어디로 떨어질지 예측할 수 있어요. 하지만 럭비공은 어디로 튈지 모릅니다. 모난 마음은 럭비공이 되어 어디로 튈지 모르고 예측할 수 없습니다. 둥근 마음, 축구공이 되면 그 사람이 사는 세계는 광대무량한 낙원 세계가 됩니다.

광대무량한 낙원 세계에서는 원망과 상극의 사회가 감사와 상생의 사회로 바뀌게 됩니다. 선천 시대는 부정의 시대였어요. 부정하기 때문에 상극으로 치달아 서로 대지릅니다. 그래서 원망이 쌓이게 됩니다. 이런 과거의 시대를 상생과 감사의 시대로 바꿔야 합니다. 부정을 긍정으로 바꾸는 겁니다. 요즘은 지식 정보사회입니다. 지식 정보사회의 특징은 긍정입니다. 사고의 유연성, 긍정성으로 바뀌는 거예요. 바뀌는 과정에 필요한 것은 감사입니다. 그래서 원불교는 은혜와 감사의 종교입니다. 상생과 감사로 바뀌면 그 세계와 사회가 낙원 세계, 낙원 사회가 됩니다.

그리고 마지막으로 광대무량한 낙원 세계는 모든 사람이 부처로 대접 받는 세상입니다. 모든 사람이 부처로 대접 받는 시대가 오면 그 시대를 우리는 광대무량한 낙원 세계라고 부릅니다. 광대무량한 낙원 세계는 이런 세 가지 특징을 갖고 있습니다.

마음이 개조된 사람이 사는 세계는 삼학으로 가능합니다. 삼학 수행으로 마음이 개조된 사람들이 사는 광대무량한 낙원 세계를 만들어야겠습니다. 또 원망과 상극의 사회를 상생과 감사의 사회로 만드는 것은 사은 보은四恩報恩 실천이죠? 또 모든 사람이 부처로 대접 받는 사회는 사요 실천四要實踐입니다. 우리가 사요를 실천하면 모든 사람이 부처로 대접 받는 세상이 되는 거죠. 결국은 사은·사요, 삼학·팔조를 잘 실천하면 됩니다. 개교의 동기를 철저하게 공부하고 실천하면 나중에 할 말이 없게 됩니다. 원불교가 어떤 종교이며, 교리가 지향하는 목표와 사회는 어떤 사회인지 다 밝혀주셨어요.

다시 강조하지만 개교의 동기에 나온 내용을 확실하게 파악하고 고민하면 뒤에 있는 내용 전반은 개교의 동기 속에 포함되어 있어 훨씬 수월하게 이해할 수 있습니다. 개교의 동기를 설하신 절차와 순서를 보더라도 아주 명료합니다. 원불교 교단의 영원한 미래를 제시한 법문이라 볼 수 있겠습니다.

2장

우리는 무엇을 향하고 있는가?

- 교법의 총설

불교는 무상 대도(無上大道)라 그 진리와 방편이 호대하므로 여러 선지식(善知識)이 이에 근원하여 각종 각파로 분립하고 포교문을 열어 많은 사람을 가르쳐 왔으며, 세계의 모든 종교도 그 근본되는 원리는 본래 하나이나, 교문을 별립하여 오랫동안 제도와 방편을 달리하여 온 만큼 교파들 사이에 서로 융통을 보지 못한 일이 없지 아니하였나니, 이는 다 모든 종교와 종파의 근본 원리를 알지 못하는 소치라 이 어찌 제불 제성의 본의시리요.

그 중에도, 과거의 불교는 그 제도가 출세간(出世間) 생활하는 승려를 본위하여 조직이 되었는지라, 세간 생활하는 일반 사람에 있어서는 모든 것이 서로 맞지 아니하였으므로, 누구나 불교의 참다운 신자가 되기로 하면 세간 생활에 대한 의무와 책임이며 직업까지라도 불고하게 되었나니, 이와 같이 되고 보면 아무리 불법이 좋다 할지라도 너른 세상의 많은 생령이 다 불은(佛恩)을 입기 어려울지라, 이 어찌 원만한 대도라 하리요.

그러므로, 우리는 우주 만유의 본원이요, 제불 제성의 심인(心印)인 법신불 일원상을 신

50

대종사께서 대오분상해서 시대와 사회의 문제를 보신 것이 개교의 동기라고 했죠? 시대와 사회의 문제점을 보시고 그것을 설파하십니다. 교법教法의 총설總說에서는 의미를 좁혀서 보셔야 해요. 교법의 총설은 당신이 깨달음을 이루시고 나서 종교계의 현실을 보시는 걸로 시작합니다. 모든 종교의 현실을 보신 것이고, 종교계가 가지고 있는 문제점을 지적하십니다. 그것이 교법의 총설 처음에 나타나는 방향입니다. 개교의 동기와 상당히 다르죠. 개교의 동기에서는 넓게 보셨죠. 개교의 동기에서 시대와 사회의 문제점을 보셨다면 교법의 총설에서는 시각을 좁혀 종교계의 현실이 어떤지를 깨달음의 분상에서 보고 문제점을 제시하십니다.

교법의 총설 첫 부분에 **'불교는 무상 대도'**라고 했습니다. 불교가 무상 대도인 점은 대종경 서품 3장에서 천명하셨습니다. 첫째는 성품의 원리를 밝혔기 때문입니다. 스승들께서는 '종교가에서 성리를 밝히지 않으면 사도다'고 하셨습니다. 대단한 말씀입니다. 종교의 문에서 성리를 밝혀서 스스로 알아가고 해결하고 지향해야 종교 본래의 역할을 하는 것입니다.

그럼 성리란 무언가? 요즘 인문학이 많이 뜨고 있어요. 'Who am I?', 무슨 뜻입니까? 나는 누구인가죠. 여러분들 저는 누굽니까. 가만히 생각해보면 저를 소개할 때, 교정원장과 이사장을 하고 부산교구장을 하고 서울교구장을 했어요,라고 합니다. 사람들이 세상을 살아가면서 자기도 모르게 껍질을 자꾸 만들어가고 있습니다. 그 껍질을 벗겨야 합니다. 참자기, 참나인 '나'는 뭐죠? 보통 사람들이 사는 모습을 보면 참자기를 생각하기보다는 자기가 살아온 과거의 습성, 습관, 업력으로 살아갑니다. 이것은 자기를 모르는 거예요.

불교에서는 성리를 밝혔습니다. '나'라는 것은 뭔가? 제가 박수를 치면 박수 소리가 들립니까? 그 박수 소리를 뭐가 듣나요? 소리를 듣는 하나가 있죠. 그게 바로 자기, 참자기입니다. 내가 지금 말을 하고 있습니다. 여러분들 듣고 있죠? 그것이 참자기, 성리입니다.

보통 사람들은 들으면 전개를 못합니다. 자기의 습관과 관념으로 듣기 때문입니다. 그렇게 되면 성리와는 자꾸 멀어지게 됩니다. 지금 공부를 해서 그것을 찾자는 것이 공부의 목적입니다. 그것을 불교는 밝혀주었습니다. 그래서 불교를 무상 대도라 하셨습니다.

두 번째는 생사의 큰일을 해결했습니다. 석가모니 부처께서 출가를 하실 때 '사문유관四門遊觀' 하셨다고 했습니다. 왕자로 태어나서 그냥 궁중에서 편안한 생활만 했겠지요. 평범한 사람들의 삶을 못 보았겠죠. 그런데 사문유관을 하면서 병자가 생기고, 초상을 치루는 과정들을 보신 것입니다. 그때 걸린 의심이 무엇인가? 나고 죽는 것, '생사'입니다. 우리는 생사 대사라고 하죠. 나고 죽는 일은 굉장히 큰일입니다.

인간이 생존하는 데 있어 가장 큰일은 생사의 일을 해결하는 겁니다. 석가모니 부처는 사문유관 하시고, 유성출가 해서 설산에서 6년 고행 끝에 생사 대사를 스스로 해결하신 겁니다. 그 해결하신 것을 법으로 전해주셔서 우리들로 하여금 닮도록 하셨습니다. 그래서 대도大道입니다.

세 번째는 인과의 이치를 드러냈습니다. 기독교는 창조를 통해 시작된 종교입니다. 하느님이 창조를 하셨죠. 가톨릭 신앙을 보면 참 신통해요. 어떻게 저렇게 하는가 모르겠어요. 가톨릭 여성 신도들은 기도할 때 면사포를 쓰죠? 왜 쓰는지 아세요? 에덴동산에서 여자가 선악과를 따먹고 하늘을 쳐다볼 수 없어서 그렇답니다. 도올 김용옥 선생은 《여자는 무엇인가》라는 책에서 '신여권운동을 하는 사람이 미사포를 쓰고 미사를 하고 있다. 이것이 얼마나 아이러니컬한 일인가'라고 지적했습니다. 하느님이 창조를 해서 만들려면 잘 만들지, 이런 생각을 하게 합니다. 키 작은 사람은 키 좀 크게 만들어주지 왜 작게 만들어주셨나 그런 생각 안 해요? 창조를 하면 잘 만들어주지 왜 그렇게 만들어줬는가? 이 말입니다.

그런데 인과의 이치를 알면 모든 것이 해결되죠? 누가 그렇게 만들었습니까? 자기가 만들었죠. 총부에서 내가 밥을 먹을 때 항상 내 옆에 앉는 분이 계셔요. 키가 좀 작아요. 근데 마음 씀씀이를 가만히 보면 '아, 다음 생에도 키가 안 크겠다'는 생각이 들어요. 인과의 이치에 따르면 자기는 자기가 창조하는 겁니다. 그래서 자기의 조물주는 자기라고 하지 않습니까? 현재의 내 모습은 과거에 자기 스스로 만들어온 것입니다. 또 현재를 통해 미래의 자신을 만들어갑니다.

네 번째로는 수행의 길을 갖추었다고 하셨습니다. 불교의 수행은 무슨 수행입니까? 육바라밀 수행입니다. 보시·지계·인욕·정진·선정·지혜가 육바라밀입니다. 오늘 카카오톡에 어떤 스님이 자신이 쓴 글을 보내와서 읽고 왔습니다. 자기는 항상 남을 위해서 보시를 한다고 생각했는데, 그 근원을 파고들어가보니 결국 자신을 위해 보시를 했다는 반성의 내용이었습니다. 그런 일들이 많죠. 우리가 무슨 불사를 한다고 마음먹고 하는 것은 상대방을 도와주려는 마음이지만 결국은 자기 스스로를 위하는 행위라는 것입니다. 이렇게 보시·지계·인욕·정진·선정·지혜의 육바라밀 수행 길을 제시한 것이 무상 대도입니다.

           그다음은 **각종 각파로 분리된 종교의 편벽성**을 지적하셨습니다. 깨달음의 분상에서 처음 말씀드린 것과 마찬가지로 시대와 사회를 보셨고, 그리고 나서 종교계를 보니까 각종 각파로 분리되어 있다는 말입니다. 불교가 우리나라에 들어와 있는데 그 현상을 보니까 대중부와 상좌부로 나눠져 있어요. 불교가 각종 각파로 나뉜 원인은 아주 간단합니다. 계율을 지키는 데 있어서 의견이 다르기 때문입니다. 계율이 너무 빡빡하다, 그러니 좀 더 융통성을 줘서 지켜나가자, 하는 쪽이 대중부입니다. 상좌부는 부처께서 주신 그대로 지키자고 했습니다. 이렇게 의견이 나뉘면서 각종 각파의 분파가 생겨나기 시작했습니다.

불교는 중국에서 들어왔습니다. 중국 사람을 중화민이라고 하죠. 가운데 중, 빛날 화입니다. 가운데에서 자기들만 빛나는 것입니다. 동이, 서융, 남만, 북적이라는 말 들어보셨나요? 동이는 동쪽의 오랑캐로 사방이 다 오랑캐고 자기 나라만 빛나는 나라입니다. 이런 나라가 앞으로 동아시아에서 세계의 주도권을 가질 수 있겠습니까? 세계의 주도권이 동아시아로 옮겨 온다는데 중국이 동아시아 세계 문화와 윤리, 질서의 중심국이 될 수 있을까요? 여러분들 그런 것도 한번 생각해보세요.

중국이 중화인데, 인도는 서쪽이죠. 서쪽에서 성인이 났다고 합니다. 하지만 서융은 서쪽의 오랑캐입니다. 성인이 났다고 하니까 중화의 입장에서는 체면상 불교를 정식으로 받아들이지 못합니다. 중국의 이런 태도는 문제가 있는 겁니다. 아주 비밀스럽게 받아들입니다. 그것이 실크로드입니다. 실크로드, 들어봤죠? 세상 사람 중 못 말리는 사람 두 종류가 있어요. 첫째는 장사꾼입니다. 장사꾼은 돈을 벌 수 있다면 죽어도 합니다. 죽음을 무릅쓰고 히말라야의 설산을 넘어 비단길인 실크로드를 만들어 비단 장사를 하러 그 산을 넘습니다. 제가 히말라야 트래킹을 하는데 높이 3,500미터까지 4일을 걸었어요. 거기 올라가면 고산 증세가 와요. 고산 증세라는 건 기압이 낮아지고 산소가 적어서 나타나죠. 머리가 아프고 기운이 탁 떨어져요. 근데 이렇게 높은 산을 장사꾼들은 왔다 갔다 하는 거예요. 그게 실크로드입니다. 그렇게 실크로드를 다니면서 비단 장사를 했던 사람들이 서융입니다. 그 서쪽 오랑캐 나라에 가서 가져온 경전이 화엄경입니다. 화엄경을 번역해서 나온 종이 바로 화엄종입니다. 또 천태경을' 가지고 옵니다. 이것이 오랑캐들이 말하는 불교이구나, 하며 번역합니다. 그래서 천태종을 만듭니다. 또 반야경을 가져와서 반야종을 만듭니다. 그렇게 중국이 대승불교를 운영합니다.

왜 중국이 지금 대승불교가 되었느냐, 그것은 바로 중화라는 체면 때문입니다. 중국은 나라가 커서 각 지역마다 천태종, 화엄종, 밀경 계통이 들어오면 밀교, 정토종 계통, 반야경이 오면 선종 계통이 생기고 대승불교라 하여 각종 각파로 불교가 나뉩니다. 이렇게 중국에서 발달한 불교가 한국에 들어옵니다. 한국에서도 중국 불교를 받아들입니다. 중국에서는 유교가 성하는데 충·효·열을 주장하죠. 그러니까 효를 주장하지 않으면 중국에 들어갈 수 없어요. 그래서 불교도 효를 주장해야겠다고 생각합니다. 그렇게 불교는 효경 계통을 중국에서 만들어냅니다. 부처께서 말씀하신 건 아닌데 만들어냅니다. 어떻게 만들었을까요? 부처께서 제자들을 데리고 나가십니다. 검은 뼈와 흰 뼈를 놓고, 부처께서 검은 뼈에 절을 합니다. 제자들이 "부처님이시여, 왜 이 뼈에 절을 하십니까?" 물으니, "이 검은 뼈는 예전에 나의 어머니셨다. 어머니는 나를 10달 동안 배 속에서 키우셨다. 나를 위해 온갖 사랑을 다 주셔서 뼈까지도 검어졌다." 그래서 그 은혜를 갚기 위해 검은 뼈에 절을 했습니다. 이러니까 중국 사람들이 감동을 했습니다. 그래서 팔만대장경 중에서 효에 관한 모든 경전은 다 비경입니다. 비경, 즉 거짓 경전입니다.

불교가 중국에서 한국으로 넘어옵니다. 우리나라 사람들은 중국 불교를 그대로 받아들입니다. 받아들여서 종합하고 통합하려는 노력을 많이 합니다. 천년의 역사 속에서 계속됩니다. 그 대표적인 예가 고려 시대 보조국사 지눌입니다. 대각국사는 교종입니다. 대각국사는 교종의 입장에서 선종을 통합, 활용하고, 보조국사는 선종의 입장에서 교종을 통합, 활용합니다. 그렇게 한국 불교 역사는 계속 통합하려는 역사입니다. 지금의 한국 불교는 대한불교 조계종으로 많이 통합되었고 몇 개의 종파가 활동 중입니다. 이렇게 한국은 불교를 받아들일 때 종합적으로 받아들였습니다. 불교의 일부만을 받아들인 중국과는 다릅니다.

이후 불교는 우리나라를 거쳐 일본으로 갑니다. 일본에서는 부파불교로 나뉩니다. 불교는 결집을 할 때 같이 전송(함께 외우는 것)을 했습니다. 그렇기 때문에 불경을 만들 때부터 허용의 여지가 큽니다. 그런데 기독교는 성경을 만들 때부터 십이사도 중심의 성경이라고 했습니다. 사도 한 명 한 명이 들은 것을 적은 것이라 그 지역의 사상을 섭렵하지 못합니다. 기독교 성격이 여기서 나타납니다.

그런데 불교는 같이 외웠기 때문에 융통성을 발휘합니다. 그래서 가는 곳마다 그 지역의 사상을 섭렵해버립니다. 중국에 와서 불교가 효를 삼켜버리거든요. 아까 말한 것처럼 효경 계통을 만들어서 효를 삼켜버렸어요. 우리나라에 와서는 민속신앙을 불교가 다 삼켜요. 그 중 하나가 칠성 신앙입니다. 절에 가면 칠성각, 산신각이 있죠? 이런 것은 예전에 없었습니다. 우리나라에는 있습니다. 이렇게 불교는 모든 것을 다 섭렵합니다.

일본에 가서는 또 부파불교로 바뀝니다. 일본 불교는 오히려 일본의 재래종교 신도에 접합됩니다. 우리나라와는 반대입니다. 그래서 신도와 접합한 불교가 많습니다. 일본은 98퍼센트가 불교입니다. 서양의 기독교를 받아들이지 않습니다. 일본에는 정토종이 있습니다. 우리나라에는 없습니다. 대종사께서 왜 이 땅을 선택해서 오셨는가? 부처의 대승불교의 원형이 그래도 남아 있는 곳은 한국뿐입니다. 대종사께서 이 땅을 선택해서 오신 것이 아닌가 생각해볼 수 있는 점입니다. 불교가 왜 각종 각파로 나뉘어졌는지 아시겠지요.

대종사께서 과거 시대의 종교, 유·불·선 삼교의 교리편벽성을 지적하십니다. 그 편벽성을 살펴보겠습니다.

유가는 형상이 있는 것을 주체로 삼아요. 그래서 유교에서는 인륜강기를 중요하게 생각합니다. 사람이 어떻게 살아가느냐 하는 인륜을 강조해요. 그래서 공자께서 《논어》에 사람이 해야 할 도리를 밝혀놓았습니다. 진리 자리를 밝힌 것은 거의 없습니다. 유가는 대소 유무에 근거를 둡니다. 그래서 잘못 받아들이면 현실에 집착하게 됩니다. 형상 있는 소小 자리에 근거를 두기 때문입니다.

그다음 불교는 형상 없는 자리에 주체를 두었어요. 공 자리입니다. 다른 말로 하면 대大 자리에 두었기 때문에 잘못 들어가면 공망에 떨어질 수 있습니다.

어떤 교무의 부모님이 돌아가셔서 문상을 갔습니다. 동향 출신이라 문상을 아주 정중하게 해야 될 것 아닙니까. 또 아버님이 사회적으로 인망이 있으신 분이에요. 부친이 돌아가셔서 얼마나 슬프시냐고 인사를 했어요. 그랬더니 그 분 하시는 말씀이 '아, 다 허망한 것 아닙니까' 그래요. '얼마나 애통하냐'고 물었으면 '그렇다'고 해야죠. 다 허망한 것이라고 하면 예가 아니죠. 물론 그 말이 맞긴 맞죠. 불교가 잘못 들어가면 세상을 등질 수가 있습니다. 공 자리에 떨어져서 공만 주장합니다. 대종사께서는 불교가 대 자리, 형상 없는 자리에 너무 치우쳤다고 판단하신 것입니다.

그다음 선가는 우주 자연에 근원했습니다. 대소 유무大小有無로 따질 때 유무 자리라고 말할 수 있어요. 잘못하면 방종하기가 쉽습니다. 우리 교단에서도 선도를 열심히 수행하는 사람이 있어요. 운심처사를 선도의 진리를 따라하는 사람이 있거든요. 학교 다닐 때는 굉장히 촉망 받는 사람이었는데, 선도 수행으로 쏠리기 시작하니까 사람이 이상해져버렸어요. 감당 못할 정도로 쏠려버렸어요. 한국에서 그 방면에 거장이 되어버렸습니다. 유불선 삼교가 대소 유무를 아울러야 한쪽으로 편벽되지 않습니다.

기독교는 그 후에 들어왔죠. 우리나라에 뒤늦게 들어왔습니다. 기독교는 계시 종교입니다. 불교는 계오 종교입니다. 계시는 위로부터, 하느님으로부터 받은 겁니다. 계오는 스스로 뭔가 하나를 깨치는 겁니다. 희한하게도 기도원에 가서 기도를 하면 자기도 모르게 방언이 터져 나온다고 합니다. 그것을 계시 받았다고 한답니다. 기독교인들 중에 새벽 기도를 나가는 사람들은 한국 교회 사람들밖에 없어요. 세계에 없어요. 이렇게 세계적으로 유래가 없는 기독교로 받아들였어요. 그것도 한쪽에 치우친 것이라고 봅니다.

대종사께서는 각파로 분립된 종교의 편벽성을 이렇게 지적하시고 서로 융통을 보지 못하는 종교계의 현실을 비판하십니다. 본문에 나오는 '제불제성의 본의시리요'는 서로 융통을 보지 못하는 종교의 배타성, 편벽성을 지적하신 것입니다.

과거에는 스님들이 시주 받으러 목탁을 치면서 다녔습니다. 인연을 걸라고도 합니다. 스님이 오면 조금 시주하고 보내면 좋지 않습니까. 불사도 하고 복도 짓고 인연도 만들고 서로 좋지요. 주기 싫은 사람들은 '우리 집은 예수 믿소' 하고 말도 안 하고 가버려요. 이렇게 제불 제성의 본의와 멀어져 있는 현실을 대종사께서 비판하셨죠. 종교 교리의 편벽성을 말씀하신 겁니다.

그다음에는 **불교의 출세간 제도의 문제점**을 지적하십니다. 출세간 제도라고 하는 것은 스님이 되고 불교를 제대로 신앙을 하려면 세간을 떠나야 하는 걸 말합니다. 세간에서는 불교 수행을 제대로 할 수 없다는 제도적인 문제점을 지적하신 겁니다.

대종사께서 불교혁신론을 쓰셨죠? 세간에서 불법을 수행하는 거죠. 출세간이 아니라, 세간에서 불교를 수행해야 원만한 제도가 됩니다. 원불교의 표어에 불법시생활 생활시불법이 있습니다. 일상생활에서 수없이 다가오는 경계 속에서 불법을 닦는 그런 불교를 지향했습니다. 그래서 경계를 피하는 피경이 아니죠. 물론 피경 할 때는 해야 합니다.

세상은 굉장히 복잡해졌습니다. 이런 세상 속에서는 불법을 닦아야 됩니다. 대종사께서 왜 원불교를 개교하셨는지 아세요? 그것 때문에 하신 겁니다. 그런데 불교는 출세간 불교예요. 불교의 참다운 신자가 되기 위해서는 세간을 떠나야 한다는 현실을 지적하셨죠. 그러면 원불교는 어떻게 하느냐, 이것에 대해 말해보죠.

첫째, 원불교 교법의 나아갈 길로 신앙의 대상과 수행의 표본을 통해 법신불 일원상을 내어주셨어요. 이것은 법신불 일원상을 신앙의 대상과 수행의 표본으로 제시하셨다는 말입니다. 포함되지 않은 사상, 포함되지 않는 이론, 포함되지 않은 종교가 없다는 겁니다. 모든 것이 그 속에 있습니다. 그래서 법신불 일원상은 만법의 조종입니다. 할아버지 조祖 자로 조종입니다. 어떻게 일원상으로 구상을 하셨을까요? 금산사에서 구상을 했다는 얘기는 했죠?

남자 정남 교무들이 밴드를 만들어서 활동하고 있어요. 밴드 가입 문자가 왔어요. 그래서 가입하니 역시 교산님은 다르다고 해요. 사람들이 내가 밴드에 못 들어갈 줄 알았나 봐요. 그리고 밴드에 헌 집 사진을 하나 올려놓고 '이 집을 옮겨 가려고 하는데 옮겨 가도 되겠습니까? 안 되겠습니까?' 하고 자기네들 나름대로 물어봐요. 그래서 어떤 사람은 불쏘시개, 어떤 사람은 힘만 들겠네, 해요. 그래서 내가 '부산에 자문을 받으면 되는데, 옆에다 전문가를 두고 그러네'라고 문자를 했어요. 밴드에 안 들어온 사람은 자문을 못 받아요, 그렇게 답을 해요. 근데 이 친구가 밴드에다가 일 억 원짜리 불꽃을 올려놓았어요. 내가 그 불꽃을 봤단 말이죠. 불꽃이 탁 탁- 터지는데 굉장해요. 그래서 내가 감상을 올렸습니다. 모두가 법신불 일원상이네. 일 억 가치밖에 안 될까? 이렇게 올렸어요. 그러니까 다른 교무도 그 생각을 했다고 댓글을 달아요. 일 억 원짜리 불꽃이 터지는데 전부 원상이에요. 불꽃이 터지면 다 일원상입니다. 이 세상에 아름다운 것 중에서 가장 아름다운 것은 일원상입니다.

얼마 전에 부산광역시 승격 50주년으로 광안대교에서 불꽃 축제를 한다고 해서 따라갔어요. 부산에서는 해운대가 신도시라 굉장합니다. 바다 한가운데에 광안대교가 있어서 차를 타고 달리면 참 멋집니다. 그 광안대교 위에서 불꽃 행사를 하는 겁니다. 제일 잘 보이는 호텔을 잡아놓았어요. 호강을 좀 했습니다. 1시간 동안 호텔방 침대에 앉아 보면서 몇 개 찍어왔습니다.

1시간을 불꽃놀이를 하는데 그게 전부 다 원상입니다. 미술에서 아름다움의 극치가 바로 일원상, 원상이랍니다. 법신불 일원상을 통해서 세계의 모든 교리를 통합한다는 의지가 교법의 총설에 담겨 있습니다.

두 번째로 신앙의 강령으로 사은을 제시하셨습니다. 이 사은이라는 것은 일원상을 조금 더 구체화한 것입니다. 막연한 신앙이 아니라 손에 잡히는 신앙입니다. 사은은 일원상이 베푸는 네 가지 위력입니다. 일원상 진리는 좀 멀게 느껴지니까 가까이에서 네 가지 위력을 통해서 일원상의 진리를 쉽게 이해할 수 있고 그대로 내 것으로 삼을 수 있도록 한 것이 바로 사은입니다.

진리를 체받은 사람은 구경에 올라갔다가 다시 현실로 내려옵니다. 현실을 초월했다가 다시 현실로 돌아옵니다. 한국 불교의 역사를 보면 원효 스님, 진묵 스님이 계십니다. 진묵 스님은 대종경에도 나오죠? 대원사에 가보면 진묵 스님 부도* 휘어진 게 있는데 봤나요? 역사의 현장을 방문해서 확인해보세요. 진묵 스님이 '내 부도가 휘어지면 내가 다시 난다'고 그랬어요. 그러니까 부안 봉래정사에 계실 때 실상사 스님이 대종사께 진묵 스님이 이렇게 말씀하셨다죠, 하고 물으니, 그랬다더라고 했어요. 실상사 스님이 다시 근데 대원사의 진묵 스님 부도가 휘어졌답니다. 그러면 오셨을 거 아닙니까, 라고 물으니, 아 성인의 말씀은 외람되지 않지, 그러셨어요. 그러면 진묵 스님은 어디 계십니까, 라고 또 물었더니 대종사께서 내가 진묵이면 어떨까? 그러니까 그 스님이 에이 뭘 그래요, 그러고는 뒷짐 지고 올라갔답니다. 그런 스님의 뒷모습을 보고 대종사께서 의미심장한 웃음으로 웃으셨대요. 날 몰라. 진묵 스님도 시를 쓰셨어요.

• 부처의 사리를 안치한 탑.

천금지석산위침 天衾地蓆山爲枕

(하늘을 이불 삼고 지구를 자리 삼고 땅을 베개 삼고),

월촉운명해작준 月燭雲屏海作樽

(이 달을 촛불 삼고 구름을 병풍 삼고 바다를 술잔 삼아서 한잔 탁 들
이켜더라).

대취거연잉기무 大醉居然仍起舞

(크게 취해서 춤을 추니),

각혐장수괘곤륜 却嫌長袖掛崑崙

(내 이 긴 소매 자락이 곤륜산에 걸릴까 걱정되더라).

  멋지죠. 진묵 스님은 완전히 구경*에 갔다가 현실에 내려왔어요. 그 현상
을 대종사께서 동포 법률까지 신앙의 강령으로 넣어주셨습니다. 그런 데서
대종사의 위대한 점을 볼 수 있습니다.

  세 번째로 수행의 강령을 삼학으로 하셨습니다. 원불교 수행을 한마디로
말하면 진공 묘유眞空妙有의 수행입니다. 진공의 수행과 묘유의 수행을 함께
하는 수행입니다. 진공의 수행도 하고 묘유의 수행도 하는 겁니다. 그래서
진공의 수행만 하면 한편에 떨어져요. 묘유만 수행하면 묘유 쪽으로 떨어질
수가 있어요. 그러니까 진공, 묘유 이 두 가지를 함께 하는 수행, 진리 전체
를 수행하는 강령입니다. 일원상의 진리 전체를 수행합니다. 앞에서 말하는
편벽된 수행이 아니라 진리 전체를 수행하는 원만한 수행을 우리가 하고 있
습니다. 앞으로 나올 무시선법 같은 부분을 보면 이렇게 이야기하십니다. 진

---

* 究竟. 가장 지극한 깨달음.

62

공으로 체를 삼고 묘유로 용을 삼는다. 진공이 체가 되고 묘유가 용이 됩니다. 그래서 삼학 수행은 삼강령인 정신 수양, 사리 연구, 작업 취사를 손에 쥐고 일원상 진리 전체를 수행하는 걸 말합니다. 원만한 수행이 되도록 하겠다는 것입니다.

이것을 교법의 총설에서 선언하셨습니다. 교리의 강령 전체가 개교의 동기와 교법의 총설에 다 나타나 있는 셈입니다. 그래서 이 두 가지를 합쳐서 총서편이라고 합니다. 총서편은 서론이고, 원론이고, 총론입니다. 자연과학에서 보면 원론과 각론이 분명하게 갈려요. 원론을 먼저 배우고, 그다음에 각론을 배워요.

그렇지만 총서편은 원론이고 총론이라 이 총론만 제대로, 그리고 열심히 공부하면 각론은 다 알게 됩니다. 이제 총론을 다 했습니다. 대종사께서 총서편에서 세상의 문제, 종교의 문제, 시대의 문제, 종교 내부의 문제 등을 다 지적하시고 어떻게 해결해야 하는지 방법까지 제시하셨습니다. 또 원불교 교법이 가야할 방향까지 제시해주는 것으로 끝났습니다. 원불교 교단이 나가야할 방향은 광대무량한 낙원 세계입니다. 교법의 총설을 보면 일원상의 진리를 주체로 한 사은과 삼학, 신앙과 수행의 강령이 주체이니 이것으로 원만한 신자가 되자는, 원불교가 나아가야 할 방향을 말하고 있습니다. 이점을 잘 알아두면 도움이 될 것 같습니다. 이것으로 총서편 강의를 마치겠습니다.

2부

열린 시대의 큰 흐름

교의편 (教義編)

1장

원이 의미하는 것

– 일원상

일원상의 진리 본문에 들어가기 전에 일원상이라는 원이 무엇을 상징하고 있는지에 대해 살펴봅시다.

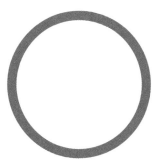

일원상을 글로 설명하고 말과 언어로 표현하기 전에 먼저 이렇게 그려 보이셨습니다.

그 첫 번째 의미는 깨달음의 궁극적 표현입니다. 각覺이죠. 이 각이 무엇인가요? 우리가 '깨달았다'고 하는 것은 인간의 직관적 사고와 근원적 진리와의 만남을 표현합니다. 표현 잘했습니다. 그렇죠. 사람들에게는 각을 하기 위해 직관적 사고가 필요합니다. 하지만 아무리 직관적 사고를 한다 해도 근원적 진리와의 만남이 이루어지지 않으면 각이 일어나지 않습니다. 대종사께서 20여 년간 수도 고행하신 건 직관적 사고를 하신 겁니다. 그렇게 근원적 진리와 딱 마주쳤을 때 일어나는 것이 뭐냐? 각입니다. 깨달음입니다. 이렇게 각이 일어났는데 어떻게 표현을 해야 하는가? 궁극적인 깨달음의 내용을 표현하는 것이 상징입니다. 상징을 통해서 각의 내용이 표현된 것입니다. 일원상을 그려 보이시면서 당신이 깨달으신 내용을 가장 좋은 방법으로 표현하셨습니다. 그것을 우리는 상징이라 합니다. 그리고 '일원상의 진리' 부분에서 그 내용을 설명하셨습니다. 설명 이전에 일원상으로 자신이 깨달으신 내용을 표현하신 것입니다.

우리는 이 일원상과 앞으로 공부할 교리를 통해 항상 직관적 진리를 발견하고 단련하며 자기가 알고 싶은 내용을 알아가야겠습니다. 연마하고 아는 것과 연마하지 않고 아는 것은 다릅니다. 내가 지금 말하는 것을 여러분들은 듣고 있고, 들으면 이해가 갑니다. 이렇게 이해하는 방법과 스스로 직관적 사고를 통해 알아가는 것은 질적으로 다릅니다. 이 말 이해하겠습니까?

지난번에 어떤 분이 총부 법회에서 설교를 했어요. '의두와 성리'가 제목이었습니다. 의두는 넓은 공부, 넓게 하는 공부입니다. 대소 유무의 이치와 시비 이해의 일, 모두 의두를 통해 하나하나 깨쳐갑니다. 그런데 성리는 아주 깊은 공부입니다. 왜냐하면 우주 만유의 본래 이치와 자성 자리를 꿰뚫는 공부가 성리거든요. 설교 시간에 사람들은 듣습니다. 열심히 듣지만 직관적 사고를 통해서 하나하나 깨달아가는 것과 들어서 아는 것과는 차이가 있을 수밖에 없기 때문에 하는 말을 들어보면 다 압니다. 저 사람이 어떻게 해서 그 자리를 알게 되었는지, 말하는 것을 들으면 다 알 수 있습니다. 그래서 중앙총부 법회 단상에 서는 것이 겁이 나는 겁니다.

따라서 깨달음의 궁극적 표현을 일원상으로 해주신 것은 최고의 수단이라고 말씀드릴 수 있겠습니다.

일원상 상징의 두 번째 의미는 언어와 문자의 한계를 극복했다는 것입니다. 깨닫고 나면 그 깨달음의 내용을 어떻게라도 표현합니다. 그런데 무엇으로 표현하는가? 언어와 문자로 표현하는 것이 일반적입니다. 언어인 말과 문자인 글로 할 수 있습니다. 더 나아간다면 행위가 있습니다. 깨달음의 내용을 언어, 문자, 행위를 통해 표현합니다. 그런데 언어로 내용을 아무리 잘 구사한다고 하더라도 한계가 있습니다. 지금도 제가 강의를 하지만 아무리 강의를 잘해도 깨달음의 내용 전체를 표현하는 데는 한계가 있다는 말입니다. 원불교학과 학생들은 강의를 많이 듣고 있죠. 그것은 다 언어입니다. 책으로 밝혀진 내용은 바로 문자이죠. 많은 사람들이 논문을 쓰죠. 그것도 문자로써 교리의 세계를 해석해가는 것입니다. 그런데 거기에는 한계가 있습니다. 이러한 한계를 금강경에서 아주 잘 표현해놓았습니다. '무유정법 명 아녹다라삼먁삼보리심'이라고 표현했습니다. 대종사께서 금강경을 보시고 왜 연원을 정하셨을까요. '무유정법 명 아녹다라삼먁삼보리심'은 굉장히 재미있는 말입니다.

없을 무無, 있을 유有 자이죠. 해석하면 정한 바 법이 있지 않은 그것을 이름하여 아녹다라삼먁삼보리심이라 한다는 것입니다. 아녹은 무상입니다.

아뇩다라삼먁삼보리심을 우리말로 해석하면 무상정등정각심을 얻었다는 뜻입니다. 다른 말로 하면 '무상 대도'입니다. 무상 대도를 얻었고, 무상정등정각심을 얻었다는 말입니다.

무유정법, 정하는 바 법이 있지 아니함을 이름하여 무상정등정각심이라고 말합니다. 정한 바 법이 없다는 것은 무슨 말인가요? 정한 바 법이 있으면 그것은 아뇩다라삼먁삼보리심이 아닙니다. 정한 바 법을 가지고 법을 설하는 것은 아뇩다라삼먁삼보리심이 아니라는 겁니다. 그럼 어떻게 하느냐, 정한 바 법이 없는 것입니다.

정한 바 법이 있어서 설하는 것이 아니라 그 때의 상황에 맞게 설하는 것입니다. 그래서 성현들이 법을 설한다고 하는 것은 명경같이 맑은 성품 자리에 비친 주위의 환경을 그대로 표현하는 것이 법이라는 말입니다. 고정된 법을 만들어놓고 설하면 안 맞습니다. 시·소·위라는 말이 있습니다. 시는 시간, 소는 장소, 위는 상황입니다. 시·소·위에 척척 맞게 반응하는 것을 일러 정법이라 하고 법문이라 합니다. 그렇기 때문에 대종사의 최초 법어와 뒤에 나오는 대종경은 격이 다릅니다. 최초 법어는 대각의 심경을 그냥 글로 표현하신 것이죠. '청풍월상시 만상자연명'은 깨달음의 심경을 글로 그대로 표현하신 것입니다. 그런데 뒤에 나오는 대종경은 제자들하고 문답하시거나, 길 가시다가 법문하시는 등 그 당시 상황들이 대종사의 맑은 명경 같은 성품 자리에 비친 내용입니다. 이것을 법문이라고 합니다.

무유정법이라서 상황에 따라 적실한 내용을 문자와 언어로 한없이 표현할 수 있는 것입니다. 일정한 내용의 언어, 일정한 내용의 문자로 표현하는 데에는 한계가 있습니다. 그 한계를 극복하는 방법이 바로 일원상의 상징입니다. 언어와 문자의 한계를 상징으로 극복했습니다.

일원상 상징의 세 번째 의미는 최고 수준의 전달력입니다. 여러분들은 내가 하는 말을 자기 근기에 따라 각각 받아들이죠? 내가 말하는 전체를 다 받아들일 수는 없는 것 아니겠어요? 대산종사*께서 대종사탄생백주년 때 원광대학교 운동장에 입장하시면서 무대에 올라가서서 대중을 향해서 손을 흔드셨어요. 뒤로 돌아서도 손을 흔드니 대중이 환호를 하고 박수를 쳤어요. 서울에 가서 어떤 교도에게 들으니까 '대산종사님이 대종사탄생백주년 때 하도 기쁘셔서 대중들 앞에서 춤을 추셨다' 이렇게 말을 해요. 춤을 추셨다고 합니다. 대산종사께서 춤을 추셨나요? 왜 그렇게 보셨을까요? 그것은 대산종사께서 대중의 환호에 반응하시는 모습이 춤추는 걸로 전달되어서입니다. 그렇죠? 우리가 아무리 잘 전달하려고 해도 언어와 문자만으로, 혹은 행동만으로 하면 받아들이는 사람의 근기**에 따라 다 다릅니다. 이것은 왜곡되기가 쉽습니다. 우리가 살다 보면 그런 일 허다하죠. 어떤 이야기가 한 사람 건너고 또 한 사람 건너면 엉뚱한 내용으로 변해버립니다.

대종사께서 대각하신 진리도 이렇게 시대의 흐름, 장소나 근기에 따라서 다 다르게 받아들여질 수 있습니다. 제대로 전달되지 않을 우려도 있어요. 그러니까 최고 수준으로 전달하기 위해 상징으로 일원상을 나타내셨다고 보면 정확할 겁니다. 말로 하지 않고 언어로 표현하지 않고 일원상을 그려 보이면, 그려 보이는 일원상 자체가 전달하는 최고의 수준이죠. 제대로 당신의 깨달음을 전달하기 위해서 일원상 상징을 사용하셨다고 이해하면 됩니다. 이렇게 일원상의 상징이 의미하는 것에 대해 살펴봤습니다.

---

* 원불교의 3대 종법사.
** 根機. 교법을 받을 수 있는 중생의 능력.

1. 일원상의 진리

> 일원(一圓)은 우주 만유의 본원이며, 제불 제성의 심인이며, 일체 중생의 본성이며, 대소 유무(大小有無)에 분별이 없는 자리며, 생멸 거래에 변함이 없는 자리며, 선악 업보가 끊어진 자리며, 언어 명상(言語名相)이 돈공(頓空)한 자리로서 공적 영지(空寂靈知)의 광명을 따라 대소 유무에 분별이 나타나서 선악 업보에 차별이 생겨나며, 언어 명상이 완연하여 시방 삼계(十方三界)가 장중(掌中)에 한 구슬같이 드러나고, 진공 묘유의 조화는 우주 만유를 통하여 무시광겁(無始曠劫)에 은현 자재(隱顯自在)하는 것이 곧 일원상의 진리니라.

　　　　　　이제 일원상의 진리 내용을 살펴보겠습니다. 앞부분에 나온 '우주 만유의 본원이며, 제불 제성의 심인이며, 일체 중생의 본성이며' 이 부분을 보시죠. 진리와 현실의 관계를 설명하셨습니다.

　　　　　　첫째 부분은 진리와 현실과의 관계에서, **우주 만유와 일원상은 본원의 관계**라고 밝히고 있습니다. 그러면 여기서 우주 만유를 봅시다. 내가 원불교에 대해 말하면서 지금까지 우주에 대한 설명을 확실하게 해놓지 않고 강의를 한 것 같아요. 그래서 오늘 '우주라는 것은 무얼 말하는지'에 대해 확실하게 짚고 가겠습니다. 개념을 확실하게 정리하며 공부하는 것과 그렇게 하지 않고 공부하는 것은 다릅니다.

　　춘추전국시대에 제자백가 중 회남자라는 분이 있습니다. 이 사람이 우주에 대한 설명을 제대로 해놓았습니다. 회남자는 '우주'를 설명하기를 사방 상하를 가리켜 '우'라고 말하고, 고금을 '주'라 말했습니다. 고금은 과거와 지금인데 서로 왕래를 한다는 것입니다. 우리는 한자로 집 우宇 집 주宙 그러죠? 그냥 둘 다 집입니다. 둘 다 집인데 우와 주가 확실하게 뜻이 다릅니다. 우는 사방 상하로 공간 개념입니다. 사방 상하는 동·서·남·북과 위아래를 뜻합니다. 주는 고금으로 과거와 현재를 왕래하니 시간 개념입니다. 시간과 공간이 아무리 중요하다 해도 그 공간에 시간이 들어가지 않으면 공간은 그냥 허망한 것이 됩니다.

시간이 들어가야 공간이 제대로 공간의 구실을 하게 됩니다. 계절이 바뀔 때마다 봄이 오면 봄이 온다고 난리고, 가을이 오면 가을이라고 난리입니다. 휴대폰에 사람들이 자꾸 계절 소식을 전하죠. 이 우주의 허공, 공간에 봄·여름·가을·겨울이라는 시간이 왕래를 하니까 이 우주 공간이 살아 있는 공간이 되는 거죠. 공간이 공간 노릇을 잘하기 위해서는 시간이 필요한 겁니다. 시간의 입장에서 볼 때 공간이 없으면 시간이 시간의 역할을 다할 수 있나요? 못하죠. 아무 소용이 없어요. 우주는 무한 공간, 무한 시간입니다.

우리가 서원관을 지었습니다. 집을 왜 짓나요? 바로 공간을 만들기 위해서입니다. 우주의 공간에 자기가 살 작은 공간을 만드는 것이 집 짓는 일입니다. 그래서 사람들이 살아가는 모습을 보면 집 한 칸 장만하고 아파트 한 평 늘리기 위해서 많은 시간을 투자하고 있습니다. 이 우주는 무한 공간, 한없는 공간 아닙니까? 그것을 허공 법계라고 합니다. 공간은 시간 때문에 살아나고, 시간은 공간이 있어 그 역할이 살아나게 됩니다. 그래서 우와 주는 공간과 시간의 합치로 움직여갑니다. 그것을 우주라고 합니다.

이러한 우주에는 만유가 있어요. 만유는 개개 물물입니다. 숫자로 보면 얼마나 되려나요? 만유의 숫자 세어봤어요? 그렇게 많은 만유들이 무한 공간, 무한 시간 속에 존재하지만 그 근본 원리는 바로 본원 자리인 일원상 자리입니다. 현상을 보지 말고 그 우주 만유가 나타나는 본래 자리 그걸 보면 다 일원상 자리로 돌아간다는 것입니다. 그걸 본원, 근본 원리, 근원 자리라고 합니다. 근데 보통 사람들은 이 우주 만유를 볼 때 나타난 형상만 보지 우주 만유가 나타나는 근본 자리는 보지 못합니다. 그 근본 자리가 일원상입니다. 그 근본 자리를 제대로 보는 걸 '진공 묘유'라고 표현하셨습니다. 이것은 만유입니다. 이것은 본원입니다. 이것이 하나가 되어 우주 만유와 나와의 관계, 본원 자리로 일원상의 진리에서 설명해주셨습니다.

이 자리를 알면 우주 만유를 보는 시각이 달라집니다. 그래서 우주 만유와 일원상의 관계는 본원의 관계라고 설명해주시는 겁니다.

그다음으로는 **제불 제성의 심인**을 말씀하셨습니다. 제불은 모든 부처, 제성은 모든 성인입니다. 제불 제성, 모든 부처와 모든 성인들의 심인 자리입니다. 심인은 마음 도장입니다. 왜 심인이라고 표현했느냐, 이것을 알아야 합니다. 심인, 여러분들 도장 갖고 있으시죠? 이성택이라는 도장을 파서 계속 찍으면 똑같은 이성택이 나오지 다른 건 안 나오죠. 저는 붓글씨를 쓰고 낙관을 찍는데, 찍으면 계속 똑같은 모양이 나옵니다. 계속 그대로이고 언제 찍어도 똑같이 나옵니다.

제불 제성도 이와 비슷합니다. 마음 도장을 찍는데 찍으면 똑같은 모양으로 나오는 겁니다. 그래서 심인, 마음 도장입니다. 다르게 나오지 않습니다. 그런데 우리의 마음은 어떤가요? 우리도 마음 도장을 찍습니다. 저도 여기 오면서 마음 도장을 찍으면서 왔어요. 무엇을 통해서 마음 도장을 찍느냐? 육근을 통해서 마음 도장을 찍어요. 제불 제성은 육근을 통해서 마음 도장을 찍는데 일원상의 진리 그대로 나타난다는 말입니다. 항상 똑같아요. 그것을 보고 심인이라고 표현합니다. 그런데 중생들은 엉뚱하게 나타나거든요. 어제 어느 교무하고 대화를 하는데 나하고 자기하고 비교를 해요. 나에게 공부하기가 참 편하겠답니다. 경계가 없으니까요. 싸울 일도 없고 사람들이 와서 욕할 일도 없다고 합니다. 원광학원 이사장 할 때는 욕하는 사람 참 많았습니다. 교정원장 할 때도 욕하는 사람 많았어요. 그런데 지금은 욕먹을 일이 없잖아요. 퇴임을 했으니까요. 그러니 찌꺼기가 남지 않는다는 겁니다. 그렇기 때문에 수양하기, 공부하기 참 좋겠다는 것입니다. 그러면서 그 교무는 일 속에 살기 때문에 경계가 많다는 겁니다. 누가 와서 상품을 깎아달라 하면 이런저런 잔영들이 남아서 작용을 한다는 것입니다. '아, 저 사람은 나한테 와서 돈 깎아달라던 사람이지' 하는 것이 마음에 딱 찍힌답니다. 이런 저런 경계는 만들지 않는 것이 좋습니다. 혹 만들었다면 빨리빨리 잊어야 됩니다. 그런데 그것이 잘 안 됩니다. 안 되니까 심인으로 안 나타나고 엉뚱한 도장으로 찍히게 됩니다.

　　제불 제성의 심인이라고 한 건, 이런 표현을 통해 중생과 분리를 하려는 것입니다. 제불 제성은 마음의 도장을 딱 찍으면 일원상의 진리 그대로, 항상 그대로 나타납니다. 그래서 마음 도장, 심인이라고 합니다.

　　　　　　　그다음 나오는 말이 **일체 중생의 본성**입니다. 방금 전까지는 심인에 대해서 설명했는데 여기에서는 본성이라는 표현을 하셨습니다. 일체 중생의 심인이라고 하면 맞겠습니까, 틀리겠습니까? 틀리죠. 일체 중생의 심인은 틀린 표현입니다. 왜냐하면 일체 중생에게는 심인이 나타나지 않습니다. 도장을 찍어도 그렇게 안 찍힙니다. 그런데 성품이라고 하면 맞죠? 우리의 본래 성품이 일원상의 진리처럼 생겼죠. 그래서 일체 중생과 일원상의 관계는 본성의 관계입니다. 그리고 제불 제성과 일원상의 관계는 심인이고, 이 관계는 본원, 심인, 성품 이 세 가지를 명확하게 현실과 진리를 연결해놓은 것이 일원상의 진리 처음에 나옵니다. 우리가 심인 자리까지는 못 가더라도 생활 속에서 자꾸 심인 자리로 가려고 노력해야 합니다. 노력하는 것이 우리가 해야 할 공부고 그게 일상생활 속에서 해야 할 것인데 '내가 여기서 이렇게 강의할 때는 그렇게 해야지' 그렇게 생각하죠? 그런데 강의 듣고 나서 친구들 만나고 그러면 다 잊어버립니다.

앞부분에서 이렇게 본원, 심인, 본성을 통해 현실과 일원상의 진리와의 관계를 설명해놓으셨습니다. 이제 일원상 진리의 구체적인 내용으로 들어갑니다.

이 내용은 세 가지로 구분이 됩니다. 첫째는 **돈공頓空한 자리**입니다. 일원상 진리에는 돈공한 자리가 있습니다. 돈공한다는 게 무슨 뜻이죠? 대소 유무의 분별이 없다는 것입니다. 대는 본체, 소는 형형색색으로 나타난 형체, 유무는 변화입니다.

대종사께서는 진리를 대소 유무로 표현하셨죠. 그래서 우리는 대를 진공이라 하고, 소를 묘유, 유무를 조화라고 합니다. 우리는 이것을 생각으로 합니다. 분별(좋다, 싫다, 크다, 작다를 구분하는 것)을 해서 이것은 대 자리, 소 자리, 유무 자리라고 구분합니다. 일원상의 진리에는 이러한 분별성이 끊어져버렸습니다. 그래서 돈공한 자리입니다. 분별성이 끊어져야 하는데, 이게 쉬운 일이 아닙니다. 평소 분별성이 끊어지나요? 잠자지 않는 한 계속 눈에 보이는 현상에 대해 분별성이 일어납니다. 심지어 잠을 자도 분별성이 일어나요. 꿈을 꾸어서지요. 꿈도 꾸지 않고 잠도 자지 않는 한은 계속 분별성이 일어납니다. 그래서 우리가 해야 할 공부는 이 분별성을 잠재우는 것입니다. 시시각각 때때로 경계마다 상황마다 일어나는 분별성, 그 분별성을 잠재우는 것이 바로 마음공부입니다.

분별 중에서도 대 자리, 소 자리, 유무 변화 자리라고 분별이 나는 것은 좋은 일입니다. 그런 분별은 좀 해도 됩니다. 그런데 이 본체 자리에 가서는 해도 괜찮은 좋은 분별까지도 끊어야 합니다. 그것을 돈공한 자리, 대소 유무의 분별이 없는 자리라고 하셨습니다.

그다음에는 **생멸 거래*에 변함이 없는 자리**입니다. 이 말은 거래가 끊어졌다는 말입니다. 여러분들 서원관에서 살 때와 학교에서 살 때 마음이 어떻게 다른가요? 한번 살펴보세요. 이 거래라고 하는 것은 장소를 왔다 갔다 합니다. 여기 왔다 저기 갔다 하는 것이 거래죠. 그 거래를 하면 장소에 따라서 마음도 변합니다. 학교를 마치고 서원관에 들어오면 서원관의 분위기가 있으니까 거기에 정착이 되는 것이죠. 또 학교에 가면 학교의 분위기가 있으니까 거기에 정착이 되죠. 그래서 학생들에게 5월을 조심하라고 합니다. 5월은 학교에서 축제가 열리는 시기죠. 제가 경험한 5월은 계절의 여왕이 아니라 잔인한 달입니다. 학생들 마음이 움직거리는데 어떻게 주체할 수가 없어요.

이렇게 시간과 장소에 따라 거래를 하기 때문에 마음의 상태가 변하게 됩니다. 그것이 보통 사람들의 마음 작용입니다. 생멸 거래에서 생은 나는 것이고, 멸은 없어지는 것입니다. 살아 있는 사람의 마음이라서 마음이 생겨났

• 生滅去來, 생멸이란 '낳고 없어진다'는 뜻으로 생사와 같은 뜻으로 보면 된다. 거래는 '갈 거去' '올 래來' 즉 오고 가고 주고 받고 한다는 뜻으로 생멸 거래는 끊임없이 돌고 돈다는 뜻이다. 분별이 끊어진 일원, 즉 법신불 자리, 다시 말해서 우리의 본래 마음자리에서 보면 그 자리는 생멸 거래에 변함이 없다.

다가 없어졌다, 났다가 없어졌다 계속 거래하는 것입니다. 그런데 그 거래가 끊어졌다는 말은 서원관에서 살던 마음이나 학교에서 생활하는 마음이나 그 마음이 그 마음이라는 것입니다.

정전 의두 요목에 '부처님이 도솔천을 안 떠나고 왕궁가에 내렸다'는 내용이 있어요. 그것은 무슨 말인가요? 부처께서 도솔천에 있었던 마음이나 왕궁가에 내렸던 마음이나 그 마음이 똑같았다는 의미입니다. 그런데 보통 사람들은 그렇지 않은 것이죠.

그다음 세 번째는 **선악 업보가 끊어진 자리**입니다. 모든 사람들의 현실 생활 속에는 업의 차별이 있습니다. 어떤 사람은 용돈 쓰기가 참 궁하죠. 지금 서원관에도 빈곤의 차별이 있나요? 자세히 보세요. 이러한 빈부의 차별이 왜 생겼을까요. 인간이 사는 현실 세계는 절대로 평등할 수 없습니다. 각자의 선악 업보에 따라서 현실 세계가 펼쳐집니다. 만약 돈이 있다면 쓸 때도 잘 써야 해요. 지금 남자 원로원에 계시는 분이 신장이 망가져서 투석을 해야 한답니다. 그래서 제가 좀 지원을 해드려야 하는데 저도 어떻게든 돈을 벌어야 하겠죠. 강의 열심히 해서 벌어야 하는데 전국 교당에 나가서 설교를 하면 돈을 받습니다. 수중에 돈이 있으면 주고 싶은 사람도 있기 마련입니다. 줄 때도 잘 줘야 해요. 줄 때는 아낌없이 줘야 합니다. 그런데 어떤 때는 참 아깝다고 생각될 때가 있습니다. 그래서 육바라밀의 첫 번째가 보시입니다. 보시를 하려면 제대로 해야 하기 때문이죠.

현실에서는 이러한 차별들이 생기는데 일원상 진리의 본래 자리에 가면 선악 업보에 차별이 다 끊어집니다. 이것이 대평등 자리입니다. 그래서 차별이 없는 본래 자리로 가서 돈공한 그 자리에 합일해야 됩니다.

그래서 마지막이 **언어 명상이 돈공한 자리,** 즉 말로 할 수 없고, 생각으로 할 수 없는 텅 비어버린 자리입니다. 그런데 생각을 해서 그 자리로 가보고자 하면 돈공한 그 자리하고는 오히려 멀어지게 됩니다.

이 돈공 자리에 대해 예화를 하나 들겠습니다. 여러분들 경봉 스님이라고 들어봤죠? 경봉 스님은 양산 통도사 극락암에 계셨고 당대의 선승이셨어요. 제가 여름방학에 경봉 스님을 뵈러 양산에 갔습니다. 택시를 타고 극락암까지 쭉 들어갔어요. 극락암에 도착하니 스님 한 분이 한낮에 선을 하고 계시더라고요. 그런데 가만히 보니 고개를 끄떡거리면서 옳소, 옳소 하는 듯이 조는 겁니다. 택시가 소리 내며 들어가니까 잠에서 깨셨어요. 내가 그 모습을 보니 동질감이 생겨요. 나도 선을 하면서 조는데 스님도 조는구나, 하면서 위안이 되더라고요. 스님이 나오면서 '어디서 오셨냐'고 맞이해요. 원불교 원광대학교 기숙사에서 왔다고 하니, 어찌 오셨냐고 물으셔요. 그래서 경봉 스님을 좀 뵈러 왔다고 했죠. 그런데 나를 들어오라 하고 응접실에 앉혀놓고는 경봉 스님을 안 모시고 나오는 겁니다. 그 대신 예비 테스트를 해요. 경봉 스님 상좌라며 자꾸 성리 문답으로 들어가요. 처음에는 대답을 살살 하다가 경봉 스님 뵈러왔지 상좌하고 다투려고 온 것이 아니라서 말을 안 해버렸어요. 내가 딴전을 피우니 안 되겠는가 싶어서 기다리라고 하더니 경봉 스님을 모시고 나오는 겁니다. 90세가 넘으셔서 부축을 받으시며 나오셨어요. 스님에게 대례를 하니 꼿꼿하게 받으셔요. 대례를 받고 하시는 첫 말씀이 '극락에 길이 없는데 어찌 왔느냐'예요. 극락에 왜 길이 없어요. 택시 타고 왔는데. 경봉 스님 계시는 절 이름이 극락암이죠. 근데 거기에 길이 없다는 겁니다. 그렇다고 스님에게 '택시 타고 왔습니다' 이러면 되겠어요? 안 되죠. 그래서 다시 물었어요. "극락이 뭐시간데 길이 없습니까?" 그러니까 앞에는 한 점 뒤는 두 점이다, 그러면서 하하하 웃으셔요. 앞에는 한 점 뒤는 두 점이라 했죠? 마음, 즉 네 마음자리가 극락이다, 그 말입니다. 이제 한 문답 끝났으니까 스님이 묻기 전에 내가 공격적으로 물어야 합니다. "스님, 가끔 부산 신도집도 방문하시고 그러십니까?" 하고 물었어요. 그러니까 스님 하시는 말씀이 "대학 병원 원장이 어디 왕진 가나." 그러니까 당신은 대학 병원 원장인데, 조무래기 의사들이나 왕진을 가지 큰 의사인 당신은 왕진을 안 간다 이 말입니다. 또 스님이 묻기 전에 막 물어야 해요. "스님, 이 대학 병원에는 의사가 몇 명이나 됩니까?" 그러니까 경봉 스님이 "전삼삼 후삼삼이다."고 해요. '앞에도 셋 셋, 뒤도 셋 셋이다'고 이야기를 하셔요. "그거 알아?" 그러시더니 "아 원불교는 의사가 몇 명이나 되는고?" 그래서 "후삼삼 전삼삼입니다."라고 대답을 했어요. 그러니까 스님이 "금방 배워갖곤 안 돼요. 배워가지고 해야지."

이것이 뭔가 하면 금강경에 나옵니다. 수보리하고 부처하고 대화할 때 항하사에 있는 모래 숫자만큼의 항하, 그 많은 항하에 있는 모래 수 그것이 얼마나 되는가, 이렇게 물으셔요. 그러니까 중국에 있는 야부 선사가 이 대목에서 송을 하나 붙였는데 '전삼삼 후삼삼이다' 이렇게 붙였어요. 이걸 알아야 대답을 하든지 말든지 할 수 있어요. 그런데 내가 그 내용을 알고 대답을 했어요. '후삼삼 전삼삼'으로. 이것은 앞에도 셋 셋이고 뒤에도 셋 셋이니 하나라는 뜻입니다. 무슨 말인지 알겠어요? 다 세버리면 하나예요. 대종사께서도 바다의 고기 수를 세어보셨죠? 또 물도 다 되어보셨죠? 그게 다 하나라는 겁니다.

경봉 스님이 "야야, 오늘 귀한 손님들 오셨다. 공양을 좀 내어 와라." "아, 스님, 저희는 빈손으로 왔는데 어떻게 공양을 받겠습니까?" "가만 있거라, 절에서 공양을 받으면 삼세업장이 녹아난다." 그러시길래 "스님은 뭐 업장

녹이는 음식이 있는갑네요." 하고 기다렸습니다. 그러더니 시중에 많이 있는 카스테라를 내왔습니다. 그래서 그 카스테라를 먹었어요. 업장 녹이려고 먹고 나서 경남교당에 왔어요. 그런데 절에 있는 그 빵이 여름이라 상했던가 봐요. 설사가 나기 시작하는데, '아, 내 업장이 이렇게 빠지는구나' 하고 한바탕 웃었어요.

경봉 스님 하시는 말씀이 다 돈공한, 텅 비어버린 자리예요. 이해가 가나요? 다 돈공한 자리입니다. 그런데 비었는데 그냥 빈 게 아닙니다. **공적 영지**空寂靈知입니다. 공적은 비었다는 말이죠. 그냥 비면 명청한 것이라 절대로 그냥 비면 안 됩니다. 영지, 신령스럽게 아는 것이 들었어요. 이 빈 일원상의 진리에 뭐가 들어있는가 하면 밝은 빛이 가득 차버렸어요. 꽉 찼어요. 그냥 비면 명청한 것이고 이 빈 자리 돈공한 자리 영지의 광명이 꽉 찼다, 그것이 일원상의 진리입니다. 영지 광명을 따라서 대소 유무에 분별이 나타납니다. 이 분별성이 생겨요. 영지의 광명 때문에 분별성이 나는 거죠. 그다음에 선악 업보의 차별도 나타나요. 아까 없어졌었죠? 근데 영지의 광명 때문에 선악 업보의 모든 차별이 나타납니다. 왜 선악 업보에 차별이 나타나는가요. 바로 광명 때문입니다. 비추어 보는 위력 때문입니다. 일체 유정물의 마음 작용까지 다 비춰 봅니다.

《명심보감》〈천명편〉에 '암실기심暗室欺心이라도 신목은 여전이니라神目如電'라는 말이 있어요. 깜깜한 방에서 혼자서 먹은 마음이 있어요. 혼자 가만히 마음을 먹었는데 그것을 신목, 귀신의 눈은 번갯불처럼 비춰 보는 겁니다. 이 말은 저 일원상 진리의 광명의 위력이 일체 중생의 마음 작용 하나하나를 다 비춰 본다는 말입니다. 그런데 중생의 숫자가 얼마나 됩니까? 많습니다.

그걸 어떻게 다 비춰 보겠어요. 부처께선 눈이 몇 개나 될까요? 그래서 상징을 하는데 어떤 부처는 머리 뒤로 손이 여러 개 펼쳐져 있어요. 그렇게 만들어진 부처 다 보셨죠? 눈을 손 가운데에 만들어놓은 부처 봤죠? 그걸 천수천안이라 합니다. 왜 이렇게 만들어놓았을까요? 모두 다 방편입니다. 그것을 세상에서 볼 때는 괴물이지 부처가 아닙니다. 왜 부처 눈을 그렇게 만들었겠어요. 다 본다는 의미를 담은 겁니다. 모든 사람의 마음 작용을 다 비춰 보셔서 선악 업보의 차별을 만들어내는 겁니다.

수많은 일체 생령의 마음이 작용한 것을 봐서 선악 업보의 차별을 그대로 나타내주는 그것이 진리가 가지고 있는 광명의 위력입니다. 이 광명을 따라서 세 개가 나타납니다. 그중에 앞에 없는 자리에서 빠진 자리가 있죠? '생멸 거래에 차별이, 생멸 거래가 나타나며' 부분은 없죠? 그건 어디로 갔겠어요. 그건 왜 뺐겠어요? 그 이유를 알아야 합니다. 그래야 진공 묘유의 조화 자리로 넘어가는 거예요. 매번 정전을 읽어도 이걸 발견한 사람이 별로 없어요. 생멸 거래가 나타나며, 이것은 없거든요. 나타난다고 하는 것은 조화 자리로 들어간다는 말입니다. 자, 그러면 왜 광명을 따라 대소 유무에 분별이 나타나고, 선악 업보에 차별이 생겨나느냐? 깜깜한 어두운 밤에는 청황적백 고저장단이 구별되지 않습니다. 그렇죠? 어두우면 안 보이잖아요. 그런데 밝으면 다 보이는 거예요.

제가 서원관에서 사감을 할 때 사감실인 내 방에 항상 주전자 당번이 있었어요. 당번이 식당에서 주전자에 물을 떠서 컵하고 제 방에 가져다놓았어요. 1학년으로 처음 들어오면 제일 먼저 하는 일이 방에 돌아다니면서 주전자 심부름을 하는 겁니다. '주전자 따까리'라는 별명도 붙었어요. 제일 졸병인 말석이 하는 거예요. 그 말석이 주전자를 가져다가 내 방에 갖다놓습니다. 그런데 저녁 9시가 되면 항상 모임을 하죠? 그때 훈화 말씀을 하고 오니까 목이 말라요. 내가 전깃불을 안 켜고 주전자 옆에 있는 컵에다가 물을 적당하게 따랐어요. 깜깜한 방에서. 주전자 옆에는 내가 항상 덮고 자는 이불이 있어요. 물을 너무 많이 부으면 넘쳐서 이불이 젖어요. 깜깜하지만 이불이 안 젖도록 적당하게 따라야 될 거 아닙니까. 그래서 적당하게 안 넘치게 따라놓고는 그 컵을 잡아서 딱 마시는데 물은 하나도 안 나오고 공기만 한 컵을 마셨습니다. 이불이 젖을까봐 어떻게나 조심해서 따랐던지 물은 하나도 없고 빈 컵만 들고 있었던 겁니다. 내가 왜 이랬겠어요. 어둡기 때문이죠? 밝으면 청황적백 고저장단이 다 나타날 것인데요. 공적 영지의 광명이 이런 자리입니다.

그다음엔 이 빈 자리가 꽉 찼다고 그랬는데 광명만 찬 게 아니라 또 하나 찬 게 있어요. 뭐가 찼어요? 기가 가득 찼어요. 기운 기氣 자 기가 가득 차요. 이 진리가 비어 있기만 한 게 아니죠. 밝은 광명이 가득 찬 곳을 절에 가면 대적광전이라 합니다. 대적광전은 부처께서 계시는 곳입니다. 그런데 광명만 가득 찬 게 아니라 기가 꽉 찼어요. 엄청난 기가 꽉 차 있어요. 그러면 이 기는 뭘 하는가? 바로 진공 묘유의 조화를 일으켜요. 진공한 가운데 묘유가 있고, 묘유 속에서 조화, 대조화를 일으키는 겁니다. 그런데 이 기가 가만히 있지 않고 작용을 합니다. 어떻게 작용을 할까요?

원문에 보면 **우주 만유를 통하여 무시광겁에 은현 자재한다**고 했어요. '무시광겁'이라는 말은 무슨 말인가요? 겁은 불교에서 엄청나게 오랜 세월을 이야기합니다. 각종 비유가 많지만 오랜 세월이라는 말입니다. 불교나 원불교의 진리관은 무시무종입니다. 그런데 기독교는 유시유종이죠. 시작을 만들었으니 끝을 만들어야 될 거 아니겠어요. 시작은 창조이고 끝은 말세입니다. 그런데 제가 아까 우주를 무한 공간, 무한 시간이라고 말했죠. 그 무한 시간에 이 기가 작용하는 겁니다. 기가 작용해서 우주를 변화시킵니다.

씨름 잘하는 강호동 씨가 MC로 스타가 되었죠. 강호동 씨는 힘이 셉니다. 아무리 힘이 세다 하더라도 진리의 기의 작용에 비하면 그것은 족탄불급입니다. 그래서 이 일원상 진리에 내재되어 있는 무한 기의 작용을 우리는 무한 동력이라고 말합니다. 일원상의 진리는 기의 작용으로써 무한 동력의 힘을 가지고 있습니다. 이 우주를 변화시킨다는 겁니다.

어떻게 변화시킬까요. 은현 자재隱顯自在합니다. 은은 숨는 것입니다. 현은 나타나는 것이죠. 왜 숨는가 하면 흩어지기 때문이에요. 지수화풍*, 사대四大가 흩어지면 은은 숨어버리는 겁니다. 하지만 모이면 나타나게 됩니다. 지금 여러분들 모였죠? 모여가지고 지금 앉았잖아요. 흩어지면 은, 모이면 나타나는 현입니다. 그래서 무시광겁에 모였다가 흩어졌다가 모였다가 흩어졌다가 반복하는 것을 은현 자재라고 합니다. 그럼 이 은현 자재를 누가 시키느냐, 누가 시키죠? 저 일원상에 갊아** 있는 기의 작용이 그렇다는 겁니다. 기의 작용에 의해서 모였다 흩어졌다 모였다 흩어졌다 하는 것이 은현 자재하게 나타나는 것입니다.

넓은 바다에 컨테이너를 실은 배가 유유히 갑니다. 엄청나게 싣고 갑니다. 이 역시 우주에 갊아 있는 일원상 진리의 기의 일부를 활용하는 겁니다. 오늘 제가 강의하면서 분필로도 쓰고 손으로 가리키기도 했습니다. 움직였죠. 이것은 내가 한 것이 아닙니다. 일원상 진리의 기의 일부를 내가 활용한 겁

• 사람의 육신이나 일체 만물을 구성하는 네 가지 요소로서, 사대라고도 한다.
•• 감추다, 저장하다.

니다. 운동선수가 운동 잘하는 것도 진리의 기의 작용의 일부입니다. 그 기의 작용이 무시광겁에 은현 자재, 나타났다가 숨었다 나타났다가 숨었다 하는 것입니다.

여기까지 일원상의 진리를 한번 정리해봤습니다.

일원상의 진리 요지는 '비고 밝고 바르다'입니다. 바른데 왜 바르다고 하는가? 기의 작용은 바르게 나타나기 때문입니다. 진리의 기운 작용은 바른데 사람이 들면 바르지 않게 되죠? 사람이 들면 저 기가 바르지 않게 작용할 수 있습니다. 하지만 일원상 진리의 기의 작용은 정확합니다. 절대로 이 기의 작용은 혼돈되지 않는다는 말입니다. 그대로 정확하게 작용하는 그것이 일원상 진리의 기의 작용입니다. 그래서 한없는 조화의 세계를 만들어냅니다. 우리가 사는 삶의 세계를, 이 세계를 멋지게 만들어냅니다. 이것을 일원상의 진리라고 볼 수 있습니다.

이 세 가지를 알면 사람들 눈치를 볼 필요가 없습니다. 흔히 사람들이 '눈치 본다' 그러죠? 눈치 볼 필요가 없어요. 왜냐, 눈치를 보면 사람의 눈은 피할 수가 있어요. 여기 서원관 지도 교무가 계신데, 지도 교무의 눈은 피할 수가 있어요. 그러나 누구의 눈은 못 피할까요. 바로 진리의 눈입니다. 그 눈은 피할 수 없겠죠? 그러니까 눈치 보지 말고 삽시다. 눈치 안 보고 떳떳하게 멋지게 삽시다. 우리가 눈치를 보지 않고 일상생활 속에서 정정당당하게 살아가기 위해서는 진리의 이 세 가지 측면을 함께 나투어 지도록 해야 합니다.

여러분들은 오늘 일원상의 진리를 공부했습니다.

2. 일원상의 신앙

일원상의 진리를 우주 만유의 본원으로 믿으며, 제불 제성의 심인으로 믿으며, 일체 중생의 본성으로 믿으며, 대소 유무에 분별이 없는 자리로 믿으며, 생멸 거래에 변함이 없는 자리로 믿으며, 선악 업보가 끊어진 자리로 믿으며, 언어 명상이 돈공한 자리로 믿으며, 없는 자리에서 공적 영지의 광명을 따라 대소 유무에 분별이 나타나는 것을 믿으며, 선 업보에 차별이 생겨나는 것을 믿으며, 언어 명상이 완연하여 시방 삼계가 장중에 한 구슬같이 드러나는 것을 믿으며, 진공 묘유의 조화는 우주 만유를 통하여 무시광겁에 은현 자재하는 것을 믿는 것이 곧 일원상의 신앙이니라.

오늘은 **일원상의 신앙**에 대해서 강의를 하겠습니다. 먼저 신앙의 의미부터 애기할까요? 일반적으로 신앙을 어떻게 봐야 할까요? 신앙, 믿어서 받든다는 말입니다. '일상생활 속에서 어떻게 신앙이 일어나는가'에 대해 좀 더 살펴보겠습니다.

여러분들 어릴 때 마을에 있는 당산나무에 대해 들어보셨죠? 또 서낭당에 돌 던져봤나요? 우리 어릴 때는 그 서낭당을 지나가는 사람마다 돌멩이를 하나씩 던졌어요. 그 돌멩이가 자꾸 쌓여요. 서낭당에 대한 두려움, 외포 현상이 돌멩이를 던지게 만든 겁니다. 돌멩이를 던지면 액운이 없어진다고 생각한 것입니다.

신앙이라고 하는 것은 이렇게 초보적인 것에서 출발합니다. 저도 어릴 때 돌멩이 하나 얼른 던지고 재빨리 도망쳤거든요. 저도 모르게 두려움과 외포 현상 때문에 그런 것입니다. 이것은 인간의 불완전성 때문에 일어납니다. 사람은 불완전합니다. 어떤 일이 언제 닥쳐올지도, 또 죽음이 언제 닥쳐올지도 모르고 살아가죠. 항상 일상생활 속에서 자기의 불완전성을 느끼고 사는 것이 우리들의 모습입니다. 그래서 동네마다 동신제를 지낼 때 당산나무에 금줄을 치고 그 줄 사이사이에 색동 형겊을 달아놓습니다. 그 빨간 형겊을 보면 자연스럽게 무서운 생각이 들면서 거기에 경외심이 일어나는 겁니다. 이런 것이 신앙의 원초적인 모습입니다.

신앙이 하나의 문화로 변한 예를 이야기해드릴게요. 여러분들 인도에 가봤나요? 인도에 갠지스 강이 있습니다. 금강경에선 항하라고 그러죠. 인도 갠지스 강은 힌두교의 성지입니다. 갠지스 강 자체가 성지입니다. 그래서 인도 사람들은 갠지스 강을 '강가'라고 합니다. 제가 안내인과 함께 택시를 타고 바라나시에 도착하니 항하 강이 보여요. 강이 보이니까 그 안내인의 얼굴이 경이로운 표정으로 변해요. 저 곳이 강가다 이거죠. 갠지스 강에 신앙이 왜 생겼느냐? 아주 단순합니다. 인도는 좀 지저분합니다. 날씨가 더우니 행동이 느리고 치우고 살지를 않죠. 5월, 6월에 엄청 덥습니다. 생활하는 곳이 항상 지저분하고 덥고 그렇습니다. 그런데 인도의 북쪽을 보면 만년설이 있는 히말라야가 펼쳐져 있어요. 비행기를 타고 구름 위를 올랐는데 그 위로 히말라야의 고봉들이 보였습니다. 설경이 펼쳐지는데 정말 환상적입니다. 그때는 카메라가 없어서 사진도 못 찍었어요.

인도 사람들은 북쪽을 볼 때마다 항상 만년설에 뒤덮인 시원한 히말라야를 동경합니다. '저 곳은 얼마나 좋은 곳인가' 동경하는 마음이 생겼어요. 오랜 세월을 살면서 그런 생각이 아주 자연스럽게 생겨난 것입니다. 자기들이 사는 삶의 현장은 매일 더워서 살기가 힘든데 백설이 뒤덮여 있는 히말라야를 생각하면 경이롭다고 생각했을 겁니다. 그런데 그 강가, 갠지스 강의 발원지가 바로 히말라야입니다. 히말라야의 눈이 녹아서 갠지스 강으로 흘러오는 겁니다. 그래서 거기서 나오는 물은 성스럽다고 생각했죠. 이것이 오랜 세월 문화적으로 고착된 것입니다. 그래서 인도 사람들은 힌두교 사원에 가서 참배를 하고 얼굴에 재 같은 것을 바릅니다. 그것을 찍어 바른 사람은 사원을 참배했다는 표시예요. 그리고는 강가로 갑니다. 가서 그 물에 목욕을 합니다. 목욕을 하면서 자기의 죄업이 씻어진다고 믿는 거죠. 그 물에 목욕을 하는 것이 얼마나 받아들이기 어려운지 현장을 목격한 사람이라면 이해할 겁니다.

갠지스 강에서는 시체를 태우는 화장도 합니다. 부잣집은 장작을 많이 쌓아서 죽은 사람을 그 위에 올리고 흰 천을 덮고 기름을 조금 발라요. 그리고 장작 더미에 불을 놓습니다. 나무를 어지간히 쌓아가지고는 그 시체가 다 타겠습니까? 안 타요. 시체가 안 타니까 땅에 내려앉겠죠. 땅에 재와 함께 시체가 내려앉으면 그냥 강가에 던져버립니다. 성스러운 강가로 돌아갔다고 믿으면 되겠죠? 그런데 미안하게도 목욕하는 옆에서는 똥도 싸서 똥이 둥둥 떠다녀요. 그런 물에 목욕을 하면서 자기 죄업을 씻는다는 개념이 생겨났습니다. 근데 그 바라나시가 인도의 아주 유명한 관광지가 되었어요. 인도의 문화가 되어버린 것입니다. 우리도 그런 문화를 만들었으면 좋겠어요. 인도 사람들이 갠지스 강을 경배하고 사모하고 생각하는 문화가 왜 생겼느냐? 기후 조건에 의해 자연적으로 생긴 현상이다, 이 말입니다. 외포 현상은 이런 겁니다.

그렇게 인간은 불완전한 존재이기 때문에 늘 나보다도 더 의지할 것이 있으면 거기에 의지하고 싶은 마음이 나게 됩니다. 이것이 신앙에 대한 일반적 의미라고 파악할 수 있습니다. 그래서 외포심, 경외심은 신앙의 일반적 의미라고 말할 수 있습니다.

또 신앙의 단계에서 한 단계 더 들어가면 절대자와의 교섭 관계가 생깁니다. 고등종교로 넘어오면 신앙의 의미가 생겨납니다. 절대자와 교섭하는 거예요. 인간은 상대적으로 유한한 존재이고 무기력하기 때문에 나보다 더 온전한 절대자와 교섭을 하는 겁니다. 신앙이라는 매체를 통해서 절대자와 인간과의 교섭 관계가 일어나는 것입니다.

원불교적 의미의 신앙은 무엇인가 살펴봅시다.

타력의 힘입니다. 타력을 빌리는 거죠. 어디서 빌리겠습니까? 법신불 일원상의 타력을 빌리는 것이죠? 법신불 일원상의 힘을 빌려 오는데, 그 힘이 원불교적으로 신앙의 의미가 됩니다. 여기서 우리가 중요하게 생각해야 할 것이 있습니다. 여러분들 다 어떤 능력을 갖고 있죠? 초등학생들도 다 능력이 있습니다. 누구에게나 어떤 능력이 있습니다.

대종사께서는 구인 선진과 100일 동안 산상 기도를 하셨죠? 그 결과 혈인 법인성사를 나투셨습니다. 그 법인성사를 나투시면서 우리에게 법호와 법명을 주셨어요. 법호와 법명에는 어떤 의미가 있나요? '자기의 능력으로 일하지 말고 법신불의 능력으로 일하라'는 의미가 있습니다. 모든 사람들은 '잘한다, 잘한다' 칭찬해주면 힘이 나서 더 잘하려고 합니다. 또 그 칭찬에 힘입어 묘하게 원을 더 크게 세워 정성으로 임하게 됩니다. 정성으로 임하면 그 원을 척척 하나씩 이뤄가요. 그때 어떤가요? 어쩐지 내 힘으로 그 일을 해냈다는 마음이 솟구쳐나옵니다. 그래서 신나죠. 내가 정말 일을 잘하는구나, 하고 자아도취도 됩니다. 그것이 인간의 정상적인 생각 아닙니까?

그런데 우리 대종사께서는 법호와 법명을 주셨어요. 이것을 우리가 어떻게 해석해야 할까요? 우린 항상 법신불의 위력을 입어서 일하는 사람입니다. 내 능력으로 일하지 말고 법신불의 능력을 계속 입어야 합니다. 그래서 우리의 타력은 대단한 것입니다.

앞에서 제가 믿음의 대상을 설명하면서 서낭당, 인도의 강가를 예로 들었지만 결국 가장 적절한 믿음의 대상은 어떤 대상이죠? 원불교에서 믿는 일원상의 진리가 가장 적절한 믿음의 대상, 신앙의 대상이라고 볼 수 있습니다. 그래서 한편으로 타력 신앙이라고 했는데 또 다른 면으로 보면 숭배를 통해서 닮습니다. 그 대상을 숭배하면서 자꾸 닮아갑니다. 자기도 모르게 믿으면 닮아갑니다.

큰 바위 얼굴 이야기 아시나요? 큰 바위 얼굴이 생겨났는데 그걸 항상 보는 사람이 있어요. 그걸 보고 또 보고 나중에 보니까 자기도 모르게 자기가 큰 바위 얼굴이 되어버리죠? 이와 마찬가지로 법신불 일원상도 자꾸 숭배하고 쳐다보고 계속 믿으면 자기도 모르게 법신불 일원상을 닮아갑니다. 닮아가게 되어 있습니다. 이것이 원불교에서 말하는 신앙입니다. 그래서 원불교 신앙의 의미는 결국 법신불과 내가 하나가 되는 것입니다. 법신불과 내가 하나가 되는 그것이 신앙의 궁극적 의미라고 볼 수 있습니다. 여기까지 신앙의 일반적 의미와 원불교적 의미를 살펴보았습니다.

이제 **일원상 신앙의 내역**을 보겠습니다.

첫째 본원 신앙과 본성 신앙입니다. 일원상의 신앙 장을 보면 진리 장을 그대로 옮겨놓으시고 뒤에다가 '믿으며'만 넣었습니다. 그래서 '우주 만유의 본원으로 믿으며, 제불 제성의 심인으로 믿으며, 일체 중생의 본성으로 믿으며'라고 '믿으며'만 뒤에다가 붙였습니다. 그러면 이것은 무엇을 말하는가?

앞에 '우주 만유의 본원으로 믿으며'는 본원 신앙입니다. 그리고 뒤에 '심인'과 '본성'은 우리의 본성을 믿는 것, 그것을 일원상의 신앙이라고 볼 수가 있습니다. 이렇게 본원 신앙이 제대로 되면 어떻게 되는가? 우주 만물이 본원인 것을 믿기 때문에 우주 만유 일체가 개별로 보이지 않습니다. 개체로 보이는 게 아닙니다. 개체, 그것은 본체입니다. 그것을 믿는 것입니다. 왜 처처불상 사사불공이 되느냐면 하나이기 때문입니다.

여러분들 동지 간에 싸움 안 하고 잘 지내는가요? 저 기숙사에 살 때는 싸움 많이 했어요. 몽둥이로 두드려 패기도 했어요. 동지를 몽둥이로 칠 때 그냥 치겠어요? 저 사람을 그렇게 해야만 된다는 생각이 꽉 차 있기 때문에 사람을 치는 것 아니겠습니까? 그렇게 칠 때 그 동지하고 나는 둘이 되어버리겠죠? 본원에서는 둘이 아닌데 우리가 살다 보면 자기도 모르게 둘이 되어버려요. 너는 너고 나는 나다. 요즘 사람들 거의 다 그렇죠. 안 그럽니까? 분명하죠. 나는 나요 너는 너다.

그런데 본원에 가서는 여러분이 학생이고, 나는 가르치는 사람이고 이런 것이 하나가 됩니다. 우리가 본원을 신앙한다고 하는 것은 허공 법계에 가득한 우주의 위력, 그것을 신앙하는 겁니다. 우리가 대하는 모든 대상들이 하나로 엮이는 마음의 자세가 되어야 합니다. 우주 만유가 하나로 엮어진 그 본체를 그대로 신앙하는 그것을 본체 신앙, 본원 신앙이라 말할 수 있습니다.

그다음은 본성 신앙입니다. 여러분들 마음을 갖고 있죠? 마음에는 두 가지가 있어요. 하나는 믿음의 대상이 되는 마음입니다. 이 마음을 구별할 줄 알아야 합니다.

제가 근무를 할 때 어떤 교무가 똑같은 내용을 가지고 취사를 했습니다. 그 교무와 내가 하는 취사의 방법과 목적은 똑같아요. 그런데 목적에 도달하기 위한 과정이 있죠? 그 과정에서 그 교무가 취사한 것이 틀렸어요. 내가 보니까 틀려서 불러다 사과해라, 하니까 하겠다고 하고 나중에 보니 안 했어요. 두 번째 불러다가 사과하라고 하니까 하겠다고 했어요. 나중에 알아보니 또 안 했어요. 세 번째에도 안 하더라고요. 그러니까 그 교무는 자기 생각이 맞다고 생각하는 겁니다. 믿는 마음은 현실적입니다. 그 믿음의 대상이 되는 마음이 본성이고 심인입니다. 그래서 이 현실적인 마음을 항상 본성과 심인에 대조를 해서 믿음이 잘 일어나도록 해야겠죠.

그런데 사람들은 이 두 가지를 혼동합니다. 그리고 여기에 집착해요. 꼼짝을 못하는 거예요. 나는 이걸 객관과 주관이 아닌 주관과 객관이라고 표현해봅니다. 어떤 사람은 주관이 강해서 남의 말을 절대 안 듣습니다. 그런 사람 있죠? 참 갑갑합니다. 이런 사람은 자기 말만 합니다. 주관이 강해서 다른 사람 말을 듣지 않고 받아들이지 않습니다. 지도자가 이러면 정말로 갑갑합니다. 주관이 강한 사람은 자기 주관대로만 생각을 하고 누군가 아무리 객관적인 이야기를 해도 받아들이질 않습니다.

또 어떤 사람은 귀가 얇아서 무슨 말을 들으면 그대로 다 받아들입니다. 이랬다저랬다 하는 사람 있죠? 저는 이런저런 경험을 많이 했어요. 교단에 살면서 이 주관과 객관의 문제를 잘 운용하지 못하면 사는 데 힘듭니다. 지도자가 되어서 어떤 사람은 자기 주관만 세워서 밀고 나가는가 하면 어떤 사람은 자유방임형으로 일합니다. 그래서 아랫사람들이 하는 대로 그냥 둡니다.

이 공부를 잘하는 사람, 즉 본성 신앙을 잘하는 사람은 주관을 객관화합니다. 내가 가진 주관이 옳으면 객관화해서 상대가 받아들이게 만듭니다. 주관을 잘 활용하는 사람입니다. 반대로 이 공부를 잘하는 사람은 객관을 받아들여 주관화합니다. 여러분들이 이렇게 생활하면 많은 문제들이 해결됩니다. 실제 생활에서 마음 작용을 어떻게 하면서 신앙을 잘 해나갈 것인가, 하는 생각으로 공부를 해야지 이론적으로만 공부하는 거 아닙니다. 알겠죠? 얼마나 멋집니까. 주관을 객관화하고 객관을 주관화한다는 것이죠. 이런 사람은 인간관계가 아주 원만해져요. 그런 사람이 리더가 됩니다.

이렇게 본원 신앙과 본성 신앙이 합해져서 자타력 병진 신앙*입니다. 그렇게 봐야 한다는 말입니다. 원불교 신앙은 자타력을 병진하는 신앙입니다. 하나만 우주적 신앙을 하는 것은 타력 신앙이고, 자기 안의 마음을 신앙하는 것, 자기 마음자리를 신앙하고 자꾸 챙기는 것은 자력 신앙이죠. 그래서 자력과 타력이 함께 하는 신앙이 원불교 신앙의 특징이고 일원상 신앙의 특징입니다. 그 특징을 우주 만유의 본원으로 믿으며, 제불 제성의 심인으로 믿으며, 일체 중생의 본성으로 믿으며, 이렇게 말씀하신 것입니다. 주관과 객관의 문제들을 잘 생각하며 생활 속에서 잘 활용하고 응용해주기를 바랍니다.

이제 일원상 신앙의 두 번째 내역입니다. 첫 번째는 본원 신앙과 본성 신앙이고, 두 번째는 돈공**의 대위력 신앙입니다. 한꺼번에 비어버린 자리를 신앙하는 것, 그것을 돈공의 위력 신앙이라고 할 수 있습니다. 이 말은 무슨 뜻이겠어요? 신앙의 내용을 보면 대소 유무의 분별이 없는 자리를 믿으며, 선악 업보에 차별이 없는 자리를 믿으며, 생멸 거래가 끊어진 자리를 신앙하는 것, 여기까지를 한마디로 '돈공의 대위력 신앙'이라고 제가 표현했어요. '돈공' 이 자리를 어떻게 표현하셨냐 하면 '대적광전'이라고 했습니다.

교도 한 분이 저에게 자기의 신앙담을 고백했어요. 진주에서 했는데 제가 아주 잘 아는 사람입니다. 자주 만났죠. 한번은 저를 찾아와서 자기가 나하고 거리가 있는 것 같으니까 가깝게 하고 인연을 걸기 위해서 자기 공부담

• 자신이 절대적인 진리와 함께 한다는 것으로, 자신의 힘으로 다하지 못하므로 타력의 힘을 얻어 자신의 것과 함께 하면 큰 힘을 얻게 됨.

•• 頓空. 텅 비어버린 자리.

을 들어달라고 해요. 그래서 그러자고 했어요. 자기 공부담을 말하겠다니 얼마나 좋은 일입니까. 이 교도가 경주 불국사에 갔어요. 여러분들 불국사 가 봤죠? 그때 불국사에는 월산 스님이 주지를 했어요. 월산 스님이 경주 불국사를 공부하는 도량으로 만들려고 선원을 만들었어요. 선원을 개설해서 선객들을 받아가지고 그 주지가 돈을 들여서 먹여 살리는 거예요. 불교는 이판사판 그렇잖아요. 이판이 되면요, 선원을 돌아다니면서 동안거*, 하안거** 선만 나면 됩니다. 그러면 사판들은 돈을 벌어서 이판들 공부하는 걸 뒷바라지합니다. 주지하고 원주하고 이렇게 해요.

그런데 불국사가 관광지라 돈이 엄청 들어오니까 이 스님이 선원을 만들어서 스님 수십 명을 먹여 살리거든요. 그러던 중 우리 교도가 불국사에 가서 참배를 했어요. 삼배를 올리고 나니까 느낌 하나가 확 오더랍니다. '아, 내가 불국사에 인연이 있나 보다' 하는 느낌이 왔대요. 내가 불국사에 인연이 있는 것 같으니까 주지 스님을 만나야겠다고 행인들한테 주지 스님이 어디 계시냐고 물었대요. 그러니까 그 사람이, 불국사 구경하러 왔으면 대웅전 가서 참배하고 그러면 되지 왜 주지 스님을 만나려고 하느냐 그러더랍니다. 그래서 정색을 하고 내가 원불교를 공부하는 독실한 신도라고, 근데 내가 주지 스님을 뵙는 것이 뭐가 문제냐고 그랬답니다. 참 대단하죠? 아무나 이렇게 못해요.

그래서 그 사람이 당신이 원불교를 열심히 다니냐고 하면서 바로 불국선원으로 데려갔습니다. 거기 가니까 스님들이 가사 장삼을 걸치고 월산 스님 강의를 듣고 있는 겁니다. 그래서 뒤에 들어가서 저 앞에서 강의하고 계

• 冬安居, 불교에서 승려들이 겨울 동안 한곳에 머물면서 수행에 전념하는 일.

•• 夏安居, 불교에서 승려들이 여름 동안 한곳에 머물면서 수행에 전념하는 일.

신 분이 월산 스님이니까 여기서 절 한 번 하고 가라고 하더래요. 이 분이 알 았으니 내가 알아서 하겠다고 했어요. 그런데 스님들이 앉아 있는 그 가운 데에 한 자리가 비었더랍니다. 그래서 스님들을 헤치고 그 자리로 들어갔습 니다. 대단하죠? 뭔 속인이 한가운데로 들어오니까 일시에 스님들 시선이 딱 집중되었어요. 월산 스님 코앞까지 갔습니다. 대례로 절을 한 번 하니 월산 스님이 "그대가 누구인데 나에게 절을 하는가?" 하더랍니다. 이 교도가 어떻 게 대답을 했냐면 "예, 원불교를 믿는 독실한 신도입니다." 월산 스님이 "그 대가 원불교를 믿어? 그러면 대궐 구경했는가?" 하고 다시 물었습니다. '대 궐' 하시는데 언뜻 대산종사의 대적광전 법문이 생각나더라는 겁니다. 그 순 간에 말이죠. "예, 제가 대궐 구경 했습니다." 그런 겁니다. "그래? 그럼 오늘 내 말은 그만하고 이 원불교 신도가 대궐 구경한 이야기를 들어봅시다." 이 제 난리가 났어요.

그 교도는 진주 살아요. 진주에서 삼천포로 빠지면 여수로 갈 수 있습니 다. 그 교도가 삼천포에서 배를 타기 전에 복국을 한 그릇 먹었습니다. 그런 데 배가 떠나는데, 한 삼십 분쯤 지나니 배가 아프기 시작해요. 처음에는 살 살 아프더니 나중에는 꼬이듯이 아프더랍니다. 그래서 선체에 그냥 구부러 져버렸어요. 사람들이 "당신 뭘 먹어서 이래요?" 하고 묻는 겁니다. "내가 복 국을 먹었다."고 하니 잘못 먹었나 보다고 사람들이 혀를 끌끌 차더랍니다. 젊은 사람 안됐네, 그 말을 들으면서 자기 손을 보는데 내가 이제 죽는구 나, 하는 생각이 들더랍니다. 그 어려운 상황에서 말이죠. 이제 기도를 하고 천력과 법신불의 위력을 빌려야지, 하는 생각도 나더랍니다. 그래서 죽을힘 을 다해서 기어 나와 삼등실 철기둥을 있는 힘을 다해 붙잡았습니다. 그리 고 거기다가 머리를 처박고 '법신불이시여, 제가 이 복국을 먹고 죽을 원인 이 있으면 한 번만 용서해주시오. 나는 원불교를 위해서 할 일이 많습니다.

법신불이시여, 법신불이시여' 열 번 스무 번 계속 외쳤답니다. 한참 외치다가 깜빡 죽을 뻔했습니다. 그런데 누가 등허리를 툭툭 때리더랍니다. 뒤돌아보니 "손님, 여수 다 왔습니다." 해요.

이 이야기를 하면서 "스님. 제가 법신불이시여, 외친 그 자리에는 복국을 먹어서 아픈 것도 없었고 배도 없었고 물도 없었고 여수도 없었습니다. 이 자리가 대궐 자리 아닙니까?" 했답니다. 월산 스님이 "그래, 기도 삼매에 들어갔네. 이런 대궐 자리 알겠어요?" 그러더랍니다. 영동이 어딘지 아시죠? 경상도에서 추풍령을 넘어가면 영동입니다. 거기에서 소를 키웁니다. 이 교도는 산전수전 다 겪은 사람입니다. 영동에서 해질녘에 소 풀을 먹이다가 혼자 앉아서 개구리 소리를 들었어요. 5월경이라 개구리들이 깨어나서 개굴개굴 합니다. 그 산촌에 개구리 소리가 가득해요. 그래서 그 개구리 소리를 풍악 삼아서 기도를 한 것입니다. 기도를 마치고 일원상 서원문을 외우는데 일원은 언어도단의 입정처요, 하면 개구리 소리가 뚝 끊어집니다. 안 외우면 다시 개굴개굴 하고, 다시 유무 초월의 생사문이요, 하면 또 끊어져요. 제가 이 기도를 하면서 개구리 소리가 다 끊어졌습니다. 그 자리가 대궐 자리 아닙니까? 이렇게 말했대요. 그러니까 "이 원불교 신도 기도 참 잘하네. 오늘은 이 분의 대궐 구경한 이야기로 마치고 저 거사 공양이나 해가지고 보내소." 했답니다. 선원에서는 바루 공양을 합니다. 공양을 다 하니 스님들이 교도한테 와서는 "어떻게 하면 그렇게 공부가 되느냐?"고 묻더랍니다. 그렇게 해서 불국선원에서는 원불교가 하늘만큼 솟아버렸습니다.

이 교도의 기도가 '체성에 합하는 기도'입니다. 그래서 대돈공, 마음을 크게 비울 수 있는 능력이 생깁니다. 대단한 겁니다. 보통 사람은 마음을 비울 수 있는 능력을 마음대로 못 합니다. 이렇게 마음을 비울 수 있는 힘을 가진 사람은 자기를 이길 수 있는 힘을 가졌습니다. 대종경에 '남을 이기는 것보다 자기를 이기는 것이 참으로 이기는 것이다' 그랬죠? 자기를 이기는 것이 뭔가요? 자기의 마음을 자기가 스스로 비울 수 있을 때 그것이 참으로 자기를 이기는 능력입니다. 돈공한, 아주 비워버린 그 자리를 신앙하는 것, 이것이 돈공의 위력 신앙입니다.

일원상 신앙의 세 번째 내역은 광명의 대위력입니다. 광명, 밝음의 대위력입니다. 일원상의 진리 장을 제가 설명할 때 진리가 비었다고 했죠? 빈자리에 그냥 빈 게 아니라 광명이 가득 찼다고 했죠? 광명이 가득 차서 일상생활 속 순간순간에 모든 분별을 나타나게 하고 모든 유정의 마음 작용을 다 지켜본다고 했죠? 다 지켜봅니다. 그러니까 신앙의 대상이 무서운 것입니다. 우리와는 뭔가 다른 위력을 가지고 있으니까 우리가 신앙을 하는 것 아닙니까. 우리가 왜 일원상을 신앙합니까. 성가에도 있죠. '조개는 달님을 사모하면서 긴 세월 아픔 속에 진주를 났듯~' 그 노래 있죠? 조개도 달님을 사모하는데 여러분들은 누구를 사모하는가요. 엉뚱한 사람 사모하면 사고 나기 쉽습니다.

일원상의 진리에서 밝혀준 일원상의 위력을 사모해야 합니다. 우리가 사모할 대상은 진리가 광명한 위력을 가진 자리, 대광명의 위력에 우리가 신앙을 바치는 겁니다. 광명의 대위력을 신앙하게 되면 처처가 다 불상이 되는 것입니다. 처처불상입니다. 광명의 대위력에서 대소 유무의 분별과 선악 업보의 차별이 다 생겨나잖아요. 그러니까 생긴 모습 그대로, 개개 물물 생긴 그대로가 다 법신불의 응화신입니다. 생겨 있는 모든 모습 그대로가 법신불의 응화신이라는 걸 확실히 믿는 것이 광명의 대위력 신앙입니다. 그래서 대산종사께서 하신 말씀이 있습니다. 처처불상이 되지 않으면, 견성 못 한 줄로 알라고 하셨어요. 처처불상이 안 되면 광명의 대위력을 모른다는 것입니다. 광명의 대위력 때문에 일체만상의 응화신들이 다 나타나는 겁니다.

그리고 이 광명의 대위력은 개령, 즉 자의식입니다. 자의식을 가지면 생각을 많이 하게 됩니다. 지금 이 시간에도 생각이 왔다 갔다 하잖아요. 정신의 세계라는 것이 참 기가 막힙니다. 사람은 육신이 있어서 제한을 많이 받아요. 육신을 가지고 있기 때문에 우리 점심 먹어야지, 밥 먹어야지 한단 말입니다. 배고프니까요. 그런데 육신이 없으면 배도 안 고파요. 정신만 있으면 정신이 배고파요? 그런데 절에 가면 영가 천도재를 지내는데 뭘 그렇게 많이 차려놓아요. 부처 앞에도 철철이 과일을 놓아요. 부처께서 철철이 과일을 잡수십니다. 난 아직도 금년에 수박 한번 못 먹었는데 부처 앞에 가면 수박이 있다니까요. 그러니까 실제로 대종사의 이론에 의할 것 같으면 부처하고 나하고 게임이 되겠어요? 내가 낮다 이 말이죠.

대종사의 이론에 의하면 '무정한 석굴도 만인의 숭배를 받거늘 장차 구별력 있는 사람이리요' 그렇게 방문록에 썼다고 그랬죠? 무정한 석굴 앞에는 수박을 가져다놓으면서 사람한테는 수박도 안 사줍니다. 이렇게 자의식, 즉 개령이 있으면 생각을 하게 되고, 육신이 있기 때문에 많은 저항을 받게 됩니다. 육신을 가지고 있기 때문에 그렇지요. 그래서 육신이 있어서 성불도 가능한 겁니다. 육신이 필요 없는 것이 아니라 육신이 있어야 닦아서 진급을 한다고 합니다. 그러니까 정신과 육신이 있는 사람한테 가능한 것이지 정신만 있다면 수행도 못 하고 닦지도 못 합니다. 육신이 있는 것에 감사해야 합니다. 한편으로는 육신으로 인해 제한 받는 것도 많지만요. 그래서 이 생각을 하는 순간순간의 자의식을 광명의 위력은 다 비추어 본다는 말입니다. 이런 일원상의 진리를 신앙하자는 것이 대광명의 위력 신앙입니다.

네 번째는 조화의 대위력 신앙입니다. 일원상 신앙에서는 조화의 대위력을 신앙합니다. 사실적이죠? 아주 사실적입니다. 그래서 제가 일원상 진리를 설명할 때 빈자리에 광명이 가득 찼다고 했죠? 그 광명 말고도 기가 가득 찼다고 했습니다. 그 기의 작용이 우주 만유를 변화시킵니다. 우주를 움직이게 만들고 변화시킵니다. 그런데 이 우주를 만드는 기의 작용이 운동을 시키고 변화를 시키는데, 이 변화를 뭐라고 하냐면 유무 변화라고 합니다. 유무 변화를 시키는데 어떻게 시키느냐, 원운동을 시켜요. 돌리는 겁니다. 어떻게 돌리죠? 여러분들 어떻게 돌립니까? 지구가 돌잖아요. 지구가 자전을 하죠? 그래서 밤과 낮이 생기죠? 그걸 누가 돌립니까? 일원상 진리의 조화의 위력, 기의 위력입니다. 지구가 스스로 도는 것을 자전이라고 하죠? 지구가 자전만 합니까? 공전하죠? 지구가 공전을 하면서 어떤 변화가 생깁니까? 사시가 변하죠? 대종사께서 대종경에 '일시화발 만세춘' 그러셨죠? 이렇게 원운동을 시키니 돌고 돕니다. 이 원운동에서 가장 근본이 되는 힘이 조화의 대위력입니다. 원운동을 시키는 지구상, 우주 허공 공간을 한번 설명해드렸습니다. 제가 우주를 이야기할 때 우는 공간 개념이고, 주는 시간 개념이다, 공간은 시간을 만나서 조화가 일어나고 시간은 공간을 만나서 조화가 일어난다, 우주는 대조화의 장이라고 설명했죠? 우주에 일어나는 대조화의 장, 그것의 근본 힘이 뭐냐? 여기서 말하는 조화의 힘입니다. 법신불 대조화의 위력, 그 위력으로 우주가 변합니다. 우리는 이걸 믿어요. 바로 공정성을 믿는 것입니다. 지극히 공정하다는 말입니다. 근데 사람은 저 조화를 타고 나는데 공정하지 못해요. 못할 때가 많습니다. 우주 자연의 현상만이 지극히 공정해요.

그러면 사람이 왜 공정하지 못한가 한번 봅시다. 사람의 작용, 다르게 말하면 마음 작용이죠. 여러분 시간 있을 때 가만히 있어보면 마음이 그냥 싹 가라앉아 아무 생각도 안 나고 그러는가요? 계속 뭔 생각이 납니다. 사람은

98

어떤 때는 공정한 마음도 내고 어떤 때는 공정하지 않은 마음도 냅니다. 그러니까 우리가 이 조화의 위력을 계속 닮아가서 우리의 마음 작용도 공정하게 나와야 합니다. 그게 조화의 위력을 닮아가는 겁니다.

내일모레 원불교 탁구인들 대회를 해요. 그래서 나한테 찬조금을 달라고 해요. 우리가 보시를 하려면 정말 상등 보시를 해야 합니다. 그런데 제가 지난 주에 돈이 다 떨어졌어요. 누가 문자로 '사부님, 저 아프니까 백만 원만 보태주세요' 해서 돈을 보태주고 나니까 돈이 없는 거예요. 다음 주에 교당 가는데 얼마나 줄지 모르겠어요. 탁구대회 후원금을 얼마 줄까 했는데, 법회가 끝나고 교도가 시봉금을 얼마 주더라고요. 그래서 그냥 봉투째로 줬어요. 보고 나더니 십만 원 더 줘야겠다는 겁니다. 그래서 내가 우리 상등 보시하자고 했어요. 나는 아무 생각 없이 상등 보시하고 받는 사람도 그렇게 받아야 하는데 이거밖에 안 되네, 그러면 상등 보시가 되겠어요? 그러면 진리의 조화 작용에 위반되는 겁니다. 이 마음 작용이라는 것은 닮아가는 것입니다. 조화의 대위력을 닮아가려고 사모하고 신앙할 때 조화의 대위력을 체받을 수 있습니다. 또 일원상 진리의 조화의 대위력과 공정성을 계속 사모하고 닮아가면 우리의 마음 작용도 그와 같이 됩니다.

그런데 인간은 너무 오만한 거 같아요. 후쿠시마 원전 사고 소식 여러분들 다 들어서 알죠? 우리나라도 서해에서 자꾸 지진이 난다고 그러죠? 영광에 있는 원전도 언제 어떻게 될지 몰라요. 인간이 원자력 발전소를 통해 에너지를 만들면서 원자를 파괴해요. 이 원자라고 하는 건 물질의 가장 기본 단위예요. 가장 기본 단위인 원자를 파괴해서 거기서 에너지를 뽑아 쓰는 겁니다. 원자를 파괴한다는 것은 천지은의 배은입니다. 그래서 그 배은의 결과인 방사능 오염 물질을 인간이 수백 년간 떠안고 사는 겁니다. 그래서 영광 원자력 발전소는 고장이 안 나도 점차 폐기장이 되어가고 있습니다. 자연을 너무 많이 파괴하면서 살아가는 인간들의 모습, 우리가 반성을 해야 합니다.

이 진리가 가진 조화의 대위력은 정말로 아주 공정합니다. 저 공정한 진리의 위력을 우리들이 앞으로 잘 체받아서 마음 작용, 심신 작용도 진리의 조화처럼 아주 공정하게 되도록 해야 합니다.

대산종사 성탑을 원불교 100주년 기념사업으로 조성했습니다. 그 성탑 앞 진입로에 30~40센티미터 되는 박석을 쭉 깐답니다. 그래서 미륵산으로 돌을 주우러 가잡니다. 자기 기념 사업회 직원들은 3, 4만 원 주고 돌을 샀다면서요. 우리는 대산종사 성탑 앞에 돌 하나라도 놓아야 해서 돌을 주우러 갔습니다. 미륵산 계곡으로 갔습니다. 계곡 밑의 동네에는 예전에는 돌이 많았는데 이제는 시멘트로 바닥을 깔아서 돌이 없어요. 한참을 올라갔죠. 거기까지는 손을 안 대서 돌이 있어요. 박석 모양을 한 30~40센티미터 자연석을 골랐어요. 두 동이를 주어서 차에다 싣고 왔습니다. 대산종사 성탑 앞에 3만 원씩 주고 사다놓은 돌을 보니 다듬어진 돌들입니다. 그 돌하고 내가 주워 온 돌하고는 비교가 안 되더군요. 그렇게 멋진 돌을 내가 주워다가 거기 깔았습니다. 성탑 갈 때마다 내 돌을 찾을 거 아닙니까. 내가 주워온 돌이다, 생각하며 더 애정을 갖게 됩니다. 여러분들도 돌 하나 갖다놔보세요. 그렇게 됩니다.

인간이 자연의 조화를 많이 파괴해버려요. 인위적으로 오만하게 자연을 조작하지 말라고 말하고 싶습니다. 내가 부산교구장을 할 때 김상화라는 사람이 '낙동강을 사랑하는 사람들'이라는 모임을 만들었어요. 멋지죠? 이 모임에 내가 이사장이었어요. 어느 날 김상화 씨가 부산에서 책을 하나 보내왔어요. 제목이 《강은 흘러야 한다》입니다. 편지를 한 통 같이 보내왔는데 종교 지도자들께 길을 묻는 내용이에요. 과연 4대강 사업을 어떻게 해야겠습니까? 이렇게 편지를 써서 그 책에 붙였더라고요.

우리는 자연의 위력을 존중하자고 말합니다. 자연 상태 그대로의 위력을 존중해야 합니다. 그것이 조화의 대위력 신앙입니다. 자연은 일원상 진리의 조화에 따라 각각 개개 물물이 다 나름의 위력을 가지고 있어요. 그것을 우리가 살려야 합니다. 살려내는 것이 조화의 대위력을 신앙하는 것입니다. 이것이 기라고 그랬죠? 도올 선생이 늦은 나이에 한의대에 들어간 건 자기 기 철학을 완성하기 위해서였어요. 기 철학을 완성하기 위해서는 인간의 몸을 모르면 안 되거든요. 인간의 몸을 연구하고 공부하기 위해서 한의사 공부를 하고 한의사 자격증까지 취득했어요. 사람의 몸도 기를 통해서 움직입니다. 기를 함축해야 합니다.

제가 기숙사 사감 시절 학생들이 영모전(위패를 모셔놓은 곳) 광장 잔디밭에서 축구를 해서 선진 어른들께 혼나는 등 난처한 일이 많았어요. 그래서 학생들이 와서 이런 갈등을 풀자고 하더군요. 풀자는 건 공 한번 차자는 말입니다. 젊은 사람들은 기를 어떻게 할 수가 없으니까 공을 차면서 기를 발산합니다. 그래서 젊은 사람들이 공을 차면 무지막지하게 찹니다. 발목이 부러지기도 하죠. 이것은 기를 잘못 활용하는 겁니다. 그래서 성현들이 이 기의 사용을 존절히 해야 한다는 말로 '존야기'라 하죠? 존야기, 밤에 기를 모은다는 말입니다.

사람의 몸에서 기가 빠져버리면 시체입니다. 몸이 건강하려면 기의 순환이 제대로 이루어져야 합니다. 기가 제대로 순환이 되어야 하는데 기는 돌다가도 막혀요. 기가 막히면 사람이 죽습니다. 기가 흐르는데, 흐르는 코스가 있어요. 그 코스를 알아서 기를 잘 활용해야 합니다. 우리가 쓰는 기는 몸의 구멍이 뚫린 곳으로 들어갔다 나갔다 합니다. 몸에 구멍 뚫린 곳이 어디지요? 그것들을 다 막아야 하는데 그놈을 터놓으니까 전부 그걸 즐기고 활용하고 살아요. 그게 인간의 모습이에요. 기는 함축해야 합니다.

　　　　　　　　이렇게 일원상의 신앙을 대체로 살펴보았습니다. **일원상의 신앙 특징**을 간단하게 다시 정리해보겠습니다.

　개체 신앙이 아닌 전체 신앙입니다. 내 앞에 있는 이 컵도 개체입니다. 이 컵 속에 있는 본원을 신앙하는 것입니다. 본원은 현실이고 묘유입니다. 그래서 진공 즉 묘유, 묘유 즉 진공으로 따로 있지 아니합니다. 전체적으로 보면 개체 신앙이 아닌 전체 신앙입니다.

　다음은 미신 신앙이 아닌 진리 신앙입니다. 처음에 말했듯이 신앙이 어디서 출발했느냐면 인간의 자기 불확실성에서 시작되었습니다. 그래서 외포의 신앙에서 출발한다고 했죠? 하등 신앙의 형태입니다. 저 밑바닥에서 하는 신앙이라고 볼 수가 있습니다. 원불교는 그런 미신적인 요소들을 다 떨쳐버린 진리 신앙입니다.

　다음은 편협한 신앙이 아닌 원만한 신앙입니다. 기독교에서도 예수를 신앙으로 받들기 위해 성부, 성자, 성신 이야기를 하죠? 그 세 개 앞의 성聖 자, 아들도 예수도 바로 성, 하나님이다 그 말 아닙니까. 그러면 예수는 하나님인가 그러면 우리도 다 하나님인가요? 다 하나님입니다. 일원상의 신앙에서는 모두를 하나님으로 보기 때문에 편협한 신앙이 아니라 원만한 신앙을 지향하고 있다고 볼 수가 있겠죠.

　우리는 항상 사모하고 계속 닮아가려고 노력하는 신앙을 잊고 살면 안 됩니다. 그런데 우리는 계속 잊고 삽니다. 여러분, 일원상도 잊고 사나요? 잊어버리지 마세요. 계속 떠올려서 일원상을 가슴에 넣어두고 일원상과 항상 대화하고 교섭하세요. 법신불과 대화를 재미있게 잘하고 느끼면 법신불과

102

가까워집니다. 사람도 그렇죠. 자주 만나서 이야기하고 그러면 가까워지잖아요. 그런데 뜬금없이 만나면 가까워지기 힘들죠.

이 신앙의 세계에서 완전한 타력을 잘 활용해야 합니다. 전무출신 잘하는 사람은 법신불의 위력과 일원상의 진리를 잘 활용하는 사람입니다. 멋지게 활용하자는 겁니다. 법신불을 그냥 불단에만 모셔놓지만 말자는 것이죠. 불단에만 모시면 그건 잘못 신앙하는 겁니다. 법신불을 잘 신앙하는 사람은 항상 모시고 다니면서 생활 속에서 법신불을 닮아가고 실천합니다. 그것이 법신불을 잘 신앙하는 것입니다. 이상 마치겠습니다.

3. 일원상의 수행

일원상의 진리를 신앙하는 동시에 수행의 표본을 삼아서 일원상과 같이 원만 구족(圓滿具足)하고 지공 무사(至公無私)한 각자의 마음을 알자는 것이며, 또는 일원상과 같이 원만 구족하고 지공 무사한 각자의 마음을 양성하자는 것이며, 또는 일원상과 같이 원만 구족하고 지공 무사한 각자의 마음을 사용하자는 것이 곧 일원상의 수행이니라.

지난 시간에 일원상의 신앙에 대해 설명했습니다. 여러분들은 어떻게 느꼈는지 모르겠지만, 신앙의 대상을 일원상으로 제시해 주신 대종사의 위대하신 점에 대해 다시 한번 되새기는 시간이 되었으면 좋겠습니다.

오늘은 일원상의 수행修行을 공부해보겠습니다.

수행의 일반적인 의미는 말 그대로 번역하면 '닦아서 행한다'는 뜻입니다. 닦는다는 의미는 다듬는다는 의미와 상통합니다. 사람만 다듬는 것이 아니라 무정물도 잘 다듬어야 쓸모 있는 물건이 됩니다. 돌멩이도 그냥 생긴 대로 좋은 돌멩이도 많이 있습니다. 그러나 돌을 쓰려고 할 때 캐낸 돌은 다듬지 않으면 쓸모가 없습니다. 그래서 '닦아서 행한다'는, 무정물을 다듬어 쓸모 있는 물건으로 만드는 것처럼 사람들도 수행이라는 과정을 통해서 쓸모 있는 사람이 되어가는 바로 그런 수행의 의미를 표현하는 것입니다. 수행을 잘하는 사람은 스스로 가지치기를 잘해야 합니다. 나무는 가지가 뻗어나가는데 잘 뻗어나간 가지는 남겨두고 그렇지 않은 가지는 쳐줘야 아름다운 나무로 만들어집니다. 사람도 마찬가지입니다. 형성되어 있는 대로 살아가면 아무리 살아가도 다듬어지지 않아요. 그래서 가지치기를 잘해야 해요.

그러기 위해서는 숨을 잘 죽여야 해요. 숨죽인다는 말 아나요? 김장할 때 배추에다가 소금을 뿌립니다. 배추의 숨을 죽이기 위해서입니다. 그런데 어떤 배추는 소금을 아무리 많이 뿌려도 숨이 안 죽는 배추가 있어요. 여러분들은 지금 서원관에서 공부를 하고 수련과 수행을 하고 있습니다. 이 과정은 배추의 숨을 죽이는 과정과 같습니다. 내가 서원관에서 근무할 때 어떤 학생이 있었는데, 어찌나 개성이 강한지 소금을 어지간히 뿌려도 숨이 안 죽어요. 뻣뻣이 살아 있어요. 근데 그 사람은 졸업할 때까지도, 졸업하고도, 지금도 숨이 안 죽었어요. 숨이 잘 죽으면 간이 잘 들어 김장이 잘됩니다. 김장용 배추가 살아서 뻣뻣하면 안 됩니다.

이러한 설명은 일반적인 수행의 의미를 말하기 위해서이고, 원불교식으로 해석하면 인격 완성을 위한 자기 노력의 과정입니다. 동서양을 막론해서 많은 사람들이 수행 길을 내놓았습니다. 남다른 인격을 갖추었다는 사람들이 이렇게 닦아라, 하는 수행 길을 내놓고 있습니다. 퇴계 선생 아시죠? 퇴계 선생은 도산서원에서 도제들을 가르치셨어요. 국가에서 벼슬을 주고 부르면 퇴계 선생은 한양으로 갑니다. 가서 2, 3개월 있다가 사직서를 내고 또다시 돌아옵니다. 퇴계 선생이 벼슬을 오래 했더라면 퇴계학이라는 철학을 집대성하지 못했을 거예요. 그런데 퇴계는 벼슬살이는 많이 안하고 부르면 명에 따라 잠깐 하고 또 사직서 내고 해서 낙향을 무려 16번 했습니다.

퇴계가 낙향을 할 때는 한강을 건너야 합니다. 서울에서 관동을 가려면 한강, 지금의 노량진, 소태산 기념관이 있는 곳에서 건너는 겁니다. 그럴 때면 한양의 수많은 흰 옷 입은 백성들이 나와서 귀향하는 퇴계를 마중합니다. 그래서 어느 스님이 퇴계의 낙향하는 모습을 보고 '백파를 가르는 선인'이라고 했어요. 흰 파도를 가르는 선인이라는 뜻입니다. 흰 옷 입은 많은 사람들 가운데로 퇴계가 배를 타고 가는 모습을 비유한 것입니다. 그래서 도산서원에 가서서 당신의 철학을 집대성하고 수행을 계속했습니다. 퇴계가 수행한 것은 도산서원에 가보면 지금도 있습니다. 퇴계는 도산서원에 계실 때 항상 정신통을 마당에 놓아두고 화살을 열 대씩 던져서 꽂아 넣으며 정신 집중을 단련했습니다. 투호 알죠? 그것과 비슷합니다. 수행을 위해서 정성을 다해 정신통에 화살을 꽂아 넣는 겁니다. 그것이 자신의 수행 방법이었고 제자들에게도 그렇게 가르쳤어요.

이 수행의 방법을 서양에서는 명상이라고 합니다. 요즘은 명상하는 것이 힐링과 연결되어 있습니다. 명상을 통해 정신을 치유하는 것, 쉬는 것입니다. 세계적으로 많은 명상 센터가 있습니다. 왜 이렇게 명상 센터들이 많을까요. 자기의 인격 완성을 위해서입니다. '나는 이렇게 했다'는 노력의 모습을 다양한 방법으로 사람들에게 표현한 것입니다. 그래서 서양에서는 마인드 컨트롤, 자기 마음을 컨트롤한다고 하죠. 그런 의미로 인격 완성을 위한 수행의 길을 대종사께서 제시해주셨습니다.

　사람들이 진리 자리를 아는 것은 금방입니다. '모든 잡념들이 다 쉬어버리는 자리가 있구나' 하고 누구나 금방 압니다. 그런데 아는 것은 금방 갑자기 알지만서도 이 수행을 통해서 자기의 무시습기無始習氣, 아주 먼 옛날부터 익혀온 습관을 녹여내는 것은 시간이 걸립니다. 오랜 시간이 걸립니다. 그래서 불교에서는 이것을 돈오점수라고 합니다. 깨닫기는 문득 깨닫고 닦기는 천천히 닦아야 한다는 말입니다.

　수행이라는 것이 이렇습니다. 지금까지 일반적인 수행의 의미를 살펴봤습니다.

　　　　　　　　　이제 **원불교적 수행의 의미**를 살펴보겠습니다.

　첫째는 일원상을 닮아가는 것입니다. 수행의 핵심입니다. 불교의 소승과 대승 수행에 대해 들어보셨죠? 소승은 여러 가지 의미를 가지고 있지만 승은 탈 승乘 자예요. 그래서 소승은 적게 태운다는 말입니다. 적어서 태울 공간이 없어요. 오토바이는 둘밖에 못 타죠. 아무리 많이 태우려고 해도 둘 이상을 못 태워요. 그런데 KTX는 얼마나 태워요? 엄청나게 많이 태우죠. 오토바이에 비하면 대승大乘입니다. 대승은 많이 태울 수 있습니다. 저 언덕을 건너가는데 소승은 조금밖에 못 태우고 건너가지만 대승은 많이 태워서 많이 건너도록 합니다. 수행에서 소승은 자기 제도에 중점을 두고, 대승은 다른 사람과 함께 다른 사람을 제도하는 데에 중점을 둡니다.

　왜 내가 일원상을 닮아가는 이야기에서 소승, 대승 이야기를 할까요? 전통 불교의 소승, 대승에 비하면 일원상의 수행은 초대승입니다. 대종사께서는 일원상을 수행의 표본으로 잡으시고 초대승, 대승 중에서도 가장 많은

106

사람들을 태울 수 있고, 이 언덕에서 저 언덕으로 건널 수 있도록 수행의 방법을 일원상의 수행을 통해서 제시하셨어요. 그렇기 때문에 원불교 수행의 최상의 길은 법신불 일원상을 닮아가는 것입니다. 일원상을 그대로 닮아가는 건 수행 중에서는 초대승이고 수행 최고의 방법입니다. 그런데 이것이 쉽게 닮아집니까? 머리로는 될 것 같은데 실제로는 쉽게 잘 안됩니다. 그래서 일원상을 닮아가려면 일원상을 항상 사모해야 합니다.

혹시 사모하는 사람 있습니까? 인간이라는 것이 참 묘합니다. 인간관계는 복잡하게 다 얽혀 있는데 인간관계를 경험하면 할수록 복잡한 시비 이해가 자꾸 만들어져요. 그러면서 그 인간관계가 좋은 관계도 되고 나쁜 관계도 됩니다. 그런데 사모하려면 좋은 관계로 가야 되는데 좋은 관계로 사모하면 그것은 안 되죠. 우리 일원상의 수행과 멀어집니다. 그럼 어떻게 되는가요? 우린 사람을 사모하지 말고 법신불 일원상을 사모해야 됩니다. 솔성요론 1조에 '사람만 믿지 말고 그 법을 믿을 것이요'라고 했죠. 이렇게 자상하게 대종사께서 밝혀주셨는데도 생활 속에서 법신불을 사모하고 항상 생각하는 게 쉽지 않습니다. 이 법신불을 계속 사모하면 계단을 밟지 않고 초월해서 수행의 길에 들 수 있습니다. 결론적으로 법신불을 사모하는 것이 원불교 수행의 시작이라고 말할 수 있겠습니다. 일원상의 수행 장에서는 사모하는 것을 신앙의 대상으로 삼는 동시에 수행의 표본으로 삼는다고 표현되어 있습니다. 첫째 단계는 사모해야 된다고 했습니다.

수행의 두 번째 단계는 표본을 잘 삼는 것입니다. 표본 삼는 공부를 잘하면 원불교 수행은 끝난 것과 마찬가지입니다. 중요한 것은 '표본을 어떻게 삼을 것인가'입니다. 확실하게 표본 삼을 줄만 알면 수행의 공부 길은 그 속에서 척척 열립니다.

법신불을 사모하는데, 법신불과 나와의 상호 관계가 끊어지지 않고 늘 교류를 해야 해요. 그러면 상호 교류하는 방법이 뭘까요. 그것이 바로 표본 삼는 방법이기도 합니다. 첫째는 일원상을 떠올려야 해요. 우리가 자주 떠올리는 생각 있죠? 있습니다. 그게 뭔지 한번 점검해보세요. 각자가 금방 떠올리는 생각, 그것이 무엇인가. 4월 24일인가 대산종사 법문 봉독하면서 추모 법회를 보죠. 저더러 그때 추모담을 하라고 해서 대산종사를 떠올리면서 연마를 하고 있습니다. 연마하는 가운데 사람 이름이 생각이 안 나요. 30~40년 된 일이라서 계속 연마를 한 후에야 생각이 나더라고요. 내 머릿속에서만 딱 생각이 나요. 그래서 '아, 30~40년이 되었는데도 아직 이렇게 떠오르는구나' 생각했습니다.

우리는 육근을 작용할 때마다 법신불을 떠올려야 합니다. 순간마다 법신불을 떠올려요. 우리가 경계를 당해서 취사를 하려고 할 때 법신불이 한 번에 떠오르면 큰 공부하는 것입니다. 이렇게 하는 것이 바로 법신불을 표본 삼는 공부입니다. 상호 교섭 이해가 가죠? 경계마다 법신불과 내가 떨어지지 않고 상호 교섭을 하는 거예요. 근데 보통 사람들은 이걸 못합니다. 여러분들도 나한테 강의를 듣고 '아, 하면 되겠다'고 생각하지만 실제로 생활 속에서 하려고 하면 그것이 그렇게 쉽지 않아요. 그것이 표본 삼는 공부입니다. 근데 잘 떠올리려고 해도 문제가 있습니다. 법신불을 내가 떠올렸어요. 법신불이 있습니다. 근데 나라는 것이 있죠. 이 중간에 제3자가 개입을 해요. 자기가 지금까지 가지고 있던 가치관, 관습, 습관이 개입을 합니다. 이 제3자가 나와 법신불 사이에 개입해서 제대로 떠올리지 못하게 방해를 한단 말이죠.

제가 경주를 한 이틀 다녀왔어요. 경주 새등이문화원에서 도자기를 굽고 꺼내왔어요. 고려청자 주둥이 있죠? 그것을 백자로 구워냈는데 멋지게 나와서 내 방에 가져다놨어요. 언제 보고 싶은 사람 있으면 내 방에 와서 보세요. 지산 최현천 교무도 백자를 만들었습니다. 그런데 만약 그것이 백자가 아니고 청자였더라면 엄청난 가치가 있어요. 백자하고 청자는 차이가 있어요. 청자는 고려 시대 것 아닙니까. 최 교무도 자기가 지금까지 해왔던 관습, 그 습관을 벗어나지 못하는 거예요. 내가 차 타고 서울 가면서 다음에는 주병을 청자로 만들고 거기다가 학을 상감해보면 좋겠다고 말했어요. 그랬더니 한번 해보겠다고 했어요. 그러니까 사람은 특성을 살려 살살 달래며 이야기해야 합니다. 우격다짐으로는 절대로 되지 않아요. 하겠다고 생각은 하지만 그동안 도자기를 빚어왔던 자기 관습이 개입을 하는 겁니다.

새로운 아이디어나 새로운 방향을 찾기가 어려워요. 여러분들 법신불을 떠올리는 게 중요합니다. 어떤 마음으로 내가 법신불을 떠올리느냐? 제3자로 말이죠. 나의 가치관, 나의 관습, 내가 그동안 가졌던 신념 이런 것이 개입을 해서 법신불과 직접 교류하는 것을 방해합니다. 인간에게는 욕구가 있죠? 소망하는 것, 바라는 것이 있어요. 이런 것이 적당하면 삶을 살아가는 데 활력이 됩니다. 욕구와 소망, 희망이 활력소가 되죠. 이 세 가지가 없으면 죽은 사람이나 마찬가지 아닙니까? 욕구가 나쁜 게 아니죠. 절대로 나쁜 게 아닙니다. 그것이 있기 때문에 생활 속에서 스스로 활력을 찾아 생활할 수 있는 겁니다.

그런데 이 욕구와 소망과 욕망이 야망, 욕심으로 변합니다. 더 꾸며지고 일상생활 속에서 더 진취되면 야망이 되고 욕심이 되고 탐욕이 됩니다. 탐욕이 뭐죠? 자기도 모르게 마음속에 군더더기가 붙는 겁니다. 돈, 여러분들 돈 좋죠? 돈은 좋은 것이지만 돈이 인간을 탐욕의 구렁텅이로 빠뜨려요. 욕구, 욕망, 소망은 삶의 활력소이지만 과하면 사람을 황폐하게 만듭니다. 사람을 황폐화하게 해서 자기도 모르게 인격이 무너집니다. 욕구나 욕망은 본능이기도 합니다. 이 본능이 조금만 과해지면 인격을 파괴시키는 욕심이 됩니다.

그러니까 야망과 욕심과 탐욕의 경계를 당했을 때 법신불을 떠올리면 제3자가 강하게 개입을 합니다. 나와 법신불 간을 가로막습니다. 여러분들 그거 보입니까. 그것을 봐야 됩니다. 그걸 보면 일깃거리가 나옵니다. 여러분들 일기 쓰지요. 상시 일기, 정기 일기, 심신 작용 처리건, 감각 감상 기재하죠? 감각 감상을 자기가 떠올려야 됩니다. 내가 가지고 있는 욕망과 욕심이 개입하는 것이 잘 보여야 합니다. 나를 황폐화시키는 것, 나와 법신불 사이에 개입하는 걸 알아차리고 깨닫는 것 자체가 바로 견성입니다. 이렇게 제3자를 관찰해야 합니다. 첫째는 떠올리는 게 중요하지만 떠올렸다 하더라도 그것을 가로막고 있는, 나와 법신불이 직접 교섭하는 것을 막는 제3자가 있다는 것을 관찰하고 알아채야 합니다. 아닌 마음이 있는 것을 알아채는 것도 견성입니다. 자기 마음을 볼 때 좋은 마음만 보는 것은 견성이 아닙니다. 아닌 마음이 깨달아질 때 그것이 견성이고 자기 마음 자리를 보게 되는 것입니다. 이것이 표본 삼는 공부입니다. 이렇게 표본을 잘 삼아야 초대승이 되어 자기 수행에 큰 도움이 된다고 볼 수 있습니다.

이제 일원상의 수행 내용으로 들어가봅시다.

원만 구족하고 지공 무사하다는 것을 설명하겠습니다. '원만 구족圓滿具足하다'에서 원만은 일그러지거나 찌그러지지 않는 것, 구겨지지 않는 것입니다. 각자 구겨진 마음이 보입니까? 특히나 어린 시절에 마음이 한번 구겨지면 상처가 됩니다. 그것은 오래 갑니다.

어린 시절에 내가 쓴 출가 동기를 보면 굉장히 화려해요. 멋진 환경 속에서 사회적인 교육을 제대로 받고, 제대로 발심을 해서 제대로 전무출신을 했다는 자부심을 가지고 있습니다. 그런데 내 마음도 어릴 때 받은 상처 하나를 기억하고 있거든요. 저는 삼촌이 무서웠어요. 우리 할아버지한테 와서, 분가하는데 재산을 안 물려준다고 술을 먹고 와서 행패를 부렸어요. 저는 겁이 나서 방에 들어가서 나오지도 못했습니다. 할아버지하고 삼촌이 부자지간에 싸움하는 모습을 제가 봤어요. 어린 시절에 본 그 모습이 지금도 내 마음속에 남아 있습니다. 그것 외에는 아버지, 어머니, 할아버지한테 받은 것 중 구겨진 것이 하나도 없어요. 하지만 싸우는 그 모습은 지금까지 남아 있습니다. 어릴 때에 삼촌의 존재는 없는 줄 알았어요. 그런데 내가 삼촌이 되어보니까 알겠어요. 내 조카들은 아마도 저 때문에 아주 잘 큰 것 같습니다. 서울공대를 나와 지금 포스코에서 상무를 하고 있습니다. 또 한 명은 삼성전자에서 특허 관리를 하고 있어요. 우리 조카들이 이렇게 잘 큰 것은 다 나 때문입니다. 내가 상처를 하나도 안 줬거든요.

대종사께서 우리 성품 자리는 구겨지지 않고 원만하다고 밝혀주셨죠. 지금도 교단에 살면서 상처를 많이 주고받습니다. 자기도 모르는 사이에 상처를 주고받습니다. 말 한마디 잘못해서 상처를 주기도 하고 받기도 합니다. 우리 본래 마음은 일그러지거나 찌그러지거나 상처 받지 않았습니다. 원만합니다. 살면서 일그러지고 찌그러지고 상처 받은 그 마음을 극복하는 겁니다. 애정 결핍증이라는 말 들어봤죠? 그 말은 원만하지 못하고 일그러진 상태를 말합니다. 그래서 애정 결핍증이 있는 사람은 손가락을 자주 물어뜯는다고 하죠. 그런 사람을 어떻게 치료해줄 것인가. 우리가 치료해야 할 대상 아닙니까. 치료를 해서 원만한 상태가 되도록 해야 합니다.

또 구족하다는 것은 다 갖춘 상태죠. 제 마음이라고 더하고 남의 마음이라고 덜하는 그런 것이 없습니다. 모두가 다 태어날 때부터 원만하고 구족한 상태로 태어납니다. 그런데 모자라는 것은 자기가 형성되면서 스스로 모자라다고 느끼는 겁니다. 그것 때문에 우리가 원만하지 못하다, 구족하지 못하다 그렇게 말할 수 없습니다. 본래 마음이 이처럼 원만 구족한 것임을 알아야 수행할 수 있습니다.

그다음에 지공 무사至公無私라고 했어요. 원만 구족한 것은 마음의 상태입니다. 지공 무사는 작용하는 마음입니다. 원만 구족한 마음이 작용하는 모습이 지공 무사입니다. 원만 구족만 되면 자동적으로 지공 무사가 됩니다. 그렇지만 일그러지고 찌그러지고 상처 받는 마음으로 작용을 하면 지공 무사가 될 수 없습니다. 그래서 원만 그대로 작용을 하면 할수록 지공 무사로 전개됩니다. 대종사께서는 우리 마음을 본래 두 가지로 표현해주셨어요. 원만 구족, 지공 무사입니다. 원만 구족은 체가 되는 것이고, 지공 무사는 작용, 즉 용이 되는 것입니다. 그래서 원만 구족만 할 수도 없고 지공 무사만 될 수도 없습니다. 원만 구족하면 지공 무사가 됩니다. 또 지공 무사면 원만 구족합니다. 이렇게 상관관계를 가지고 생활 속에서 작용합니다.

수행의 방법을 이야기해봅시다. 첫째는 정전 원문에도 밝혀주신 바와 같이 각자의 원만 구족하고 지공 무사한 마음을 알자는 것입니다. 경계마다 순간적으로 일어나는 자기 마음을 바라보는 겁니다. 자기 마음을 바라보는 공부를 해야 하는데 자꾸 그 마음을 바라보지 못하고 잊어버리는 경우가 허다합니다. 그때 바라보는 마음은 표본의 공부, 그 순서와 과정을 거쳐야 합니다. 표본 삼는 공부를 실제 생활 속에서 하자는 것입니다. 표본을 잘 삼아서 나오는 그 마음을 바라봅니다. 바라보는데 아닌 마음도 많이 나오죠? 이렇게 나오는 마음을 걱정하지 마세요.

나오는 마음은 걱정하지 말고 나오는데 알아채는 게 늦는 것을 걱정해야 합니다. '아, 이런 마음이 나네' 이렇게 딱 알아차려야 합니다. 이것이 각자의 마음을 아는 공부입니다. 그리고 좋은 마음만 알아차리는 것이 아니라 나쁜 마음도 알아차려야 합니다. '이런 생각이 이렇게 나는구나' 하고 알아차려야 합니다.

선을 할 때도 마찬가지입니다. 아침에 좌선할 때 망념 끓이죠? 망념이 수시로 일어납니다. 그러면 '아, 이게 망념이구나' 하고 알아차려야 합니다. 못 알아차리면 한참 끌고 가서 기와집을 몇 채나 짓고 있습니다. 그런 경우들 있지요?

알아차리는 공부를 많이 하면 대치代置 공부가 됩니다. 여러분들 '대치'라는 말 아나요? 대치, 바꿔치기하는 것입니다. 각자의 마음을 아는 공부의 핵심은 대치를 하는 겁니다. 대치 공부를 잘할 줄 알아야 해요. 그런데 뭣 하려고 대치하느냐? 가령 지금 이 사람이 밉다는 마음이 났어요. 그러면 내가 이러면 안 된다 하고 바꿔야겠지요. 뭣하고 바꾸냐? 법신불하고 대치를 하는 거예요. 이것이 표본 삼는 공부입니다. 그래서 마음공부를 잘하는 사람은 대치 공부를 잘하는 사람입니다. 어제 몇 분과 대산종사의 설교담을 했는데 '절대 지선 자리'라고 했어요. 절대는 대가 끊어진 자리, 지선은 지극히 선한 자리죠. 바로 성품 자리입니다. 그래서 절대와 대치하고 지선과 대치해라, 그렇게 말씀해주셨어요. 이것을 한마디로 말하자면 원만 구족하고 지공 무사한 법신불로 대치를 하라는 말입니다.

원만 구족하고 지공 무사한 각자의 마음을, 순간적으로 나는 마음을 바라보고 대치를 시켜야 우리가 일원상을 수행의 표본으로 삼는 것입니다. 우리의 영원한 수행의 대상은 법신불입니다. 그러니까 순간순간 나는 마음들을 법신불로 대치를 하는 공부를 잘해야 합니다. 멋지게 한번 대치를 했을 때 오는 상쾌함과 기쁨들을 정기 일기에 적어보세요. 이렇게 진리 공부를 하면 그 흔적이 일기에 드러나는 겁니다.

사회는 지금 급속하게 변하고 있습니다. 그런 변화의 순간마다 경계가 되는 마음을 봐서 법신불과 대치, 바꿔치기하는 공부를 잘해야 합니다. 바꿔치기 공부 잘하는 것이 각자의 마음을 잘 아는 공부입니다.

두 번째 수행의 방법은 각자의 마음을 양성하는 공부라고 했습니다. 양성하는 공부는 마음을 모으고 마음을 뭉치는 공부입니다. 그러면 반대는 뭐죠? 마음을 흩어버리는 거죠. 현대 문명이 발달하면 할수록 필요한 공부가 마음을 양성하는 공부입니다. 현대 과학의 문명은 사람 마음을 어떻게 하면 잘 끌 것인가, 이거죠. 이것이 현대 과학 문명이 추구하는 방향입니다. 어떻게 하면 사람 마음을 잘 현혹시킬 것인가? 현대 과학자들이 연구하는 것들입니다. 우리가 살아가는 사회에는 수많은 경계들이 만들어지고 있습니다. 인간이 살아가는 모습을 보면 전부 '어떻게 하면 마음을 끌어들이느냐'입니다. 상대방의 마음을 사로잡는 것은 어떻게 보면 속성입니다.

우리가 그 속성에 끌려가면 마음을 양성하는 공부에서 멀어집니다. 마음을 양성하는 공부는 저수지를 막는 것과 같습니다. 댐을 막을 때는 가장 효율적인 곳을 막습니다. 막기는 조금 막고, 물은 많이 고여 있게 하는 것이 저수지죠? 저수지를 한번 보세요. 조금만 막았는데 물은 많이 모여 있습니다. 양성하는 공부를 잘하려면 우리 마음을 뺏어가는 통로를 차단해야 합니다. 마음을 뺏어가는 통로를 차단해 물을 저축하는데 이것을 다른 말로 표현하면 마음을 덜 쓰는 것입니다. 덜 쓰고 저축하자는 말입니다. 마음을 아끼고 양성하는 것입니다.

오늘 여기 오려고 준비하는데 누가 전화를 했어요. 지금 KBS에서 어떤 프로그램을 하는데 보라고요. 그것도 외국에서 전화가 왔습니다. 저는 뉴스 외에는 TV 잘 안 봅니다. 뉴스는 봐야죠. 우리가 사는 모습을 전체적으로 조명하려면 봐야 할 것이 아주 많습니다. 그런데 매일 그렇게 보기만 하면 뭐 합니까. 그러한 것들은 마음을 흩어버립니다. 모으고 양성할 수가 없어요. 요즘 사회는 양성할 수 있는 기회를 안 주는 것 같아요.

그럼 왜 이렇게 마음을 모으자는 것인가요? 심력, 즉 마음의 힘 때문입니다. 심력을 흩어버리면 심력이 약해집니다. 모으고 뭉치면 심력이 커집니다. 요즘 말로 내공이라고 하죠. 내공은 안으로 마음의 힘을 키운다는 말입니다. '비막비여정산'이라는 말이 있습니다. '슬픈 것 중에 가장 슬픈 것은 정신을 흩어버리는 것이다'라는 의미입니다. 제가 부산 교구장 할 때 일입니다. 교도 한 사람이 법사였는데 열반을 하셔서 발인식 후 화장을 했어요. 그런데 사리가 나왔어요. 재가 교도에게서 사리가 나왔어요. 내가 종재까지 참석을 했었는데 그 아들에게 어머니가 어떤 분인가 물어봤어요. 굉장히 과묵하셨다고 합니다. 알겠죠? 말수가 적고 과묵했는데 그 과묵한 성격으로 내공이 쌓인 겁니다. 마음이 모여지고 뭉쳐져 있었던 겁니다. 그래서 사리가 나왔겠죠.

4. 일원상 서원문

일원은 언어도단(言語道斷)의 입정처(入定處)이요, 유무 초월의 생사문(生死門)인 바, 천지·부모·동포·법률의 본원이요, 제불·조사·범부·중생의 성품으로 능이성 유상(能以成有常)하고 능이성 무상(無常)하여 유상으로 보면 상주 불멸로 여여 자연(如如自然)하여 무량 세계를 전개하였고, 무상으로 보면 우주의 성·주·괴·공(成住壞空)과 만물의 생·로·병·사(生老病死)와 사생(四生)의 심신 작용을 따라 육도(六途)로 변화를 시켜 혹은 진급으로 혹은 강급으로 혹은 은생어해(恩生於害)로 혹은 해생어은(害生於恩)으로 이와 같이 무량 세계를 전개하였나니, 우리 어리석은 중생은 이 법신불 일원상을 체받아서 심신을 원만하게 수호하는 공부를 하며, 또는 사리를 원만하게 아는 공부를 하며, 또는 심신을 원만하게 사용하는 공부를 지성으로 하여 진급이 되고 은혜는 입을지언정, 강급이 되고 해독은 입지 아니하기로써 일원의 위력을 얻도록까지 서원하고 일원의 체성(體性)에 합하도록까지 서원함.

오늘은 일원상 서원문誓願文에 대해 같이 공부하도록 합시다. 일원상 서원문이 형성된 배경과 동기를 살펴볼까요? 대종사께서는 진리, 신앙, 수행 등을 다 해놓으시고도 서원문은 집필하지 않으셨습니다. 그런데 교당과 교단에서 의식 진행을 해야 하는데 뭔가 아쉬움이 있었어요. 그때 산업부에 김형섭 씨가 근무했었는데 이 분 사가에 법신불을 봉안하고 독경을 반야심경만 했습니다. 당시 시자이던 김형오 선진이 봉안식 독경을 다 마치고 대종사께 여쭈었습니다. "우리도 반야심경과 같은 경을 하나 만들어서 의식에서 독경을 하면 어떨까 싶습니다." 그러니 대종사께서 바로 인정을 하시고 일원상 서원문을 친필하게 되셨던 것입니다. 대종사께서는 경을 집필하실 때 몽당연필을 사용하셨습니다. 심이 다 닳으면 연필을 깎고, 또 깎고 작아지면 더 쓰기 위해서 연필에 대를 끼워서 쓰셨다고 해요. 그렇게 연필로 몇 번이나 경을 지우고 쓰셨답니다. 직접 당신의 손으로 집필한 경이 일원상 서원문입니다.

이런 집필 과정을 거친 일원상 서원문에 담겨 있는 소태산 대종사의 희망과 서원, 꿈, 앞으로의 방향 등은 정말로 대단한 것입니다. 대단한 정력과 대단한 정성으로 서원문을 집필하고 창조하셔서 의식에서 사용하도록 했다고 합니다. 그렇기 때문에 이 서원문을 정성스럽게 외우면 자신도 모르게 진리의 위력과 감응을 받는 것입니다.

남원에 사는 교도가 불법연구회 당시 교당을 다니시면서 일원상 서원문을 열심히 외웠습니다. 여러분들도 아시다시피 해방 이후에 전라도 지방에는 공비들이 많았죠? 인천상륙작전으로 국토의 허리가 끊어졌을 때 올라가지 못한 분들이 많았습니다. 그 사람들이 다 공비인 것입니다. 여러분들 《태백산맥》 읽어봤습니까? 저도 《태백산맥》을 읽었는데 참 대단하죠. 조정래 씨 이야기를 들어보니까 사람이 어떤 역사를 겪고 나면 시간이 약이라고 합니다. 세월이 지나면 잊혀버리는 것입니다. 해방 이후 우리나라에 민족상잔이라는 엄청난 아픔이 있었는데도 세월이 지나면서 잊혀버리는 겁니다. 몸에 상처가 나면 딱지가 붙으면서 서서히 낫지 않습니까? 잊힌 딱지 같은 역사의 상처를 소설을 통해서 다시 집어 뜯는다고 합니다. 그래서 더 아프게 만드는 것입니다. 그 소리를 듣고 저는 깜짝 놀랐습니다. 자기가 《태백산맥》을 통해서 민족상잔 아픔의 딱지를 뜯어가지고 다시 인식하게 만들었다는 것입니다.

이야기를 이어가자면 남원에 사는 그 교도가 공비한테 잡혀갔습니다. 총살을 하려고 사람들을 전부 세워놓고 눈을 가리고 하나, 둘, 셋 쏘면 처형을 하는 것입니다. 그런데 이 교도가 소리는 안 나게 입만 움직이면서 그 어려운 상황에 일원상 서원문을 외운 것입니다. 공비 대장이 가만히 보니깐 저 사람이 죽을 사람인데 입으로 뭘 하면서 태연하단 말입니다. 그러니까 "중지해라. 저 사람이 지금 뭐 하는지 알아봐라." 지시를 했습니다. "지금 당신 뭐하고 있소?" 하고 물으니 "나는 불법연구회를 신앙하는 사람인데 우리 경이 있습니다. 그래서 마음을 안정시키기 위해서 일원상 서원문을 외우고 있습니다." 그걸 대장한테 보고하니 대장이 "저 사람 풀어줘라." 했습니다. 일원상 서원문이 그 교도를 살렸습니다. 대단하죠. 여러분들도 이렇게 경계를 당했을 때 서원문의 위력을 한번 느껴야 합니다. 일원상 서원문을 할 때 항상 대종사의 큰 경륜과 정성과 원력이 뭉쳐 있다는 것을 알아야 합니다.

반야심경은 부처께서 아함경, 방등경, 반야경, 화엄경, 천태경 등 반야경 계통을 21년간 설하신 것이라고 첫 강의 때 말씀드렸습니다. 그 반야경 계통을 축약한 것이 금강경이고, 금강경을 더 축약하면 반야심경입니다. 반야경 계통의 결정판이 반야심경이라고 할 수 있습니다. 마찬가지로 일원상 서원문도 일원상 진리 장의 결정판입니다. 진리 신앙 수행을 어떻게 하느냐? 서원을 통해 원력을 뭉쳐서 진리의 세계에 들어가 달성하라는 것입니다. 이것이 대종사께서 일원상 서원문을 집필하시고 우리에게 알려주신 뜻이라 할 수가 있겠습니다.

일원상 서원문은 크게 두 부분으로 나누어집니다. 전반부는 일원상의 진리에 대한 내역, 후반부는 서원을 비는 내용입니다. '무량 세계를 전개하셨나니 우리 어리석은 중생은' 그 부분에서 '무량 세계를 전개하였나니'까지가 일원상의 내역, '우리 어리석은 중생은'부터는 서원의 내용을 담고 있습니다. 그래서 일원상 서원문의 초기 이름은 일원상 내역급 서원문입니다. 모든 글은 첫 문장에 전체 내용을 다 제시하고 있습니다. 서원문도 첫 대목에서 전체의 내용을 다 담고 있다고 볼 수 있습니다. '일원은 언어도단의 입정처이요, 유무 초월의 생사문인 바'의 두 곳에 서원문 전체 내용을 다 포함하고 있기 때문에 이것이 일원상 서원문의 대의입니다.

언어도단의 입정처를 해석하면 '언어의 길이 끊어진 정에 든 자리'입니다. 이 말은 언어로써는 일원상 진리를 다 표현할 수가 없다는 뜻입니다. 제가 일원상 진리를 말할 때 언어와 문자의 한계를 극복하고 상징을 그리셨다고 했는데 언어로 표현을 하면 틀려버리고 안 맞습니다. 성가에 〈진경〉이라는 노래 있죠. 끝에 '소리로 못 전하고 동작으로 형용 못 할 참극락 가는 길을 누구에게 물었기에 남 먼저 찾아온 이들 홀로 즐겨 하노라'라고 되어 있습니다. 저는 이 노래를 들을 때마다 속이 상합니다. 여러분들은 안 그렇습니까? 그렇지 않으면 공부심이 없는 사람입니다. 참극락 가는 길, 언어도단의 입정처 자리를 어떻게 가냐고 물어봤죠? '소리로 못 전하고 동작으로 형용 못 할' 저 자리를 말로는 못하고 홀로 먼저 찾은 사람이 즐기고 있는 겁니다. 너는 그 자리를 못 들었으니깐 그렇게 살아라, 이 말인 것입니다. 그러니 속이 상합니까, 안 상합니까? 이 노래를 들으면서 거기 간 사람은 혼자 즐거워하는데 나는 왜 그렇게 하지 못하고 있는가 생각해야 한단 말입니다. 언어도단의 입정처 자리는 바로 진공입니다. 그리고 불생불멸 자리입니다.

결론적으로 볼 때 입정처 자리는 대소멸문입니다. 모두를 다 흡수하고, 다 소멸시키는 자리인 것입니다. 언어도단의 입정처 자리는 중생들을 다 포함한 모든 유정물의 마음의 안식처입니다. 여러분들 서원관 들어오면 편안합니까? 제가 학생들을 데리고 졸업 여행을 3박 4일 다녀왔습니다. 멋지게 돌아다니면서 잘 놀았지요. 그런데 잘 놀고 오는 길에 차 안에서 감상담을 말하라고 했더니 한 동지가 마이크를 잡고 "아이고, 또 서원관으로 돌아간다. 어쩔까." 하는 겁니다. 적어도 그 사람에게는 서원관이 입정처가 아닌 것이죠. 서원관은 나 볶아먹는 데다 이런 생각인 겁니다. 저는 사가에 가면 하룻밤을 못 자겠어요. 형제들이 전부 다 법사입니다. 저녁에 가면 화투를 꺼내 들고 고스톱을 칩니다. 법사들이 그럽니다. 우리 누님은 80세가 넘었는데 치매 안 걸리려고 고스톱을 친답니다. 9시 30분이 되면 심고를 올려야 하는데 그 시간에도 치고 있습니다. 그러면 저 혼자 나가서 총부를 향해 심고를 올리는데 그 모습을 보고 조카들이 깜짝 놀랍니다. 이런 점들이 집에 가면 오히려 불편하고 안 좋아요. 그런데 이 교단에 들어오면 얼마나 편안하고 좋습니까. 여러분들도 이렇게 되어야 합니다. 세상에 사는 것은 타향살이입니다. 자기 마음이 타향살이 하는 것입니다. 서원관 또는 교단, 교당 어느 곳이든 자기가 사는 직장이 입정처 자리가 되어서 마음의 영원한 안식처가 되어야 합니다.

그런데 온통 진리를 공부하려면 '**유무 초월의 생사문**'까지 가야 합니다. '언어도단의 입정처' 자리는 진리의 반쪽입니다. 이것만으로는 안 된다는 말입니다. 유와 무를 초월했을 때 생과 사를 직역하면 유와 무를 초월했으되 생과 사가 갈라지는 문, 이것을 유무 초월의 생사문이라고 합니다. 여기서 중요한 것은 생사는 쉽게 갈라낸다는 겁니다. 그런데 유와 무를 초월해서 갈라내는 것과 초월하지 않고 갈라내는 것은 질적으로 아주 다릅니다. 유무 자리를 완전히 초월했다는 것은 유무의 집착으로부터 벗어났다는 뜻입니다. 벗어난 상태에서 생사를 만들어내는 것입니다. 유무도 변하죠? 그런데 변화가 끊이지 않는 상태에서 변화를 만들어내는 문이 유무 초월의 생사문입니다. 대체로 사람들이 마음 쓰는 것이나, 말하는 것을 보면 금방 알 수 있습니다. 아, 저 양반이 유무를 초월해서 말을 하는가. 유무를 초월하지 않고 말을 하는가. 그것은 듣는 사람이 금방 알 수 있는 것입니다.

120

언어도단의 입정처 자리가 대소멸문이라면, 유무 초월의 생사문은 대생성문입니다. 온갖 것을 다 만들어내고, 생사문을 통해서 형상 모든 것들이 우주 만유로 나타난다는 것입니다. 나의 생각이 초월해서 나온 것과 초월 안하고 나온 것은 다릅니다. 그럼 어떤 공부를 해야 하는가. 유무에 집착하지 말고 생사를 만들어내야 일원상 서원문에 한 발짝 다가설 수 있습니다. 근래에 교단에 공부하는 파가 생겼다고 하는데, 그쪽에서는 언어도단의 입정처 자리만 가지고 합니다. 일체 망념이 쉬어버리고 돈공한 그 자리에 자꾸 들어가는 연습을 하면 재미있지 않겠습니까? 마음이 나오면 또 집어넣고. 선을 왜 하냐면 입정처 자리에 합일하기 위해서입니다. 어느 선진이 청소를 하는데 빗자루를 들고 일심으로 입정처 자리를 안 떠나려고 여기서부터 이렇게 싹 쓸었답니다. 그러다 대종사께 많은 꾸중을 들으셨답니다. 왜 그런지 아시겠습니까? 대종사가 지향하시는 것은 활불의 세계거든요. 입정처에 나타나는 유무 초월의 생사문이 생활 속에서 실현되고 구현되어야 그것이 바로 활불의 세계입니다. 저도 몸을 함부로 움직이면 날아갈 것 같아서 입정처 자리를 잘 보존하기 위해 늘 챙기고 있습니다. 이 두 자리는 서로 떠날 수 없는 자리라는 것을 여러분들이 확실하게 알아야 합니다. 그래서 교리도 제일 위인 수행문에 진공 묘유라고 표시해주셨습니다. 언어도단의 입정처 자리만 닦으면 진공의 수행만 하는 것입니다. 진공과 묘유를 함께 하는 일원상 진리를 닦아가는 것이 우리 수행의 전체입니다.

서원문은 한 대목 한 대목 다 해야 합니다. **천지·부모·동포·법률**은 우주 만유의 본원이라고 했습니다. 우주 만유를 좀 더 가깝게 하기 위해서 '천지·부모·동포·법률의 본원이며'라고 했습니다. 법이

건네고 사람이 먼저 가까워지고 인정을 건네야 합니다. 살다 보면 가까워지고 싶은데 어려운 경우가 있습니다. 제가 서원관에 근무할 때 저만 보면 피하는 사람들이 있었습니다. 이 생활에 재미를 느끼고 자꾸 즐거워지고 길들여진 사람은 자연스럽게 저와 가까워지게 돼 있습니다. 지난번 일요일에 설교를 하고 왔는데 학생들이 저한테 인사를 잘하더라고요. 그래서 속으로 '내가 설교를 잘했구나' 싶었습니다. 우리가 한 번 교섭하고 두 번 교섭하는 것에 따라 인정이 달라지는 것 아닙니까? 교리도 '일원은 우주 만유의 본원'이라 표현하셨는데, 이것은 조금 멀게 느껴지는 표현입니다. 그래서 일원상 서원문에서 우리와 더 가깝도록 '천지·부모·동포·법률의 본원'으로 표현하셨습니다. 이런 것을 보면 대종사께서 진리 자리를 우리들에게 얼마나 쉽고 또 친절하게 연결시키려고 하셨는지 그 흔적들을 느낄 수 있습니다. 다른 말로 표현하면 '사은지본원'입니다. 일원상을 그려놓고 그 아래에 심불일원상 사은지본원이라고 한 대목이 있습니다.

다음은 '제불·조사·범부·중생의 성품으로' 앞에서 '제불 제성의 심인이며, 일체 중생의 본성'이라고 그랬습니다. 제불·조사·범부·중생을 다 합한 것으로 성품 자리인 것입니다. 제불·조사·범부·중생의 본성이 성품 자리에선 똑같은 것입니다.

그러면 **제불·조사·범부·중생**이란 무엇이냐? 이것은 성품을 깨달은 정도에 따른 유정물의 분류입니다. 깨달은 정도가 깊은 사람은 제불이라 하고 조사, 범부, 중생으로 단계를 말할 수 있습니다. 이 대목은 여래의 불성입니다. 그러면 두 대목을 합해보면 하나는 사은지본원, 하나는 여래지 불성이기 때문에 일원상의 진리는 우주적 진리와 심성적 진리입니다. 마음의 진리가 하나 되는 자리로 다르지 않다는 것을 뜻합니다. 우주적 진리와 심성적 진리가 따로 있는 것이 아니라 일원상에 하나로 귀결된다고 볼 수 있습니다. 그래서 우리는 마음의 안식처, 고향 자리를 사모하면서 그 자리에 머무르고 또 생사에 활용하는 공부를 해나가야 되는 것입니다.

         다음은 **유상으로 보면** 능이성 유상하고 능이성 무상하다,고 하셨습니다. 이 말씀은 일원의 진리에 대능동성을 뜻합니다. 능동의 반대는 피동입니다. 자력이 선 사람은 능동적으로 공부를 하고, 자력 양성이 안 되면 피동적으로 끌려가게 됩니다. 그렇죠? 엄청난 차이입니다. 서원관에 사는 것도 마찬가지입니다. 서원관에서 스스로가 일과와 규칙 그리고 문화 등을 지켜나가야 합니다. 그러면 그것은 '능이성'이 되는 겁니다.

  교단에 사는 것도 자기가 사는 거지 누구를 위해 사는 것은 머슴밖에 안 됩니다. 능동적으로 살면 철이 들었다고 합니다. 철들기 아주 쉽습니다. 경산 종법사께서 우리 퇴임식 법문에 퇴임하고도 앞으로 30년을 산다고 하셨습니다. 시간을 계산해보면 8시간은 잠자고, 8시간은 밥 먹고 일하고, 8시간은 뭐 할 것인가? 저는 8시간이 정말로 정신없이 바쁩니다. 강의 하고 나면 또 다음 강의를 준비해야 할 것 아닙니까. 남아 있는 8시간을 어떻게 멋있게 보낼 것인지 생각해보니 저같이 보내는 사람이 없는 것 같습니다. 강의 전에는 오전에 붓글씨를 1시간 30분 내지 2시간을 꼭 쓰는데, 붓글씨 쓸 시간이 없습니다. 꼭 해야 할 일을 하다 보니 그 시간이 없는 것입니다. 여러분들도 이왕 살려면 능동적으로 '능이성 유상하고 능이성 무상'하게 살아야 합니다. 질질 끌려 다니면서 살지 마세요. 진리는 능히 유상도 하고 능히 무상도

하는 두 가지를 자유자재로 하는 것입니다.

유상은 무엇입니까? 있을 유, 항상 상, 변화가 없는 것입니다. 무상은 없을 무, 항상 상으로 떳떳한 것 없이 늘 변화한다는 것 아닙니까? 그래서 '능이성 유상 능이성 무상'은 능히 변화하기도 하고 안 하기도 한다는 뜻입니다. 내가 안 하고 싶으면 딱 안 하고, 내고 싶으면 딱 내고 이러면 얼마나 좋겠습니까. 마음을 들이고 내는 것을 자유자재로 한다는 것입니다. 유상은 입정처 자리, 무상은 유무 초월의 생사문 자리로 말은 다르지만 서로 똑같습니다. 유상은 변하지 않는 자리이고 입정처, 무상은 변하는 자리니까 유무 초월의 생사문입니다. 그래서 이 두 가지를 계속 상정해나가는 것입니다. 유상으로 보면 유상하기도 하고 무상하기도 하는데 유상의 측면으로 볼 때 어떻게 되는가? '여여 자연하여 무량 세계를 전개'한다고 하셨습니다. 같을 여, '여여 자연하다'입니다. 부처를 여래如來라고 합니다. 여래란 오는 것 같은데 오질 않습니다. 반대말은 여거如去, 가는 것 같은데 가지 않는다는 것이죠. 대적공실 법문을 보면 부처께서는 도솔천을 안 떠나고 왕궁가에 내리셨죠? 이것은 도솔천에 있는 마음이나 왕궁가에 있는 마음이나 똑같다는 것입니다.

한 학생이 방학이니 김해에 있는 집엘 가겠다고 합니다. 그래서 제가 못 가게 했어요. "학림사를 떠나지 말고 김해를 가거라." "그래도 가겠습니다. 마음을 학림사에 두고 몸은 김해에 가겠습니다." 그래서 내가 다시 물었어요. "여기에 두는 마음은 뭐고 김해에 가는 몸은 무엇이냐?" 그랬더니 꽉 막혀버려서 대답을 못해요. 여여하지 않습니다. 학림사에 있는 마음이나 김해에 있는 마음이나 그 마음이 그 마음일 때 잘 떠나는 것입니다. 이해가 가나요?

부처께서는 도솔천에 있던 마음이나 왕궁가에 있을 때의 마음이나 같은 마음입니다. 그래서 안 떠난 것입니다. 여여란 말이 참 좋습니다. 사람은 일

124

직심 관리를 잘 못합니다. 제가 학교 이사장을 할 때 전무출신이 대학 본부에서 보직을 맡았습니다. 참 기대되는 인물이라 보직을 잘 수행해서 학교 운영에 큰 도움이 되었으면 좋겠다는 바람이 있었습니다. 그런데 어느 날 갑자기 사표를 내서 찻방에서 만났습니다. 이야기를 하다가 "자네는 한 가지 약점이 있네. 경계를 당하면 일직심으로 넘어서질 못하고 무너져버리네. 하나를 보면 안다니까. 그게 되는지 안 되는지를." 했더니 "다음에 기회가 되면 하겠습니다." 하고 답을 했습니다. 다음 기회가 오나요? 오지 않습니다. 사람은 기회가 오면 그 기회를 잘 활용할 줄 알아야 합니다. 한번 한다고 하면 하는 일직심이 되었을 때 나가야 하는 것입니다.

유상으로 여겨 자연해서 무량 세계를 건설하라는 것입니다. 헤아릴 수 없는 세계, 즉 무시무종입니다. 무시무종의 무량 세계, 내가 죽는다고 해서 이 세상이 없어지는가? 그러지 않습니다. 세상은 그대로 있고, 그 속에서 많은 사람들이 왔다 갔다 하면서 변하는 것 아닙니까. 무시무종은 시작도 없고 끝도 없어서, 한없는 무량 세계가 우리 앞에 전개되는 진리의 세계는 그런 것입니다. 생령, 영혼도 마찬가지로 무량 세계로 변하지 않고 전개가 되는 것입니다. 무상은 변하는 입장, 유무 초월의 생사문의 입장에서 볼 때 우주는 어떻게 변하는 것입니까?

우주는 성·주·괴·공이라고 말씀드렸습니다. 우는 사방 상하 왈 우라고 설명 했는데 기억하십니까? 기억하고 잊어버리는데 잊어버렸다가 질문했을 때 바로 나오면 그것은 정말 아는 것이고, 안 나오면 모르는 것입니다. 제가 사람 이름을 잊어버렸다가도 딱 만나면 생각납니다. 이래야 합니다.

우는 공간 개념, 주는 시간 개념입니다. 공간은 시간을 만나서 공간이 살아나는 것이고, 시간은 공간을 만나서 시간이 살아난다고 말씀드렸습니다. 영원한 시간, 영원한 공간이 서로 합해져서 우주의 모든 조화를 다 일으키는 것입니다. 우주가 변하는 모습을 대종사께서는 일원상 서원문에서 구체적으로 설명해주셨습니다. 무한 공간은 무한 시간 속에서 변화가 일어나는데 공간 요소는 변화가 안 일어난다고 했습니다.

서원관에도 법당을 만들었기 때문에 제가 강의를 하면서 여러분들을 만날 수가 있습니다. 공간이 막혀 있다면 못 할 일입니다. 공간이 시간을 만나서 제가 강의를 하니 여러분들은 또 들을 수 있습니다. 이렇게 시간과 공간은 무한 시간, 무한 공간 속에서 변화가 일어나는데 성은 생성이고, 주는 주해 있는 것을 말합니다. 주해 있다는 것은 살아 있다는 뜻이기도 합니다. 괴는 무너지는 것이고, 공은 없어지는 겁니다. 일원상의 진리 조화 장에 우주만유를 통해서 은현 자재한다고 했습니다. 공이 되면 은이 되고 성·주·괴가 되면 현이 되는 것입니다.

제가 저희 집에서 키가 큰 편인데 175센티미터라 제 세대에선 그렇습니다. 형님이 교편생활을 하시니까 예전에 미국에서 우유, 분유 등을 학생들한테 가져다주라고 큰 통에 줬는데 저도 물에 타서 마셨습니다. 그래서 제가 키가 컸습니다. 175센티미터로 클 때까지는 성成이죠? 여러분들은 성은 다 끝났죠? 지금부터는 줄어듭니다. 저는 지금 괴壞로 들어가고 있습니다. 누가 저보고 만날 때마다 자꾸 허리를 펴라고 합니다. 그러니 괴로 들어간 것입니다. 조금 더 있으면 공空으로 갈 것입니다. 이렇듯 우주의 변화 성·주·괴·공은 이 세상 만물의 큰 틀의 변화입니다. 유정, 무정이 다 이런 변화를 합니다.

무정물이 어떻게 성·주·괴·공으로 변하는지 한번 봅시다. 정산종사께서 하신 말씀이 백수면이 대종사가 탄생하신 곳인데 백수면에 도청 소재지가 들어선다고 말씀하셨습니다. 백수에 도청 소재지가 들어설까 예상도 못 했는데 백수읍이 돼서 영산 성지가 백수읍 길룡리가 된 겁니다. 중국 대륙에서 한없이 황토가 쏟아져 들어와서 서해를 황해라고 합니다. 대륙에서 나오는 황토물이 쏟아져 흙 입자가 몰려서 서해에 퇴적되는 겁니다. 그래서 서해에 갯벌이 생기는데, 갯벌은 생태계의 보고라고 합니다. 미륵사지에 올라가서 총부 쪽을 보면 저수지에 물이 빠지면 높고 낮은 곳이 드러납니다. 옛날엔 바닷물이 들어왔는데, 지금은 다 빠져버리고 성겁에 들어와서 이렇게 생겼습니다. 돌멩이도 괴겁에 들어가면 그냥 돌멩이와 성겁에 있는 돌멩이가 다릅니다. 크는 돌은 뾰족뾰족한 데에다 물을 줍니다. 그렇게 물을 주면 크게 됩니다. 석돌은 발로 차면 깨지는데 그런 돌은 괴겁에 있는 돌멩입니다. 지금 서울은 성겁에 있어서 시기가 좋습니다. 정도 600년인데 서울의 기운은 아마도 앞으로 1,000년 이상은 갈 것입니다. 서울의 지기는 성·주·괴·공 이치로 볼 때 쇠해지지 않습니다.

　　두 번째 **우주는 성·주·괴·공으로, 만물은 생·로·병·사**로 변합니다. 만물은 일단은 유정물입니다. 유정물 중에서 생·로·병·사하는 게 있습니다. 식물입니다. 유정물은 개령, 각혼이 있습니다. 다른 말로 하면 자의식이 있다는 것입니다. 그런데 식물은 개령도, 각혼도, 자의식도 없고 사고만 있습니다. 생활은 살아가는 힘입니다. 식물은 생활만 있기 때문에 대령만 있습니다. 우주 만물 그다음은 무엇입니까? 사생입니다. 세 가지로 분류를 해줬는데 그 변화의 모습을 아주 적실하게 표현했습니다. 생·로·병·사로 볼 때 생은 낳는 것입니다. 낳으면 커서 늙고, 병들고, 죽습니다. 그러면 사는 사로 끝나는 것인가? 아닙니다. 또 사는 생으로 돌아갑니다. 그래서 생·로·병·사는 영원히 순환, 반복되는 것입니다. 식물도 포함해서 만물이 그렇습니다. 유정물은 우주의 변화인 성·주·괴·공으로 변하면서 생·로·병·사로 변합니다. 식물도 마찬가지입니다.

그다음 사생은 태·란·습·화입니다. 이것은 유정물들이 태어나는 모습이기도 합니다. 유정물은 개령, 각혼, 자의식이 있습니다. 스스로가 자기 생각을 합니다. 그 생각으로 업을 짓는데 이 업을 정업이라고 합니다. 천업과 정업은 다릅니다. 어떻게 다른지 아십니까? 천업은 태어났기 때문에 생·로·병·사나 성·주·괴·공 같은 것이고, 정업은 내가 지어서 받는 것입니다. 성·주·괴·공, 생·로·병·사, 육도로 변화하는 원칙 자체이고, 기독교에서 말하는 원죄입니다. 태어날 때부터 품고 태어난 것입니다. 여기에 심신 작용을 따라 자의식이 있기 때문에 육도로 변화합니다. 육도는 지옥, 아귀, 축생, 천도, 인도, 수라를 말합니다. 육도에는 삼선도, 삼악도가 있습니다. 천도, 인도, 수라는 삼선도이고, 지옥, 축생, 아귀는 삼악도입니다. 절에 가면 볼 수 있는 벽화에 배가 바다를 건너는데 그 바다가 생사의 바다입니다. 길을 인도하는 왕이 인로왕보살*인데 극락과 천당을 인도합니다. 이것을 보면 불교가 얼마나 장엄 방편을 사용해서 사람들을 깨우치려고 했는지를 알 수 있습니다.

육도로 변화를 합니다. 사람이 죽으면 사람으로 다시 태어난다고 합니다. 에드거 케이시라는 사람에 대해 들어봤습니까? 인터넷에 에드거 케이시를 치면 이 사람 사진을 볼 수 있습니다. 신앙심이 깊은 기독교 가정에서 태어난 미국 사람인데 최면을 겁니다. 최면 상태에서 말한 내용으로 그 사람의 전생과 과거를 다 이야기해줍니다. 40살 먹은 사람이 50년 전에 내가 뭐 했습니까, 하면 아 당신은 어디서 어떻게 집을 짓고 부인은 어떤 사람을 두었고 자식은 어떻게 두었다고 이야기해줍니다. 최면 상태에서 이야기하는 것을 리

• 引路王菩薩. 죽은 이를 극락으로 인도하는 보살.

딩한다고 합니다. 서양은 심령 과학이 발달했죠. 50년 전에 그런 기독교인이 실제로 살았는지 방문을 해보면 정말로 살았다는 것을 밝혀냅니다. 이런 리딩 기록이 3만 건이 있답니다. 저도 가서 그 사람한테 리딩 한번 받아보고 싶습니다.

제가 지난 법회 시간에 말했는데 이 육도 변화는 유정물만이 하는 변화입니다. 식물은 이러한 육도 변화를 하지 않습니다. 자의식, 개령을 가진 존재만 육도 변화를 한다고 할 수 있습니다. 가장 작은 폭의 유무 변화 그것이 육도 변화입니다. 가장 큰 틀의 변화는 성·주·괴·공입니다. 중간 폭의 유무 변화는 생·로·병·사입니다. 지구는 공전을 하면서 자전을 합니다. 지구 공전 속도가 얼만지 아십니까? 초당 29킬로미터입니다. 엄청난 속도죠? 1초에 29킬로미터 속도로 태양 궤도를 도는 것입니다. 자전 속도는 북위 37도를 기준으로 시간당 1,337킬로미터입니다. 대단하죠. 이것을 말하는 이유는 지구가 공전도 하고 자전도 하는 것처럼 유정물은 성·주·괴·공으로 변화하고 생·로·병·사로 변하면서 육도 변화를 한다는 것입니다. 공전하면서 자전하는 이치와 똑같다는 말입니다. 그런데 자전이 37도에서 시간당 1,337킬로미터로 도는데 남극과 북극 극점은 어찌 되겠습니까? 제로입니다. 왜 제로인가. 속도가 제일 빠른 데는 적도입니다. 제일 부피가 크기 때문입니다. 그러면 북위로 올라가고 남위로 내려갈수록 속도는 느려지겠죠? 그래서 극점에 가면 제로인 것입니다.

대종사께서 변화를 세 가지로 분류해주신 것은 기가 막힌 일입니다. 그 변화의 모습을 우주, 만물, 사생 세 가지로 가르쳐주신 것입니다. 그 변화의 모습을 우리가 확인하면서 이것이 유상하거든 대종사께서 보신 변화의 모습일 것입니다. 앞으로 이렇게 공부를 해놓으면 여러분들이 일생을 살아가는 데 얼마나 도움이 될 것인지 알게 될 것입니다.

5. 일원상 법어

이 원상(圓相)의 진리를 각(覺)하면 시방 삼계가 다 오가(吾家)의 소유인 줄을 알며, 또는 우주 만물이 이름은 각각 다르나 둘이 아닌 줄을 알며, 또는 제불·조사와 범부·중생의 성품인 줄을 알며, 또는 생·로·병·사의 이치가 춘·하·추·동과 같이 되는 줄을 알며, 인과 보응의 이치가 음양상승(陰陽相勝)과 같이 되는 줄을 알며, 또는 원만 구족한 것이며 지공 무사한 것인 줄을 알리로다.

○ 이 원상은 눈을 사용할 때에 쓰는 것이니 원만 구족한 것이며 지공 무사한 것이로다.

○ 이 원상은 귀를 사용할 때에 쓰는 것이니 원만 구족한 것이며 지공 무사한 것이로다.

○ 이 원상은 코를 사용할 때에 쓰는 것이니 원만 구족한 것이며 지공 무사한 것이로다.

○ 이 원상은 입을 사용할 때에 쓰는 것이니 원만 구족한 것이며 지공 무사한 것이로다.

○ 이 원상은 몸을 사용할 때에 쓰는 것이니 원만 구족한 것이며 지공 무사한 것이로다.

○ 이 원상은 마음을 사용할 때에 쓰는 것이니 원만 구족한 것이며 지공 무사한 것이로다.

일원상 진리 장 제일 처음에 일원상의 진리를 말씀하시고 일원상의 신앙, 수행, 또 신앙과 수행을 종합해서 서원문으로 말씀해주셨어요. 서원문은 진리, 신앙, 수행의 종합입니다. 일원상의 진리를 가지고 신앙하고 수행하고 서원하고 공부를 열심히 하고 계시죠. 그러면 결과적으로 진리를 깨닫게 되거든요. 일원상 진리를 깨달으면 이렇게 된다는 각의 표준을 말씀해주신 것이 일원상 법어法語입니다.

앞에서 큰 원상은 진리를 깨달은 사람은 이렇게 된다는 표준을 제시한 것이고, 뒤의 여섯 개 일원상은 행의 표본입니다. 진리를 깨달아서 실천하는 사람은 이렇게 된다는 표준을 제시한 것이 일원상 법어 장입니다. 이 법어의 대의는 각행의 표준인 깨달음과 실천의 표준을 제시한 것이라 볼 수 있습니다.

법어의 필요성을 생각해봅시다. 한마디로 말해서 진리의 세계는 유형한 세계가 아니라 무형한 세계입니다. 무형한 진리 자리를 깨달았다 하는 것은 어찌 보면 굉장히 막연해요. 여러분도 사실 강의를 들으면서 저 양반이 깨쳤는가 안 깨쳤는가, 가늠이 잘 안 가죠? 진리의 세계는 수학 공식처럼 되어 있지 않습니다. 수학은 정답이 나오죠. 그래서 이과 공부와 문과 공부의 차이가 여기서 납니다. 이과 공부의 가장 기본은 수학이거든요. 공식대로 하면 정답이 딱 나옵니다. 그런데 문과는 공식이 없어요. 공식이 없으니까 허공에 띄워놓고 이야길 하거든요. 제가 학교를 들어가서 이과 공부를 했습니다. 그런데 다시 문과에 와서 공부를 했잖아요. 하여간 한 학기를 헤맸어요. 교수들이 무슨 이야기를 하는데 그 소리를 알아듣지를 못하겠어요. 적응을 하느라 엄청 힘들었어요. 축제하면 발표를 하죠? 아, 그 발표를 나보고 하라는 겁니다. 제가 죽을 고생을 했네요. 사실 그 발표 준비를 하면서 '아! 문과 공부가 이런 것이구나' 하고 더위잡을 수 있어서 감사하게 생각해요. 사람들은 꼭 발표를 하면 1등, 2등 등수를 매기잖아요. 사람들은 등수에 들어가기를 원했는데 저는 그 등수에 떨어졌어요. 제 일생에 상당히 치욕적인 순간이었어요. 이과에서 문과로 전환하니까 적응이 안 되는 거예요. 지금 생각해보니까 제가 이과에서 문과로 잘 왔고 전무출신 하길 잘했다고 생각합니다. 참 감사한 일이죠.

일원상 진리의 세계도 그렇습니다. 여러분이 지금까지 진리, 신앙, 수행, 서원문을 했지만 진리가 확 들어옵니까? 대종사께서는 참 친절도 하셔요. 일원상 진리를 깨달은 사람은 이렇게 된다고 법어에서 표준을 제시해준 거예요. 각과 행의 표준을 법어에서 제시해줘서 이것만 확실히 알면 여러분들 법어를 다 알 수 있습니다.

일원상 법어에서는 일원상 진리의 각행의 표준을 제시해준 것입니다. 그래서 아까 제가 말씀드린 대로 큰 원상은 깨달음의 표준을 제시한 것이고, 작은 원상 하나하나는 실천의 표준을 제시한 것인데, 큰 일원상부터 하나하나 내용에 들어가봅시다.

큰 일원상 처음에 **이 원상의 진리를 각하면 시방삼계가 다 오가의 소유인 줄을 알며,**라고 했습니다. 오가의 소유인 줄을 알게 되면 진리를 깨달은 사람입니다.

시방 삼계, 여기서 시방 삼계가 무엇이냐? 시방은 공간 개념이죠? 시방은 발음상 그냥 시방이라고 하지만 한문으로 써보면 열십자, 십방이죠. 이 시방이 뭔가 하면 동서남북에다가 가운데까지 하면 팔방이죠? 또 상, 하까지 하면 십방이죠? 그러니 공간 개념입니다. 일체 우주 만유가 존재하는 공간이 시방입니다.

삼계라고 했습니다. 삼계는 세 가지 세계가 있다는 말이죠. 욕계, 색계, 무색계의 세계를 말합니다. 이 삼계가 불교에선 참 중요합니다. 절에 가면 가람을 배치하는 원칙이 있어요. 그 원칙이 어떻게 되어 있냐면 삼계에 입각해서 가람을 배치합니다. 그 가람을 배치하는 원칙이 오랜 세월 지나면서 정립되었습니다.

첫째 욕계의 가람 배치가 있습니다. 절에 들어가면 제일 먼저 딱 보이는 것이 무엇입니까? 일주문이죠. 일주문은 양쪽 기둥이 하나밖에 없어요. 기둥을 하나로 세워서 그 위에 있는 하중을 다 지탱할 수 있게 만든 것이 일주문이에요. 절의 시작은 일주문이에요. 스님들은 동, 하 3개월씩 선을 납니다. 그 선을 날 때는 일주문 밖에 못 나갑니다. 일주문이 그렇게 중요한 곳입니다. 일주문에서는 욕계를 천왕문까지 봅니다. 일주문에서 들어가면 사천왕문이 있죠? 사천왕문은 뭐냐면 동서남북 네 곳에서 부처를 보호하는 신장이에요. 그래서 여기까지가 욕계입니다. 즉, 일주문에서 천왕문까지를 욕계라고 합니다. 사천왕문 보면 무섭게 생겼죠? 뭘 깔고 앉고 잡고 있고 힘이 세서 모든 사기 악기를 부처께 범접하지 못하게 정화시키고 방어하는 역할이 천왕이 하는 역할입니다.

그다음 색계는 가람 배치가 어떻게 되었을까요. 천왕문에서 불이문 봤죠? 둘이 아닌 문입니다. 거기까지 색계의 가람이 배치되어 있습니다. 이 색계에는 주지실, 원주실, 선방이 있고 강당이 있고 공양간이 있습니다. 한마디로 스님들이 생활하는 공간이에요.

절에는 강원, 선원, 율원이 있는데, 이 삼원이 있는 곳을 총림이라고 합니다. 해인총림, 통도총림, 들어보셨죠? 예전에 미국의 무슨 대통령이 왔을 때, 경주 불국사에 간다고 통보를 했는데 대웅전 앞까지 자동차로 들어가게 해달라고 요구를 했어요. 스님들은 자동차를 타고 색계까지는 들어갑니다.

스님들은 이미 욕계는 벗어났다 이렇게 자부하기 때문이에요. 속인들은 자동차를 못 타고 들어가게 해요. 그런데 대통령은 속인이죠? 색계까지 이들을 차로 모시자고 논의를 하는데, 불국사의 한 스님이 그것은 법을 어기는 것이라 안 된다고 반대했어요. 대통령이라도 일주문에서 내려 걸어서 불국사를 방문해야 한다고 고집해서 그렇게 했답니다. 가람을 갈 때 그냥 지나쳐 보지 마세요. 다 정해져 있습니다.

그다음 무색계는 불이문에서 대웅전까지입니다. 부처는 무색계에 사시는 분입니다. 이 가람을 배치할 때 반드시 욕계, 색계, 무색계의 세 가지 원칙을 따라서 지었습니다. 이 가람 배치가 가장 정형적으로 잘 된 곳이 해인사와 부산의 범어사입니다. 그래서 원불교도 부처를 모시는 대각전, 교무께서 계시는 교무실, 일반 사람들이 사무를 보는 사무실 등 교당 배치를 어떻게 할 것인지 서서히 만들어가야 합니다. 그래야 원불교 문화가 생깁니다.

시방 삼계라고 하는 것은 주인이 없어요. 이 세상의 형상 있는 것들은 다 주인이 있어요. 그런데 이 시방 삼계 허공에는 주인이 없습니다. 그래서 허공을 이전등기 한다는 말 들어봤죠? 대종경에 있죠? 허공 법계를 이전등기 내라. 그래서 욕심쟁이 중에 최고의 욕심쟁이는 누구냐? 부처입니다. 허공법계를 당신이 이전등기 냈으니까요. 그런데 이것은 재판에 걸릴 일도 없어요. 가져간 사람이 임자예요. 다른 것은 안 그래요. 함부로 가져오면 걸리고 영창 가고 그래요. 그런데 이 허공 법계는 천 사람 만 사람이 다 이전등기 낼 수 있어요. 그래서 일원상 진리를 깨달으면 이 허공 법계를 자기의 소유로 이전등기 낼 수 있습니다. 그 말을 '시방 삼계가 오가의 소유인 줄을 알며' 이렇게 표현해주신 것이죠. 그래서 주인 없는 시방 세계를 자기 것 만드는 것이죠.

그다음에 **우주 만물이 이름은 각각 다르나 둘이 아닌 줄을 알며**가 나오는데 이것은 우주 만유의 본원 자리를 알기 때문입니다. 본원 자리를 알기 때문에 둘이 아닌 줄을 알게 됩니다. 진리를 모르는 사람은 너는 너, 나는 나, 네 것, 내 것이 분명합니다. 그런데 진리를 깨달은 사람은 이것이 분명하지 않아요.

현실에 사는 사람들은 없으면 없는 서러움이 있습니다. 라면을 먹는 것도 없어서 먹는 사람과 있으면서 한 번씩 기호식품으로 먹는 사람과는 그 심정이 다릅니다. 없는 사람들 마음이 이해가 가나요? 모든 사람의 일상생활은 너는 너, 나는 나, 이렇게 분명합니다. 중생들의 생활입니다. 그런데 부처께서는 이것이 전부 둘이 아닌 줄을 알기 때문에 다 당신 것 삼으셨어요. 대종사께서 서울 가는 기차에서 말씀하셨죠? 당신 것으로 삼으셨기에 기차 안에서 청소를 하신 것 아니겠어요? 세상의 모든 것을 내 것 삼는 이치를 저 남산 공원에 가서도 말씀하셨죠? 내가 세계의 모든 것을 내 것 삼은지가 이미 오래다,고 하셨잖아요. 일원상의 진리를 각한 사람은 원래 하나라는 것을 알게 됩니다.

이번에는 지리적으로 생각해봅시다. 일본과 우리는 다르죠? 일본은 일본이고 우리는 우리죠? 나도 상당히 다르다고 생각해요. 그런데 사실 바닷물이 일본과 우리를 갈라놓은 것이죠. 바닷물 아래에 뭐가 있습니까? 땅으로 다 연결되어 하나죠? 뿌리로 가면 다 하나란 말이에요. 본원 자리를 알면 이걸 알게 되는 거예요. 중국하고도 마찬가지죠? 수백 년간 바다로 가로막혀 있어요. 그러나 원 뿌리는 하나입니다. 성리품에 보면 대종사께서 바다를 보시면서 고기 수를 일일이 세어보시고 물을 일일이 나누어보셨다고 그러셨죠? 대종사께서 고기 수를 하나, 둘, 셋, 넷 이렇게 세셨을까요? 고기는 그냥 고기입니다. 고기나 사람이나 모든 것이 다 하나예요. 그렇게 세신 것이죠.

그래서 본원 자리, 근본 자리에 가서는 우주 만유의 모든 형상들이 다 하나임을 알게 됩니다. 그래서 진리를 각하고 나면 우주 만유 모든 것들이 이름은 다르지만 둘이 아닌 줄 알게 됩니다.

　　　　　　그다음에 **제불·조사와 범부·중생의 성품인 줄을 알며**는 무엇을 의미할까요? 제불·조사·범부·중생 이 네 가지는 성품을 깨달은 정도에 따른 분류입니다. 성품을 깨달은 정도가 제불은 확실히 깨달은 것이고, 조사는 제불들이 깨달은 진리가 전해 내려오는 것이고, 범부는 일반 사람들, 중생은 일체 유정물입니다. 금수, 동물, 곤충까지도 성품을 갖고 있다고 보는 것입니다.

　그래서 일원상의 진리를 교리도에서 보면 제불 제성의 심인이라고 했습니다. 범부·중생의 성품이라고 그랬죠? 제불·조사의 심인, 일체 중생의 본성, 그래서 일원상의 진리가 우주 만유의 본원 자리이면서 모든 유정물의 본래 마음 자리입니다.

　보통 중생들의 마음은 영·욕·고·락, 흥·망·성·쇠, 희·로·애·락 여기에 다 끌려 살아요. 어떤 때는 마음이 좋아요. 그러나 안 그럴 때도 있잖아요? 저도 원광대학교가 정부재정 지원 대학이 되었을 때 그때 죽을 맛이더라고요. 이사장이라 제가 전부 책임을 져야 하니, 죽을 맛이죠. 더구나 동문들이 와서 사퇴하라고 해요. 전무출신으로 출가해서 뭘 그렇게 자리에 연연하느냐고 말할 때 성질이 안 나겠어요? 이럴 때 마음을 잘못 쓰면 엉뚱한 마음이 나옵니다. 엉뚱한 마음을 막기 위해 무엇을 챙겨야 할까요? 성품 자리를 챙겨야 합니다. 어려움을 당했을 때는 성품 자리를 챙겨야 합니다.

　애증 관계도 마찬가지죠. 애는 좋을 때, 증은 안 좋을 때죠? 보기 싫은 사람 보는 거 안 좋죠. 보기 싫은 사람 있어요? 없어야 돼요. 그러나 사람이 살다 보면 애증 관계가 반드시 생겨요. 정신이 확 갑니다. 자기 성품 자리를 못 챙겨요. 그럴 때 성품 자리를 챙겨야 합니다. 막연하게 제불·조사·범부·중생의 성품이며, 이렇게 생각하지 말고 나에게 희·로·애·락, 영·욕·고·락, 애증 관계 이런 어려운 경계가 닥쳐왔을 때 성품 자리, 일원상 진리를 챙겨야 합니다.

그다음에 **생·로·병·사의 이치가 춘·하·추·동과 같이 되는 줄을 알며**를 볼까요? 정말로 대종사께서 친절하게 예를 잘 들어주신 거예요. 생·로·병·사는 돌고 돌죠? 여러분들도 알기는 다 압니다. 식물도 마찬가지예요. 음 기운을 많이 갖고 난 식물이 있고, 양 기운을 많이 갖고 있는 식물도 있어요.

총부 구조실 앞에 철쭉이 쫙 폈죠? 그 영산홍은 반음반양이에요. 그래서 소나무 그늘 밑에서 잘 자라요. 그래서 구조실 앞에 영산홍이 잘 자라요. 소나무 그늘이 적당히 지거든요. 그리고 총부에 왕제비꽃 있죠? 이건 전형적인 음 식물이에요. 양지바른 데 심으면 죽어요. 나무 밑에서 잘 자랍니다. 구조실 앞에 왕제비 꽃이 쫙 커져가지고 풀이 못 나요. 식물도 이렇게 음, 양을 갖고 태어나고 동물도 마찬가지입니다. 음과 양, 음양의 조화에 의해서 우주 만유가 다 생성화육 합니다. 음양이 만드는 것은 주야입니다. 그다음에 사시四時를 만들어요. 인을 지으면 반드시 과를 받아요. 음이 성하면 반드시 양으로 변하는 것도 같은 이치죠. 또 그 과는 인이 되어서 또 다른 과를 가져옵니다. 그 양은 다시 인이 되어 음을 또 불러오는 거예요. 음이 인이 되어 양을 불러오고, 양이 인이 되어 음을 불러오고 이렇게 서로 상호작용을 합니다. 음양이 상승한다고 그랬어요. 상승, 상추는 서로 밀고 당깁니다. 인을 지으면 왜 반드시 과를 받아야 하느냐? 음과 양이 서로 상승하는 이치에 따라 반드시 과를 받게 된다는 말입니다. 그래서 인과보응의 이치가 음양 상승과 같다는 걸 알게 됩니다. 참 좋죠? 이것이 진짜 좋은 줄 알아야 하는데. 이 법문을 듣고도 좋다는 생각이 들지 않으면 아직도 진리 세계에 접근을 덜 간 거예요. 대종사께서는 부처께서 깨친 단계보다도 한 단계 더 들어가서 인과의 이치를 음양 상승의 이치와 연결해주신 겁니다. 인과의 이치와 음양 상승의 이치가 하나라는 것을 여기서 깨닫게 되는 것이죠. 바로 깨달음의 세계, 구경을 말하고 있습니다.

여기까지 깨달음의 표준에 말씀해주신 것을 살펴보았습니다.

그다음에 작은 원상으로 들어갑니다. 행의 표준입니다. 첫째, '이 원상은 **눈을 사용할 때에 쓰는 것**이니 원만 구족한 것이며 지공 무사한 것이로다', 그러셨죠? 눈을 사용하는 표준을 원상으로 잡으라는 것입니다. 요즘은 눈을 현혹하는 사건들이 너무 많습니다.

제가 오전에 시간이 날 때 붓글씨나 강의 준비를 합니다. 붓글씨를 쓰면 재미가 있어요. 한참 재미 붙이고 쓰는데 밴드가 울려요. 안 보면 불이 깜빡거리며 신호를 주니까 보게 된단 말이죠. 그러면 눈꽃 열차며 화려한 것들을 공유해줘요. 나를 대접한다고 보내는 겁니다. 보고 나서는 잘 봤다고 답을 해줘야죠. 보기만 하고 답을 안 하면 섭섭할 거 아닙니까? 봐야 할 동영상이 너무 많아요. 이렇게 요즘은 눈으로 도둑맞는 정신이 너무나 많습니다. 눈을 통해서 정신을 도둑맞습니다. 기업 입장에서는 대중을 사로잡아야 하는데 우선 눈으로 사로잡으려 애씁니다. 눈, 시각을 현혹시키는 겁니다.

138

기업은 이렇게 모든 물질과 문명을 만들어내는 겁니다. 그래서 안 보아야 할 것은 능히 보지 말아야 합니다. 나의 정신을 빼앗아가고 나의 정신을 혼탁하게 하는 것들은 보지 말아야 합니다. 꼭 봐야 할 것만 골라 봐야죠. 안 봐야 할 것을 능히 보지 않는 것, 그게 견성입니다.

　눈을 현혹하는 모든 대상들로부터 정신을 존절히 해야 합니다. 존절히 하는 것이 눈을 잘 사용하는 표준이 되는 것이고 그렇게 사용해야 원만 구족하고 지공 무사한 것입니다. 그런데 한 번 예쁘게 보고 잘 보면 계속 예쁘게 보아집니다. 이런 건 눈을 원만 구족하고 지공 무사하게 사용하는 것이 아닙니다. 정당한 자기 판단을 갖고 봐야 하는데 이게 쉽지 않습니다. 똑같은 현상을 보는데도 사람마다 판단 기준이 다릅니다. 그래서 사람이 어떤 마음을 갖고 보느냐에 따라 보는 대상이 달라집니다. 대상은 대상일 따름인데 어떤 마음을 가지고 보느냐에 따라서 그 대상이 달라지죠. 그래서 일그러진 마음으로, 찌그러진 마음으로 보면 원만 구족하고 지공 무사하게 사용하는 것과는 멀어집니다. 내 마음이 찌그러지면 모든 것이 찌그러져 보입니다. 세상이 다 찌그러져 보입니다. 내가 상처 받은 마음으로 세상을 보면 세상 모두가 상처가 되는 것이거든요. 그래서 보는 관점, 생각에 따라서 차이가 나는 것입니다.

　다음은 '이 원상은 **귀를 사용할 때에 쓰는 것이**니 원만 구족한 것이며 지공 무사한 것이로다'를 살펴볼까요? 이 세상은 소리로 가득 차 있습니다. 근데 원만 구족하고 지공 무사한 공부를 하려면 안 들어야 할 것은 안 듣는 연습을 해야 합니다. 그리고 안 들리는 것을 듣는 공부를 해야 됩니다. 똑같은 것 같지만 판이하게 다릅니다.

나를 긍정해주고 칭찬하는 말들은 잘 들리죠? 아주 잘 들립니다. 법회 한 번 보고 나면 "아이고, 법회 잘 봤습니다." "설법 잘 들었습니다." 그런 소리는 잘 들린다니까요. 저도 그런 소리를 들으면 그런갑다, 하고 굉장히 잘 들려요. 사실 그런 소리는 안 들어도 돼요.

그런데 안 들리는 것이 있거든요? 잘 안 들리는 것이 있어요. 나한테 충고하고, 나를 부정하고, 이끌어주는 그런 말은 잘 안 들려요. 그것을 잘 듣는 공부를 해야 합니다. 귀를 원만 구족하고 지공 무사하게 사용하는 공부가 됩니다.

요새 뉴스를 가끔 보니까 층간 소음이 심하다고 합니다. 저는 아파트에 안 살아서 아파트에서는 어떻게 사는지 몰라요. 아무튼 아파트에서 층간 소음 때문에 칼부림도 나고 그런다는데 심각한가 봅니다. 세상은 이렇게 소리로 가득 찼습니다. 어학 공부를 하는 데 어려움은 자기가 아는 단어는 들리는데 자기가 모르는 단어는 안 들리는 거라고 해요. 맞죠? 내가 지금 강의를 할 때도 자기가 잘 아는 대목은 잘 들려요. 잘 모르는 대목은 안 들린다니까요. 그런데 들리는 것만 들으면 자꾸 더 못해지는 게 문제예요. 그래서 옛 선사가 이런 시를 하나 썼어요. 무향곡無響谷, 메아리 없는 골짜기라는 뜻입니다. 유일인有一人하니, 사람이 하나 있는데, 메아리는 울리지 않는 골짜기입니다. 그런 골짜기가 있겠어요? 그 자리에 들어가야 돼요. 우리가 귀를 잘 사용하자면 '메아리 없는 골짜기' 소식을 들어야 합니다.

그래서 대산종사 법문에 무근지수일주*, 무음양지 일편**, 무향곡중유일인***이라고 했습니다. 여러분들이 거기에 들어가야 합니다. 그 사람은 불로

---

* 無根之樹一株, 뿌리 없는 나무 한 그루.
** 無陰陽地日片, 음양 없는 한 조각 땅.
*** 無音響谷一谷, 메아리 없는 골짜기.

불병역불사不老不病亦不死라, 늙지도 아니하고 병들지도 아니하고 또한 죽지도 않는다. 영원히 죽지 않습니다. 그래서 그 사람한테 아금문피 생년일* 이라고 물었더니, 신수원지 일편지** 라고 답했어요. 손이 땅을 가리킨다는 게 무슨 뜻이에요? 저 땅하고 나하고 한 살이다, 이 말입니다. 생년월일이 저 땅하고 나하고 같다는데, 땅이 언제 태어났어요? 태어난 바가 없잖아요.

그러니까 모든 소리가 끊어진 그 자리에 안주하면 모든 것이 돈망됩니다. 그런 마음을 가지고 귀를 사용하는 겁니다. 그렇게 귀를 사용하면 원만 구족하고 지공 무사하게 됩니다.

세 번째 '이 원상은 **코를 사용할 때에 쓰는 것이**니 원만 구족한 것이며 지공 무사한 것이로다'의 의미를 알아봅시다.

코는 무슨 역할을 합니까? 냄새를 맡아요? 그것은 부수적인 역할이에요. 코의 가장 중요한 역할은 호흡입니다. 호흡은 내 몸과 우주가 소통하는 통로입니다. 호흡을 통해서 우주와 내 몸이 소통하죠. 소통하는 통로가 코입니다. 그 통로를 통해서 산소를 공급 받고 그것으로 인해 우리가 생명을 유지합니다. 그래서 우주와 소통하는 중요한 통로인 코를 잘 사용해야 됩니다.

잘 사용하자고 하면 어떻게 해야 하는가? 호흡을 하는데 깊이 있는 호흡을 해야 합니다. 얕은 호흡이 있고 깊이 있는 호흡이 있어요. 우리는 깊이 있는 호흡, 바로 단전호흡을 해야 합니다. 깊이 있는 호흡, 단전호흡을 하면 코를 잘 사용하게 됩니다. 코를 통해 우주의 기운과 우리 몸이 소통을 잘해

• 我今問皮生年日, 내가 그대에게 생년월일이 언제냐고 묻는다.
•• 身手遠地一片之, 손을 들어 멀리 한 조각 땅을 가리킨다.

서 원만 구족하고 지공 무사하게 하자는 것입니다.

여자 교무 한 분이 죽어라고 운동을 안 해요. 그렇게 운동을 하라고 해도 안 합니다. 그러면서 딱 한 가지 운동을 한다고 해요. 무슨 운동이냐고 물으니 바로 숨 쉬기 운동이래요. 숨 쉬기 운동을 어떻게 해요? 방에 가만히 앉아서 숨 쉬는 건 좋은 숨 쉬기 운동이 아닙니다. 진짜 좋은 숨 쉬기 운동은 자연으로 나가서 신선한 공기를 마시며 하는 것이죠. 등산을 하면서 숨이 좀 차기도 하고, 땀도 흘려야 제대로 된 숨 쉬기 운동이죠. 코의 중요성은 호흡을 통하게 해서 몸을 안정시키는 겁니다. 이것이 코의 중요한 역할이고 잘 사용하는 공부입니다.

네 번째로 '이 원상은 **입을 사용할 때에 쓰는 것**이니 원만 구족한 것이며 지공 무사한 것이로다'입니다.

입은 중요하죠. 삼십 계문 중에서 입과 관계되는 계문이 몇 개죠? 일곱 개나 됩니다. 입이 방정맞다 그렇죠? 한 번 내뱉은 말은 못 주워 담는다는 속담도 있어요. 사람들이 입을 순간적으로 사용하는 경우가 많아요. 입으로 말하는 이 언어라는 것이 얼마나 소중합니까? 언어가 없으면 의사소통이 되질 않아요. 예전에는 '구시화문口是禍門'이라 그랬어요. 입이 곧 화의 문입니다. 그런데 대종사께서 바꾸셔서 '구시화복지문口是禍福之門'이라 하셨어요. 화의 문도 되고 복의 문도 된다는 말씀인데 잘 쓰면 복문이 되고 못 쓰면 화문이 되는 겁니다.

사람에게서 기가 가장 많이 빠지는 곳이 어디죠? 입입니다. 어떤 사람이 저한테 밴드로 사람을 만날 때 세 가지 원칙을 지키자는 내용을 보냈어요. 사람을 대할 때 1분 이야기하고, 2분 듣고, 3분 생각하라는 내용입니다. 좋죠? 어떤 사람은 계속 자기 이야기만 합니다. 그런데 말을 많이 하면 결국은 실수를 하게 됩니다. 실제로 성리 공부를 잘하는 사람은요, 자기 입단속을 잘하는 사람이에요. 제가 서원관에 근무할 때 참 대단한 친구를 봤어요. 서원관에 같이 살면서 10일간 묵언을 해요. 가슴에 '묵언'이라고 딱 써 붙여서 달고 다녀요. 누가 말을 붙이면 손가락으로 묵언이라는 글씨를 가리켜요. 그렇게 10일간 말을 안 했어요. 그 친구 공부 잘하겠죠? 공동체 생활을 하면서 10일간 말을 안 한다는 것이 쉬운 일입니까? 절대 쉽지 않아요. 그렇게 한 번씩 해봐야 심력이 쌓이는 겁니다. 입이 이렇게 중요해서 말로 하는 계문이 일곱 가지나 되며, 일곱 가지 계문만 잘 지켜도 입을 원만 구족하고 지공 무사하게 사용하는 공부를 하게 됩니다.

그다음에는 몸을 사용하는 공부입니다. '이 원상은 **몸을 사용할 때에 쓰는 것**이니 원만 구족한 것이며 지공 무사한 것이로다' 사람은 몸 때문에 정신이 많이 매몰됩니다. 정신이 몸으로 끌려가거든요. 자기도 모르게 계속 끌려갑니다. 몸은 사실 정신을 담는 그릇인데 요구 조건이 엄청 많아요. 여러분들 내 몸이 무엇을 요구하는지 한번 보세요. 그래야 대처를 할 수 있어요. 몸이 하라는 대로만 하면 결국 몸의 노예가 되어버리는 거예요. 정신과 마음이 하자는 대로 몸을 자꾸 끌고 가야 된다는 말입니다. 그래서 대종사께서 예를 드신 것이 있죠? "내가 오는 길에 소를 몰고 가는 사람을 보니까 막 흙 밭으로, 진흙 밭으로, 가시밭으로 그렇게 가더라. 그대들은 어떻게 하는가?" 물으시니, 김남천 선진께서 알아들으시고 "키는 한 길이요, 수염은 혹 검게 나고 희게 났습니다." 당신의 몸 모습을 설명했죠. 그렇게 생기셨어요. 그러니까 대종사께서 "그대는 그럼 그 소가 하자는 대로 하는가?" "대체로 하자는 대로 하고 안 되는 것은 후려 때려서 하자는 대로 합니다." "그렇게 열심히 공부하거라." 대종경 수행품 54장에 이러한 내용이 나옵니다. 몸이 진흙 밭으로 가면 마음도 끌려가요. 가시밭으로 가면 가시밭으로 끌려가 찔리고 다치고 다 그렇게 되는 겁니다. 그래서 몸을 항복 받아야 된다고 하셨습니다.

마지막으로 마음을 사용하는 공부입니다. '이 원상은 **마음을 사용할 때에 쓰는 것**이니 원만 구족한 것이며 지공 무사한 것이로다' 이 부분이 총체적인 것입니다. 안·이·비·설·신까지 조종하는 총체적인 것이 바로 마음입니다. 결국 끝에 가서는 마음을 잘 사용하라고 하신 것입니다. 마음을 어떻게 잘 사용하느냐? 원만 구족하고 지공 무사하게 마음을 사용하라는 것이죠. 마음을 사용할 때 육근을 통해서도 다 작용하지만 몸에서 일어나는 여러 가지 욕구, 또 부유난상浮遊亂想 이런 것들을 가라앉혀야 합니다. 육근 작용의 결론은 마음을 원만 구족하고 지공 무사하게 잘 사용하는 것입니다. 이것이 결론입니다. 실천의 결론입니다. 그래서 일원상 진리를 깨달아서 잘 실천하는 사람은 어떤 사람이냐? 자기 마음을 자기 마음대로, 원만 구족하고 지공 무사하게 잘 사용하면 그것이 바로 일원상 진리를 잘 실천하는 사람이 되는 것입니다.

자기 마음이 일원상인 것을 알아야겠죠. 자기 마음이 일원상인 것을 알고, 깨닫고, 그 마음을 그대로 실천해야 합니다. 그래서 여섯 가지 실천의 표준을 말씀해주신 것입니다.

이 법어를 통해서 영원한 일원상을 깨닫고 실천하는 표준을 제시하셔서 원불교 교단에 깨달음과 실천에 대해 일어날 수 있는 문제의 모든 가능성들을 다 해소시켜주신 것입니다. 각이나 실천을 통해 일어날 수 있는 문제점들을 다 해소시켜주신 것이 일원상 법어의 특징입니다. 그래서 무형한 진리의 세계인 일원상의 진리를 깨달으면 이렇게 되고 실천하면 이렇게 된다는 표준을 법어에서 제시를 해주셨습니다.

6. 게송

> 유(有)는 무(無)로 무는 유로
> 돌고 돌아 지극(至極)하면
> 유와 무가 구공(俱空)이나
> 구공 역시 구족(具足)이라.

오늘은 게송偈頌을 공부하도록 하겠습니다. 대종경에 게송을 분석하여 알려고 하지 말라는 말씀을 하셨습니다. 그럼 어떻게 해야 하는가? 관조로써 게송을 알아야 한다고 말씀하셨습니다. 관조는 '떠올려서 직관하는 것'입니다. 계속 그 내용을 직관해야 합니다. 그렇게 해서 알아지는 알음알이가 참지혜가 되는 것입니다.

대종경에 대종사께서 "내가 28년간 법을 전하면서 너무 분석적이고 해석적으로 전한 감이 있는데 상근기는 상관이 없지만 중, 하근기에게는 오히려 방해가 되지 않을까 걱정이니 이후로는 그렇게 하지 말라."고 하셨습니다.

제가 게송에 대해 여러분에게 설명을 해야 할 것인지 말 것인지 고민이 좀 되었습니다. 그러나 정전 일원상 장 마지막에 게송을 말씀해주셨으니 분석을 할 수 있는 한 같이 해보려고 합니다. 제 분석을 듣고 전체가 아니라는 것을 확실하게 알고 제가 다 하지 못하는 부분이 있으면 스스로 관조하여 깨달음을 얻어, 게송에 대해 계속 알아가기를 바랍니다.

원래 말을 전체적으로 하면 법을 전하는 게송이라고 하는 것입니다. 이것을 '전법 게송'이라고 합니다. 게송의 의의는 성현들의 깨달음의 내용을 송頌의 형식으로 전하는 것입니다. 금강경에도 사구게四句偈가 있습니다. 대종사께서는 사구게의 중요성을 처음부터 끝까지 말씀하고 계십니다. 사구게는 '범소유망 개시허망 약견제상 비상 즉견여래'인데, 이것이 네 구절로 되어 있어서 사구게라고 합니다. 부처께서 금강경을 설하실 때 사구게를 말씀하시기 위해서 서론에 해당하는 그 많은 말씀을 하신 것입니다. 그만큼 사구게가 중요합니다. 경전을 접하고 공부해나가다 보면 가장 중요한 부분이 있습니다. 그 부분을 알면 나머지는 부수적으로 알게 되는 것입니다. 그 중요한 내용을 과거 선사들은 송의 형식으로 해야 하기 때문에 운자를 맞추는 것입니다. 글자 수가 절기 형식으로 딱딱 맞아떨어집니다. 절기는 사구절인데 한문에는 율시가 있습니다. 율시는 네 구절이 아니라 여섯 구절이 되는데, 오언절기, 오언율시, 칠언절기, 칠언율시 등 일곱 자로 된 송도 있고 다섯 글자로 된 송도 있고 두 가지가 있습니다. 초상났을 때 종법사께서 법문 뒤에 송을 붙여주시는 걸 들으셨을 겁니다. 송을 붙이시는데 거기에 법구로써 영로를 위로합니다. 어떤 구절은 다섯 글자를 맞춰서 송을 지으실 때가 있고, 어떤 것은 일곱 글자를 맞춰 사구절을 만들기도 합니다. 다섯 글자, 일곱 글자로 네 구절을 만드는 것이 대체적인 송의 형식으로, 이는 중국 전통 불교에서부터 내려오고 있습니다.

대종사께서 말씀하신 게송은 불교의 전통적인 송의 형식을 타파하였고,

국한문혼용으로 되어 있습니다. 이것이 원불교의 전법 게송, 게송의 특징이라고 볼 수 있겠습니다. 대종사의 이런 게송의 특징이 정산종사, 대산종사 3대를 걸쳐 내려온 것입니다. 대산종사도 사실은 "진리도 하나, 세계도 하나…."라며 전법 게송을 일찍이 설하셨고 한문 형식을 타파하셨습니다. 대체로 임종 당시에 설하셨습니다. 과거의 선사들이 열반을 앞두고 마지막 본인이 깨달은 내용들을 총체적으로 한 구절로써 설명했는데 이것이 전법 게송이에요. 그런데 대종사께서는 생존에 설하셨어요. 원기 26년 1월에 설하셨으니까 열반 2년 전에 설하신 것입니다. 그리고 대종사의 이 전법 게송은 개인에게 전하는 단전이 아니라 공전입니다. 몇 사람만을 살짝 불러서 법을 전하신 것이 아니라 공식적으로 대중에게 당신이 깨달으신 바를 총체적으로 표현해주셨습니다. 공개적으로 내리신 점 이것이 원불교 게송의 특징이라고 볼 수 있겠습니다.

　게송은 일원상 장의 마지막 결론입니다. 그래서 진리, 신앙, 수행, 서원, 법어 등을 통틀어서 간단하게 표현하면 '내가 깨달은 법은 이것이다'라고 할 수 있습니다. 여러분들도 지금부터 송을 하나씩 준비해야 합니다. 저도 안 하면서 남보고 하라는 것이 좀 이상합니다만 지금부터 하나씩 준비를 하는 것이 공부하는 사람에게는 좋지 않을까 생각해봅니다.

　게송의 전체적인 구조를 살펴보면 특이하게도 일원상 진리 장 전체 내용보다도 다른 형식을 취하고 있습니다. 귀납법을 사용하신 것인데, 제일 먼저 관계를 설명하시고 돈공한 자리에 대해 말씀하십니다. 돈공한 자리는 일원상 진리의 체 자리에서부터 비롯해서 공적 영지의 광명을 따라 대소 유무가 나타나고 또 진공 묘유의 조화를 따라서 은현 자재한다고 설명하셨습니다. 진리의 본체에서부터 시작해서 현실로 나오는 설명 방법으로, 연역법입니다.

일원상 장을 전체적으로 보면 진리의 본체에서부터 현상세계로 나오는 연역법을 사용하여 설명하셨습니다. 그런데 유일하게 게송만은 귀납법을 사용하여 현실에서부터 근본으로 들어가는 방향으로 설명하신 것입니다. 두 방법은 논리를 전개해나가는 데 있어서 다 필요합니다. 그래서 설교를 할 때도 어떤 것은 연역법을 쓰고 어떤 것은 귀납법을 써서 본인이 표현하려는 것을 착실하게 설명해야 합니다.

여러분들 일요일 법회 때 설교를 많이 들어보셨을 텐데 전부 다 공부 삼아야 합니다. 설교를 듣고 사량 분별을 내라는 것이 아니라 '나는 저런 대목에서 어떻게 설명을 하겠다' 하고 표준 삼는 자세가 필요하다는 것입니다. 간단한 사구게 중에서도 대종사께서 게송을 처음에는 귀납법으로, 끝에서는 다시 연역법으로 설명해주셨습니다. '유는 무로 무는 유로 돌고 돌아 지극하면 유와 무가 구공이나' 여기까지가 귀납법입니다. 구공 자리를 설명하기 위해서 유무 변화 자리를 먼저 말씀하신 것입니다. 유무 변화 자리의 설명으로 가장 본체가 되는 진리의 구공 자리로 돌아갑니다. 다음에 나오는 '구공 역시 구족이라' 이것은 연역법으로, 현실로 나오는 것입니다. 그래서 귀납법과 연역법이 혼재되어 간단한 사구게 형식의 게송 속에 들어 있는 구조라는 것을 확실히 알아야 합니다.

성리품에 '성리를 아는 사람은 뿌리에서 잎과 가지로도 가고 잎과 가지에서 뿌리로도 가고 그렇게 자유자재로 설명해야 된다'는 말씀이 있습니다. 대종사께서 게송을 통해 그 내용을 증명해 보이신 것입니다. 잎과 가지에서 뿌리로도 가고, 뿌리에서 잎과 가지로도 가고, 사통오달로 밝혀야 한다고 하셨습니다. 사통오달로 밝히신 것이 바로 게송입니다.

계송의 내용으로 들어가봅시다. 첫째 **유는 무로**
입니다. 유는 형상적으로 볼 때 나타나는 것으로 눈에 보입니다. 제가 지금
펜을 갖고 쓰는데 눈에 보이죠? 보이는 이것이 유다, 이 말입니다. 유가 왜
생기느냐? 서원문에서 우주는 어떻게 변한다고 했습니까? 성·주·괴·공이라
고 하셨습니다. 성·주·괴·공은 유로 보이는 것입니다. 성하고 주해 있는 것
은 보이잖습니까. 그런데 괴까지는 아직도 가는 중이니 괴까지는 보이지만
공이 되면 이건 무가 됩니다. 성·주·괴·공, 생·로·병·사 만물은 어떻게 변하느
냐? 생·로·병·사까지는 유로 변한단 말입니다. 이렇게 변하는데 무엇이 들어
서 변하느냐? 왜 유가 생기는가? 유는 집執, 집은 모인다는 뜻으로 합合입니
다. 지, 수, 화, 풍 사대가 집합하면 유로 나타나게 됩니다. 그대로 머물러 있
지 않고 성·주·괴·공으로 변하는 것입니다.

괴, 무너지는 과정을 봅시다. 사람이 죽는 과정을 예를 들어서 한번 봅시
다. 사람이 죽을 때 제일 먼저 빠져나가는 것이 무엇인가요? '풍'입니다. 죽
을 때 숨을 꼴깍꼴깍 쉬다가 깔딱 하면 숨이 딱 막히죠? 막히면서 우주가
통하는 것이 코라 했습니다. 풍이 나에게 우주 기운으로 싹 빠져나가서 합
체되는 것입니다. 풍이 흩어져버리는 겁니다. 두 번째는 '화'입니다. 죽고 나
면 싸늘해집니다. 그래서 내 몸이 가지고 있는 온기가 우주 대기에 합해지는
것입니다. 세 번째는 '수'입니다. 지금이야 죽고 나면 냉동실에 집어넣으니까
며칠이 지나도 그대로 있지만 예전에는 그렇지 않았죠. 상여 메고 나갈 때
관에 전부 다 초를 발라서 새지 못하도록 돌려 막았습니다. 그런데도 술술
흐릅니다. 삼일장, 오일장을 하면 물이 빠져서 대지에 합쳐지게 됩니다. 마지
막은 '지'입니다. 이렇게 흩어져서 한 줌 흙으로 돌아가는 것입니다. 그런데
사대가 흩어지는 순서를 아는 사람은 별로 없습니다.

현상적으로 나타나 있는 유가 집합이 됐을 때는 사대로 나타나지만 이것

이 이산(떠나고 흩어지는 상태)이 되면 무로 돌아가게 됩니다. 우리도 마찬가지입니다. 지금은 제가 이렇게 강의를 하고 있지만 언젠가는 사대가 흩어질 거 아닙니까? 흩어지면 없어집니다. 이성택이라는 사람이 없어져서 무가 되는 것입니다. 우주의 원리가 그렇게 되어 있습니다. 그런데 자연현상에만 유무의 현상이 있는가 하면 그렇지 않습니다. 심상 세계에도 유무가 있습니다. 유심은 무심으로 변합니다. 사람 마음이 살다 보면 왔다 갔다 합니다. 나타났다가 없어졌다가 하는 것이 유정물이 마음 작용하는 모습입니다.

어제도 '1분 이야기 하고, 2분 듣고, 3분 생각하라'는 말을 밴드에 올렸던 분을 만나서 이야기를 들었습니다. 제가 어제는 다섯 시간을 듣기만 했습니다. 일생 살아온 이야기를 하는데 말을 섞을 시간이 없었습니다. 지금 생각해도 나도 참 대단하다 싶습니다. 그런데 가만히 생각하니 퇴임을 하신 어른들한테 그런 시간들을 한 번씩 마련해서 들어주는 것이 좋을 것 같습니다. 그렇게 하고 나니까 마음이 후련해지고 좋아지는 것 같아요. 그래서 어른들이 만나자고 하면 내가 앞으로 거절하지 말아야지 하고 어제 결정했습니다. 저도 사실은 하려고 하면 어디서 뭐 했고 돈을 얼마나 교단에 벌어다 줬다, 하고 싶은 말이 수두룩하게 많습니다. 지나온 모든 과정들이 누구에게나 다 잠재의식 속에 숨어 있는 것입니다. 유가 무로 변하는 공부를 잘 하려면 잠재의식을 깨끗하게 청소해야 됩니다. 그래야 유는 무로 공부가 되는 것입니다. 육근은 육진을 당해서 육식이 일어납니다. 아뢰야식이라고 하는데 이것을 청정하게 해야 됩니다. 선을 하는 이유는 잠재의식, 아뢰야식阿賴耶識을 청소하고 청정하게 하기 위해서입니다. 잠재의식을 청소하는 것을 일기에서 무념 공부라고 합니다. 유·무념에서 유념은 좋은 것이고 무념은 나쁜 것입니다. 그런데 여기서 말하는 무념은 좋은 무념입니다. 좋은 무념은 잊어버릴 것은 확실하게 잊어버립니다. 역설적이지만, 잘 잊어버리는 사람이 공부를 잘하는 사람입니다.

요즘 사람들이 디지털 치매라고 하는데, 그게 뭐냐고 물으니 저 속에 다 들어 있어서 다 잊어버리는 것입니다. 이것은 무념 공부로 유를 무로 하는 공부를 잘하는 것이라고 볼 수 있습니다. 그렇다면 유념 공부도 잘해야 되는데 보시를 하고 나면 잊어버려야 될 것 아닙니까? 보시를 하고 내가 줬다고 계속 기억하고 있으면 얼마나 괴롭겠습니까. 아까운 생각도 나고. 어제도 제가 점심을 먹고 계산을 하는데 3만 5천 원이라고 하는 겁니다. 와서 생각해 보니까 3만 5천 원이 아니라 10만 원을 준 것 같더란 말입니다. 거스름돈으로 5천 원만 받아 왔는데 손해 봤다는 생각이 자꾸 드는 것입니다. 저는 카드를 안 쓰니 계산을 잘못 했는가 싶었습니다.

보시는 잊어버려야 되는 것입니다. 생각을 계속 갖고 있으면 괴롭습니다. 인간관계 속에서 일어나는 모든 시비 이해가 무념 공부를 못하기 때문에 생기는 것입니다. 무념 공부, 잘 잊어버리는 공부가 우리의 마음상에서 유를 무로 하는 공부라고 말할 수 있습니다.

제가 사대가 모이면 유로 나타나고, 사대가 흩어지면 무가 된다고 말씀드렸습니다. 사대가 모여 있는 유에 마음으로 집착하지 말아야 합니다. 그래야 '유는 무로' 공부를 잘 하는 것입니다. 요즘 성형수술을 많이 한다고 들었습니다. 원래 생긴 대로 그냥 살면 되는데 뜯어 고쳐서 부작용이 많이 나는 것인지…. 이것은 스스로 성, 주에 나타나 있는 유에 집착하기 때문입니다.

직위도 마찬가지입니다. 제가 교정원장에서 이임하니까 수위단회에서 앉는 자리가 달라지더라고요. 그러니까 종법사께서 오셔서는 "어째 거기 앉았습니까?" 하시길래 "아, 이제는 교정원장이 아니잖습니까." 그러니까 종법사께서 허허 웃으시더라고요. 사람은 계속 잘 나갈 수는 없는 것이고, 굴곡이 있기 마련입니다. 그 굴곡에 마음이 요동치지 않아야 합니다. '유는 무로' 이것만 잘해도 공부가 다 되는 것입니다. 이것을 종합해보면 있는 것은 없는 것으로, 형상적으로 있는 것은 반드시 없는 것이 됩니다. 우주에 모든 유들을 보면 결국은 이합집산하고 있는 것입니다. 이때는 무가 되고, 합하고 집합이 되면 유가 됩니다.

그런가 하면 사람의 마음도 나타났다 없어지고 계속 그럽니다. 이것을 우리는 공부 삼아서 유념으로 공부를 해야 되는 것입니다. 유심 공부가 한 단계 더 성숙하면 무심 공부가 됩니다. 지금 제가 말한 '유는 무로' 공부를 종합하면 정신 수양 공부입니다. 게송도 설명을 해보면 모든 교리와 다 연결되어 있습니다.

그다음은 **무는 유로**라고 하셨습니다. 아까 사대가 흩어졌다고 했는데 이런 방법으로 무가 됐습니다. 그럼 무가 되고 계속 그대로 있을까요? 또 유로 나타납니다. 유로 나타나는 순서를 살펴봅시다. 제일 먼저 '지', 바탕이 나타나는 것입니다. 흙이 먼저 나타나는데 반드시 물을 잡아당깁니다. 그래서 흙이 있는 곳에는 반드시 물이 나옵니다. 사막에는 물이 없는데, 흙이 덜 돼서입니다. 아직 성·주·괴·공 이치를 따라서 모래로 있을 뿐 흙이 아닌 것입니다. 그래서 물이 다 빠져버리는 것입니다.

그다음에는 '화', 불이 옵니다. 사대가 생길 때 불은 풍을 잡아당깁니다. 굉장한 것입니다. 여러분들 그냥 쉽게 받아들이면 안 됩니다. 그러면 사람이 태어날 때 제일 마지막으로 사람한테 들어가는 것이 무엇입니까? 풍입니다. 아이가 태어나 '앙' 하고 울 때 바람이 팍 들어가는 것입니다. 소도 그렇고 돼지도 마찬가지입니다. 참 희한한 것이 사대가 흩어질 때와 모일 때가 정반대입니다. 모일 때는 흙이 바탕이 되어서 물을 잡아당기고 흩어질 때는 불이 바탕이 되어서 바람을 잡아당기는 것입니다.

자, 이제 어떻게 당기는지 설명해보겠습니다. 왜 불이 바람을 잡아당기는 가? 도자기를 구울 때 가마에 불을 때는데 처음에 온도가 높지 않은 불은 검붉은 빛이 납니다. 그런데 하루, 이틀, 한 사흘 정도 때면 검은 빛이 없어지고 붉은 빛으로 불이 바뀌게 됩니다. 4, 5일간 불을 때면 붉은 빛이 완전히 없어지고 백색으로 바뀝니다. 그것을 보면 눈이 굉장히 좋아진대요. 그래서 제가 지금까지 안경을 안 쓰는 모양입니다. 가끔 도자기 구울 때 백색 불을 들여다보면서 유약이 녹았나 안 녹았나 감별을 했거든요. 유약이 녹는 온도는 1,300도입니다. 5도만 덜 올라가도 유약이 안 녹아서 까끌까끌해지고 10도만 올라가도 주저앉아버려서 잘 살펴야 합니다. 불의 색깔을 보면서 도공이 조절합니다. 그런데 백색 불까지 온도가 올라가 있기 때문에 바람이 얼마나 세게 치는지 컵이 1미터씩 날아가서 찌그러집니다. 상상이 되십니까? 백색 불이 됐을 때 가장 온도가 적당할 때인데 마치 하얀 솜 같습니다. 벽도 백색이고 도자기도 백색이고 모든 가마 안이 백색이 되는 것입니다. 가스 가마하는 사람들이 왜 장작 가마를 못하는가 하면 불을 맞춰서 구워내기가 힘들어서입니다. 가스 가마를 하는 사람은 온도 조절을 하고 미터기로 작동을 하면 그 옆에서 놀아도 뽑혀 나옵니다. 그런데 장작불을 때는 사람은 4박 5일 밤낮 동안 불을 때야 하는 것입니다.

사대 중에도 음양이 있습니다. 여기서 양은 화, 풍이고 음은 지, 수입니다. 참 재밌잖아요. 이렇게 되면 없던 무에서 형상이 나타나는 것입니다. 사대가 모여서 유로 나타나게 되는 것입니다. 그래서 형상적으로 볼 때 사대가 이합집산하는 과정이라고 설명을 해드렸습니다.

심성상에서 볼 때 '무는 유로' 공부는 유념 공부로 마음을 잘 내는 공부입니다. 무심은 반드시 유심으로 나타나는데 그르게 나타내지 말고 바르게 나타내자는 것입니다. 평범한 인간한테는 계속해서 흙에서 잡초 나듯이 마음이 나오게 됩니다. 비옥한 땅일수록 잡초가 더 많이 난다고 하셨습니다. 사람도 비옥한 토양 같은 심성을 가진 사람일수록 생각이 더 많이 나오는 것입니다. 유념 공부를 해서 마음을 내라, 그것이 '무는 유로'입니다. 그래서 유념 공부를 잘하는 것이 곧 작업 취사 공부라고 할 수 있고, 결국 작업 취사 공부를 잘하면 '무는 유로' 공부를 잘하게 되는 것입니다. 없는 마음을 있는 마음으로 내는 것입니다. 또 없는 형상은 있는 형상으로 계속 변하는 것이고, 우주 현상은 없는 것이 있는 것으로 나타납니다.

종합하면 '유는 무로', '있는 것은 없는 것으로', '없는 것은 또 있는 것으로' 이렇게 유무 변화를 합니다. 지금까지 이야기한 것이 유와 무가 서로 변하는 것이고, 작업 취사 공부로 '유는 무로', '무는 유로' 하는 것입니다.

그다음 구절은 **돌고 돌아 지극하면**입니다. 자연의 진리는 자동적으로 돌고 돌아 지극한 것입니다. 일원상 진리가 작용하는 모습을 보면 주야 변화, 사시 변화로 순환하여 쉬지 않고 도는 이치입니다. 중심이 잡혀서 돕니다. 만약 중심이 잡혀서 돌지 않으면 부딪치게 됩니다. 천체가 도는데 지구와 달이 도는 궤도가 엄연히 있으면 중심이 안 잡혀서 돌다가 교통사고 납니다. 교통사고가 나서 박치기를 하면 어떻게 되겠습니까? 저는 어디를 갈 때 차 타면 심고를 올립니다. "내가 가는 이 차가 우주의 질서를 어기지 않고 출발부터 도착까지 안전하게 가게 해주십시오. 법신불 사은이시여." 그리고 그때부터 잠을 잡니다. 편안하게 자고 일어나면 목적지에 도착해 있습니다. 인간 세상에서 왜 교통사고가 나느냐? 중심이 안

154

잡혔기 때문입니다. 마음에 중심이 딱 잡힌 사람은 운전을 하면 절대로 중심을 이탈하지 않습니다. 우주의 진리는 돌고 도는데 중심이 잡혀서 일호의 편차 없이 돌아갑니다. 이 은하계(갤럭시)는 제각각 돌고 있는 것 같지만 도는 그 과정에서는 중심을 잡고 중심을 향해서 돌고 있는 것입니다. 대종사께서 대각을 이루시고 진리의 표현을 중심이 잡힌 일원상으로 하셨습니다. 사대의 이합집산하는 과정도 마찬가지입니다. '돌고 돌아 지극하면'이라는 말씀을 하셨는데 지극은 자동적으로 지극한 것입니다.

중용에 보면 '성자는 천지도야요, 성지자는 인지도야라' 하늘의 도는 그 자체가 이미 정성 자체로 성자라는 말입니다. 이 이치를 따라서 정성스러우려고 노력하는 것이 사람이 해야 할 도다, 이 뜻입니다. 이렇게 진리 자체는 지극한데 사람이 하는 것이 지극하냐, 그렇지 않냐가 관건이고 문제라는 것입니다.

살다 보면 참 별 일이 다 있습니다. '한 번 봐줘야지, 눈 감아줘야지' 하는 때가 생깁니다. '아, 이번 한 번만 봐줘라' 하는데 한 번만이 어디 있습니까? 한 번이 전체인데 한 번만 봐달라 그럽니다. 사람들이 그런 마음을 갖고 있습니다. 이런 마음은 천지의 지극에 도달하지 못했기 때문입니다. '유는 무로'는 정신 수양 공부, '무는 유로'는 작업 취사 공부라 했습니다. 이 '유는 무로, 무는 유로' 하는 공부를 지극하게 하고 닮아가라는 말입니다. 지극한 공부가 참 좋은 겁니다. 유념, 무념 공부를 지극하게 해서 유심은 무심으로, 무심은 유심으로 돌리는 것입니다. 진리가 중심이 잡혀서 도는 것처럼 마음도 확실하게 유무념 공부를 해나가야 합니다.

다음은 **유와 무가 구공이나**입니다. 유와 무가 구공이 된다는 것은 우주적, 진리적으로 볼 때 일원상 체 자리는 돈공한 자리로 이미 공입니다. 진리의 형상은 이미 구공인 것입니다. 그런데 사람의 마음이 구공이 되느냐 이것이 문제입니다. 마음을 구공으로 가져가는 공부가 지극일심입니다. '돌고 돌아 지극하면'이라고 하셨습니다. 그냥 일심을 챙기는 것이 아니라 지극하게 일심을 챙기는 것입니다. 그러면 그 자리가 바로 구공이고, 지극정성입니다. 구인 선진들께서 백지혈인을 나투셨는데 여러분들은 믿으십니까? 제가 사실로 믿게 해드리겠습니다.

황이천 선생이 말년에 저와 만덕산을 돌아다니면서 이야기도 하고 교류를 많이 했습니다. 그런데 이 양반이 "하, 대종사께서 왜 나를 이천이라고 이름을 지어줬는가 모르겠다."고 그러셔요. 나는 알겠는데 자기는 모르고 있습니다. 대종사는 법명을 짓는 데도 삼세 앞길을 내다보고 이름을 지으십니다. 왜 이천이냐? 너는 두 하늘 밑에서 산다 이 말 아닙니까? 일본 하늘 밑에서 살고 해방된 조국 밑에서 산다 이겁니다. 그렇게 쉬운 것을 본인만 모른단 말이죠.

대종사께서 한번은 "아, 이천 이리 와봐. 지금 법인성사 때 혈인이 났다고 불법연구회 안에서도 소문이 났다는데 그런 것이 아니야. 진짜 나왔어." 그러시더랍니다. 그러고는 조실 영정방 툇마루 쪽으로 가시더니 벽장문을 여시고는 종이를 하나 꺼내시더랍니다. 꺼내신 후 쪼그려 앉아서 펴 보이시는데 사람 이름에 진하게, 혹은 흐릿하게 도장이 탁 찍혀 있는 것입니다. 그리고는 "봐, 나왔어. 나왔지?" 그러니까 "예, 그러네요." 하고 답하니 다시 접으셔서 벽장에다 딱 넣어두셨다고 합니다. 이천 선생이 '대종사께서 나를 예쁘게 여기셔서 혈인의 흔적을 안 태우고 놔뒀다가 나를 보여주셨구나. 나만 보여주신 것이니까 발설하면 성현의 천기누설을 하는 것이다'라고 생각해서 말을 안 했다는 것입니다.

　대종사께서 열반하시고 해방되고 몇 년이 지난 후 김형오 선생이라고 대종사 시자 하셨던 분이 처음으로 이야기를 했습니다. 이천 선생과 그 분이 구조실 수리를 하는데 성탑 옆에 돌아다니다가 최초로 발설을 하는 겁니다.

　"형오, 법인성사 때 그것 태웠다고 했는데 안 태우고 조실에 전해 내려오는 것 아닌가?" 하고 물은 겁니다. 그러니 "에이, 이 사람아. 뭔 소리야? 그때 다 태워서 소지해버렸어." 형오 선생이 그러시니 "아, 이 사람아. 내 눈으로 봤는데 그러는가?" "어떻게 봤는가?" 하고 물어서 그 과정을 말하였습니다. 그 이야기를 다 듣고 형오 선생이 "이천, 또 대종사님한테 속았어." 결정적 순간에 대종사께서 황이천 선생의 눈을 딱 어둡게 만들어버린 것입니다. 대종사께서 임시방편으로 이적을 내 보이신 것이었는데 그것이 참말 아니겠습니까? 여러분들 보고 싶습니까? 보고 싶다면 그것은 아직 몰라서입니다. 안 보고 싶어야 합니다. 대종사께서 그러시는 그 단계는 사무여한으로 지극정성, 지극일심으로 찍으면 백지장에 혈인이 난다는 것입니다. 여러분들도 언제 기도 한번 해가지고 내보길 바랍니다. 서원관에서 그걸 한번 냈다고 하면 제2의 법인성사가 일어난다니까요. 항단장 추진해서 한번 해보도록 합시다. 구공은 다 비었다는 말인데 구공 하나만 있으면 반쪽 진리입니다. 그렇기 때문에 불생불멸 인과보응이라 하는 것입니다. 불생불멸과 일원상 서원문에서 언어도단의 입정처는 구공 자리입니다.

　　　　온전한 진리가 되기 위해서는 **구공 역시 구족**이 되어야 합니다. 제가 일원상 진리 장을 할 때 돈공은 광명이 꽉 찼다고 설명했습니다. 기운 기, 기가 차 있다고 했습니다. 기의 작용은 무한 동력입니다.

유무 변화를 일으키는 원천입니다. 아까 귀납에서 귀납으로, 현실에서 본체 자리, 구공으로 갔습니다. 구공을 가지고 다시 연역으로, 구족으로 나오는 것입니다. 일원의 광명으로 우주 만유가 생성되어 일체의 모든 변화가 일원 상 진리의 구족의 자리에서 나타나는 것입니다.

우리가 마음이 있다 하면 유, 이것은 구공 자리에서 보면 이미 없는 것입니다. 무가 되는 겁니다. 마음이 없다면 그것은 또 있는 것입니다. 이 무궁무진한 진리의 모든 내용을 네 줄 속에 다 담으신 것입니다. 그러면 사리 연구는 무엇인가? 여기서 사리 연구는 없었는데 사리 연구는 들고 나는 자기 마음을 보는 것입니다. 들어가는 마음, 나오는 마음 이러한 마음을 없게 해야겠다, 하면 자기 마음을 보는 겁니다. 잘못 낸 마음이다 하면 자기 마음을 보는 것 견성, 사리 연구입니다. 조견, 마음을 봐야지만 없애기도 하고 내고 들이기도 하는 것입니다. 그래서 마음을 자유로 작용하다 보면 진정한 마음의 자유를 얻게 되는 것입니다.

유명한 일화 하나 말씀드리겠습니다. 마령교당에 재가 교도 최초의 법사인 양혜련 할머니가 계셨습니다. 각산 신도형 종사께서 강습에 설법을 하시는데 할머니가 너무 좋아서 일어나 춤을 추더라는 겁니다. 법문을 알아듣고 좋아해야 법문도 잘 나오는 것이지 알아듣지도 못하고 소 쳐다보듯이 멍하니 있으면 나오던 말도 쏙 들어가게 됩니다. 그런데 혜련 할머니가 알아듣고 춤을 추면서 "잘한다, 좋다." 하니까 각산께서 얼마나 신이 나셨겠습니까? 할머니가 교당에 저녁 기도를 가려면 당신 동네에서 개울을 건너야 합니다. 하루는 소나기가 많이 내려서 물이 불어서 못 건너게 생긴 겁니다. '내가 꼭 교당에 참석하게 해주시오' 하고 지극하게 심고를 올리니까 물이 쫙 갈라져서 교당에 가게 됐다는 것입니다. 혜련 할머니가 이런 분이십니다.

또 이 할머니가 각산의 강습이 끝나자 조용히 가서 뵙고는 "교무님, 제가 지금 마음을 내야겠다, 하면 마음이 나옵니다. 마음을 들여야겠다, 하면 마음이 쏙 들어갑니다. 그래서 내고 들이는 마음이 자유스럽습니다. 제가 지금 이런 공부를 하고 있는데 다음 생에 남자가 되어야 하겠습니까, 여자가 되어야 하겠습니까?" 하고 질문을 드렸습니다. 각산께서 대답하실 수 있는데도 "내가 총부에 계시는 종법사님께 여쭤보고 대답을 하겠다." 하셨답니다. 그 후에 대산종사께 말씀을 드렸습니다. 대산종사께서 뭐라고 말씀하셨는가 하면 "내고 들이는 마음이 자유로운 단계가 되면 결정보를 받는다."고 하셨습니다. 내가 남자가 되어야겠다, 하면 남자가 되고 여자가 되어야겠다, 하면 여자가 되는 결정보를 받는다 이 말씀입니다. 그런데 여자가 되도록 지었는데 남자 되어야겠다고 하면 남자가 됐을 때 여자 같은 남자가 되어서 안 된다는 것입니다. 또 남자 같은 여자가 되면 안 되고, 여자 같은 남자가 되어도 안 되잖습니까? 남자는 남자다워야 되고 여자는 여자다워야 된다 이 말입니다. 그러니 "그런 원 세우지 말고 자연에 맡겨라." 이게 대산종사의 말씀이십니다.

그 뒤에 양혜련 할머니께 저 말씀을 그대로 전해드렸다는 이야기입니다. 재밌죠? 마음이 이런 것입니다. 유무의 마음을 자기 마음대로 할 수 있는 그런 단계는 '지극'의 단계이고, 그 단계까지 가기 위해 우리는 공부를 해야 한다는 말씀입니다.

이 게송을 항상 의두 요목처럼 마음에 품고 궁굴리다 보면 제가 한 이야기가 자꾸 생각날 것입니다. 제가 한 이야기를 다 잊어버리는 사람이 진짜 공부 잘하는 사람입니다. 다 잊어버리고 게송을 마음속에 넣고 항상 궁굴리면서 관조로써 통해나가는 이런 공부를 여러분들이 해야 할 것입니다.

2장
사람에게 불공하는 법

– 사은

여러분들은 '덕분에'라는 말을 자주 사용하나요? '덕분에'라는 말이 무엇입니까? 일본 어느 기업가가 94세까지 살았습니다. 그는 어렸을 때 건강이 좋지 않아 평생 운동을 꾸준히 했습니다. 그 덕분에 구순까지 살 수 있었다고 합니다. 덕분에는 긍정입니다. '어릴 때 건강이 나빴기 때문에'라고 말하면 이때 '때문에'는 부정입니다. 비슷한 뜻을 가졌지만 하나는 긍정이고, 다른 하나는 부정으로 엄청난 차이가 있습니다. 살다 보면 자신도 모르게 '때문에'가 튀어나옵니다. '너 때문에', '저것 때문에' 이러한 말들을 쉽게 합니다.

사은四恩이 무엇일까요? 사은 보은四恩報恩 실천을 잘하는 사람은 '덕분에'라는 마음을 가지고 삽니다. 사은 보은의 실제적인 모습입니다. 세부적으로

160

정전을 살피기 전에 사은의 큰 방향을 정해놓으려 합니다.

저는 여러분들 덕분에 공부를 잘하고 있습니다. 사실 강의를 하면 예전에 했던 내용이 많아서 따로 준비하지 않아도 됩니다. 그렇지만 여러분들에게 알려주려면 연마를 해야 할 것 아닙니까. 여러분들이 있기 때문에, 아니 여러분들 덕분에 공부를 하게 됩니다. 여러분도 제 강의를 들으니 제 덕분에 공부합니다. 앞으로 '덕분에'와 '때문에'를 잘 구분해서 '때문에'를 버려야 합니다. 이것이 사은 보은 실천을 잘하는 일입니다.

앞으로는 긍정적 사고를 가져야 합니다. 이를 사고의 유연성이라고도 합니다. 모든 만물이 상호 의존적이고 협력하는 세계, 상생과 화합의 세상을 만들기 위해서는 유연성의 사고가 바탕이 된 사은 사상이 필요합니다.

사람이 나이가 들수록 관습, 관념, 생각에 계속 사로잡힙니다. 나이가 들어갈수록 사고가 경직됩니다. 이것들은 고치기 어렵습니다. 4강 신화를 이룩한 축구 국가대표팀이 긍정적인 예입니다. 그들은 남이 시킨 축구를 한 것이 아니고, 스스로 즐거운 축구를 했습니다. 유연하고 긍정적인 사고를 한 덕분입니다. 그런데 자기 삶 자체가 은혜로운 삶이 되면 사고가 긍정적이고 유연해집니다. 이런 삶을 지향하기 위해서 대종사께서 사은을 내놓으셨습니다.

우리가 사은 보은을 실천하면 종적 구조의 사회에 대한 저항인 동학 혁명도 현실적으로 마무리 지을 수 있습니다. 모두를 부처로 보면 모두가 은혜의 관계로 형성될 수 있기 때문입니다. 대종사께서는 앞으로 오는 시대를 내다보고 우리에게 법을 내어주셨습니다. 현실에서 이와 같은 상생의 세계, 인간세계뿐만 아니라 모든 만물이 상호 의존적이고 협력하는 세계를 꿈꾸고 만들기 위해 사은 사상을 내주신 것입니다. 이렇게 종합적으로 이해하고 사은으로 들어가봅시다.

1. 천지은

우리가 천지에서 입은 은혜를 가장 쉽게 알고자 할진대 먼저 마땅히 천지가 없어도 이 존재를 보전하여 살 수 있을 것인가 하고 생각해 볼 것이니, 그런다면 아무리 천치(天痴)요 하우자(下愚者)라도 천지 없어서는 살지 못할 것을 다 인증할 것이다. 없어서는 살지 못할 관계가 있다면 그 같이 큰 은혜가 또 어디 있으리요.

대범, 천지에는 도(道)와 덕(德)이 있으니, 우주의 대기(大機)가 자동적으로 운행하는 것은 천지의 도요, 그 도가 행함에 따라 나타나는 결과는 천지의 덕이라. 천지의 도는 지극히 밝은 것이며, 지극히 정성한 것이며, 지극히 공정한 것이며, 순리 자연한 것이며, 광대 무량한 것이며, 영원 불멸한 것이며, 길흉이 없는 것이며, 응용에 무념(無念)한 것이니, 만물은 이 대도가 유행되어 대덕이 나타나는 가운데 그 생명을 지속하며 그 형각(形殼)을 보존하나니라.

사은의 첫째는 무엇입니까? 천지은天地恩입니다. **천지 피은의 강령**에서 천지은은 없어서는 살 수 없는 관계라 했습니다. 만물 생존의 바탕이 천지입니다. 제가 일원상 진리 장에서 우주 만유를 말했습니다. 우주 만유가 생존하는 바탕이 천지이기 때문에 천지은은 없어서는 살 수 없는 관계입니다.

천지에는 도道와 덕德이 있다고 했습니다. 도는 우주가 자동적으로 운행하는 걸 말합니다. 도가 운행됨에 따라 나타나는 결과가 덕입니다. 피은의 강령에서 그렇게 정의하고 있습니다. 사람이 가야 할 도가 인도人道인데, 대종경 인도품 1장에 도에 대한 설명이 있습니다. 사람마다 각자 가야 할 길이 달라서 교무教務는 교무가 가야 할 길이 있고, 공무원에게는 공무원의 길이 있습니다.

162

원불교도들은 사회 현상이나 주위의 사건을 볼 때 교리와 대조해서 봐야 합니다. 이렇게 하다 보면 자기도 모르게 일깃거리가 생깁니다. 교리의 주체적인 강령을 생각하면서 모든 현상과 환경을 바라보면 그것이 다 일깃거리입니다. 대종경은 대종사의 감각 감상집集이고, 심신 작용 처리건입니다.

천지에는 도와 덕이 있습니다. 그 도를 천지 팔도라고 합니다.

첫째는 밝은 도입니다. 밝다, 천지가 어떻게 밝습니까? 천지가 밝은 것이 보입니까? 대종경 변의품 1장에 천지의 식에 대해 설명해주셨습니다. 우리나라 속담에 '콩 심은 데 콩 나고, 팥 심은 데 팥 난다'고 했습니다. 천지는 식이 있어서 밝습니다. 천지는 절대로 거짓말을 하지 않습니다. 우리가 살다 보면 시비 이해를 판단하는 게 헷갈립니다. 그러나 천지는 그렇지 않습니다. 지극히 밝아서 그대로 반응을 해줍니다. 이를 밝은 도, 천지의 식이라 표현해주신 것입니다. 하면 한 대로 정확하게 반응하는 것이 인과보응의 신앙문입니다.

둘째는 정성한 도입니다. 옛 말씀에 '성자誠者는 천지도야天之道也요, 성지자誠之者는 인지도야人之道也'라고 했습니다. '정성이라 하는 것은 하늘의 도요, 정성스럽고자 하는 것은 사람의 도다'는 뜻입니다. 천지 자체는 지극히 정성스러운 것입니다. 정성精誠이라는 말은 순서와 절차를 빼먹지 않는다는 말입니다. 우리는 빼먹고 싶을 때가 많습니다. 여러분들 108배를 하다가 힘들면 빼먹고 싶은 마음이 들지요? 누구라도 그럴 때가 있습니다. 쉬고 싶을 때가 있지만 한번 시작하면 끝나기 전까지는 쉬지 않아야 합니다. 순서와 절차를 생략하면 안 되기 때문입니다.

제가 예전에 대각전에서 좌선을 했습니다. 사실 좌선은 다리 아픈 것과의 싸움입니다. 언제 죽비를 치는지 죽비 치는 진행자만 쳐다보게 됩니다. 대각전이 사람 잡는 곳이 됩니다. 그런 과정을 거쳐 교무가 됩니다. 이렇게 사람은 빼먹고 싶고 빼먹기도 하는데 천지는 빼먹지를 않습니다. 사시 순환을 하는데, 주야를 빼먹습니까? 아닙니다. 정성스럽게 계속 반복해서 순환합니다. 순환 반복입니다. 이것이 천지의 정성한 도입니다.

세 번째는 공정한 도입니다. 공정한 도는 증애에 끌리지 않는 것입니다. 증애는 싫어하고 좋아하는 것입니다. 살다 보면 마음에 드는 사람이 있습니다. 또 마음에 들지 않는 사람도 있습니다. 인간이 사는 세계 속에서는 있을 수밖에 없는 일입니다. 저도 가끔 마음에 들지 않는 말을 했습니다. 이것이 증애에 끌리는 것입니다. 또 팔은 안으로 굽습니다. 가까운 사람에게 끌리기 마련입니다. 제가 청년회에 있을 때 총부에 모여서 하계 훈련을 했습니다. 그때 지역별로 배구 경기가 열렸습니다. 저는 오른쪽 날개를 맡아서 스파이크를 때리는 역할을 했습니다. 경기 중 멋지게 스파이크를 때렸는데 파울이랍니다. 심판을 아직도 기억합니다. 얼마나 마음에 걸렸는지 지금까지도 그 사람을 보면 파울 준 사람이라 생각합니다. 인간 세상에 증애는 자연스러운 현상입니다. 그러나 천지의 도는 이렇지 않습니다. 아주 공정합니다.

네 번째는 순리 자연한 도입니다. 우리가 순리 자연하게 되면 생활이 다 된 사람입니다. 공부할 것도 없습니다. 생활이 물 흐르듯 자연스러운 사람입니다. 물은 흘러갈 때 굽은 곳을 만나면 굽게 흐르고, 곧은 곳을 만나면 곧게 흐릅니다. 이것이 순리 자연한 도입니다.

4대강 사업을 할 때 사람들이 왜 반대를 했습니까? 물은 순리대로 흘러야 하는데, 이를 인위적으로 바꾸었기 때문입니다. 서원관 생활, 나아가 교단 생활을 할 때는 일정한 일과가 있습니다. 그 일과가 순리 자연하게 이루어지면 공부가 다 된 것입니다. 좌산종사께서는 '일과日課로 득력하자'고 하셨습니다. 순리 자연하게 되지 않으니까 억지로 합니다. 마음이 나서 하는 일과, 마음은 없는데 몸만 하는 일은 모습은 같지만 천지 차이입니다. 천지 팔도를 체받아서 잘 실행하면 공부가 다 끝난 것입니다.

다섯 번째는 광대무량한 도입니다. 이 반대는 속 좁은 사람입니다. 속 좁은 사람 만나면 참 힘듭니다. 옛날 말에 '속 좁은 사람은 바늘구멍 같다'고 했습니다. 아주 조그마한 일도 수용하지 않습니다.

대종경 불지품 1장에 '가장 크고 깊고 나무가 많은 산에 수많은 짐승이 의지하고 살며'라고 나와 있습니다. 작은 산은 그렇지 않습니다. 큰 산은 광대무량한 산입니다. 대종사 같은 큰 산에는 만 중생이 의지하고 사는 것입니다. 속 좁은 사람은 다 막고 살아갑니다. 마음이 좁아지면 한없이 좁아져서 지푸라기 하나도 수용하지 못할 수도 있습니다. 각자가 생활 속에서 비교해서 자신이 수용을 잘하는 사람인지, 배척하는 사람인지 챙겨야 합니다. 자기의 마음이 어느 정도의 포용력을 가지고 있는지 알아야 합니다.

여섯 번째는 영원불멸한 도입니다. 천부경에 '일시무시일 일종무종일', 하나로 시작했으나 하나로 시작한 바가 없고, 하나로 끝났으나 하나로 끝난 바가 없다는 말이 있습니다. 대종사 사상과 동양 사상에는 시작과 끝이 없습니다. 서양은 반대입니다. 기독교에는 시작과 끝이 있습니다. 천지창조와 말세가 있습니다. 지금은 조금 힘들더라도 나중에 천당 가면 된다는 논리입니다. 서양 사상은 자신의 사상을 주장하기 위해 해석학을 동원합니다. 그래서 논리가 발달했습니다. 죽으면서도 지구는 돈다고 말한 사람이 있습니다. 사실인데 교리에 어긋났다고 하여 사형에 처해졌습니다. 지금은 지구가 도는 것을 인정합니다. 해석학을 동원해서 논리로 설명하려 합니다. 그런데 동양 사상은 해석이 필요 없습니다. 영원불멸한 도, 시작도 없으니까 끝도 없습니다. 우리가 천지 피은의 강령만 잘 실천해도 인류가 맞닥뜨린 한계점을 극복할 수 있는 이론이 나올 수 있습니다.

일곱 번째는 길흉이 없는 도입니다. 천지에 길흉이 없다는 말은 모든 만물에 똑같이 베푸는 것입니다. 이해관계가 없습니다. 사람들은 태풍 같은 자연재해를 피하면 굉장히 다행이라 생각합니다. 하지만 실제로 태풍을 알면 태풍이 필요하다는 걸 알게 됩니다. 태풍이 지나가면서 바다를 완전히 뒤집기 때문입니다. 새로운 바다, 새로운 생명력이 살아납니다. 인간은 자기에게 직접 관계되는 이해로 길흉을 판단하는데, 겉모습만 보고 판단해서 그렇습니다. 태풍은 절대로 흉한 것이 아닙니다. 바다나 자연환경 등은 태풍을 통해서 한 번씩 뒤집어져야 생명력이 유지됩니다.

천지 팔도에서 가장 중요한 조항은 여덟 번째입니다. 여덟 번째는 응용 무념한 도입니다. 결론입니다. 앞에서 일곱 가지를 말했는데 이를 종합하면 응용 무념의 도입니다. 대산종사는 대시주의 위력이라고 하셨습니다. 시주 아십니까? 예전에는 시주를 '동냥 다닌다'고 했습니다.

제가 서원관에 있을 때 사진을 찍고 나면 그 필름 통에 백 원짜리를 넣으라고 했습니다. 필름 통이 차면 전북대학에 있는 원불교 학생회 공심야학에 보냈습니다. 그 당시 남학생이 120명인데 모으니 상당했습니다. 그 불공의 인연으로 야학에서 전무출신이 몇 명 나왔습니다. 학생들이 시주를 한 것입니다. 다른 사람에게 베푸는 일이 시주입니다.

천지는 시주를 하면서 대가를 바라지 않습니다. 그러나 인간은 대가를 바랍니다. 공심야학에 필름 통을 갖다줘서 전무출신이 나왔다고 말했습니다. 저를 알아달라고 하는 이야기입니다. 인간은 '기브give & 테이크take'입니다. 주면 받아야 합니다. 천지는 '테이크'가 없습니다. 계속 '기브'입니다.

우리는 전기를 사용하죠? 사용한 만큼 한국전력공사에서 돈을 받아갑니다. 우리는 항상 햇볕을 쬐는데 아무도 햇볕을 쬐었으니 돈 달라고 하지 않습니다. 그래서 천지은의 결론은 대시주의 은恩입니다. 한없이 주면서 대가를 바라지 않습니다. 천지는 대단합니다. 대시주의 위력이 나타나는 출처가 천지입니다.

일원상 진리는 대시주를 베푸는데 그냥 베푸는 것이 아니라, 천지라는 형체를 통해서 베풉니다. 우리 눈에 보이게 응용 무념의 도를 베풉니다. 사은을 공부할 때 사은이 시대적, 사회적으로 어떤 배경을 갖고 있는지 대종사께서 말씀해주신 것을 확실하게 알고 내용 하나하나를 공부해가는 방향으로 하면 좋겠습니다.

천지 피은의 조목

1. 하늘의 공기가 있으므로 우리가 호흡을 통하고 살게 됨이요,
2. 땅의 바탕이 있으므로 우리가 형체를 의지하고 살게 됨이요,
3. 일월의 밝음이 있으므로 우리가 삼라 만상을 분별하여 알게 됨이요,

천지 피은의 조목, 구체적으로 천지가 어떤 피은을 베푸는지 살펴봅시다.

첫째는 **하늘의 공기**를 통해서 위력을 보입니다. 일원상 법어를 이야기할 때 코, 하면 냄새라고 했습니다. 코는 냄새를 맡는 역할뿐 아니라 호흡을 통하게 합니다. 공기는 생명 유지의 첫 번째 요소입니다. 공기는 모든 생물이 생명을 보존하는 데 첫째 조건입니다. 천지는 이 공기를 무상으로 공급해줍니다.

그런데 요즘 공기와 관련되어 문제가 많이 생겨납니다. 우선 미세먼지가 큰 문제입니다. 인간이 삶을 영위하는 데 있어서 자연의 재앙입니다. 또 다른 문제는 황사입니다. 공기가 어떻게 되느냐에 따라 삶의 모습이 달라집니다. 천지는 하늘의 맑은 공기를 모든 생명에게 무상으로 공급해줍니다.

또 요즘 건강에 대해 이야기할 때 풍욕이 많이 회자되고 있습니다. 바람으로 목욕을 하는 것입니다. 어느 교무가 풍욕 하는 방법을 제 핸드폰에 저장해줬습니다. 자연의 공기가 피부에 맞닿아야 한다고 합니다. 춥다고 옷을 계속 껴입으면 오히려 건강에 좋지 않다고 합니다. 옷을 가볍게 입는 습관을 가져야 합니다. 대종사께서 어떻게 알고 피은의 조목 첫 번째로 하늘의 공기를 내주셨습니다. 공기가 나빠지면 나빠질수록 인간의 삶이 황폐해지는 것을 알고 공기를 좋지 않게 만드는 행위를 하지 않아야 합니다. 요즘

168

또 문제가 되는 것이 이산화탄소입니다. 옛날에는 자연에 순응하며 살았는데 요즘은 어떻게 해서라도 편하게 살려고 하죠. 대표적인 실례로 에어컨, 냉장고가 있습니다. 농촌에서는 비닐하우스를 많이 사용합니다. 그 피해가 이제 돌아오고 있습니다.

제가 개교의 동기에 대해 말할 때 천권 시대에서 인권 시대로 바뀐다고 했습니다. 이것이 좋기는 한데, 천권을 배은하면서 인권을 키우면 결국 다시 재앙으로 다가옵니다. 비닐하우스가 왜 좋지 않습니까? 하늘의 공기는 땅과 만나서 순환을 해야 합니다. 순환하지 않으면 정화되지 않습니다. 하우스로 덮고, 아스팔트로 다 덮습니다. 오면서 보니까 총부 정문에 아스팔트를 새로 깔아서 깨끗하고 좋습니다. 처음 아스팔트 공사할 때 서원관 학생들이 반대를 많이 했습니다. 법타원이 교화부장이셨는데 학생들이 찾아가서 깔지 말자고 말씀드렸습니다. 그때 김이현 종사가 해주신 말씀을 아직도 기억합니다. "우리 후손들은 이 아스팔트를 다시 걷어낼 것이다." 결국 아스팔트를 까는 것은 천지의 배은입니다.

두 번째는 **땅의 바탕**입니다. 흙의 위력은 대단합니다. 피은의 조목에 땅의 바탕이 있어서 형체를 의지하고 살 수 있다고 하셨습니다. 모든 생령은 흙이 있어야 삽니다. 바위 위에는 생명이 자라지 않습니다. 있긴 있는데 이끼가 끼는 것이고, 바위 위에서 나무가 자라고 식물이 자라는 건 바위에 틈이 있고 거기에 흙이 있어서입니다.

비 온 뒤에 아스팔트에 있는 지렁이 본 적 있습니까? 그 지렁이 볼 때마다 왜 죽으려고 기어 나올까 생각이 듭니다. 흙에서 나오면 지렁이가 죽습니다. 모든 생물은 흙에서 살아야 합니다. 흙으로부터 멀어지면 멀어질수록 좋지 않습니다. 건물도 1층이 제일 좋습니다. 장을 발효시킬 때 아파트 12층, 13

층에서는 발효가 되지 않습니다. 땅에서 멀어져서 그렇다고 합니다.

흙이 우리에게 주는 것이 얼마나 소중한지 알아야 합니다. 황토방도 높이 지으면 흙의 기운과 멀어집니다. 사람들이 방에 앉으면 주먹 두 개 들어갈 만한 높이에 천장이 있습니다. 천장에서 오는 흙의 기운을 온전히 받기 위해서입니다. 현대인들의 병이 다 어디서 올까요. 흙을 가까이하면 다 나을 수 있습니다. 항상 흙을 만져야 하는 도자기 만드는 사람들의 손은 굉장히 부드럽습니다. 도자기를 만드는 흙이 아주 미세해서 화장품과 같은 역할을 합니다. 도시에 사는 사람들은 흙에서 멀어집니다. 아마 여러분들도 흙을 밟을 일이 거의 없을 겁니다. 전부 시멘트 바닥만 밟습니다. 저는 《서울신문》에 '흙이 우리에게 주는 것'이라는 칼럼도 썼습니다. 흙은 우리에게 정말 소중한 존재입니다.

세 번째는 **일월의 밝음**입니다. 일日은 해고, 월月은 달입니다. 해와 달이 만상을 구별하게 만듭니다. 보이게 합니다. 삼라만상을 분별하게 합니다. 결론적으로 보면 일월의 밝음이 있기 때문에 청황적백, 고저장단을 구별하고 살 수 있습니다. 눈이 안 보인다고 생각해봅시다. 얼마나 불편하겠습니까?

일조량이 부족하면 생물들이 자라질 못한다고 합니다. 생태학자에 따르면 영양소 중에서 제1 영양소가 햇빛이라고 합니다. 요즘에는 햇볕에 나갈 때 항상 자외선 차단제를 바릅니다. 제가 교정원장으로 있을 때 김대중 전 대통령 발인식에 참석한 적이 있습니다. 발인식을 거행하는 국회의사당 앞에서 국회의원들, 종단 대표들을 만났는데 참석한 사람들 얼굴이 전부 하얗습니다. 그 광경을 보고 많은 사람들이 자외선 차단제를 바르는구나, 하고 알았습니다. 물론 자외선이 나쁜 것만은 아니라고 합니다. 자외선을 너무 많이 쐬면 피부 노화가 된다고 합니다. 시골에서 농사짓는 사람들의 주름이 많은 이유입니다. 그런데 하루에 20분 정도는 햇볕을 쬐어야 한다고 합니다. 햇빛이 들어가서 혈관을 확장시킨다고 합니다.

만물은 음양의 조화로 인해서 자랍니다. 양은 햇빛이고, 음은 달입니다. 해 기운과 달 기운이 서로 조화를 이루어 만물이 생성화육^{生成化育}하고 숙살만물^{肅殺萬物}합니다. 겨울에는 음이 성하기 때문에 죽습니다.

일월이라고 하는 것, 음양의 조화는 무궁무진합니다. 해도 달도 지구도 별입니다. 이를 삼성이라 합니다. 세 별이 서로 기운을 주고받으며 지구나 우주에 있는 모든 음양의 조화를 만들어냅니다. 일월의 밝은 위력은 대단합니다. 대종사께서는 서당을 중퇴하신 학력이신데, 이런 이치를 깨달아서 박사들이 연구한 것들을 밝혀주셨습니다.

네 번째는 **풍운우로**^{風雲雨露}의 혜택입니다. 풍은 바람, 운은 구름, 우는 비, 로는 이슬입니다. 바람은 앞서서 공기의 위력을 이야기할 때 말씀드렸습니다.

운을 이야기해봅시다. 언젠가 날이 너무 가물어서 배추가 죽게 생겼습니다. 학생들을 동원해서 대야로 물을 퍼서 줬는데, 사람이 아무리 물을 줘도 하늘이 주는 것을 따라가지 못하는지 배추가 살아나질 못했습니다. 사람이 아무리 노력해도 하늘이 하는 일은 대행할 수 없습니다. 비 한번 오고 나면 천지 기운이 달라집니다. 가뭄 들 때 비가 오면 서로 물대기를 하다가 싸움이 나기도 합니다. 예전에는 수리 시설이 부족하니까 비가 오면 물이 전부 흘러가버렸습니다. 비가 내리면 서로 자기 논에 물을 대느라 바빴습니다. 비 때문에 사람 마음이 각박해지는 거죠. 또 가뭄이 들면 국가를 다스리는 지도자가 마음을 잘못 써서 그렇다고 생각했습니다. 일제 시대에 농촌 교당에 부임하신 한 선진이 가뭄이 드니까 천황에게 비방하는 투서를 쓰셨습니다. 총독이 보니까 천황을 비방하는 투서에 찍힌 소인이 전북 진안입니다. 총독이 진안에 있는 선비들을 모아놓고 백일장을 했습니다. 이 어른이 백일장에 가서 한문으로 좋은 필체를 써서 냈습니다. 상소장과 그 필체를 대조하니까 딱 걸렸습니다. 그 선진의 스승인 대종사께서 경찰서에 잡혀 들어가셔서 하룻밤을 주무셨습니다. 경찰들이 다시는 제자들이 그런 상소를 쓰지 않게 하겠다는 각서를 쓰라고 했습니다. 대종사께서 그 각서를 끝까지 쓰지 않고 결국 하루를 꼼짝없이 잡혔습니다. 다음 날 나오니까 황이천 선진이 "각서 그거 아무것도 아닌데 써주시지 왜 고생을 하셨습니까?" 하니 대종사께서 그런 각서를 어떻게 쓰겠느냐 하셨습니다. 대종경에 자세히 나옵니다.

우는 천지 기운을 돌립니다. 가뭄이 들면 사람 마음도 가난해집니다. 그럴 때 비가 오면 사람들 마음도 풍요로워집니다. 정산종사께서 '지기훈몽운만리地氣薰雲萬里'라 하셨습니다. 땅 기운이 훈몽해서 만리에 뻗칩니다. 얼마나 좋은 말씀입니까.

풍·운·우·로의 혜택, 바람 불고 구름 끼고 비 오고 이슬 내리는 혜택을 주어서 만물을 장양시킵니다. 그 위력이 천지가 인간에게 주는 3대 영양소입니다. 첫째가 햇빛이고, 두 번째가 공기, 세 번째가 물입니다. 자연이 모든 생명에게 주는 이 세 가지만 잘 조절한다면 모든 생명이 살 수 있습니다.

마지막 피은 조목은 **천지는 생멸이 없으므로 만물이 무한한 수를 얻게 된다**는 겁니다. 여기에서 말하는 무한한 수는 현재 생존하는 모습을 가지고 무한한 수를 가지는 것이 아니라 변화를 하면서 가지는 무한한 수입니다. 변화를 하면서 무한한 수를 누립니다. 인간도 생·로·병·사로 변하면서 갔다가 또다시 옵니다. 이를 모르는 사람이 많습니다. 어제 지방의 한 교당에서 전화가 왔는데 할머니 교도가 할아버지가 돌아가셨을 때 유교식으로 3년 상을 치르셨답니다. 아들들이 다 유명한 교수입니다. 이 집안이 원불교식으로 재를 지낸다고 하는데 그 교무가 혼자서는 못하겠답니다. 저더러 초재부터 2재까지 지내달랍니다. 이 사람들이 무한한 수를 모릅니다. 죽고 나면 다시 돌아옵니다. 항상 돌고 도는 이 무한한 수에서 다시 오는 이치가 여기서 말씀하신 무한한 수입니다.

대종사께서는 피은의 조목을 다섯 가지로 말씀해주셨습니다. 이를 단순히 교리로만 알지 말고 앞서서 말씀드린 것을 잘 활용해야 합니다. 조금 전에 말씀드린 3대 영양소도 잘 활용해서 육신을 건강하게 해야 합니다. 육신이 건강해야 정신도 건강합니다. 육신이 건강하지 못하면 정신도 건강하지 못합니다.

∽

천지 보은(報恩)의 강령
사람이 천지의 은혜를 갚기로 하면 먼저 마땅히 그 도를 체받아서 실행할 것이니라.

∽

천지 보은의 조목
1. 천지의 지극히 밝은 도를 체받아서 천만 사리(事理)를 연구하여 걸림 없이 알 것이요,
2. 천지의 지극히 정성한 도를 체받아서 만사를 작용할 때에 간단 없이 시종이 여일하게 그 목적을 달할 것이요,

3. 천지의 지극히 공정한 도를 체받아서 만사를 작용할 때에 원·근·친·소(遠近親疎)와 희·로·애·락(喜怒哀樂)에 끌리지 아니하고 오직 중도를 잡을 것이요,

4. 천지의 순리 자연한 도를 체받아서 만사를 작용할 때에 합리와 불합리를 분석하여 합리는 취하고 불합리는 버릴 것이요,

5. 천지의 광대 무량한 도를 체받아서 편착심(偏着心)을 없이 할 것이요,

6. 천지의 영원 불멸한 도를 체받아서 만물의 변태와 인생의 생·로·병·사에 해탈(解脫)을 얻을 것이요,

7. 천지의 길흉 없는 도를 체받아서 길한 일을 당할 때에 흉할 일을 발견하고, 흉한 일을 당할 때에 길할 일을 발견하여, 길흉에 끌리지 아니할 것이요,

8. 천지의 응용 무념(應用無念)한 도를 체받아서 동정간 무념의 도를 양성할 것이며, 정신·육신·물질로 은혜를 베푼 후 그 관념과 상(相)을 없이 할 것이며, 혹 저 피은자가 배은 망덕을 하더라도 전에 은혜 베풀었다는 일로 인하여 더 미워하고 원수를 맺지 아니할 것이니라.

다음은 천지 보은의 조목입니다. 첫째는 **밝은 도**입니다. 밝은 도를 체받아서 사리를 연구해서 걸림 없이 알라고 하셨습니다. 대소 유무의 이치와 시비 이해의 일을 잘 알자는 말입니다. 이것을 아는 것이 보은의 조목입니다. 사리를 분명하게 구별할 줄 알아야 합니다. 삼학에서는 사리 연구입니다.

신앙문과 수행문이 분리된 것이 아니라 서로 연관이 있습니다. 신앙을 잘하면 수행을 잘하게 되어 있고, 수행을 잘하면 신앙을 잘하게 되어 있습니다. 보은을 잘하기 위해서는 사리 연구를 잘해야 합니다.

이 밝은 도를 보은하는 데 있어서 제일 중요한 것은 실제 생활 속에서 속이지 않는 것입니다. 누구를 속이지 않는 것인가? 자기 자신을 속이지 않아

야 합니다. 무기심이라 합니다. 마음을 속이지 맙시다. 저도 말은 이렇게 하지만 살다 보면 실천이 쉬운 일은 아닙니다. 자기가 자기를 속이지 않으면 결과적으로 천지를 속이지 않는 것입니다. 보은의 조목을 잘 알고 보은을 하게 되면 우리도 천지처럼 밝아집니다.

천지 팔도를 말할 때 천지의 식에 대해서도 이야기했습니다. 천지의 식이 얼마나 밝습니까? 저는 제초제를 왜 사용하는지 모르겠습니다. 산책을 다니는 길에 인삼밭이 있습니다. 풀이 수북했는데 며칠 지나고 보면 풀이 다 죽어 있습니다. 제초제를 뿌린 겁니다. 그래서 인삼을 먹으면 안 된다고 합니다. 6년 근 인삼은 거의 제초제 덩어리입니다. 천지를 속이는 일입니다. 귀찮더라도 풀을 베고, 매고 하는 것이 천지 보은입니다. 물론 힘이 듭니다. 저도 10평짜리 잔디밭을 매기도 힘이 듭니다. 원로원에 있는 남자 교무에게 예초기로 해달라고 했습니다. 이것도 천지를 속이는 일입니다.

두 번째는 **정성한 도**입니다. 이 정성한 도에 보은을 할 때 시종이 여일하게 간단없이 하는 일이 중요합니다. 간단없이 한다는 것은 하다가 끊어지지 않고 계속하는 걸 말합니다. 살다 보면 끊어지고, 하기 싫은 마음이 납니다. 하기 싫은 마음을 극복하고 일단 시작했으면 시종이 여일하게 실천해야 합니다. 이것이 정성한 도를 체받고 보은하는 방법입니다.

제가 대산종사께 보은 잘하는 것 하나가 있습니다. 지압입니다. 대산종사께 지압을 배웠습니다. 배우고 나서 지금까지 50년을 하루도 빠지지 않고 하고 있습니다. 눈가 지압 덕분에 지금도 안경을 쓰지 않습니다. 카카오톡이나 문자 글씨가 작아도 다 읽습니다. 또 아침마다 허리, 복근 운동을 하고 있습니다. 선은 허리에 힘이 있어야 할 수 있습니다. 시종이 여일하라는 말씀, 즉 정성한 도가 바로 이것입니다. 한번 시작했다 하면 계속하는 일이 정성한 도를 실천하는 방법입니다.

세 번째는 **공정한 도**입니다. 이는 원·근·친·소와 희·로·애·락에 끌리지 않는 것입니다. 원은 멀고, 근은 가깝고, 친은 친하고, 소는 친하지 않은 것입니다. 살다 보면 감정의 기복이 있습니다. 그것에 끌려서 공정한 취사, 공정한 마음이 흔들리면 안 된다는 말씀입니다.

가까운 사람을 멀리하기는 어렵습니다. 살다 보면 자연스럽게 가깝게 지내는 사람이 생깁니다. 학교에서 이사장을 하는데 학교에 법당이 네 곳 있습니다. 원광대학 법당이 있고 보건대학, 디지털대학, 병원 법당이 있습니다. 교무들이 배치되어 교화를 하고 있습니다. 한 법당 교무는 가끔 저한테 과일을 챙깁니다. 다른 법당 교무는 전혀 챙기지 않습니다. 제 입장에서는 챙겨주는 교무가 좋습니다. 이사장직에서 내려왔지만 지금도 챙겨줍니다. 그러니 예쁩니다. 여기까지는 좋습니다. 원·근·친·소가 있는 것은 당연합니다. 원·근·친·소에 끌려서 취사가 잘못되면 안 됩니다.

교정원장으로 있을 때 저하고 가깝게 지냈던 이들은 전부 손해를 봤습니다. 무슨 말이냐면 괜찮은 교당으로 보내지 않았습니다. 가까웠던 교무들은 다 변두리 교당으로 인사 배치를 했습니다. 쉬운 일이 아닙니다. 제가 하려 해도 상대가 이해해주어야 가능한 일입니다. 상대가 이해해주지 않으면 서운한 마음이 납니다. 그러므로 공정한 도를 체받아서 보은해야 합니다.

네 번째는 **순리 자연한 도**입니다. 합리와 불합리를 분석해서 취사해야 합니다. 합리는 될 일입니다. 불합리는 되지 않을 일입니다. 이를 구별해야 합니다. 될 일이면 정성을 들이고, 아니면 처음부터 정성을 들이지 않아야 합니다.

문제는 합리와 불합리에 대한 판단을 잘못하는 겁니다. 판단을 명석하게 해야 보은을 할 수 있습니다. 이 판단이 흐려지면 보은을 하지 못합니다. 지도자일수록 판단이 중요합니다. 천지는 차서가 분명합니다. 봄 오면 여름 오고, 여름 다음에 가을이 옵니다. 분명한 순서에 잘 순응할 줄 알아야 합니다. 이것이 순리 자연한 도에 보은하는 행이 됩니다.

다음은 **광대무량한 도**입니다. 편착심偏着心을 놓는 것입니다. 마음이 한번 편착해지면 굉장히 좁아집니다. 마음이 좁은 사람을 보면 갑갑합니다. 그런 사람 옆에 있으면 진짜 힘듭니다. 그 사람만 힘든 게 아니라 옆에 있는 사람까지 힘듭니다. 사람이 조금 넉넉하게 살아야지, 한쪽에 편착되어 살면 힘듭니다. 편착심이 왜 생기느냐, 정성을 한쪽에 쏟으면 쏟을수록 그쪽으로 마음이 기울어서입니다. 가장 중요하다고 생각하는 것으로 마음이 쏠립니다. 사은 보은 조항에 삼학 공부가 다 들어 있습니다. 천지가 광대무량한 것처럼 마음도 한가롭게 써야 합니다. 넉넉하고 여유 있게 쓸 줄 알아야 합니다.

여섯 번째는 **영원 불멸한 도**입니다. 만물의 변태와 생·로·병·사에 해탈을 얻을 것이라고 했습니다. 인간사에 일어나는 모든 현상은 일시적이라는 것을 알아야 합니다. 만물의 변태, 생·로·병·사, 또 살다 보면 인간관계에서 좋지 않은 관계도 생깁니다. 일시적인 것임을 알아야 합니다.

금강경에서 일체유위법一切有爲法이 여몽환포영如夢幻泡影, 꿈과 같고 거품과 같고 그림자 같다고 하셨습니다. 여로역여전如露亦如電, 이슬 같고 전깃불 같다 했습니다. 일시적입니다. 응작여시관應作如是觀입니다. 마땅히 이와 같이 관하라고 하셨습니다. 인간사에 일어난 일, 생·로·병·사나 만물의 변태에 끌리지 말라는 것입니다. 한때 지나가는 경계에 지나지 않음을 알고 실천하는 일이 영원 불멸한 도에 보은하는 방법입니다.

일곱 번째는 **길흉이 없는 도**, 길흉에 끌리지 않는 일입니다. 인간사에 일어나는 모든 일의 길흉은 한때에 지나지 않습니다. 사람들은 좋은 일이 생기면 거기에 홀딱 빠집니다. 나쁜 일이 생기면 그 일에 기울어버립니다. 사람마음은 그렇지만, 원래는 길흉이 없습니다. 천지에 길흉이 없는 것과 마찬가지로 원래 없는 길흉에 끌리지 않는 것이 보은하는 방법입니다.

마지막은 **응용 무념의 도**입니다. 동정 간에 무념의 도를 양성해야 합니다. 천지 팔도를 요약해서 이야기하면 응용 무념의 도를 실천하는 것입니다. 대산종사께서 천지은은 대시주의 은혜라고 하셨습니다. 천지처럼 대시주의 은혜를 베풀고 살자는 것입니다. 그 방법이 응용에 무념한 것입니다. 하고 나서 잊어버리는 겁니다.

인간은 보통은 받은 것은 생각하지 않고 준 것을 생각합니다. 저 사람한테 이렇게 잘해줬는데 어떻게 나한테 그럴 수 있을까, 하는 마음은 얼마든지 일어납니다.

천지 팔도 보은을 한마디로 말하면 '무한히 베풀고 살라'입니다. 전무출신 서원 그대로 정신·육신·물질로 무한히 베풀고 살아야 합니다. 살다 보면 자기도 모르게 베풀어야 할 때가 옵니다. 그때 충분히 베풀어야 합니다.

∞

천지 배은(背恩)
천지에 대한 피은·보은·배은을 알지 못하는 것과 설사 안다 할지라도 보은의 실행이 없는 것이니라.

그다음 천지 배은에 대해 알아봅시다. 배은은 피은·보은·배은을 알지 못하는 것과 설사 안다 할지라도 보은의 실행이 없는 것이라고 하셨습니다. 피은을 모르는 것을 왜 배은이라 할까요? 내가 대종이 학생한테 은혜를 베푸는데, 대종이는 전혀 모릅니다. 모르는 것은 배은입니다. 우리는 천지로부터 무한한 은혜를 입고 살고 있습니다. 이것을 모르는 것 자체가 배은입니다. 그 이유를 알겠습니까? 사은 전체가 다 마찬가지입니다.

∞

천지 보은의 결과

우리가 천지 보은의 조목을 일일이 실행한다면 천지와 내가 둘이 아니요, 내가 곧 천지일 것이며 천지가 곧 나일지니, 저 하늘은 비록 공허하고 땅은 침묵하여 직접 복락(福樂)은 내리지 않는다 하더라도, 자연 천지같은 위력과 천지같은 수명과 일월같은 밝음을 얻어 인천 대중(人天大衆)과 세상이 곧 천지같이 우대할 것이니라.

천지 보은의 결과를 대종사께서는 네 가지로 말씀해주셨습니다.

천지와 내가 하나가 됩니다. 천지와 같은 위력을 얻습니다. 천지 같은 수명을 얻습니다. 마지막으로 일월과 같은 밝음을 얻습니다. 보은이 좋습니다. 성현들은 천지처럼 만생령을 전부 살리고 있습니다. 여러분들이 잘나서 사는 것처럼 보여도 알고 보면 스승, 어른들의 큰 호념의 덕으로 살아갑니다. 느껴집니까? 금강경에 부처께서 선호념제보살善護念諸菩薩, 선부촉제보살

善付囑諸菩薩이라 말씀하셨습니다. 이런 호념 속에 살아가는 것이 천지의 위력과 같은 것입니다.

∞

그다음 천지 배은의 결과입니다. 이게 무섭습니다. 피은을 모르면 배은이 된다고 했습니다. 그 이유가 배은의 결과에 나옵니다. 천벌을 받는다고 했습니다. 천벌의 내역이 무엇입니까.

첫 번째는 사리간에 무식해집니다. 무식한 것 자체가 천벌을 받은 겁니다. 두 번째는 정성이 적을 것입니다. 세 번째는 매사에 과불급한 일이 많습니다. 이런 사람 옆에 있으면 진짜 옆 사람까지 괴롭습니다. 과한 것은 넘치는 일입니다. 불급한 것은 모자란 것입니다. 너무 잘해도 그렇고 너무 못해도 그렇습니다. 적당해야 하는데 과불급한 일이 많은 것도 천벌입니다. 또 매사에 불합리한 일이 많습니다. 합리와 불합리를 구분하지 못하니까 되지 않는 일, 엉뚱한 일을 계속합니다. 이처럼 갑갑한 일이 어디 있습니까? 다섯 번째는 편착심이 많습니다. 마음이 한쪽으로 기울어진 것입니다. 여섯 번째는 생·로·병·사에 끌립니다. 해탈하지 않습니다. 일곱 번째는 길·흉·화·복에 끌립니다. 마지막으로 덕을 써도 상에 집착합니다. 응용 무념을 실천하지 않으니까 상에 집착해서 덕을 베풀고도 손해를 봅니다. 베풀지 않는 것이 오히려 좋습니다.

결론적으로 우연히 받는 고통이나 자기가 지어서 받는 고통이나 다 천지배은에서 받는 고통입니다. 현재 받는 고락을 과거 원인에 따라서 분류합니다. 내가 지금 고락을 받는데 과거의 어떤 원인에 의해서인가, 그 원인에 따라서 네 가지로 분류해주셨습니다. 우연히 받는 고락은 원인을 모르는 고락이고 지어서 받는 고락은 원인을 아는 고락입니다. 성가 〈고락의 노래〉에서 '우연히 받는 고락 어디 있으랴, 알고 보면 지어 받는 고락'이라고 하셨습니다. 자기가 모를 뿐이지 그 원인은 반드시 있습니다. 이 모든 것이 천지배은에서 나타나는 현상이라고 말씀해주셨습니다.

이 천지은은 진리은이나 마찬가지입니다. 일원상 진리은과 천지은은 같은 것입니다. 특히 천지 팔도가 도를 알아서 팔도에 보은을 하면 신앙, 수행이 그 속에 다 들어 있습니다. 이렇게 무서운 배은의 결과를 천지은에서 밝혀주셨습니다. 우리가 보은에 더 노력해야 하지 않나 생각해봅니다.

2. 부모은

우리가 부모에게서 입은 은혜를 가장 쉽게 알고자 할진대, 먼저 마땅히 부모가 아니어도 이 몸을 세상에 나타내게 되었으며, 설사 나타났더라도 자력(自力) 없는 몸으로서 저절로 장양될 수 있었을 것인가 하고 생각해 볼 것이니, 그런다면 누구나 그렇지 못할 것은 다 인증할 것이다. 부모가 아니면 이 몸을 나타내지 못하고 장양되지 못한다면 그 같이 큰 은혜가 또 어디 있으리요.

대범, 사람의 생사라 하는 것은 자연의 공도요 천지의 조화라 할 것이지마는, 무자력할 때에 생육(生育)하여 주신 대은과 인도의 대의를 가르쳐 주심은 곧 부모 피은이니라.

부모 피은의 강령에 대해 이야기하겠습니다. 사은 중에서 첫째가 천지은이고, 두 번째가 부모은父母恩입니다. 대종사께서 '부모 피은의 강령'에서 부모는 이 몸을 세상에 태어나게 해주신 은혜라 하셨습니다. 유정물은 부모를 통해서 몸을 받아 이 세상에 태어납니다. 우리는 부모 몸을 빌려서 태어났습니다. 만약에 어떤 부모든지 나를 만나서 자식을 보게 된다면 그 부모는 행복하지 않겠는가, 하는 생각을 합니다. 가끔 교당에서 교도들에게 하는 말이 있습니다. "교도님들 기도하세요. 저 같은 사람이 죽으면 자기 집으로 오게 해달라고 기도하세요. 왜냐하면 평생을 전무출신으로 사람들에게 도움 주고, 복 짓고 살았습니다. 평생 보시를 한 사람이 그 집에 태어나면 그 집도 복을 받지 않겠습니까." 하고요.

저 같은 사람을 데려가게 해주세요, 하고 기도하라는 말을 합니다. 혼자 정남하고 사니까 혈연관계가 자연적으로 끊어지게 됩니다. 그런데 혈연이 별로 중요해지지 않게 되고 있습니다. 특히 부모님이 돌아가시니까 형제도 멀어집니다. 형제들도 부모가 계셔야 부모를 통해서 뭉쳐집니다. 부모가 다 돌아가시면 형제간에 혈연이 상당히 멀어집니다. 부모은은 바로 이 몸을 태어나게 해주신 은혜임을 대종사께서 강조해주십니다.

부모 피은의 강령 두 번째는 무자력할 때 생육해주신 은혜입니다. 불완전하게 태어나면 자력을 얻을 때까지 생육이 필요합니다. 자력을 얻을 때까지 키워주신 은혜가 부모 피은의 큰 은혜입니다.

사람은 사람 속에서 생육되어야 사람의 윤리를 배우고 살 수 있습니다. 만약 사람이 금수 밑에서 자라면 금수를 닮아갑니다. 부모님들은 사람 사이에서 어떻게 살아야 할 것인지에 대해서 가르쳐주면서 키워주십니다. 사람이 어떤 도리를 해야 하는지에 대해 알려줍니다. 상황에 따라서 많은 차이가 납니다. 어떤 환경 속에서 사람을 생육하느냐가 굉장히 중요합니다.

히말라야에 트래킹을 갔습니다. 히말라야 고산지대에도 사람이 삽니다. 롯찌라고 트래킹하는 사람들 재워주고 몇 루피씩 돈을 받아 살아갑니다. 고산족들도 자기 나름의 문화가 있습니다. 그 문화적 환경 속에서 생육이 됩니다. 어떤 문화 속에서 어떠한 마음으로 생육을 하느냐에 따라서 인격이 좌우됩니다. 부모 피은의 강령에서는 두 가지를 강조합니다. 태어나게 해주신 은혜, 생육해주신 은혜입니다.

∽

부모 피은의 조목
1. 부모가 있으므로 만사 만리의 근본되는 이 몸을 얻게 됨이요,
2. 모든 사랑을 이에 다 하사 온갖 수고를 잊으시고 자력을 얻을 때까지 양육하고 보호하여 주심이요,
3. 사람의 의무와 책임을 가르쳐 인류 사회로 지도하심이니라.

부모 피은의 조목 첫째는 '만사 만리의 근본되는 이 몸을 얻게 됨이요'입니다. 사람의 몸이라는 것은 최고로 정밀한 기계입니다. 인간은 로봇을 만듭니다. 얼마 전 뉴스를 보니 팔 한쪽이 없는 사람에게 로봇 팔을 달아주었습니다. 그렇지만 아무리 과학이 발달해서 로봇 팔을 만들어도 사람 팔만큼 정밀한 작업을 할 수는 없습니다.

춤꾼 임이조 무용가가 너무 일찍 돌아가셨습니다. 이매방 씨는 우리나라 춤의 명인입니다. 무형문화재이신 이매방 씨 춤을 보면 기가 막힙니다. 이매방 씨가 추는 춤을 보면 흥이 절로 납니다. 그 춤을 가장 잘 전수받은 사람이 임이조 선생입니다.

인간의 몸동작은 엄청나게 정밀합니다. 감정과 그 속의 기, 이 모든 것을 동원해서 동작을 연출합니다. 인간의 몸속에 이 세상 모든 원리가 다 들어 있습니다. 몸을 알면 세상의 이치를 알게 됩니다. 이런 몸을 부모를 빌려서 받았으니, 태어나게 해주신 은혜에 감사하며 몸을 알아야 합니다.

몸 때문에 받는 정신적 제약은 여러 가지로 많습니다. 무슨 제약이 있는지 봅시다. 더위가 오면 더위를 느낍니다. 몸이 있어서 더위를 느낍니다. 추위가 오면 추위를 느낍니다. 만일 몸이 없고 정신만 있다면 뜨거운 것도 느끼지 못할 것입니다. 몸이 있으니까 배가 고픕니다. 또 먹는 것에 따라 몸에 여러 현상이 나타납니다. 몸이 있기 때문에 우리가 해야 할 일들이 엄청나게 많습니다. 몸은 이렇게 귀찮은 존재이지만 한편으로는 몸이 없으면 공부를 못합니다. 몸이 있으니까 마음공부를 합니다, 몸이 없으면 마음공부를 하지 못합니다. 진강급進降級이 일어나는 유일한 존재가 사람 몸입니다.

사람 몸을 받고 태어나야만 도덕 사업도 하고 마음공부도 할 수 있습니다. 몸을 제어하며 자기 마음을 다스려야 합니다. 영혼만 있으면 수라 세계입니다. 저 세계에서는 진강급을 못합니다. 그냥 쉬고 있을 뿐입니다. 진급도 할 수 있고 강급도 할 수 있는 것은 사람 몸을 받아 태어났기 때문입니다. 생은生恩입니다. 이것이 사람 몸뿐만 아니라 모든 자의식을 가지고 있는 개령個靈을 가진 유정물은 부모를 통해서 태어나고, 그 몸을 받게 됩니다.

부모 피은의 조목 두 번째는 온갖 수고를 다하여 양육, 보호해주신 은혜입니다. 1조가 생은이라면 2조는 육은育恩입니다. 요새 아이 키우기가 너무 힘들어서 사람들이 아이를 낳지 않습니다. 아이 둘을 키우는 사람은 국가에 보은하는 사람입니다. 한 명 낳는 사람은 자기 체면치레하는 사람이고, 저처럼 낳지 않는 사람은 국가 경쟁력을 떨어뜨리는 사람들입니다. 출산율이 낮아지는 것은 사회적인 문제입니다.

생육을 하는 것 자체가 가정과 사회에 점점 부담이 되고 있습니다. 사회 구조가 예전과 달라서입니다. 과거 사회에서 어머니는 아이에게만 전념하면 되었는데, 지금은 그렇지 않습니다. 대종사께서는 돌아올 사회를 보셨습니다. 그 당시에 말씀하시길 앞으로는 보육 시설이 생겨서 아이들 키우는 데도 도움이 된다는 말씀을 하셨습니다. 사회 구조가 변해서 생기는 사회 문제를 해결하는 방향을 생각하신 것입니다.

세 번째는 사람의 의무와 책임을 가르쳐주시는 은혜입니다. 이것을 교은教恩이라 합니다. 자녀는 부모가 내려주는 자비와 사랑을 먹고 자랍니다. 자비와 사랑, 옛날 어른들이 하시는 말씀 중에 '본 바'라는 말이 있습니다. 본 바는 부모님이 자녀 앞에서 하는 행동을 자녀가 본다는 말입니다. 보는 것이 교육입니다. 이것을 본 바라고 말합니다.

인간 교육 가르침은 가정에서부터 일어납니다. 가정이 인간 교육의 최초이고 시초입니다. 한 남자의 아버지가 돌아가셔서 지게에다가 시체를 지고 산에 묻었습니다. 부모님을 묻고 집에 오니까 아들이 그 지게를 저쪽에다가 치워놓더랍니다. 아버지가 뭐 하냐고 물으니, 아들이 아버지가 돌아가시면 이 지게를 쓸 것이라고 했답니다. 아버지가 할아버지에게 하는 것을 본받은 일입니다.

지금은 평생교육 시대라고 합니다. 특히 이과 계통은 졸업하면 대학에서 배운 지식을 3~4년 후에는 쓰지 못한다고 합니다. 지난번에 디지털 대학 입학식에 갔더니 정년을 마친 사람이 원광디지털대학에 입학했습니다. 이렇게 지금은 평생교육 시대입니다. 그러나 평생교육이 아무리 중요해도 어릴 때 받는 초년 10년간 교육의 중요성을 따라가지 못합니다. 초년에 부모로부터 받은 교육이 그 사람의 인격을 평생 좌우하기 때문입니다. 세 살 버릇 여든 간다고 합니다.

그런데 요즘에는 말 알아듣고 걸어 다니면 전부 어린이집이나 학원에 보냅니다. 학원에 보내서 인성 교육이 되겠습니까? 어릴 때, 특히 초년 시절은 부모의 사랑을 먹고 자라야 합니다. 그런데 사랑은 주지 않고 계속 공부만 시킵니다. 지금 우리 사회가 안고 있는 문제입니다. 가정에서는 부모의 자비와 사랑, 가르쳐주신 은혜로 자녀가 자라고 도가에서는 스승의 호렴으로 제자들이 자라납니다. 이것을 부모 피은의 조목에서 대종사께서 강조하고 계십니다.

부모 보은의 강령은 힘 미치는 대로 무자력한 사람을 보호하는 일입니다. 왜 그런가 하면 어릴 때, 무자력할 때 부모로부터 보호를 받아서 컸잖습니까. 그 은혜를 갚는 일은 부모가 자력이 없어지면 봉양을 하는 겁니다. 저도 아무도 없으니까 강의하고 자력으로 생활하고, 청소하고, 밥 먹고, 설거지하고 다 합니다. 항상 할 수 있는 것이 아니잖습니까. 언젠가는 무자력해지지 않겠습니까?

지금 자력이 있을 때 힘 미치는 대로 무자력자를 보호하라는 것입니다. 이것이 부모 보은의 강령입니다.

∞

부모 보은의 조목

1. 공부의 요도(要道) 삼학·팔조와 인생의 요도 사은·사요를 빠짐 없이 밟을 것이요,
2. 부모가 무자력할 경우에는 힘 미치는 대로 심지(心志)의 안락과 육체의 봉양을 드릴 것이요,
3. 부모가 생존하시거나 열반(涅槃)하신 후나 힘 미치는 대로 무자력한 타인의 부모라도 내 부모와 같이 보호할 것이요,
4. 부모가 열반하신 후에는 역사와 영상을 봉안하여 길이 기념할 것이니라.

부모 보은의 조목 1조에서 '공부의 요도 삼학·팔조와 인생의 요도 사은·사요를 빠짐 없이 밟을 것이요'라고 하셨습니다.

대종사께서 부모 보은의 조목을 아주 멀리서부터 끌고 오셨습니다. 삼학·팔조와 사은·사요를 잘 실천하면 자신의 이름이 높아지고 인격이 향상됩

니다. 이름이 높아지면 그 사람을 낳아준 부모의 이름이 드러납니다. 반대로 생각해봅시다. 만약 공부의 요도 삼학·팔조와 인생의 요도 사은·사요를 실천하지 않으면 타락해버립니다. 만일 타락해 패륜아가 되면 부모의 이름을 더럽히게 됩니다.

예를 살펴봅시다. 오 만 원권에 있는 인물이 누구입니까? 사임당 신 씨입니다. 사실 사임당 신 씨는 어머니 역할을 잘하지 못했습니다. 율곡 이이의 어머니는 일찍 돌아가셔서 계모가 들어왔는데, 계모가 어찌나 못살게 굴던지 출가를 합니다. 출가해서 금강산 유점사에 들어갑니다. 금강산에 들어가서 생모는 잘해줬는데 계모는 왜 이렇게 못살게 구는지 그 이치를 궁구했습니다.

율곡이 숙명통*을 하고 나왔습니다. 숙명통을 하고 시를 한 수 지었는데, 그 내용이 '차신전생시습이거니, 이 몸 전생이 시습이거니'입니다. 여기서 시습은 생육신의 김시습입니다. 율곡은 '후세에 나를 일러 영단선사라 이를 것이다'라고 자기 후생까지 정해놓고 간 것입니다.

여기에 내역이 있습니다. 세조가 즉위하면서 단종을 폐위시켰습니다. 단종의 비는 폐비가 되어 초야에 묻혀 평생 글 쓰고 그림 그리고 묵화를 쳤습니다. 매월당 김시습은 선대 때 장안에 신동이 났다고 소문이 날 정도였습니다. 세종대왕이 '그 신동을 데려오너라' 해서 7살 먹은 매월당을 어전으로 불렀습니다. 세종대왕이 글로 김시습을 시험해보았습니다. '동자지학童子之學은 백학무창공白鶴舞蒼空이다' 동자의 학문은 백학이 창공에 춤추는 것 같다는 뜻입니다. 매월당은 그 말씀이 떨어지자마자 '군자지성설君子之聲說은 청룡번창靑龍繁槍해라'라고 답했습니다. 청룡과 학을 대치시키고 임금의 덕을 칭송하니까 세종이 깜짝 놀라서 참신동이라며, 비단 한 필을 상금으로 주

---

* 불가에서 수행을 하는 과정에서 숙명통을 얻게 되면 전생을 알 수 있는 능력이 생김.

면 가져가겠느냐 물었습니다. 아이가 비단을 못 가져갈 만하니까 준다고 한 겁니다. 비단 한 필을 딱 잡고 자기 몸종에게 업고 가자고 하니까 비단 한 필이 끌려갑니다. 유명한 일화입니다.

매월당은 단종이 폐위되니까 충절을 지킨다고 초야에 묻혀 삽니다. 단종비가 죽어서 사임당 신 씨로 환생합니다. 숙명통을 얻고 나니까 자기가 전생에 매월당이었다는 걸 알게 된 것입니다. 사임당이 묵화 잘 그리는 건 전생 습관입니다.

삼학·팔조와 사은·사요를 실천하면 자기의 인격이 향상되고 부모의 이름이 천추에 빛납니다. 우리 교단에서는 희사위 제도°를 운영합니다. 공부의 요도와 인생의 요도를 유루 없이 밟아 자기 인격을 향상시켜서 많은 사람에게 도움을 주는 사람이 될 때 부모에게 보은을 하는 길이 됩니다.

2조는 부모가 무자력할 경우에는 힘 미치는 대로 심지의 안락과 육체의 봉양을 드릴 것이요,입니다. 이는 당대 부모님께 하는 것입니다. 첫째, 심지의 안락입니다. 이것이 주가 되고 체가 됩니다. 두 번째 육신의 봉양은 종이 되고 용이 됩니다. 어렵습니다. 심지의 안락, 마음을 편안하게 해드리는 일은 어렵습니다.

우리 누님이 구미에서 과수원을 하셨습니다. 사과를 재배하는데 사과를 머리에 이고 다니면서 파는 사람이 있습니다. 누님 며느리가 그 사람들한테 얼마간 돈을 받고 사과를 팔았습니다. 팔고는 시어머니의 주머니를 채워드렸습니다. 사과 5만 원어치를 팔면 시어머니 주머니에 돈을 넣습니다. 손자

° 소중한 자녀를 원불교 성직자가 될 수 있도록 공도公道에 내놓아 일하게 한 데 대한 교단적 예우로, 법강항마위 이상 된 분의 부모에게 드리는 존위尊位. 원불교에서는 법강항마위가 된 분의 부모에게 소희사위小喜捨位, 출가위가 된 분의 부모에게 중희사위中喜捨位, 대각여래위가 된 분의 부모에게 대희사위大喜捨位의 존위를 드린다. 특히 대희사위는 '법훈'으로 모신다.

연필을 사야 하니까 5천 원을 뺍니다. 그 주머니에 그렇게 돈이 계속 오갑니다. 할머니는 그 돈을 계산하느라 항상 넣었다 뺐다 합니다. 할머니가 자기 돈을 세느라 잔소리할 시간이 없습니다. 이 할머니는 자기 집 돈은 본인이 다 갖고 있다고 생각합니다. 재산을 다 갖고 있다고 생각하니 얼마나 흐뭇하고 든든하겠습니까. 사실 사과 100짝, 200짝, 300짝 파는 것은 아들 내외가 다 가져갑니다. 푼돈 오고 가는 것으로 효도를 해서 어머니 마음에 안정을 줍니다. 별것 아닌 일로 마음이 편안해집니다.

삼학·팔조와 사은·사요를 잘 실행하면 부모님 마음이 편안해집니다. 육신의 봉양도 그렇습니다. 부모님에게 철 따라 시기 따라 필요한 것 해드리는 것이 육신의 봉양을 잘하는 것입니다. 주위를 보면 부모는 가진 것을 다 주었는데 부모에게 그렇게 해서는 안 되는데, 하는 안타까운 마음이 들게 하는 자식들이 많습니다. 아동 학대도 문제지만 부모 학대도 사회적 문제입니다. 우리가 알아서 심지의 안락과 육체의 봉양을 잘해드리는 것이 부모 보은의 조목 두 번째입니다.

부모 보은의 조목 3조는 '무자력한 타인의 부모라도 내 부모와 같이 보호할 것이요'입니다. 인과의 이치가 소소영령하기 때문입니다. 내 부모가 아닌 타인의 부모라도 잘해주면 그 공덕은 자기가 받습니다. 인과를 모르면 이를 실천할 수가 없습니다. 남에게 좋은 일 해준다고 생각합니다. 내 부모가 아니라 타인의 부모라도 잘 공경해주면 그 공덕은 자기가 다 받고 가는 것입니다.

4조인 역사와 영상을 봉안하여 길이 기념할 것이니라,가 제일 중요합니다. 역사는 무엇입니까? 약력입니다. 교도가 죽으면 교무는 그 분의 일생을 잘 써드려야 합니다. 자녀들은 절대 못 합니다. 교무가 그 사람의 심법, 교당에 베푼 공덕 등 여러 가지 사실들을 소소영령하게 다 써줘야 합니다. 교무의 일입니다. 저는 제 형님이 돌아가셨을 때 형님 약력을 다 써서 장자에게 줬습니다. 제가 같이 살아왔으니까 형님의 이야기를 정리한 것입니다. 돌아가신 후에 남는 것은 역사와 영상입니다. 부모 보은의 조목 4조를 실행하기 위해서 교당에다가 영모전을 만들었습니다. 저는 교당 영모전을 만들어서 그 분 약력을 영정에 딱 붙였습니다. 49재를 지내면 영정을 교당에 보관합니다. 역사도 영원히 보관하고 기제사 지내러 올 때도 그 약력을 읽어줍니다. 자녀들이 약력을 들으면서 웁니다.

대종사의 법은 정말 대단한 것입니다. 역사와 영상은 길이 보관해야 합니다. 저의 부모님 약력은 김천교당에 잘 보관되어 있습니다. 8월 14일, 기제사를 지내러 가면 영상과 역사를 볼 수 있습니다. 예전에는 행장을 합니다. 우리 선대 어른을 보면, 11대조, 12대조, 이런 어른들이 벼슬하신 어른들의 행장을 그 당대에 가장 뛰어난 문장가에게 받아놓습니다. 행장을 받아서 그 행장으로 나중에 비를 세웁니다. 대종사 행장은 성비에 있습니다. 강암 선생 여동생이 돌아가셔서 동부안교당에서 초재를 지내는데 초재와 2재에 저보고 와달라고 합니다. 강암 선생이 왜 원불교와 관계가 깊은가 하면 대종사 성비˙를 강암 선생이 쓰셨습니다. 지으시기는 정산종사께서 지으셨습니다. 그런데 예전 어른들은 지으시면 찬하고 씁니다. 정산종사께서는 쓰지 않으셨어요. 강암 선생도 글을 쓰면 서하고 씁니다. 강암 선생도 서를 쓰지 않았습니다. 또 영산성지에 만고일월도 강암 선생이 쓰셨습니다. 원광대 이사장실에 가면 '양천지정기' 다섯 글자가 있습니다. '양'자 하나 쓰고 낙관 찍고,

---

˙ 원불교 교조이신 소태산 대종사의 일생을 비석에 새긴 글씨.

'천'자 하나 쓰고 낙관 찍고, '지'자 쓰고 찍고 해서 총 다섯 명의 합작입니다. 그중에서 '지'자를 강암 선생이 쓰셨습니다. 세계에서 하나밖에 없는 작품입니다. 돌아가시면 남는 것은 역사와 영상뿐입니다. 이를 길이 보관해서 부모 보은을 잘해야 합니다.

∞

부모 배은
부모에 대한 피은·보은·배은을 알지 못하는 것과 설사 안다 할지라도 보은의 실행이 없는 것이니라.

부모 배은은 천지은과 똑같습니다. 피은·보은·배은을 알지 못하는 것과 설사 안다 할지라도 보은의 실행이 없는 것입니다. 부모은을 모르는 것 자체가 배은입니다. 몰라도 배은이고 실행이 없어도 배은입니다.

∞

부모 보은의 결과
우리가 부모 보은을 한다면 나는 내 부모에게 보은을 하였건마는 세상은 자연히 나를 위하고 귀히 알 것이며, 사람의 자손은 선악간에 그 부모의 행하는 것을 본받아 행하는 것이 피

부모 보은의 결과로 첫째는 세상이 나를 위하고 귀히 알게 됩니다. 세상이 나를 위해줍니다. 당장은 자기의 자손도 자기가 하는 것을 본받아서 그대로 합니다. '본 바'라고 했습니다. 자식들이 부모에게 하는 것을 보고 그대로 행합니다. 이것이 부모 보은의 결과입니다.

두 번째로 무자력자를 보호하면 중인의 도움을 받습니다. 중인에서 중자는 무리 중 자입니다. 자기가 부모에게 보은을 하고 또 다른 무자력자를 보호하면 인과의 이치에 따라 결과적으로 많은 사람으로부터 도움을 받게 될 것입니다.

부모 배은의 결과

마지막으로 부모 배은의 결과입니다. 배은을 하면 첫째, 세상이 나를 미워할 것입니다. 나는 내 부모에게 배은을 했지만 나를 배척하는 것은 세상입니다. 두 번째는 자기가 낳은 자손도 자기에게 앙화를 미칩니다. 세 번째는 세세 생생 거래 간에 내가 무자력할 때 중인의 버림을 받게 됩니다. 마지막으로 대산종사께서는 정전 대의에 의해서 부모은을 정리하셨습니다. 대산종사께선 정전 대의에서 부모은에서 법신불의 위력이 나타난다고 하셨습니다. 그 위력의 두 번째가 바로 대자비의 위력입니다. 부모은은 대자비의 위력을 베푸십니다. 사랑 자, 슬플 비, 이것이 자비입니다. '자'는 잘하는 것을 보면 칭찬하는 것입니다. '비'는 잘못하는 것을 보면 안타까워하는 것입니다. 자비는 잘하는 것을 보면 잘한다, 잘못하는 것을 보면 '안타깝다'하는 것입니다.

자비는 실천이 어렵습니다. 살아보면 나하고 비슷한 사람, 나이나 연조가 비슷한 사람에게 자비의 마음을 내기가 어렵습니다. 이런 관계에는 반드시 상대심이 있습니다. 상대심이 떨어지면 성인입니다. 상대심이 있으면 자비가 나오지 않습니다. 상대심이 있는 사람은 잘한다고 하면 시기하고 질투합니다. '자기가 잘하면 얼마나 잘한다고' 이런 마음이 납니다. 또 상대심이 있는데 상대가 못하면 어떻습니까? 고소합니다. 무시하는 마음이 나옵니다. 이 상대심을 버리는 것이 엄청나게 어려운 일입니다.

인간은 결국 상대의 세계 속에서 삽니다. 이 절대 자리, 지선 자리의 세계를 알지 못하면 진정한 자비가 나오지 않습니다. 그러나 법신불은 대자비의 위력을 베풉니다. 부모의 형상을 통해서 법신불이 가지고 있는 대자비의 위력을 베푸는 것입니다. 일체 모든 생령은 태어나면서부터 자비의 위력을 법신불에게 천부 받았습니다.

어느 교역자가 서울의 한 아파트에 사는데 애완견을 키웠습니다. 새끼를 낳았는데 새끼가 똥오줌을 가리지 못하니까 밑에 흰 천을 깔아주고 출근을 했습니다. 퇴근해서 천을 갈아주려고 보니까 깨끗했답니다. 처음에는 새끼가 아직 똥오줌을 싸지 않는 줄 알았습니다. 알고 보니 어미가 새끼 똥오줌을 다 핥아 먹은 것이었습니다. 개는 강아지를 낳으면 젖을 먹이는 동안에는 새끼 똥오줌을 핥아 먹는답니다. 누가 알려준 것입니까? 알려주지 않았는데 어미가 알아서 합니다. 이렇게 동물들 세계에도 알려주지 않아도 스스로 하는 일이 있습니다. 사람도 마찬가지입니다. 진리에서 태어나면서부터 품부* 받았기 때문입니다. 이 대자비의 위력은 허공 법계에 가득 차 있습니다. 태평양에 천축 잉어라고 있답니다. 이 잉어는 암놈이 알을 낳으면 수놈은 그 알을 입에 넣고 다니는데 머금은 순간부터 먹이를 먹지 못합니다. 입에 알이 있으니까, 알이 부화할 때까지 굶으면서 버팁니다. 그러다 결국 수놈이 죽습니다. 아버지가 죽고 새로운 생명체가 탄생합니다. 대단합니다.

대종사께서 밝혀주신 부모은이 꼭 인간 세계에 한정된 건 아닙니다. 일체 생령의 모든 부모가 이처럼 자기도 모르게 천부적으로 행하고 있습니다. 대종사께서 말씀하신 부모 보은의 강령은 무자력자 보호입니다. 부모의 대자비의 위력은 사람의 부모나 일체 생령의 부모나 자기 종족 보존에 한정됩니다. 자비의 위력이 종족의 한계를 허물고 넘어설 때 여래의 대호념이 됩니다. 울을 깨버립니다. 부모은이라는 것이 단순히 형상으로 나타나는 부모, 인간 부모가 아니라 진리가 지닌 그 무한한 위력, 대자비의 위력을 천부적으로 보여주신 것입니다. 우리가 체받아서 보은하는 것이 부모은의 대체적인 강령입니다.

---

* 稟賦. 사람이 어떤 재능이나 성품 따위를 선천적으로 타고남.

3. 동포은

오늘은 동포은同胞恩을 공부해봅시다. 사은 중에서 지금까지 천지, 부모 두 과목을 같이 공부했습니다. 동포은은 천지, 부모와 더불어서 사은에 들어가지만 천지, 부모와는 그 격이 다릅니다. 이 부분에서 우리가 대종사 법의 위대한 점을 발견할 수 있습니다.

'백척간두에 진일보해라'라는 화두가 있었습니다. 백척이 되는 꼭대기에 올라가서 다시 한 걸음 더 나아가라, 올라갈 곳이 없는데 더 가라는 것입니다. 어떻게 진일보하겠습니까? 잘못하면 떨어져서 죽습니다. 이제 마음공부를 통해서 정상의 자리에 도달합니다. 항상 정상의 자리에만 머물러 있으면 그 사람은 제도 사업이나 현실 생활을 할 수가 없습니다. 정상에 도달했다는 말은 다시 현실로 내려와야 한다는 뜻입니다. 그렇지 않으면 제도를 할 수가 없습니다. 그래서 백척간두에서 진일보합니다. 여기에서 말하는 동포의 의미는 말씀드린 것처럼 천지, 부모와는 조금 다릅니다. 천지, 부모를 하감지위下鑑地位라고 하는데 동포는 응감지위應感地位입니다. 대종사의 위대하신 점이 바로 여기에서 드러납니다. 모든 동포까지도 신앙, 불공의 대상으로 넣으셨습니다. 가장 정점에 있는 사람이 다시 진일보해서 현실로 내려오는 이치입니다.

마음공부도 마찬가지입니다. 마음공부가 현실 세계를 떠난 마음공부면 안 됩니다. 다시 말하면 이상 세계에만 머무는 마음공부는 대종사께서 원하시는 공부가 아닙니다. 진짜 마음공부가 되면 다시 현실 세상으로 와서 생활 속에서 실천하는 공부여야 합니다. 사은의 범주에 동포를 넣어주신 뜻입니다.

출가한다는 것은 속세를 떠나는 것 아닙니까? 속세의 반대는 진세입니다.

진리의 세계입니다. 알고 보면 우리가 사는 인간 세상은 진리의 세계를 떠나 있지 않습니다. 하나입니다. 대종사께서는 동포를 정말로 소중히 여기셨습니다. 대종사의 위대하신 점이 바로 이것입니다.

∽

동포 피은의 강령
우리가 동포에게서 입은 은혜를 가장 쉽게 알고자 할진대 먼저 마땅히 사람도 없고 금수도 없고 초목도 없는 곳에서 나 혼자라도 살 수 있을 것인가 하고 생각해 볼 것이니, 그런다면 누구나 살지 못할 것은 다 인증할 것이다. 만일, 동포의 도움이 없이, 동포의 의지가 없이, 동포의 공급이 없이는 살 수 없다면 그 같이 큰 은혜가 또 어디 있으리요.
대범, 이 세상은 사·농·공·상(士農工商)의 네 가지 생활 강령이 있고, 사람들은 그 강령 직업 하에서 활동하여, 각자의 소득으로 천만 물질을 서로 교환할 때에 오직 자리 이타(自利利他)로써 서로 도움이 되고 피은이 되었나니라.

대종사께서 동포 피은의 강령에서 말씀하신 내용을 살펴봅시다. 정전에서 동포의 범위는 첫째는 사람, 두 번째는 생령으로 개령이 있는 모든 동포, 동물까지입니다. 세 번째는 초목까지입니다. 생령을 정전에서는 금수라고 했습니다.

사람, 금수, 초목까지 세 가지를 동포의 범위에 포함하셨습니다. 초목도 다 동포의 개념에 들어갑니다. 중동에 가면 초목이 별로 없습니다. 교도 한 분이 중동에 가서 교당을 열었습니다. 법신불을 모셔서 거기에서 자기가 법회를 주관해서 보았습니다. 한국에 있을 때 불단에 꽃꽂이하는 것을 봤기 때문에 풀을 그냥 화병에다 담아서 불단에 놓았습니다. 한국 노동자들이 일주일 내내 풀 한 포기 못 보고 살다가 교당 와서 제일 좋은 것이 불단의 풀을 보는 것이었다고 합니다. 풀이 그토록 중요합니다.

대종사께서는 피은의 내역을 세 가지로 말씀해주십니다. 첫째는 도움이 됩니다. 두 번째는 의지가 됩니다. 세 번째는 공급을 해줍니다.

제가 북한을 방문할 때 평양 가는 길에 보니까 정말로 산에 나무가 하나 없습니다. 평양 가는 고속도로 길가에 버드나무를 심어났는데 그 가로수 뒤 풍경은 나무 한 그루 없이 황량했습니다. 그걸 보고 황량한 데서 살면 사람 마음도 황량해지겠다는 생각이 들었습니다. 탈북자들은 한국의 산을 보고 살이 쪘다고 말합니다. 북쪽의 산은 비쩍 말랐다고 표현합니다. 말랐다는 것은 초목이 없다는 말입니다. 제가 어릴 때에는 산에 나무가 별로 없었습니다. 지금은 식목도 잘하지 않습니다. 가만히 놔둬도 나무가 잘 자랍니다. 대종사께서 그 의지 되는 것, 도움 되는 것, 공급이 되는 것을 피은의 내역으로 말씀하셨습니다. 특히 이 중에서 사람을 천만 물질을 서로 교환한다고 표현하셨습니다. 그러므로 자리 이타가 됩니다.

∞

동포 피은의 조목
1. 사(士)는 배우고 연구하여 모든 학술과 정사로 우리를 지도 교육하여 줌이요,
2. 농(農)은 심고 길러서 우리의 의식 원료를 제공하여 줌이요,
3. 공(工)은 각종 물품을 제조하여 우리의 주처와 수용품을 공급하여 줌이요,

동포 피은의 조목으로 들어가봅시다.

1조에 나오는 **사**士는 선비입니다. 사는 배우고 연구하여 학술과 정사로 지도 교육하는 것입니다. 현 시대에는 미디어가 발달하여 학술 정사로 지도 교육하는 방법이 굉장히 다양해졌습니다.

불법승이 무엇입니까? 삼보입니다. 참회문에도 나오는 말입니다. 지금 시대의 불법승은 무엇이냐, 불은 마인드이고, 법은 메시지입니다. 승은 미디어입니다. 현대는 미디어가 발달해서 과거 시대에 갖고 있던 경계와 범위의 차원이 달라졌습니다. 제가 강의하는 내용은 여기에서 끝나지 않습니다. 방송으로 다시 내보내고, 라디오로도 나가니까 더 많은 사람이 듣습니다.

미디어가 발달하니까 과거에 생겼던 경계와 범위가 전부 무너져버렸습니다. 과거 시대의 사의 역할이, 시공의 차원이 달라졌습니다. 미디어의 발달은 불법승 중에 승에 해당합니다. 요즘 대학의 인기 학과를 살펴보면 이 '사'가 들어가는 학과가 인기입니다. 원광대학에 로스쿨, 의대, 치대, 한의대가 있습니다. 이 학과들이 인기가 많습니다. 지금 세상에선 이 '사'가 되기 위한 사회적 욕구가 커졌습니다. 배우고 연구해서 학술과 정사로 지도 교육하는 것이 자리 이타로 피은이 됩니다.

2조는 **농**農에 대해 말하고 있습니다. 농은 심고 길러서 의식 원료를 제공해줍니다. 시대가 아무리 발전했다 하더라도 농은 인간의 의식주에 가장 기본이 되는 직업입니다. 농은 식량을 제공해줍니다. 현 시대에 식량은 그저 먹는 것에 그치지 않습니다. 먹고 사는 먹거리가 무기가 되었습니다.

제국주의적 관점에서 살펴봅시다. 미국이 한때 우리나라에 밀가루를 엄청 지원했습니다. 밀가루를 무상으로 줬습니다. 고도의 전략입니다. 과거에는 우리가 농사를 지어서 자급자족을 했습니다. 저 어릴 때도 밀 빻으러 도정 공장에 심부름을 다닌 기억이 납니다. 그런데 무상으로 지원을 해주니까 농사를 지을 필요가 없었습니다. 농사를 짓지 않으니까 결국은 미국에 의존하게 됐습니다. 미국이 우리나라를 밀가루 의존국으로 만들기 위해서 밀가루를 무상으로 지원한 겁니다. 농이라는 것은 이렇게 중요합니다. 이제 농은 무기입니다. 식량은 바로 생명과 관련되어 있습니다. 먹지 않으면 죽습니다. 제국주의는 원조를 통해서 그 나라의 농업을 파괴하고 그 나라의 생명을 손아귀에 쥐는 것입니다. 농이 굉장히 중요합니다.

3조는 **공**工입니다. 공은 각종 물품을 제조하여 주처와 수용품을 공급해줍니다. 제조업이라고 합니다. 결론적으로 말하면, 한 나라의 경제력이 튼튼해지려면 제조업이 발전해야 합니다. 얼마 전에 우리는 유럽발 경제 위기를 경험했습니다. 이 위기가 어디서 왔습니까. 'PIGS'에서 시작되었습니다. P는 포르투갈, I는 이탈리아, G는 그리스, S는 스페인입니다. 이 네 국가에서 유럽발 경제 위기가 왔습니다. 이 나라들의 제조업은 부실합니다. 대체로 경제가 튼튼하려면 공에 해당하는 제조업이 30퍼센트는 되어야 합니다. 그래야 나라의 경제가 튼튼해집니다.

유럽에 경제 위기를 가져온 이 나라들은 관광업으로 먹고삽니다. 공으로 의식과 주처를 만들어야 하는데 부실합니다. 세계 경제에도 영향을 미치게 됩니다. 삼성, LG 기업들 대단하고 고맙게 생각해야 합니다. 지금 사회가 지식 정보사회인데 아무리 지식 정보가 발달해도 제조업은 기본적으로 가지고 있어야 합니다.

4조는 **상**商입니다. 상은 천만 물질을 교환해서 생활에 편리를 제공합니다. 상을 지금은 마케팅이라고 합니다. 잘 만들어놔도 마케팅을 잘못하면 팔기가 어렵습니다. 공이 하드웨어라면 상은 소프트웨어입니다. 교단에도 제조업이 몇 개 있습니다. 원광제약도 있는데 약을 잘 만듭니다. 하지만 마케팅이 함께 가야 원광제약이 만들어낸 제품을 잘 판매할 수 있습니다. 상은 소비 전략입니다. 예전에 지리산에 가면 장터목이 있는데 경상도와 전라도 장사꾼이 이곳에서 만났습니다. 높고 험준한 산에서 물물교환이 이뤄졌습니다. 그 당시의 상은 그랬습니다. 오늘날 상에는 국경이 없습니다. 국경을 초월한 세계시장이기 때문에 세계에 통하는 마케팅이 필요합니다. 그래서 상이 더 중요해졌습니다.

5조는 **금수 초목**입니다. 모든 금수 초목은 상호 의존적입니다. 금수 초목까지 동포에 넣어주신 걸 보면 원불교의 교리는 굉장히 친환경적입니다. 풀한 포기, 나무 한 그루도 우리에게 상호 의존적으로 도움을 주고 있습니다. 내 생존의 근거가 바로 금수 초목일 수 있습니다.

살다 보면 필요 없는 것이 많습니다. 특히 모기가 그렇죠. 모기 보고 칼 뺀다는 말 들어봤습니까? 처음에 그 말을 듣고 굉장히 웃었습니다. 오죽 못났으면 모기를 보고 칼을 빼냐, 그랬는데 살다 보니 진짜 모기 보고 칼 뽑습니다. 자려고 하면 모기가 오고, 또 자려고 하면 또 오고, 진짜 칼 뽑고 싶어집니다. 그런데 이 모기가 정말 필요 없을까요? 자연에는 먹이사슬이 있습니다. 이것은 돌고 돕니다. 나하고 모기하고 아무 관련이 없는 것 같아도 모기를 다 없애버리면, 모기를 먹는 다른 존재가 죽습니다. 그리고 그 위가 죽고 결국은 사람에게까지 피해가 옵니다. 모기, 파리와 나는 아무 관계가 없는 것 같아도 다 연관되어 있습니다. 이해가 됩니까?

∞

동포 보은의 강령
동포에게 자리 이타로 피은이 되었느니 그 은혜를 갚고자 할진대, 사·농·공·상이 천만 학술과 천만 물질을 서로 교환할 때에 그 도를 체받아서 항상 자리 이타로써 할 것이니라.

이번에는 동포 보은의 강령에 대해 알아봅시다. 대종사께서는 사·농·공·상의 천만 학술과 천만 물질을 교환할 때 자리 이타로 하라고 말씀하셨습니다. 보은의 강령은 결국 자리 이타입니다. 자리 이타가 정말 어렵습니다. 내가 아무리 다른 사람을 이롭게 한다고 해도 내 실속은 챙기고 나서 다른 사람을 생각하게 됩니다. 이게 사람들의 관습입니다. 내 것 다 챙기고 다른 사람 생각을 하지, 내 것 챙기지 않고 다른 사람 먼저 생각하는 사람은 도인입니다. 자리 이타는 나도 이롭고 남도 이롭다는 것인데 그게 정말 어렵습니다. 그래서 대산종사께서 자리 이타가 안 되거든 자해 타리로 해라, 즉 내가 해롭고 다른 사람을 이롭게 하라고 하셨습니다.

여기서 우리가 하나 더 생각해볼 것은 피은의 조목에서 말씀드린 사·농·공·상 네 가지입니다. 이것은 전통 사회의 직업 분류입니다. 지금은 사·농·공·상의 범주에 들어가지 않는 직업이 정말 많습니다. 예를 들어서 연예인은 어디에 넣겠습니까? 또 운동선수는 어느 범주입니까? 굉장히 인기가 많은 직업인데 분류할 데가 마땅히 없습니다. 현재 한국 사회에는 2만 5천 개의 직업이 있다고 합니다. 수많은 전문 직업들이 있고 전문직 각각이 사람들에게 도움을 주고 있습니다. 이것까지도 우리가 동포의 개념으로 집어넣어야 합니다. 전통 사회의 사·농·공·상에서 벗어나 현대 사회의 전문 직업도 포함해야 합니다. 예를 들어 벤처는 소규모 기업이지만, 이 회사들이 잘 운영되면 나라가 발달을 하고 지자 본위가 제대로 실현되는 사회가 됩니다.

∞

동포 보은의 조목
1. 사는 천만 학술로 교화할 때와 모든 정사를 할 때에 항상 공정한 자리에서 자리 이타로써 할 것이요,
2. 농은 의식 원료를 제공할 때에 항상 공정한 자리에서 자리 이타로써 할 것이요,
3. 공은 주처와 수용품을 공급할 때에 항상 공정한 자리에서 자리 이타로써 할 것이요,
4. 상은 천만 물질을 교환할 때에 항상 공정한 자리에서 자리 이타로써 할 것이요,
5. 초목 금수도 연고 없이는 꺾고 살생하지 말 것이니라.

　　　　　　동포 보은의 조목을 봅시다. 대종사께서 '사는 천만 학술로 모든 정사를 할 때 공정한 자리에서 자리 이타로써 하라'고 하셨습니다. 1조에 언급된 사는 학자, 정치 지도자, 사회 지도자로 일하는 모든 사람을 포함합니다.
　학술 문제를 봅시다. 요즘 지적 재산권에 대한 중요성이 부각되면서 학자

들도 치열한 경쟁 속에서 살고 있습니다. 원불교 사상연구원에서 나오는 학술지가 있었는데 얼마 전에 그 학술지가 등재지가 된 이야기를 들었습니다. 저도 사감을 할 때 논문을 몇 편 냈는데 그때는 학술지가 등재지가 아니어서 점수가 하나도 없었습니다. 등재지가 되면 논문을 낼 때마다 점수를 얻을 수 있습니다. 점수에 따라서 사의 역할이 달라집니다.

정치 지도자도 사에 넣어주셨습니다. 정치는 개인적 입장에서도 보은할 수 있고 집단적 입장에서도 보은할 수 있습니다. 개인 입장으로 하면 자기 개인의 의견에 따라 정치 노선을 정하게 됩니다. 집단적인 보은을 할 때는 당론에 따라서 노선을 정합니다. 개인 의견하고 당론이 다를 때 갈등을 일으킵니다. 보통은 당론을 따라갑니다. 보은도 할 수 있고 배은도 할 수 있습니다. 정말 중요하게 판단해야 하는 문제입니다. 우리나라의 정치 문화도 선진화가 필요합니다. 그래야만 발전할 수 있습니다. 자리 이타로 정사를 하라고 말씀해주신 점을 잘 생각해봐야 합니다.

2조는 농입니다. 농산품을 제공할 때 자리 이타로 해야 합니다. 농산품의 청렴도는 사람 생명과 직결되는 문제입니다. 식품으로 장난치는 사람들이 있습니다. 동포 배은을 하는 사람들입니다.

먹거리가 안전해야 합니다. 먹거리는 건강을 담보합니다. 먹거리가 안전하지 못한 세상이 되었습니다. 강조하고 싶은 것이 있습니다. 영산에 정관평이 있는데 쌀농사를 짓고 있습니다. 정관평에서는 유기농을 하고 있습니다. 유기농하고 무농약은 다릅니다. 무농약은 농약을 치지 않는 것이고, 유기농은 땅의 유기질로 농사를 짓는 것입니다. 유기농이 무농약보다 한 단계 위입니다. 유기농이 되려면 3~4년 무농약을 해야 합니다. 그 유기농을 영산 정관평에서 김형진 교무가 하고 있습니다. 정말 애쓰며 살고 있습니다.

3조는 공입니다. 공은 주처와 수용품을 공급해줍니다. 주거 문화를 담당하는 것은 공이 하는 일인데 이때도 자리 이타로 해야 합니다. 지금 우리 사회에서 문제가 되는 것이 대기업과 중소기업의 관계입니다. 관계가 자리 이타로 되어야 하는데 잘되지 않습니다. 중소기업을 잘 살려야 대기업도 튼튼해집니다.

　서울에 대원회라고 있습니다. 제가 교구장을 할 때 구미하고 경산에 공장이 있었습니다. 삼성에서 애니콜을 생산할 때 휴대폰 케이스를 그 공장에서 만들었습니다. 그 제품을 삼성에 납품해서 운영했습니다. 지난번에 통화를 했는데 돈을 얼마나 벌었냐고 하니까 25억을 벌었는데 현재 삼성에서 기종을 바꾸어 주문이 없어 공장 문을 닫았다고 합니다. 지금 다른 사업을 할지 말지 고민중이랍니다. 이 이야기를 하는 이유는 대기업과 중소기업과 관계가 그만큼 중요하다는 걸 강조하고 싶어서입니다. 중소기업도 살려가면서 대기업이 살아야 합니다. 회사들이 자리 이타를 잘 실현할 수 있는 회사로 거듭나면 동포 보은을 잘하는 방향으로 갈 것입니다.

　4조는 상입니다. 상은 천만 물질로 교환하되 공정한 자리에서 자리 이타로 해야 합니다. 상거래의 도덕성을 말씀하신 것입니다. 자본주의의 가장 큰 문제는 이윤을 남기려다 보니 도덕성이 땅에 떨어졌다는 것입니다. 자본주의가 한계에 도달했습니다.

　서양에서는 자본주의의 대안을 동양에서 찾고 있습니다. 동양에 현대 자본주의가 안고 있는 문제를 극복할 수 있는 사상이 있을 것이라고 봅니다. 그런데 우리는 서양 것을 배우지 못해서 안달입니다. 정말 아이러니한 일입니다.

마지막 5조에서 초목 금수도 함부로 꺾고 살생하지 말라고 하셨습니다. 이 대목에서는 팔타원 황정신행 선진 이야기를 하겠습니다. 대종사께서 서울에 오실 때 양주를 모시고 가셨습니다. 팔타원이 앞서서 안내를 하는데 가면서 풀이나 나무들을 꺾으면서 가셨습니다. 뒤따르시던 대종사께서 팔타원을 불렀습니다. "그냥 가지 왜 풀을 꺾으면서 가냐! 풀이 아프지 않겠느냐."고 하셨다고 합니다. 팔타원께서 직접 해주신 말씀입니다.

금수 초목도 전부 우리한테 도움이 되는 것이고, 지구촌 시대에 인류가 안고 있는 문제가 환경 문제 아닙니까? 환경 문제를 어떻게 해결할 것이냐. 사은밖에 해결 방법이 없습니다. 우리가 이를 더 적극적으로 공부하고 실천해야 합니다.

원불교 동포은은 인류의 문제를 해결할 수 있는 열쇠입니다. 천지은하고도 관련이 있습니다. 교단에 있는 환경 단체 이름이 천지보은회인데 동포보은회라고 해도 됩니다. 동포 보은만 제대로 실천하면 인류가 안고 있는 환경 문제를 극복할 수 있습니다.

동포 배은
동포에 대한 피은·보은·배은을 알지 못하는 것과 설사 안다 할지라도 보은의 실행이 없는 것이니라.

동포 배은은 똑같습니다. 피은·보은·배은을 알지

못하는 것과 설사 안다 할지라도 보은의 실행이 없는 것입니다. 동포가 우리에게 은혜를 베풀고 있다는 걸 모르는 것 자체가 배은입니다.

원불교 교리는 시대가 안고 있는 문제점들을 해결하고 인류의 정신을 이끌 수 있는 사상과 이념을 전부 담고 있다는 사실을 알아야 합니다. 이러한 긍지와 자부심을 가지고 사은 사상에 대해서 접근해야 합니다.

∽

동포 보은의 결과

우리가 동포 보은을 한다면, 자리 이타에서 감화를 받은 모든 동포가 서로 사랑하고 즐거워하여, 나 자신도 옹호와 우대를 받을 것이요, 개인과 개인끼리 사랑할 것이요, 가정과 가정끼리 친목할 것이요, 사회와 사회끼리 상통할 것이요, 국가와 국가끼리 평화하여 결국 상상하지 못할 이상의 세계가 될 것이니라.

그러나, 만일 전 세계 인류가 다 보은자가 되지 못할 때에, 혹 배은자의 장난으로 인하여 모든 동포가 고해 중에 들게 되면, 구세 성자들이 자비 방편을 베푸사 도덕이나 정치나 혹은 무력으로 배은 중생을 제도하게 되나니라.

∽

동포 배은의 결과

우리가 만일 동포에게 배은을 한다면, 모든 동포가 서로 미워하고 싫어하며 서로 원수가 되어 개인과 개인끼리 싸움이요, 가정과 가정끼리 혐극(嫌隙)이요, 사회와 사회끼리 반목(反目)이요, 국가와 국가끼리 평화를 보지 못하고 전쟁의 세계가 되고 말 것이니라.

4. 법률은

정전에서는 법률의 정의를 '인도 정의의 공정한 법칙'이라 했습니다. 다른 말로 해석하면 '사람 사는 길'이라고 할 수 있습니다. 사람이 어떻게 살아야 하는지에 대한 길을 밝혀주신 것이 법률입니다. 그런데 사람이 살아가는 길이 있다면 또 길이 아닌 것도 있습니다. 길과 길 아닌 것을 구별할 줄 알아야 합니다.

여기에서 윤리 문제가 일어납니다. 윤리라고 하는 것이, 인도 정의의 공정한 법칙에 따라 행하면 윤리적으로 선한 것이 되고, 인도 정의의 공정한 법칙에 따라 행하지 않으면 악이 되는 것입니다. 선악이 여기서 나타납니다. 사람이 세상을 살아가는 데 있어서 인도 정의의 공정한 법칙을 순리대로 살아가면 자유가 생기고, 거기서 벗어나면 구속이 따릅니다.

여러분들은 자유롭게 살고 있습니까? 자유로움을 물어본 이유는 자유롭다고 생각하는 것은 구속의 과정을 지난 것이기 때문입니다. 구속 속에서 자유가 있는 것이지 구속에서 벗어나 자유로운 것은 참자유가 아닙니다. 사람이 참자유를 생각할 때 구속의 속박에서 스스로 해방되는 것입니다. 구속에 속박되는 일을 하면서 난 자유롭다, 이런 사람도 있을 수 있습니다. 참자유가 아닙니다.

법률 피은의 강령에서 보면 인도 정의의 공정한 법칙은 개인에 있어서는 수신하는 법률이 있고, 가정에 있어서는 제가하는 법률이 있다고 하십니다. 사회에 있어서는 사회 다스리는 법률, 국가에 있어서는 국가 다스리는 법률, 세계에 있어서는 세계 다스리는 법률이 있다고 말씀하셨습니다. 이를 통틀어 말하면 인도 정의의 공정한 법칙이고, 이를 실천하는 사람은 자유로워지고 거기에 걸리는 사람은 구속과 속박에 걸리게 되는 것입니다.

이렇게 하려면 사람이 처세하는 법이 중요합니다. 대종사 말씀을 빌리면 처세는 유한 것이 귀한 것입니다. 사람이 부드러워야 합니다. 부드러우면 구속에서 자유로울 수 있습니다. 바람이 그물에 걸리지 않습니다. 바람이 그물에 왜 안 걸립니까? 부드러우니까 걸리지 않고 딱딱한 것은 다 걸려버립니다. 부드러운 것이 인도 정의의 공정한 법칙을 일상생활에서 실천하는 데 도움이 되는 처세의 심법입니다.

∞

법률 피은의 강령

우리가 법률에서 입은 은혜를 가장 쉽게 알고자 할진대, 개인에 있어서 수신하는 법률과, 가정에 있어서 제가(齊家)하는 법률과, 사회에 있어서 사회 다스리는 법률과, 국가에 있어서 국가 다스리는 법률과, 세계에 있어서 세계 다스리는 법률이 없고도 안녕 질서를 유지하고 살 수 있겠는가 생각해 볼 것이니, 그런다면 누구나 살 수 없다는 것은 다 인증할 것이다. 없어서는 살 수 없다면 그 같이 큰 은혜가 또 어디 있으리요.

대범, 법률이라 하는 것은 인도 정의의 공정한 법칙을 이름이니, 인도 정의의 공정한 법칙은 개인에 비치면 개인이 도움을 얻을 것이요, 가정에 비치면 가정이 도움을 얻을 것이요, 사회에 비치면 사회가 도움을 얻을 것이요, 국가에 비치면 국가가 도움을 얻을 것이요, 세계에 비치면 세계가 도움을 얻을 것이니라.

법률 피은의 강령에 대종사께서 인도 정의의 공정한 법칙을 두 가지로 정의하십니다.

첫째는 성현들이 내놓으신 도덕법입니다. 인과보응의 이치를 피은의 강령에서 강조하십니다. 인과의 이치가 깨지면 인간 사회의 질서가 파괴됩니다.

법률 피은의 강령에서 대종사께서 강조하셨습니다.

　두 번째는 국가 세계에서 제정한 법입니다. 이것도 인도 정의의 법칙에 들어갑니다. 국가와 세계의 안녕 질서를 법을 통해서 유지하게 만듭니다. 국가 세계에서 제정한 법이 흐트러지고 무너지게 되면 국가 질서의 안녕이 파괴됩니다.

　피은의 강령에서는 법률의 개념을 명확하게 해주시고 개인, 가정, 사회, 국가, 세계와 어떤 관계가 있는지를 알려주고 계십니다.

법률 피은의 조목

1. 때를 따라 성자들이 출현하여 종교와 도덕으로써 우리에게 정로(正路)를 밝게 하여 주심이요,
2. 사·농·공·상의 기관을 설치하고 지도 권면에 전력하여, 우리의 생활을 보전시키며, 지식을 함양하게 함이요,
3. 시비 이해를 구분하여 불의를 징계하고 정의를 세워 안녕 질서를 유지하여 우리로 하여금 평안히 살게 함이니라.

　법률 피은의 조목을 살펴봅시다. 첫째는 성자들이 출현해서 종교와 도덕으로 정로를 밝혀주셨습니다. 과거 전통 사회의 모든 종교가 법률은法律恩에 해당합니다. 이것은 시대 인심을 따라 성자들이 나타나셔서 법을 펼친다는 말입니다. 불교를 보면 불교가 나타나는 그 시대의 문제가 있습니다. 기독교도 나타난 이유가 있습니다. 그 성자들이 나타나셔

서 도덕법을 내놓는 이유가 있는 것입니다. 기독교는 서양의 물질문명을 이끌어온 종교입니다.

막스 베버는 그의 저서에서 자본주의의 윤리와 기독교와의 관계에 대해서 말했습니다. 자본주의라는 것이 기독교의 윤리에 입각해서 일어났다고 하는 것이 막스 베버의 주장입니다. 이 책에선 자본주의는 기독교가 만들어놓은 산물이라고 합니다. 여기서 중요한 것은 종교와 정치와의 관계입니다.

성현들이 시대 인심에 따라 도덕법을 내놓으셨는데 그 도덕법도 법이고, 국가와 세계에서 제정한 법률도 법입니다. 종교도 법이고, 정치법도 법입니다. 이 두 가지 관계를 어떻게 해나가느냐가 인류가 안고 있는 과제라고 할 수 있습니다. 대종사께선 어떻게 하셨습니까? 종교와 정치를 수레의 두 바퀴라고 하셨습니다. 종교는 종교의 역할을, 정치는 정치의 역할을 잘할 때 수레가 잘 굴러간다는 것입니다. 하나라도 제 역할을 못하면 수레가 제대로 가지 못합니다. 굉장히 쉬운 말이지만 역사적으로 존재했던 종교와 정치의 여러 문제를 해결할 수 있는 사상입니다.

유럽 역사에서 중세는 1천 년 동안 유지되었습니다. 기독교가 생겨나고 5~6세기를 지나 종교가 완전히 힘을 발휘하는 시기가 옵니다. 종교 일변도의 사회가 됩니다. 그 시기가 중세 천 년의 시기입니다. 유럽 박물관에 가보면 거의 모든 유물과 미술품이 종교와 관련되어 있습니다. 중세 당대 최고의 미술가들이 하는 일은 예수의 일생을 그리는 것이었습니다. 몇 년 동안 성화를 그리다가 몸이 상할 정도였습니다. 중세에는 이렇게 예술이 종교에 완전히 귀속되어버렸습니다. 그래서 중세 천 년을 문화의 암흑기라고 합니다. 철학은 굉장히 논리적이고 이성적인 학문이죠? 철학가들은 자기 주관이 뚜렷한 사람들 아닙니까? 그런데 이 시대에는 철학마저도 신의 존재를 증명하는 학문으로 전락합니다. 종교법이 무서운 것입니다. 종교가 당시의 사회를 완전히 지배하던 때가 바로 중세 천 년입니다. 천 년을 지나다가 르네상스 시대가 오게 됩니다. 르네상스는 '신으로부터 인간을 찾는 운동'입니다. 사람들이 천 년 동안 신의 섭리 속에서만 살다 보니 자각이 생겼어요. '인간이란 도대체 무엇인가'를 의심하기 시작합니다. 바로 르네상스입니다.

이때 니체가 '신은 죽었다'고 말합니다. 인간도 신에서 자기를 찾다 보니까 무엇인가 만들어야겠다는 자각이 생긴 것이 과학 문명이 발전하게 된 이유입니다. 과학은 인간의 능력을 과시하는 학문입니다. 전기도 만들고, 기관차도 만들고 전부 만들기 시작합니다. 신이 모든 것을 창조하듯이 인간도 과학을 통해서 창조를 시작한 것입니다. 한참을 가다 보니까 정치가 종교를 지배하는 현상으로 또 바뀌게 되었습니다. 이 단계가 제국주의입니다. 세계 1, 2차대전이 왜 일어났습니까? 결국 영토 확장 때문 아닙니까? 도덕도, 종교도 필요 없이 오직 영토만 지배하기 위해서입니다. 일본도 여러 도덕적 문제에 대해서 인정하지 않습니다. 이는 정치가 종교를 완전히 지배하게 되었다는 걸 말합니다.

대종사께서는 정치와 종교가 수레의 두 바퀴처럼 나란히 가야 한다고 하셨습니다. 역사적으로 볼 때는 정치와 종교가 수레의 두 바퀴 역할을 하지 못했습니다. 법률 피은의 조목 1조에 성자들이 출현하셔서 정로를 밝혀주셨지만 정로가 제대로 역할을 하지 못했습니다. 인류가 고통을 받고 세상이 혼란스럽게 되어버렸습니다.

대종사께서 종교와 정치의 관계를 상생의 관계로 정립해주신 건 귀한 말씀입니다. 그렇지만 지금도 여전히 종교와 정치의 관계가 정리되어 있지 않습니다. 특히 중동 지역이 그렇습니다. 교황이 방문하셔서 화해 분위기를 만들었다고 합니다. 이슬람 종교는 어떻게 되었든지 세계 종교 인구 수로는 세계 1위입니다. 기독교도 이스라엘을 중심으로 인구가 3억입니다. 중국은 종교가 없습니다. 무주공산입니다. 앞으로 어느 종교가 중국에 자리 잡느냐에 따라서 세계 종교의 판도가 달라질 겁니다. 인도에는 힌두가 있습니다. 처음에 인도 불교를 수출 불교, 나팔 불교, 선전 불교라고 했습니다. 인도는 불교를 수출했습니다. 세계로 다 수출하고 힌두교가 불교를 잡아버렸습니다. 힌두 믿는 사람에게 붓다를 뭐라고 생각하냐고 물으면 굉장한 성인이라고 합니다. 그러나 힌두의 비슈누 신이 계속 환생을 하면서 몸을 바꾸는데 그 비슈누의 일곱 번째 화신이 붓다,라며 불교를 힌두의 일부로 생각합니다.

정치와 종교는 인류 문명사회에서 대단히 중요한 문제입니다. 어떤 종교의 성자들도 그 종교를 만들 때는 그 시대에 적합하게 만들었습니다. 그렇지만 시간이 지나면서 오히려 인류 문명을 지체하는 역할을 한 것도 사실입니다. 동란자도 성인이요, 정란자도 성인이라는 말이 있습니다. 난을 일으킨 사람도 성인이고 난을 평정하는 사람도 성인이라는 말입니다. 결국 그대로 들어맞습니다.

수운 대신사가 경주 용담에서 대각을 하셔서 주장하신 내용이 '인내천人乃天하니 사인여천事人如天하라'입니다. '사람이 곧 하늘이니 사람 섬기기를 하늘처럼 대하라'는 메시지입니다. 이 말씀을 듣고 조선조의 대접받지 못한 농민들, 서민들이 구름처럼 모여듭니다. 반란이 일어나게 생겼어요. 나라에서 수운 대신사를 역적으로 몰아서 대각하신지 3년 만에 대구 감영에 송치되어 처형 당하십니다. 사람들이 인내천을 들어보니 자기들이 억압 받던 사회에서는 엄청난 메시지입니다. 이때 일어난 사건이 동학혁명입니다. 동학혁명이 일어나니까 국가에서 진압할 힘이 없습니다. 국가에서 할 수 없이 외세를 끌어들입니다. 그 외세가 일본입니다. 동학 농민들이 패한 곳이 충청도 입구인 우금치 고개입니다. 그 우금치 전투에서 일본군의 신식 무기에 다 죽습니다.

재미있는 것은 동학 농민군들이 전부 부적을 차고 있었다는 것입니다. '궁궁을을ㄹㄹㄹㄹㄴㄴ'이라는 부적이었습니다. 그 부적을 가지고 있으면 총알이 피해간다는 믿음을 갖고 있었기 때문입니다. 서울로 막 진격하려고 우금치를 오르게 되는데, 결국 우금치 고개에서 수많은 농민군이 죽게 됩니다. 그때 시체를 확인해보니까 부적에 다 총알 자국이 있었습니다. 그것을 확인하는 순간 농민군들이 부적에 대한 믿음이 깨져서 오합지졸이 되어버려 동학 농민 운동이 패배하게 됩니다. 이 일로 한국에 외세가 들어와서 전쟁터가 되어버립니다. 결국 세계 2차대전까지 가게 됩니다. 세계 2차대전을 만든 장본인이 수운 대신사입니다. 법이라는 것이 이렇게 무섭습니다. 성자들이 출현하셔서 난을 일으켜 배은자들을 제거하는 방편을 쓰시는 것이라고 합니다.

이제 다시 돌아와서 법률 피은의 조목 두 번째입니다.

사·농·공·상의 기관을 설치해서 우리 생활을 보전해주고, 지식을 함양시켜줍니다. 사회의 질서와 체계를 법으로 규정했다는 것입니다. 대종사께서는 조직을 만들어서 운영하게 했습니다. 그 조직을 만드는 것이 법규입니다.

원불교 교단도 법규가 있습니다. 교헌에 따라서 교단이 운영됩니다. 이 법이라는 것을 조직이 만들어서 기관과 단체를 운영합니다. 조직의 힘이라는 것은 대단한 것입니다.

라인홀드 니부어*라는 사람이 있습니다. 그가 쓴 책 제목이 《도덕적 인간과 비도덕적 사회》입니다. 내용은 '아무리 개인이 도덕적으로 무장해도 비도덕적 사회, 조직에 들어가면 자기도 모르게 비도덕적으로 된다'는 것입니다.

---

* Reinhold Niebuhr, 1892~1971.

개인은 대단히 약한 존재입니다. 조직에 비하면 개인의 힘은 미약합니다.

대종사께선 대각을 하시고 도덕적 인간이 되셨습니다. 바로 시작한 것이 사람을 얻는 일이었습니다. 구인 선진을 모으셔서 조직을 만드십니다. 조직을 통해서 당신의 도덕적 규범을 실현하려고 하셨습니다. 조직이 얼마나 중요한지 알 수 있는 대목입니다.

인간은 환경에 의해 많이 좌우됩니다. 이를 훈습薰習이라고 합니다. 《수심결*》에 나오는 표현입니다. 조직이 가진 특징 중 하나가 자기도 모르게 훈습되어버린다는 것입니다. 이 훈습에도 두 가지가 있습니다. 정법 훈습과 염법 훈습이 있습니다. 종법사께서 서원관에 오셔서 해주시는 것은 정법 훈습입니다. 여러분이 원광대 캠퍼스에 가면 또 자연스럽게 훈습이 됩니다. 각 조직의 분위기들에 자기도 모르게 훈습이 됩니다.

그다음, 시비 이해를 구분해서 불의를 징계하고 정의를 세웁니다. 정의를 세워서 안녕의 질서를 유지하게 했습니다. 국가법, 세계법이 이 역할입니다. 이런 법을 잘 지키면 이 세상이 안녕의 질서를 유지하게 됩니다. 정치법과 도덕법의 시비 이해가 똑같은 말이지만 좀 다릅니다. 정치법은 큰 테두리에서의 시비 이해고, 도덕법은 세세한 마음 작용에서의 시비 이해입니다. 또 정치법은 결과를 다스리지만 도덕법은 원인을 다스리는 법률로 피은이 됐습니다. 정치법으로 결과를 다스리기보다 도덕법으로 그 원인을 먼저 제거해야 한다는 것을 알아야 합니다.

∞

• 고려 중기의 승려 지눌知訥이 지은 책. 마음을 닦는 방법과 마음이 무엇인가를 밝히기 위하여 저술한 책이다. 지눌은 이 책을 통해 마음을 닦아 부처에 이르는 방법론을 9문 9답을 통해 제시했다.

법률 보은의 강령에는 '금지하는 조건으로 피은
이 되었으면 그 도에 순응하고, 권장하는 조건으로 피은이 되었으면 그 도
에 순응할 것이니라'고 밝혀주셨습니다. 금지하는 조건과 권장하는 조건 두
가지로 말씀해주셨어요. 금지하는 조건은 무엇일까요? 계문입니다. 권장하
는 조건은 솔성요론, 부처 말씀으론 육바라밀입니다. 육바라밀도 금지하는
조건은 인욕, 지계이고 권장은 보시, 선정, 정진, 지혜로 나누어집니다. 성현들
의 법도 금지와 권장으로 서로 다릅니다. 국가법에는 권장하는 조건이별로
없는 것 같습니다. 법률 보은은 이 두 가지만 확실히 알면 됩니다.

∽

법률 보은의 조목입니다. 1조는 '개인에 있어서는 수신하는 법률을 배워 행할 것이요'입니다. 개인이 수신하는 법률을 알아서 실천하는 것입니다. 수신의 신은 몸입니다. 사람은 몸이 참 골칫거리입니다. 몸이 없으면 사람이 될 수 없습니다. 몸과 영혼이 분리되면 살 수 없습니다. 몸이라고 하는 것은 욕망의 덩치입니다. 더우면 시원해야 하고, 추우면 따뜻해야 하고, 배고프면 먹어야 하고, 몸의 요구 조건이 많습니다. 자기 몸을 닦는 것이 가장 근본이 되는 일입니다. 자기 몸으로부터 마음이 자유를 얻어야 합니다. 이것이 수신의 기본입니다. 법률 보은의 실천 중 제일 먼저 수신해주신 것은 자기 몸을 자기가 잘 닦아야 다른 사람을 지도할 수 있다는 의미에서입니다. '자신에게 들이대는 잣대는 소승으로 하고, 다른 사람에게는 대승으로 해라'고 스승들께서 말씀하셨습니다. 수신은 몸의 욕망으로부터 자유를 얻는 것입니다. 가장 기본이기 때문에 법률 보은의 조목 첫 번째로 내어주신 것입니다. 자기를 바로 세우지 못한 사람은 남을 바로 세울 자격이 없습니다.

2조는 '가정에 있어서는 가정 다스리는 법률을 배워 행할 것이요'입니다.
가정이라는 것은 가장 작은 단위의 사회입니다. 혈연 중심으로 가장 작은 사회 조직이 가정입니다. 인간은 사회적 동물인데, 인간의 사회화가 처음 일어나는 곳이 가정입니다. 그래서 가정이 중요한데, 아버지는 아버지의 역할을 제대로 해야 하고 어머니는 어머니의 역할을 제대로 해야 합니다. 그래서 어른들이 아버지는 엄부, 어머니는 자모라고 하셨어요. 만약 엄부만 있으면 아이가 짓눌려버립니다. 마음이 억눌려버리면 잠재의식에 쌓여서 결국 문제를 일으킵니다. 자모가 있어서 보완이 됩니다. 반대로 엄부는 없고 자모만 있으면 아이가 방만해져버립니다. 자제력이 없습니다. 아버지는 아버지의 역할을 잘하고, 어머니는 어머니의 역할을 잘하면 자녀는 자녀의 역할을 잘하게 되고 이것이 가정을 잘 다스리는 법이 됩니다. 비행 청소년은 없고 비행 부모만 있다는 말도 있습니다.

3조에서는 '사회에 있어서는 사회 다스리는 법률을 배워 행할 것이요'라고 말씀하셨습니다. 이는 조직과 단체를 다스리는 법입니다. 우리 교단도 기관이 있고, 조직이 있습니다. 교구장을 해보니까 조목이 얼마나 소중한지 알게 되었습니다. 대종사께서 이미 정전에 밝혀주셨는데도 우리 기관장, 단체장들이 실천하지 못합니다.

대종사께서 제일 처음 하신 일이 제자를 모으셨던 일입니다. 교구장을 잘하려면 구인 제자를 잘 얻어야 합니다. 기관장을 잘하려 해도 구인 제자를 잘 얻어야 합니다. 이걸 못하면 교구나 기관을 운영할 수 없습니다. 구인 제자를 어떻게 잘 얻느냐? 교구에 부임하면 교무, 교도들이 있습니다. 교도만 예를 들겠습니다. 교도들이 교구 내에 많이 있습니다. 그중에도 사회적으로, 지역적으로 명망 있는 사람들이 있을 것입니다. 이 교도들을 교구장이 잘 연계하는 것이 가장 기본입니다. 힘 있는 교구장이 되려면 힘 있는 교도들을 잡아야 합니다. 사회적으로 덕망 있는 사람을 잘 관리하는 것이 사회 다스리는 법률을 잘 배워 행하는 것입니다. 그 조직을 운영하는 데 있어서 가장 영향력 있는 사람을 잘 엮어야 합니다.

예전에 제가 개벽 축구단으로 사람을 잘 엮었습니다. 법조인 모임도 만들었습니다. 법조인 모임의 회장을 시키면 좋아합니다. 열심히 교구 활동을 합니다. 그래서 1년에 5~6번 모임을 가지며 서로 교구 방향에 대해서 논의했는데 왜 요즘은 이것을 못하는지 모르겠습니다. 이때 큰 사람들이 지금 교단에서 중요한 역할을 하고 있습니다. 부산종교인평화회의도 만들었습니다.

처음 만들 때 부산 종교의 본가는 범어사였습니다. 부산은 불교의 도시입니다. 부산 종교인들을 다 합쳐도 불교 신도만큼 나오지 않습니다. 부산 신도들이 전국 사찰을 다 먹여 살립니다. 윤달 있는 해에는 부산이 난리가 납니다. 윤달 한 달 동안 하루에 절을 세 군데 방문해야 삼재팔난이 없어진다고 해서입니다. 삼사를 방문하기 위해서 전국을 다 돌아다닙니다. 부산에선 윤달에는 버스를 구하지 못합니다. 아무튼 그런 부산에서 종교 모임을 만드는데 범어사의 성오 스님, 지금은 돌아가셨지만 범어사 주지 스님이 처음에는 종교인 모임에 들어오지 않았습니다. 자기가 들어올 필요가 있느냐고 생각하신 겁니다. 우리가 1~2년을 아주 재밌게 지냈습니다. 서로 모여서 크리스마스에는 성당, 교회도 가고 대각개교절엔 교당도 오고 서로 이렇게 지내며 언론에도 나오니까 성오 스님이 나중에는 생각이 바뀌었습니다. 나중엔 함께 했습니다.

원불교 부산교구장의 힘이 어디서 나옵니까. 부산의 모든 종교인이 함께하니까 힘이 생기는 겁니다. 사회의 모든 사람을 다 잡을 수는 없습니다. 그 조직과 그 사회, 기관에 중요한 사람이라도 먼저 잡아야 합니다.

서울에서도 재가교수회를 만들었어요. 그 교수회를 만들고 직책을 시키고 또 서울대 재학생들은 서원회를 만들고 서원회를 졸업한 사람들을 대원회라고 했습니다. 교구장인 제가 그 법회를 봐줬습니다. 자기들끼리 열심히 합니다. 결국 사회 다스리는 법은 그 조직의 중요 인사를 네트워크화하는 일입니다. 사람이 가져야 할 자질이 여러 가지가 있는데 그중에서 조직을 운영할 수 있는 자질, 조직의 중요 인사를 네트워크화할 수 있는 자질이 법률보은의 조목에서는 대단히 중요한 것입니다.

대종사께서도 세계 모든 사람을 제도한 것은 아닙니다. 구인 제자를 제도하시고 정산종사 한 분 잘 만들어놓으셨습니다. 지금 한국 교회에서 일어나는 현상을 살펴봅시다. 교회 잘 만들어놓고 다른 사람 줄 수가 없으니까 결국 아들에게 넘겨줍니다. 대종사께서는 아들에게 넘기지 않고 정산종사께 맡겼습니다. 대종사의 심법이 사회 다스리는 법률입니다.

4조는 '국가에 있어서는 국가 다스리는 법률을 배워 행할 것이요'입니다.

국가 다스리는 것도 마찬가지입니다. 사람을 얻지 못하면 국가를 다스리지 못합니다. 누구라도 사람을 얻기는 다 얻습니다. 문제는 제대로 된 사람을 얻어야 한다는 것입니다. 삼국지에 보면 유현덕이 제갈공명을 얻기 위해서 삼고초려를 했습니다. 사람을 얻기 위해서 이렇게 정성을 다해야 합니다.

교정원장을 할 때 대통령 두 분을 모셨습니다. 청와대 들어가면 분위기가 서로 달랐습니다. 느껴집니다. 사람이 다르기 때문입니다. 어떤 사람이 청와대를 구성하고 사느냐에 따라 그 분위기에 차별이 있습니다. 인의 장막이라는 말도 있습니다. 지도자가 인의 장막에 가려지면 자기 경륜을 펼 수가 없는 것입니다. 제대로 된 사람을 얻어야 합니다.

마지막 5조는 '세계에 있어서는 세계 다스리는 법률을 배워 행할 것이니라'입니다.

요즘은 글로벌 리더라는 말이 있습니다. 이것이 수신, 제가, 치국, 평천하입니다. 세계 다스리는 법률이 평천하입니다. 하나씩 따로 이야기했지만 원리는 하나로 통합니다. 아무리 작은 조직이라도 결국 세계와 연결이 됩니다. 지금은 세계적 안목, 세계적 리더를 염두에 두고 살아야 합니다.

∞

법률 배은입니다. '법률에 대한 피은·보은·배은을 알지 못하는 것과 설사 안다 할지라도 보은의 실행이 없는 것이니라'고 했습니다. 정치법과 종교법이 서로 관계가 있고 우리 삶과 관련되어 있다는 것을 알아야 합니다.

∞

법률 보은의 결과로 첫 번째는 구속이 없어집니다. 두 번째로 마음의 자유를 얻습니다. 세 번째로 각자의 인격이 향상됩니다. 네 번째로 세계 질서가 바로잡힙니다. 다섯 번째로 사·농·공·상이 발달합니다. 여섯 번째로 입법·치법의 은혜를 입게 됩니다. 보은 조목만 잘 실천하면 이런 결과가 생긴다는 것입니다.

∞

법률 배은의 결과
우리가 만일 법률에 배은을 한다면, 우리 자신도 법률이 용서하지 아니하여, 부자유(不自由)와 구속을 받게 될 것이요, 각자의 인격도 타락되며 세상도 질서가 문란하여 소란한 수라장(修羅場)이 될 것니라.

법률 배은의 결과로는 부자유와 구속을 받게 됩니다. 서울 서대문형무소에 가면 역사관이 있습니다. 우리 순국선열들 이야기가 다 있는데 거기에 사형장도 있습니다. 사형장에 보면 올가미가 있고 그 밑에 의자가 있습니다. 수많은 사람이 그 사형장에서 죽었습니다. 거기 가면 머리가 삐쭉삐쭉 섭니다.

서울교구장으로 재직할 때 교무들이 천도재를 지냈습니다. 기운을 순화하고 해원하려고 많이 노력했습니다. 과거 시대는 막힌 시대, 상극의 시대이기 때문에 기운이 막혔습니다. 우리가 법률 보은을 통해서 그 기운을 해원해야 합니다.

마지막으로 정전 대의에서는 법률은을 대보호의 위력이라고 하셨습니다. 법신불이 위력을 나투는데 그 위력이 우리에게 대보호로 다가옵니다. 모든 인간을 평등하게 보호해주십니다. 베푸는 위력을 성격적으로 분류하고 법률은이라고 하셨습니다. 그래서 보은의 강령은 준법지계입니다. 법을 잘 지키고 계를 잘 지키라고 말씀해주셨습니다.

3장

네 가지 불공에 대하여

– 사요

오늘은 사요四要를 공부하겠습니다. 먼저 **사요의 특징**에 대해서 살펴보겠습니다. 사요를 이해하려면 사은과 사요와의 관계에 대해 정확히 알아야 합니다. 사은의 대체를 보면, 사은은 법신불이 밖으로 위력을 나투는 내용으로 교리도에서는 인과보응의 위력이라고 볼 수 있습니다. 원불교의 신앙은 인과의 위력을 신앙한다고 할 수 있습니다. 그러나 단순히 인과의 위력이라고 하면 크게 와닿지 않습니다. 그래서 이러한 인과의 위력을 성격적으로 분류해주신 것이 사은입니다.

첫째는 대시주의 위력, 천지은입니다. 법신불은 우리에게 주기만 할 뿐 대가를 바라지 않습니다. 두 번째는 대자비의 위력, 부모은입니다. 법신불은 항상 대자비로, 사랑으로 위력을 베풀어주고 모든 사람을 감싸주십니다. 세 번째는 대협동의 위력, 동포은입니다. 우주 만유 모든 현상이 알고 보면 서로 상호 협동의 관계로 이루어져 있습니다. 네 번째는 대보호의 위력, 법률은입니다. 성격적으로 볼 때 대시주, 대자비, 대협동, 대보호라고 말할 수 있습니다.

이 보은의 강령은 응용 무념으로, 천지가 우리에게 대시주를 해주시니 내가 천지가 되어야 합니다. 응용 무념을 잘하려면 남에게 무상으로 베풀어야 합니다. 그런데 보통 베푼 것은 안 잊고, 받은 것은 다 잊게 됩니다.

대자비는 무자력한 사람들을 내 부모처럼 보호해주자는 무자력자 보호입니다. 그래서 천지는 대자비를 베풀 때 누구에게나 자비를 베풀어주므로, 우리 사람도 그렇게 하자는 것입니다. 그다음, 대협동의 위력에 대한 보은은 상부상조입니다. 자리 이타로 상부상조를 하는 것입니다. 그다음 법률은에 대한 보은의 강령은 지킬 것을 잘 지키는 준법지계입니다. 이것을 잘 실천하면 사은에 보은이 되는 것입니다.

이렇게나마 사은을 간략하게 요약해서 설명해드립니다.

교리도를 보면 보은, 즉 불공이 있습니다. 앞에서 말한 가장 핵심적인 보은의 방법이 곧 불공입니다. 불공이란 부처께 공들이는 것으로, 법신불을 신앙의 대상으로 모신다는 뜻입니다. 그 법신불의 위력을 알아 불공을 하자는 것입니다. 즉, 사은에 보은을 하는 것입니다.

사은 보은을 잘하기 위한 **사요란 무엇인가?** 먼저 사요가 갖고 있는 문제점을 살펴봅시다. 우선 왜 사요가 신앙문에 들어갈까요? 신앙성에 대한 문제가 제기됩니다. 자력 양성自力養成, 지자 본위智者本

位, 타자녀 교육他者女教育, 공도자 숭배公道者崇拜의 내용이 신앙적인 내용이 아니라 도덕적 규범처럼 느껴진다는 것입니다. 둘째는 사요의 변경 가능성입니다. 대종경 부촉품 16장에 "나의 교법 중에 종지가 되는 사은과 삼학·팔조 등은 어느 시대를 막론하고 바꿀 수 없으나 그 외에는 시대에 따라 바꿀 수도 있다."라고 말씀하셨습니다. 변경 가능성을 밝힌 것은 종교 교리의 시간적 한계를 나타내는 것입니다. 시간적 한계라는 말은 어느 시기에 가서 사요의 내용이 다 실천되면 변경을 할 수 있다는 한계를 보인 것입니다. 셋째로, 사요는 주로 한국적 상황에 관심을 두고 제정한 법입니다. 이 말은 사요가 가지고 있는 지역의 한계성을 드러냅니다. 지금 미국이나 일본과 같은 선진국에서는 사요가 실천되고 있지 않느냐는 문제점이 제기된다는 말이기도 합니다.

다음은 교리도상에서 사요의 변천 내용을 살펴보겠습니다.

처음 교리도는 육대요령六大要領에 나타납니다. 육대요령에 보면 지금 사요가 들어가 있는 부분에 '남녀 권리 동일, 지우 차별, 무자녀자 타자녀 교육, 공도 헌신자 이부사지'가 나옵니다.

두 번째 교리도는 불교 정전에 사요 대신에 보은의 강령이 들어 있습니다. 이것은 보은의 강령도 불공이고, 사요도 불공이라는 것입니다.

세 번째는 원불교 교전에 지금의 사요가 나타납니다. 제가 볼 때는 보은, 즉 불공을 이해하면 결코 사요가 경시된 것이 아니라는 것을 알 수 있습니다.

사요의 본론으로 들어가겠습니다. 먼저 불공 방법으로써 **사요의 특징**입니다.

첫째 특징은 인간불에 대한 불공입니다. 원불교의 불공은 진리 불공과 사실 불공으로 나눠집니다. 진리 불공은 어느 종교나 다 하고 있습니다. 그런데 당처 불공, 사실 불공을 강조하는 종교는 많지 않습니다. 그래서 당처 불공, 사실 불공이라고 하면 그 불공의 대상은 유정물, 무정물 모두를 포함합니다. 다른 표현으로 사은 보은의 불공입니다. 여기서 강조할 것은 진리 불공과 사실 불공에 대한 이해입니다. 진리 불공은 진리의 전체성에 대한 위력에 힘입는 불공입니다. 다시 말하면 법신불에 기도하는 것은 법신불이 가지고 있는 전체 위력을 받는 것입니다. 그런데 사실 불공을 하면 어떻게 되는가? 이것은 개체성에 위력을 받는 것입니다. 예를 들어, 지금 제가 컵에 물을 담아 마시고 있다면 컵을 잘 사용해 컵의 위력을 얻을 수 있는 것입니다. 이 사실 불공, 당처 불공은 그 개체가 가지고 있는 권능을 얻기 위해서 하는 불공입니다. 이것이 우리 원불교의 불공법입니다. 진리 불공은 전체성, 사실 불공은 개체성인 것입니다.

사실 발전된 새로운 불공의 모습을 대종사께서 보여주신 것입니다. 원불교 불공이 당처 불공, 진리 불공이 특징인데 당처 불공에서 한 걸음 더 나아간 것이 사요라고 할 수 있습니다. 그 불공의 대상은 인간불이며, 사요 불공의 대상은 오직 당처불 중에서도 가장 뛰어난 인간불만을 대상으로 한 불공법입니다.

그러면 왜 인간불을 대상으로 했는가? 첫째는 인간불은 가장 최령한 존재, 즉 유정, 무정 중에서 가장 권능이 큰 존재이기 때문입니다. 그래서 육도 중에서 가장 선도이고 가장 최령한 존재이기에 새로운 불공의 방법을 제시할 필요성이 있습니다. 두 번째는 인간불의 상호 관계가 가장 복잡해서입니다. 다른 유정물 곤충, 동물들과의 관계와 인간관계를 생각해보면 어느 것이 더 복잡할까요? 저도 다 놓고 나면 편안할 줄 알았는데 놓고 나니 더 복잡한 걸 느낍니다. 사람의 일이란 끝이 없습니다. 그리고 일하기 좋아하는 사람은 일이 없으면 무료해서 일을 만들기도 합니다. 이렇게 인간과 인간 사이의 일이 가장 복잡하고 많기 때문에 상호 불공을 해야 하고, 그 불공의 방법을 제시해준 것이 사요의 불공법입니다. 함께 잘 사는 것이 정말 어려운 일이지 혼자 잘 사는 것은 오히려 쉽습니다. 대종사께서는 도덕적 규범이 아닌 신앙의 행위를 통해서 이 복잡한 시비 이해를 해결하게 하셨습니다. 사요는 곧 인간불에 대한 불공 방법입니다.

사요의 두 번째 특징은 역할 불공입니다. 인간은 사회적 존재입니다. 그래서 사회적 관계에서 대두되는 것이 역할과 지위입니다. 사회적 관계 속에선 항상 조직과 역할, 지위가 생기기 마련입니다. 이 역할 불공에는 주체하는 자가 있습니다. 또한 역할을 받는 대상도 있습니다. 주체자의 입장에서 보면 사요를 실천하는 그 자체인 것입니다. 부교무 훈련 중에 "저는 혼자 밥을 먹고 설거지까지 합니다."라고 이야기를 하니 부교무들이 좋아합니다. 부교무들은 항상 교감이 식사를 한 후 설거지를 한다는 겁니다. 저는 주체자로서 자력 양성을 하는 셈입니다. 대상의 입장에선 자기가 가진 능력을 최대화하는 것입니다.

인간이 사회 속에 살면서 자신의 역할을 제대로 실현하지 못하고 사장되는 경우가 많습니다. 무엇 때문에 못 하느냐? 바로 관습, 제도 때문입니다. 사람과 사람 사이에서는 1+1이 10, 100, 1000이 될 수도 있고 0이 될 수도 있습니다. 우리가 조직과 집단을 운영하면서 조직원들이 가진 능력이 발휘되도록 운영하는 것, 그 방법이 바로 사요의 불공법입니다. 제가 교도들도 그 능력을 잘 활용할 수 있도록 교무들이 길을 열어줘야 합니다. 교도들이 가지고 있는 능력을 최대한 발휘한다면 저절로 교화될 것입니다.

사요 불공의 세 번째 특징은 사회 불공입니다. 불공은 오직 주체자인 인간만이 할 수 있습니다. 불공의 대상 역시 인간입니다. 절대 진리를 향한 불공도 아니고, 무정물을 대상으로 하는 불공도 아닙니다. 이것은 진리 불공, 사은 불공을 통해서 할 수 있습니다. 사요 불공은 오직 인간, 사회를 위한 불공입니다.

사요 불공의 유형에 대해서 살펴봅시다. 첫째는 개인 대 개인의 불공입니다. 개인이 개인에게 하는 불공입니다. 상호 관계를 잘 맺어서 그 사람이 가진 능력들이 사장되지 않게 하는 것입니다. 생산적 인간관계를 맺게 하는 방법입니다.

두 번째는 개인 대 집단의 불공입니다. 전무출신이 교단 구성원으로서 교단에 올리는 불공입니다. 직책을 맡기면 발전시키는 사람이 있지만 그렇지 않은 경우도 있습니다. 그 속에 있으면 집단이 가진 가치와 규범에 따라서 일해야 합니다. 집단을 발전시키느냐, 퇴보시키느냐는 그 사람이 집단에 올리는 불공 여하에 달린 문제입니다.

세 번째는 집단 대 집단의 불공입니다. 총부와 대학은 길 하나 사이에 있습니다. 풍수하는 사람 말이 "학교하고 총부 사이에 길이 나서 그 소통하는 기운을 끊어버렸다. 그래서 총부하고 대학이 별로 안 좋나 봐요. 원광대학의 가장 중심지는 교학대학 옆 소나무가 있는 곳인데 이것이 건물에 둘러싸여서 소통이 안 된다."라고 말하는 겁니다. 저는 대학에서 근무할 때 총부 집단에 불공을 했습니다. 집단 대 집단에도 불공이 필요합니다. 교당에서는 어린이, 학생회, 청년회를 잘 발전시키는 것이 교단에 대한 불공이고 보은입니다. 집단이나 조직도 언어나 의사 표현을 하는데 그때 사요를 통해야 합니다.

네 번째는 집단이 개인에 하는 불공이 있습니다. 교단의 용금* 제도는 조직이 개인에게 하는 불공입니다. 제가 교정원장직을 수행할 때 《한겨레》 조현 기자가 대각개교절 취재에서 용금 제도에 대해 물었습니다. 당시 34만 원을 받는다 했는데 교정원장도 똑같이 받는지 물었습니다. 나중에 '34만 원을 받고도 행복한 사람들'이라는 제목으로 기사가 나갔습니다. 원불교만큼 노후 대책이 잘 되어 있는 종교가 없습니다. 제가 부산에 살 때 만난 독실한 불교 신자가 수도원 범타원께서 독방 쓰시는 모습을 뵙고는 감탄하여 입교를 했습니다. 이렇게 원불교라는 조직은 개인이 무자력할 때 불공을 해줍니다.

우리 사요의 실천은 어떻게 보면 세상의 흐름에 역행, 거슬러 오르는 방법일 수 있습니다. 이렇게 원불교만이 가진 독특한 정신과 사회성이 사요에 숨어 있습니다. 지금까지 사회 불공의 내용을 말씀드렸습니다.

마지막으로 **사회 윤리로서의 사요**에 대해서 알아보겠습니다. 윤리에는 개인윤리, 사회윤리 두 가지가 있습니다. 개인윤리는 개인이 실천하는 것에 대한 선악 문제를 따지는 겁니다. 사회윤리는 사회집단이 실천하는 내용에 대한 선악 문제를 말합니다. 이것을 이해하기 위해 사회를 보는 두 가지 입장이 있습니다. 첫째는 명목론이고 둘째는 실재론입니다. 사회명목론에서 사회는 명목만 있는 것이지 실재하지 않습니다. 교학대 기숙사 사감 시절, 처음 풍물 동아리 '동남풍'이 만들어졌을 때 시끄럽다는 항의를 많이 받았습니다. 지금까지 이어져오는데 이것이 바로 사회실재론입니다. 실재론적 입장에서 보면 사회윤리에 대한 문제가 생깁니다. 그 집단이

• 전무출신에게 주어지는 최소한의 생활 비용을 용금(표준 급여. 월급)이라 한다.

하는 행위, 역할들이 윤리적으로 선하느냐에 대한 문제를 제기하는 것입니다. 조직이 움직이는 패턴이 구조인데, 계속 반복하면 구조화되는 것입니다. 구조라는 것은 고정되어 있고, 선할 수도 악할 수도 있습니다. 대종사께서 사요를 제시하신 건 사회 구조를 바꾸기 위해서입니다. 다시 말해서 인간에게 부정적으로 작용하는 사회 구조를 인간에게 긍정적으로 작용하는 사회로 바꾸는 것을 사요라 할 수 있습니다.

지자 본위를 예로 들어서 설명하겠습니다. 우리는 같이 살면서 지자를 확실하게 드러내고 대우하고 본위로 하게 됩니다. 그런데 홍길동 같은 사람이 왜 나왔습니까? 사회 관습, 사회 구조 때문에 서자가 대접을 받지 못했기 때문입니다. 그런 구조 때문에 문제가 발생하게 됩니다. 선천 시대에는 이런 문제가 많았습니다. 차별과 억압의 역사라고 할 수 있습니다. 이런 구조를 바꾸는 것이 바로 사요입니다.

사요는 대종사께서 밝혀주신 중요한 사상입니다. 사은 사상은 현실계의 해원 상생을 하는 중요한 사상이지만 실제적으로 사은 보은을 가장 잘하는 사람은 사요 실천을 잘하는 사람입니다. 이 점을 잘 알고 다음 시간부터 자력 양성을 공부하겠습니다.

1. 자력 양성

자력이 없는 어린이가 되든지, 노혼(老昏)한 늙은이가 되든지, 어찌할 수 없는 병든 이가 되든지 하면 이어니와, 그렇지 아니한 바에는 자력을 공부삼아 양성하여 사람으로서 면할 수 없는 자기의 의무와 책임을 다하는 동시에, 힘 미치는 대로는 자력 없는 사람에게 보호를 주자는 것이니라.

오늘은 사요의 첫 번째인 자력 양성自力養成에 대해서 공부하겠습니다. 정전 원문에 보면 **자력 양성의 강령**이 제일 먼저 나옵니다. 자력 양성의 강령은 '자력을 공부 삼아 양성'하라는 것입니다. 사람으로서 면할 수 없는 자기의 의무와 책임을 다하고 힘 미치는 대로 자력이 없는 사람에게 도움을 주자고 하셨습니다. 여기에서 '사람으로서 면할 수 없는 자기의 의무와 책임을 다하라'고 하시면서 의무와 책임을 강조하십니다. 사람으로서 사람다운 의무와 책임만 반드시 행한다면 그 사람은 제대로 된 인격을 갖춘 사람입니다. 인간 세상에서 각자가 의무와 책임을 다한다면 사회의 인륜 강기가 바로 선다고 생각합니다.

의무와 책임을 다하는 동시에 힘 미치는 대로 자력 없는 사람에게 도움을 주자고 하셨는데, 그렇다면 교무는 뭐 하는 사람일까요? 제가 생각하는 교무란 타인에게 도움을 주는 사람입니다. 교무는 일상생활에서 항상 아쉬운 사람이 되어야 합니다. 교무가 다른 사람에게 대접을 받으려 한다면 교무를 잘하지 못한다고 볼 수 있습니다. 교무를 잘하는 사람은 결국 자력이 없는 이에게 도움을 주는 사람입니다. 가끔 보면 교무와 교도 사이에 일어나는 일들이 굉장히 복잡합니다. 교무가 자력 양성을 얻어 힘 미치는 대로 타인을 도와줄 때 많은 시비 이해가 해결됩니다. 그렇게 되려면 교무는 우선 감정에 흔들려서는 안 됩니다. 교무가 교도와의 관계 속에서 감정에 흔들리면 결국 부작용이 생깁니다. 그렇기 때문에 교무로서의 자력을 양성하는 것이 매우 중요합니다. 《논어》에서는 사람이 세상을 어떻게 살아가야 하는지 사람 사는 관계를 강조합니다. 그런데 감정에 흔들리면 자력이 무너지는 겁니다. 자력이 있는 사람은 스스로 감정을 조절할 줄 압니다. 자력을 세우라고 밝혀 주신 이유입니다.

사요는 인간불에 대한 불공법입니다. 인간불에 대한 불공의 기초가 바로 스스로 자력을 세우는 것입니다. 실제로 이것은 쉽지 않습니다. 마음공부 하는 것이 자기 감정을 스스로 조절하는 것이고, 교도들이 교당에 나오는 이유도 여기에 있습니다.

∞

과거의 타력 생활 조목

1. 부모·형제·부부·자녀·친척 중에 혹 자기 이상의 생활을 하는 사람이 있으면 그에 의지하여 놓고 살자는 것이며, 또는 의뢰를 구하여도 들어주지 아니하면 동거하자는 것이며, 또는 타인에게 빚을 쓰고 갚지 아니하면 일족(一族)이 전부 그 빚을 갚다가 서로 못 살게 되었음이요,

2. 여자는 어려서는 부모에게, 결혼 후에는 남편에게, 늙어서는 자녀에게 의지하였으며, 또는 권리가 동일하지 못하여 남자와 같이 교육도 받지 못하였으며, 또는 사교(社交)의 권리도 얻지 못하였으며, 또는 재산에 대한 상속권도 얻지 못하였으며, 또는 자기의 심신이지마는 일동 일정에 구속을 면하지 못하게 되었음이니라.

두 번째는 과거의 타력 생활 조목입니다. 혈연에 의지하거나 얽매여서 나오는 폐단이 있습니다. 사회를 구성하는 가장 기본 단위는 혈연입니다. 그래서 과거 사회에서는 핏줄을 중요시했습니다. 혈연

관계를 잘 활용하면 좋은 일을 많이 할 수 있습니다. 그러나 거기에 얽매이면 폐단이 생깁니다. 그 폐단으로 한국의 기업 세습을 들 수 있습니다. 회사를 키운 후 회사를 남에게 주는 사람은 대단한 사람입니다. 빌 게이츠, 스티브 잡스 같은 사람은 존경받아야 합니다. 혈연에 끌리지 않고 스스로 번 돈으로 공도 사업을 했지요.

정권도 과거에는 세습을 했습니다. 그러나 조선왕조 500년의 역사를 보면 태조 이성계가 개국을 했지만, 그는 전주 이 씨인데도 역사 속에서 전주 사람을 등용하지 않았습니다. 전주 지역은 조선조에 외면당했는데 그 이유를 아십니까? 전주에는 전주천이 흐르는데 관촌에서부터 시작해서 북쪽으로 갑니다. 우리나라의 강은 대체로 북에서 남으로, 동에서 서로 흐르는데 전주천은 북쪽으로 흐릅니다. 이러한 이유로 역적이 난다고 해서 조선조 500년동안 전주 사람을 벼슬에 등용하지 않았습니다.

종교도 세습을 합니다. 큰 교회들이 그렇습니다. 그런데 원불교는 이런 면에서 처음부터 혈연 위주의 조직, 세습을 하지 않았습니다. 과거 타력 생활의 조목 첫 번째로 혈연에 의지하고 얽매여 나타난 폐단을 지적하셨습니다.

둘째는 남녀 차별 조목입니다. 자력 양성의 첫 제목을 남녀 권리 동일이라고 하셨습니다. 그래서 과거 타력 생활 조목의 두 번째 문제로 남녀 권리의 차별을 말씀해주셨습니다. 과거 시대에는 삼종지도가 있었습니다. 여자가 따라야 할 세 가지 도리로 어릴 때는 부모를 따라야 하고, 결혼 후에는 남편을 따라야 하며, 늙어서는 자녀를 따라야 한다는 것입니다. 이것이 유교의 교훈입니다. 남녀의 권리가 동일하지 못한 사회 현상을 지적하셨습니다. 여자는 남자와 같이 교육도 받지 못하였으니 움츠러들 수밖에 없었습니다. 교육은 사회를 진화시키는 하나의 방법입니다.

제가 사요를 처음 말할 때, 사요가 한국 사회에 관심을 가지고 만든 교법이라고 했습니다. 그런데 이 남녀 권리의 문제는 서양도 마찬가지입니다. 현재 가장 선진국이라고 하는 서구의 국가들도 여자가 결혼하면 성이 바뀝니다. 그런가 하면 가톨릭에선 미사를 볼 때 여자들은 미사포를 씁니다. 창세기의 에덴동산에서 여자가 원죄를 지었기 때문이라고 합니다. 여자는 죄를 지었기 때문에 하늘을 바로 볼 수 없고, 천을 쓰고 봐야 한다는 겁니다. 결국은 모두 남녀 차별의 문제입니다. 이슬람교를 봅시다. 이슬람에서 여자들은 히잡 또는 차도르를 씁니다. 이것 역시 여성이 받는 차별입니다. 이렇게 세계적으로 남녀 차별의 문제가 뿌리 깊게 자리하고 있습니다.

대종사께서는 교법이나 교단을 통해 남녀평등을 주장하셨습니다. 권동화 선진은 남녀 제자들을 함께 회화도 시키셨다고 합니다. 회화를 하면 남자 선진들보다 여자 선진들이 더 잘했다고 합니다. 원불교 초기 교단은 여자 교역자들이 발전시켰다고 볼 수 있습니다. 교단 초기에 여자들이 구름처럼 모여들었는데 과거 전통 사회에서 대접받지 못한 것이 그 이유입니다. 원불교에서 교육을 받고 사회 활동을 하는 것이 굉장히 매력적이였고, 그렇게 교육을 받은 선진들이 오늘날의 교단을 가꾸어온 것입니다.

∞

자력자로서 타력자에게 권장할 조목
1. 자력 있는 사람이 부당한 의뢰를 구할 때에는 그 의뢰를 받아주지 아니할 것이요,
2. 부모로서 자녀에게 재산을 분급하여 줄 때에는, 장자나 차자나 여자를 막론하고 그 재산을 받아 유지 못할 사람 외에는 다 같이 분급하여 줄 것이요,

3. 결혼 후 물질적 생활을 각자 자립적으로 할 것이며, 또는 서로 사랑에만 그칠 것이 아니라 각자의 의무와 책임을 주로 할 것이요,
4. 기타 모든 일을 경우와 법에 따라 처리하되 과거와 같이 남녀를 차별할 것이 아니라 일에 따라 대우하여 줄 것이니라.

세 번째는 자력자로서 타력자에게 권장할 조목을 네 가지로 제시하십니다. 우선, 부당한 의뢰는 받지 말라고 하셨습니다. 과거에는 자기보다 잘 사는 사람에게 의지하고 살았습니다.

그다음으로 차등을 두지 말고 재산을 분배하라고 하셨습니다. 예를 들어, 아버지가 돌아가셨습니다. 어머니가 살아계시고 아들들이 있다면, 과거에는 재산을 주로 장자에게 주고 차남이나 삼남은 조금씩 나눠 받았습니다. 그러나 요즘은 부인에게 2가 가고 자녀들에겐 똑같이 1씩 돌아갑니다. 재산에 차등을 주지 말라고 한 것은 법적으로 해결되었습니다.

그다음 결혼 후에도 부부간에 물질적 생활을 자력으로 하라고 하셨습니다. 어려운 법일 수도 있지만, 요즘은 대체로 역전되어서 재산이 부인에게 갑니다. 부인들이 실질적 재산권을 많이 가지고 남편들은 용돈을 받고 산다고 합니다. 또 사법연수원을 보면 여자들이 전부 1등을 한다고 합니다. 사실 거의 모든 분야를 막론하고 요즘은 여성들이 상위권을 차지합니다. 원광보건대만 보더라도 여학생들이 남학생들보다 더 많습니다. 그 덕분에 보건대학교 경쟁력이 원광대보다 월등하다고 합니다. 여학생을 많이 받은 학교는 경쟁력이 그만큼 올라갑니다. 세상이 이렇게 바뀌었습니다.

마지막으로 일에 따라서 평등하게 하라고 권장하셨습니다.

∞

자력 양성의 조목
1. 남녀를 물론하고 어리고 늙고 병들고 하여 어찌할 수 없는 의뢰면이어니와, 그렇지 아니한 바에는 과거와 같이 의뢰 생활을 하지 아니할 것이요,
2. 여자도 인류 사회에 활동할 만한 교육을 남자와 같이 받을 것이요,
3. 남녀가 다 같이 직업에 근실하여 생활에 자유를 얻을 것이며, 가정이나 국가에 대한 의무와 책임을 동등하게 이행할 것이요,
4. 차자도 부모의 생전 사후를 과거 장자의 예로써 받들 것이니라.

자력 양성의 조목을 봅시다. 자력 양성을 어떻게 실천할 것인가? 어리고 늙고 병들면 모르겠지만 그렇지 않으면 자력 생활을 권장하는 것입니다. 여자도 동등한 교육을 받을 뿐 아니라, 요즘엔 오히려 여성들이 현장에서 잘 나가는 시대가 되었습니다. 그렇게 남녀가 다 같이 직업에 근실해서 생활에 자유를 얻는 것입니다. 맞벌이 부부가 그렇습니다. 남녀가 똑같이 국가와 사회에 동등한 책임을 이행하는 겁니다. 또한 차자도 부모의 생전 사후의 예를 장자의 예로 받드는 것입니다. 과거에는 장자에게만 부모의 생전 사후를 받들었지만, 이제 차자도 똑같이 하라고 말씀을 하셨습니다.

이제 대산종사의 정전 대의를 살펴보겠습니다.

첫째, 정신의 자주력을 얻는 것입니다. 이것은 인간불이 되는 데 가장 기

초적인 작업입니다. 회상관, 교리관 등의 관이 있어야 합니다. 혹시 원불교에 대해 회의가 들 때 이 관이 확실하게 서서 흔들리지 않으면 자력 양성이 된 것입니다. 지금은 자본주의 사회라 돈의 힘이 강합니다. 돈으로 해결되지 않는 것이 없습니다. 정신의 자주력을 확실하게 세운다는 것은 물질에 흔들리지 않는다는 말이기도 합니다. 두 번째, 육신의 자활력, 스스로 자기 육신을 움직여서 자활을 하는 문제입니다. 이것도 어렵습니다. 제 옆에 있는 교무가 '나이 들어서 방을 가까이하면 병원이 가까워지고, 들판을 가까이하면 건강이 가까워진다'고 항상 말합니다. 육신을 자꾸 움직이라는 말입니다. 세 번째, 경제의 자립력에 대해서입니다. 이것을 잘하려면 돈을 잘 써야 합니다. 되는 대로 써서는 경제의 자립력을 얻을 수 없습니다.

이렇게 세 가지를 대산종사께서 말씀하셨습니다. 이 세 가지를 확립해야만 자력 양성이 됩니다. 이 자력 양성을 잘하는 것이야말로 사요가 뜻하는 인간불로서 자격을 갖춰나가는 길입니다.

2. 지자 본위

지자는 우자(愚者)를 가르치고 우자는 지자에게 배우는 것이 원칙적으로 당연한 일이니, 어떠한 처지에 있든지 배울 것을 구할 때에는 불합리한 차별 제도에 끌릴 것이 아니라 오직 구하는 사람의 목적만 달하자는 것이니라.

대종사께서 밝혀주신 **지자 본위의 강령**에서 '지

자는 우자를 가르치고 우자는 지자에게 배우는 것이 당연하다' 하셨습니다. 어떤 처지에 있건 구할 때는 불합리한 차별 제도에 끌리지 말고 구하라는 것입니다. 지자에 대한 불공입니다. 지자를 본위하는 것은 드러낸다는 말입니다. 그런데 드러내지 못하는 원인은 어떤 차별 제도에 끌리기 때문이라 할 수 있습니다. 지자 본위를 실천하는 것이 시대를 앞질러가는 길임을 밝혀주셨습니다. 그래서 불합리한 차별 제도에 끌리지 말자고 하셨는데 과거 차별 제도가 무엇이냐? 바로 관료제의 폐단입니다. 회장부터 순서대로 내려오는 회사 직급이 관료제입니다. 이런 관료제는 윗사람은 항상 이기고, 아랫사람이 지자라고 해도 윗사람이 하라고 하면 해야 합니다. 과거 사회는 이런 폐단으로 더디게 발전했습니다. 대종사께서는 이 관료제의 폐단을 지자 본위를 통해 제거하신 것입니다.

어떤 사람이 지자인가? 전문인입니다. 저도 교무 전문인입니다. 원불교학과생인 여러분도 교무 전문인이 되기 위해 공부하고 있습니다. 어떤 사람을 전문인이라고 하느냐? 대체할 수 있는 사람이 없을 때 전문인이라고 합니다. 나를 대체할 수 있는 사람이 있습니까? 만약에 있다면 저는 전문인이 아닙니다. 이런 사람을 지자라 하고, 지자가 되기 위해선 엄청난 노력을 해야 합니다.

일상생활 속에서 지자와 우자를 구별해보겠습니다. 대종사처럼 완전히 대각을 이루신 성인들은 두말할 것 없이 모든 분야에서 지자입니다. 제가 출가해서 공회당 동쪽 방에서 생활했는데 그 방 온돌을 대종사께서 직접 놓으셨습니다. 처음엔 토수가 구들을 놓았는데 방이 커서 한쪽만 따뜻하고 다른 쪽은 불이 안 들어오는 겁니다. 그래서 대종사께서 토수에게 구들 놓는 원리를 설명하라고 하셨답니다. 토수가 대종사께 설명을 해드렸더니, 다 들으시고 "내가 시키는 대로 해봐라."고 하셨습니다. 토수가 대종사 가르침대로 돌을 놓고 온돌을 완성했더니 성공한 겁니다. 제가 그 방에서 살 때 책상이 구조실 쪽, 제일 윗목에 놓여 있었습니다. 나무가 없으니까 탱자 가시를 뜯어다가 불을 때는데 연기 나가는 부분부터 따뜻해지기 시작했어요. 대종사께서 직접 온돌 놓으신 방이 그랬습니다. 온돌 놓는 데에도 최고의 권위자셨습니다. 진리의 원리를 깨닫고 나면 안 통하는 곳이 없는 이것이 진정한 지자입니다.

그러나 실제로 살다 보면 이런 분이 없습니다. 지자와 우자가 같이 있는 것입니다. 지자와 우자는 어떻게 구별할까요? 우선 상대성입니다. 나 혼자만 놓고 지자, 우자를 나누는 것이 아닙니다. 나하고 다른 사람하고 상대했을 때, 즉 학생인 대종이와 비교했을 때 지자인지 우자인지 결정되는 것이지, 상대하지 않고 혼자는 정의할 수가 없다는 것입니다. 그다음은 부분성을 말할 수 있겠습니다. 사람의 역할은 다양합니다. 학생인 대종이는 컴퓨터타자를 나보다는 잘하니 이 부분에서는 훨씬 지자입니다. 또 원불교 교리는 내가 좀 낫겠지만 방송 촬영하고 제작하는 데는 PD 분들이 지자입니다. 인간이 가진 다양한 역할에 따라서 지자와 우자가 구분되며 모든 부분에 있어서 지자와 우자가 있는 건 아닙니다. 지자와 우자를 가를 때 상대성과 부분성을 함께 보아야 지자와 우자가 결정된다고 할 수 있습니다. 그리고 집단성입니다. 지자와 우자의 적용은 개인에게 한정되지만은 않습니다. 조직과 집단에도 적용됩니다. 지자의 집단 조직이 있고 우자의 집단 조직도 있습니다. 그래서 집단성을 생각해야 합니다. 지자가 모인 집단 조직은 발전과 향상의 길을 갑니다. 반대로 우자의 집단과 조직은 진화할 수 없습니다. 지금은 엄청난 지식 경쟁의 시대입니다. 특히 정보를 통합, 가공하여 신지식을 만들어내는 지식 정보사회 시대입니다. 이런 시대의 집단 지성은 그 조직과

240

집단의 발전을 좌우합니다.

지자 본위의 강령에서 보면 과거에는 어떤가요? 앞서 말한 기준으로 지자와 우자를 구분하지 않고 불합리한 차별 제도에 끌려서 출신 성분이 그 사람의 일생 운명을 좌우했습니다. 지자 본위의 강령에서 대종사께서는 "근본적으로 지자와 우자를 차별 있게 할 것이 아니라 구하는 사람의 목적만 달하자. 이것이 지자 본위가 지향해나가야 할 방향이다."고 하셨습니다. 사요에서는 모든 차별이 평등해집니다. 그래서 사요의 기본 방향은 평등 사회를 지향합니다. 인간 사회의 평등이 사요의 지향점인데 한 가지 차별을 두었다면, 그것은 지자와 우자의 차별입니다. 그러나 그것도 근본적으로 차별하는 것은 아니고, 구하는 목적에 따라서만 차별을 둔다는 것입니다. 개인이 어느 정도 지자가 되었을 때 '나를 어떻게 써주기를 바라는 마음'이 슬그머니 나옵니다. 참다운 지자가 되지 못했기 때문에 '나를 어떻게 해주었으면 좋겠다', '대접해주면 좋겠다' 하는 마음이 납니다. 교무 인사를 받을 때 그런 생각이 듭니다. 인사 시기만 되면 제대로 된 지자 본위를 못해서 곤란한 문제가 생깁니다. 스스로는 지자라고 생각하는데 다른 사람은 그렇게 생각을 하지 않으니 말입니다. 교도들도 마찬가지입니다. 자기는 괜찮은 교도인데 교무가 대접을 안 해준다며 섭섭해 합니다. 중요한 건 진정한 지자가 되어야 한다는 것입니다.

서두에서 말씀드린 전문인, 대체할 수 없는 사람이 될 때 이런 문제가 해결됩니다. 지자 본위를 잘 실천하면 사회가 진화하고 발전합니다. 반대로 지자 본위가 제대로 실천되지 않으면 사회가 퇴보합니다. 지자가 다스리는 사회는 발전하지만 우자가 다스리는 사회는 퇴보합니다. 그래서 지자 본위는 사회 발전의 원동력이라고 말할 수 있습니다.

∽

과거 불합리한 차별 제도의 조목
1. 반상(班常)의 차별이요,
2. 적서(嫡庶)의 차별이요,
3. 노소(老少)의 차별이요,
4. 남녀(男女)의 차별이요,
5. 종족(種族)의 차별이니라.

대종사께서는 과거 불합리한 차별 제도의 조목을 다섯 가지로 말씀하셨습니다. 반상 차별, 적서 차별, 노소 차별, 남녀 차별, 종족 차별입니다. 과거 우리 사회는 특히 반상과 적서 차별이 대단했습니다. 같은 양반이라도 적서 차별이 심해서 서자들은 적자들과 나란히 서지도 못했습니다. 지금은 이 차별이 거의 없어져서 다행이라고 생각합니다. 씨족사회에서 한 마을에 같은 종족이 모여 살면 다른 씨족들이 못 살았는데 그것은 종족 차별입니다. 이런 점을 지적해주신 것입니다.

∽

지자 본위의 조목
1. 솔성(率性)의 도와 인사의 덕행이 자기 이상이 되고 보면 스승으로 알 것이요,

2. 모든 정사를 하는 것이 자기 이상이 되고 보면 스승으로 알 것이요,

3. 생활에 대한 지식이 자기 이상이 되고 보면 스승으로 알 것이요,

4. 학문과 기술이 자기 이상이 되고 보면 스승으로 알 것이요,

5. 기타 모든 상식이 자기 이상이 되고 보면 스승으로 알 것이니라.

이상의 모든 조목에 해당하는 사람을 근본적으로 차별 있게 할 것이 아니라, 구하는 때에 있어서 하자는 것이니라.

다음은 지자 본위의 조목을 봅시다. 1조는 '솔성의 도와 인사의 덕행이 자기 이상이 되고 보면 스승으로 알 것이요'입니다. 솔성의 도가 무엇입니까? 성품을 다스리는 도입니다. 다른 말로 표현하면 '마음공부가 자기 이상이 되고 보면 스승으로 삼아라'입니다. 그렇다면 마음공부는 무엇입니까? 인격 형성의 기초입니다. 마음공부를 통해서 스스로 지자가 되는 것입니다. 지자 되는 가장 확실한 방법이 솔성의 도입니다. 그리고 인사의 덕행을 말씀하셨습니다. 사람 다스리는 데 있어서 덕행을 나투는 겁니다. 사람 다스리는 도, 이것은 지도자의 기본 요건이며 지자의 기본 요건입니다. 사람들은 권력을 좋아합니다. 권력은 사람들로부터 나오는 것입니다. 인사의 덕행이 바로 권력이 나오는 출처라고 할 수 있습니다. 살다 보면 좋아하는 사람, 싫어하는 사람이 생기기 마련입니다. 문제는 모든 사람이 다 좋아한다고 반드시 훌륭한 사람은 아니라는 겁니다. 역설적인 말입니다. 훌륭한 사람은 어떤 사람인가? 좋아하는 사람은 좋아하고, 싫어하는 사람은 싫어하되 어떤 사람이 좋아하고, 어떤 사람이 싫어하는지를 보면 훌륭한 사람인지를 알 수 있습니다. 이해가 됩니까? 중요한 말입니다. 모든 사람이 다 좋아하는 사람은 잡동사니 사람입니다. 안 좋아할 사람도 좋아하니 말입니다.

조직이나 사회를 이끌어가는 훌륭한 사람들이 좋아하는 사람들이 진짜 훌륭한 사람일 것입니다. 조직 구성원을 인사의 덕행으로 장악하고 감복시켜 나가는 겁니다. 이럴 때 그 사람을 지자라고 합니다. 그래서 지자 본위의 조목 1조에서는 솔성의 도와 인사의 덕행을 강조하셨습니다.

2조는 '모든 정사를 하는 것이 자기 이상이 되고 보면 스승으로 알 것이요'입니다. 여기에서 정사는 행정을 말합니다. 행정을 잘하는 사람은 비전을 제시해야 하고, 인적 네트워크를 잘 구성해야 합니다. 그리고 그 조직과 지역사회에 도움이 되는 일을 해야 합니다. 이런 사람이 정사를 잘하는 사람인데, 그중에 비전을 제시하는 것은 기본 조건입니다. 그 비전으로 구성원 전체를 결속시키는 것입니다. 사실 비전만 제대로 제시되면 인적 네트워크는 자동으로 구성된다고 할 수 있습니다. 제가 서울 교구에 근무할 때 '열린 신앙 공동체'라는 비전을 제시했습니다. 교당마다 신앙 공동체가 있는데 사실 닫혀 있습니다. 이 말은 같은 교당 교도들끼리만 유대감이 끈끈하다는 것입니다. 새로운 사람이 오면 적응하기가 어려운 게 교당 공동체의 현실입니다. 이것을 깨버려야 합니다. 원불교는 새 사람이 들어오는 문턱이 매우 높습니다. 새 사람이 비집고 들어와야 교화가 되는 것 아닌가요? 지금은 마케팅 시대입니다. 우리 교단도 마케팅을 해야 합니다. 마케팅을 하는 최고의 광고 수단이 무엇이냐? 필립 코틀러가 말한 '만족한 고객'입니다. 원불교 교단의 핵심도 만족한 교도를 만드는 것입니다. 그래서 이 정사가 자기 이상이 되면 스승으로 삼아서 지자 본위를 해야 합니다.

3조는 '생활에 대한 지식이 자기 이상이 되고 보면 스승으로 알 것이요'입니다. 일상생활을 할 때 적응할 수 있는 지식이 필요한데 그 지식이 자기 이상이 되고 보면 스승으로 알라는 것입니다. 현대사회의 환경은 계속 변하고 있습니다. 스마트폰 하나만 보더라도 계속 바뀝니다. 거기에 적응하는 것이 일이 되었습니다. 이러한 지식 정보화사회에서는 급격한 사회 변화가 일어 납니다. 그럴 때 이 조목이 적응하는 방법이 될 수 있습니다.

4조는 '학문과 기술이 자기 이상이 되고 보면 스승으로 알 것이요'인데 이 것은 원불교 교도들은 잘 아는 문제라 넘어가겠습니다.

5조는 '기타 모든 상식이 자기 이상이 되고 보면 스승으로 알 것이니라'입니다. 이렇게 상식까지 언급하셨습니다. 지자와 우자는 순간순간 변합니다. 영원한 지자, 영원한 우자는 없습니다. 대각도인, 대종사와 같은 분이 아니면 영원한 지자, 우자는 없다는 것입니다. 변하는 지자와 우자의 역할을 제대로 해주는 지자 본위의 실천을 해야 합니다. 지식 정보화사회의 표준형 인간은 '엑셀런스excellence형 인간'입니다. 이 말은 다른 말로 하면 지자가 주가 되는 인간형입니다. 지자가 지자의 역할을 제대로 할 수 있게 해주는 '엑셀런스형 인간', 이런 사회를 만드는 것은 굉장히 중요합니다. 이상 마치겠습니다.

3. 타자녀 교육

교육의 기관이 편소하거나 그 정신이 자타의 국한을 벗어나지 못하고 보면 세상의 문명이 지체되므로, 교육의 기관을 확장하고 자타의 국한을 벗어나, 모든 후진을 두루 교육함으로써 세상의 문명을 촉진시키고 일체 동포가 다같이 낙원의 생활을 하자는 것이니라.

지자가 우자에게 불공을 하는 것이 타자녀 교육입니다. 먼저 **타자녀 교육의 강령**에 대해서 알아보겠습니다. 이 강령 내용은 대종사께서 과거 교육기관에 대해서 비판하신 내용입니다. 과거 교육기관은 편소했고, 자타의 국한을 벗어나지 못했습니다. 그래서 강령에서는 교육기관을 확장하고, 자타의 국한을 벗어나 세상의 문명을 촉진하자고 하셨습니다.

여기에서 말하는 교육이란 무엇이냐? 대종사께서는 세상의 문명을 촉진하는 가장 기초 작업이 교육이라 하셨습니다. '교육입국'이란 말이 있습니다. 조직이나 국가가 발전하려면 교육이 발전해야 합니다. 우리나라 교육열 대단합니다. 이러한 교육열로 선진화를 빨리 이룰 수 있었습니다. 원불교 교단에서도 3대 사업을 말씀하셨습니다. 교화, 교육, 자선입니다. 대종사께서는 교육을 3대 사업 중에 두 번째로 말씀하실 정도로 교육을 중시하셨습니다.

∞

과거 교육의 결함 조목

1. 정부나 사회에서 교육에 대한 적극적 성의와 권장이 없었음이요,
2. 교육의 제도가 여자와 하천한 사람은 교육받을 생의도 못하게 되었음이요,
3. 개인에 있어서도 교육을 받은 사람으로서 그 혜택을 널리 나타내는 사람이 적었음이요,
4. 언론과 통신 기관이 불편한 데 따라 교육에 대한 의견 교환이 적었음이요,
5. 교육의 정신이 자타의 국한을 벗어나지 못한 데 따라, 유산자(有産者)가 혹 자손이 없을 때에는 없는 자손만 구하다가 이루지 못하면 가르치지 못하였고, 무산자는 혹 자손 교육에 성의는 있으나 물질적 능력이 없어서 가르치지 못하였음이니라.

이번에는 과거 교육의 결함 조목을 살펴봅시다.

1조 '정부나 사회에서 교육에 대한 적극적 성의와 권장이 없었음이요'로 시작합니다. 교육에 대한 적극적 성의와 권장이 적었다고 했죠. 이는 교육의 중요성을 인식하지 못했다는 말입니다. 조선조의 교육제도를 살펴봅시다. 조선조에는 국립학교가 향교이고, 사립학교가 서원입니다. 지금도 국립학교, 사립학교 두 가지로 분류합니다. 향교가 국립학교인 이유는 향교에 가면 장의, 즉 국립학교 교사가 있습니다. 향교에서 장의를 맡으면 굉장한 영광이라고 생각했습니다. 뼈대 있는 가문에서는 자녀를 장의로 만들려고 굉장히 노력했습니다. 사립학교인 도산서원은 퇴계 이황(1501~1570) 선생, 병산서원은 서애 류성룡(1542~1607) 선생이 세운 학교입니다. 서원은 출신에 따라서 학파가 나뉘는 부작용이 있습니다. 이 학파가 당쟁으로까지 연결이 되어 흥선대원군이 서원 철폐령을 내립니다. 그래도 지금까지 남아 있는 서원들이 있습니다. 이렇듯 과거에는 교육에 대한 적극적 성의와 권장이 적었다고 할 수 있습니다.

2조는 '교육의 제도가 여자와 하천한 사람은 교육받을 생의도 못하게 되었음이요'입니다. 교육의 제도 때문에 여자와 하천한 사람은 교육받을 마음도 못 냈다는 것입니다. 과거에는 여자들이 교육으로부터 철저하게 배제되었다는 것을 두 번째 문제로 제시하십니다. 지금은 여성들이 교육도 잘 받고 사회생활을 잘하고 있습니다.

3조는 '개인에 있어서도 교육을 받은 사람으로서 그 혜택을 널리 나타내는 사람이 적었음이요'입니다. 개인이 교육을 받았으면 그 혜택을 다른 사람에게 받은 만큼 베풀어야 하는데 그렇게 베푸는 사람이 적었습니다. 교도들도 마찬가지입니다. 이 방송을 본 교도들도 받은 혜택을 주변에 베풀어야 합니다. 그런 모습이 과거에는 없었습니다.

4조는 '언론과 통신 기관이 불편한 데 따라 교육에 대한 의견 교환이 적었음이요'입니다. 언론과 통신 기관의 불편을 지적하십니다. 교육이 확산되어야 되는데 기관이 불편했기 때문에 못했다는 말입니다. 지금은 미디어가 매우 다양해져서 이런 문제가 많은 부분 해결되었다고 볼 수 있습니다.

5조는 '교육의 정신이 자타의 국한을 벗어나지 못한 데 따라, 유산자有産者가 혹 자손이 없을 때에는 없는 자손만 구하다가 이루지 못하면 가르치지 못하였고, 무산자는 혹 자손 교육에 성의는 있으나 물질적 능력이 없어서 가르치지 못하였음이니라'입니다. 유산자와 무산자의 결함을 지적하신 부분입니다. 유산자는 재산이 있는 사람이고, 무산자는 재산이 없는 사람입니다. 어떤 사람을 보면 재산은 있는데 가르칠 자녀가 없고, 또 자녀가 있다 하더라도 머리가 따라주지 않는 경우도 있습니다. 아무리 가르쳐도 안 되는데 한없이 쏟아붓는 경우가 있는데, 이것이 잘못된 것입니다. 또 무산자는 재산은 없는데 자녀는 있고, 또 자녀가 영특합니다. 좋은 인재가 될 수 있는데 돈이 없어서 못 가르칩니다. 지금은 이런 문제가 많이 개선되었습니다. 교단에도 다양한 장학회가 있습니다. 교도들이 기업을 해서 모은 돈을 베푼다거나, 열반하면서 희사한 것을 모아 장학 재단을 만들어 다양한 분야에서 장학 혜택을 주고 있습니다. 이렇게 유산자들의 장학회 운영이 지금은 인재 양성을 위해서 많은 부분 노력하고 있습니다.

∞

타자녀 교육의 조목
1. 교육의 결함 조목이 없어지는 기회를 만난 우리는, 자녀가 있거나 없거나 타자녀라도

내 자녀와 같이 교육하기 위하여, 모든 교육 기관에 힘 미치는 대로 조력도 하며, 또는 사정이 허락되는 대로 몇 사람이든지 자기가 낳은 셈 치고 교육할 것이요,

2. 국가나 사회에서도 교육 기관을 널리 설치하여 적극적으로 교육을 실시할 것이요,

3. 교단(敎團)에서나 사회·국가·세계에서 타자녀 교육의 조목을 실행하는 사람에게는 각각 그 공적을 따라 표창도 하고 대우도 하여 줄 것이니라.

이번에는 타자녀 교육의 조목을 살펴봅시다.

조목은 간단합니다. '내 자녀 남의 자녀 구분하지 말고 몇 사람이든지 힘 닿는 대로 교육을 시키자'입니다. 이것이 타자녀 교육의 조목으로, 본인이 가르치기도 하고 교육기관에 조력도 하자는 것입니다. 또한 '국가와 사회에서 교육기관을 널리 설치하자'는 주장입니다. 지금은 너무 많이 설치해서 구조조정을 할 정도입니다. 학령인구 감소는 각 교육기관에 많은 부담을 주고 있습니다. '학생들이 몇 퍼센트 줄었다' 등의 특정 조건으로 교육기관을 정리하고 있습니다. 그리고 교단이나 국가에서 타자녀 교육을 실행하는 사람들에게 그 공적에 따라서 표창도 하고 대우를 해주자는 조목이 있습니다. 이 부분을 실천해서 경제적 문제로 자녀 교육을 포기하는 사례가 없어져야 할 것입니다. 교육의 기회균등이라는 취지를 살펴나가야 합니다. 이것이 타자녀 교육의 조목입니다.

타자녀 교육의 필요성에 대해서 말씀드리겠습니다. 왜 필요할까요? 진리를 가르쳐야 하기 때문입니다. 여러분들 진리의 가르침이 보입니까? 진리는 이 모습과 운동을 통해서 자기표현을 하고 있습니다. 여름 되면 녹음이 짙어지고 가을 되면 단풍이 들고 겨울 되면 잎이 떨어집니다. 이런 것들을 통

해서 진리가 자기표현을 하는 것입니다. 운동을 통해서 낮이 오고 밤이 오고 풍·운·우·로·상·설의 순환 운동을 통해서 진리는 가르치고 있습니다. 법신불은 시시각각으로 우리를 가르치고 있는 주체자인 것입니다. 그래서 성현들은 이런 진리의 가르침을 자기화하신 것입니다. 두 번째는 인간의 행위 중에서 가장 보람을 느낄 수 있는 것이 교육을 통해서 후진 양성을 하는 것이기 때문입니다. 인간은 여러 행위를 할 수 있습니다. 그러나 인간의 행위 중에서 가르치는 것은 인간 불공의 근본입니다. 가르치는 불공을 통해서 인간불에 불공합시다. 세 번째는 삼세의 인과 이치를 볼 때 잘 가르쳐놓으면 그 가르침이 인과를 통해서 자기에게 돌아온다는 것입니다. 저는 이런 인과로 다음 생에 교육받을 기회가 많이 올 것 같습니다.

이번에는 타자녀 교육의 방법을 살펴봅시다. 물질적 지원으로 교육 기관에 도움을 주는 방법이 있습니다. 교정원에는 교육 사업회, 후생 사업회, 재정 사업회 등 각종 사업회가 있는데 저도 적은 액수지만 기부했습니다. 여러분도 용금 받으면 조금씩 저축해서 특히 교육 사업에 재정적으로 지원을 해 주십시오. 타자녀 교육의 실천 방법 중 첫째입니다. 직접 가르치는 불공을 하는 방법도 있습니다. 먼저 언어로 가르치고, 그다음은 행동으로 가르칩니다. 말만 해서는 안 되고, 직접 실천을 통해서 가르쳐야 합니다. 세 번째 방법으로는 서적이나 칼럼 등 글, 문장을 통해서 가르치는 것입니다. 심법으로 가르치는 방법도 있습니다. 취사와 처세하는 모습을 가르치는 것입니다. 이 네 가지 방법 중에 어떤 것이 더 중요하다는 경중이 없습니다. 모두 갖춰야 합니다.

지자 본위는 배우는 불공입니다. 다른 말로 스승 삼아주는 불공입니다. 그러나 타자녀 교육은 반대로 가르치는 불공이고, 제자 삼는 불공입니다.

타자녀 교육의 네 가지 방법은 전부 중요한 일입니다. 교육기관에 물질적 도움을 주는 것도 중요하고, 직접 가르치는 불공을 행하는 것도 중요합니다. 가르치는 불공을 합시다. 이 불공은 지자가 우자에게 하는 불공입니다.

4. 공도자 숭배

세계에서 공도자 숭배를 극진히 하면 세계를 위하는 공도자가 많이 날 것이요, 국가에서 공도자 숭배를 극진히 하면 국가를 위하는 공도자가 많이 날 것이요, 사회나 종교계에서 공도자 숭배를 극진히 하면 사회나 종교를 위하는 공도자가 많이 날 것이니, 우리는 세계 나 국가나 사회나 교단을 위하여 여러 방면으로 공헌한 사람들을 그 공적에 따라 자녀가 부모에게 하는 도리로써 숭배하자는 것이며, 우리 각자도 그 공도 정신을 체받아서 공도 를 위하여 활동하자는 것이니라.

사요의 마지막은 공도자 숭배입니다. **공도자 숭 배의 강령**을 봅시다. 세계에서 공도자 숭배를 극진히 하면 세계를 위하는 공도자가 많이 나오고, 국가에서 공도자 숭배를 극진히 하면 국가를 위하 는 공도자가 많이 나오고, 사회나 종교계에서 공도자 숭배를 극진히 하면 사회나 종교를 위하는 공도자가 많이 나온다고 하였습니다.

공도자 숭배의 강령은 두 가지로 요약할 수 있습니다. 우선 '공도 헌신자 를 공적에 따라서 부모에게 하는 도리로 숭배하자'입니다. 두 번째는 '우리 도 각자가 공도 정신을 체받아서 공도를 위해서 활동하자'입니다. 육바라 밀의 가장 첫째가 보시입니다. 대종경에 "내가 보시를 하니까 그 사람이 잘

해주더라."라는 말에 대종사께서 "그 보시한 것이 오히려 독이 될 수도 있다."고 하셨습니다. 결국 상이 있으면 안 된다는 말씀입니다. 그래서 보시 앞에 항상 무상이라는 말이 붙습니다. 공도자 숭배도 마찬가지로 무상 보시를 해야 합니다. 우리가 공도를 위해서 보시를 하고 자기 스스로가 공도 헌신자가 되더라도 상이 있으면 안 된다는 것입니다. 상이 들어가면 오히려 죄고의 씨앗이 됩니다. 금강경에 칠보 보시가 나옵니다. 부처는 비유의 명수이신데, 처음에는 칠보 보시를 이야기하시다가 항하사 모래 수만큼의 칠보 보시를 비유하셨습니다. 나중에는 항하사 모래 수만큼의 생명으로 보시를 한다는 비유를 하십니다. 그때 수보리가 눈물을 흘립니다. 이처럼 부처께서는 비유로 사람을 울리셨습니다.

과거 공도 사업의 결함 조목

1. 생활의 강령이요 공익의 기초인 사·농·공·상의 전문 교육이 적었음이요,
2. 사·농·공·상의 시설 기관이 적었음이요,
3. 종교의 교리와 제도가 대중적이 되지 못하였음이요,
4. 정부나 사회에서 공도자의 표창이 적었음이요,
5. 모든 교육이 자력을 얻지 못하고 타력을 벗어나지 못하였음이요,
6. 타인을 해하여서까지 자기를 유익하게 하려는 마음과, 또는 원·근·친·소에 끌리는 마음이 심하였음이요,
7. 견문과 상식이 적었음이요,
8. 가정에 헌신하여 가정적으로 숭배함을 받는 것과, 공도에 헌신하여 공중적으로 숭배함을 받는 것이 무엇인지 아는 사람이 적었음이니라.

다음은 과거 공도 사업의 결함 조목을 8가지로 지적하셨습니다.

첫째는 사·농·공·상의 전문 교육이 적었다는 것입니다. 그래서 공익이 중요하다는 것을 몰랐습니다.

둘째는 사·농·공·상의 시설 기관 자체가 적었습니다. 이 말은 보시의 장이 없었다는 의미입니다. 현재는 고령화 시대로 독거노인 가구가 많아지고 있습니다. 그래서 사회 복지사들이 순회하며 돌보아드립니다. 사회 복지사가 노인 가정에 방문하여 침대 매트리스를 들어내고 청소를 하려고 하니 할머니가 못하게 하더랍니다. 억지로 들어보니 만 원짜리가 수북하게 있었답니다. 이런 분은 돈이 있어도 뭐라 할 수가 없습니다. 평생 모으는 것밖에 몰랐고, 공도 사업에 헌신할 수 있는 기관이 적었기 때문입니다.

셋째는 종교의 교리와 제도가 대중적이지 못했다는 것입니다. 제가 서울 교구장으로 부임했을 때 교구 비전을 '열린 신앙 공동체'라고 제시했습니다. 종교의 교리와 제도가 대중적이지 못하고 갇혀버리면 그 종교는 죽은 종교입니다. 열린 신앙 공동체로 열어야 합니다. 그러면 열린 신앙 공동체의 반대는 무엇입니까? 닫힌 신앙 공동체입니다. 대종사께서 지적하신 부분도 이 부분입니다. 차이점을 살펴보면 불교 혁신론에서 '소수인의 불교는 대중의 불교'라고 하셨습니다. 제가 교구장 할 때 새로운 인재들, 젊은 사람들을 특히 챙겼습니다. 이런 경우 기존 교도들, 할머니들, 법사들은 교구장은 젊은 사람들만 좋아한다며 불만을 토로합니다. 마음을 열고 새로운 사람들, 새로운 교도들에게 접근하고 다가서야 합니다. 잘못하면 기관과 교당들이 소수인의 기관, 소수인의 교당으로 전락해버립니다. 과거 선천 시대에는 이런 일도 있었습니다. 그러나 지금은 새로운 시대, 후천개벽의 시대입니다. 새로운 개벽 시대는 달라야 합니다. 특히 성직자들, 또 원불교 교도들도 마찬가지입니다. 이런 분들은 어느 한편만 좋아할 것이 아니라 대중과 함께 할 수 있는 열린 자세를 갖추어 노력해야 합니다. 그래서 어디든지 가서 사람들하고 잘 어울리고 먼저 다가서고 열린 마음을 가지고 나가는 방향으로 되어야 합니다. 대종사의 뜻을 실현하고 공도 사업의 결함 조목을 제거해서 공도를 실천하는 사람이 되는 것입니다.

넷째는 정부나 사회에서 공도자에 대한 표창이 적었다는 것입니다. 사회가 공도를 권장하는 분위기가 아니었다는 것을 지적하셨습니다.

다섯째는 교육이 자력을 얻지 못하고 타력을 벗어나지 못했다는 것입니다. 원광대학교를 예로 들면 원광대학의 주인은 법인입니다. 원불교 종교 법인이 세운 학교입니다. 종교 법인은 비영리 법인이고, 학교 법인은 영리는 아니지만, 돈이 많이 필요한 곳입니다. 피터 드러커는 '영리 조직과 비영리 조직이 있는데 영리 조직은 비영리 조직으로부터 그 정신을 배워야 한다. 반대로 비영리 조직은 영리 조직으로부터 경험을 배워야 한다'고 했습니다. 아주 중요한 말입니다. 비영리 법인은 정신이 중요한 곳입니다. 영리 단체는 돈을 벌지만 그 돈을 번 경험을 비영리 단체는 배워야 합니다. 그리고 영리 단체는 비영리 단체로부터 지향하는 정신을 배워야 합니다. 학교 법인이 1년에 학교에 내야 할 돈이 4~50억 정도 됩니다. 법정 부담금, 또 법인 부담금이 있는데 이 지표가 낮아지면 학교의 경쟁력이 낮아집니다. 안 낼 수가 없습니다. 학교 법인 원광대학이 매년 지불할 부담금을 마련하려고 점포를 몇 개 만들었습니다. 봉황각 찻집은 법인에서 운영합니다. 커피 마시고 싶으면 거기에 가면 됩니다. 또 학생 기숙사 구도서관 편의점과 병원에 푸드 코트를 4개 운영하고 있습니다. 교육이 자력을 얻지 못하고 타력을 벗어나지 못한다고 하셨는데, 그 타력을 벗어나지 못한다는 것은 법인 자체가 자력을 얻지 못했다는 겁니다. 그래서 제가 이사장으로 가서 자력을 얻기 위해 직영 점포를 만들었습니다.

여섯째는 사람이 이해관계에 걸리면 자기를 이롭게 하고 남을 해롭게 한다는 내용입니다. 다른 말로 하면 공심이 원·근·친·소에 끌려서 발휘됩니다.

일곱째는 견문과 상식이 적었다는 것입니다. 남에게 도움을 주는 일에 대한 견문과 상식, 함께 잘 사는 것이 좋다는 것에 대한 견문과 상식이 적었음을 의미합니다.

마지막으로 가정에 헌신하여 가정적으로 숭배함을 받는 것과 공도에 헌신하여 공중적으로 숭배함을 받는 것의 차이를 몰랐다는 것을 지적하셨습니다.

∞

공도자 숭배의 조목

1. 공도 사업의 결함 조목이 없어지는 기회를 만난 우리는 가정 사업과 공도 사업을 구분하여, 같은 사업이면 자타의 국한을 벗어나 공도 사업을 할 것이요,
2. 대중을 위하여 공도에 헌신한 사람은 그 노력한 공적에 따라 노쇠하면 봉양하고, 열반 후에는 상주가 되어 상장(喪葬)을 부담하며, 영상과 역사를 보관하여 길이 기념할 것이니라.

공도자 숭배의 조목으로 들어가봅시다. 첫째는 같은 사업이면 자타의 국한을 벗어난 공도 사업을 하자는 것입니다. 성현들이 회상을 열어주신 것은 많은 중생에게 공도 사업을 할 수 있는 복전을 마련한 것입니다. 대종사께서 원불교를 열어주신 것은 앞으로 모든 인류에게

복을 장만할 수 있는 밭을 열어주신 겁니다. 우리 모두 대종사께 고마운 마음을 가져야겠습니다.

두 번째는 노쇠하면 잘 봉양하고 열반 후에는 상주가 되어 상장을 부담해서 역사와 영상을 길이 보관하자는 것입니다. 지난번에도 이야기했지만, 우리 교단은 나이가 들어서 노쇠한 사람을 잘 봉양하는 모범적인 교단으로 자리매김해나가고 있습니다. 그래서 사요 불공이 인간 불공, 역할 불공, 사회 불공이라고 했는데 가장 마지막으로 공도자 숭배를 말씀하신 것은 이 공익성이 인간에게 가장 가치 있고 중요한 행위이기 때문입니다.

이제 **공도자 숭배의 필요성**에 대해서 살펴보겠습니다. 첫째, 진리는 공도 실천의 근원입니다. 법신불은 공도를 실천하는 가장 근원적인 당처이며, 일원상 진리의 작용을 원만 구족하고 지공 무사하다고 하셨습니다. 법신불의 작용은 그 자체가 지공 무사하다는 뜻입니다. 공익을 가장 잘 실현하는 분이 법신불이라고 말할 수 있습니다. 공정한 것을 체받아서 우리도 진리의 작용처럼 공익을 실현해야겠습니다. 사사로운 욕심으로부터 해방되어야 합니다. 이것은 곧 진리를 닮아가는 길이 됩니다. 둘째, 인간이 희망하는 최고의 이상 사회입니다. 공익이 잘 실현되는 사회라는 것입니다. 그것을 개교의 동기에서는 광대무량한 낙원 세계라고 했습니다. 셋째, 공도주의는 세계 평화의 근본이 된다는 것입니다. 반대로 개인주의, 이기주의는 세계가 불화하고 투쟁하는 근원이 됩니다.

그렇다면 **공도자 숭배에는 어떤 방법**이 있을까요? 안으로 자기의 이기심을 항복 받는 방법이 첫째입니다. 인간이 가진 가장 기초적인 욕망은 이기심

256

입니다. 이 이기심을 항복 받지 않고는 공도 실천을 하지 못합니다.

둘째, 밖으로 사회적 역량을 강화하는 방법입니다. 결국 개인이 몸담은 조직이 커질수록 그 영향력 또한 커집니다. 영향력이 커져가는 방향으로 공도를 실천하자는 것입니다. 항복 받아야 할 이기심이 세 가지 있습니다. 정신적 이기심, 육신적 이기심, 물질적 이기심입니다. 정신적 이기심을 공심으로 돌려야 합니다. 물론 쉽지 않습니다. 이기심이라는 것은 순간적으로 자기도 모르게 계속 작용하기 때문입니다. 잠재의식에 깔려 있는 자의식 중심에 이기심이 깔려 있어서입니다. 육신적 이기심을 항복 받으면 공인이 됩니다. 자기의 육신을 공도에 던져버려야 합니다. 공도자 숭배를 하는 가장 기본적인 조건이기도 합니다. 물질적 이기심을 항복시키려면 자기가 소유한 물건을 공유화해야 합니다. 저는 도자기를 많이 갖고 있습니다. 제 방에 30년 동안 모은 도자기가 몇백 점이 있습니다. 경주 새등이문화원에 전시관을 만들어 전시하려고 합니다. 언젠가는 공도에 돌아갈 것이라고 생각합니다.

결론적으로 신심이 없으면 자기가 손해를 보지만 공심이 없으면 교단이 손해를 봅니다. 신심이 없으면 자기만 손해를 보니 괜찮지만 공심이 없으면 그 조직과 집단이 손해를 보는 것입니다. 때문에 교단에서 제대로 된 공도자를 잘 숭배하고 배워서 수많은 공도자가 교단에 나와야 합니다. 그것이 사요가 지향하는 가장 마지막 목적이라 봅니다.

4장

수행의 세 가지 공부법

− 삼학

오늘은 수행문 교리인 삼학三學으로 들어가겠습니다. 먼저 **삼학의 교리적 위치**를 살펴보도록 합시다. 삼학의 교리상 위치는 수행의 삼강령입니다. 수행의 삼강령은 초기 교서《수양연구요론》에서부터 확실한 위치를 정하고 출발했습니다. 사요는 교리도에 들어갔다 빠졌다 다시 들어가서 현재의 교리로 정착이 되었습니다. 그와는 달리 삼학은 대종사께서 최초로 내놓으신 교서부터 확고한 위치에 자리한 교리라고 볼 수 있겠습니다.

삼학은 법신불 일원상의 내재적 속성에 근거한 교리입니다. 내재적 속성이 무엇입니까? 일원상 진리 장에 '일원은 우주 만유의 본원이요'라고 하셨습니다. 언어 명상이 돈공한 것을 법신불 일원상에 내재되어 있는 하나의 속성으로 파악할 수 있습니다. 공적 영지의 광명은 두 번째 속성이고, 세 번째는

258

진공 묘유의 조화입니다. 언어 명상이 돈공한 자리인 진리의 속성이 법신불 일원상에 내재해 있다는 말씀입니다. 이 속성은 수행을 통해서 닮아가야 진리에 합일할 수 있는데, 정신 수양이라는 공부를 통해서 채득해나가야 합니다. 모든 교리는 일원상의 진리와 법신불 일원상, 법신불에 다 연결되어 있어서 이 연결고리를 잘 파악해야 합니다.

그다음 공적 영지의 광명 자리가 있다는 것입니다. 광명의 속성을 체득해가는 것이 사리 연구입니다. 공적 영지의 광명만 있는 것이 아니라 무궁한 조화를 베푸는 진공 묘유의 조화 자리도 있습니다. 일원상 진리 장에 우주 만유를 통해서 진공 묘유의 조화가 은현 자재한다고 했는데, 그것에 합일할 수 있는 방법이 작업 취사입니다. 그렇다면 사은은 어디에 바탕한 것일까요? 사은은 법신불 일원상이 가지고 있는 외적 속성, 즉 위력을 설명하고 있습니다. 삼학이 내재적 속성이라면, 사은은 속성만 갖아 있는 것이 아니라 바깥으로 위력을 나타내는 것입니다. 그래서 위력만 나타내기 때문에 신앙의 대상이 됩니다. 아무런 위력도 없는 사람을 믿습니까? 마찬가지로 법신불은 무한한 위력을 바깥으로 베푸는 것입니다. 그 위력에 따라서 건립된 교리가 바로 신앙문입니다. 법신불이 밖으로 나타내는 위력을 한마디로 말하자면 인과보응의 위력이고, 신앙의 길을 밝힌 것이 신앙문 교리입니다. 수행문 교리와 신앙문 교리가 다 법신불 일원상의 진리에 근거해서 건립된 교리입니다. 대종사께서 일원상의 진리를 깨치신 후 진리의 내적인 속성과 외적인 베풂을 바탕해서 사은·사요, 삼학·팔조를 모두 짜신 것입니다.

삼학의 특징을 봅시다. 삼학은 법신불 일원상 전체를 수행하는 문입니다. 교리도에 보면 진공 묘유의 수행문이라고 하셨습니다. 진공의 수행, 묘유의 수행을 함께 하는 문입니다. 진공의 수행도 하고 묘유의 수행도 하는 것입니다. 이것을 이해하려면 제가 교법의 총설에서 '개교의 동기는 대종사께서 시대와 사회의 문제점을 보신 것이다'고 말한 것을 기억해야 합니다. 개교의 동기는 대종사께서 대각을 이루신 경지에서 시대와 사회의 문제점을 보시고, 지적하시고, 해결법을 제시하신 것입니다. 교법의 총설에서는 대종사께서 대각하신 후 시각을 좁혀서 종교의 문제점을 보신 것입니다. 그렇다면 종교의 문제는 무엇일까요? 우선, 교리의 편벽성을 문제로 지적하셨습니다. 그다음 제도의 편벽성을 지적하셨습니다. 불교는 공에 바탕해서 잘못 들어가면 무기공에 떨어지고, 유교는 소 자리에 근거해서 잘못되면 집착되기 쉽습니다. 또한, 선가는 자연에 주체가 되어서 잘못 들어가면 방종하기 쉽습니다. 기독교는 일방적인 신앙의 교리를 지향해갑니다. 이렇듯 신앙 위주, 기도 위주는 진리 전체를 신앙하지 않고 부분 부분에 집착해서 그 종교의 특징을 만들어갔습니다. 이 부분을 대종사께서 교법의 총설에서 지적하신 것입니다. 진공도, 묘유도 병진해서 진리 전체를 수행해하도록 밝히신 것이 삼학의 특징입니다.

　진공의 수행문은 정신 수양이고, 묘유의 수행문은 작업 취사입니다. 그러면 사리 연구는 어디에 있느냐? 들고 나는 자기 마음을 보는 데 있습니다. 삼학은 병진 수행입니다. 수양, 연구, 취사 이 세 가지를 병진하는 것입니다. 상호 상승 작용을 하기 때문입니다. 상승 작용이 무엇입니까? 정신 수양을 잘하면 사리 연구도 잘하게 되고, 사리 연구를 잘하면 작업 취사도 잘하게 되고, 취사를 잘하면 수양도 잘 되는 것입니다. 교리 전체가 이렇게 짜여 있습니다. 예를 들어, 살다 보면 취사를 잘못할 때가 있습니다. 그것이 마음에 딱 걸리면 이튿날 아침에 좌선할 때 떠오릅니다. 정신 수양, 사리 연구, 작업 취사를 했지만 한마음에서 하나로 수행해야 하는 것입니다. 그래서 마음에 걸릴 일을 짓지 말라는 겁니다. 수양을 잘하면 마음에 걸릴 일을 안 짓게 됩니다. 대종사께서는 삼학 중에서 제일 경계해야 할 것이 삼학 편수라고 하셨습니다. 그래서 "너는 어느 쪽으로 승하냐. 삼학 중에서 어느 것이 잘 되냐?" 이렇게 물으셨습니다. 제가 "연구가 잘 되는 것 같습니다." 말씀드렸더니 대산종사께서 "바탕이 괜찮은데 그런다?"고 하셨습니다. 이렇게 스승으로부터 한 번씩 감정을 받을 때 우리 마음이 트여나갑니다. 그래서 병진 수행을 삼학에서 철저하게 강조하셨습니다.

또한 삼학은 생활 속에서 수행하는 법입니다. 이것은 불교 수행의 안거와는 다릅니다. 안거 수행은 몰아서 하는 수행 방법으로 용맹 정진하는 것입니다. 용맹 정진은 일주일을 잠도 안 자고 선만 하는 것을 말합니다. 대종사께서 삼학 수행에서 불교의 이런 수행을 말씀하신 것이 아니라, 일상생활 속에서 삼학이 잘 병진되고 수행되도록 밝히신 법입니다.

1. 정신 수양

> 정신이라 함은 마음이 두렷하고 고요하여 분별성과 주착심이 없는 경지를 이름이요, 수양이라 함은 안으로 분별성과 주착심을 없이 하며 밖으로 산란하게 하는 경계에 끌리지 아니하여 두렷하고 고요한 정신을 양성함을 이름이니라.

정신 수양精神修養**의 요지**부터 말씀하십니다. 정신이란 무엇인가요? 마음이 두렷하고 고요하여 분별성과 주착심이 없는 경지를 말합니다. 대산종사탄생100주년기념대법회에서 종법사께서는 두렷하고 고요하다는 것을 '마음을 잠재우고 마음이 잘 가라앉아 있는 상태'라고 하셨습니다. '사람의 마음은 생생 약동하는 기의 덩치다'고 하셨습니다. 일원상을 이야기할 때 제가 '비어 있는데 공적 영지의 광명이 있다'고 했습니다. 광명이 가득 차 있고 기가 가득 차 있다는 것입니다. 그렇기 때문에 법신불의 조화 같은 기의 작용을 인간 마음이 품으며 가만히 있어도 마음은 뜨는 것입니다. 정신은 가만히 있어도 일없이 부유난상하지 않습니다. 마음이 착 가라앉는 것입니다. 정신은 둥둥 뜨는 마음을 가라앉히는 것입니다. 정신의 정의에서 말씀하신 대로 두렷하고 고요해지는 것입니다.

정신은 분별성과 주착심이 없는 상태입니다. 정신에서 한 번 더 진행되면 분별성이 나옵니다. 분별성이란 별의별 생각이 나는 마음입니다. 제가 서원관 사감이었을 때 '마음에 든다'라는 말을 잘 썼습니다. 잘하면 칭찬하고 싶어서 '마음에 든다' 하고, 잘못하면 '너 마음에 안 든다' 했습니다. 분별성이라고 하는 것은 마음에 들기도 하고, 마음에 안 들기도 하는 분별을 하게 된다는 뜻입니다. 옳고 그름을 분별합니다. 정신에서 현실적으로 한 단계 더 진행되면 마음이 분별성으로 나타납니다. 분별성이 더 진행되면 주착심이 나오게 됩니다. 주착심은 마음이 분별성에서 더 진행되어서 어디에 집착되어 있는 상태라고 정전은 말합니다. 일어나는 마음에서 한 단계 더 들어가면 정신이라는 것입니다. 정신에서 한 단계 더 들어가면 성품이고, 마음에서 한 단계 나오면 분별성입니다. 생각, 의지, 뜻 등 여러 가지가 나타나게 됩니다. 마음의 아버지가 정신이요, 정신의 아버지가 성품입니다. 그리고 마음의 자식을 분별성이라고 할 수 있습니다. 대종사께서는 현실적으로 작용하는 마음들로 전개되는 것을 정신 수양의 요지에서 강조하십니다.

　그러면 **수양**은 무엇일까요? 수양은 안으로는 분별성과 주착심이 없게 하고 밖으로는 산란하게 경계에 끌리지 말라는 것입니다. 이것은 내수양, 즉 내정정을 뜻합니다. 안으로 정정하는 공부, 이 뜻을 정확하게 아십니까? 마음이 정해지면 고요해지는 것입니다. 정정요론에서는 마음이 일단 정해지면 뒤에 고요해지는 것이라고 말씀하셨습니다. 마음이 정해지지 않으면 고요해질 수가 없는 것입니다. 그다음 밖으로는 산란한 경계에 끌리지 말라는 것입니다. 이것을 외수양, 외정정이라고 합니다. 안으로 정정 공부를 하는 걸 심성 수양이라고 하고, 밖으로 하는 것을 기질 수양이라고 합니다. 내정정, 외정정 두 가지를 아울러야 수양이 되는 것입니다. 내정정만 해도 안 되고 외정정만 해도 안 됩니다. 이 두 가지를 함께 하는 수양이 원불교의 수양입니다.

∞

정신 수양의 목적

유정물(有情物)은 배우지 아니하되 근본적으로 알아지는 것과 하고자 하는 욕심이 있는데, 최령한 사람은 보고 듣고 배우고 하여 아는 것과 하고자 하는 것이 다른 동물의 몇 배 이상이 되므로 그 아는 것과 하고자 하는 것을 취하자면 예의 염치와 공정한 법칙은 생각할 여유도 없이 자기에게 있는 권리와 기능과 무력을 다하여 욕심만 채우려 하다가 결국은 가패 신망도 하며, 번민 망상과 분심 초려로 자포 자기의 염세증도 나며, 혹은 신경 쇠약자도 되며, 혹은 실진자도 되며, 혹은 극도에 들어가 자살하는 사람까지도 있게 되나니, 그런 고로 천지 만엽으로 벌여가는 이 욕심을 제거하고 온전한 정신을 얻어 자주력(自主力)을 양성하기 위하여 수양을 하자는 것이니라.

정신 수양의 목적을 살펴봅시다. 천지 만엽으로 벌여가는 욕심을 제거하고, 온전한 정신의 자주력을 양성하는 것입니다. 그러기 위해 정신 수양을 합니다. 대종사께서는 정신 수양을 방해하는 최고의 마장은 욕심이라고 하셨습니다. 욕심을 제거하려는 사람은 무정물을 부러워합니다. 사람은 욕심이 많으나 무정물에겐 제거할 욕심이 없기 때문입니다. 욕심을 가지고 공부해본 사람은 느낄 수 있습니다. 그렇지 않은 사람은 무정물을 봐도 그냥 지나쳐버립니다. 유정물의 욕심은 일정치 않습니다. 개령이나 자의식을 가지고 있기 때문에 욕심이 생기는 것입니다. 소도 있고 돼지도 있습니다. 제가 예전에 수계농원에서 돼지를 키웠습니다. 돼지를 키울 때 어떤 모습을 보고 감탄하여 일기를 쓴 적이 있습니다. 밥 때가 되면 밥 달라고 '꿀꿀꿀' 하는데 물을 확 부어주면 앞발을 죽통에다 담그고 '팍팍팍' 먹는 것입니다. 그 모습을 보면 그렇게 시원할 수가 없습니다. 빨리 먹기 위해서 앞발을 죽통에 담근 것입니다. 이처럼 개령을 가지고 있고 자의식을 가지고 있는 것은 일정 부분 정도의 차이는 있지만 욕심이 있습니다. 돼지가 밥을 그렇게 먹는 것도 욕심 때문입니다.

정신 수양의 목적에서 대종사께서 '모든 유정물은 하고자 하는 욕심이 다 있는데 하물며 최령한 사람은 하고자 하는 욕심이 몇 배 이상 된다'고 하셨습니다. 보통 다른 유정물하고 다르다는 것입니다. 사람들이 욕심으로 인해 나타나는 부작용들을 정신 수양의 목적에서는 가패 신망, 실신자, 자살까지 열거해주십니다. 이러한 현상을 정신 수양을 통해서 제거하자는 것이 정신 수양의 목적입니다. 성직자들도 욕심이 있습니다. 생각해보면 저도 욕심이 많습니다. 1843년에 카를 마르크스가 '종교는 인민의 아편이다'고 했습니다. 종교가 얼마나 잘못했기에 종교를 아편이라고 했을까 싶었습니다.

그런데 제가 러시아 모스크바의 박물관에 가보니 주교가 타는 수레가 보석으로 치장되어 있었습니다. 그리고 주교가 보는 성경에도 다이아몬드 같은 보석이 박혀 있었습니다. 뉴욕에서 보석상을 해서 보석에 대해 잘 아는 교도가 보고 넋이 나가버릴 정도였습니다. 저는 보석을 모르기 때문에 넋이 나간 건 아니었지만 제 눈에도 매우 화려해 보였습니다. 종교가 그렇게 호화로웠던 겁니다. 욕심에 끌린 바 아닙니까? 정신 수양의 목적은 간단하게 말하면 '욕심에 담박하라'입니다.

정신 수양의 방법에 대해 간단하게 살펴봅시다. 정신 수양을 달성하기 위해서 어떤 것을 해야 할까요? 가장 기본적으로는 염불, 좌선, 기도, 송경, 주문 등을 합니다. 절 수행도 좋습니다. 저는 다른 일과가 없는 한 저녁에 꼭 108배를 합니다. 몇 년간 한 번도 거르지 않았습니다. 내려가면서 호흡을 쫙 뱉고, 일어나면서 단전까지 쫙 들이마셨다가 또 엎어지면서 호흡을 내뿜습니다. 호흡과 절하는 동작을 맞추어서 합니다. 이렇게 하면 108배가 언제 끝나는지도 모릅니다. 호흡과 절을 퍼즐 맞추듯이 하면 108배를 하는 데 15분에서 20분 정도 걸립니다. 이런 전신운동은 없을 것입니다. 제가 확신하는데, 여러분들도 108배를 하면 건강에 좋을 겁니다. 생활 속에서 하나하나의 일에 일심을 모으는 것이 정신 수양의 방법이 됩니다. 일과 마음을 일치시키는 것, 일은 일대로 하고 마음은 다른 곳에 있고 그러면 안 됩니다. 일하는 그것에 마음을 같이 일치시키는 것입니다. 그런데 일할 때 보면 엉뚱한 생각을 많이 합니다. 걸을 때도 호흡과 마음을 일치시켜야 합니다. 결국 수양은 일상생활 속에서 하는 겁니다. 일심이 동하면 정의가 되고, 사심이 동하면 불의가 된다고 하셨습니다. 삼학은 정의, 불의가 일심에서 나오는 것입니다. 삼학이 잘되면 취사도 잘 됩니다. 구체적인 내용은 수행편의 정기 훈련에서 공부하겠습니다.

∞

정신 수양의 결과
우리가 정신 수양 공부를 오래오래 계속하면 정신이 철석 같이 견고하여, 천만 경계를 응용할 때에 마음에 자주(自主)의 힘이 생겨 결국 수양력(修養力)을 얻을 것이니라.

정신 수양의 결과는 정신이 철석같이 견고해진다는 것입니다.

한번 정신을 정하면 어떤 유혹에서 끌리지 않습니다. 움직이지 않고, 철석같이 견고해집니다. 또한 천만 경계를 응용할 때 마음에 자주력이 생기는 것도 정신 수양의 결과입니다. 수행의 결과가 천만 경계 속에서 나타나는 것입니다. 경계는 순경도 있고 역경도 있고 여러 가지가 있습니다. 경계에 마음의 자주력이 생기는 것이고, 결론적으로는 수양력을 얻게 됩니다. 수양력의 력力은 일심 정력입니다.

2. 사리 연구

사(事)라 함은 인간의 시·비·이·해(是非利害)를 이름이요, 이(理)라 함은 곧 천조(天造)의 대

266

소 유무(大小有無)를 이름이니, 대(大)라 함은 우주 만유의 본체를 이름이요, 소(小)라 함은 만상이 형형 색색으로 구별되어 있음을 이름이요, 유무라 함은 천지의 춘·하·추·동 사시 순환과, 풍·운·우·로·상·설(風雲雨露霜雪)과 만물의 생·로·병·사와, 흥·망·성·쇠의 변태를 이름이며, 연구라 함은 사리를 연마하고 궁구함을 이름이니라.

       사리라는 말이 무슨 뜻인지 알아보면서 사리 연구事理研究에 대해 살펴보겠습니다. 사리 연구의 요지를 봅시다.

  대종사께서 '사事'는 인간의 시비 이해라고 밝혀주셨습니다. 원불교 정전에서나 볼 수 있는 독특한 정의입니다. 사를 인간의 시비 이해라고 정의한 종교는 없습니다. 일반 사람들은 일사자이기 때문에 일이라고 정의를 합니다. 그런데 대종사께서는 인간사에서 일어나는 시비 이해를 일로 보셨던 것입니다. '리理'의 정의는 천조의 대소 유무입니다. 천조는 하늘이 짓는 것입니다. 사와 상반된 관계로 보셨습니다. 사는 사람이 짓고, 리는 하늘이 짓는 것입니다. 하늘은 대소 유무를 짓습니다. 사는 인간이 짓고, 리는 하늘이 짓는 것이기 때문에 상반되게 정의하셨습니다. 결국 인간이 만드는 모든 것을 포함해서 사리라고 하는 것입니다. 대소 유무를 리라고 하셨는데 대소 유무를 요약해서 설명하겠습니다. 대의 대소 유무는 일원상 진리 장에서 돈공, 광명, 조화로 말씀하셨습니다. 돈공은 공空, 광명은 원圓, 조화는 정正을 뜻합니다. 마음자리로 볼 때 돈공한 자리는 한 생각나기 전인 일념미생전입니다. 원은 한 생각, 정은 들고 나는 생각입니다. 우주적으로 볼 때는 돈공은 천지미분전天地未分前, 광명은 우주 만유宇宙萬有 형형 색색形形色色, 조화는 음양상승陰陽相勝입니다.

여러분들 이판사판이라는 말 들어보셨습니까? 사는 사판이고, 이는 이판을 말합니다. 이것 아니면 저것을 말하는데 실제 이것이 어떻게 적용되는지 살펴봅시다. 불교에는 이판승과 사판승이 있습니다. 사판승은 주지, 총무원에 있는 부장들을 말합니다. 주지가 높다고 생각하는데 사판승의 대표적 전형입니다. 주지 밑에는 삼직이 있습니다. 교무 원주, 원주 스님인데 절의 살림을 맡습니다. 절에 가서 자려면 원주 스님한테 허락을 받아야 합니다. 이판은 조계 총림, 해인 총림, 덕숭 총림 등 총림을 말합니다. 선원, 강원, 율원 이 세 가지가 다 갖추어져 있는 사찰을 총림이라고 합니다. 선원은 선만 하는 선방, 강원은 원불교로 말하자면 원불교학과입니다. 강원에는 강주와 강사가 있습니다. 사미계를 받은 사람들이 4년을 같이 지내는데, 강원을 졸업하면 정식 스님이 되는 것입니다. 율원은 감찰원과 같은 곳입니다. 사찰 내에 율원이 있어서 학생을 가르치기도 합니다. 선원에서는 하안거, 동안거 3개월 동안 선을 하는데 안거를 하는 스님들, 안거만 하는 스님들이 있습니다. 스님의 이력에는 안거를 몇 번 치렀는지 적습니다. 대단한 이력서입니다. 안거를 시작하면 신도들은 스님들 공부 잘하라고 음식, 돈 등 전부 갖다 바칩니다. 그래서 강원이나 율원의 스님들은 이런 돈으로 선원에 있는 스님들을 후원합니다. 선원의 스님들은 선만 해서 욕심이 없다고 하는데 단 욕심이 있다면 식욕, 그것이 가장 힘들다고 합니다. 선원에 있는 스님에게 물어보니 주지들이 돈 벌어서 전부 선원에 뒷바라지만 하니, 불만이 있기도 하답니다. 선원의 선객들은 음식이 잘 나오는지 안 나오는지가 큰 과제라고 합니다. 그래서 안거만 하는 스님들을 이판승이라고 하는 것입니다. 이런 사판과 이판을 잘 쌍전해야 합니다.

연구는 연마하고 궁구함을 뜻합니다. 앞으로 여러분들은 스스로가 이 경전을 가지고 연마하고 궁구해야 합니다. 궁구는 계속 궁굴리는 것입니다. 강의로 듣는 내용은 어떻게 할 것인가에 대한 공부 길을 가르쳐주는 것에 지나지 않습니다. 공부 길을 가르쳐주면 그 길을 통해 연마하고 궁구하는 것은 본인이 할 수밖에 없는 것입니다. 한 가지 더 말씀드리겠습니다. 리는 대소 유무이고, 사는 시비 이해인데 그 관계를 살펴보면 시비 이해의 근본은 대소 유무의 이치입니다. 즉, 대에서 본 시비 이해, 소에서 본 시비 이해, 유무에서 본 시비 이해가 서로 다르다는 말입니다. 똑같은 하나의 상황을 놓고 대 자리에서 본 시비 이해와 소 자리에서 본 시비 이해, 유무 자리에서 본 시비 이해가 다르지만 리와 사는 상호 연결되어 있는 것입니다. 리만 가지고 되는 것도 아니고 사만 가지고 되는 것도 아니라는 것입니다. 서로 연결해서 연마하고 궁구하는 방법을 취해가야 합니다.

∞

사리 연구의 목적

이 세상은 대소 유무의 이치로써 건설되고 시비 이해의 일로써 운전해 가나니, 세상이 넓은 만큼 이치의 종류도 수가 없고, 인간이 많은 만큼 일의 종류도 한이 없나니라. 그러나, 우리에게 우연히 돌아오는 고락이나 우리가 지어서 받는 고락은 각자의 육근(六根)을 운용하여 일을 짓는 결과이니, 우리가 일의 시·비·이·해를 모르고 자행 자지한다면 찰나찰나로 육근을 동작하는 바가 모두 죄고로 화하여 전정 고해가 한이 없을 것이요, 이치의 대소 유무를 모르고 산다면 우연히 돌아오는 고락의 원인을 모를 것이며, 생각이 단촉하고 마음이 편협하여 생·로·병·사와 인과 보응의 이치를 모를 것이며, 사실과 허위를 분간하지 못하여 항상 허망하고 요행한 데 떨어져, 결국은 패가 망신의 지경에 이르게 될지니, 우리는 천조의 난측한 이치와 인간의 다단한 일을 미리 연구하였다가 실생활에 다달아 밝게 분석하고 빠르게 판단하여 알자는 것이니라.

사리 연구의 목적을 한마디로 요약하자면 천조의 난측한 이치와 인간의 다단한 일을 미리 연마하여 실생활에서 밝게 분석하고 빠르게 판단하여 알자는 것입니다. 이 세상은 대소 유무의 이치로 건설되고, 시비 이해로 운전해간다 하셨습니다. 이런 사실을 여러분들이 생활 속에서 경험으로 느껴야 합니다. 대에서 본 시비 이해, 소에서 본 시비 이해, 유무에서 본 시비 이해를 여러분들이 경험을 통해서 알게 될 때 '시비 이해가 이렇게 달라지는 것이구나' 하고 일기 속에 기재하는 것입니다.

사리 연구의 목적에서 보면 리와 사, 이것을 모르는 데 나타나는 부작용을 설명하셨습니다. 인과의 이치를 모른다, 우연히 돌아오는 고락을 모른다, 생·로·병·사의 이치를 모른다, 이러한 부작용을 잘 연마해서 천조의 난측한 이치와 다단한 인간의 시비 이해를 우리가 바르게 미리 분석하고 판단하자는 것을 강조하셨습니다. 부작용 중에서 허위와 사실을 분간하지 못하고 허망하고 요망한 것에 끌려서 가패 신망한다는 사리를 모르는 데에서 나타나는 부작용도 말씀하셨습니다.

사리 연구의 방법은 11과목 중 경전·강연·회화·의두·성리·정기 일기 여섯 가지입니다. 이 여섯 가지 중에서 가장 기본은 경전 공부입니다. 경전으로 교무 고시를 봅니다. 강연도 하고 일기도 기재하니 사리 연구의 가장 기본적 방법입니다.

사리 연구 공부를 해나가는 데 있어 문聞, 사思, 수修, 즉 듣고 생각하고 실행해보는 단계로 해야 합니다.

문은 듣는 것입니다. 들을 수 있는 장이 있어도 안 듣는 사람들이 있습니다. 먼저 들어야 합니다. 듣는 것이 공부 길을 잡는 것이고, 자꾸 들어야 '아,

이렇게 공부해나가야겠다'는 방향이 생깁니다. 법문도 많이 들으면 듣는 것이 사와 연결이 되어 깨달음이 오는 것입니다. 듣는 것이 초단계이지만 들음으로써 참알음알이가 생길 수도 있습니다. 자기가 많이 연마한 내용들을 듣다가 '아, 저것이구나!' 할 때가 바로 한 지혜가 열리는 순간입니다. 사리 연구에서 듣는 것이 가장 첫 번째 공부입니다.

두 번째 공부는 생각하는 것입니다. 생각은 연마하고 궁구하는 것을 뜻합니다. 연마와 궁구를 통해서 혜두가 단련됩니다. 혜두는 지혜의 머리입니다. 내 머리가 열려서 지혜의 머리가 된 것과 지혜의 머리가 아닌 것과는 천지 차이입니다. 한 이치와 한 원리를 통하면 다른 이치와 다른 원리도 딱 맞게 적용이 됩니다. 하나만 깨치면 모든 것에 적용할 수 있습니다.

그다음 수는 자기가 실천을 해서 확인하는 것, 바로 수정하는 것입니다. 자기 마음속에서 닦아 증득하는 것입니다. 실천을 해보니 '이것이 좋구나, 맞구나' 하는 것이 수정 공부입니다. 여러분들은 많이 들어야 합니다. 경전, 진리의 내용을 듣고, 진리의 내용으로 연마하고 궁구하고, 수정하는 세 가지 공부를 돌아가면서 하는 것이 사리 연구의 방법이 됩니다.

사리 연구의 결과
우리가 사리 연구 공부를 오래오래 계속하면, 천만 사리를 분석하고 판단하는 데 걸림 없이 아는 지혜의 힘이 생겨 결국 연구력을 얻을 것이니라.

사리 연구의 결과는 연구력을 얻는 것입니다. 지혜력이라고 합니다. 일사를 당해서 대소 유무의 이치, 시비 이해의 일이 탁탁 빠개지는 것입니다. 연구력을 얻고 나면, 분명하게 판단이 서게 됩니다. 이 판단이 참 중요합니다. 여러분들도 대중 생활 하면서 내가 어떤 판단을 하느냐에 따라서 굉장히 달라지는 걸 경험하셨을 겁니다. 사람마다 주장하는 것이 서로 다릅니다. 저도 서원관 사감으로 학생들과 함께 살 때 고민이 참 많았습니다. 동지애라는 의리 때문에 시비가 바르게 보이지 않아서입니다. 저 사람이 잘하는지, 잘못하는지 판단이 흐려지는 겁니다. 지도자로서 제일 고민이 되는 부분입니다. 그런 부류가 하나 생기고 나면 엄청난 파란 고해, 후폭풍이 생겨납니다. 진정 동지애란 무엇인지 모르겠습니다.

정산종사 법어에 과거에는 신언서판身言書判이라고 했습니다. 그러나 앞으로는 마음, 판단, 서, 언, 신으로 신이 마지막입니다. 예전에는 사람을 평가할 때 신언서판으로 해서 생긴 것부터 봤습니다. 과거에는 몸을 먼저 봤지만, 지금은 마음을 먼저 보고 그다음에 판단을 봅니다. 판단은 사리 연구를 잘해야 가능한 것입니다.

3. 작업 취사

작업이라 함은 무슨 일에나 안·이·비·설·신·의(眼耳鼻舌身意) 육근을 작용함을 이름이요, 취사라 함은 정의는 취하고 불의는 버림을 이름이니라.

272

작업 취사作業取捨**의 요지**에서는 '작업이라 하면 안·이·비·설·신의 육근을 작용함을 이름이요'라고 하셨습니다. 작업이라는 뜻은 원불교만이 가지고 있는 독특한 정의입니다. 작업의 일반적인 의미는 일이나 노동을 의미합니다. 이는 종교 생활을 해나가는데 있어서 필요한 조건이 된다고 합니다. 적당한 노동은 정신과 육신 세계에 굉장한 도움이 되기 때문에 정신의 세계, 육신의 세계를 단련해가는 의미로 볼 때 중요한 의미가 있다고 봅니다. 절에서 작업을 울력이라고 하는데, 스님들이 다 모여서 채소밭을 가꾸는 일 등을 말합니다. 공동체 생활에서 함께 움직이는 일과, 이 일과 중에서 대단히 중요한 의미를 내포하고 있는 작업에 해당하는 노동이라고 볼 수 있겠습니다.

육근이 있으면 여섯 가지 경계, 육경이 있습니다. 색·성·향·미·촉·법의 육경을 당해서 육식이 일어납니다. 육식이 작용하는데, 육식이 일어나는 것을 18계라고 합니다. 18가지의 세계가 형성되는 것입니다. 그래서 작업을 안·이·비·설·신의 육근을 작용함을 이름인데, 이것을 실제적으로 풀면 업을 짓는 것을 말합니다. 쓸 작作 자, 업 업業 자, 업을 짓는다, 다르게 표현하면 일상생활 속에서 육근을 작용하는 모든 것은 업을 짓는 것에 해당됩니다. 육근을 작용하는 것으로 끝나지 않고, 업이 축적되는 것입니다. 한 번 육근이 작용하면 한 업이 생기고, 두 번 작용하면 두 업이 생기고, 이것이 반복되면 습관이 되는 것입니다. 습관이 한번 생기면 고치기 힘듭니다. 여러분은 자기 습관을 고치려고 노력해보셨습니까?

업에 대해서 생각해봅시다. 제가 서울 살 때 교당 옆에 유명한 삼각지가 있습니다. 퇴근 후에 전쟁기념관으로 산책을 많이 다녔는데, 배호라는 가수의 '돌아가는 삼각지' 비碑가 서 있습니다. 가수들이 노래 한 곡을 히트 치면, 감정을 넣어서 3,000번 부른답니다. 3,000번 이상 노래를 부르는 것은

3,000번 이상의 육근을 작용하는 것입니다. 이처럼 업이라는 것은 대단히 중요합니다. 한 번, 두 번은 지나가지만 반복되면서 나타나는 그 업은 대단한 것입니다.

요즘 제가 밴드를 하는데 어느 재가 교도가 송소희의 민요 태평가를 올렸습니다. 들어보니 진짜 맛깔나게 노래를 부르더라고요. 그래서 휴대폰에 저장해놓고 부처 전에 108배를 하고 난 후에 태평가를 듣는데, 마음이 태평해집니다. 송소희 씨는 다섯 살 때 민요를 처음 들었는데 마음이 찌릿찌릿하더랍니다. 다섯 살 때 시작했다는 것은 전생에 민요를 많이 부른 업을 지었다는 말입니다. 그러니 이생에 와서 민요를 들으니 자기도 모르게 느낌이 딱 오는 것입니다. 수도를 하는 것도 세속의 업을 수도 쪽으로 돌려가는 작업을 하는 것입니다. 삼학을 공부하는 이유도 세속에서 짓는 업을 수도의 업으로 바꾸어나가는 데 있습니다. 이것이 바로 작업입니다.

취사는 정의는 취하고 불의는 버리는 것입니다. 취할 취取, 버릴 사捨입니다. 여기서 중요한 것은 정의와 불의에 대한 판단입니다. 판단을 잘못하면 취할 것은 버리고, 버릴 것은 취할 수도 있습니다. 이것은 취사를 하는 본의가 아닙니다. 판단을 어떻게 할 것인가? 우선, 교법에 대조하는 방법이 있습니다. 정의냐 불의냐 할 때 교법에 어떻게 되어 있는지를 대조하는 것입니다. 스승의 뜻에 대조하는 방법도 있습니다. 스승에게 가르침을 받을 때 대종사, 지도 교무는 이럴 경우 어떻게 취사하실까? 하고 대조해봅니다. 또한 당시의 상황을 살피며 판단합니다. 시, 소, 위를 살펴야 합니다. 시간은 그때의 시점, 장소와 위치는 그때의 상황입니다. 탁구를 예로 들면 탁구를 할 때는 탁구만 열심히 쳐야 합니다. 저는 탁구를 치면 이길 때까지 칩니다. 요즘에는 시간이 다 되면 그만 치기도 하는데 탁구를 치면서 업을 취하고 버리고 하는 것이 얼마나 어려운지를 실감합니다. 이기고 지는 것은 상대방이 잘해서 내가 지고, 상대방이 못해서 내가 이기는 것이 아닙니다. 결국, 이기고 지는 것은 자기와의 싸움입니다. 자기와의 싸움에서 이기고 지는 것이 결정 난다고 할 수 있습니다. 저는 탁구를 칠 때 백이 강한데 파를 못 칩니다. 파 공격을 못하는데 왜 못하는 건 습관이 잘못 들었기 때문입니다. 고치려고 유념해서 연습해야 되는데 실전에서는 잊어버립니다. 자기 습관과의 싸움이기도 하고, 자기 업과의 싸움이기도 합니다. 이렇게 대종사께서는 작업이 무엇이고 취사는 무엇인지 분명하게 밝혀주셨습니다.

∽

작업 취사의 목적

정신을 수양하여 수양력을 얻었고 사리를 연구하여 연구력을 얻었다 하더라도, 실제 일을 작용하는 데 있어 실행을 하지 못하면 수양과 연구가 수포에 돌아갈 뿐이요 실효과를 얻기가 어렵나니, 예를 들면 줄기와 가지와 꽃과 잎은 좋은 나무에 결실이 없는 것과 같다 할 것이니라.

대범, 우리 인류가 선(善)이 좋은 줄은 알되 선을 행하지 못하여, 악이 그른 줄은 알되 악을 끊지 못하여 평탄한 낙원을 버리고 험악한 고해로 들어가는 까닭은 그 무엇인가. 그것은 일에 당하여 시비를 몰라서 실행이 없거나, 설사 시비는 안다 할지라도 불 같이 일어나는 욕심을 제어하지 못하거나, 철석같이 굳은 습관에 끌리거나 하여 악은 버리고 선은 취하는 실행이 없는 까닭이니, 우리는 정의어든 기어이 취하고 불의어든 기어이 버리는 실행 공부를 하여, 싫어하는 고해는 피하고 바라는 낙원을 맞아 오자는 것이니라.

작업 취사의 목적은 정의라면 기어이 취하고, 불의

라면 기어이 제거하자는 것입니다. 초기 교서에 '수양의 목적은 연구에 있고, 연구의 목적은 취사에 있다' 이런 말씀이 있습니다. 삼학은 수양을 잘 하여 연구를 잘하기 위해서 합니다. 연구를 잘하는 것은 결론적으로 취사를 잘하기 위해서입니다. 수양력과 연구력을 얻었다 하더라도 취사력을 얻지 못하면 수양력과 연구력은 아무 소용이 없습니다. 이것은 결실이 없는 나무와 같다고 비유를 해주셨습니다.

대종사께서는 평탄한 낙을 버리고 고해로 들어가는 까닭을 3가지로 지적하셨습니다. 첫째, 시비를 몰라서 실행이 없기 때문입니다. 옳고 그름에 대해 분명한 판단을 못하는 것입니다. 즐거워야 할 때 즐겁지 못하고 시비를 몰라서 실행이 없을 때 그렇게 가게 됩니다. 둘째, 안다 할지라도 불같이 일어나는 욕심을 제어하지 못하기 때문입니다. 우리가 살다 보면 자기도 모르게 욕심이 발현되는데 그때 브레이크를 걸어야 합니다. 브레이크가 고장 나면 사고가 납니다. 돈 있는 사람이 보시 잘할 것 같지만, 돈이 있다고 해서 보시를 잘하는 건 아닙니다. 제가 어제 산책을 가다가 통일 기원을 위한 10보 1배를 하는 사람을 만났습니다. "어느 단체에서 하십니까?" 하고 물으니 본인은 단체가 없다는 겁니다. "왜 없습니까?" 했더니 내 자체가 우주라며 혼자 10보 1배로 통일을 위해 국토 순례를 한다는 것입니다. 백 원에서 천 원짜리까지 모금을 받는다고 하니 어린아이도 할 수 있겠다는 생각을 했습니다. "그럼 그걸 받아서 뭘 하려고 하십니까?" 다시 물으니 "우리 국가와 조국을 위해 외국으로 망명해서 독립운동하다 죽은 수많은 영혼을 다 한국에 모셔놓으려 합니다." 그렇게 모아놓은 그 영혼들을 해원 상생할 때 통일이 그냥 오지 않겠냐고 말하더군요. 본인이 우주라는데 맞습니다. 제가 그 사람 이야기를 듣고 '참 대단한 사람이다' 생각했습니다. 마지막으로, 철석같이 굳은 습관 때문입니다. 철석같이 굳은 습관에 의해서 낙을 버리고 고로 들어가는 것입니다. 제가 탁구 칠 때 백은 잘하는데 파가 안 된다는 얘기했죠? 공이 오면 몸을 백 쪽으로 주려 하는 것입니다. 이러니 결국 지게 되고, 지면 또 기분이 나빠집니다. 즐거우려고 운동을 하는 것인데 결과적으로 낙을 버리고 고로 들어가게 되는 것입니다. 그 습관 하나로 말입니다. 여러분들도 자신의 굳은 습관이 무엇인지 한번 찾아보길 바랍니다.

욕심 다음에 따라 붙는 것이 진심입니다. 참 진嗔, 진심이 아니라 성내는 마음嗔입니다. 교당을 다녀보고 교도들과 이야기를 나누다 보면 교무의 생활에 대한 평가가 다 나옵니다. 교무가 되려면 이거 하나는 분명히 기억해야 하겠습니다. 진심을 못 참으면 반드시 부작용이 나온다는 것입니다. 사람을 잃어버립니다. 교무도, 교도들도 마찬가지입니다. 교무를 하는 것도, 교도 회장, 교의회 의장이 되는 것도, 지도자가 되어서 사람을 얻는 일을 하는데 진심을 참지 못하면 오히려 사람을 잃어버리게 됩니다. 사람을 잃어버리면 얼마나 외로운지 아십니까? 사람은 좋아하는 관계 속에서 칭찬을 먹고 삽니다. 만약에 나를 싫어하는 사람들에 둘러싸이면 살맛 나겠습니까? '칭찬해라', '감사해라' 이런 것들이 인간관계 속에서 사람을 얻기 위한 방법입니다. 외로워지면 그것이 바로 고입니다. 고를 자기가 만들게 되는 것입니다. 그렇기 때문에 정의는 기어이 취하고, 불의는 기어이 버리는 공부를 해야 합니다. 이것을 죽기로써 실행해야 합니다. 갑갑하게 바르지 못한 정의를 정의라고 우기고, 사람들을 현혹시키는 일이 얼마든지 있을 수 있습니다. 이런 판단을 분명히 해야 합니다.

작업 취사의 방법은 11과목 중에서 상시 일기, 주의, 조행입니다. 상시 일기가 취사 과목인 이유는 상시 일기에 유무념 대조가 있기 때문입니다. 바로 계문 대조이기도 합니다. 계문을 범했는가 안 했는가 번수를 대조하고, 하자는 조목과 말자는 조목을 정해서 유념했는가를 대조합니다. 상시 일기, 주의, 조행 이 세 가지 방법 외에 솔성요론, 계문도 있습니다. 솔성요론은 취해야 할 정의의 방향이고, 계문은 버려야 할 불의의 방향입니다.

∞

작업 취사의 결과로 정의를 용맹 있게 취하고, 불의를 용맹 있게 버리는 실행의 힘을 얻게 됩니다. 한마디로 금강이도金剛利刀, 즉 날카로운 칼이라는 말입니다.

금강은 금강석으로 매우 단단하고 날카로운 쇠입니다. 불의다, 하고 치면 딱 불의가 제거되는 것입니다. 나무도 보면 쳐야 할 가지가 있습니다. 전지가위로 딱 누르면 그 가지가 잘라집니다. 이처럼 각자의 생활과 습성, 습관 중 제거해야 할 것들이 있습니다. 그것을 전지가위, 금강이도로 딱딱 잘라내야 합니다. 그래서 본인 스스로 아주 온전한 멋진 모습을 만들어가는 것입니다. 내야 될 마음이 있으면 내야 하고, 버려야 될 마음이 있으면 딱 끊어야 합니다. 이렇게 취사가 자유자재여야 합니다. 우리는 수양과 연구를 통해서 작업 취사를 잘 하도록 노력해야 할 것 같습니다. 실행이 없고 보면 열매 없는 꽃이라 했듯이 삼학에서 마지막은 열매와 같습니다.

5장

마음을 닦는 여덟 가지 방법

– 팔조

팔조八條로 들어가겠습니다. **팔조의 교리적 성격**부터 살펴봅시다. 팔조의 교리적 성격은 한마디로 인간 중심의 교리입니다. 선천 시대는 어떤 시대였습니까? 천권 시대였습니다. 권리가 하늘에 있었습니다. 그래서 인간이 하늘의 권리에 순응하고 살아야 했던 시대가 선천 시대였습니다.

서구 역사는 신권 시대 역사였습니다. 권리가 신에 있었습니다. 지난번에 말한 중세 천 년은 문화의 암흑기로, 모든 것을 신의 입장에서 생각했습니다. 사변적이고 논리적인 철학까지도 신의 존재를 증명하는 도구로 변질되었습니다. 그다음에 르네상스가 왔는데, 르네상스는 신의 속박과 지배 속에 사는 인간의 존엄성을 찾아내는 운동입니다.

대종사는 정치와 종교를 수레의 두 바퀴와 같다고 하셨습니다. 하나는 정치의 바퀴, 하나는 종교의 바퀴인데, 자기의 영역을 서로 잘 지켜야 수레가 잘 굴러갈 것 아닙니까. 그런데 중세는 종교가 정치까지도 완전히 지배하는 사회였습니다. 불균형의 사회인 것입니다. 르네상스를 통해서 인간을 찾아냈는데 그 힘이 나중에 종교까지 지배하게 됩니다. 바로 제국주의입니다. 1차 세계대전이 왜 일어났습니까? 땅 뺏기 전쟁이었습니다. 브라질, 남미 쪽은 전부 스페인의 식민지였습니다. 스페인은 식민지를 하면서 가톨릭을 심어서 가톨릭이 승합니다. 정치가 종교까지도 완전히 먹어버린 것입니다.

제국주의 시대는 다시 신新 르네상스를 필요로 합니다. 정치와 과학 문명에서 다시 인간을 찾아야 하는 것입니다. 우리는 21세기를 살면서 인간을 찾아야 합니다. 선천 시대에는 신권 중심, 천권 시대였는데, 후천개벽 시대는 인권 시대라고 했습니다. 인권 시대를 지향해가는 교리가 바로 대종사께서 밝혀주신 팔조입니다.

팔조를 정의해봅시다. 신앙문에서는 사은 보은 불공, 수행문에서는 삼학 수행하는 것은 다 아실 겁니다. 우주 만유가 전부 사은 보은 불공의 대상이란 말입니다. 대소 유무의 이치에 따라 시비 이해의 일을 건설해나가는데, 삼학은 대소 유무의 이치에 따라서 시비를 건설한다고 했습니다. 대소 유무의 이치는 대에서 본 시비 이해, 소에서 본 시비 이해, 유무에서 본 시비 이해가 다 다릅니다. 우주 만유를 통해서 내 마음 작용을 어떻게 할 것인지를 밝혀주신 것이 삼학 수행입니다.

사요는 인간 불공, 팔조는 인간 수행입니다. 사요나 팔조는 인간을 주체로 한다는 점에서 성격이 같습니다. 대종사께서 사요와 팔조를 내주신 이유는 후천개벽 시대는 인간 중심의 시대이기 때문입니다. 인간 중심의 시대에서 인간이 어떻게 살 것인지를 신앙적으로는 사요, 수행적으로는 팔조로 제시하셨습니다. 팔조는 법신불의 진리가 외적으로도 위력을 나투고 내적으로도 내재되어 있습니다. 인간에게 내재되어 있는 것이 바로 성품입니다. 태어날 때부터 법신불로부터 그 진리를 받아 태어났다는 것입니다. 10보 1배로 국토 순례를 하는 사람도 당당하게 자기가 우주라고 했습니다. 교리 공부를 안 했는데도 다 아는 그 사람은 대단한 겁니다. 저에게도 물론 법신불의 진리가 그대로 갊아 있습니다. 우주가 가진 근본 자리와 제가 가진 성품 자리가 같아서입니다. 대종사께서는 성품은 가만히 있는 것이 아니라 '정定한즉 무선무악無善無惡하고, 동動한즉 능선능악能善能惡하다'고 하셨습니다. 성품이 정하게 되면 선도 없고 악도 없습니다. 꿈도 없이 잠잘 때나 정해져 있을까요? 그 외에는 성품이 작용을 하고 동하는 것입니다. 동하게 되면 능히 악하기도 하고 능히 선하기도 합니다. 대종사께서 성품에 대해 분명하게 정의하신 부분입니다. 맹자는 성선설이고, 순자는 성악설이라 했습니다. 성품이 정하면 선도 없고 악도 없기 때문에 성악설도 없습니다. 그런데 동하고 나면 악할 수도 있고 선할 수도 있기 때문에 성선설도 맞고 성악설도 다 맞게 됩니다. 능선이라는 것은 순리로, 능악은 영리로 발현되는 것입니다. 사람에 따라 마음이 착하다, 안 착하다 풍기는 이미지가 있습니다. 그에 따라서 선하게 나타나기도 하고 악하게 나타나기도 합니다. 순리가 선하게 나타나도록 하는 교리가 진행 사조이고, 반대로 악하게 나타나도록 제정된 교리가 사연 사조입니다.

팔조와 사요는 철저하게 인간 중심의 교리입니다. 반대로 삼학과 사은은 법신불의 속성에 따라서 건립된 교리입니다. 사은도 삼학과 마찬가지입니다. 이러한 성격을 여러분들이 확실하게 인지해야 합니다.

진행 사조는 이러한 삼학의 영향으로 나왔는데 신·분·의·성이 그것입니다. 불신·탐욕·나·우는 팔조의 교리가 나타나서 형성되었습니다. 진행 사조는 마음속에서 확산시켜 키워가야 됩니다. 신·분·의·성 쪽으로 마음을 키워가야 합니다. 반대로 사연 사조인 불신·탐욕·나·우는 제거해갑니다. 신·분·의·성을 확대시켜서 100이 될 때 이것은 0이 됩니다. 진행 사조는 삼학 수행을 추진시키는 적극적인 권장 사항입니다. 반대로 사연 사조는 제거해야 하는데, 남아 있을 경우 삼학 수행에서 발목 잡게 됩니다. 제자백가 시대에는 성선설, 성악설에 대한 논란이 뜨거웠습니다. 성선설, 성악설에 근거해서 사형제 같은 것도 있습니다. 성악설에 근거하여 생겨난 제도입니다. 성품 자리를 어떻게 보느냐에 따라 사상이 인간 생활의 제도를 따라가는 것입니다.

서울 서대문형무소에 들어가면 사형장 입구에 미루나무가 있는데 통곡의 나무라고 합니다. 사형수들이 사형을 받아서 들어갈 때 거기서 울었답니다. 사형장 안에 또 나무가 있는데 이 나무는 작습니다. 그 속에는 살기가 넘치기 때문에 나무도 크지 못합니다. 자연적으로 영천영지 영보장생永天永地永保長生 천도 주문이 나옵니다. 서울교구 주최로 천도재를 두 번 지내기도 했습니다.

성품 자리를 어떻게 보느냐에 따라 인간, 생활에서 제도의 한 형태로 나타납니다. 대종사께서 '성정즉 무선무악' 성품이 정한즉 선도 없고 악도 없고, '성동즉 능선능악' 성품이 동한즉 능히 선하고 능히 악하다고 명쾌하게 말씀하셨습니다. 팔조는 마음속에 있는 악한 면을 줄여가는 공부입니다.

1. 진행 4조

신이라 함은 믿음을 이름이니, 만사를 이루려 할 때에 마음을 정하는 원동력(原動力)이니라.

진행 4조進行四條**의 내용**을 살펴보겠습니다. 먼저 **신**입니다. '신이라 함은 믿음을 이름이니, 만사를 이루려 할 때에 마음을 정하는 원동력이니라'고 하셨습니다. 정이나 마찬가지입니다. 정은 정할 정, 딱 정하는 것입니다. 마음이 정해지지 않으면 둥둥 뜨게 됩니다. 살다 보면 마음이 오락가락할 때가 있습니다. 이럴까 저럴까 망설이고, 이 일을 해도 잘 안되고 저 일을 해도 잘 안되는 때가 있습니다. 그것은 마음이 정해지지 않아서입니다.

예를 들어봅시다. 제가 108배를 한다고 했는데, 그때 기도를 하면서 염원을 합니다. 그런데 일심이 잘 되기도 하지만 생각이 교차될 때가 있습니다. 염원과 현실적으로 일어난 일로 확신이 없어지는 것입니다. 마음이 정해질 때 반은 성공한 겁니다. 신심, 공심 이야기 많이 들어봤을 텐데 신분 검사에 신심, 공심이 제일 먼저 나옵니다. 신심, 공심은 앞으로 채울 폭 잡고 꾸어서라도 20점 만점을 주라고 하셨습니다. 이러한 신심, 공심이 없으면 수도 생활의 밑바탕이 흔들립니다. 그런데 여기서 말하는 신은 그 신심과 다르다고 할 수 있습니다. 팔조에서의 신은 공부 길에 대한 믿음입니다. 삼학으로 수행을 하면 반드시 성불할 수 있다는 확고한 믿음이 생깁니다. 확실하게 법신불을 내 것 삼고 이전등기 될 수 있습니다. 이 믿음이 확실하면 전무출신 하지 말라고 쫓아내도 안 나갑니다. 그러나 이 믿음의 확신이 서지 않으면 나가지 말라고 붙잡아도 제 발로 나갑니다. 성공과 실패의 갈림길은 신에서 결정이 된다고 할 수 있습니다. 제가 부산에서 경북대학교 동창을 만났습니다. 박이조라고 동물병원을 합니다. 부산교구장으로 갔을 때 인터뷰한 신문을 보고 전화가 와서 동문회에 참석하게 됐습니다. 우리 동기생 중에서 제일 출세한 사람이 저랍니다. 여러분도 나이를 먹고 고등학교 동기생들을 만나면 이 일을 하는 것이 얼마나 행복한지 알게 됩니다. 삼학 수행을 하면 반드시 법신불과 같은 원만 구족하고 지공 무사한 인격을 갖출 수 있다는 믿음을 갖게 됩니다.

∞

분이라 함은 용장한 전진심을 이름이니, 만사를 이루려 할 때에 권면하고 촉진하는 원동력이니라.

신 다음은 **분**입니다. 분발심으로 해석을 했는데 이것은 성낼 분忿입니다. 성을 낸다는 것은 진심을 낸다는 말입니다. '분이라 함은 용장한 전진심을 이름이니, 만사를 이루려 할 때에 권면하고 추진하는 원동력이니라'고 말씀하셨습니다. 한때 교단에서는 나눌 분에 마음 심 자가 맞는지 분 자가 잘못되었다고 고치자는 말도 있었습니다. '나는 왜 이렇게 공부가 안될까?' 스스로에게 성을 내야 합니다. 성을 내는 것과 내지 않는 것과는 굉장한 차이가 납니다. 어느 날 대산종사께서 누구 이름을 딱 대시면서 "야 누구 공부 길 잡았냐?" 하시는데 그 이야기를 듣고 머리가 쭈뼛해졌습니다. 믿고 공부를 하다 보면 승패가 갈린다는데 사람 마음이 한번 먹으면 삼일을 못 가기도 합니다. 어떤 경계를 당해서 마음이 나태해지고 해이해질 수가 있습니다. '다음에 하자', '하지 말자' 잡아당기는 것입니다. 얼마 전에 총부 대각전에 가는데 구절초를 심는 것을 보고 두 박스를 빼놓았습니다. 하루, 이틀이 지나도 그대로 놓여 있습니다. 그런데 비가 오려고 해서 사람을 불러서 구절초를 다 심었습니다. 결국은 주인이 하는 것이지 객은 객에 불과합니다. 자기가 마음의 주인이니 스스로 챙겨야 되는 것 아닙니까? 그 주인 마음 챙기는 것이 성낼 분 자 분발입니다. 이것을 바깥으로 표출하면 진심이 되는 것입니다. 신을 통해 공부 길에 대한 확신으로 간다 하더라도 생활 속에서 다양한 경계를 접하다 보면 마음이 해이해질 수가 있단 말입니다. 믿음에 바탕해서 분을 내게 되면 결과적으로 용장한 전진심이 나오게 됩니다.

∞

의라 함은 일과 이치에 모르는 것을 발견하여 알고자 함을 이름이니, 만사를 이루려 할 때에 모르는 것을 알아내는 원동력이니라.

의는 일과 이치에 모르는 것을 발견하여 알고자 함을 이름이라 하셨습니다. 신과 분을 내서 용장한 전진심으로 공부해나가는 것입니다. 그러다 보면 의가 필요합니다. 엉뚱하지 않고 맞게 가고 있는지 공부 길에 대한 대조심, 의문을 내는 것입니다. 제가 어느 교당 남자 교무 사는 데를 가보니 좌선 때 단전에 작대기를 대고 있었습니다. 단전을 들이마실 때는 막대기가 앞으로 갈 것 아닙니까. 또 들이쉬면 딱 들어오고, 이렇게 대조를 하면서 선을 하는 교무를 봤습니다. 제 고종 사촌은 도통을 해서 왔었습니다. 자기가 무슨 수련원 원장이 되었는데, 보니까 세속 습관에 찌들어 있는 것입니다. 화장실을 묻길래 가르쳐주었는데 그 뒤에 가보니 담배 냄새가 확 나는 겁니다. 진리 세계의 소식을 조금 알았다고 했는데 뭘 알았나 싶습니다. 이치는 탁 깨치면 아는 것입니다. 돈오 점수는 닦는 것은 점점 닦고 문득 아는 것입니다. 절대로 그냥 되는 것이 아닙니다. 닦아가는 데 필요한 것은 내가 공부 길을 맞게 가고 있는지 개인도 점검해보고, 스승한테도 점검을 받아야 됩니다. 여기서 '의'는 의두의 의와는 또 다릅니다. 의는 바르게 가는지를 점검하는 공부 길에 대한 의심입니다.

∽

성이라 함은 간단 없는 마음을 이름이니, 만사를 이루려 할 때에 그 목적을 달하게 하는 원동력이니라.

진행 4조의 마지막은 **성**입니다. '성이라 함은 간단 없는 마음을 이름이니, 만사를 이루려 할 때에 그 목적을 달하게 하는 원동력이니라' 하셨습니다. 공부 길에 대한 믿음, 공부 길에 대한 자기 성찰, 공부 길에 대한 의심이 확실히 되었을 때 필요한 것이 바로 정성입니다. 마음공부를 해나가는 데 있어서 정성이 들어가지 않으면 마음공부를 못하는 것과 마찬가지입니다.

한번은 신을 내고, 한번은 분을 내고, 한번은 의를 내고, 한번은 성을 내고 이런 순서에 따라 반복 수행을 해야 합니다. 상근기는 신·분·의·성해서 끝낼 수 있습니다. 보통 사람들은 한 번에 끝나는 것이 아니라, 신·분·의·성을 계속해서 반복하는 공부를 해야 합니다. 그것을 회전 수행이라고 합니다. 제가 지금 신에 중점을 두고 공부를 한다면 분·의·성이 따라붙어야 하고, 분에 대해서 공부한다면 신·의·성이 따라붙어야 합니다. 의에 대한 공부를 한다면 신·분·성이 따라붙어야 하고, 성에 대한 공부를 한다면 신·분·의가 따라붙어야 된다는 것입니다. 중하근기는 신·분·의·성을 반복하는 회전 수행을 통해서 삼학이 추진될 수 있도록 해야 합니다. 제가 학교 다닐 때 다산종사가 원광에 발표를 하셨는데, 삼학 회전 공부라고 하셨습니다. 신·분·의·성을 돌리는 것이나, 삼학을 돌리는 것이나 마찬가지입니다.

사람이 어떨 때는 정신 수양을 추출해서 공부를 할 때가 있습니다. 저도 졸업을 하고 산업부 원예원에서 원예 주무를 했는데 식목을 하려면 마사토가 필요합니다. 그래서 제가 경운기에 한 차를 실어주는 겁니다. 그러면 경운기가 쭉 돌아서 산업부로 오고, 저는 성탑 뒤로 걸어옵니다. 가까우니 제가 먼저 도착하면 앉아서 선을 합니다. 경운기가 도착할 때쯤 선을 하다가 경운기 흙을 내려주고, 또 경운기 오기까지 선하기를 반복하는 겁니다. 참 재미있습니다. 수양을 주체로 해서 연구와 취사를 따라오게 하는 것입니다. 삼학은 병진 수행을 해야 하는데 병진 수행 중에서도 정신 수양은 사람의 그릇을 만드는 것입니다. 바로 법을 담는 그릇 법기입니다. 법을 담는 그릇은 정신 수양으로 만드는 것이고, 수양이 되지 않은 사람이 연구가 터져버리면 일 납니다. 자기가 아는 알음알이를 담을 수 있는 마음의 힘, 마음의 그릇이 만들어진 다음에 지혜가 밝아져야지 그렇지 않으면 오히려 부작용이 납니다.

원불교학과 학생들이 처음 들어오면 감상담을 합니다. 출가 동기를 할 때 엄청난 박수를 받는데 저는 감상담을 하면서 학부를 졸업하기 전에 견성을 하겠다고 대각전에서 공식적으로 발표를 했습니다. 그래서 공부를 시작했는데 4학년 2학기가 됐는데도 고시 공부를 하다 보니 견성이 안 되는 겁니다. 얼마나 힘들었는지 용을 쓰고 연구 공부에 몰두를 하다가 한 소식을 얻긴 얻었습니다. 얻고 나니 그 소식을 그릇에 담지를 못하는 겁니다. 다 퍼내는데 부작용이 났습니다. 그래서 삼학 수행의 첫 단계는 정신 수양을 통해서 그릇을 만들고, 지혜를 담을 수 있는 그릇을 만드는 것입니다. 이렇게 그릇이 만들어지면 연구를 주체로 해서 수양과 취사가 따라오게 해야 합니다. 고리가 딱 맞아져서 하다 보면 참 신통한 일이 있습니다. 한 대목을 가지고 의두화하는 것입니다. 연구를 하다 보면 자기도 모르게 알게 되는 것이 있는데 그렇게 신통할 수가 없습니다. '나는 진짜 괜찮은 사람이다'라는 마음이 딱 듭니다.

혜타원이라고 반찬을 잘하는 사람이 있습니다. 반찬을 만들었다 하면 "교산님!" 하고 가지고 옵니다. 그리고 문자로 알음알이가 생기면 맞는지 안 맞는지 계속 보내옵니다. 저는 문답 감정도 해주고 음식도 잘 얻어먹고 좋습니다만, 어느 날은 오도송을 지어 보내서 됐다고 했는데도 수정을 해서 다시 보내려고 할 때가 있었습니다. 이 교무처럼 지혜가 막 밝아질 때가 있습니다. 연구가 주체가 될 때는 수양과 취사가 따라붙게 해야 합니다.

마지막에 바른 취사를 해나갈 때는 수양과 연구가 따라붙게 하고, 삼학은 이렇게 회전을 시켜 공부를 하는 것입니다. 우리는 이런 공부를 해나가야 됩니다. 진행 사조도 마찬가지로 회전 공부, 반복 공부를 해야 합니다.

2. 사연 4조

　　　　　사연 4조捨捐四條로 들어가봅시다. 사연 사조는 그 뜻 그대로 제거해야 할 것입니다. 마음속에서 제거해야 할, 없애버려야 할, 버려야 할 내용들을 4가지로 말씀하셨습니다. 진행 사조가 마음속에서 취해야 할 것이라면, 사연 사조는 오히려 공부에 마장이 됩니다. 수행을 방해하는 무리를 마군*이라 하죠.

∞

> 불신이라 함은 신의 반대로 믿지 아니함을 이름이니, 만사를 이루려 할 때에 결정을 얻지 못하게 하는 것이니라.

　　첫째는 **불신**입니다. 불신은 신의 반대로 믿지 아니함을 이름이니 만사를 이루려 할 때에 정성을 얻지 못하게 합니다. 여기서 불신도 공부길입니다. 삼학 수행에 대한 확신이 없는 사람이 삼학을 추진해서 수행이 되겠습니까? 대종사께서 20여 년간 수도 과정을 겪으신 후에 제정하신 이 공부 길에서 반드시 성불 제중의 큰 목적을 달성한다는 확신이 없단 말입니다. 지도자가 불신병에 걸리면 그 조직과 단체가 가야 할 방향이 정해지지 않습니다. 그래서 헤매는 것입니다. 불신으로부터 빨리 벗어나야 합니다. 신이 100퍼센트가

---

* 魔軍, 불도를 방해하는 온갖 악한 일을 비유적으로 이르는 말.

되면 불신은 0퍼센트가 됩니다. 반대로 불신이 가득하면 신은 없습니다.

∞

> 탐욕이라 함은 모든 일을 상도에 벗어나서 과히 취함을 이름이니라.

둘째는 **탐욕**입니다. 탐욕은 모든 일을 상도에 벗어나서 과히 취하는 것을 말합니다. 욕심입니다. 이것은 물질에 대한 욕심일 수도 있고, 권력에 대한 욕심이 될 수도 있습니다. 생활 속에서 모든 것을 갖고자 하는 마음이 생기는데, 탐욕이 사람 마음속에 가득 차면 틈이 없어집니다. 그래서 공부를 하는 것은 다른 것이 아니라 마음을 비우는 것입니다. 욕심이 많은 사람의 마음에는 빈틈이 없어서 다른 마음을 수용할 수가 없습니다. 다른 사람의 의견을 잘 수용하는 사람은 나이 들면 말하기는 1분, 듣기는 2분, 기다리기는 3분 해야 된다고 합니다. 저도 가끔 사람들 불러서 강조할 때가 있습니다. 그때 보면 제 얘기만 실컷 하는 겁니다. 그런 후에 상대방이 의견을 내면 수용이 되지 않습니다. 어떻게 보면 인간은 비우기보다 탐욕이 가득한 욕심의 화신인 것 같습니다. 그래서 마음을 비우고, 채우는 이 두 가지가 함께 가는 것입니다. 욕심은 가지면 가질수록 더 나기 마련입니다. 제가 좋아하는 단어가 있어서 붓글씨로 써놓았는데 다행 행幸, 행복 행 자입니다. 개인의 행복은 족함을 아는 데서 오는 법입니다.

저는 국민연금을 안 넣었는데 엊그제는 노인 기초연금을 신청하라는 공문이 왔습니다. 부산교구장 당시에 신협 이사장을 같이 했는데 거기서 연금을 들어주는 겁니다. 그런데 총부에서 교역자들은 연금을 넣지 말라는 공문이 왔어요. 유치원이나 원광 어린이집 교무들도 기관에서도 다 해주잖습니까. 그래서 저도 그 당시 국민연금을 들었었는데 또 빼라고 하니 다 뺐다가 4, 5년 후에 전체가 가입하라고 또 그러는 겁니다. 그래서 다시 들으려 하니 나이가 많아서 국민연금을 안 받아주어 저는 연금도 못 들었습니다. 땡전 한 푼도 없는데 노인 기초연금을 신청하라는 공문을 받아서 서류 몇 가지 챙겨서 동사무소에서 신청을 했습니다. 법인사무국에 이야기를 하니 8만 원 정도도 나온다고 합니다. 8만 원이라도 받는 게 어딘지 한 달 전기세 걱정은 덜었습니다. 행복은 욕심을 가지고 구하면 절대로 구해지지 않습니다. 그것을 알아야 합니다.

∞

> 나라 함은 만사를 이루려 할 때에 하기 싫어함을 이름이니라.

셋째는 **나태**입니다. 만사를 이루려 할 때 하기 싫어함을 이름입니다. 마찬가지로 공부 길에 대한 나태입니다. 공부 길이 나태해지면 사는 것 자체가 재미없습니다. 그런데 공부 길에 대한 재미가 나면 사는 것이 재미있습니다. 제가 가끔 친척들을 만나면 "너는 도대체 뭔 재미로 사냐?" 그렇게 묻습니다. 제가 사는 재미를 그 분들이 어떻게 알겠습니까? 교무들의 재미와 세상 사는 사람들의 재미는 아주 다릅니다. 제가 교정원장 할 때 어느 부서에서 방을 빌려서 밥 해 먹고 자고 오는 시설에 데려간 적이 있습니다. 밥 해 먹을 여러 가지 도구들을 마련해서 착착 구워내는데 아주 능숙하더란 말입니다. 그게 세상 사람들 사는 재미 아닙니까. 그런데 우리가 아는 재미는 공부 길에 대한 재미입니다. 한번 공부 길에 대한 것이 나태해지면 계속 나태해지고, 공부하고는 멀어지게 됩니다.

∞

우라 함은 대소 유무와 시비 이해를 전연 알지 못하고 자행 자지함을 이름이니라.

마지막으로 **우**, 어리석음입니다. 대소 유무와 시비 이해의 일을 전혀 알지 못하는 것을 우라고 밝혀주셨습니다. 세상을 살아가는 데 있어서 정말 대책 없는 사람이 있습니다. 무식하면서 용기 있는 사람입니다. 차라리 무식하고 용기라도 없으면 일을 저지르지는 않습니다. 그런데 대소 유무의 이치나 시비 이해의 일은 전혀 모르면서 용기는 있단 말입니다. 그러니 일을 저지릅니다. 문제는 자기가 어리석은 줄 알면 어리석음에서 벗어나려는 노력이 있는데, 어리석은 줄 모르기 때문에 거기에 떨어져서 안주하는 것입니다. 지혜 있는 사람이 되는 것은 간단합니다. 자기가 어리석은 줄 알면 지혜 있는 사람입니다. 어리석은 줄 알기만 하면 거기서 벗어나려는 노력을 하고 그 노력을 통해서 지혜가 갖추어지는 것입니다. 원불교도들은 대책 없는 사람은 되지 맙시다.

직무 수행을 하는 데 있어서도 교무는 교무만, 교도는 단장, 회장, 주무, 봉공회장, 여성회장 등 할 것이 많습니다. 교무가 되는 것도 직무를 수행하는 것이지만 교도들이 교당에서 조직을 구성하는 것도 직무를 수행하는 것입니다. 회장이 되고 단장이 되고 중앙이 되고 조직이 잘 돌아가려면 직무의 내용을 잘 알아야 합니다. 알아야 면장을 한다고 자기가 맡은 직무의 내용을 모르면 어떻게 직무를 수행하겠습니까? 우는 자기가 맡은 직무가 무엇인지를 전혀 모르는 것입니다. 그래서 잘못하면 엉뚱한 직무 수행을 하게 됩니다.

삼학과 사은은 법신불 일원상의 진리에 근거한 교리라고 했습니다. 그런데 사요와 팔조는 인간, 사람의 인성에 근거한 교리입니다. 사람의 속성을 두 가지로 나눠서 진행 사조를 추진하고 사연 사조를 없애도록 밝혀주신 것이 팔조의 중요한 특징입니다. 그래서 팔조의 진행이 없으면 삼학의 수행이 더디고, 팔조의 보조를 받으면 삼학 수행이 제대로 된다고 볼 수 있겠습니다.

6장

삶과 마음공부의 길을 밝히다

– 인생의 요도와 공부의 요도

사은·사요는 인생의 요도(要道)요, 삼학·팔조는 공부의 요도인 바, 인생의 요도는 공부의 요도가 아니면 사람이 능히 그 길을 밟지 못할 것이요, 공부의 요도는 인생의 요도가 아니면 사람이 능히 그 공부한 효력을 다 발휘하지 못할지라, 이에 한 예를 들어 그 관계를 말한다면, 공부의 요도는 의사가 환자를 치료하는 의술과 같고, 인생의 요도는 환자를 치료하는 약재와 같나니라.

인생의 요도와 공부의 요도로 들어가봅시다. 인생의 요도, 공부의 요도는 대체로 3가지로 대의를 정리합니다.

첫째, 교의편 교리 전체를 종합한 것입니다. 대종사의 참으로 자상하신 점입니다. 인생의 요도는 신앙문 교리를 종합하신 것이고, 공부의 요도는 수행문 교리를 종합하신 것입니다. 일원상 진리를 중심으로 진리, 신앙, 수행, 서원문, 법어, 게송, 또 사은·사요, 삼학·팔조를 각각 설명하셨습니다. 이것이 인생의 요도와 공부의 요도의 대의입니다.

둘째, 인생의 요도는 사람이 잘 사는 길을 밝힌 것이라 할 수 있습니다. 사람이 어떻게 해야 잘 사는 것인가? 인생의 요도, 공부의 요도에서 밝히자면 불공입니다. 보은하고 불공하는 것이 잘 사는 길입니다.

셋째, 공부의 요도는 공부 잘하는 길, 즉 마음 단련을 잘 하는 것입니다. 어느 동지가 저하고 전화를 하다가 다가오는 시대는 마인드 인더스트리 시대라고 하는 겁니다. 제가 그 소리를 듣고 '아! 마음공부가 이제 산업이 되는 마음 산업 시대구나'라는 것을 느꼈습니다. 그러면서 불법시 산업, 산업시 불법이라고 말합니다. 우리는 불법시 생활, 생활시 불법이라고 알아왔는데 사회로 한 단계 더 끌고 들어가서 불법시 산업, 산업시 불법이라고 하더란 말입니다. 대단한 메시지입니다. 저는 이 말을 듣고 몇 교무들에게 메일을 보내서 자료를 받았습니다. 그 교무들이 만든 자료를 뽑으면 10개 정도가 됩니다. 지도하는 사람 없이 교무 몇 사람을 통해서 '어떤 교당을 만들 것인가', '교당에서 어떻게 활용할 것인가'에 대한 학습 서적을 만들려고 생각합니다. 하나하나 점검해가면서요.

내용으로 들어가봅시다. **인생의 요도는 사은·사요, 공부의 요도는 삼학·팔조**를 말합니다. 구체적으로 신앙문 교리, 수행문 교리라고 말했는데 인생의 요도, 공부의 요도는 상호 보완적이라고 말할 수 있습니다. 공부의 요도를 잘하면 인생을 잘 사는 것이고, 인생의 요도를 잘하면 공부도 잘하게 됩니다. 인생의 요도는 사람으로서 사람답게 사는 길을 밝혀주신 것입니다. 공부의 요도는 마음공부의 요긴한 길을 밝힌 것입니다.

상호 보완이 되지 않는 실례를 생각해봅시다. 원불교 교리는 인생을 잘살면 공부가 잘 되게 되고, 공부를 잘하면 인생을 잘 살게 되어 있습니다. 병진하고 쌍전하는 것입니다. 세상에서 사람 노릇 잘하고 사는 것이 쉬운일은 아닙니다. 남편은 교당을 안 나오고 부인은 나오는 경우가 많습니다. 남편은 시간이 없어 교당에 못 간다는 이유를 듭니다. 교당에 나오는 여자교도들은 '홀로교도'입니다. 젊은 사람들은 쌍으로 나옵니다. 앞으로 젊은사람들을 집중적으로 교화를 해야지 이것을 못 하면 일요일마다 부부가 이별을 하게 됩니다.

여자 교도들이 제일 열 받는 일이 뭔지 아십니까? 남편이 "교당 다니면서 그렇게 성질을 내냐?" 이 말입니다. 사람이 살다 보면 성질 낼 일도 생깁니다. 그런데 남편도 매번 성질 내면서 핑계를 그렇게 하니 듣기 싫은 것입니다. 이런 남편을 교당에 못 모시고 오는 경우, 인생을 잘 살기 위해서 공부를 포기하는 사람이 있습니다. 인생을 잘 살기 위해서 마음공부를 포기하는 것입니다. 그런가 하면 극단적으로 공부만 하는 사람도 있습니다. 종교에 미쳐 극단적인 종교 신봉주의자가 된 겁니다. 그것은 종교를 위해서, 공부를 위해서 인생을 포기한 것이라 할 수 있습니다.

인생의 요도와 공부의 요도는 상호 보완적이어야 합니다. 공부 속에서 인생이 빛나야 합니다. 또 생활 속에서 공부가 빛나야 합니다. 이 두 가지는 선택 사항이 아니라 함께 병진해야 하는 필수 사항입니다. 대종사께서는 끝에 '공부의 요도는 의사가 환자를 치료하는 의술과 같고, 인생의 요도 약재와 같다'고 예를 들어주십니다. 의술은 의사가 갖고 있는 기술이고, 약재는 의사 안에 있는 기술이 아닌 밖에 있는 것입니다.

'마음 의사 양성소'라고 붙어 있는데 잘 붙여놓은 것 같습니다. 제가 볼 때 여기가 진짜 마음 의사 양성소입니다. 의과대학, 치과대학, 한의과대학, 수의과대학 육신의 의사 양성소 아닙니까? 이 사람들은 치열하게 공부합니다. 제가 경험해봐서 잘 압니다. 시험 점수로 교수가 학생을 꼼짝 못하게 완전히 휘어잡습니다. 잘못하면 재시험을 계속 보는 겁니다. 저도 시험 정말 많이 봤습니다. 시험 볼 때마다 점수를 발표하는데, 아주 세밀한 교수는 공부 잘하는 사람들 점수를 점검합니다. 지금까지 누가 1등이라는 것을 계산하고 치열하게 공부합니다. 제가 왜 전무출신 한 줄 아십니까? 그런 치열한 공부 속에서 벗어나고 싶었습니다. 3학년 때 전무출신을 하기로 결심했습니다. 그런데 마음 의사 양성소에 와보니까 시험도 안 보고, 시험 볼 때 더 놉니다.

삼학 공부를 잘하면 마음병 의술을 단련하게 됩니다. 그리고 사은·사요 공부를 잘하면 약재를 적재적소에 사용하는 공부를 배우게 됩니다. 종합적으로 말하면 삼학·팔조는 마음병 치료의 의술이고, 사은·사요는 마음병 치료의 약재입니다. 이것은 사람들에게 어떤 의술과 어떤 약재를 제공할 것인지 알려주신 대종사의 공부의 요도, 인생의 요도 요약이라고 볼 수 있습니다.

7장
진리를 알아가는 네 가지 방법

– 사대 강령

사대 강령은 곧 정각 정행(正覺正行)·지은 보은(知恩報恩)·불법 활용(佛法活用)·무아 봉공(無我奉公)이니,

정각 정행은 일원의 진리 곧 불조 정전(正傳)의 심인을 오득(悟得)하여 그 진리를 체받아서 안·이·비·설·신·의 육근을 작용할 때에 불편 불의(不偏不倚)하고 과불급(過不及)이 없는 원만행을 하자는 것이며,

지은 보은은 우리가 천지와 부모와 동포와 법률에서 은혜 입은 내역을 깊이 느끼고 알아서 그 피은의 도를 체받아 보은행을 하는 동시에, 원망할 일이 있더라도 먼저 모든 은혜의 소종래를 발견하여 원망할 일을 감사함으로써 그 은혜를 보답하자는 것이며,

불법 활용은 재래와 같이 불제자로서 불법에 끌려 세상 일을 못할 것이 아니라 불제자가 됨으로써 세상 일을 더 잘하자는 것이니, 다시 말하면 불제자가 됨으로써 세상의 무용한 사람이 될 것이 아니라 그 불법을 활용함으로써 개인·가정·사회·국가에 도움을 주는 유용한 사람이 되자는 것이며,

무아 봉공은 개인이나 자기 가족만을 위하려는 사상과 자유 방종하는 행동을 버리고, 오직 이타적 대승행으로써 일체 중생을 제도하는 데 성심 성의를 다 하자는 것이니라.

　　　　　　사대 강령에 들어가기에 앞서 교리도의 구조에 대해 공부하도록 합시다. 교리도의 구조를 알아야 지금까지 일원상의 진리를 중심으로 삼학·팔조, 사은·사요, 인생의 요도, 공부의 요도, 사대 강령으로 종합할 수 있습니다.

　종적 구조부터 알아봅시다. 종적 구조는 우선 상징 구조입니다. 일원상 부분을 종적으로 말할 때, 상징 구조라고 합니다. 언어와 문자의 한계를 극복하고 문자로 표현하기 이전에 과거의 내용을 가장 원만하게 표현할 방법으로 상징을 사용하였습니다. 그래서 상징 구조는 교리 전체의 내용을 다 담고 있다고 볼 수 있습니다. 상근기는 상징 구조만 알면 되지만, 이 구조만으로는 더욱 잡기가 힘듭니다. 다음은 강령 구조입니다. 강령 구조는 삼학·팔조, 사은·사요를 말합니다. 공부 초입자가 상징, 일원상의 진리를 어떻게 공부해나갈 것인지 강령을 따라 공부하면 되는 것입니다. 삼학·팔조, 사은·사요를 따라서 공부하면 상징이 내 것이 된다는 뜻이기도 합니다. 그 다음 종합 실천 구조입니다. 공부가 더 깊어지면 한 마음 속에서 신앙이 되고 한 마음 속에서 수행이 되어야 하는데, 이것이 처처불상 사사불공 무시선 무처선의 표어입니다.

　이번에는 횡적 구조를 알아봅시다. 전체를 놓고 하나하나 연결시켜주는 진리가 핵심 구조입니다. '법신불은 우주 만유의 본원이요, 제불 제성의 심인이요, 일체 중생의 본성'이라 하시고 게송이 나옵니다. 법신불을 설명하고 게송과 연결하는 부분이 횡적 구조 가운데 자리해서 진리의 핵심 내용을 가장 적은 단어로 설명한 것입니다. 바로 진리의 핵심 구조입니다. 그리고 신앙 수행 구조입니다. 한편으로는 신앙을 하고 한편으로는 수행을 하는 신앙문, 수행문입니다. 신앙문은 인과보응, 수행문은 진공 묘유로 말씀하셨습니다. 신앙과 수행을 통해서 진리의 핵심으로 들어가도록 밝힌 구조입니다. 셋째, 대외 실천 구조입니다. 먼저 진리적 핵심을 신앙과 수행을 해서 내 것으로 만들었다면 다음은 밖으로 실천해야 합니다. 대외 실천 구조는 정각 정행正覺正行, 지은 보은知恩報恩, 불법 활용佛法活用, 무아 봉공無我奉公 곧 사대 강령입니다. 교리도가 이런 구조로 정리되는데 초입자는 반드시 이 강령에 따라 공부해야 한다는 것이 가장 중요합니다. 사은 보은의 강령은 응용 무념입니다. 부모은에서 보은의 강령은 무자력자 보호, 동포은은 상부상조, 법률은은 준법지계라고 말합니다. 초입자는 한 마음 속에서 법신불에 대한 전체 신앙이 일어나야 됩니다.

수행도 마찬가지입니다. 진리의 상징 구조인 일원상의 진리에 어떻게 합일해 들어갈 것인가? 이것 역시 초입자는 강령에 따라 공부해야 합니다. 정신 수양, 사리 연구, 작업 취사, 삼학으로 공부하면 됩니다. 염불·좌선·경전·강연·회화·의두·성리 등 11과목에 따라 하면 됩니다. 어느 정도 능숙한 사람은 한 마음 속에서 삼학 수행이 무시선 무처선으로 실천되어야 합니다.

오늘 강조하고 싶은 것은 대외 실천 구조입니다. 일원상 진리를 신앙하고 수행해서 내 것으로 만들어 사대 강령으로 개인적 실천뿐 아니라 대외적으로도 실천하라는 것입니다. 사대 강령은 밖으로 실천하기 때문에 개인적 실천입니다. 구조적으로 파악할 때 저 작은 그림 하나에 대종사의 일대 경륜과 포부가 다 들어 있습니다. 교리도 구조를 파악해보면 정전 교의편 전체가 다 정리됩니다.

사대 강령은 교리 구조에서 볼 때 대외 실천 구조에 속합니다. 진리 핵심 구조를 신앙하고 수행을 통해서 자기가 체득합니다. 그 체득을 통해 사대 강령을 밖으로 실천하자는 것입니다. 사대 강령을 실천하면 개교의 동기에서 말씀하시는 광대무량 낙원 세계가 실현됩니다. 정전 교의편 제일 마지막 장에 사대 강령을 넣어주신 뜻은 일원상의 진리 삼학·팔조, 사은·사요를 다 섭렵해서 대외적으로 잘 실천하자는 데 있습니다.

사대 강령의 첫째는 정각 정행입니다. 정전의 원문에 '일원의 진리, 곧 불조 정전의 심인을 오득하여'라고 나와 있습니다. 정각은 '불조 정전의 심인을 오득하라', 다른 말로 하면 '일원상의 진리를 깨쳐라'입니다. 불조 정전의 심인이라는 말씀 안에 일원상의 진리가 어떤 진리인지 규명하고 계십니다.

정행은 그 진리를 체받아서 '안·이·비·설·신의 육근을 작용할 때 불편 불의하고 과불급이 없는 원만행을 하라'입니다. 불편 불의에서 불편하다는 말은 편착되지 않는다는 뜻입니다. 사람의 취사가 왜 어긋난 것일까요? 그 원인은 여러 가지가 있을 것입니다. 저도 그렇습니다. 원티스 출가교역자 광장에 한 번씩 들어가보면 제가 살았던 곳이라 관심을 더 갖게 됩니다. 비정상적인가요? 이것이 불편 불의하고 편착되었다 하면 정행이 나올 수 없습니다. 불의행, 의지하지 않는다는 것입니다. 어디에 의지하면 바른 행이 나오지 않는 법입니다. 또한, 정행을 하는 데 과불급이 없어야 합니다. 과는 너무

심한 것, 앞서가는 것을 말합니다. 불급은 못 미치는 것입니다. 과불급이 없이 적당한 선에서 행을 취사하는 것이 바로 정행 공부입니다. 너무 과하지도 않고, 너무 불급하지도 않고, 미치지 않지도 않고 적당한 정도를 중도행이라고 합니다. 그래서 삼학 공부를 하는 목적은 정각 정행입니다. 이것은 삼학 팔조의 종합적 실천이기도 합니다.

여러분들은 깨쳤습니까? 안 깨쳤습니까? 안 깨쳤다구요? 솔직해서 좋습니다. 그러면 정각 정행을 어떻게 실천하자는 것인가요? 안 깨쳤으니 정각 정행 안 해도 되는 것입니까? 정각 정행은 알았으면 안 만큼 실천하는 것입니다. 제가 진리 공부를 하고 원불교 교도가 되고, 교역자가 되기 위해서 교당에서 공부하고 설교를 듣고 했습니다. 마음 심법을 어떻게 써야 되는 것인지를 아는 것이 정각이고, 안 만큼 실천하는 것이 정행입니다. 정각 정행을 안 한다면 교리 공부를 잘못하는 사람이고, 또 실천을 잘못하는 사람이라고 볼 수 있습니다.

둘째는 지은 보은입니다. 신앙문 교리를 체받아서 밖으로 실천하는 것이 지은 보은입니다. 은혜 입은 내역을 깊이 알아서 보은행을 하자는 보은 불공인 것입니다. 정전 원문에 '원망하는 일을 당할지라도 은혜의 소종래를 발견하여 감사로 돌리자' 이것이 지은 보은입니다.

여러분 이 말씀이 실천이 됩니까? 원망하는 일을 당했는데 그 은혜의 소종래를 발견해서 감사로 돌리자는데 못하는 원인을 생각해봤습니다. 비교하는 마음 때문입니다. 아주 중요한 이야기입니다. 어제 점심에 제가 초대를 받아서 점심 식사를 하러 갔습니다. 저를 초대한 사람이 우리 교단에서 뜨는 강사가 되었더랍니다. 그래서 저한테 감사하다고 밥을 사는 거였습니다. 어느 남자 교무하고 같이 갔는데 아주 고급 식당에서 대접 받았습니다. 그런데 그 남자 교무는 매번 중국집을 가면서 저한테 수없이 얻어먹었으면서도 그것은 다 잊어버리고 오늘같이 은혜롭게 대접을 받은 것은 처음이라고 겸전한 감사를 하는 것입니다. 은혜의 조건이 되는 것은 수없이 많습니다. 큰 것도 있고 작은 것도 있습니다. 그런데 비교하는 마음이 있기 때문에 작은 것은 잊어버리게 되는 것입니다. 큰 것만을 감사하게 되는 겁니다. 제가 명함을 만들었는데, 제일 위에다 감사 디자이너라고 넣었습니다. 들어보셨습니까? 감사 디자이너 참 좋지 않습니까? 제가 지금 교무로서 가질 수 있는 직책은 다 놓아서 맨 위에 감사 디자이너를 넣어 명함을 찍은 것입니다. 앞으로는 감사를 디자인하는 운동에 열정을 바쳐서 그쪽으로 노력을 하려고 합니다. 피은된 내역을 깊이 느껴야 합니다. 감사도 학습을 해야 늘어나지 안 하면 보은이 안 되는 것입니다.

은혜를 알아 보은행을 하는데 감사가 있고 '고마워요'가 있습니다. 어느 책에서 보니까 '사랑해요'라는 말보다 '고마워요'라는 단어가 훨씬 힘이 있다고 합니다. 여러분들 느낍니까? 저는 어제를 보내면서 감사해야 될 조건 3개를 써봤습니다. 여자 교무로부터 점심을 거하게 대접받은 것 감사할 내용입니다. 오전에는 녹적을 만들어서 가져다줬어요. 오후에는 제가 어디를 꼭 가야 되는데 다른 일정이 겹쳐서 전화를 했더니 그럼 오시지 말라는 겁니다. 그것도 감사할 일입니다. 우리는 보은과 감사의 실천자들이 되어야 합니다. 그것이 바로 인과보응의 신앙문 교리를 전체적, 대외적으로 실천해가는 길이 된다고 볼 수 있습니다.

셋째는 불법 활용입니다. 교법의 총설에 보면 불제자가 불교에 입문을 하면 과거 시대에는 세상일도 못하고 가정일도 못하고 세상과 격리되어 살아야 했습니다. 이것이 그동안 불교가 가지고 있던 스님 등 전문 출가 수도인에 대한 통념상 이해입니다. 그런데 대종사께서는 이러한 과거의 병폐 현상을 불법 활용에서 깨버리셨습니다. 불제자가 되면서 세상 일을 못하는 것이 아니라 오히려 세상 일을 더 잘하는 사람이 되자는 것입니다. 무용한 사람과 유용한 사람으로 대입을 했습니다. 여러분들은 유용한 사람이 되기를 원하십니까? 무용한 사람이 되기를 원하십니까? 모두 유용한 사람이 되기를 원하실 것입니다. 어떤 조직에 내가 몸을 담았는데 무용지물이라면 그것 같이 인생을 잘못 사는 것이 없습니다. 슬픈 일이기도 합니다. 자기의 존재감을 잘 느끼고 세상과 조직 생활을 잘하는 사람은 스스로에 대한 자존감이 강하게 있어야 합니다. 어느 여자 교무가 저에게 와서 자기가 잘 사니까 옆에 있는 사람들이 계속 도와준다는 겁니다. 이 말이 별것 아닌 것 같지만 그 사람은 자존감이 있는 사람입니다. 자존감이 없는 사람은 엉뚱한 곳에서 자기의 존재를 확인하려고 합니다.

불법 활용은 자기가 속한 직장, 조직 속에서 불법을 한없이 쓰라는 말입니다. 그래서 유용한 사람이 되라는 것이 불법 활용의 의미라고 볼 수 있겠습니다. 출가 전무출신이 되고, 재가교도 생활을 하는 것은 세상과 일정한 거리를 두어 잘 사는 것이 아니라, 세상 속에서 잘 사는 것이 제대로 된 역할입니다.

넷째는 무아 봉공입니다. 사대 강령을 종합한 결론이라고 할 수 있습니다. 이 무아가 참 어렵습니다. 살다 보면 직책을 맡았을 때 그 직책에 충실해야 합니다. 그것이 잘 수행하는 것이기도 합니다. 그런데 충실하다 보면 자기도 모르게 얽매이게 됩니다. 무아라는 것은 자기를 없애고, 결국엔 소아를 대아로 바꾼다는 것입니다.

봉공은 진정한 무아가 아니면 안 되는 것입니다. 대종사께서 대승행을 말씀하셨습니다. 무아 봉공의 실천을 이타적 대승행이라고 할 수 있습니다. 이타는 나를 이롭게 하기보다 다른 사람을 이롭게 하는 것입니다. 기숙사 방에 보통 두세 사람이 같이 사는데 서로 배려해줘야 합니다. 자기 본위로 살기보다 다른 사람 본위로 사는 것이 이타적 대승행입니다. 그러나 이타적 대승행을 한다 하더라도 타인은 때때로 나한테 잘해주기도 하지만, 못해주기도 합니다. 그때는 원망심이 납니다. 저는 김치냉장고, 일반 냉장고 2대를 갖고 있는데 관리하기가 참 어렵습니다. 종종 너무 오래되어서 못 먹을 것이 가끔 생기면 바로바로 처리해야 하는 데 어려움이 있습니다. 지인이 와서 가끔 방 청소도 해주고 정리를 해주고 가는데 원래대로 놓지 않고 위치를 바꾸어놓으면 제가 못 찾습니다. 도와줘서 고맙긴 하지만 제 생활 질서를 바꾸어놓으니 불편해서 고마운 마음을 잊게 되는 것입니다.

무아 봉공은 정신적으로 많은 고통을 받는 사람들을 차안에서 피안으로, 극락의 세계로, 마음공부의 세계로 실어 나르는 것입니다. 정각 정행, 지은보은, 불법 활용, 사대 강령 전체를 종합해서 말하면 무아 봉공하자는 것입니다. 그래서 무아가 대단히 중요하다는 것을 말씀드립니다.

3부

열린 시대의 실천 방법

수행편 (修行編)

1장

생활 속에서 실천하는 법

– 일상 수행의 요법

수행편을 시작하기 전에 정전의 구성을 살펴보면 총 3편으로 되어 있습니다. 정전의 처음은 총서편입니다. 교무 고시에 '정전에 대해서 전체적으로 논술을 하라'고 하면 총서편의 서론, 총론을 적으면 됩니다. 총서편에는 개교의 동기, 교법의 교리 전체, 원불교가 가는 방향 등 총설 두 가지를 총론적으로 밝혀놓아서 정전의 흐름을 이해할 수 있습니다. 대종사께서는 체계적이십니다. 전체적인 방향이 내재되어 있습니다.

두 번째는 교의편입니다. 강론입니다. 일원상의 진리, 신앙문 교리, 수행문 교리, 인생의 요도, 공부의 요도, 사대 강령 등으로 구성되어 있습니다. 교리의 각 부분을 하나하나 설명하십니다. 일원상 장에서는 일원상의 진리, 신앙, 수행, 서원문, 법어, 게송 등 하나하나씩 강론으로 다 정리해주셨습니다.

세 번째는 수행편입니다. 수행편은 실천 방법론입니다. 여기서 말하는 수행은 신앙과의 상대적 개념을 말하는 수행이 아닌 또 다른 수행을 뜻합니다. 수행편 내에는 불공하는 법, 심고와 기도 등이 있습니다. 신앙의 방법을 밝혀주신 것입니다. 이렇게 정전은 세 편으로 구성되어 있습니다.

일상 수행의 요법 대의는 두 가지로 정리합니다. 수행편은 일상 수행의 요법으로 시작합니다. 실천 방법론의 총론을 수행편을 통해서 밝히신 것입니다. 일상 수행의 요법을 한때는 구성심九省心 조항, 교강 9조라고 했습니다. 그리고 또 한 가지 특징은 교리의 실천 방법론을 세부적으로 기술하지 않고 간략하게 기술했다는 것입니다.

∞

1. 심지(心地)는 원래 요란함이 없건마는 경계를 따라 있어지나니,
   그 요란함을 없게 하는 것으로써 자성(自性)의 정(定)을 세우자.
2. 심지는 원래 어리석음이 없건마는 경계를 따라 있어지나니,
   그 어리석음을 없게 하는 것으로써 자성의 혜(慧)를 세우자.
3. 심지는 원래 그름이 없건마는 경계를 따라 있어지나니,
   그 그름을 없게 하는 것으로써 자성의 계(戒)를 세우자.
4. 신과 분과 의와 성으로써 불신과 탐욕과 나와 우를 제거하자.
5. 원망 생활을 감사 생활로 돌리자.
6. 타력 생활을 자력 생활로 돌리자.
7. 배울 줄 모르는 사람을 잘 배우는 사람으로 돌리자.
8. 가르칠 줄 모르는 사람을 잘 가르치는 사람으로 돌리자.
9. 공익심 없는 사람을 공익심 있는 사람으로 돌리자.

　　　　1조는 심지는 요란함이 없다, 2조는 심지는 어리석음이 없다, 3조는 심지는 그름이 없다. 그렇게 말씀을 하셨습니다. 경계를 따라 요란해지고, 어리석어지고, 글러지는 것을 없애는 방법으로 자성정, 자성혜, 자성계를 세우라 하신 것입니다.

　여기서 말하는 **심지는 마음 땅**입니다. 심전이라고도 합니다. 심지를 최초로 말씀으로 쓰신 분은 육조대사인데, '심지무란 자성정心地無亂自性定, 심지무치 자성혜心地無癡自性慧, 심지무비 자성정心地無非自性戒'이라고 하셨습니다. 그런데 대종사께서는 정전에서 심지를 심전으로 쓰셨습니다. 또 대승기신론에서는 심지를 진여로 썼습니다.

　왜 심지라는 말을 썼냐면, 우리들의 현실적인 마음이 일어나는 근원이라 그렇습니다. 지금 내가 말을 하는데 여러분들 듣습니까? 듣죠. 듣는 마음이 일어나는 근원을 심지라고 표현했습니다. 마음 땅에서 땅은 만물을 생성합니다. 생성의 근원이라는 것입니다. 제가 오늘 서원관 앞에 우산을 쓰고 오는데 보도블록 사이사이로 풀이 나 있었습니다. 흙은 모든 생물을 자라게 하는 바탕이 됩니다. 남자 정화단에 밴드가 있는데 그중 한 명이 몽골에 갔습니다. 몽골의 인구는 400만 명으로 땅은 우리나라의 27배입니다. 그 교무가 황사가 일어나는 모래언덕 사진을 밴드에 올려놓은 걸 보니 모래언덕이 엄청난데 풀 한 포기, 나무 한 그루 없이 그냥 모래뿐이었습니다. 그런데 다른 사람들이 전혀 반응하지 않아서 제가 거기에 '모래언덕을 보니 풀 한 포기 없다. 흙의 은혜를 새삼 느낀다' 이렇게 달아줬습니다. 흙이 이렇게 소중합니다.

　심지는 온갖 마음이 다 나오는 바탕입니다. 그 온갖 마음을 금강경에서는 삼천대천세계三千大千世界라고 비유하고 항하사 모래 수에 비교합니다. 그래서 그 마음의 본래 바탕, 심지는 요란하지도 않고 어리석지도 않고 그르지도 않다는 것입니다. 이처럼 일상생활 속에서 여러 현실적인 마음이 나오는 바탕이 심지입니다.

이 **심지는 요란하지도, 어리석지도, 그르지도 않은데** 무엇이 들어서 요란해지느냐, 바로 경계 때문입니다. 그러면 경계는 무엇을 말하느냐, 내경과 외경으로 나눌 수 있습니다. 내경이라는 것은 근본적으로 보면 무명 업장입니다. 현실적으로 볼 때 내경은 관념과 상입니다. 이 관념과 상이 들어서 어리석어지고 요란해집니다.

제가 교역자 광장을 들어가보면 엉터리 이야기를 하는 교무들이 있습니다. 그럴 때 제 마음이 어때요? 요란해집니다. 안 보면 되는데 보면 요란해집니다. 원광학원 이사장을 하고 나왔다는 상 때문에 원광학원에서 일어나는 복잡한 일들을 보면 제 마음이 요란해집니다. 그것을 딱 놔버리면 요란해질 일이 없잖아요? 이것이 내경, 안으로 경계입니다.

그다음에 외경이 있습니다. 외경은 육경입니다. 육경은 색·성·향·미·촉·법입니다. 안·이·비·설·신·의 육근이 육경을 만나면 육식이 일어납니다. 육식이 일어나서 요란해지고, 어리석어지고, 글러집니다. 본래 우리 마음은 요란함도 없고 어리석음도 없고 그름도 없다고 했는데, 일원상 진리에서는 공적 영지의 광명이라고 하고 진공 묘유의 조화라고 하셨습니다. 원래의 마음자리인 것입니다. 그런데 경계를 당해서 이것이 흐트러져버립니다. 교단 한편에서 마음공부 하는 사람들이 있는데, 그 사람들은 이 세 조항을 다 풀어버립니다.

이렇게 요란하고 어리석고 그름이 없는 것으로써 자성의 정, 혜, 계定慧戒를 세우자고 하셨는데, 없게 하는 방법이 무엇이냐. 첫째는 경계 알아차리기입니다. 경계를 경계인 줄 알고 알아차리면 요란한 것이 없어집니다. 그런데 경계를 경계인 줄 모르고 계속해서 끌려가니까 요란해지는 것입니다. 둘째는 경계 분석하기입니다. 살다 보면 무수한 경계가 있습니다. 경계를 당해서 정사, 바른 것과 삿된 것에 대해 분명한 분석을 해야 합니다. 경계가 순서 없이 순간적으로 일어납니다. 그 순간 속에서 정사를 판단해야 합니다. 셋째는 경계를 가지고 취사하기입니다. 즉, 정의는 취하고 불의는 버리는 것입니다. 그런데 불의를 버리기가 어렵습니다. 실제로 버리려면 아까운 생각이 나서 거기에 매달리고 잡혀갑니다. 작업 취사 조목 중에서 낙을 버리고 고로 들어가는 원인을 세 가지로 말씀해주셨는데, 그중에 철석같이 굳은 습관이 있습니다. 이 습관을 이기기가 쉽지 않습니다.

이렇게 경계를 없게 하는 공부를 하면 결과적으로 자성의 정이 생깁니다. 정은 안정입니다. 정정이 되고, 편안해집니다. 요란함이 없으면 편안합니다. 그래서 자성의 정입니다. 정은 마음이 확정되고, 굳어지는 겁니다. 팔조에서 신과 같은 역할을 합니다. 확실하게 믿음을 정하면 안정이 됩니다. 결정을 하기 전에는 오락가락하면서 사람 마음이 어수선합니다. 그런데 일단 딱 정하고 나면 안정이 되는 것입니다. 두 번째는 자성의 혜입니다. 혜는 지혜의 밝음입니다. 어디서 꾸어 오는 것이 아니라 자기 마음속에 있는 밝음을 캐내는 겁니다. 그것이 자성의 혜입니다. 그 다음 자성의 계는 바름과 정의입니다. 바르고 정의로운 것입니다.

일상 수행의 요법 3조까지 특징을 살펴봅시다.
1, 2, 3조의 특징은 생활 속에서 삼학 수행을 하는 것입니다. 일상생활 속

에서 사람들이 수행을 병진해나가는 것이 특징입니다. 그리고 피경이 아니라 대경 공부입니다. 피경 공부 해봤어요? 저는 사실 피경 공부를 상당히 합니다. 왜냐하면 복잡한 건이 생기면 그걸 가지고 계속 고민하면 저만 손해 보잖아요. 놔버리고 안 보고, 안 듣고 그러면 편안해집니다. 정말 좋은 방법입니다. 그리고 시간이 지나면 그 일이 다 해결되고 끝나버립니다. 이런 일들이 얼마든지 생깁니다.

어제 저녁 뉴스를 보니 전라북도의 정부 지원 제한 대학 중 몇 개 대학을 금년에 다시 발표하는데, 그것 때문에 대학들이 전전긍긍한다고 합니다. 제가 대경을 해도 마음이 편안한 것은 원광대학은 이미 잘 해놨으니 해당이 안 되기 때문입니다. 그렇지 않아요? 그런데 만약에 원광대학이 재정 지원 제한 대학에 걸렸다는 뉴스를 보면 제가 편안하겠어요? 안 보고 안 듣는 게 낫겠죠? 그러니 여러분들도 감당하지 못할 경계가 있으면 피하는 것이 더 현명합니다. 이처럼 일상 수행의 요법 3조까지의 특징은 피하지 말고 대경 공부를 하며 우리가 생활 속에서 삼대력을 얻어나가는 것입니다.

또 다른 특징은 한 마음 속에서 **삼학을 병진하는 공부**입니다. 정신 수양 따로 있고 사리 연구 따로 있고 작업 취사 따로 있는 것이 아닙니다. 물론 1조는 정신 수양이고, 2조는 사리 연구고, 3조는 작업 취사입니다. 그런데 이 세 가지를 몰아서 이야기하면 한 마음 속에 온전하기도 하고, 생각도 하고, 취사도 하여 밝히고 멈추고 실행한 다음 한 마음이 되는 공부인 것입니다.

일상 수행의 요법은 수행편의 서론에 해당하기 때문에 교리의 전체 내용을 간단히 실천 조목으로 설명해주신 부분입니다. 그렇기 때문에 이 일상 수행의 요법만 정리하면 뒤에 나오는 각 과목이 훨씬 더 재미있어지고 쉽게 접근할 수 있는 문리가 트이게 됩니다.

4조는 **신과 분과 의와 성으로써 불신과 탐욕과 나와 우를 제거하자**고 말씀하셨는데 교의편 교리인 팔조를 한 문장으로 실천 내용을 제시한 것입니다. 신, 분, 의, 성과 불신, 탐욕, 나, 우는 사람의 인격을 형성하는 요소입니다. 우리 인격 속에는 신, 분, 의, 성과 불신, 탐욕, 나, 우라는 요소가 갈아 있습니다. 그런데 바람직하게 우리 인성에 있어서 긍정적 요소가 되는 네 가지를 적극적으로 인격 속에서 확충시키자는 것입니다. 마음 가운데 긍정적 요소를 확장시키는 것입니다.

팔조를 할 때 말씀드렸지만 팔조에서 말하는 신, 분, 의, 성에서 신은 일반적으로 말하는 신이 아니라, 삼학으로 공부하면 성불할 수 있다는 확실한 마음을 세우는 신입니다. 신을 세워도 공부가 지리멸렬하게 잘 안될 수도 있는데, 분은 자기 공부심에 대해 진정으로 왜 이렇게 공부가 안 되는지 스스로에게 화를 내는 것입니다. 의는 이 공부 길이 맞는지에 대한 의심으로 맞춰가는 것입니다. 의두 성리의 의와는 다른 의미입니다. 성은 공부 길이 맞으면 거기에 정성을 들이는 것입니다. 한 번에 끝내는 것이 아니라 계속해서 반복하는 회전 공부라고 말씀드렸습니다. 신, 분, 의, 성을 계속해서 돌리는 것입니다. 그러다 보면 마음속의 불신, 탐욕, 나, 우를 제거하게 됩니다. 신, 분, 의, 성이 인격을 구성하는 긍정적 요소라면 불신, 탐욕, 나, 우는 인격을 파괴하는 부정적 요소라고 할 수 있습니다. 신, 분, 의, 성을 한 번만 하지 말고 계속해서 챙겨나가는 것이 사조를 실천하는 길이 됩니다.

5조는 **원망 생활을 감사 생활로 돌리자**입니다.

5조는 사은 보은의 실천 방법으로 대단히 중요합니다. 강론에서 사은을 이야기할 때 천지은은 보은의 강령 응용 무념의 도입니다. 부모은은 무자력자 보호, 동포은은 상부상조, 법률은은 준법 지계라고 이미 설명드렸습니다. 보은의 강령에서 사은 한 대목 한 대목에 대한 강령을 말씀해주셨습니다. 수행편에서 한 말씀, 한 문장으로 사은 보은 실천이 되는 것이라고 제시해준 조목이 '원망 생활을 감사 생활로 돌리자'입니다.

대종사는 어떤 성자인가, 하면 '은혜의 성자'라고 생각합니다. 20여 년의 구도 끝에 대각을 이루셨는데 그 대각 속에 허공 법계에 가득 찬 은혜를 발견하셔서 우리에게 전해주신 것입니다. 생각할수록 감사하고 소중한 일입니다. 우주 만유가 다 은적 네트워크로 형성되었다는 것을 발견하시고, 진리와 이치를 제시하심은 대종사 대각의 내용이기도 합니다. 이런 은혜를 밝혀주신 성자께 은혜를 갚는 데 있어 강론에서는 보은의 강령을 네 가지로 실천하면 은혜 보은이 되는 것입니다.

수행편에서는 사은 전체를 한 말씀으로 보은하는 길을 제시해준 것입니다. 식사할 때 합장하죠? 그때 뭐라고 하십니까? 네 가지 크신 은혜라고 하죠. 저는 이렇게 합니다. 순간적으로 간단하게 '천지·부모·동포·법률'에 감사합니다. 5조에 보면 원망은 배은이고, 감사는 보은입니다. 그러니 원망하지 말고 감사하자는 말은 배은하지 말고 보은하자는 것입니다. 그 간단한 것이 감사입니다.

그러면 원망을 왜 하게 되는가? 원망 생활하는 원인은 피은·보은·배은을 알지 못해서 그럽니다. 이것을 정전 사은 장에서 말씀하셨습니다. 피은된 내력, 보은된 내력, 배은된 내력을 모르기 때문에 원망을 하게 됩니다. 더 근원적으로 생각해보면 시비 이해를 몰라서입니다. 시와 이가 될 때에는 감사할 수 있습니다. 그런데 비와 해가 될 때에는 원망을 합니다. 이것이 생활 속에서 순간적으로 이루어집니다. 사실 비와 해가 경계가 되는 것입니다. 순간적으로 아닌 것과 해로운 것이 내게 닥치면 원망을 합니다. 해로울 때, 다른 말로 시련이 올 때 등 인격은 시련 속에서 단련됩니다. 시련 없이 살 수 있는 인생은 없습니다. 살다 보면 시련이 있기 마련입니다. 그럴 때 챙기지 못하고 원망하는 것이 원망 생활의 원인입니다.

그리고 살다 보면 받고 주는 여수관계를 맺고 사는데, 상대에 대한 기대치가 높을 때 원망을 하게 됩니다. 이런 경우가 참 많습니다. 되도록이면 상대에 대한 기대치를 낮춰서 사소한 것이라도 감사할 수 있는 점에 감사하면서 살아야 5조를 실천할 수 있다고 봅니다.

최근에 감사라는 위력이 조명을 받고 있습니다. '감사'라는 단어 자체가 굉장한 위력과 파괴력을 가지고 있습니다. 유튜브에 올라와 있는 동영상을 보니까 감사에 대한 실험을 한 동영상이 있더군요. 어느 방송국의 피디가 유리병에 밥을 담고 밀봉한 다음, 하나는 '감사해요'라는 단어를 써서 붙이고, 또 한 병에는 '짜증나' 이렇게 적었습니다. 이 통 두 개를 여러 개 만들어서 방송국에 있는 기자, 작가, 직원들에게 나눠줬습니다. 주면서 '감사해요'가 적힌 통을 보면 웃으면서 '감사해요'라고 말하고, '짜증나'가 적힌 통을 보면 찡그리면서 '짜증나'라고 말하라고 시켰습니다. 보름 후에 통을 다 수거해서 보니까 확연한 차이가 납니다. '감사해요' 통에는 곰팡이가 피었는데 하얀 아름다운 곰팡이가 피었고, '짜증나' 통에는 새까만 곰팡이가 피고 밥도 썩었다는 겁니다. 이렇게 감사의 위력이 증명되었습니다.

저는 사랑보다는 감사가 훨씬 더 큰 파괴력이 있다고 생각합니다. 사랑은 사랑해선 안 될 사람이 있기 때문입니다. 세상의 많은 사람이 나타내는 고뇌의 근원을 들어보면 사랑이 원인인 경우가 많습니다. 그런데 감사는 고뇌나 고통의 근원이 될 수 없습니다. 가정에서 부모님이 아이들에게 누가 뭐 주면 감사하다고 해, 이렇게 가르치잖아요. 문화적으로 발전한 민족이나 발전하지 못한 민족이나 공통적으로 가르친다는 것입니다. 그러니 감사가 얼마나 기본적인 것입니까?

　그러면 어떻게 감사를 할 것인지 그 방법을 살펴봅시다. 먼저 가장 가까운 사람에게 감사를 실천해야 합니다. 멀리 있는 사람에게는 감사하기가 쉽습니다. 왜냐하면 시비 관계, 인간관계가 뜸하니 전화 한 통에도 감사하기 쉽기 때문입니다. 오랜만에 만나면 반갑고 전화만 해도 기쁘고 그렇습니다. 가장 가까이에서 살아가는 사람에게는 감사하기가 어렵습니다. 여기에 감사하는 마음을 내는 것이 감사 실천에 아주 중요합니다.

　그다음, 받을 때보다 베풀 때 감사하는 것입니다. 받을 때 감사하는 건 누구라도 합니다. 그런데 내가 베풀 때, 내가 지출을 할 때에는 감사하지 않습니다. 저는 서원관에 살다가 교정원에 부장으로 와서 송대에서 3년간 살았습니다. 송대에 산 사람 중에 제가 제일 마지막에 살았던 것 같습니다. 어느 날, 지방에서 교무 한 분이 오셔서 둘러보며 아무래도 냉장고는 하나 있어야겠다는 겁니다. 서원관에 살 때 냉장고 없이 학생들처럼 살았거든요. 제가 괜찮다고 해도 이 어른이 기어이 냉장고를 사주고 가요. 그 냉장고를 사용하는데 하루 지나고, 이틀 지나고, 사흘 지나도 냉장고에 넣을 게 없는 겁니다. 그래서 빈 냉장고만 계속 돌아가는데 기가 막힐 노릇이죠. 그런데 어느 학생이 포도를 조금 사왔습니다. 그 포도를 보니 어떻게 반가운지, 학생에게 냉장고 비어 있는 줄 어찌 알고 사왔냐면서 이야기를 했습니다. '너하고 내가 심신상련하는 것 같다'고 칭찬을 잔뜩 했더니 소문이 났는지 학생들이 과일을 사 오는 것입니다. 제가 냉장고 하나 때문에 주는 것이 아니라 받는 데 이골이 났습니다. 이처럼 자신의 환경을 어떻게 하고 사느냐에 따라서 감사와 원망이 달라집니다. 저는 이렇게 생각합니다. 받을 때 감사는 당연한 감사고, 베풀 때 하는 감사가 진짜 감사입니다.

한 단계 더 들어가서 저는 '절대감사'라는 표현을 씁니다. 이것이 구경의 감사입니다. 어제 법인절을 지냈습니다. 대종사께서 창생의 도탄을 책임지고 기도하라 하시고 마지막에는 목숨을 내놓으라고 하신 말씀에 구인 선진은 일제히 '예'라고 대답하셨습니다. 그중 한 분이 가정 걱정을 하시다 대종사께서 책임진다고 하시니 '예'라고 하셨습니다. 이것이 절대감사의 경지입니다. 무조건 감사, 조건 없는 감사가 될 때 감사의 구경에 도달할 수 있는 것입니다. 제가 감사를 써서 신랑, 신부에게 결혼식 주례 때 줍니다. 부부간에 살면서 서로 원망할 일이 생깁니다. 가장 가까이에서 제일 먼저 생기는 일이 아마 부부간에 생기는 일일 것입니다. 무조건 감사를 할 때 그것이 바로 진정한 감사가 됩니다.

신앙의 생활은 바로 감사 생활입니다. 원불교는 진짜 멋진 종교입니다. 신앙의 대상도 법신불이고, 방법도 불공이고, 생활은 감사 생활로 이렇게 간단하게 신앙을 정리할 수가 있습니다.

불교는 자비죠? 자비와 감사를 비교해보면 자비는 위에서 아래로 내리는 것이고, 종적 관계입니다. 아랫사람이 윗사람에게 자비를 베푼다, 말이 됩니까? 안 되죠? 윗사람이 아랫사람에게 베푸는 것이 자비입니다. 과거는 선천시대라 이렇습니다. 그런데 감사는 아랫사람이 윗사람에게도, 좌우로도 가능합니다. 자비보다 감사가 훨씬 더 경쟁력 있습니다. 그래서 원불교는 감사의 종교입니다. 원불교의 상징적 단어는 감사입니다. 감사를 통해서 인류 사회를 감사의 세계로 만들 책임이 우리에게 있습니다. 그렇기 때문에 감사라는 단어를 소중하게 키워나가야 합니다.

6조입니다. **타력 생활을 자력 생활로 돌리자**는 것입니다. 이제 사요로 들어갑니다. 이것을 보면 대종사께서 사은은 일상 수행의 요법에서 아주 중요한데 한 조목으로 해주셨고, 사요는 각각 한 조목씩을 주셨습니다. 사요의 중요성을 알 수 있겠죠? 여러분은 사요를 쉽게 생각하지 말아야 합니다. 사람이 사는 세계 속에서 사요만큼 중요한 것이 없습니다.

그중 '타력 생활을 자력 생활로 돌리자'에 대해 말해볼까요? 자력 생활이라는 것은 자기 스스로에 대한 불공입니다. 제가 사람에 대한 불공, 당처불 중 가장 중요한 인간을 대상으로 한 교리가 사요라고 말씀드렸습니다. 타인에게 불공하기 전에 자기 스스로 불공을 해야 하는데 이것이 '타력 생활을 자력 생활로 돌리자'입니다. 자기 불공은 자기가 하는 것입니다. 이것을 다른 말로 하면 자력이 없는 사람은 사요의 인간 불공을 할 수가 없다는 것입니다. 사요 실천을 위한 가장 기초가 자력입니다. 자력이 바탕이 되어야만 다른 사람에게 불공할 수 있는 것입니다. 이것이 핵심입니다. 대중 가운데 살면서 자기 생활을 잘하는 사람을 보면 어떻습니까? 자력이 있는 사람이 옆에 있으면 그 사람에게 신경을 안 씁니다. 그런데 자력 없는 사람이 옆에 있으면 어때요? 귀찮게 되어버리죠? 확실하게 자력이 있으면 옆 사람에 대한 불공이 저절로 되는 것입니다. 이치적으로 볼 때 진리는 자력의 극치입니다. 진리가 스스로 존재하고 스스로 움직이지 누구에게 의존합니까? 그러니 일원상의 진리가 자력의 극치입니다. 자력 양성을 어느 정도로 해야 하느냐? 진리 자리에 합일할 때까지입니다. 진리가 자력의 극치라는 표현을 기독교에서는 독생자라 하고, 불교에서는 독존이라고 합니다. 대종사께서는 '만세멸도 상독로^{萬世滅度常獨露}'라고 하셨습니다. 독생자, 독존, 독로가 바로 자력의 극치를 말하는 것입니다. 자력 양성을 어느 정도 했다고 이제 되었다,

생각하면 안 됩니다. 완전히 진리 자리에 합일되었을 때 비로소 자력 양성이 끝났다고 말할 수 있습니다.

또 자력과 타력을 인과의 이치로 볼 때에도 자력이 필요합니다. 자력은 복을 축적하는 것이고, 타력은 빚을 지는 것입니다. 타력 생활을 하면 빚을 축적하고, 자력 생활을 하면 복록을 축적하게 됩니다. 결국 남의 도움을 받고 사는 것이 좋은 일이 아닙니다. 일원상 서원문에서 은생어해恩生於害는 자력입니다. 자력으로 할 때 해에서 은이 나옵니다. 자력을 할 때는 힘이 들지만 남이 해주면 쉽습니다. 그러나 결국은 빚이 되고 해가 됩니다. 해생어은害生於恩은 타력입니다. 타력을 많이 입으면 지금은 은혜를 입지만 뒤에는 해로움으로 다가온다는 것입니다. 그래서 진정한 인권 평등은 자력 양성을 통해서 이루어집니다.

7조입니다. **배울 줄 모르는 사람을 잘 배우는 사람으로 돌리자.** 한마디로 말하면 지자에 대한 불공 방법입니다. 지혜 지智입니다. 다른 말로 하면 스승 삼는 공부입니다. 지자에 대해서 스승으로 삼을 줄 알아야 한다. 그래서 지자를 만나서 배우는 자체가 불공입니다. 그 사람을 기쁘게 해주는 것입니다. 만약에 여러분들이 여기 없으면 내가 무슨 재미로 강의하겠습니까? 얼굴을 마주하고 생각을 교감하면서 주고받고 해야 할 것 아니겠습니까? 이렇게 해주니 얼마나 감사합니까? 그렇기 때문에 배우는 것 자체가 그 사람에 대한 불공이 되는 겁니다.

7조는 조직에서 지자에 대한 역할을 극대화하는 것에 대해 말하고 있습니다. 지자 본위를 통해서 지자에게 배우는 불공을 하면 지자의 역할은 극대화되고 조직은 발전하는 조직, 진급하는 조직이 됩니다. 회사를 예로 들면 지자가 리더가 될 때 발전하는 회사가 됩니다. 반대로 조직, 단체, 국가를 우자가 다스리면 그 조직, 단체, 국가는 퇴보하게 됩니다. 따라서 7조는 조직과 사회에 문명을 촉진하는 촉진제가 됩니다.

교단과 조직, 대종사께서 지향해나가던 사회는 지자 본위에 있습니다. 지자가 이끄는 지자 본위 사회를 이상 사회로 보셨습니다. 지자 본위에 의해 사회를 만들어 발전하도록 이 법을 내놓으신 것입니다. 그러나 현 사회는 지자가 아닌 사람이 마치 자신이 지자가 된 것처럼 지자의 일을 하고 사회를 이끌고 있습니다. 전문가가 보았을 때 반대로 가는 모습을 보면 얼마나 속 터지겠습니까? 이러면 안 됩니다. 이것만 잘 구별해줘도 훌륭한 리더가 됩니다. 지자와 우자를 잘 구별해서 지자를 적재적소에 맞게 활용할 줄 아는 능력이 지도자가 지녀야 할 리더의 덕목입니다.

대산종사께서 '지혜는 눈이요, 수족이요, 힘이요, 빛이요, 영생의 등불이다'고 하셨습니다. 지혜는 대단한 위력을 지닙니다. 따라서 지자 본위를 통해 지자가 되고 경쟁력 있는 사람이 되어야 합니다. 일은 결국 사람이 하고, 사람이 경쟁력이 됩니다. 서원관에 있는 사람들도 지자가 되어 경쟁력 있는 사람이 되어야 하고, 교무들도 지자가 되어 경쟁력 있는 사람이 되어야 합니다. 교도들도 원불교 교리를 제대로 알아서 다른 사람에게 설명할 수 있는 지자가 될 때 그 교당, 그 단체는 발전합니다.

8조는 가르칠 줄 모르는 사람을 잘 가르치는 사람으로 돌리자입니다. 7조와 반대로 8조는 우자에 대한 지자의 불공입니다. 지자 본위에서는 배우는 불공, 스승 삼는 불공이었다면 8조는 반대로 제자 삼아서 가르치는 불공을 하는 것입니다. 가르치는 것도 하나의 기술입니다.

자기가 가르쳐봐야 행할 수 있습니다. 저는 사실 가르치기 위해서 공부를 했습니다. 대산종사께서도 계속 가르치라고 하셨습니다.

저의 첫 발령지는 산업부였습니다. 대산종사께서는 산업부에 오전, 오후 한 번씩 나오시는데 학생들이 일하면 작대기를 들고서 작질을 하십니다. 그러고 나면 학생들이 힘을 내서 일하고, 그 덕에 사는 것입니다. 그리고 저녁에 올라가면 "너 아이들 공부시켜라, 가르쳐라."고 하셨습니다. 한문 철자집*을 가르치는 것도 강산 윤정원 법사가 아닌 저보고 가르치라고 하셨습니다. "강산님은 이론만 했지만 너는 실천도 해봤으니까 네가 가르치는 것을 아이들이 더 잘 받아들일 것이다."고 말씀하셨습니다. 가르치는 것도 가르쳐봐야 기술이 생기는 겁니다. 가르치는 것이 진정으로 배우는 것이 되고, 공부가 됩니다. 그런데 이런 사람이 있습니다. 삶을 살아온 경험, 지식도 풍부한 사람이 있는데 단상에서 말하는 거 보면 풍부한 지식, 경험이 하나도 발현되지 않는 사람이 있습니다. 이런 사람은 표현을 못하는 겁니다. 설교하러 지방 교당에 가는 한 선진이 "이 양반아, 이파리 더듬지 말고 줄거리 잡으쇼." 이렇게 부탁해서 단상에 내보내는 분이 계십니다. 표현도 해봐야 제대로 할 수 있습니다. 표현을 잘해야 알아들을 수 있고, 가르치는 것도 잘 표현해야 잘 가르칠 수 있습니다.

성자들은 가르치는 데 있어 대가라고 생각합니다. 대종사를 예로 들면 28년간 제도 사업을 하셨는데 이 기간은 가르치는 일생이었습니다. 대종사의 심신 작용 처리건, 감각 감상이 그대로 대종경에 표현되어 있습니다. 그런 표현들을 통해 가르치는 일생을 사셨습니다. '알았으면 안 만큼 가르쳐라' 이것이 가르치는 불공의 핵심입니다. 성자들처럼 완성이 된 후에 가르칠 수

---

* 초기 원불교 정체성의 전체적인 면모를 쉽게 알 수 있는 초급 교재.

도 있지만, 완성이 될 때까지 기다리면서 안 가르칠 것인가. 그러지 말자는 겁니다. 가르치는 방법에는 말, 글, 실천, 심법이 있습니다. 이렇게 4가지 통로를 통해 가르침을 베푸는 것이 8조를 실천하는 길이 됩니다.

9조 공익심 없는 사람을 공익심 있는 사람으로 돌리자입니다. 공도자에 대한 불공입니다. 공도자를 부처처럼 숭배하자는 것입니다. '공도자를 숭배하면 공도자가 많이 나오게 될 것이다'라는데 이것을 실천하기 위한 필요조건은 자기의 공익심이 어느 정도인가를 반성하고 대조하는 것입니다. 그 대조의 표준을 '빙공 영사憑公營私 반공 반사半公半私 지공 무사'로 반조하는 것입니다. 지공 무사가 되면 사적인 일도 다 공이 되어 지공 무사한 사람이 됩니다. 지방의 교당에서 지공 무사한 사람이 많이 나오면 그 교당은 발전합니다. 교단도 지공 무사한 사람이 많이 나오면 발전하게 됩니다. 개교의 동기 끝부분에 '광대무량한 낙원 세계'가 나옵니다. 광대무량한 낙원 세계가 어떤 사회인가. 우리가 바라는 이상 사회, 공익 정신이 가장 잘 발현된 사회입니다.

사대 강령 마지막에 무아 봉공이 나옵니다. 무아 봉공에 대해 대산종사께서는 봉공은 보은의 길이라고 말씀하셨습니다. 사은 보은을 하려면 봉공을 하라는 것입니다. 봉공 또한 보은의 핵심입니다. 제대로 봉공을 하면 보은의 핵심을 실천하는 것이 됩니다. 또한 봉공은 가는 정, 오는 정입니다. 내가 먼저 정을 주어야 합니다. 그런데 일반적으로 오는 정을 먼저 바라게 됩니다. 가는 정이 있어야 오는 정도 있는 것입니다. 그다음 인정이 메마른 이 세상에 새 도덕을 전해준다고 하셨습니다. 이처럼 봉공, 공익하는 것이 중요합니다.

봉공이라는 단어 속에 사은 전체의 실천을 모두 정리하셨습니다. 이것이 깨달은 사람들의 능력입니다. 광대무량한 낙원 세계를 만드는 데 가장 근본이 되는 것이 공익심이고, 봉공으로 실천하는 것입니다. 자기를 놓아 없애고 공을 내세우고, 이것을 통해 이 사회를 광대무량한 낙원 세계로 만들고자 한 것이 아니겠는가 생각합니다.

전체적으로 보면 자력 양성은 인권 평등, 지자 본위는 지식 평등, 타자녀 교육은 교육 평등, 공도자 숭배는 생활 평등입니다. 이런 평등의 세계를 4가지 조목을 통해 염원하셨고, 실현되도록 대종사께서 밝혀주신 것이 바로 일상 수행 요법의 내용입니다.

2장
어떻게 훈련해야 하는가?

– 정기 훈련과 상시 훈련

       우리가 공부를 하는 데 있어서 정기 훈련, 다시 말해 선禪이 얼마나 중요한 것인지는 나중에 학교를 졸업하면 알 수 있습니다. 제가 교학대 서원관에서 오랫동안 지도 교무로 근무를 했는데요. 가장 재미있었을 때는 동선입니다. 동선 기간은 아직도 생생합니다. 대종사께서는 동선이 중요하다는 것을 다시 한번 강조하시며 정기 훈련과 상시 훈련의 훈련법을 밝혀주셨습니다. 이 훈련을 통해서 자기 스스로가 변화하는 과정들을 점검하도록 해주신 것입니다. 이 점은 대종사께서 밝히신 교법의 아주 위대한 점입니다. 오늘은 훈련의 일반적 의미에 대해서 훈련법이 가지고 있는 특징들을 공부해보겠습니다.

  먼저 **훈련의 일반적 의미**, 일반적으로 훈련을 어떻게 생각하는지부터 알아보겠습니다. 훈련은 사회에서 볼 때 일정한 목표를 향한 인간의 의도적인 조성 활동입니다. 그래서 훈련에는 반드시 목표가 있습니다. 그 목표를 설정해놓고, 설정한 목표에 접근해가는 과정을 훈련이라고 말합니다. 사회에서 말하는 훈련의 의미입니다. 여러분들은 목표를 정했나요? 정한 사람이 별로 없나 봐요? 정확한 목표가 있어야 합니다. 그런데 목표를 너무 높게 정해도 동기 유발이 안되고 너무 낮게 정해도 동기 유발이 안됩니다.

동기 유발이 잘되기 위해서는 자기에게 적합한 목표를 설정해야 합니다. 그래야 목표를 달성하기 위해 지속적으로 노력할 수 있는 것입니다. 대산종사께서 저에게 "너 서원이 뭐냐?" 하고 물으셔서 저는 지체하지 않고 말씀드렸어요. "성불 제중입니다." 그러니까 대산종사께서 "네가 성불하려고 하지 말고 다른 사람들을 성불시키는 것을 너의 서원으로 삼아라."고 말씀해주셨어요. 그러면서 "이성택이 10명만 성불시키면 너는 성불 안 하고 위에 앉아 있어." 하셨어요. 저는 그 말씀을 잊어버리지 않습니다. 여러분들도 이제 목표 고민하고 있죠? 확실하게 설정을 해야 하는데, 우리 원불교도들은 많은 사람들에게 공헌을 하고 훈련을 시켜서 그 사람들의 인격을 향상시켜서 대종사 법으로 거듭나게 하는 것이 우리가 하는 일의 목표가 되어야 할 것 같습니다.

이번에는 **훈련의 원불교적 의미**가 무엇인지 살펴보겠습니다. 우선, 길들인다는 의미를 갖고 있습니다. 대종경에 보면 소를 길들이는 것이 있어요. 소를 길들이는 것에 비유를 하셨습니다. 소를 길들이는 데 제일 중요한 것은 코뚜레를 딱 끼워야 해요. 요즘에는 코뚜레를 한 소가 없는 것 같은데, 예전에는 집에서 부리는 소는 전부 다 코를 뚫었습니다. 훈련을 받기 위해서는 소를 길들이는 것처럼 우리 스스로를 길들여야 합니다. 길들이려고 하면 소가 고삐를 딱 끼우듯이 여러분들도 고삐가 끼워져야 해요. 그런데 처음에는 타력으로 끼워져야 합니다. 다른 사람에게 코가 딱 끼워져야 합니다. 여러분들 코 끼워졌어요? 지금 코가 안 끼워지니까 타력으로 끼워져야 하는데, 여러분들의 코를 끼울 사람이 누구냐. 바로 서원관의 지도 교무입니다. 지도 교무한테 여러분들 코가 끼워져야 해요. 그래서 이렇게 잡아당기면 가야 합니다. 목우십도송牧牛十圖頌에 '저렇게 달리는 놈이 누구 집 곡식 범하려나' 그런 대목이 있죠. 코가 안 끼워지면 자기 마음대로 돌아다닙니다. 길이 안 든다는 것입니다. 그러니까 여러분들은 일상의 모든 심법에서 지도하는 교무들에게 코를 딱 맡겨야 합니다. 교무들의 지도에 순응해야 합니다. 소를 그렇게 길들이고요. 그리고 한 단계 더 들어가면 자기가 자기 소의 코를 끼워야 합니다.

내가 살아보니까 진짜 코가 센 사람이 있더라고요. 내가 어릴 때 소를 먹이러 산에 갔어요. 그런데 코를 낄 때 아프지 않으면 길들지 않을 겁니다. 여러분들의 생활도 마찬가지입니다. 서원관에서 공부하며 일절의 아픔이 동반되고 아픔을 통해서 길이 들여지는 것입니다. 자기 코를 자기가 껴야 합니다. 그래서 마음대로 해야 해요. 저는 제 코를 스스로 끼웠어요. 그래서 가자고 하면 가요. 참 재미있어요. 내가 혼자 살거든요. 이렇게 혼자 사니 사람들이 나보고 뭔 재미로 사냐고 물어요. 그런데 혼자 사는 게 그렇게 재미날 수가 없어요. 세상의 재미와 도가의 재미는 다릅니다. 세상의 재미는 무엇인지 압니까? 하여간 많더라고요. 그런데 도가의 재미는 수준이 달라요.

저는 하루의 일과를 정하면 그 일과대로 스스로를 조절합니다. 그런데 이게 길이 안 들면 될 수가 없습니다. 그래서 자기 코를 자기가 꿰어서 스스로 조절하는 것입니다. 그러면 나중에 고삐를 딱 놓아도 갈 때 가고 안 갈 때

안 가고 일할 때 일하고 쉴 때 쉬고 자유자재로 할 수 있습니다. 그래서 대종사께서는 훈련을 소 길들이는 데에 비유하셨습니다.

훈련의 원불교적 의미에는 개조한다는 의미도 있습니다. 대종경에서 이 개조를 '용광로와 병원'에 비유하셨습니다. 용광로는 철을 녹여내는 곳입니다. 저는 원불교학과 서원관이 바로 용광로라 봅니다. 용광로는 쇠가 뜨거워서 녹는 곳입니다. 여러분들도 녹습니까? 녹아야 합니다. 서원관에서 자기 스스로가 녹아야 합니다.

쇠를 왜 녹여야 할까요? 잡철을 빼는 것입니다. 여러분들한테 잡철이 있습니까? 누구한테나 많습니다. 살다 보면 세상의 분위기에 우리의 인격이 서서히 매몰되어갑니다. 자기도 모르게 물들어갑니다. 우리의 인격이 물들어가요. 내가 도가 생활만 하면서 스탠드바에 대해서는 학생들에게 듣기만 했어요. 그런데 원효교당 교무로 갔더니 교도 중에 스탠드바를 하는 분이 있더라고요. 그래서 내가 스탠드바를 구경한 유일한 교무가 되었어요. 이 스탠드바를 신장개업한다고 나한테 와서 독경을 해달라고 하더라고요. 독경을 하는데, 어떻게 했냐면 술 많이 팔리라고 독경을 한 것이 아니라 사고 나지 않고 운영이 잘되라고 기도했어요. 기도를 딱 마쳤더니 신장개업을 했으니까 구경을 시켜준다고 조명을 켜요. 그 조명이 화려하게 움직이는데 휘황해지더라고요. 그렇게 구경을 한번 하고 저녁에 들어가면서 또 방문했어요. 카운터 앞에 교도가 나와서 스탠드바에 나를 앉게 해요. 음료수 한잔 마시고 있는데 무대에서 음악이 나오고 그 분위기가 하여간 멋지더라고요. 교무 체면에 오래 있을 수도 없어서 나 갈란다 하고 일어나니까 교도가 "교무님, 잠깐만 기다려보세요. 조금 있으면 좋은 쇼를 하는데 그걸 보고 가세요." 하는데 내가 그걸 볼 수 있습니까? 근데 나오면서 '쇼, 그것이 뭣인가? 어떻게 생겨먹은 것인가' 하고 자연스럽게 마음이 갑니다. 이처럼 인간의 모든 삶에는 세상의 때가 묻는 것입니다. 때가 굳어져서 잡철이 됩니다. 세상에서 묻은 때, 그 잡철을 떼버리는 것은 용광로입니다.

여러분 에밀레종 들어봤죠. 에밀레종은 경주 박물관에 있습니다. 저는 항상 에밀레종이 있는 박물관 옆을 지나서 볼일을 보러 다닙니다. 여러분 혹시 에밀레종 전설에 대해 들어보셨나요? 전설에 따르면 종을 만드는 걸 계속 실패해서 마지막에 어린아이를 집어넣었다는 얘기가 있어요. 그 아이가 슬퍼서 종을 치면 '에밀레요' 하는 소리를 내며 운다고 에밀레종이 되었다는 거예요. 그런데 내가 지금까지 얘기한 에밀레종 전설은 거짓말이에요. 에밀레종은 어떻게 만들었는가? 녹였다가 굳혔다가 여러 번 하다 보니까 잡철이 빠진 거예요. 말하자면, 여러 번 실패하면서 잡철이 다 빠져버리고 정금 같은 쇠, 아주 강한 쇠만 남은 겁니다. 그래서 종을 치면 경쾌한 소리가 나는 겁니다. 에밀레종소리를 경주에서 많이 들은 할머니가 있어요. 그 어르신이 도자기를 하는데 자기가 에밀레종을 만들 수 있답니다. 그러면서 총부에 와서 대각전의 종소리를 듣더니 '저것도 종이라고 치냐'는 겁니다. 저런 소리가 나면 안 된다고 합니다. 잡철이 많이 든 소리랍니다. 종에는 잡철이 다 빠져야지 제대로 된 소리가 납니다. 인간에게도 이 잡철이 다 빠져버려야 됩니다. 그래야지 성현의 인격을 이룰 수가 있어요. 여러분들 잡철을 빼내셔요. 빼내는데 이건 빨래를 삶는 것과 같아요. 제가 드럼 세탁기를 가지고 있어요. 세상이 참 좋아진 게 버튼 3개만 누르면 딱 세탁이 되어서 나와요. 그러면 털어서 널면 됩니다. 매일 운동하고 매일 세탁기 돌리거든요. 매일 47분짜리 세탁을 하다가 오래 입으면 내의가 색깔이 안 나죠. 그럴 때는 삶아야 하죠. 예전에 여러분 선배들은 빨래를 삶을 때 연탄불에 삶았어요. 정화정사에서 사는데 거기서 연탄불에 삶았어요. 특히 ROTC 하는 사람들은 땀을 많이 기니까 옷이 누래요. 연탄불에 삶는 것이라 굉장히 신경이 쓰입니다. 시간이 늦어버리면 타버리죠. 쉽게 하려면 세탁물에 비누칠해서 물을 한 바가지 적셔서 연탄불에 얹어놓으면 됩니다. 하루 종일 삶아도 이 물이 100℃로 끓지 않으니까 안 되죠. 100℃로 끓어야지 때가 빠집니다. 잡철이 빠지는 것도 마찬가지예요. 여러분들의 인격에 끼어 있는 잡철이 빠지는 것도 훈련을 통해 자기 마음에 희열심이 차서 100℃로 끓어야 해요. 그래야지 여러분들의 인성 속에 있는 잡철이 빠지는 것입니다.

훈련의 의미에는 준비한다는 뜻도 있습니다. 여러분들이 교역 생활을 준비하는 시기는 학부 4년, 대학원 2년 과정 때입니다. 그 기간에 일생 동안의 교화를 준비하는 것입니다. 그 기간이 바로 훈련입니다. 이 준비를 제대로 해야지 잘못하면 교역 생활을 하는 데 힘이 듭니다. 교당 생활 그 자체가 힘듭니다. 교당이 왜 힘들고, 교역 생활이 왜 힘든가 하면 바로 준비가 안 되었기 때문입니다. 이 정기 기간의 준비를 통해서 교역 생활의 미래를 준비하는 것입니다. 어쩌면 여러분들이 일생을 준비하는 기간이라고 볼 수 있습니다.

대산종사께서는 특신급에서 그 사람의 인격의 성숙도가 결정된다고 하셨습니다. 일생이 결정된답니다. 특신급의 기초를 어떻게 놓느냐에 따라 그 사람이 항마만 하고 말 것이냐, 출가위까지 갈 것이냐, 여래위까지 갈 것인가 결정된답니다. 여러분들은 어디까지 갈 것입니까? 여래위까지 갈 목표라면 여래가 될 준비를 해야 합니다. 여래가 되는 준비는 바로 훈련입니다.

그래서 구체적으로 들어가면 정기는 상시를 준비하는 겁니다. 상시는 정기를 준비하는 겁니다. 서로 상관관계가 있습니다. 정기에 준비를 잘하면 상시를 잘하는 것이요, 상시를 잘하게 되면 정기를 잘하는 겁니다. 그런데 상시 준비를 잘못하면 정기가 잘 안됩니다. 상시에 일을 하나 저질러놨다고 생각해보세요. 그런 상태로 정기에 들어오면 어떻게 되겠어요. 몸은 여기에 있는데 마음은 저질러놓은 일에 가 있겠죠. 이렇게 상관관계가 있는 겁니다. 그래서 정기 훈련을 잘하는 사람은 상시가 잘되고 상시 훈련을 잘한 사람은 정기가 잘됩니다.

그다음 일 있을 때에는 일 없을 때를 준비하고 일 없을 때에는 일 있을 때를 준비하는 겁니다. 여러분들은 졸업을 한 후 교역 생활을 시작합니다. 여러분들이 임해야 할 교역의 현장은 아주 다양합니다. 현시대가 아주 다양한 시대이기 때문이죠. 여러분들이 해야 할 역할도 대단히 다양합니다. 그런데 그 다양한 역할을 정기에서 다 준비할 수가 없어요. 그러면 어떻게 해야 할까요? 원리 원칙에 충실히 해야 합니다. 그 원리 원칙을 체득하면 다양한 현장에서 다양한 역할을 수행할 수 있습니다. 그래서 잘나가는 교무가 될 수 있는 것입니다. 잘나가는 교무가 있다면 못 나가는 교무도 있죠. 원리 원칙에 충실하게 하면 잘나가는 교무가 됩니다. 원리 원칙으로 하면 나중에 문리가 통합니다.

영산 성지에 형진 교무가 있어요. 그 교무는 서울 출신인데 지금은 영산 사무소에 근무하면서 정관평에서 유기농법으로 농사를 짓고 있어요. 유기농 명인 인증을 받았습니다. 그래서 영산 정관평이 유기농의 성지가 되었습니다. 정관평이 어떤 곳입니까. 구인 선진의 정성과 혈성으로 막은 곳 아닙니까? 거기서 유기농으로 농사를 짓습니다. 그 쌀을 청와대에서 보내달라고 했는데 안 된다고 했답니다. 그래서 왜 안 보냈냐고 물으니까 청와대에 쌀을 보내면 정관평 쌀을 고정적으로 먹는 고객들에게 줄 수가 없다는 겁니다. 원불교 교단이 이런 교단입니다. 여러분들 자부심을 가져야 합니다. 그런데 내가 형진 교무를 가만히 보니까 농사지으면서 유기농의 문리 하나로 세상의 모든 것을 거기에 대조해서 통하는 겁니다. 참 희한한 일입니다. 원리를 터득해서 그런 것입니다. 그럴 때 문리에 통했다고 말하게 됩니다.

원리 원칙이 바로 문리입니다. 여러분들이 교리 공부를 하는 데 있어서도 낱낱으로 공부를 하면 안 됩니다. 전체를 통틀어서 교리 전체에 문리가 트여야 합니다. 그래야 자기가 얻은 것으로 모든 일을 교리에 대해서 해석하는 것입니다. 이러한 것이 바로 준비하는 것입니다.

원불교 훈련의 네 번째 의미는 '함께 한다'입니다. 우리 훈련은 혼자 하는 훈련이 아닙니다. 여러 사람이 함께 같이 하는 훈련입니다. 그래서 서로 쪄지는 것입니다. 밥을 할 때도 밥솥에다 쌀 한 알 넣고 밥을 하면 밥이 됩니까? 안 되죠? 쌀을 같이 넣어야 쪄지는 것이죠? 그 이치가 훈련과 똑같습니다. 원불교 훈련이 무엇이냐? 바로 혼자 잘하는 훈련이 아니라 함께하고 같이 하는 훈련이라는 것을 확실하게 알아야 합니다. 그래서 대산종사께서 해주신 법문이 있습니다. "혼자 훈련을 하면 천만 마군이가 따라붙는다." 스님들 토굴이라는 이야기 들어봤나요? 스님들이 토굴을 파고 10년, 20년을 공부하고 세상에 안 나왔다는 얘기가 있죠. 내가 볼 때는 토굴 파서 공부하는 것이 효과로 따지면 함께 하는 훈련과 비교가 안 돼요. 근데 토굴 파가지고 공부한 사람을 공부를 많이 한 사람인 것처럼 착각하는 거예요. 혼자 하면 천만 마군이가 따라붙어요. 그래서 같이 하는 거예요. 저도 혼자 하는 것과 옆방에 누가 있을 때 내 마음 자세가 다르더라고요. 옆방에 누가 있으니까 그 사람에게 체면을 차리기 위해서라도 어떻게 해야겠다는 자제력이 더 생겨요. 여러분들 그거 느낍니까? 그거 못 느끼면 훈련 안 되는 겁니다. 확실하게 느껴야 됩니다.

대종사께서 원불교 훈련을 대중이 함께하는 것을 지향하셨다는 것을 확실하게 알아야 합니다. 그런데 살다 보면 준 거 없이 미운 사람이 있죠. 마음에 안 든다고 하면 내 마음 속에서 제껴놓았다는 거 아닙니까? 그런 말을 안 써야 되는데 서원관에 있을 때 내가 마음에 안 든다는 말을 잘못 사용했다는 걸 확실히 알겠어요. 우리 교무들이 교당에서 둘이 근무하기가 참 힘들어요. 교역 생활, 교당 생활을 하면서 혼자 교화를 하면 잘하는데 두 사람이 같이 하면 두 사람 의견이 안 맞아서 불협화음이 날 수도 있죠. 살다 보면 그런 일 안 생기겠습니까? 생긴단 말이죠. 그러니까 못 살고 나오고 근무지를 이탈하는 일이 생깁니다. 물론 혼자 사는 것도 잘 사는 것이죠. 그렇지만 둘이 살고 셋이 살고 함께 살면서 잘 사는 것이 원불교에서는 진짜 잘 사는 것입니다.

지금부터는 **원불교 훈련의 원리**에 대해서 살펴보겠습니다. 첫 번째는 전달입니다. 전달은 전하는 것이죠. 내가 오늘 여러분들에게 무언가를 전달하려고 강의를 하죠? 지금 전달을 하고 있죠. 제가 말하는 것을 여러분들이 이론적으로 받아들이지 말고 마음으로 받아들여야 해요. 전달은 사적이고 개인적인 지식과 정보를 교환하는 겁니다. 사적이고 개인적인 지식과 정보를 나누어 분배하는 것이 전달입니다. 내가 교리에 대해서 알고 있는 것, 훈련에 대해서 알고 있는 것을 전달하고 있죠. 내가 가지고 있는 것은 개인적인 것이에요. 내 개인적인 정보와 지식을 여러 사람에게 같이 나누는 것이 전달입니다.

과거에는 이상한 방법으로 전달을 했습니다. 제가 서원관에 있을 때 동산 선원이 있었어요. 그때는 동산 선원 중앙 교우회를 했는데 그때 소풍을 간 적이 있어요. 순천 송광사였어요. 우리나라의 3대 사찰이 불보사찰 통도사, 법보사찰 해인사, 승보사찰 송광사입니다. 통도사가 왜 불보사찰일까요?

부처의 진신 사리를 모시고 있어요. 해인사가 왜 법보사찰이죠? 대장경을 모시고 있죠. 그럼 순천 송광사가 왜 승보사찰인가요? 고려 시대 때 16국사가 거기서 났어요.

그때 동산 선원 향산 원장도 함께 가셨어요. 방장 스님한테 법문을 좀 해 달라고 그랬어요. 그런데 법문을 하는데 가사 장삼을 입으시고 예전에 스님들이 드는 불자* 있죠? 그거를 들고 법좌에 탁 올라가서 법문을 하셨습니다. 처음 하는 말이 "토끼 뿔 작대기로 산에 걸린 달을 건져 올리니 그 광명이 만천하에 가득하도다. 이 소식을 아는가?" 하고 물어보는 겁니다. 여러분들 알겠습니까? 나는 그때 사감이었는데 그때 계신 향산 안이정 종사께 미안하다는 생각이 들었어요. 안이정 종사께서도 사실은 예전에 스님이었거든요. 전생에 스님이셨어요. 어느 스님이 구두를 신고 가시니까 안이정 종사께 왜 소가죽으로 된 신을 신고 다니느냐고 그러더래요. 그러니까 "내 가죽 내가 신고 다니는데 뭔 상관이냐." 하셨답니다. 이 어른이 앞에 앉아 계시는데 '토끼 뿔 작대기로 산에 걸린 달을 건져 올리니 그 광명이 만천하에 가득하도다. 이 소식 알어?' 이러신 거예요. 토끼에 뭐 뿔이 있겠어요? 토끼 뿔 있어요? 뿔도 없는데 무슨 작대기로 건져 올리겠어요. 그런데 중앙 교우회 전체 학년이 아무 말도 않고 전부 가만히 있었어요. 그러고는 이 얘기 저 얘기 하다가 끝났어요. 과거에 스님들이 전달을 이런 식으로 했단 말입니다.

대종사께서는 개인 정보를 갖고 훈련을 통해서 전달하는데 상징의 통로로 하셨어요. 바로 법신불이죠. 법신불 일원상을 통해서 하셨습니다. 또 전달 통로는 느낌입니다. 언어, 말을 통해서도 전달을 합니다. 글, 심법도 통로

---

* 짐승의 꼬리털 또는 삼 따위를 묶어서 자루에 맨 것. 원래 인도에서 벌레를 쫓을 때 사용하였는데, 중국이나 우리나라에서는 선종의 승려가 번뇌와 어리석음을 물리치는 표지로 지닌다.

가 됩니다. 여러분들 강연하고 회화하죠. 그것은 각자가 느낀 바를 대중과 같이 분배하는 겁니다. 다른 말로 전달하는 것입니다. 전달하는 방법 중의 하나입니다. 전달하는 방법으로 대종사께서 11과목을 밝혀주셨는데 바로 그것이 전달입니다.

훈련의 두 번째 원리는 병진입니다. 병진은 너무 쉽죠. 병진을 다른 말로 하면 중도입니다. 중도를 가장 잘 밝힌 것이 유가의 중용입니다.

우리의 인격에는 양면성이 있습니다. 하나는 신, 분, 의, 성이고 하나는 불신, 탐욕, 나, 우입니다. 또 어떤 사람은 내성적이고 어떤 사람은 외향적입니다. 여러분들은 자기 성격을 어떻게 판단합니까? 내향성 또는 외향성이겠죠? 사람에게는 열성 기능이 있는가 하면 우성 기능이 있어요. 열성 기능은 못하는 부분이고, 우성 기능은 잘하는 부분입니다. 사람에 따라 다 다릅니다. 그 원인은 전생의 습관에 의해서, 전생에 닦은 바에 의해서 다 다릅니다. 지금의 내 모습은 바로 전생의 습관입니다. 자기가 지은 업에 따라서 그렇게 된 것 아닙니까? 열성 기능, 우성 기능이 왜 생겼느냐면 과거 자기가 닦은 바의 모습입니다. 이렇게 여러 가지로 중도를 잡아나가는 것입니다. 병진하는 것입니다. 그래서 한편에 집착하면 원불교가 지향하는 훈련법과는 멀어지게 됩니다. 그래서 대종사께서 철저하게 자기의 인격과 생활과 모든 점에서 중도를 취하라고 이 훈련법을 제시하신 것이라고 봅니다.

그러면 병진이 뭘까요. 삼학도 병진, 신앙 수행도 병진, 11과목도 병진해야 합니다. 모든 것이 바로 '병진'입니다. 영육 쌍전, 불법시생활 생활시불법 등 생활과 불법을 병진해야 합니다. 이것은 생활에도 치우지지 말고 불법에도 치우지지 말라는 말입니다. 그래서 한쪽에 집착되면 원불교 훈련의 원리와는 멀어진다는 것입니다.

세 번째 훈련의 원리는 개발입니다. 지능을 열어서 깨우치는 겁니다. 깨우쳐나가는 것입니다. 우리 각자는 법신불과 같은 본래 원만 구족한 자성 자리를 다 가지고 있습니다. 법신불과 호리도 다르지 않는 그런 자리, 진리 자리, 성품 자리를 다 가지고 있습니다. 우리들만 가진 것이 아니라 세상의 모든 물건들에도 법신불의 진리가 그대로 갊아 있습니다. 그래서 이 원리를 일즉다 다즉일-卽多多卽-이라고 합니다. 하나가 곧 많은 것이 되고 많은 것이 곧 하나가 되는 것입니다. 하나가 뭡니까? 법신불입니다. 법신불 하나가 곧 많은 것을 상징합니다.

옛날 어느 선사가 글을 썼는데 '만리무운 만리천萬里無雲萬里天 하니 천강유수 천강월千江有水千江月이라•'고 했답니다. 여기 컵에 물이 담겨 있습니다. 여기에 전깃불을 비추면 물이 있는 곳마다 다 하나씩 있게 됩니다. 존재하는 것, 모든 것에 원만 구족 법신불이 갊아 있다는 말입니다. 개발이라는 것은 본래 자기가 가지고 있는 법신불 자리를 캐내는 겁니다. 그래서 개발은 닫힌 지혜를 열어간다는 의미입니다. 또 다른 말로 하면 묻혀 있는 지혜를 드러내는 것입니다. 그래서 자기 마음속에 있는 본래의 진리 자리를 찾아내는 것이 개발입니다.

원불교의 훈련은 만들어가는 것이 아니라 찾아가는 것이고, 찾아내는 것입니다. 이렇게 훈련의 원리를 세 가지로 말씀드렸습니다.

정기 훈련과 상시 훈련으로 구분한 이유에 대해 알아보겠습니다. 첫째는 일원상의 진리가 정과 동이기 때문입니다. 일원상

• 만리 하늘에 구름이 없이 달이 하나 두둥실 떠 있네. 일천 강에 물이 있으니 일천 강에 달이 비치더라.

진리는 정 아니면 동입니다. 진리 자리가 정하는 자리를 어떻게 표현했냐면 '일원은 언어도단의 입정처이요' 이 자리는 정하는 자리죠. 그다음은 '유무초월의 생사문인 바' 이 자리는 진리가 동하는 자리입니다. 모든 것을 이렇게 표현하셨다는 것입니다. 그다음에 '유상으로 보면 상주 불멸로 여여 자연하여 무량 세계를 전개하였고' 이 유상 자리가 불변의 자리고 변하지 않는 자리고 정하는 자리입니다. 또 무상으로 보면 어떻게 된다고 했어요? 우주의 성·주·괴·공으로 변하는, 동하는 자리입니다. 진리는 정과 동으로 구분할 수 있습니다. 진리가 정과 동이기 때문에 정하는 것만으로 진리가 아니고, 동하는 것만으로도 진리가 아닙니다. 한 자리만 본다면 여러분들이 진리를 잘못 보는 것입니다. 진리라는 것은 정하는 자리가 있다면 동하는 자리가 있습니다. 그래서 정기와 상시로 구분하셨습니다. 정하는 자리에 근거해서 만든 훈련법은 정기 훈련법입니다. 동하는 진리 자리에서는 상시 훈련법입니다. 그래서 변과 불변, 불생불멸 인과보응은 진리를 동과 정으로 나눌 수 있기 때문에 훈련법을 정기 훈련과 상시 훈련으로 나누어주셨습니다.

두 번째는 형식과 비형식이에요. 형식은 의도적인 목적을 가진 상태입니다. 비형식은 자연 상태로 의도적인 목적이 없는 상태입니다. 의도적인 형식을 가진 대표적인 것이 학교 교육입니다. 학교 교육을 받으면 학칙에 따라야 합니다. 그리고 정기 과정을 다 받아야 학점이 나옵니다. 이렇게 형식을 갖추어서 사람들을 교육시키는 겁니다. 그 형식을 우리는 정기 훈련이라고 표현합니다. 정기 훈련에는 형식이 있어요. 비형식은 뭐냐면, 자연 상태에서 의도적인 노력도 없고 그러니까 자연 상태 속에서 훈련하는 것을 상시 훈련으로 말씀하셨습니다.

세 번째는 사람의 생활 형태를 보면 동 아니면 정입니다. 인간의 삶도 정적인 사람이 있고 동적인 사람이 있습니다. 정적인 사람을 보면 엉덩이가 어찌나 무거운지 한번 앉으면 일어나지를 않습니다. 내가 가끔 교당에 법회를 보러 갑니다. 법회에서 설교가 끝나면 밥을 먹습니다. 밥을 먹고 볼일 다 봤으면 내가 하는 일이 '일어나기를 주의할 것이요'를 표준 삼는 것입니다. 지방 교당에 가서 절대로 오래 머물지 않습니다. 그 교당 교무에게 부담을 주지 않기 위해서입니다. 부산에 종재가 있어서 월요일에 오라고 그래요. 그러면 일요일에 법회가 있으니까 일요일에 나를 불러서 법회 보고 월요일에 종재 봐달라고 할 수 있죠. 충분히 그럴 수 있잖아요. 나는 그러길 바랐는데 그렇지 않더라고요. 그냥 월요일에 오라는 겁니다. 그래서 내가 당일치기로 갔다 왔어요. 이렇게 동정이 잘 골라 맞아야 합니다. 지금 내가 90분 동안 강의하며 동하고 있습니다. 이렇게 계속 동하기만 하면 안 됩니다. 정하는 시간도 가져야 되거든요. 훈련도 정기와 상시로 만들어서 동할 때는 상시 훈련을 하고 정할 때에는 정기 훈련을 하라는 뜻입니다. 이런 세 가지 이유 때문에 정기와 상시로 구분해주셨습니다.

훈련법의 구성을 살펴보겠습니다. 정기 훈련에는 11과목이 있습니다. 정신 수양 훈련 과목으로 염불·좌선, 사리 연구 훈련 과목으로 경전·강연·회화·의두·성리·정기 일기, 작업 취사는 상시 일기·주의·조행입니다. 대종사께서 정전을 몇 편으로 나누었습니까? 총서편, 교의편, 수행편까지 세 편입니다. 총서편은 총론이고 서론입니다. 교의편은 교리 강론입니다. 일원상부터 사은·사요, 삼학·팔조를 설명하고 있습니다. 수행편은 실천 방법론입니다.

이 11과목을 보면 이 수행편의 성격을 잘 나타내고 있습니다. 교의편의 교리를 실제적으로 어떻게 실천할 것인가? 이 실천의 방법을 간단하게 제시해 주신 것이 11과목입니다. 다른 말로 하면 삼학, 우리가 삼학을 공부하는데 정신은 어떻고 수양은 어떤지 다 설명해주셨습니다. 간단하게 삼학을 수행하는 방법을 11과목으로 하라고 그 실천 방법론을 알려주셨습니다. 이 11과목을 들여다보면서 성격을 알아야 합니다. 한 과목 한 과목을 독립적으로 보면 11과목을 이해하기 쉽지 않습니다. 서로 비교해서 봐야 그 본의가 제대로 드러납니다. 어떻게 비교할 것인가? 염불, 좌선은 염불만 봐서는 안 되고 좌선만 봐서도 안 됩니다. 염불과 좌선을 함께 봐야지 우리 정신 수양의 확실한 방향을 알 수 있습니다. 표리 관계입니다. 표는 끝, 리는 안, 바깥과 안 표리 관계, 표는 염불이고 리는 좌선이죠. 이렇게 봐야 합니다. 염불과 좌선을 두 가지로 함께 봐야 그 뜻이 제대로 드러납니다.

사리 연구 과목을 한번 봅시다. 사리 연구 과목 중에서 제일 기본은 경전입니다. 제대로 공부에 재미를 붙이려면 경전을 계속 읽고 반복해야 합니다. 강연과 회화, 이 둘은 강연만 봐서도 회화만 봐서도, 안 됩니다. 이 두 가지를 같이 봐야 강연, 회화가 제대로 드러납니다. 한마디로 강연은 구속 속에서 일정한 격을 갖춰 혜두를 단련하는 겁니다. 회화는 틀이 없이 자유롭게 혜두를 단련하는 겁니다. 대종사께서 강연만 하면 혜두가 엇물린다고 하셨어요. 회화만 하면 혜두가 거만해진다고 하셨는데, 혜두가 거만한 것은 진리를 확실하게 다 아는 것 같다고 착각하는 것입니다. 지금 내가 강의하면서 느낀 것을 이야기하니까 진리를 다 깨친 것 같죠? 왜냐하면 내가 아는 것만 이야기하니까 다 안다고 생각하기 때문입니다. 알고 보면 모르는 것도 있습니다. 모르는 것을 개발하는 것이 강연입니다. 강연은 자기가 잘하는 걸 발표합니다. 주제를 정해서 강연을 하기도 합니다. 강연은 격을 갖춘 혜두 단련이기 때문에 구속 속에서 혜두를 단련하는 것입니다. 이렇게 훈련을 해야 어른 앞에 가서도 말씀드릴 수 있어요. 구속 속에서도 혜두를 단련하고, 자연 속에서도 혜두를 단련하는 이 두 가지가 같이 가야 합니다.

그다음에 의두와 성리입니다. 의두만 봐서는 사리 연구 전체를 파악할 수 없어요. 성리만 봐도 안 됩니다. 의두는 잎과 가지에서 뿌리로 가는 공부입니다. 성리는 뿌리에서 잎과 가지로 가는 공부입니다. 원불교 교리상의 의두와 불교에서 말하는 의두는 다릅니다. 확실히 달라요. 그래서 의두 공부를 많이 하는 사람은 잡다한 것을 많이 알아요. 근데 성리 공부를 많이 하는 사람은 근본은 충실한데 잡다한 것은 무식해요. 그래서 같이 병행하기 위해 의두와 성리 공부를 제시해주신 것입니다.

주의와 조행을 봅시다. 주의는 하자는 조목과 말자는 조목을 정해서 자기가 하나하나를 실천해나가는 겁니다. 아주 세밀한 작업 취사 공부입니다. 조행은 세밀한 것이 아니라 굵은 것, 취사의 대체를 잡고 나가는 것이 조행 공부입니다. 사람으로서 사람다운 행실 가짐, 그것만 대조해나가면 됩니다.

그런데 우리 교무들이 알긴 많이 아는데 스님들 앞에 가면 맥을 못 추더라고요. 내가 정화단에서 훈련할 때 월명암에 갔는데 대웅전 가운데 문으로 들어갔어요. 그걸 보고 월명암 주지 스님이 "원불교 사람들은 왜 이렇게 무식한가 모르겠다." 그래요. 왜 그러시냐고 물어보니까 "여기는 주지 스님만 들어오는 곳이라 옆으로 들어와야지, 왜 이리로 들어오냐."고 하세요. 내가 그 말 듣고도 "여기 주지 스님 많습니다." 하고 들어가버렸어요. 우리 어른들도 다 정문으로 들어갔어요. 우리는 주지가 되어 참배를 다 했어요. 그다음에 우리 보고 원불교 잘 아는 사람 남으라고 해서 "내가 잘 아니, 내가 남겠다.”고 했어요. 모두 돌아가고 내가 남자 석두암 터를 가지고 트집을 잡기 시작하는 겁니다. 스님 이야기를 다 듣고 마지막에 내가 한마디 했어요. “원불교는 석두암 터에서 불교를 들여와서 실상사를 더 잘 복원하기 위해 도움을 줄 것입니다.” 하니 풀어지더라고요. 그러면서 칭찬을 하고 책 한 권을 저한테 주더라고요. 말 한마디 하고 책 한 권 얻어서 나왔어요. 남자 정화단 후배들이 제가 두드려 맞는가 싶어서 가다가 왔어요. 그래서 “나 책 하나 얻어가지고 나왔다.” 그랬어요. 내가 왜 이런 얘기를 하는가 하면 당당할 때는 당당해야 합니다. 어디서 당당해졌냐. 조행 공부를 주체 삼아서 공부를 하면 원불교도 당당해집니다. 주의 공부만 열심히 하면 너무 세밀해져요.

대산종사께서는 이렇게 말씀하셨어요. “훈련은 단련이요. 단련은 수련이요. 수련은 기질 변화이며 기질 변화는 자기 혁명이다.” 이것이 오늘 내가 결론적으로 드리는 말씀입니다. 여러분들 훈련을 하는데 기질 변화가 안 되면 훈련이 안 된 것입니다. 기질 변화가 되어야 해요. 제가 초등학교, 중학교, 고등학교 다닐 때까지 내성적인 성격이었어요. 그런데 이 내성적인 성격을 바꾸는 것도 기질 변화 아닙니까? 내성적인 사람들은 사람이 많은 자리에 가면 말하는 것을 상당히 힘들어해요. 그런데 지금은 제가 사람들하고 말을 잘합니다. 내가 재미있게 얘기를 하는지 사람들이 내 얘기에 쏙 빠져들기도 합니다. 더 듣고 싶어 합니다. 내성적인 성격을 가진 제가 외향적인 사람으로 기질 변화가 되었습니다. 제게 가장 좋은 직책이 뭐냐면 교구장이었습니다. 교구장은 교구를 원하는 방향으로 이끌어갈 수 있습니다. 교구장이 어떻게 하느냐에 따라서 교구의 위상이 달라집니다.

기질 변화를 해서 리더는 리더의 조건을 갖추어야 합니다. 기질 변화는 자기 혁명 훈련이라는 사실을 잊지 말아야 합니다. 진정한 훈련은 기질 변화를 통해 여러분들 스스로가 자기 혁명을 하는 것입니다.

1. 정기 훈련법

공부인에게 정기(定期)로 법의 훈련을 받게 하기 위하여 정기 훈련 과목으로
염불(念佛)·좌선(坐禪)·경전(經典)·강연(講演)·회화(會話)·의두(疑頭)·성리(性理)·정기 일
기(定期日記)·상시 일기(常時日記)·주의(注意)·조행(操行) 등의 과목을 정하였나니,
염불·좌선은 정신 수양 훈련 과목이요, 경전·강연·회화·의두·성리·정기 일기는 사리 연
구 훈련 과목이요, 상시 일기·주의·조행은 작업 취사 훈련 과목이니라.
염불은 우리의 지정한 주문(呪文) 한 귀를 연하여 부르게 함이니, 이는 천지 만엽으로 흩어
진 정신을 주문 한 귀에 집주하되 천념 만념을 오직 일념으로 만들기 위함이요,
좌선은 기운을 바르게 하고 마음을 지키기 위하여 마음과 기운을 단전(丹田)에 주(住)하되
한 생각이라는 주착도 없이 하여, 오직 원적 무별(圓寂無別)한 진경에 그쳐 있도록 함이니,
이는 사람의 순연한 근본 정신을 양성하는 방법이요,
경전은 우리의 지정 교서와 참고 경전 등을 이름이니, 이는 공부인으로 하여금 그 공부하
는 방향로를 알게 하기 위함이요,
강연은 사리간에 어떠한 문제를 정하고 그 의지를 해석시킴이니, 이는 공부인으로 하여금
대중의 앞에서 격(格)을 갖추어 그 지견을 교환하며 혜두(慧頭)를 단련시키기 위함이요,
회화는 각자의 보고 들은 가운데 스스로 느낀 바를 자유로이 말하게 함이니, 이는 공부인
에게 구속 없고 활발하게 의견을 교환하며 혜두를 단련시키기 위함이요,
의두는 대소 유무의 이치와 시비 이해의 일이며 과거 불조의 화두(話頭) 중에서 의심나는
제목을 연구하여 감정을 얻게 하는 것이니, 이는 연구의 깊은 경지를 밟는 공부인에게 사
리간 명확한 분석을 얻도록 함이요,
성리는 우주 만유의 본래 이치와 우리의 자성 원리를 해결하여 알자 함이요,
정기 일기는 당일의 작업 시간 수와 수입 지출과 심신 작용의 처리건과 감각(感覺) 감상(感
想)을 기재시킴이요,
상시 일기는 당일의 유무념 처리와 학습 상황과 계문에 범과 유무를 기재시킴이요,
주의는 사람의 육근을 동작할 때에 하기로 한 일과 안 하기로 한 일을 경우에 따라 잊어버
리지 아니하고 실행하는 마음을 이름이요,
조행은 사람으로서 사람다운 행실 가짐을 이름이니, 이는 다 공부인으로 하여금 그 공부
를 무시로 대조하여 실행에 옮김으로써 공부의 실효과를 얻게 하기 위함이니라.

오늘은 정기 훈련법 중 정신 수양 과목부터 하나씩 살펴보도록 하겠습니다. 정신 수양 과목에는 염불과 좌선이 있습니다. **염불과 좌선**을 통해서 정신 수양 공부를 해나가라는 말씀입니다. 삼학에서는 정신 수양에 대한 정의와 거기에 대한 공덕을 밝혔지만 실제로 정신 수양에서 방법적으로 어떻게 할 것인가는 말씀하지 않으셨습니다. 11과목에서 구체적인 삼학 수행의 방법을 말씀하셨습니다. 염불은 천념 만념을 일념으로 만드는 공부입니다. 그래서 우리가 지정한 주문 한 구에 마음을 집중시키는 것입니다. 염불 공부는 '나무아미타불'이라는 주문 한 구에 우리들의 마음을 집중시켜서 일념을 만드는 것입니다. 여러 가지로 흩어진 마음을 일념으로 만드는 것이 염불 공부의 방법입니다. 염불의 정의는 천만 경계에 마음을 안정하는 공부입니다. 염불의 정의를 두 가지로 말씀해주셨죠. 천념 만념을 일념으로 만드는 공부는 정시 염불법입니다. 경계에 마음을 안정시키는 공부는 동시 염불입니다. 그래서 산에 올라가다가 불자들, 할머니들이 힘이 드니까 '나무아미타불 관세음보살' 주문 외우는 거 보셨죠. 많은 경계 속에서 살아가면서 염불을 외움으로써 마음을 안주시키는 역할을 하는 것이 염불의 공부법입니다.

염불은 종합적으로 추종 번뇌, 아주 거친 번뇌를 잠재우는 것입니다. 제거하는 것이죠. 그래서 초입자는 정신 수양을 할 때 염불을 통해서 일념 집중을 하는 것이 아주 효과적입니다. 초입자는 좌선보다 염불을 통해서 마음을 안정시키고 염불 일성에 마음을 주하는 것이 정신 수양을 하는 데 있어서 훨씬 더 효과적인 공부법이라고 볼 수 있습니다. 서원관에서 지금 저녁에 염불하죠? 염불을 해보면 혼자 하는 염불보다 대중이 함께 하는 염불이 더 마음을 안정시키고 마음을 염불 일성에 집주하는 데 효과적이란 말이죠. 훈련법을 설명할 때 우리 훈련은 함께 하는 훈련이라고 이야기했습니다. 과거에 선사들은 조그마한 집 한 채 지어놓고 몇십 년 수양했습니다. 그런데 대산종사 말씀에 혼자 공부를 하면 천만 마군이 따라붙는다고 하셨어요. 대중이 함께 하는 공부가 수양 공부에 훨씬 더 효과적이라는 것을 대산종사께서 법문에서 밝히신 겁니다.

염불은 초입자가 하는 수양의 방법입니다. 좌선은 순연한 근본정신을 기르는 공부입니다. 삼학 중 정신 수양에서 보면 정신이라는 것은 분별성과 주착심이 없는 경지라고 하셨죠. 분별성과 주착심이 없는 순연한 근본정신을 기르는 것이 좌선 공부입니다. 또한 좌선은 원적 무별圓寂無別의 진경에 그치는 공부입니다. 원적은 두렷하고 고요한 것이라서, 원적 무별의 진경에 그치는 공부가 바로 좌선입니다. 초입자들은 염불 수행을 동시나 정시에 합니다. 염불은 저녁에 서원관에서 하는 것이 아니라 내가 순역 경계를 당해서 마음이 안정되지 않을 때 '나무아미타불, 나무아미타불' 하면서 순역 경계를 이겨내는 공부입니다. 염불은 동시 공부라고 했거든요. 그래서 우리는 염불을 시도 때도 없이 하는 것입니다. 우리는 동시나 정시나 염불을 해야 합니다.

좌선도 순연한 근본정신을 기르고 원적 무별의 진경에 다다르기 위해서 정시에도 동시에도 해야 합니다. 할 수 있거든요. 동시선이 뭔가 하면 좌선만이 아니라 와선이 있죠. 제가 대산종사를 모실 때 보면 누우실 때 항상 바로 눕지 않으셔요. 누워서도 항상 선을 하셨어요. 행선도 있어요. 저도 오후에 시간만 있으면 걷습니다. 걸을 때 제가 하는 동작이 있어요. 손뼉도 좀 치고, 치면서 하나 둘 하나 둘 숫자를 셉니다. 그렇게 걸으면 시간이 언제 가는지 모르게 금방 가버려요. 선이라는 것이 이렇습니다. 지난번에 내가 강의를 했는데 한 100분간 했을 겁니다. 100분이 언제 지나갔는지 금방 지나가버리더라니까요. 그게 뭐냐면 설법 삼매입니다. 부처께서 4일간 설법하시면서 삼매경에 드셨어요. 이렇게 일상생활에서 얼마든지 좌선을 활용할 수 있는 겁니다.

경계가 가까울 때 초입자가 하는 공부가 염불이죠. 경계가 가까이 있을 때 염불이 더 효과적이죠. 반대로 좌선은 경계가 멀 때, 좌선법에 보면 저녁에 살림에 대한 일들은 다 마치고 나서 좌선하라고 했어요. 경계를 멀리하고 선을 해야 선이 잘 되는 것이지 경계 속에서 선을 하면 선이 잘 안 된다는 것입니다. 그래서 왜 살림에 대한 일을 마치라고 했냐면 덜 마치고 선을 하는 사람은 자꾸 마음이 그리로 가기 때문입니다. 가령 불 위에 끓는 것을 놓고 선을 한다면 어떨까요? 내가 불 위에 올려놓았다는 것을 모르는 편이 공부가 더 잘 되겠죠? 그러니까 동시에 해야 될 일들, 정당한 일들을 정당히 처리해야 좌선이 잘 되는 것입니다. 그래서 좌선은 경계가 멀 때 하는 겁니다.

좌선은 미세 유주입니다. 경계를 당하여 울화통이 터지는 건 추종 번뇌죠. 그런 것도 없는데 생각이 자잘하게 나는 것이 마음속에서 일어나고 있는 것을 미세 유주라고 합니다. 미세 유주라는 잔잔한 망념들을 시기하는 공부가 바로 좌선 공부입니다.

또 염불이 수양의 외적인 공부라고 하면 좌선을 수양의 내적 수양입니다. 그 관계를 보면 표리 관계입니다. 표는 염불이 표가 되는 것이고 리는 속으로, 속은 좌선이 되는 겁니다. 그래서 염불과 좌선은 함께 병진해야 정신 수양 공부가 잘 됩니다. 염불만 해서도 안 되고 좌선만 해서도 안 됩니다. 이 두 가지를 병진해야 정신 수양 공부를 잘하는 것이 됩니다.

이번에는 사리 연구 과목에 대해 알아봅시다. 사리 연구 과목의 첫째는 **경전 공부**입니다. 사리 연구는 가장 기본인 경전을 통해서 공부해야 합니다. 경전 공부란 지정 교서와 참고 경전들을 말합니다. 그러면 왜 이 경전 공부를 하라고 하셨을까요. 사리간에 정확한 해석과 분석을 위한 것입니다. 구체적으로 들어가면 대소 유무의 이치와 시비 이해의 일을 연마하는 것이죠. 사리간에 정확하게 해석해놓은 것이 경전입니다.

세상에는 읽을 책들이 참 많습니다. 요즘은 인터넷이나 휴대폰에도 읽을거리들이 많이 있습니다. 아침에 일어나서 휴대폰을 켜면 밴드 등 뭐가 울려요. 읽어보면 참 좋아요. 오늘 아침에도 좋은 내용이 올라왔어요. 우리가 살다 보면 멀리해야 될 사람이 있고 가까이해야 할 사람이 있잖아요. 가까이해야 될 사람을 시험하는 8가지의 조목을 밴드에다가 올려놨는데 그 내용을 보니까 내가 생각하는 것과 똑같아요. 우선, 돈은 줘봐야 한다는 겁니다. 돈을 줘보면 그 돈을 가지고 어떻게 하느냐에 따라서 그 사람의 취사가 나타난다는 겁니다. 그 사람의 인격이 나타난다는 것이죠. 급할 때 일도 시켜보아야 합니다. 그러면 그 사람의 지혜를 측정할 수 있습니다. 이런 내용들은 우리가 얼마든지 응용해서 쓸 수 있습니다. 또 좋은 책들 많지만 사리 연구를 위해서 기본적으로 해야 할 것들은 원불교 지정 교서와 참고 경전을 많이 읽는 것입니다. 사리간에 정확한 분석을 위해서입니다.

경전은 어떤 역할을 할까요? 공부의 방향을 알게 해줍니다. 경전 속에는 인생을 살아가는 데 가장 기본적인 것들이 있습니다. 그래서 초입자는 경전 공부를 어떻게 해야 하는지 따지기 전에 우선 많이 읽어야 합니다. 경전과 씨름해야 합니다. 다른 책을 많이 보는 것보다 경전을 가까이 하면 사리 연구, 지혜가 밝아집니다.

원불교 경전의 특징을 말하자면, 우선 세도인심에 적합한 경전입니다. 이것을 대종경에서는 '맞춤복과 기성복'으로 구분을 해서 설명하셨습니다. 우리 경전은 어떤 옷입니까? 맞춤복이죠? 왜 맞춤복이냐면, 앞으로 오는 세도인심에 적합하기 때문입니다. 남자 정화단 밴드에 글이 하나 올라왔어요. 지중해에서 문화가 형성됐다고 하네요. 기독교가 지중해를 중심으로 생겨났잖아요. 그런데 기독교가 생기기 전에 지중해에 수메르 문화가 있었답니다. 이것이 한 천 년 앞서서 발달된 문화래요. 그래서 성서학자들이 이 수메르 문화를 연구했는데, 이 사람들이 경전을 만들어서 흙에다 새겼다고 하네요. 그리고 흙을 부어요. 그렇게 경전을 남긴 거예요. 그 경전이 사진으로 나와 있더라고요. 문화가 얼마나 발달했던지 상수와 하수도 설치했었다고 하죠. 지금은 상하수도를 플라스틱, 철 등으로 놓는데 그 당시에는 도자기를 구워서 상수도와 하수도를 만들었더라고요. 아무튼 그 수메르 문화의 경전 말입니다. 도자기를 구워서 만든 경전을 쭉 읽어보니까 기독교의 모든 구약과 신약의 사건들이 거기에 다 나와 있어요. 구약과 신약이 수메르 문화를 베낀 것입니다. 그래서 성서학자들이 충격에 빠졌어요. 자기들은 예수께서 오셔서 구약과 신약을 말씀하신 것으로 생각했는데 수메르 문화를 모방한 것이었다니 충격을 받은 것입니다. 원불교 경전도 철저하게 앞으로 오는 시대의 세도인심에 맞추어서 제정해주신 경전임을 알아야 합니다.

다음 사리 연구 과목은 **강연, 회화**입니다. 강연은 격을 갖춰서 하는 의견 교환입니다. 혜두 단련법인데 격을 갖추어서 하는 것입니다. 여러분들도 강연 연습하죠? 강연 연습하는 데에 중요한 것이 조리 강령 결론이 분명해야 합니다. 강연을 어떻게 하냐면 처음에는 제목을 이야기합니다. 경전 내용 그대로 따라합니다. 지금 설교하는 사람들 보면 법칙에 따릅니다. 제일 처음에는 경전을 인거하는 것입니다. 그다음에 유도를 합니다. 유도는 처음에 제시한 경전 내용과는 전혀 다른 저 먼 데서부터 관심을 끄는 것이에요. 대중의 관심을 끌기 위해서 아무런 관계가 없는 데서 시작하지만 끝에는 경전과 딱 맞아떨어지게 하는 것입니다. 이해가 갑니까? 강연의 법칙도 이렇게 되어야 해요. 조리 강령을 분명히 해서 내용 전개를 해 나가야 합니다.

강연의 두 번째 정의는 구속 속에서 혜두를 단련하는 것입니다.

그러면 회화는 뭘까요. 자유 속에서 혜두를 단련하는 것입니다. 구속 없이 활발하게 지견을 교환한다고 하셨습니다. 회화는 자기의 느낀 바를 감각 감상, 심신 작용 처리건을 자유롭게 발표하는 것이 회화입니다. 그렇기 때문에 회화는 어떤 형식에 구애를 받지 않습니다. 형식을 구애 받지 않고 발표하면서 혜두를 단련시키는 것이죠.

강연과 회화가 다른 것이 하나는 격을 갖추어서 구속 속에서 혜두를 단련하는 과목이고, 하나는 격을 갖추지 않고 자유 속에서 혜두를 단련하는 과목입니다. 이 두 가지를 겸하게 해주신 것입니다.

선진 중에 앉아서 하는 이야기는 조근조근 잘하시는데, 대중 앞에 나서면 못하시는 분이 계셨습니다. 대종사 당대에도 그런 선진이 계셨습니다. 어느 선진께서 식사를 안 나오시더랍니다. 그래서 형산 선진께서 가셔서 "왜 식사하러 안 나오십니까, 어디 편찮으십니까?" 했더니, "아니 이 사람아, 내가 내일 강연이네. 강연인데 나가서 밥을 먹고 어떻게 강연을 안 할 수 있는가." 하시더랍니다. 밥을 안 먹고 아프다는 핑계를 대고 강연을 안 하시기 위해서 굶으시는 겁니다. 요즘 밥 한 끼 굶는 것은 다이어트다 뭐다 해서 일부러

348

도 하지만 그 당시 밥 한 끼 굶는 것은 엄청난 일이었습니다. 혹여나 갑자기 손님이 오면 손님 밥을 만들기 위해서 밥을 한 숟가락씩 덜었는데 한 숟가락씩 자기 밥그릇에서 덜어낼 때 속이 쓰렸답니다. 저거 내 밥인데 손님한테 가는구나, 이렇게 생각하면서요.

저도 그런 경험을 했어요. 육군훈련소에서 훈련을 마치고 군의학교를 갔어요. 위생병 병과를 맡아서 갔거든요. 군의학교의 밥그릇 밑부분은 볼록 튀어나왔어요. 왜 튀어나왔는지 압니까? 많이 담으려고 찍은 겁니다. 찍어서 쏙 튀어나오도록 만든 거예요. 그래서 밥을 배식하는 사람이 밥을 풀 때 주걱으로 위에 솟은 것을 싹 깎아요. 그러면 쏙 들어가죠. 그리고 식판을 탁 던져요. 그러면 식판이 팽이처럼 팽 도는 거예요. 주걱으로 밥을 깎아낼 때 '저거 다 주면 좋겠는데' 그런 생각이 굴뚝 같더라니까요. 선진께서 그런 밥을 안 드시고 굶으시면서 강연을 피하셨습니다. 강연은 이렇게 힘이 듭니다. 그래서 여자 선진들은 강연하실 때 처음에는 가림막을 치고 하셨죠. 나중에 그 가림막을 걷어내고 대중들과 직접 마주했죠. 직접 마주하고 말씀을 하시는데 옷고름을 만지작만지작하다가 자기도 모르게 옷고름이 터졌어요. 이런 과정 속에서 강연 연습을 시키셨어요. 그래서 강연을 철저한 구속 속에서 격식을 갖추어 딱 세워놓고 대종사께서 감정하셨습니다. 왜 이렇게 하셨느냐? 회화만 하면 혜두가 거만해집니다. 거만해진다는 말 알겠습니까? 쥐뿔도 모르는데 자기 아는 것만 이야기하니까 사람들이 다 좋아하잖아요. 저도 착각 많이 해요. 강의할 때 제가 아는 것만 이야기하잖아요. 사람들이 내 강의를 듣고 좋아해요. 그러면 '아, 내가 잘하나 보다' 착각을 하는 겁니다. 이게 뭐냐면 혜두가 거만해지는 겁니다. 그런데 강연만 하면 혜두가 소절해집니다. 소절해진다는 것은 눌리는 겁니다. 알면서도 자기의 능력을 100퍼센트 발휘를 못 합니다. 자기의 지혜를 100퍼센트 발휘를 못 해요. 감각 감상과 심신 작용 처리건을 회화만 자꾸 하면 자기가 대각을 다 한 것처럼 착각을 하게 되고, 강연만 하면 지혜가 눌려가지고 아는 것을 충분히 발휘하지 못하는 결과를 낳습니다. 그래서 대종사께서 구속과 자유 속에서 같이 혜두를 단련시킨 것입니다.

구속 속에서도, 자유 속에서도 능히 자기 혜두를 발휘할 수 있고 발표할 수 있고 표현할 수 있는 다양한 능력을 길러주기 위해 강연과 회화를 겸하게 하셨습니다.

사리 연구에는 **의두와 성리**도 같이 해야 합니다. 의두는 대소 유무의 이치와 시비 이해의 일을 궁구하는 것입니다. 그다음에는 과거 불조의 화두를 궁구하는 것입니다. 화두는 1700 공안이 있습니다. 여기서 중요한 것은 대소 유무의 이치를 의두화하는 것은 보통 할 수 있지만, 시비 이해의 일을 의두화하는 것은 대종사만 하시게 한 법이라는 겁니다. 살다 보면 인간관계 속에서 시비 이해가 생기기 마련입니다. 그래서 어떤 것이 대소 유무의 이치에 맞는지 안 맞는지를 궁구하게 하셨던 말이죠. 시비 이해에 인간이 수용하는 모든 일들이 포함됩니다. 그것을 의두화해서 궁구하는데, 이것이 의두 공부의 본의입니다.

원불교에서 말하는 의두와 불교의 의두와는 차이가 있습니다. 불교는 화두 하나만 가지고 들어가지만 원불교에서는 많은 것을 의두화할 수 있어요. 인간 생활에서 일어나는 모든 것을 다 의두화할 수 있는 겁니다. 의두는 의심입니다. 의심을 가지는 겁니다. 그래서 인간 사회 속에서 일어나는 일에 대한 공부를 잘해야죠. 우리가 취사를 하고 일상생활을 하고 경계를 당해가지고 그 경계를 대처할 때 의두화해서 공부해서 처리하는 것과 습관적으로 처리하는 것은 엄청난 차이가 있습니다. 가장 사소한 일도 그것을 의두 화해서 연마를 한 후에 판단해야 합니다.

의두에서 중요한 것은 경전을 의두화해서 공부하는 것입니다. 경전의 깊은 공부 경지가 의두입니다. 강의를 하면서도 알게 되는 것이 있습니다. 그거하고 경전 내용을 의두거리로 삼아서 판단해서 생긴 의두하고 혜두가 질적으로 달라요. 그래서 우리는 모든 경전 내용을 의두화해서 풀어나가야 합니다. 그래야 제대로 된 경전 공부가 됩니다. 들어서 아는 문사수는 남의 지혜고, 생각해서 아는 것은 자기 지혜가 됩니다. 자기 지혜를 만드는 것이 의두 공부입니다. 그래서 의두는 혜두를 깊이 있게 단련해서 넓혀가는 공부입니다.

대종사께서 성리를 두 가지로 말씀해주셨어요. 하나는 우주 만유의 본래 이치를 궁구하는 것이고, 또 하나는 우리의 자성 원리를 궁구하는 것입니다. 그 차이를 한번 봅시다. 의두는 대소 유무의 이치, 시비 이해의 일, 과거 불조의 화두 모든 것을 의심거리로 만들어 연구하라는 것입니다. 성리는 우주 만유의 본래 이치를 궁구하고 자성의 원리를 궁구해가는 것입니다.

그런데 얼마 전에 의두와 성리로 설교하는 사람 말을 들어보니까 반대였어요. 정전에서 밝힌 성리는 깊게 파고드는 공부예요. 그런데 의두는 반대로 지혜를 넓히는 방법이에요. 그래서 의두가 다양한 의심거리를 궁구한다면 성리는 우주와 인생의 근본을 궁구하는 것입니다. 여기서 확실하게 차이가 납니다. 대종사께서 말씀하신 성리 공부는 우주와 인생의 근본을 캐고 들어가는 겁니다. 이렇게 가르쳐놓아도 나중에 엉뚱한 소리 합니다. 의두는 깊게 하는 공부이고 성리는 넓게 하는 공부입니까? 아닙니다. 성리는 우주 만유의 본래 이치, 우리의 자성 원리를 아주 깊게 들어가는 겁니다.

그래서 의두 공부만 하면 일사는 빠삭한데 근본에 어두울 수 있어요. 반대로 성리 공부만 하면 근본 이치는 밝아지는데 일사에 어두울 수 있습니다. 의두 공부를 하지 않으면 현실감각이 떨어지고 무식해집니다. 이것이 중요합니다. 현실감각에 대한 판단이 대단히 중요합니다. 지도자가 되어서 현실적으로 어떻게 판단을 하느냐에 따라서 일의 방향이 달라집니다. 그러니까 의두를 잘 연마해서 현실감각을 익혀나가야 합니다.

의두 공부를 잘하는 것은 잎이나 가지에서 뿌리로 들어가는 것입니다. 반대로 성리 공부라 하는 것은 뿌리에서 잎이나 가지로 나오는 것입니다. 그래서 대종사께서는 의두와 성리를 통해서 사통오달로 뿌리에서 잎으로 나오고, 잎에서 뿌리로 들어가는 혜두를 단련하게 하셨습니다. 성리 공부를 안하면 우주와 인생의 근본 이치를 모르기 때문에 경계를 당해서 확고한 자기의 신념이 생기지 않습니다.

사리 연구 마지막은 **정기 일기**입니다. 정기 일기는 정기 훈련을 효과적으로 수행하기 위한 한 방법입니다. 정기 일기에는 당일의 작업 시간을 기재합니다. 기재할 때 어떻게 합니까? 몇 시간 잠자고 몇 시간 식사하고 몇 시간 학교 수업 듣고 그렇게 하죠? 또 노는 시간 얼마해서 합 24시간 이렇게 마치죠? 이게 작업 시간을 기재하는 것이죠? 하루의 작업 시간을 정기 일기에 기재하라고 하신 것은 공부인으로 하여금 몸으로 짓는 수지 대조를 하라는 뜻입니다. 이것은 허송 시간을 없게 하려는 목적이예요.

또 정기 일기에 당일 수입·지출을 기재하게 하셨어요. 이것은 공부인으로 하여금 물질적 수지 대조를 하게 하기 위해서입니다. 즉, 물질적으로도 빚지는 생활을 하지 말라는 것입니다. 또한 지출을 줄이고, 돈이 없으면 수입의 방도를 강구하고, 유족한 사람이라도 놀고먹는 풍토를 없애기 위해서입니다. 도가에 와서 복 짓고 공도 사업 잘하기 위해서 살잖아요. 그러니 수지 대조를 잘해야 합니다.

세 번째는 심신 작용 처리건을 기재하는 것입니다. 이것은 시비 이해를 정확하게 밝히기 위해서입니다. 예전에 어른들이 쓰신 걸 보면 대종사께서 3갑, 7갑 이렇게 주셨어요. 그다음에 내용도 보시고 통틀어서 합계 얼마라고 평점을 내주셨습니다. 심신 작용 처리건은 간단합니다. 자기가 어떤 일을 당해서 일을 처리하는데 마음이 일어난 과정을 다 써요. 마음으로 처리한 과정을 기술하는 것입니다. 기술을 해놓고 나중에 시비 이해로 결론을 내립니다.

네 번째는 감각 감상을 기재하는 것입니다. 감각은 느껴서 깨달은 것, 감상은 진리성이 있다고 생각되는 것입니다. 어떤 사건, 어떤 사안을 보고 '저것은 무엇이다'라고 확실하게 자기가 느낀 것, '저것은 진리의 이런 대목이구나' 하는 느낌을 감각이라고 해요. 그리고 느낌과 상황을 보고 '거기에 진리성이 깔아 있구나' 하는 것이 감상이에요. 이걸 쭉 기재하는 것입니다. 마지막은 대소 유무의 이치로 결론을 내야 합니다.

사리 연구 과목 전체를 정리해봅시다. 제가 지난해 설교를 할 때 혜두 단련을 어떻게 할 것인가 말씀드렸어요. 제가 그 주제를 선택한 배경이 있어요. 저와 법타원, 효산, 전산 김주원 교정원장하고 넷이서 점심 식사를 했어요. 식사를 하면서 이런저런 이야기가 오고 갔는데 그때 법타원께서 대종경에 나오는 '이춘풍 13세 각'에 대해서 말씀하셨어요. 대종사께서 저런 식으로는 앞으로 견성 인가*를 못 낸다고 하셨죠. 그러면 원불교는 견성 인가를 어떻게 내는지가 의문이라는 것입니다. 그래서 제가 '어떻게 혜두를 단련할

• 見性認可. 수행자의 공부 정도가 견성, 곧 성품 자리를 보았다고 스승이 인정해주는 것.

것인가'를 주제로 설교를 했어요. 그런데 법타원께서 그날 참석하셔서 내 설교를 들으셨는데 어떻게 반응이 좋던지 제가 법타원만 보고 설교를 했어요. 제일 처음에는 경전이 혜두의 기초입니다. 그리고 의두와 성리는 머리로 궁굴리는 혜두입니다. 우리 속에서 자꾸 궁굴려야 해요. 연마한다고 하죠. 지방 교무하는 사람이 있는데 저녁마다 걷는대요. 걸으면서 정전의 내용을 교도들에게 어떻게 설교할 것인지를 연마한대요. 그 시간이 하루 중에서 가장 황금 같은 시간이랍니다. 그렇게 알아지는 그 시간이 그렇게 재미가 있대요. 교리 전체의 흐름을 잡아가는 데 하나하나로는 교전 전체의 내용을 파악할 수 없습니다. 딱 끼워져야 합니다. 그래야 트여나가는 겁니다. 하나하나가 열려나가야 하고, 열려나가서 알아지는 것입니다. 그때 얼마나 시원한지 압니까? '나는 정말 대단하구나' 그런 생각이 절로 든다니까요. 그런데 지방의 그 친구가 걸으면서 연마를 하면 그런 생각이 든답니다. 그런 후에 교도들과 이야기를 하면 교도들이 그렇게 잘 받아들인대요. 그렇게 혜두의 기본은 궁굴리고 연마하는 것입니다.

원불교 혜두의 두 번째는 말로 표현하는 것입니다. 대종사께서도 성리품에서 두미가 없는 자리지만 말로 표현해야 한다고 말씀하셨죠. 언어로 표현하면 사람들이 알아듣고 해야 한다는 겁니다. 그러면 말로 표현하는 혜두를 어떻게 단련하게 해주었냐? 강연과 회화로 하게 해주셨죠. 강연과 회화를 자꾸 시키면서 자기가 안 혜두의 내용을 언어로써 능히 표현할 수 있는 능력을 키우는 것이 원불교 혜두 단련의 방법입니다.

세 번째는 글로 표현하는 겁니다. 문자로 표현하는 거죠. 글로도 쓸 수 있어야 됩니다. 그래서 생각으로 궁굴리고 언어로 표현하고 문장으로 표현하고 이 세 가지가 다 갖추어졌을 때 비로소 견성 인가를 내야 합니다. 그렇게 만들어진 것이 11과목의 사리 연구 방법입니다. 이렇게 짜임새 있게 완벽하게 갖추어져 있는 것이 사리 연구의 방법입니다.

　　　　　　　작업 취사의 첫째는 **상시 일기**입니다. 유무념 조목입니다. 유무념은 처음에 하자는 조목과 말자는 조목을 정해서 그 번수를 기재하는 것이죠. 마음 챙기는 공부인데 초기에 서원관에 전통이 하나 있었어요. '목침 밀기'라고 들어보셨나요. 신입생이 들어오면 목침을 가운데 놓고 선배가 반대서 밀고 신입생이 미는 겁니다. 고개를 들면 코 깨진다고 고개를 못 들게 하고 목침을 밀기 시작합니다. 처음에는 머리로 좀 밀다가 선배는 고개를 들고 손으로 밀어요. 조금 세게 밀어서 왔다 갔다 하는 거예요. 규칙을 잘 지키는 신입생이 진짜 골병들도록 밀어요. 그 사람은 유념 잘 했지요. 우직한 사람들이 있단 말이에요.

　그러니까 유무념 공부를 잘하는 사람은 성질이 우직해야 합니다. 하기로 정하면 그대로 밀어야 합니다. 그런데 유념이 좋은 것은 아닙니다. 유념을 하는 이유는 유념하고 유념하면 유념하자고 하는 것이 나중에는 무념이 되어야 해서입니다. 그 경지까지 가기 위해서 유무념 공부를 하게 하셨습니다.

　그다음은 학습 상황을 기재하는 것입니다. 상시 응용 6조 공부로 대조한 시간을 기재합니다. 실제 생활 속에서 삼학 공부를 놓지 않도록 학습 상황을 기재하게 하셨습니다. 그리고 계문의 범과 유무를 기재하는데 범한 번수를 기재합니다. 계문 중 '연고 없이 술을 마시지 말며'란 구절이 있죠? 술이 왜 인간에게 나쁠까요? 좌선을 하는 이유가 몸에 있는 수승 화강 때문이라고 했죠. 근데 술은 물이지만 몸에 있어 수기를 태우는 겁니다. 그래서 술을 많이 마시면 물을 벌컥벌컥 들이키잖아요. 그래서 수양을 하는 사람이 술을 마신다는 것은 수행에 역행하는 것입니다.

여러분 희산 오철환 법사 아시죠? 오철환 법사는 담배를 피우셨습니다. 근데 담배를 끊으셨어요. 하루는 친구가 와서 담배를 하나 주면서 피우라고 했어요. "난 담배 끊었어." 하니까 "자네가 담배를 끊었어? 그럼 나 혼자 피우지." 하면서 연기를 내뿜는데 그 연기가 희산법사 코로 들어왔어요. 어떻게나 구수하고 맛있는지 당신도 모르게 자리에서 벌떡 일어나버렸어요. 그리고 군산역에 가서 무작정 열차를 탔어요. 그러다가 대전까지 간 거예요. 그래서 희산법사가 왜 대전에 왔는지 생각해본 거예요. 담배 연기를 피해서 내가 대전까지 온 거로구나. 그런데 당신 호주머니를 보니 돈이 한 푼도 없어요. 그래서 거래처에 가서 군산에 올 차비를 빌려서 돌아왔다는 일화가 있습니다.

그래서 계문은 댐을 막는 것이라고 합니다. 여러분 소양강 댐 알죠? 소양강 댐을 막은 걸 보면 아주 좁아요. 그 요지를 막았어요. 막으니까 내설악까지 물이 딱 차요. 엄청난 물을 가두는 것이죠. 우리 계문 한 대목 한 대목을 댐 막듯이 막아버리면 그 많은 정신력이 소양강 댐처럼 모여드는 것입니다. 정신력이 쌓인다 이거죠. 정신의 힘이 쌓입니다. 우리 30계문이 이렇게 중요합니다.

이제 **주의와 조행**만 남았어요. 주의는 육근 동작을 할 때 하기로 한 일과 안 하기로 한 일을 잊어버리지 않고 실행하는 겁니다. 하기로 한 일은 실행하고 안 하기로 한 일은 실행하지 않는 공부고, 이걸 또 다른 말로 하면 세밀한 대조 공부입니다. 그렇게 치열하게 대조해야 해요. 세밀하게 대조하고 치열하게 대조해야 해요. 그래야 주의를 잘하는 사람이 됩니다. 서원관에서 지도할 때 예전 통례편을 실천하는 것을 조행이라고 하죠? 그게 얼마나 복잡합니까? 그걸 다 실천하는 것을 조행이라고 하면 그건 주의랑 똑같지요. 예전 통례편을 전부 다 실천하는 것이 주의예요. 그러면 조행은 뭐냐? 조행은 사람으로서 사람다운 행실 가짐입니다. 이건 좀 넉넉하죠. 사람으로서 행실 가짐을 내가 하는가 안 하는가 대조하면 되니까 넉넉하잖아요. 주의는 세밀하고 치밀한 취사 공부이고, 조행은 아주 넉넉한 취사 공부입니다. 그래서 대종사께서는 주의와 조행으로 어떨 때는 아주 세밀하게 취사 공부를 하고 어떨 때는 대범하게, 대장부답게, 수도인답게 조행 공부를 하셨던 것입니다. '내가 수도인으로서 걸릴 일이 아무것도 없다' 그것만 대조하는 것, 그것이 조행 공부입니다.

주의와 조행을 대조시켜서 세밀한 공부, 대범한 공부, 취사까지 하게 해서 완벽하고 완전한 인격을 지향해나갈 수 있게 하신 것이 11과목의 특징입니다. 11과목을 통해 삼학을 원만하게 수행해서 삼대력을 얻어나가야 한다고 봅니다.

2. 상시 훈련법

공부인에게 상시로 수행을 훈련시키기 위하여 「상시 응용 주의 사항(常時應用注意事項)」 육조(六條)와 「교당 내왕시 주의 사항(敎堂來往時注意事項)」 육조를 정하였나니라.

지난 시간에 정기 훈련 11과목에 대해서 공부를 했습니다. 정전을 살펴보면 대단히 주밀한 부분들을 파악할 수 있습니다.

삼학이 우리 수행의 강령인데 동시에 어떻게 수행을 할 것인지 11가지 방법을 제시하신 것이죠. 삼학 수행을 실제적으로 가능하게 한 것이 11과목의 특징입니다. 그것은 정기 훈련이고요, 오늘은 상시 훈련법에 대해서 두 가지 상시 응용 주의 사항 6조, 교당 내왕시 주의 사항 6조를 같이 공부해보도록 하겠습니다.

∞

상시 응용 주의 사항
1. 응용(應用)하는 데 온전한 생각으로 취사하기를 주의할 것이요,
2. 응용하기 전에 응용의 형세를 보아 미리 연마하기를 주의할 것이요,
3. 노는 시간이 있고 보면 경전·법규 연습하기를 주의할 것이요,
4. 경전·법규 연습하기를 대강 마칠 사람은 의두 연마하기를 주의할 것이요,
5. 석반 후 살림에 대한 일이 있으면 다 마치고 잠자기 전 남은 시간이나 또는 새벽에 정신을 수양하기 위하여 염불과 좌선하기를 주의할 것이요,
6. 모든 일을 처리한 뒤에 그 처리건을 생각하여 보되, 하자는 조목과 말자는 조목에 실행이 되었는가 못 되었는가 대조하기를 주의할 것이니라.

상시 훈련법에서 우선 상시 응용 주의 사항을 6조목으로 밝혀주셨죠. 1조는 '응용하는 데 **온전한 생각**으로 취사하기를 주의할 것이요'입니다. 일상생활에서 동할 때 삼학 수행을 어떻게 할 것인지를 요약해서 한 조목으로 밝혀주신 것이 1조의 내용입니다. 그래서 상시 응용 주의 사항 6조 중에서 1조가 가장 중요합니다. 구체적으로 살펴보면 '응

용하는 데'에서 응용이라고 하는 것은 육근을 작용할 때를 말합니다. 일상
생활에서 순간순간 응용을 하죠. 어떻게 예측을 하는 것이 아니라 순간순
간 응용을 하는데 이 때마다 1조 내용이 필요합니다. 그래서 육근을 작용한
다고 할 때 온전은 본래의 자기 정신을 챙기는 것입니다. 그리고 온전의 반
대는 '정신없다'입니다. 어제도 교무들하고 탁구를 복식으로 쳤는데 첫판을
상대편이 정신 차리기 전에 막 공격해서 이겨버렸어요. 정신 차리기 전에 몸
풀고 그러면 서로가 비등한데 우리는 몸을 충분히 풀다가 들어갔거든요.
상대팀은 준비를 할 시간적 여유가 없었어요. 그런데 첫판을 이기니까 복식
두 판을 다 이겨버렸어요. 정신없을 때 몰아붙이는 겁니다. 정신없다는 것은
온전을 챙기지 못하는 것을 말합니다. 이것을 대산종사께서는 "멈추는 공부
다. 온전하게. 일단 일을 당해서 육근을 작용하려고 할 때 마음에 검문소를
하나 설치해라." 하셨어요. 마음에 검문소를 설치하는 장소가 있는 것이 아
니라 온전이라는 시간을 가지는 것이 검문소를 설치하는 것이라고 볼 수 있
겠습니다. 일단 멈추어서 검문소를 만드는 것을 온전으로 본 것입니다. 온
전한 공부를 계속 반복 수행하다 보면 일상생활에서 정신이 형성되고 수양
공부가 됩니다. 온전한 공부를 계속 반복하면 정신 수양 공부가 되는 것입
니다.

　다음은 온전한 생각으로 하는 것입니다. 사사로운 생각이 나지 않고 온
전한 마음으로 자기가 해야 할 일, 육근 작용할 일을 어떻게 할 것인가 궁
굴려보는 겁니다. 궁굴려볼 때 어떻게 해야 하냐면 대소 유무의 이치에다가
대조하고, 시비 이해의 일에다 대조하는 겁니다. 이 두 가지를 계속해서 대
조하는 겁니다. 그래서 생각하는 공부는 대조 공부라고 한마디로 정의해도
좋습니다. 제가 살아보니까 모든 일에는 원리가 있습니다. 원리 없이 전개되

는 일이 없습니다. 모든 일에는 그 일이 있게 되는 과정과 내용과 원리가 다 숨어 있습니다. 그래서 일상생활에서 생각하는 공부를 통해서 원리를 터득하는 것입니다. 일사를 통해서 원리를 터득하면 다른 원리에도 그런 것들을 적용할 수 있습니다. 반드시 곧바로 적용됩니다. 일이라는 것은 독립적으로 딱 떨어지지 않고, 모든 것이 서로 연결되어 있습니다. 연결되어 있기 때문에 이 원리가 한 원리에만 통하지 않고 모든 일에 통합니다. 그런 원리를 대조하는 것입니다. 그것이 생각하는 공부입니다.

그다음에 '**취사하기를 주의**할 것이요'라고 적혀 있습니다. 취사는 실천하는 공부죠. 취할 것은 취하고 버릴 것은 버리는 것이죠. 못 버리는 원인들은 앞에서 많이 설명하셨습니다. 욕심에 가려서 못 버리고, 철석같이 굳어버린 습관 때문에 못 버린다고 하셨죠. 생각을 해서 대소 유무의 이치와 시비이해의 일을 다 맞추어 전개를 했다 하더라도 마지막에 취사를 하면서 버릴 건 버리고 취할 건 취해야 하는데 못 하게 될 수가 있죠. 습관적으로 못하게 되고, 굳어져버린 습관에 끌려 욕심에 가려서 못하게 됩니다. 그래서 이런 취사력을 일상생활 속에서 계속 연마하고 궁구해가는 것이 일상 수행의 요법 1조의 내용이라고 볼 수 있겠습니다.

상시 훈련법의 대표적 실천 조목인 1조는 한 마음 속에서 삼학을 병진하는 공부입니다.

2조는 '응용하기 전에 **응용의 형세를 보아 미리 연마**하기를 주의할 것이요'입니다. 여기서 응용하기 전이란 언제냐? 일 당하기 전입니다. 학교생활하는 것도 마찬가지입니다. 우리가 응용하기 전에 학교에서 뭔 일이 일어날지 예측할 수 있습니다. 교당도 마찬가지고 개인도 살다 보면 응용할 일들이 생겨날 수가 있어요. 그러니까 개인에 관한 일, 교당에 관한 일, 국가에 관한 일, 모든 것이 응용하기 전, 일 당하기 전 시점이 반드시 있기 마련입니다. 이 시점을 잘 파악하는 사람은 이 공부를 잘하게 되는 것이고, 이 시점을 파악하지 못하는 사람은 일을 당해서 창황전도* 하게 됩니다.

그다음에 미리 연마하라고 그랬어요. 마음에서 볼 때 미리라는 것은 일념미생전입니다. 한 생각이 일어나기 전이에요. 일상생활에서 볼 때 미리라는 것은 일 당하기 전이고요. 인생에서 초년에 미리 연마하면 중년, 말년이 잘 가는 거예요. 그런데 초년에 해야 할 일을 미리 못하면 중년, 말년이 그렇게 행복하지 않다 이겁니다. 이런 일은 허다하죠.

여기 '형세를 보아'라는 말이 있죠? 어떤 형세를 보는가 하면요, 자연의 공도에 따른 형세를 봅니다. 음양 상승과 인과보응의 이치, 이것은 자연의 공도죠. 자연의 공도가 일어나잖아요. 음양 상승의 이치와 그에 따른 변화가 어떻게 일어날 것인지 형세를 볼 수 있죠. 이걸 연마하지 못하면 안 됩니다. 죽는 것도 마찬가지예요. 연마를 많이 하고 죽어야 합니다. 언제 어떻게 될지 모르기 때문에 자연의 공도가 어떻게 변하는지 형세를 보는 것이 가장 중요합니다.

인간 세계의 변화에 따른 형세도 있습니다. 이것은 고락 경계입니다. 흥·망·성·쇠 등 인간 세계 속에서 변화는 자연의 공도와 맞물려서 돌아가요. 어떤 때는 진급기가 있는가 하면 어떤 때는 강급기가 있어요. 진급기는 진급기에 대비한 형세를 봐야 하고 강급기는 강급기에 해당하는 형세를 봐야

---

* 蒼惶顚倒. 너무 급하고 당황하여 어찌할 줄을 모르고 갈팡질팡하는 것.

합니다. 만일 거꾸로 강급기에 들어갔는데 진급기처럼 행세하고 진급기에 들어갔는데 강급기처럼 행세하면 인간세계에서 일어나는 자연의 공도, 형세를 범하는 것입니다. 잘못 활용하는 것입니다. 여기서 중요한 것은 고락 경계, 흥·망·성·쇠는 잠깐 지나가는 순간의 경계에 불과하다는 것입니다. 순간적으로 지나가는 경계들이지 항상적인 것이 아닙니다. 좋은 때에 항상 좋을 것이라고 생각하면 잘못이에요. 나쁜 때가 왔을 때 항상 나쁠 것이라고 생각하는 것도 잘못이에요. 그냥 순간에 지나가는 경계에 불과하다고 생각해야 합니다. 그래서 이렇게 형세를 봐서 미리 연마하는 공부를 해야 합니다. 이 조목은 사리 연구를 공부하는 조목입니다.

3조는 '노는 시간이 있고 보면 **경전·법규 연습하기**를 주의할 것이요'라고 되어 있습니다. 여기서 다루어야 할 것은 '노는 시간이 언제냐'입니다. 노는 시간에 하라고 했으니까요. 제가 생각하는 노는 시간은 여유 있는 시간입니다. 여유 있는 시간을 잘못 보내면 시간을 허송할 수 있습니다. 그런 시간을 순간순간 대조하면 우리들에게 다가오고 있다는 것을 알 수 있습니다. 노는 시간은 여유 있는 시간만이 아니라 여유를 낸 시간입니다. 의도적으로 여유를 내야 합니다. 왜 여유를 낸 시간을 포함해야 할까요? 여유 있는 시간이 없으면 경전·법규 연습하는 시간이 없을 것 아닙니까? 그러니까 의도적으로라도 여유를 내자는 것입니다. 의도적으로 경전·법규를 연습해나가야 한다는 의미가 이 3조에 담겨 있습니다. 한번 대중 잡아보세요. 하루에 언제쯤 경전·법규를 어떻게 연마할 것인가? 한 번씩 본인이 직접 생각해서 연마를 하면 좋겠습니다. 저는 참 감사하게 생각해요. 이 강의를 하기 때문에 예전에 봤던 경전이지만 새로 정리를 하잖아요. 경전

·법규를 참 열심히 연습합니다. 여유를 안 낼 수가 없어요. 사람이 놀기로 하면 노는 것이 재미있어서 그쪽으로 빨려 들어갑니다. 의도적으로 여유를 내야 합니다.

경전·법규 연습은 우리의 지정 교서를 통해서 합니다. 지정 교서는 참고 경전을 말해요. 여기서 중요한 것은 독서를 선택적으로 해야 한다는 점입니다. 책이 홍수처럼 쏟아져서 읽을 책이 많죠. 근데 그 많은 책을 다 읽을 수는 없잖아요? 그래서 선택해야 합니다. 다른 책보다는 우선 경전을 읽어야 합니다. 요즘에는 정보를 선택적으로 수집하는 것이 중요합니다. 모든 정보를 다 수집할 수가 없어요. 정보의 홍수 시대라 정보가 한없이 쏟아집니다. 저는 일단 목적을 정하면 그 목적에 부합하는 정보만 수집합니다. 그게 그렇게 재미있어요. 내가 하려는 설교에 맞는 정보가 착착 모아져서 새로운 지식과 이념이 나와요. 신지식이 나오는 겁니다.

그다음 경전·법규 연습하기를 중요하게 생각해야 합니다. 여기서 법규라는 것은 교단법, 교헌, 교규, 교령, 이런 것이죠. 제일 처음 교단법, 교규, 교령, 서원관에는 사교(규율)가 있나요? 이런 것들을 연마하라는 것입니다. 그런데 경전 연마는 많이 하는데 법규 연마는 소홀히 할 수 있어요. 하지만 법규 연마가 잘 안되면 교당 돌아가는 사정을 잘 몰라요. 교당을 운영할 때 밝은 지혜가 솟질 않습니다. 법규 연마를 못해서 토론하다가 깨지는데 그 원인을 모르는 겁니다. 규정에 다 있는데 법규를 모르고 자기주장만 하는 거예요. 그래서 원불교 교단에서 교헌을 개정하고 있죠. 교헌 특위가 만들어졌어요. 근데 이게 대단히 중요해요. 왜 중요한가 하면 원기 1세기를 마감하고 원기 2세기가 출발하는 시점에서 교헌의 틀을 어떤 틀로 어떻게 만들 것인지 정하고 있거든요.

여기서 법규란 뭐냐? 대종사께서 대각하신 내용을 세상에 전해야 하는데 개인이 혼자 전할 수 없잖아요. 그러니 조직을 통해서 전달하는 겁니다. 대종사의 대각 이념을 어떤 조직의 이념에 담아서 세상에 전달할 것인가, 그것이 법규란 말입니다. 최고 의결기관이 어디입니까? 수위단회입니다. 또 하나 더 있어요. 중앙 교의회죠. 수위단회에서 하는 최고 의결은 무엇이며 중앙 교의회에서 하는 최고 의결은 무엇인가를 가려내야 합니다. 이렇게 여러 단계를 거쳐 대종사 대각의 이념을 세계 어디에 내놓아도 모순이 없도록 만들고 있습니다. 이념을 담는 그릇이 제도입니다. 이 제도에 대해서 여러분들 상당히 중요하게 생각해야 해요.

결론을 말하자면, 경전·법규를 자꾸 가까이하면 혜두가 단련됩니다. 법규를 가까이만 해도 혜두가 단련됩니다. 왜냐하면 교단의 운영에 대한 것들이 알아지기 때문입니다. 혜두가 열리는 것입니다.

다음은 4조입니다. 4조는 '경전·법규 연습하기를 대강 마친 사람은 **의두 연마하기**를 주의할 것이요'라고 되어 있습니다. 여기서 중요한 것은 대강 마친 정도가 어느 정도냐는 것입니다. 저는 두 가지로 생각하는데 하나는 공부의 방향을 아는 정도를 법규를 대강 마친 정도라 생각합니다. 왜 그러냐면 앞에서 정기 훈련 11과목에 대해 말할 때 경전이 공부의 방향을 제시해놓았다고 했죠? 그래서 '아, 이렇게 공부하면 되겠구나' 하고 아는 정도, 그 정도가 대강 마친 정도가 아닐까 생각합니다. 다른 하나로 대강 마친 정도는 당일 계획한 분량을 마친 정도입니다. 오늘은 어느 정도까지 하자는 계획이 있을 겁니다. 지금 저도 그렇습니다. 강의 연마를 하려면 몇 주 후에 할 것은 계획을 세워 연마를 해나가거든요. 이 강의를 하면서 당일, 매주 연마해야 될 것을 연마합니다. 그것이 대강 마친 정도가 아닐까 생각합니다.

그리고 대강 마친 사람은 '의두 연마하기를 주의하라'고 하셨죠. 의두 연마는 대체로 3가지 정도로 이야기할 수 있습니다. 경전보다 깊은 연구 단계에 들어가는 공부입니다. 그다음은 경전·법규를 연마하다가 모르는 사항이 있으면 그것으로 연마를 하는 것입니다. 이해가 안 되는 상황을 의두화해서 연마하는 것입니다. 그래서 의두 연마는 확실한 해오를 얻는 방법입니다. 확실한 자기 지혜를 만드는 방법입니다. 남의 것을 들어서 얻는 지혜는 완전한 자기 지혜가 아닙니다. 완전한 자기 지혜가 되려면 의두화해서 자기가 해오 분석해서 알아져야 합니다. 그러면 거기에서 확실한 자기 지혜가 생깁니다. 경전 공부를 제대로 하는 사람은 경전만 공부하지 않고 경전의 모든 내용들을 하나하나 의두화해서 스스로 확실한 지혜를 만들어 혜두가 단련되는 사람이라고 볼 수 있겠습니다.

5조에는 '석반 후 **살림에 대한 일이 있으면 다 마치고** 잠자기 전 남은 시간이나 또는 새벽에 정신을 수양하기 위하여 염불과 좌선하기를 주의할 것이요'라고 하셨습니다. 염불과 좌선하기를 주의하라는 것이 주가 됩니다. 염불과 좌선이라고 해도 언제 하라는 조건이 있습니다. 살림에 대한 일을 다 마치고 하라고 합니다. 이유가 뭔지 알아야 합니다. 일로 인한 정신의 번거로움을 제거하자는 의도입니다. 일 때문에 오는 정신의 번거로움이 많거든요. 살림에 대한 일을 다 마치지 않고 염불과 좌선을 하면 일이 마음에 걸려서 자꾸 회상이 됩니다. 그래서 염불과 좌선이 잘 안 됩니다. 온전하게 잘 마치려면 끝내고 난 뒤에 시간이 남았을 때 그 시간에 염불과 좌선을 하라는 것이죠. 일과 공부를 병진하기 위해서이기도 합니다. 염불과 좌선만이 아니라 일과 살림을 다하라고 하셨거든요. 대종경에 과거 수도인은 멍석에 곡식을 뒀는데 소나기가 와서 떠내려가도 모르고 공부했다는 내용이 있습니다. 이런 것은 잘못 되었다고 비판하셨습니다. 그 일을 다 한 뒤에 깨끗하게 정리를 하고 염불을 해야 공부가 잘 된다는 의미입니다. 대종사께서는 일과 공부를 철저하게 병진하셨습니다. 이 병진을 '중도'라고 제가 말씀드렸는데요. 일도 잘하고 공부도 잘해야 된다는 말입니다. 공부만 하고 일은 안 하거나, 일만 하고 공부는 안 하는 것은 중도가 아닙니다. 두 가지를 함께 잘하는 것이 중도이며 병진입니다.

대종사께서 일과 공부를 철저하게 쌍전해서 중도 실천을 하게 하신 것이 이 부분입니다. 잠자기 전 남는 시간이나 새벽에 하라는 이유는 외경이 먼 시간을 선택하라는 말입니다. 대종사께서 서울에 판소리하는 데를 가셨는데, 판소리를 어찌나 잘하는지 모인 사람들이 판소리하는 사람을 보고 그냥 다 정신이 나가버렸어요. 정신을 다 뺏겼습니다. 그런데 대종사께서 그 판소리를 듣고 와서는 사람들이 전부 정신이 나갔는데 그 소리를 들으면서 온전히 정신을 챙기는 사람은 나밖에 없더라고 하셨더랍니다. 판소리를 들으시면서도 병진하신 것입니다.

외경이 먼 시간, 잠자기 전 남은 시간 또는 새벽에 하라는 두 번째 이유는 수양 공부는 상시 속에서 하는 수양이기 때문입니다.

6조는 '모든 일을 처리한 뒤에 그 처리건을 생각하여 보되, **하자는 조목과 말자는 조목에 실행이 되었는가 못 되었는가 대조하기를 주의할 것이니라**'고 하셨습니다. 2조는 연구 공부, 3조는 연구 공부, 4조도 연구 공부, 그리고 5조는 수양 공부죠. 6조는 실천 후 마지막 대조하는 공부입니다.

그다음, 두 번 다시 잘못을 범하지 않게 하는 공부입니다. 잘했다, 잘못했다는 취사에 대한 대조입니다. 버릴 것은 버리고 취할 것은 취했다는 것을 대조해놓고, 다음에 어떻게 할지를 미리 생각해서 공부를 해놓아야지 두 번 다시 같은 잘못을 범하지 않게 됩니다. 이 대조를 함으로써 다음 일에 대한 계획을 세우게 된다는 것입니다. 자연적으로 준비가 안 되었으니까, 사후에 대조를 해서 다음에 이런 일을 당하면 이렇게 하면 되겠구나, 하는 생각이 날 거 아닙니까? 그래서 다음 계획을 잘하기 위해 6조를 강조하셨다고 봅니다.

교당 내왕시 주의 사항

1. 상시 응용 주의 사항으로 공부하는 중 어느 때든지 교당에 오고 보면 그 지낸 일을 일일이 문답하는 데 주의할 것이요,

2. 어떠한 사항에 감각된 일이 있고 보면 그 감각된 바를 보고하여 지도인의 감정 얻기를 주의할 것이요,

3. 어떠한 사항에 특별히 의심나는 일이 있고 보면 그 의심된 바를 제출하여 지도인에게 해오(解悟) 얻기를 주의할 것이요,

4. 매년 선기(禪期)에는 선비(禪費)를 미리 준비하여 가지고 선원에 입선하여 전문 공부하기를 주의할 것이요,

5. 매 예회(例會)날에는 모든 일을 미리 처결하여 놓고 그 날은 교당에 와서 공부에만 전심하기를 주의할 것이요,

6. 교당에 다녀갈 때에는 어떠한 감각이 되었는지 어떠한 의심이 밝아졌는지 소득 유무를 반조(返照)하여 본 후에 반드시 실생활에 활용하기를 주의할 것이니라.

이제 교당 내왕시 주의 사항에 대해 말하겠습니다. 1조에 '교당에 오고 보면 **그 지낸 일을 일일이 문답**하는 데 주의할 것이요' 라고 하셨습니다. 지낸 일을 지도인에게 보고하는 공부입니다. 사실 이것을 잘해야 하는데, 교당에 다녀보면 잘합니까? 잘 안된단 말이죠. 대종사께서 지향하는 교당은 절대로 대형화된 교당이 아니라고 생각합니다. 대형화된 교당을 지향했으면 이 조항을 실천할 수가 없습니다. 그래서 소수 정예화된 교당을 만들어가는 것입니다.

교당에 와서 교무에게 지낸 일을 일일이 보고할 수 없잖아요? 그러면 누구한테 해야 합니까? 교화단입니다. 단회를 통해서 이루어져야 합니다. 출가 교화단에는 이 조항이 잘 되나요? 저도 지금 출가 교화단 저단에 편성되어 있습니다. 2년간 저단 활동을 하는데 딱 한 번 빠졌어요. 일기를 발표하면 그 내용들이 다 지낸 일들 아닙니까? 일기 내용에 대해 단원들이 의견 교환을 하거든요. 대종사께서 일일이 다 못하니까 결국은 교화단을 통해서 하도록 한 것입니다. 재가 단장이나 중앙 단원의 실력을 향상해나가야 하는 이유가 여기 있습니다. 그 실력을 향상하지 못하면 지낸 일에 일일이 감정을 얻을 수가 없습니다. 그래서 일일이 보고하라는 뜻은 시비 이해에 대한 감정을 얻기 위한 것입니다. 잘했는지 잘못했는지를 감정 받기 위해서 하는 것이죠. 그리고 스승과 제자 사이에 서로 정의情誼가 오고가며 심법을 전하고 배우게 하기 위해서 일일이 문답을 하라고 강조하신 듯합니다.

2조에 '감각된 바를 보고하여 **지도인의 감정 얻기를 주의**할 것이요'라고 말씀하셨습니다. 감각된 바를 보고해서 감정을 받으라는 건 다른 말로 하면 대소 유무 이치에 대한 감정입니다. 바르게 감각된 바를 감정 받는 것이죠. 바르게 감각된 것에 대해 1조, 2조를 다른 측면에서 생각해볼 때 1조, 2조를 잘하게 되면 참회 공부를 잘하게 됩니다. 참회에는 이참과 사참이 있죠. 1조, 2조를 실천하는 참회는 사참입니다.

사참 공부는 어떻게 하는 것입니까? 불, 법, 승의 삼보*전에 죄과를 뉘우친다고 했습니다. 그러면 교당 내왕시 주의 사항 1조, 2조를 잘 실천하는 사람은 지도인에게 보고하죠. 불, 법, 승 중에서 지도인은 누구입니까? 승보전이죠. 그런데 제가 살아보니까 불보전, 법보전에 하는 사참은 말짱 헛일입니다. 진짜 참회가 아닙니다. 왜 그럴까요? 불보, 법보전 전에 하면 그걸아는 사람이 없잖아요. 자기하고 부처하고 경전하고만 대조하는 것 아닙니까? 그러니 아는 사람이 없습니다. 이왕 할 사참이라면 사람에게 해야 합니다. 사람에게 하면 자신의 과오에 대해 아는 사람이 생기죠. 아는 사람이 생기면 거기에 주의심을 더 가지게 됩니다. 진짜 참회는 사참을 받아야 하는겁니다. 승보전에 하면 하는 사람도 받는 사람도 자세가 달라지는 겁니다. 이 사참을 잘 지켜야 합니다. 그래서 이 강의를 듣는 교도들도 진짜 참회를하려면 교무에게 가서 잘잘못을 일일이 보고해서 감정을 얻는 것이 바로 참회를 하는 것입니다. 그래서 죄업을 가볍게 해나가야겠습니다.

3조는 '의심된 바를 제출하여 **지도인에게 해오**解悟 **얻기**를 주의할 것이요'입니다. 의심건을 물어보는 것입니다. 의심건을 물어봐서 해오를 얻는 것입니다. 우리는 세 가지 단계를 거쳐 알아갑니다. 1단계

● 불보佛寶, 법보法寶, 승보僧寶. 불보는 우주의 진리를 깨달은 불타, 법보는 불타가 설하신 교법, 승보는 교법을 따라 수행하는 승려이다.

는 신해信解입니다. 어느 할머니가 원불교를 30년 다녔는데 말년에 병원에 입원을 했어요. 그래서 교무가 문병을 갔어요. 할머니가 하시는 말씀이 "아이고, 교무님 뭣 하러 오셨습니까? 저 이제 갈 준비 다 되었어요." 그러더래요. 그리고 기도를 해주니 "교무님, 제가요 갈 준비 다 되었고요. 극락길 차표까지 딱 탔습니다. 그런데 개찰을 못해서 못 갑니다. 개찰만 하면 그 차표를 가지고 쏜살같이 갈 것입니다." 이러더랍니다. 이것이 바로 신해입니다. 믿어서 아는 것 아닙니까? 확실하게 간다고 하면 가는 거죠. 극락 간다고 하면 가는 겁니다. 확실하게 믿으면 믿으면서 알게 됩니다. 이것이 하근기의 해오입니다. 2단계의 해오는 알아가는 것입니다. 이것이 진짜 해오입니다. 분석해서 알아가고, 풀어서 아는 것이 바로 해오입니다. 이 단계는 중근기의 해오입니다. 3단계 상근기는 증오證悟입니다. 증득해서 아는 겁니다. 이 3단계 과정을 거쳐서 우리가 알게 되는데 '우리 교법이 좋다' 다 알죠? 각자가 일상생활에서 실천해보고 딱 들어맞았을 때 오는 기쁨이 있어요. 그게 바로 증오입니다. 증오가 되어야 확실하게 자기 지혜로 만들 수 있습니다.

　　　　4조에는 '매년 선기禪期에는 선비禪費를 미리 준비하여 선원에 입선하여 전문 공부하기를 주의할 것이요'라고 말씀하셨습니다. 매년 선기는 정기 훈련을 말하죠. 선기에 선비를 준비하라는 것은 훈련비를 말합니다. 지금 교무들은 정기 훈련을 중도훈련원에서 하는데 입선할 때 훈련비가 교당이나 기관에서 다 나옵니다. 대종사 당대에는 여름, 겨울 6개월 동안 선을 났거든요. 그때는 출가와 재가 합동으로 선을 났습니다. 재가들이 일상생활 속에서 공부하는데 가정 상황이 어려운 사람들은 사실 선비가 부담이 됩니다. 그 부담이 되는 선비를 선기 전에 준비를 해서 반드시

입참하여 선을 나라는 것입니다.

이 말을 지금 식으로 해석해봅시다. 각 교당에 예전에는 교리 강습이 있었어요. 근데 지금은 그것도 다 없어졌어요. 남은 것이 법회입니다. 전주에 있는 모 교당을 가니까 내년 봄에 저녁에 와서 교리 강좌를 3일만 해달라고 합니다. 그런 것은 정기 훈련이 되겠죠. 선기에는 반드시 선을 나야 되는데요. 자기도 모르게 세속의 여러 가지 습관들, 세속에 얻는 풍요, 흐름 이런 것을 따라가게 됩니다. 자기도 모르게 세상의 흐름과 풍유에 물들어갑니다. 이 물들어간 것들을 정기 훈련으로 빼야 합니다. 물을 빼지 않으면 자기도 모르게 세상의 흐름에 휩싸여갑니다. 그런 것을 방지하기 위해서 전문 공부를 1년에 한 번씩 시키는 것입니다.

5조에는 '매 예회例會날에는 모든 일을 미리 처결하여 놓고 그 날은 교당에 와서 공부에만 전심하기를 주의할 것이요'라고 말씀하셨습니다. 가정과 교당을 연결시켜보는 겁니다. 가정이 있고 교당이 있어요. 가정은 공부로 볼 때 상시 훈련의 장입니다. 그러다가 교당에 오면 정시, 정기 훈련의 시간이 됩니다. 가정은 작업 취사의 주체가 됩니다. 교당은 수양·연구의 주체가 됩니다. 그것을 연결해야 합니다. 가정에서는 의식주, 삼건이 주가 됩니다. 교당은 정신의 삼강령이 주가 됩니다. 그래서 교당과 가정을 대종사께서 철저하게 연결해주신 것입니다.

원불교는 매 일요일마다 교당에 가야 하죠? 사실 일요일마다 나오기가 쉽지 않은데도, 한 달에 한 번 나오는 교도는 스스로 '나는 나이롱 교도다' 이렇게 생각할 정도로 착실히 일요일마다 나오십니다. 그래서 왜 이렇게 매 예회날 오라고 했나 생각해봤습니다. 제가 부산 근무할 때 '예지원'을 교구에서 운영했어요. 예지원은 한글을 해독하지 못하는 사람에게 한글 가르치는 반을 운영했어요. 신입생을 모집하면 1년에 130~140명 들어옵니다. 입학하면 3년을 가르칩니다. 여러분들은 지금도 한글을 모르는 사람이 있을까 생각하죠. 고등학교까지, 중학교까지 의무교육 잘 시키고 국가에서 지원을 해줘도 구조적으로 그런 혜택을 받지 못하는 사람이 생겨납니다. 사회의 구조가 그렇기 때문에 지금도 한글을 해독하지 못하는 사람이 많아요. 졸업할 때 어느 분이 감상담을 말하는데, 그 분은 은행에 갈 때 항상 오른손에 붕대를 감고 갔답니다. 붕대를 감고 가면 내가 오른손을 다쳐서 글씨를 못 쓰니까 입출금 용지를 좀 써달라고 옆 사람에게 부탁을 할 수 있어서, 멀쩡한 손에 붕대를 감고 갔다고 합니다. 예지원에서 3년간 공부를 해서 이제는 은행에서 직접 입출금 용지를 쓰니 얼마나 좋은지 모르겠다고 해요. 얼마나 기쁜 일입니까? 이렇게 감상담을 해서 교실이 울음바다가 됐습니다.

예지원의 대부분 학생들은 불교를 믿습니다. 그 어른 학생들을 데리고 총부 순례를 왔어요. 부산에서 차를 타고 5시간 옵니다. 총부에 원불교 부처를 뵈러 가는 길이니까 떠들면 안 된다고 조용한 노래 부르면서 경건한 마음으로 옵니다. 점심을 먹고 내가 마이크를 잡고 원불교 부처를 뵈러 가자, 하고 90명을 데리고 대각전을 갔어요. 첫마디를 이렇게 했어요. "여러분들이 지금 앉아 있는 방석이 원불교 총부 교무들이 아침마다 앉아서 좌선할 때 쓰는 좌복입니다. 거기에 여러분들이 앉았습니다. 얼마나 영광스러운 일입니까." 그랬더니 그 사람들이 좌복을 만져보고 그래요. "절에 가서 부처님께 절 몇 절 합니까?" 제가 이렇게 물었더니 "삼절을 합니다."라고 대답을 해요. "원불교는 몇 절 합니까? 사절 하죠?" 하고 제가 물었어요. 불교는 불법승 삼보에 삼절을 하고, 원불교는 천지·부모·동포·법률 이렇게 사절이라고 말하니 이해를 못 해요. 이 사람들이 절에 계시는 부처보다 원불교에 계시는 부처의 기운이 더 세기 때문에 사배를 한다고 하니 이해를 해요. 또 대각전에 법상 있죠. 지금은 모조품인데 그때는 진품이었어요. 그때는 융단으로 덮어놓았었어요. 그걸 이만치 덮어놓고 원불교 부처께서 거기 앉아서 설법하시는 좌석이니까 만지고 내려오라고 했어요. 사배하고 법상 만지고 내려오라고 시켰죠. 한쪽부터 쭉 올라갑니다. 그런데 이 사람들은 부처께 절하면서 절대로 빈손으로 안합니다. 봉투도 없이 만 원 놓고 하는 사람도 있고 봉투를 놓는 사람도 있어요. 차근차근 사배를 하면서 90명이 돌아가는데 내가 가만히 앉아서 보니까 법신불 앞에 돈이 차곡차곡 쌓이는 겁니다. 올라가면서 물어요. "원장님, 그 법상을 만질 때 한 손으로 만져야 합니까, 두 손으로 만져야 합니까?" "두 손으로 만져보세요." 그렇게 한 30분이 걸렸습니다. 이 사람들에게는 안내를 이렇게 해야 됩니다. 이렇게 안 하면 죽 비 치고 단체로 사배 하고 앉아서 이 대각전은 어떻게 생겼고, 언제 지었다는 설명만 할 것 아닙니까? 그렇게 안 하고 어른 학생들한테 딱 맞게 설명하려고 한 것입니다. 그렇게 구조실에 가서 영정 참배하고 성탑 참배하고 전부 성탑 십상 만지면서 돌고 하니 3시간이 걸렸어요. 이제 부산으로 출발해야 했습니다. 시내쯤 가서 제가 재미있게 놀면서 가라고 제일 앞에 앉아서 눈을 감고 자는데 뭣이 왔다 갔다 해요. 보니까 맥주 캔이에요. 맥주를 한잔씩 마시더니 기사한테 음악을 틀라는 겁니다. 처음에는 기사가 느린 음악을 틀어요. 음악을 트니까 나와서 춤을 춥니다. 느린 음악이라 신이 안 나요. 그러니까 빠른 음악을 틀라고 해요. 그러니까 기사가 뭐라고 그러냐면 "아따, 그 양반들 참 성격도 급하기도 하네. 부산까지 가려면 5시간이나 걸리는데." 그렇게 말해요. 그리고 빠른 음악을 트니까 전부 일어나서 춤을 추는데 제가 잠이 안 와요. 휴게소 가서 쉬고 화장실 다녀와서 또 틀고 5시간을 가면서 춤추고 뛰면서 놀아요. 밤 9시 30분경에 부산에 도착했어요. 제가 씻고 자려고 누웠는데 마이크 소리가 '웽, 웽, 웽, 웽' 들려요. 속으로 마이크 소리에 맞춰서 노래를 하는데 '정주지 않으리라 정주지 않으리라' 하며 제가 노래를 하고 있더라니까요. 3시간 정기 훈련 하고 5시간 세상의 염법에 물들었어요. 사람이 교당에 딱 들어서면 마음 자세가 달라지죠? 근데 교당을 일단 벗어나면 마음이 해이해집니다. 그래서 대종사께서는 일주일에 한 번씩은 교당에 와서 법회에 참석하여 세상에서 들은 물, 염법을 빼버리라고 하신 것입니다. 진정한 불법 공부는 원불교에 와서 해야 한다고 생각합니다.

6조는 '**소득 유무를 반조**^{返照}**하여 본 후에 반드시 실생활에 활용**하기를 주의할 것이니라'입니다. 1, 2, 3, 4, 5조는 상시를 정기로 연결하는 공부입니다. 그런데 6조는 정기를 상시로 연결하는 공부입니다. 1, 2, 3, 4, 5조는 가정을 교당으로 연결하는 공부고, 6조는 교당에서 공부한 것을 가정으로 연결하는 공부라는 말입니다. 그래서 소득 유무를 반조해서 실생활에 활용하는 것입니다. 정기에 교당에서 한 공부를 일상생활인 상시로 연결하는 공부를 하는 것이 이 6조의 내용입니다. 이렇게 원불교의 교법은 생활 속에서 빛나야 합니다.

3. 정기 훈련법과 상시 훈련법의 관계

정기 훈련법과 상시 훈련법의 관계를 말하자면, 정기 훈련법은 정할 때 공부로서 수양·연구를 주체 삼아 상시 공부의 자료를 준비하는 공부법이 되며, 상시 훈련법은 동할 때 공부로서 작업 취사를 주체삼아 정기 공부의 자료를 준비하는 공부법이 되나니, 이 두 훈련법은 서로서로 도움이 되고 바탕이 되어 재세 출세의 공부인에게 일분 일각도 공부를 떠나지 않게 하는 길이 되나니라.

정기 훈련법은 정할 때 공부죠. 수양·연구가 주체가 되고 상시 공부의 자료를 준비하는 것이 정기 훈련법입니다. 그렇게 세 가지로 구분할 수 있습니다. 그것이 정기 공부입니다. 상시 훈련에서는 동할 때 공부가 주가 됩니다. 그다음에 취사가 주체가 되고, 정기 공부의 자료를 준비하는 것이 상시 공부입니다. 그래서 정기 훈련과 상시 훈련은 상호 바탕이 됩니다. 그다음에 정기 훈련법과 상시 훈련법을 제정해서 인간이 향유하는 모든 시간을 훈련화했습니다. 인간은 모든 시간을 활용하죠. 우리가 시간을 보내고 있잖아요. 보내는 모든 시간을 다 훈련화한 것입니다.

그래서 경계와 생활 속에서 마음공부를 하는 삼학 수행을 시키는 특징을 가지고 있습니다. 이렇게 해놓으면 다음에 훈련 과목을 갖고 염불법, 좌선법, 일기법으로 나가니까 대체적인 수행편의 내용이 정리가 됩니다. 훈련법이 끝나면 신앙의 방법인 심고와 기도, 불공하는 법 등이 나옵니다. 다 신앙의 방법론입니다. 이런 것들은 따로 읽더라도 수행 공부에 관계되는 대체적인 내용들은 이 훈련법에 다 정리가 되었다고 볼 수 있겠습니다.

3장

천만 경계를 일념으로 모으다

– 염불법

       오늘은 염불법을 공부하겠습니다. 염불의 요지는 대체로 2가지로 나눌 수 있습니다. 첫째, 천만 가지로 흩어진 마음을 일념으로 만드는 공부입니다. 우리 마음은 자꾸 흩어집니다. 흩어진 마음들을 모아서 일념 만드는 공부가 염불 공부입니다. 둘째, 순역 경계에 흔들리는 마음을 안정시키는 공부입니다. 이것은 동시 염불입니다. 동할 때 염불하는 방법입니다.

∞

대범, 염불이라 함은 천만 가지로 흩어진 정신을 일념으로 만들기 위한 공부법이요, 순역

(順逆) 경계에 흔들리는 마음을 안정시키는 공부법으로서 염불의 문구인 나무아미타불(南無阿彌陀佛)은 여기 말로 무량수각(無量壽覺)에 귀의한다는 뜻인 바, 과거에는 부처님의 신력에 의지하여 서방 정토 극락(極樂)에 나기를 원하며 미타 성호를 염송하였으나 우리는 바로 자심(自心)미타를 발견하여 자성 극락에 돌아가기를 목적하나니, 우리의 마음은 원래 생멸이 없으므로 곧 무량수라 할 것이요, 그 가운데에도 또한 소소영령(昭昭靈靈)하여 매(昧)하지 아니한 바가 있으니 곧 각(覺)이라 이것은 자심 미타라고 하는 것이며, 우리의 자성은 원래 청정하여 죄복이 돈공하고 고뇌가 영멸(永滅)하였나니, 이것이 곧 여여(如如)하여 변함이 없는 자성 극락이니라. 그러므로, 염불하는 사람이 먼저 이 이치를 알아서 생멸이 없는 각자의 마음에 근본하고 거래가 없는 한 생각을 대중하여, 천만 가지로 흩어지는 정신을 오직 미타 일념에 그치며 순역 경계에 흔들리는 마음을 무위 안락의 지경에 돌아오게 하는 것이 곧 참다운 염불의 공부니라.

염불의 요지를 알아봅시다. 염불의 요지를 정시의 염불과 동시의 염불로 나누어 살펴보겠습니다. 염불의 공부를 말할 때, 일상 속에서 염불 시간을 정해서 하는 염불만이 염불은 아닙니다. 순역 경계가 당해졌을 때 나무아미타불이라고 하는 문구로 경계를 대체하는 공부가 염불법입니다. 이것을 일상생활 속에서 잘 활용해야겠습니다.

염불의 문구는 '나무아미타불'입니다. 이것은 불교에서 말하는 '다라니'입니다. 즉, 주문이에요. 염불은 주문에 해당합니다. 주문을 자꾸 외우면 좋은 일이 생깁니다. 부처의 초기 법문을 '아함경'이라 합니다. 아함경에 다라니가 많이 나옵니다. 왜냐하면 처음에 제자들을 데리고 설명을 하려고 하니까 제자들이 알아듣질 못해요. 그래서 다라니를 많이 이야기해서 이 주문을 많이 외우면 좋은 일이 생긴다고 쉽게 설명했습니다. 염불 문구인 '나무아미타불'

도 주문에 해당합니다. 주문을 해석하면 의미가 없습니다. 무작정 믿고 외우고 해오한 만큼 이야기해야 합니다. '신해, 해오, 정오' 이렇게 이야기가 됩니다. 다라니는 해오, 즉 분석해서 아는 것보다는 믿어서 아는 신해가 좋습니다. 그 점이 중요합니다. 그렇지만 대종사께서는 염불법을 해석해주셨어요. 그러니 우리도 해석을 통해 이해를 넓혀봅시다.

'나무아미타불'의 문구 중 '나무'에 대한 설명입니다. 염불의 '나무' 말고 석존성탄절 봉청을 할 때도 이 '나무'라는 단어를 씁니다. '나무'는 '귀의歸依'입니다. 돌아가 의지하는 것입니다. 나무의 뜻이 참 좋습니다. '아미타불'은 정토종에 나오는 부처의 이름입니다. 우리나라에서는 정토종이 없어졌습니다. 현재 선종만 남아 있습니다. 중국의 불교는 대승불교입니다. 대승불교를 우리나라가 받아들입니다. 있는 그대로 받아들인 것이 아니라 불교를 종합해놓은 형태로 받아들였습니다. 그리고 그것을 발전시켜왔습니다.

우리나라에서 불교가 어디로 전해집니까? 일본으로 전해지죠. 일본으로 가서는 또 대승불교가 생겨납니다. 그래서 지금도 일본에서는 정토종이 상당히 번성하고 있습니다. 그런데 우리나라는 없잖아요. 그러니 우리나라의 민족성이 굉장히 현명한 것입니다. 대종사 종재식에 참석한 일본의 스님이 누구인지 아십니까? 상야노사上野老師 스님이죠. 그분이 정토종의 스님입니다. 이렇게 일본에서는 정토종이 발전을 했습니다.

우리나라는 전통불교 형식으로 정토종의 의미가 많이 희미해졌는데, 이 아미타불은 정토종의 구원불입니다. 정토종에서 읽는 경은 무량수경입니다. 무량수경에 나오는 부처가 바로 아미타불입니다. 이 아미타불 부처를 정토종에서는 서방정토에 머물고 계신다고 생각합니다. 거기에 머물면서 불법을 설합니다. 서방정토에 주해서 아미타 부처께서 불법을 설하고 계십니다. 그래서 이러한 의미로 볼 때 '나무아미타불 나무아미타불' 염불을 많이 하는 것은 아미타 부처께 귀의한다는 의미입니다. '아미타 부처께 귀의한다'는 말은 서방정토 부처를 만나보기를 원한다는 말입니다. 간절히 원하니까 서방정토를 가야 하겠죠. 서방정토가 얼마나 멀리 있느냐면, 불교에서는 10만 8천 리 떨어져 있다고 합니다. 하지만 이런 내용은 어떻게 보면 다 방편입니다. 여기서 10만 8천 리 떨어져 있는 서방정토에 가야 아미타 부처를 만날 수 있으니 현실적으로 못 만나는 거죠. 정토종에 의하면 현실 속에서 아미타 부처를 만날 수가 없는 것이죠.

염불을 외워서 10만 8천 리 떨어져 있는 서방정토로 간단 말이죠. 거기서 구원불이신 아미타 부처를 만나서 제도를 받는 것이 나무아미타불의 뜻입니다. 이것을 정전에서는 어떻게 해석하셨을까요? '나무'는 귀의, 돌아가 의지한다는 의미 그대로 맞습니다. '아미타'는 무량수라고 합니다. '불'은 각으로 해석하셨습니다. 이 의미로 보면 '무량수'는 한량없는 수를 가진 것입니다. 헤아릴 수 없는 수를 가진 것이 바로 자성 자리이고, 자성 자리는 불생불멸이라고 하죠. 불생불멸은 바로 무량수입니다. 불생불멸하다는 말은 무량수와 같은 말이고, 언어도단의 입정처라고 표현하기도 합니다. 이렇게 표현하는 것이 무량수를 말한 것입니다. 그래서 '불생불멸'은 체가 되고, '각'은 용이 됩니다. 이것을 다른 말로 하면 공적 영지라고 합니다. 그래서 저 자리에 돌아가 의지하자는 것은 대종사께서 보시는 '나무아미타불'을 의미한다고 볼 수 있습니다.

종합해보면 무량수인 자성의 밝은 자리에 돌아가 의지하는 '나무아미타불'이 가지고 있는 의미를 대종사께서 원불교적으로 말씀하신 것입니다. 그러니까 10만 8천 리에 떨어져 있는 서방정토에 갈 필요 없이 자기 마음속에 들어 있는 자성 자리를 찾아야겠죠. 결국은 정토종에서 말하는 서방정토와 원불교에서 말하는 서방정토는 이렇게 차이가 납니다. 그래서 무량수인 자성의 밝은 자리에 돌아가서 의지를 하자는 뜻이 되겠습니다. 우리가 염불하는 데 있어서 '이성택 이성택 이성택 이성택…' 이렇게 해도 되겠죠. 일념은 되잖아요. 그런데 같은 값이면 좋은 문구를 선택해서 반복해서 부름으로써 일념을 모아야 합니다. 그 문구가 바로 나무아미타불입니다. 같은 값이면 좋은 문구, 의미 있는 문구를 반복해서 염하는 것입니다. 그래서 천념 만념을 일념으로 만드는 것이 나무아미타불 염불법입니다.

염불의 원리를 알아봅시다. 염불의 원리는 첫째, 마음을 모아서 자심미타自心彌陀에 찾아 들어가는 원리입니다. 자기 마음속에 있는 아미타불, 서방정토에서 법을 설하시고 그게 10만 8천 리 밖에 있는 것이 아니라, 아무리 찾았는데도 없다면 서방극락은 자기 마음속에서 찾아야 합니다.

어떻게 찾아야 할까요. 나무아미타불로 일념을 모아서 자심미타로 찾아 들어가야 합니다. 그래야지 우리가 서방정토를 수용할 수 있습니다. 그리고 자꾸 염念하는 겁니다. 자꾸 염한다는 것은 생각을 하는 거죠. 염을 통해서 자심미타를 발현시키는 원리가 있습니다. 자기 마음속에 있는 자심미타가 발현되도록 해야 합니다. 찾아 들어가는 것이 아니라 끄집어내는 것이죠. 찾아 들어가는 것과 끄집어내는 것은 다릅니다. 전자는 원리를 찾아 들어가는 거고, 후자는 자기 마음속에 있는 것을 끄집어내는 것이죠. 끄집어낸다는 건 염을 통해서 자심미타를 발현시키는 것입니다. 자꾸 염을 함으로써 자기 마음속에 갊아 있는 아미타불을 발현시켜내는 것입니다.

∞

염불의 방법

염불의 방법은 극히 간단하고 편이하여 누구든지 가히 할 수 있나니,

1. 염불을 할 때는 항상 자세를 바르게 하고 기운을 안정하며, 또는 몸을 흔들거나 경동하지 말라.

2. 음성은 너무 크게도 말고 너무 작게도 말아서 오직 기운에 적당하게 하라.

3. 정신을 오로지 염불 일성에 집주하되, 염불 귀절을 따라 그 일념을 챙겨서 일념과 음성이 같이 연속하게 하라.

4. 염불을 할 때에는 천만 생각을 다 놓아 버리고 오직 한가한 마음과 무위의 심경을 가질 것이며, 또는 마음 가운데에 외불(外佛)을 구하여 미타 색상을 상상하거나 극락 장엄을 그려내는 등 다른 생각은 하지 말라.

5. 마음을 붙잡는 데에는 염주를 세는 것도 좋고 목탁이나 북을 쳐서 그 운곡(韻曲)을 맞추는 것도 또한 필요하니라.

6. 무슨 일을 할 때에나 기타 행·주·좌·와 간에 다른 잡념이 마음을 괴롭게 하거든 염불로써 그 잡념을 대치(對治)함이 좋으나, 만일 염불이 도리어 일하는 정신에 통일이 되지 못할 때에는 이를 중지함이 좋으니라.

7. 염불은 항상 각자의 심성 원래를 반조(返照)하여 분한 일을 당하여도 염불로써 안정시키고, 탐심이 일어나도 염불로써 안정시키고, 순경(順境)에 끌릴 때에도 염불로써 안정시키고, 역경에 끌릴 때에도 염불로써 안정시킬지니, 염불의 진리를 아는 사람은 염불 일성이 능히 백천 사마를 항복받을 수 있으며, 또는 일념의 대중이 없이 입으로만 하면 별 효과가 없을지나 소리 없는 염불이라도 일념의 대중이 있고 보면 곧 삼매(三昧)를 증득(證得)하리라.

염불의 방법을 공부해봅시다. 우선 '자세를 바르게 하고 기운을 안정하며, 또는 몸을 흔들거나 경동하지 말라'고 하십니다. 제가 대학교당에서 법회를 볼 때도 항상 확인하는 사항인데 우리가 법회 보

기 전에 일원상 서원문을 독경합니다. 일원상 서원문 독경을 하면서 꼭 몸을 흔들어요. 그렇게 흔들지 말라고 해도 흔듭니다. 습관이 그렇게 들어버린 것입니다. 이러면 안 됩니다. 자세를 바르게, 그리고 기운을 바르게 합니다. 이러기 위해서는 몸을 흔들면 안 됩니다. 가볍게 움직여도 안 됩니다. 움직이면 일심이 깨집니다. 그래서 1조를 강조하신 것이라고 봅니다.

두 번째로 음성을 조절하라고 하셨습니다. 너무 크게도, 너무 작게도 하지 말라고 하셨습니다. 너무 크게 하면 기운이 빨리 소모됩니다. 빨리 소모될 뿐만 아니라 옆 사람에게 방해가 됩니다. 일념 모으는 데 방해를 줍니다. 소리와 음성을 잘 조절해서 대중의 음성과 자기의 음성을 맞추어나가야 일념 집중이 됩니다. 혼자 나무아미타불 소리를 하면 그것이 다른 소리가 되어 다른 사람의 일념 집중에 방해가 됩니다. 또 너무 작게 하면 다른 사람의 소리가 자기 마음에 들어와서 일념 집중에 방해가 됩니다. 그러니 음성을 잘 조절해야 합니다.

세 번째, 정신을 온통 염불 일성에 집주하라고 합니다. 이 말은 염불 문구와 자기 정신과 마음을 일치시키라는 뜻입니다. 염불 구절과 정신, 마음을 일치시키는 것입니다. 한참 하다 보면 소리로는 나무아미타불을 해도 생각은 다른 곳에 가 있기도 합니다. 낮에 나가서 내가 어찌 했구나, 이런 생각이 날 수도 있습니다. 또 내가 나올 때 내 방문을 잠갔나? 그런 생각도 납니다. 일상생활 속에서 번거한 일이 생기면 생길수록 염불하는 데 방해가 됩니다. 그래서 일치시키는 것입니다. 음성과 자기 마음을 딱 일치시키는 것입니다.

넷째, 마음에 외불外佛을 구하거나 미타 색상을 상상하거나 극락 장엄을 그리지 말라고 하셨습니다. 미타 색상을 상상한다는 것이 어떤 의미일까요? 아미타불은 원래 구원불입니다. 아마 불교에서 하근기 공부인들이 염불을 하는 제일 목적이 아미타불이 계신 서방정토에 나기를 원하는 것일 겁니다.

382

그러니 저런 미타 색상을 마음속에 자꾸 그려가며 구합니다. 구하면 자기도 모르게 그쪽으로 빨려 들어가게 됩니다. 그래서 저런 것을 상상하지 말고 극락 장엄도 상상하지 말라고 했습니다.

다섯째, 마음 붙잡는 방법으로 염주나 목탁, 북 등을 쳐서 운곡韻曲을 맞추라고 하셨습니다. 서원관에서는 목탁을 주로 치고, 훈련원에서는 북을 치는 곳도 많이 있습니다. 염주를 돌리면서 해도 됩니다. 저는 염주를 많이 돌리는데 하다 보면 습관적으로 돌리게 됩니다. 아주 많이 돌리게 되면 습관이 되는 겁니다. 아마 내가 죽을 때 무의식에 들어가면 염주를 돌리고 있지 않을까 생각해봅니다. 어떤 분이 담배를 참 좋아해서 잘 피웁니다. 그런데 그분이 병원에 입원을 했어요. 침대에 손발을 딱 묶어놓았는데, 얼마나 갑갑하겠어요. 기도를 하면서 이걸 풀어주라고 했는데 부인이 안 된다고 해요. 그래도 그냥 풀어드리라고 했더니, 풀어주자마자 손으로 담배 피는 포즈를 취하는 겁니다. 평소에 얼마나 담배를 폈으면 무의식중에도 손이 그렇게 될까요? 우리도 역시 그럴 것입니다. 그러니 염주를 많이 돌립시다. 제가 만나는 사람에게 염주를 하나씩 줍니다. 가끔 그 사람을 만나면 많이 돌렸는가 안 돌렸는가 보게 됩니다. 많이 돌린 사람은 염주가 반질반질하고요, 많이 안 돌린 사람은 윤이 나질 않습니다. 이렇게 표가 나요. 염불할 때 마음을 붙잡는 방법으로 염주나 목탁, 북을 쳐서 운곡을 잘 맞추라고 하셨고, 또 대중의 운곡이 골라 맞도록 해야 일심이 잘된다는 것 염두에 둡시다.

여섯째로, 대치對治 공부의 방법을 말씀하셨죠. 잡념이 마음을 괴롭게 하거든 염불로써 그 잡념을 대치함이 좋다고 하셨습니다. 대치 공부라고 하는 것은 바꿔치기 하는 공부입니다. 행·주·좌·와 어·묵·동·정 간에 일어나는 잡념을 염불로 대치하라고 하셨습니다. 일상생활 속에서 일어나는 잡념들을 염불 일성으로 바꿔치기, 대치하라고 강조하셨습니다.

일곱 번째, 염불은 원래 심성을 반조하는 공부입니다. 심성의 본래 자리를 반조하는 공부인데 살다 보면 분한 일을 당하기도 합니다. 그러면 그것도 염불로 대치하라고 하셨습니다. 참으로 분할 때 있죠. 모욕을 당했을 때, 이럴 때에도 염불로 대치해야 합니다. 염불로 대치하면 심성 원래 자리로 돌아갑니다. 탐심이 일어날 때, 순경에 끌릴 때, 역경에 끌릴 때처럼 일상 속에서 염불로 대치하다 보면 염불 일성이 능히 백천사마를 항복시킬 수 있습니다.

나무아미타불 염불 일성이 우리 마음속에서 일어나는 일체 모든 마군을 항복시킬 수 있습니다. 그래서 결과적으로 일 속에서 염불 삼매에 들어가야 합니다. 이것이 염불의 결론입니다. 예화 하나를 말씀드리겠습니다. 저승에 가면 저승사자들이 "너 공부 얼마나 하고 왔냐, 염불 많이 하고 왔냐."고 묻는다고 합니다. 염불을 얼마나 많이 한지 알아보자, 하고 키를 켜라고 합니다. 그러면 쭉정이는 다 날아가고 알맹이만 남죠. 이렇게 하니까 싹 날아가고 한 개가 딱 남더라. 한 개가 남았는데 그것은 뇌성이 쾅 치니까 어떻게 겁이 나는지 나무아미타불 했던 것이었다고 합니다. 그때 말한 그거 하나 남고 나머지는 다 날아갔습니다. 일상 속에서 절실할 때 하는 한마디 염불이 얼마나 소중한지를 간접적으로 시사하는 대목입니다.

∞

염불의 공덕
염불을 오래하면 자연히 염불 삼매를 얻어 능히 목적하는 바 극락을 수용(受用)할 수 있나니 그 공덕의 조항은 좌선의 공덕과 서로 같나니라.
그러나, 염불과 좌선이 한 가지 수양 과목으로 서로 표리가 되나니 공부하는 사람이 만일 번뇌가 과중하면 먼저 염불로써 그 산란한 정신을 대치하고 다음에 좌선으로써 그 원적의 진경에 들게 하는 것이며, 또한 시간에 있어서는 낮이든지 기타 외경이 가까운 시간에는 염불이 더 긴요하고, 밤이나 새벽이든지 기타 외경이 먼 시간에는 좌선이 더 긴요하나니, 공부하는 사람이 항상 당시의 환경을 관찰하고 각자의 심경을 대조하여 염불과 좌선을 때에 맞게 잘 운용하면 그 공부가 서로 연속되어 쉽게 큰 정력(定力)을 얻게 되리라.

염불의 공덕에 대해 알아봅시다. 결론적으로 염불을 잘하면 염불 삼매를 얻어 극락을 수용할 수 있습니다. 염불은 현실적인 서방정토를 찾아가는 것이 아니라 자기 마음속에 있는 서방정토를 찾아내는 공부입니다. 그것을 찾아서 잘 길러나갈 때 극락을 마음속에서 느낄 수가 있고 수용할 수 있다는 말입니다. 그래서 염불의 공덕은 좌선과 똑같습니다.

정기 훈련법에서 염불, 좌선 이야기할 때 표리 관계라고 했죠. 염불은 번뇌가 치성할 때 먼저 염불로써 일념을 다스리라고 했어요. 그리고 외경이 가까울 때 염불을 합니다. 그래서 염불을 정신 수양 공부의 표表, 겉 공부라고 합니다. 좌선은 원적 무별의 진경에 드는 공부죠. 그러기 때문에 외경이 먼 시간에 좌선을 합니다. 결국 리裏, 속이 되는 것입니다. 그러니까 염불과 좌선은 표리 관계로 선후 관계입니다. 선후 관계를 따져서 취사해야 합니다. 또 장소와 시간의 관계입니다. 염불할 때는 염불하고 좌선할 때는 좌선을 하는 것입니다.

4장

망념을 쉬게 하라

– 좌선법

대범, 좌선이라 함은 마음에 있어 망념을 쉬고 진성을 나타내는 공부이며, 몸에 있어 화기를 내리게 하고 수기를 오르게 하는 방법이니, 망념이 쉰즉 수기가 오르고 수기가 오른즉 망념이 쉬어서 몸과 마음이 한결 같으며 정신과 기운이 상쾌하리라.

그러나, 만일 망념이 쉬지 아니한즉 불 기운이 항상 위로 올라서 온 몸의 수기를 태우고 정신의 광명을 덮을지니, 사람의 몸 운전하는 것이 마치 저 기계와 같아서 수화의 기운이 아니고는 도저히 한 손가락도 움직이지 못할 것인 바, 사람의 육근 기관이 모두 머리에 있으므로 볼 때나 들을 때나 생각할 때에 그 육근을 운전해 쓰면 온 몸의 화기가 자연히 머리로 집중되어 온 몸의 수기를 조리고 태우는 것이 마치 저 등불을 켜면 기름이 닳는 것과 같나니라. 그러므로, 우리가 노심 초사를 하여 무엇을 오래 생각한다든지, 또는 안력을 써서 무엇을 세밀히 본다든지, 또는 소리를 높여 무슨 말을 힘써 한다든지 하면 반드시 얼굴이 붉어지고 입 속에 침이 마르나니 이것이 곧 화기가 위로 오르는 현상이라, 부득이 당연한 일에 육근의 기관을 운용하는 것도 오히려 존절히 하려든, 하물며 쓸데 없는 망념을 끄

386

리어 두뇌의 등불을 주야로 계속하리요. 그러므로, 좌선은 이 모든 망념을 제거하고 진여(眞如)의 본성을 나타내며, 일체의 화기를 내리게 하고 청정한 수기를 불어내기 위한 공부니라.

좌선의 요지는 두 가지로 표현할 수 있습니다. 식망현진息妄顯眞, 수승 화강水昇火降입니다.

식망현진은 마음의 원리입니다. 수승 화강은 몸의 원리입니다. 식망현진은 망념 때문에 진성이 숨는 것이거든요. 망념 때문에 참자기의 마음이 숨겨지는 것입니다. 망념에 덮여버리는 것이죠. 그러니까 망념을 쉬어버려라 하는 것입니다. 망념을 쉬면 자연적으로 진성이 나타납니다. 망념에 덮여 진성이 어두워진 것이니, 어두워진 진성을 밝게 하기 위해서 망념을 걷어내야 합니다. 그래서 식망현진이라고 좌선의 요지에서 못을 박아주셨습니다.

다음은 **수승 화강**입니다. 물 기운인 수기와 불 기운인 화기는 정반대의 기운입니다. 수기는 서늘한 기운입니다. 물로 샤워하면 시원하죠. 서늘한 기운과 더운 기운을 함께 활용해야 됩니다. 화기는 더운 기운입니다. 수기가 정하는 기운이라면, 화기는 동하는 기운입니다. 불은 위로 올라갑니다. 치솟아요. 물은 밑으로 내려갑니다. 아주 반대입니다. 도자기를 굽느라 가마에 불을 땔 때, 불이 올라갈 때 보면 굉장히 셉니다. 불꽃이 가마길 따라 쭉, 쭉 갑니다. 온도가 오르면 불길이 번져요. 가마를 비스듬하게 만드는 것은 불 기운이 위로 올라가기 때문입니다. 수기가 오르면 심신이 안정됩니다. 화기가 오르면 심신이 동합니다. 그래서 몸을 운전할 때 수화를 잘 골라 맞춰가야 합니다. 좌선의 요지에서 대종사께서 지적하신 내용이 있죠. '육근을 머리에 집중하고 생각과, 안력을 쓴다든지 하면, 소리를 많이 한다든지 하면 화기가 오른다' 머리를 많이 쓰면 화기가 자꾸 오르게 됩니다. 화기가 오르면 심신이 안정이 되지 않고 둥둥 뜹니다. 사람을 만나보면 성격적으로 둥둥 뜨는 사람이 있죠. 자기도 모르게 둥둥 뜨는 사람이 있는데 그 사람은 화기가 승한 사람입니다. 또 어떤 사람은 성격적으로 쫙 깔리는 사람이 있죠. 사람이란 동정이 골라 맞아야 됩니다. 정당한 일에다 정신을 사용할지언정 쓸데없는 일에 정신을 과도히 쓰지 말아야 합니다. 정당한 일일지라도 정신을 과하게 쓰는 것도 손해를 보는 건데 쓸데없는 일에 정신을 과도하게 쓰면 결국 화기가 올라 자기가 손해 보는 것입니다.

이렇게 좌선의 요지는 두 가지로 정리할 수 있습니다. '정신 빼앗길 경계를 멀리하라'는 것이 첫째 요지입니다. 정신을 빼앗길 경계를 멀리하라는 것은 외경입니다. 외경을 멀리하세요. 두 번째는 '고민거리를 만들지 말아라'입니다. 이것은 내경입니다. 안에 있는 경계입니다. 그렇게 하는 것이 삶을 잘 사는 사람이 되는 것입니다.

∞

좌선의 방법

좌선의 방법은 극히 간단하고 편이하여 아무라도 행할 수 있나니,

1. 좌복을 펴고 반좌(盤坐)로 편안히 앉은 후에 머리와 허리를 곧게 하여 앉은 자세를 바르게 하라.

2. 전신의 힘을 단전에 툭 부리어 일념의 주착도 없이 다만 단전에 기운 주해 있는 것만 대중 잡되, 방심이 되면 그 기운이 풀어지나니 곧 다시 챙겨서 기운 주하기를 잊지 말라.

3. 호흡을 고르게 하되 들이쉬는 숨은 조금 길고 강하게 하며, 내쉬는 숨은 조금 짧고 약하게 하라.

4. 눈은 항상 뜨는 것이 수마(睡魔)를 제거하는 데 필요하나 정신 기운이 상쾌하여 눈을 감아도 수마의 침노를 받을 염려가 없는 때에는 혹 감고도 하여 보라.

5. 입은 항상 다물지며 공부를 오래하여 수승 화강(水昇火降)이 잘 되면 맑고 윤활한 침이 혀 줄기와 이 사이로부터 계속하여 나올지니, 그 침을 입에 가득히 모아 가끔 삼켜 내리라.

6. 정신은 항상 적적(寂寂)한 가운데 성성(惺惺)함을 가지고 성성한 가운데 적적함을 가질지니, 만일 혼침에 기울어지거든 새로운 정신을 차리고 망상에 흐르거든 정념으로 돌이켜서 무위 자연의 본래 면목 자리에 그쳐 있으라.

7. 처음으로 좌선을 하는 사람은 흔히 다리가 아프고 망상이 침노하는 데에 괴로와하나니, 다리가 아프면 잠깐 바꾸어 놓는 것도 좋으며, 망념이 침노하면 다만 망념인 줄만 알아두면 망념이 스스로 없어지나니 절대로 그것을 성가시게 여기지 말며 낙망하지 말라.

8. 처음으로 좌선을 하면 얼굴과 몸이 개미 기어다니는 것과 같이 가려워지는 수가 혹 있나니, 이것은 혈맥이 관통되는 증거라 삼가 긁고 만지지 말라.

9. 좌선을 하는 가운데 절대로 이상한 기틀과 신기한 자취를 구하지 말며, 혹 그러한 경계가 나타난다 할지라도 그것을 다 요망한 일로 생각하여 조금도 마음에 걸지 말고 심상히 간과하라.

이상과 같이, 오래오래 계속하면 필경 물아(物我)의 구분을 잊고 시간과 처소를 잊고 오직 원적 무별한 진경에 그쳐서 다시 없는 심락을 누리게 되리라.

좌선의 방법으로 들어가봅시다. 우선 **좌복을 펴고 반좌로 편안히 앉으라**고 하셨습니다. 반좌는 어떤 상태입니까? 쟁반처럼 평평히 앉는 것입니다. 반좌는 허리뼈가 뒤에서 딱 버텨주는 것이죠. 엉덩이 양쪽에 나와 있는 그것이 뒤에서 딱 받쳐줍니다. 다음 반좌의 요건은 대퇴부인 허벅지 뼈가 땅에 딱 안정되게 앉는 것입니다. 그것이 반좌입니다. 뒤에서는 엉덩이뼈가 받쳐주고 앞에서는 대퇴부가 땅에 안정되게 합니다.

두 번째로 전신의 힘을 단전에 툭 부리어 **기운을 단전에 주하라,** 단전에 기운 주해 있는 것만 대중 잡아야 합니다. 가령, 앉았을 때 위에서 잡아당기면 몸이 쭉 올라가겠죠. 그런 기분으로 바르게 앉는다는 말입니다. 그러면서 몸의 힘은 빼는 겁니다. 몸의 힘을 빼면 단전에 기운이 주해지고, 단전에 기운이 응해 있는 것을 마음으로 가늠하라는 말씀입니다.

세 번째로 호흡입니다. 호흡하는 법에서 들숨과 날숨, **흡장호단**吸長呼短이라고 했는데요. 흡은 들이쉬는 겁니다. 들이쉬는 건 조금 강하고 길게 하고, 내쉬는 것은 조금 약하고 적게 해야 합니다. 그러나 이것을 의도적으로 하지 말고 자연스럽게 해야 합니다. 무리하면 흡장호단에 탈이 납니다. 의식적으로 하지 말고 기운 주해 있는 것에 중심을 잡으면 됩니다. 단전에 기운이 주해 있는 것에 중점을 두면 자연스럽게 흡장호단이 됩니다. 들이쉴 때는 단전에 쭉 내려가죠. 내쉴 때는 기운이 쭉 빠지죠. 이것을 대중 잡는 것입니다. 단전에 기운이 주하는 것 때문에 의도적으로 하지 않습니다. 그래서 호흡의 양을 많이 들이마시고 작게 내뿜어도 안 되고 들이마신 대로 내뿜어야 되죠. 그래야 숨이 안 가빠집니다. 많이 들이마시고 작게 내뿜으면 호흡이 가빠지죠. 그러면 이게 기운이 안정이 안 됩니다. 단전에 기운 주해 있는 것, 그것만 대중 잡아서 호흡을 하면 됩니다.

네 번째는 **좌선 시 수마**睡魔 **처리 방법**에 대해 설명합니다. 잠자는 것의 처리 방법인데 그 방법은 눈은 반개합니다. 고개는 들지 않습니다. 사람이 앉아서 고개를 당기면 단정하고 엄숙해 보입니다. 그런데 고개를 턱 부리면 풀어져버립니다. 해체되어버리는 것입니다. 그래서 고개를 드는 것도 기운이 흩어지는 것이고, 손을 드는 것도 기운이 흩어지는 것입니다. 손을 잡는 것은 기운을 모으는 겁니다. 손을 대산종사께서 '악고명심握固冥心'이라고 부르신 대로 잡으면 기운이 모아집니다. 네 손가락으로 엄지손가락을 감싸는 것이 바로 '악고'입니다. 엄지손가락을 감싸는 거예요. 이렇게 하면 병에다가 물을 넣어가지고 마개를 닫은 것 같은 느낌이죠. 학교를 갈 때도 좌선의 방법에 자세를 대조하세요. 고개를 들면 흩어진다. 고개를 당기면 모아진다. 눈은 반개한다. 반개한 눈으로 자기 단전을 바라본다. 처음에는 숙달이 안 되어 앞에 있는 사물이 보입니다. 그런데 자꾸 선을 하다 보면 숙달이 되어 사물이 보이지 않고 단전이 보이게 됩니다. 단전을 바라보는 이것이 굉장히 중요한 수마 처리 방법입니다.

다섯째, **입은 다물어야 합니다.** 여기서 중요한 것은 혀를 어떻게 하느냐는 것입니다. 이와 잇몸 사이에 혀끝을 살짝 갖다 붙여놓습니다. 윗니하고 잇몸 사이 접점에다가 혀끝을 살짝 가져다놓으면 침이 나옵니다. 맑은 침을 가끔 내려 삼키고, 그 공간을 만들어줍니다. 침이 나와서 고이는 공간을 만들어주기 위해서 혀를 앞니와 입천장 사이에 살짝 붙입니다.

여섯째, **적적한 가운데 성성하고 성성한 가운데 적적**해야 한다. 이렇게 표현하셨고 이것을 다른 말로 하면 적적한 가운데 혼침하면 그것은 잘못된 선이고 성성한데 망념에 드는 것도 잘못된 것이라는 겁니다. 그래서 성성한 가운데 망념이 들면 정념을 다시 챙겨서 본래 자기 마음자리를 챙겨야 합니다. 그래서 '성성적적 적적성성'입니다. 그래서 조심調心의 방법을 두 가지로 지적하십니다.

일곱 번째, 좌선 시에 대중심을 두는데 다리가 아파서 굉장히 참기가 힘 듭니다. 그런데 이건 초입자들이 다 거쳐야 되는 과정입니다. 훈련 가서 일 기 발표를 합니다. 어떤 학생이 다리 아픈 것 참고 한 일기를 썼어요. 좌선 을 하면 다리가 아파 저려오기 시작하는데, 바꾸어 놓을 것인가 말 것인가 고민하다가 참아야지, 하고 참았어요. 근데 또 아파요. 바꿀까 고민하다가 안 되지, 하며 참았어요. 이렇게 하다가 죽비를 탁 쳐서 다리를 바꾸었습니 다. 일기를 듣고 사람들이 박수를 치더라고요. 근데 그렇게까지 할 필요는 없죠. 다리가 아프면 바꾸어 놓는 것도 좋습니다. 초입자가 너무 무리하지 는 말아야 해요. 그리고 다리 아픈 것도 다리 아픈 것이지만 망념이 일어난 다고 해서 괴로워하지 말고 망념을 망념인 줄만 알라고 하셨습니다. 수심결 에 망념이 일어나는 것을 성가시게 여기지 말고 이게 망념이다, 하고 깨닫는 것이 늦는 걸 한탄하라고 강조하셨습니다.

여덟 번째, 몸에 일어나는 이상적인 것을 말씀하십니다. 다리에 개미 기어 다니는 느낌이 드는데 그것은 혈맥이 관통하는 증거이기 때문에 괴로워하지 말고 이상하게 생각하지 말라고 하셨습니다.

마지막으로, 이상한 기틀과 신기한 자취를 구하지 말라고 하셨죠. 그런 것에 재미를 붙이지 말라는 것이죠. 여기에 재미를 붙이면 안 됩니다.

대산종사께서 종합해주신 **좌선의 방법 두 가지** 가 있습니다. 긴찰곡도緊紮穀道와 요골수립腰骨竪立입니다. 긴찰곡도에서 곡도 는 곡식이 내려가는 길입니다. 어디로 내려갑니까? 제일 처음 곡식이 들어가는 데가 입이죠. 두 번째는 식도, 그리고 위, 십이지장, 소장, 대장, 직장, 항문의 순서로 지납니다. 이것이 곡도입니다. 곡식이 지나가는 길을 긴찰해라, 즉 조이라는 말입니다. 어떻게 조일까요? 곡식이 제일 먼저 들어가는 곳이 입이죠. 입을 다무는 것입니다. 입을 벌리면 기가 입으로 다 빠집니다. 사람 몸의 구멍은 기가 들어갔다 나갔다 하는 곳입니다. 열려 있으면 기가 빠집니다. 항문이 열려 있으면 어떻게 될까요? 기가 빠지죠. 항문은 딱 조이고 있어야 해요. 한번 실험을 해보세요. 서서도 할 수 있어요. 항문에 힘을 한번 줘보세요. 풀고, 다시 또 힘 한번 줘보세요. 풀어요. 힘을 줄 때 기운이 어디로 갑니까? 아랫배로 가죠? 단전으로 갑니다. 손가락 네 마디를 배꼽에 대서 배꼽 밑에서부터 그 자리, 그다음에 검지 세 마디를 배꼽에서 재면 그곳이 단전 부위인데 긴찰을 항문에 하면 단전으로 힘이 딱 갑니다. 긴찰을 풀면 단전에 힘이 쫙 빠집니다. 원리가 그렇습니다. 이래서 긴찰곡도라 합니다. 항상 이렇게 할 수는 없잖아요. 그러니까 선을 할 때 한 서너 번 긴찰곡도를 하고 평범한 자세로 선을 계속 하라는 말입니다. 매일 한 서너 번씩 그렇게 긴찰곡도 연습을 하면 단전 잡기가 훨씬 쉬워집니다.

요골수립에서 요골은 요추를 말합니다. 우리 허리뼈 중 제일 위에 있는 것이 경추, 그다음이 흉추, 요추, 미추입니다. 저는 매일 아침마다 요가를 합니다. 바로 누워서 발을 재꼈다가 낮다가를 50번 합니다. 발을 당겼다가 낮다 50번을 합니다. 엎드려서 호흡을 내쉬었다가 들이쉬었다 5번을 해요. 그러면 허리가 건강해요. 단전주선을 잘하기 위해서는 요골에 힘이 딱 붙어 있어야 합니다. 그래야 단전으로 호흡을 잘할 수 있는 것입니다. 허리에 힘이 없는 사람이 선을 한다는 것은 어렵습니다. 허리에 힘이 없으면 허리에 힘을 갖기 위해서 요가를 계속해야 합니다. 경추, 흉추, 요추 중 요추가 중요합니다. 요추를 세워야 합니다.

이렇게 긴찰곡도와 요골수립이 되어야 합니다. 대산종사께서 이 두 가지로 좌선의 방법을 강조해주셨습니다.

∽

좌선의 공덕
좌선을 오래 하여 그 힘을 얻고 보면 아래와 같은 열 가지 이익이 있나니,
1. 경거 망동하는 일이 차차 없어지는 것이요,
2. 육근 동작에 순서를 얻는 것이요,
3. 병고가 감소되고 얼굴이 윤활하여지는 것이요,
4. 기억력이 좋아지는 것이요,
5. 인내력이 생겨나는 것이요,
6. 착심이 없어지는 것이요,
7. 사심이 정심으로 변하는 것이요,
8. 자성의 혜광이 나타나는 것이요,
9. 극락을 수용하는 것이요,
10. 생사에 자유를 얻는 것이니라.

마지막으로 좌선의 공덕을 봅시다. 좌선의 공덕으로는 안정을 들 수 있습니다. 동정간 안정을 유지할 수 있어요. 그리고 육근 동작에 순서가 생깁니다. 그래서 건강해집니다. 몸과 마음의 균형을 이루어 좌선을 통해서 잘 조절하기 때문입니다. 그리고 심신의 자유, 경계의 자유, 생사의 자유가 옵니다.

∽

단전주(丹田住)의 필요

대범, 좌선이라 함은 마음을 일경(一境)에 주하여 모든 생각을 제거함이 예로부터의 통례이니, 그러므로 각각 그 주장과 방편을 따라 그 주하는 법이 실로 많으나, 마음을 머리나 외경에 주한즉 생각이 동하고 기운이 올라 안정이 잘 되지 아니하고, 마음을 단전에 주한즉 생각이 잘 동하지 아니하고 기운도 잘 내리게 되어 안정을 쉽게 얻나니라.

또한, 이 단전주는 좌선에만 긴요할 뿐 아니라 위생상으로도 극히 긴요한 법이라, 마음을 단전에 주하고 옥지(玉池)에서 나는 물을 많이 삼켜 내리면 수화가 잘 조화되어 몸에 병고가 감소되고 얼굴이 윤활해지며 원기가 충실해지고 심단(心丹)이 되어 능히 수명을 안보하나니, 이 법은 선정(禪定)상으로나 위생상으로나 실로 일거 양득하는 법이니라.

간화선(看話禪)을 주장하는 측에서는 혹 이 단전주법을 무기(無記)의 사선(死禪)에 빠진다 하여 비난을 하기도 하나 간화선은 사람을 따라 임시의 방편은 될지언정 일반적으로 시키기는 어려운 일이니, 만일 화두(話頭)만 오래 계속하면 기운이 올라 병을 얻기가 쉽고 또한 화두에 근본적으로 의심이 걸리지 않는 사람은 선에 취미를 잘 얻지 못하나니라. 그러므로, 우리는 좌선하는 시간과 의두 연마하는 시간을 각각 정하고, 선을 할 때에는 선을 하고 연구를 할 때에는 연구를 하여 정과 혜를 쌍전시키나니, 이와 같이 하면 공적(空寂)에 빠지지도 아니하고 분별에 떨어지지도 아니하여 능히 동정 없는 진여성(眞如性)을 체득할 수 있나니라.

       단전주가 왜 필요할까요? 길도훈 교무가 펴낸 책 《단전주선법》을 한번 보세요. 책에 잘 살펴놓았습니다. 대종사께서 단전주는 마음을 안정하는 데 용이한 법이라고 강조하셨습니다. 간화선을 하는 것보다 단전에다가 마음을 집주하는 것이 마음을 안정하는 데 용이합니다. 그래서 외경이나 머리에 주하는 것보다 쉽다고 했습니다.

두 번째로 위생상으로도 긴요한 법이라고 했습니다. 왜냐하면 수화가 골라 맞기 때문입니다.

세 번째로 간화선과 비교해서 우월성을 강조합니다. 간화선보다는 우월한 선이 단전주선입니다. 간화선은 화두를 들고 하는 선이기 때문에 머리에서 합니다. 그래서 기운이 위로 오르기 쉽습니다. 원불교에서는 선을 할 때 단전에 기운을 주해서 선만 하고, 의두 시간은 따로 둬서 연마하는 방법을 선택하겠다고 선언하셨습니다. 또 의두는 어디서 하느냐? 의두 연마는 시간을 따로 두어서 한다고 하셨습니다. 이러한 내용을 단전주의 필요성에서 밝히셨습니다.

5장

던져야 하는 질문의 목록

– 의두 요목

1. 세존(世尊)이 도솔천을 떠나지 아니하시고 이미 왕궁가에 내리시며, 모태 중에서 중생 제 도하기를 마치셨다 하니 그것이 무슨 뜻인가.
2. 세존이 탄생하사 천상 천하에 유아 독존(唯我獨尊)이라 하셨다 하니 그것이 무슨 뜻인가.
3. 세존이 영산 회상에서 꽃을 들어 대중에게 보이시니 대중이 다 묵연하되 오직 가섭 존자 (迦葉尊者)만이 얼굴에 미소를 띠거늘, 세존이 이르시되 내게 있는 정법 안장(正法眼藏)을 마하 가섭에게 부치노라 하셨다 하니 그것이 무슨 뜻인가.
4. 세존이 열반(涅槃)에 드실 때에 내가 녹야원(鹿野苑)으로부터 발제하(跋提河)에 이르기까 지 이 중간에 일찍기 한 법도 설한 바가 없노라 하셨다 하니 그것이 무슨 뜻인가.
5. 만법이 하나에 돌아갔다 하니 하나 그것은 어디로 돌아갈 것인가.
6. 만법으로 더불어 짝하지 않은 것이 그 무엇인가.
7. 만법을 통하여다가 한 마음을 밝히라 하였으니 그것이 무슨 뜻인가.
8. 옛 부처님이 나시기 전에 응연(凝然)히 한 상이 둥글었다 하였으니 그것이 무슨 뜻인가.

9. 부모에게 몸을 받기 전 몸은 그 어떠한 몸인가.

10. 사람이 깊이 잠들어 꿈도 없는 때에는 그 아는 영지가 어느 곳에 있는가.

11. 일체가 다 마음의 짓는 바라 하였으니 그것이 무슨 뜻인가.

12. 마음이 곧 부처라 하였으니 그것이 무슨 뜻인가.

13. 중생의 윤회되는 것과 모든 부처님의 해탈하는 것은 그 원인이 어디 있는가.

14. 잘 수행하는 사람은 자성을 떠나지 않는다 하니 어떠한 것이 자성을 떠나지 않는 공부인가.

15. 마음과 성품과 이치와 기운의 동일한 점은 어떠하며 구분된 내역은 또한 어떠한가.

16. 우주 만물이 비롯이 있고 끝이 있는가 비롯이 없고 끝이 없는가.

17. 만물의 인과 보복되는 것이 현생 일은 서로 알고 실행되려니와 후생 일은 숙명(宿命)이 이미 매하여서 피차가 서로 알지 못하거니 어떻게 보복이 되는가.

18. 천지는 앎이 없으되 안다 하니 그것이 무슨 뜻인가.

19. 열반을 얻은 사람은 그 영지가 이미 법신에 합하였는데, 어찌하여 다시 개령(個靈)으로 나누어지며, 전신(前身) 후신(後身)의 표준이 있게 되는가.

20. 나에게 한 권의 경전이 있으니 지묵으로 된 것이 아니라, 한 글자도 없으나 항상 광명을 나툰다 하였으니 그것이 무슨 뜻인가.

초기 교서에서는 의두 요목이라 하지 않고 문목이라고 하셨어요. 물을 문(問) 자 문목이라고 표현을 하셨는데, 원불교 교전에는 20조항으로 정리해 의두 요목으로 되어 있습니다. 초기 교서에 문목 조항은 굉장히 많았습니다. 교전을 편수하는 과정에서 정리를 하고, 의두 요목이라고 제목을 붙였지요.

전통 불교에서는 이것을 공안이라고 했습니다. 보통 1700 공안이 있다고 하죠. 간화선을 주장하는 조계종에서는 공안을 들고 선을 하거든요. 간화, 공안을 머리에 들고 선을 하도록 간화선을 주장하죠. 전통 불교에는 선의 종류가 두 가지 있어요. 하나는 간화선 방법이 있고, 또 하나는 묵조선 방법입니다. 그런데 좌선법에서도 말씀하셨지만 원불교는 간화선을 하지 않고 단전주선을 주장하죠. 전통 불교에서 간화선인 '이 뭐꼬!' 연마하는 방법은 따로 시간을 두어서 의두 연마를 하도록 하겠다고 정전에 밝히셨습니다. 이 의두 요목을 연마하는 시간을 따로 두어 우리가 한 번씩 궁굴리면서 의두 연마를 하도록 정해주셨죠. 그렇기 때문에 좌선법은 정신 수양 방법이지만 의두 요목은 사리 연구의 방법입니다. 사리 연구를 하는 데에도 의두 요목을 통해 의두 조항을 연마함으로써 사리를 밝혀가도록 대종사께서 분리해주셨습니다.

그런데 이 의두 요목을 해석하면 여러분들이 너무 쉽게 알게 되어 의두 연마가 안 될까 걱정입니다. 시간이 정해졌으니 안 할 수는 없고, 하기는 합니다만 20조항에 대해 일괄로 요점만 말씀드리도록 하겠습니다.

1조 세존世尊이 도솔천을 떠나지 아니하시고 이미 왕궁가에 내리시며, 모태 중에서 중생 제도하기를 마치셨다 하니 그것이 무슨 뜻인가.

1조는 **거래의 자유**에 대해 말하고 있습니다. 부처께서는 거래를 하는 데 있어서 자유스럽게 하시지 우리같이 얽매여서 하시지 않습니다. 이 내용은 다른 말로 하면 도솔천하고 왕궁가가 하나지 둘이 아니라는 겁니다. 도솔천이 왕궁가고 왕궁가가 도솔천입니다. 그래서 거래에 자유가 되는 것입니다. 서원관에서는 3학년 때 수학여행을 가죠. 가서 조심해야 합니다. 오늘 하는 이야기를 잘 듣고 조심하세요. 3학년 수학여행에 보통은 내가 안 따라가는데 한번 간 적이 있어요. 설악산을 갔는데, 버스 안에서 독경을 했어요. 이번 수학여행이 법신불 사은의 은혜 속에서 사고 나지 않고 무사하도록 설명 기도도 하고 일원상 서원문, 반야심경도 독경을 했어요. 그러고 나서 한숨 잤죠. 한참 잤는데 깨어 보니 소양강 물이 나타나요. 사람들도 소양강이 나타나자 잠에서 깼어요. 잠을 다 깨서 노래를 부르기 시작해요. '이거야 정말 만나봐야지 아무 말이나 해볼 걸' 하는 노래인데 그때 유행했었나 봐요. 난 그것도 몰랐어요. 그 노래를 다 같이 부르면서 가요. 드디어 설악산 명동 여관에 도착했어요. 고등학생들도 왔어요. 저녁을 먹고 우리 학생들이 놀아서 그런가 보다 하고 나도 박수 치고 놀다 방으로 들어왔죠. 그대중 여관에 들어온 몇백 명 아이들이 '이거야 정말 만나봐야지 아무 말이나 해볼 걸' 이 노래를 또 부르는 겁니다. 밤 12시가 되었는데도 우리 학생들이 잠을 안 자고 계속 놀아요. 그래서 내가 학생 대표를 불러서 "야, 이제 12시가 넘었으니까 자야지. 그래야 내일 설악산에 오를 것 아니냐?"라고 말했어요. 학생 대표가 "사감님, 여기까지 오셔가지고 12시에 자라고 하세요?"라는 거예요. 그래서 내가 아무 말 못하고 혼자 잤어요. 밤새도록 꿈속에서 '이거야 정말 만나봐야지' 이놈의 소리가 들렸어요. 한번은 강릉을 갔어요. 거기서도 또 '이거야 정말 만나봐야지' 이 노래를 3박 4일을 듣고 다녔어요. 그 다음에 총부에 와서 좌선을 하고 아침 양치를 하는데 박자에 맞춰서 마음속으로 내가 '이거야 정말' 이 노래를 하고 있는 겁니다.

자, 여기서 우리가 중요하게 생각할 것이 있죠. 여기까지 와서, 여기가 어디냔 말이죠. 학림사를 떠나왔죠. 학림사를 떠나서 설악산에 간 거죠. 설악산과 학림사는 다른 장소예요. 학림사에 있던 마음과 설악산에 있던 마음, 이 마음이 두 마음입니다. 이러한 상황이 도솔천을 떠나서 왕궁가에 내린 것 아닙니까? 그런데 부처께서는 그런 것이 아니란 말이죠. 도솔천에 있던 마음이나 왕궁가에 계셨던 마음이, 그 마음이 그 마음이죠. 똑같아요. 수학여행을 마치고 기숙사에 들어가는데 학생 한 명이 들어가기 싫답니다. 기숙사가 감옥인가요? 결국 그 사람은 나갔어요. 왕궁가와 도솔천을 따로 생각해서 그런 겁니다. 학림사의 생활이 기쁘고 즐거워야 합니다. 그리고 학림사의 생활이 기쁘고 즐거우면 설악산에 가서도 기쁘고 즐거워야 하는 것 아닙니까? 그 마음만 있어야 해요. 여기까지 왔으니까 다르게 뭐 해보자, 이런 마음보다는 그냥 기쁘고 즐거우면 되는 겁니다.

이렇게 의두를 실질적으로 풀어내야죠. 머리로만 풀어내서는 의두가 풀리지 않습니다. 부처께서는 분리 자성의 능력을 가지고 계십니다. 어디를 가시나 자성을 떠나지 않습니다. '모태 중에서 중생 제도를 마쳤다'는 말은 원래 우주 만물은 제도할 것이 없습니다. 그래서 산천초목, 삼라만상, 일체유정이 모두 부처입니다. 우리가 제도한다는 것이 오히려 성가신 일이 됩니다. 그런데 수행을 하고 공부를 한다는 것이 성가셔서는 안 됩니다. 내가 특별한 것을 한다, 이런 생각도 안 됩니다. 그냥 자동적으로 생활 자체가 되어야 합니다. 그래야 모태 중에서 중생 제도를 다 마친 경지가 됩니다.

일체중생을 제도할 것 없이 제도를 다 하신 겁니다. 그렇기 때문에 제도했다는 상이 없습니다. 그런 경지가 모태 중에서 중생 제도를 다 마쳤다 하는 것입니다.

2조 세존이 탄생하사 **천상 천하에 유아 독존**唯我獨尊이라 하셨다 하니 그것이 무슨 뜻인가.

불교 공안의 시작을 보면 마야 부인이 부처를 옆구리로 낳습니다. 그리고 부처께서 태어나자마자 사방으로 일곱 걸음을 걸으셔요. 걸으시면서 일수지천, 즉 한 손으로 하늘을 가리키고 일수지지, 즉 한 손으로는 땅을 가리키며 '천상 천하 유아 독존'이라 하셨다고 합니다. 이것이 공안의 유래입니다. 부처께서는 태어나면서 그렇게 하신 겁니다. 무슨 뜻인가요? 제가 이것을 어떻게 해석했는지 설명하겠습니다. 지난 일요일 법회 모두 보셨죠? 그 법회에서 사요를 봤죠? 사요를 쭉 보다가 뒤에서 평등, 자유, 그렇게 함의를 설명했습니다. 자력 양성의 극치는 천상 천하 유아 독존이 되는 단계에 가는 걸 가리킵니다. 자력의 극치, 그래서 부처께서만 천상 천하가 아니라 모든 사람이 다 유아 독존으로 자성 자리에 있습니다. 다시 말하면 법신불의 존재가 나에게서 발현되는 상태에서 보면 천상 천하 유아 독존이라는 것이죠. 부처만이 아니라 모든 존재가 갊아 있는 법신불입니다. 다시 말하면 영원히 독존하는 존재가 되는 것입니다. 그래서 부처는 독존이라고 했고, 예수는 독생이라고 그랬죠. 대종사께서는 만세멸도상독로라고 했어요. 이 독의 자리가 천상 천하 유아 독존이며 자력의 극치, 자기의 자성 자리가 그대로 발현되는 극치, 그 자리가 유아 독존의 자리라고 볼 수 있습니다.

3조 세존이 영산 회상에서 꽃을 들어 대중에게 보이시니 대중이 다 묵연하되 오직 가섭 존자만이 얼굴에 미소를 띠거늘, 세존이 이르시되 내게 있는 정법 안장正法眼藏을 마하 가섭에게 부치노라 하셨다 하니 그것이 무슨 뜻인가.

영산 회상 거염화靈山會上擧拈花, 부처께서 꽃을 들어 보이시니까 가섭 존자가 웃었다고 그랬죠. 부처가 가섭에게 법을 전하는데 삼처전심 했어요. 세 곳에서 마음을 전하셨습니다. 우선 영산 회상 거염화, 영산 회상에서 꽃을 들어 보이셨습니다. 일처전심입니다. 이처전심은 다자탑전 분반인데, 다자탑이라는 탑이 있었나 봅니다. 거기서 당신이 앉으셨는데 가섭을 불러서 분반좌, 같이 앉으셨단 말이죠. 그 정도 되면 대중이 알겠지요. 부처께서 앉아 계신 다자탑 앞에 가섭을 앉히니 가섭에게 법이 가는구나, 대중이 알 거 아닙니까? 세 번째는 리연화반 곽시쌍부槨示雙趺입니다. 리연화반은 부처의 열반지입니다. 가섭이 바깥에 나가 있는데 부처께서 열반하셨다는 말을 듣고 얼른 쫓아왔습니다. 와서 부처를 입관해놓은 관을 보니까 가섭이 도착하자마자 부처께서 곽시쌍부, 두발을 쫙 뻗어서 관 밖으로 발을 내 보였어요. 이것이 부처의 삼처전심입니다. 그렇게 부처께서 가섭에게 법을 전하려 애쓰셨다고 봅니다.

대종사께서는 참 쉽게 하지 않았습니까? 8명, 팔방 단원을 짜놓고 중앙자리 비워놓고 "이 자리는 올 사람이 있을 것이다." 그러셨다죠. 그래서 대종사께서 정읍 화해리에서 정산종사를 찾으셨잖아요. 3개월 후에 도착하니 중앙 자리에 앉히셨죠. 그게 다입니다. 그 뒤에 어떻게 이랬다 저랬다는 말도 없고, 견성 인가도 삼산종사께 제일 먼저 하셨죠. 이것이 전부입니다. 대종경에 나오긴 합니다. 삼산종사께 견성 인가를 하니까 "정산은 어떻습니까?" 하고 물으니, "정산은 시간이 조금 걸릴 것이다."고 하셨죠. 이렇게 법을 전하셨습니다.

근데 제일 중요한 것은 '영산 회상 거염화'입니다. 꽃을 들어 보이신 겁니다. 아무도 뜻을 몰라서 묵묵하게 앉았는데 가섭만 그 꽃을 보고 웃었어요. 웃으니까 내게 있는 정법 안장을 마하 가섭에게 부치노라고 하셨거든요. 이게 이 의두의 내용입니다. 이게 뭘 말하겠어요. 제가 훈련법에서 원리를 말할 때 전달의 원리가 있다고 했습니다. 전달, 전달의 통로에는 뭐가 있냐면 '상징의 통로'가 있습니다. 그리고 '느낌의 통로'와 '언어의 통로'가 있습니다. 그다음 언어와 문장이 같이 갑니다. 마지막으로 '심법의 통로'가 있습니다. 그런데 영산 회상에서 꽃을 들어서 보이신 것은 상징의 통로를 사용하셔서 가섭에게 전달하신 겁니다. 그러면 뭐를 상징했느냐? 원래 진리 자리를 언어도단의 입정처 자리라고 하죠? 그래서 언어로 하면 틀려요. 말로 표현을 하면 틀린 말이 되어버립니다. 언어로 표현을 못하니까 상징이라는 통로를 사용했는데 꽃가지로 상징을 하신 것입니다. 그러니까 언어나 말로 표현할 수 없는 자리를 꽃가지라는 상징을 통해서 표현하셨고, 가섭이 이것을 알아들으셨다는 말입니다.

4조 세존이 열반에 드실 때에 내가 녹야원鹿野苑으로부터 발제하跋提河에 이르기까지 **이 중간에 일찍이 한 법도 설한 바가 없노라** 하셨다 하니 그것이 무슨 뜻인가.

녹야원은 어떤 곳이냐면 부처의 초전법륜지입니다. 부처께서 어디서 대각을 하셨죠? 부다가야에서 하셨습니다. 부다가야 보리수 아래를 가봤어요. 보리수에서 심고를 올렸는데 그 보리수는 부처께서 대각하셨던 보리수가 아니라, 아소카왕 때 심은 나무입니다. 오래되었죠. 그대로 있어요. 거기서 심고를 올렸더니 안내원이 부처께서 앉아 계셨던 땅을 Holy Earth, 즉 성스러운 흙이라고 하는 겁니다. 감사하다고 말하니 내게 그 흙을 가져가겠냐고 묻길래 "No, thank you." 했습니다. 그 흙 다 파 가기 시작하면 그 땅이 남아 있겠어요? 부처께서는 거기서 견성 오도를 하셨는데, 오도를 하셨을 때 피골이 상접하셨을 겁니다. 6년 동안 설산수도 고행을 하셨으니까요. 대종사께서도 그렇게 하셨죠. 온몸에 부스러기가 나고 밥도 못 잡수시고 수저를 들다가 정에 드시고 그러셨다고 해요. 깨달으려면 체력이 있어야 합니다. 체력이 없으면 폐인이 되어버려요. 마음과 몸은 둘이 아니라 하나입니다. 그래서 건강한 몸에서 건강한 마음이 생기고, 건강한 마음을 가지면 건강한 몸이 되는 겁니다. 부처께서도 그러셨고, 대종사께서도 그러셨기 때문에 그 어려운 과정을 겪으며 각의 경지에 가신 겁니다. 그래서 깨달으셨어요. 녹야원까지 걸어가신 겁니다.

녹야원은 부처께서 법을 설하기 시작하신 곳입니다. 발제하는 열반지입니다. 녹야원에서 초전법륜을 설하시고 발제하에서 열반을 하시기까지 기간이

404

49년입니다. 오래 사셨죠. 제도 사업도 오래 하셨어요. 49년간 법문을 하시면서 8만 4천의 무량 법문을 설하셨잖아요. 그런데 여기 나오는 내용을 보면 녹야원에서 발제하까지 한 법도 설한 바가 없다고 했어요. 49년간 설하셨는데 부처의 마음은 한 법도 설한 바가 없이 깨끗하게 빈 마음이 되었죠. 그래서 설법이라고 하면 명경같이 깨끗한 마음이 주위에서 비추어진 환경, 그 환경의 느낌을 그대로 말하는 것이 설법입니다. 부처 마음은 항상 명경같이 깨끗한 마음입니다. 그런데 주위가 거기에 비쳐요. 딱 비추니까 거기에 대한 감상을 말씀하시는 겁니다. 그리고 그 경계가 지나가면 잊어버리는 것입니다.

대종사께서 변산에 계실 때 성리 문답을 하시다가 때마침 눈이 뜰 안에 가득하니 대종사께서 친히 나가시어 눈을 치우셨죠. 그러자 제자가 황급히 나가서 눈가래를 잡고 "어찌 눈을 치우십니까? 어서 들어가셔요."라고 말했어요. 바로 이것입니다. 명경같이 깨끗한 그 마음이 대종사의 마음 자성 자리에 눈이 딱 비추어진 겁니다. 그래서 눈을 치워야지, 해서 눈을 치운 겁니다. 의미와 뜻과 거창한 내용들을 부연할 필요가 없어요. 눈이 왔으니까 치워야 하는 겁니다. 공칠이 법문* 있죠. 공칠이를 보라 그러셨죠. 명경같이 깨끗한 대종사 마음에 공칠이가 비추어진 겁니다. 공칠이를 보니까 이러하고 저러하더라고 말씀하셨습니다. 이런 것이 바로 설법입니다. 그래서 저는 준비를 했어요. 준비를 해 온 것은 설법이 아닙니다. 내가 하는 얘기를 잘 들어주면 모르는 것들도 잘 나와서 말을 더 잘하게 됩니다. 그런데 잘못 알아들

---

* '익산 역전에 좋은 집이 즐비하지마는 그 집에 들어가지 못하고 자기의 찌그러진 집을 찾아 들어가는 공칠이를 보고 소태산 대종사는 사람이 제가 지어놓은 것이 없으면 내생에 아무리 잘되기를 원하여도 그대로 되지 않는 것이 현생에도 좋은 집에 들어가 살고 싶으나 자기 집이 아니면 들어가지 못하는 것과 같다고 말했다(대종경 인과품 18). 짓지 아니하면 받지 못하는 인과의 원리를 공칠이를 예로 들어 밝힌 내용이다. 공칠이는 교단 초창기 총부 부근에 살았던 인물이다. 익산총부 불법연구회에서 불사를 했다.

으면 나오다 쏙 들어가버립니다.

금강경을 봅시다. 간단해요. 금강경은 수보리라는 제자가 부처께서 한 말씀하시면 '부처님이시여, 그렇습니다' 하고 받쳐줍니다. 그러니까 부처께서 생각나는 대로 술술 이야기를 하는 겁니다. 그렇게 해서 금강경 한 권이 됐습니다. 그렇게 설하시고 나면 깨끗이 잊어버리시는 겁니다. 설법 아시겠죠? 설법이란 명경같이 깨끗한 성자들의 주위의 환경을 이야기하는 것입니다. 그 경계가 지나고 나면 똑같아집니다. 부처의 위대하심이 이런 것입니다. 평생 중생을 위해서 설법을 하셨죠. 설법하시고 가시면서 하신 설법을 싹 거두고 가셨어요. 설했다고 하면 본래 자리에서는 어긋나는 것입니다. 이런 자리를 이렇게 지금 한 법도 설한 바가 없다고 표현을 해가지고 의두 요목에 정해주신 것 같습니다.

5조 만법이 하나에 돌아갔다 하니 하나 그것은 어디로 돌아갈 것인가.

우주 만유의 본원, 제불 제성의 심인, 일체 중생의 본성을 알면 **만법귀일** 자리를 금방 알게 됩니다. 일원은 법신불이라는 교리도 가운데 있는 말씀을 알면 만법귀일의 자리를 아는 것입니다. 진리의 세계는 일즉다 다즉일입니다. 하나가 곧 많은 것이고 많은 것이 곧 하나입니다. 그래서 법신불의 자리라는 것은 하나 자리죠. 우주 만유의 본원, 제불 제성의 심인 이게 전부 다 하나 자리를 말씀하신 것입니다. 그래서 하나는 또 어디로 돌아가느냐면 일, 즉 하나인데 곧 多, 많은 것이 됩니다. 그래서 우주 만유로 돌아갑니다. 이것이 만법귀일의 이치입니다. 일체 나오는 모든 생각들은 자기의 자성 자리에서 나옵니다. 하나 자리에서 나옵니다. 그래서 수많은 생각들이 나오죠. 그것이 다입니다. 근데 그 수많은 생각들을 모으면 또 하나가 됩니다. 그걸 원래 자리에서는 자성의 본래 자리라고 합니다. 그래서 일즉다 다즉일의 이치를 우리가 확실히 알 때 처처불상 사사불공이 제대로 되는 것입니다.

이렇게 원리적으로 통해져 나타나 있는 모든 현상들이 다 법신불의 본래 자리, 응화신이라는 것을 확실히 알 때 처처불상 사사불공이 되는 것입니다. 그러니까 대종사의 교리 체계나 신앙 체계는 굉장히 고준한 세계입니다. 이 본래의 하나 자리를 알아야만 신앙 생활도 제대로 할 수 있는 것이고 수행 생활도 제대로 할 수 있습니다.

6조 **만법으로 더불어 짝하지 않은 것**이 그 무엇인가. 현실을 보면 다 짝이 있습니다. 저는 짝 없이 평생을 살았어요. 사람들은 괜히 짝을 못 찾으면 불안하고 어쩐지 자기는 외롭고 홀로 있는 것 같고 그렇습니다. 그런데 그런 마음이 들면 이는 '불여만법위려자시심마不與萬法爲侶者是甚麼' 이 자리를 모르는 겁니다. 혼자 있어도 즐겁고 행복하고 그런 자리가 되어야죠. 자, 세상을 봅시다. 봄이 있으면 가을이 있고 여름이 있으면 겨울이 있죠. 음양도 다 짝이 있습니다. 나무에도 음수가 있고 양수가 있고 사람도 음 체질이 있고 양 체질이 있죠. 다 짝이 있어요. 음양의 이치에 따라서 다 있죠. 그래서 독신인 사람들에게, 세상에 다 짝이 있고 음양의 이치가 있는데 혼자 사는 건 세상의 이치를 거슬러 사는 것 아니냐고 물어봅니다. 나도 많이 들었어요. 그런 질문을 받으면 저는 뭐라고 그러는 줄 압니까? '짝 있는 자리만 알지 짝 없는 자리는 모르기 때문이다' 이렇게 말해요. 짝이 없는 자리가 있어요. 말로 해서는 그 자리에 도달할 수 없어요. 그래서 대산종사께서는 절대 지선 자리를 갖고 공부하라고 당부해주셨어요. 어른의 어떤 훈증이랄까요? 그런 것은 두고두고 생각해도 못 잊어요. 이 상대의 세계를 벗어나지 못하면 그냥 상대의 세계 속에서 살게 됩니다. 누구는 어떤데, 하며 비교하면 할수록 행복하지가 못해요.

OECD 국가들은 GNP 2만 달러 합니까? 울산이 4만 달러입니다. 미국 수준이죠. 울산광역시에 사는 사람은 다 행복해야 합니다. 그런데 그런가요? 이렇게 상대 속에서 살면 가진 것이 행복하고 자리를 가진 것이 행복하다는 겁니다. 교단에서 일어나는 여러 가지 사건들을 생각해봅시다. 왜 그런 사건이 일어나는가? 절대 자리를 보지 못하고 상대 속에서 살아가기 때문에 사건 사고가 터지는 것입니다. 그러니까 짝을 버리자는 것입니다. 그래서 절대 지선, 홀로 있는 자리에 머무를 줄 알 때 불여만법위려자시심마 자리를 우리가 찾아야 합니다.

7조 만법을 통하여다가 한 마음을 밝히라 하였으니 그것이 무슨 뜻인가. **통만법 명일심**이죠. 여기에서는 만법과 일심의 관계를 알아야 합니다. 뒤에 나오지만 '진대지가 일진법계다'라는 말이 있습니다. 이 티끌 세상은 모든 세상이 한 법계라는 것입니다. 하나의 법계가 되는 것인데, 하나의 법계가 되면 그것이 일심 자리입니다. 우리가 사는 세계가 얼마나 오염이 많이 되었습니까. 그래서 영성이 매몰된다고 영성을 길러내는 운동을 하기도 합니다. 세상이 전부 오염되었어요. 통만법 명일심이 안되기 때문입니다. 일만법을 통해서 한 마음 밝히는 법으로 이 자리를 알면 그 오염된 세상이 다 일진 법계가 되어버립니다. 다른 말로 하면 마음자리가 밝아지면 모든 법이 다 통하는 것입니다. 그런데 문제는 만법으로 경계가 올 때 그것을 일심으로 돌이키지는 못해요. 일심과 대치를 해야 해요. 대치한다는 것은 바꿔치기를 하는 것입니다. 여기서 만법이라고 하면 천만 경계입니다. 살아가는데 경계가 얼마나 많습니까? 그 많은 경계를 일심으로 대조, 대치시켜야 합니다. 대적공실 의두 연마 공부법에 제시해놓은 것으로 '대지허공심소현大地虛空心所現'이라고 있죠. 이 대지허공이 다 마음이 나타난 바입니다. 그래서 '법계모단자

재유'라고 끝을 맺어주셨어요. 대지허공이 다 마음에 나타난 대지허공 진대지가 마음과 다른 것이 아닙니다. 대지허공을 보고 그 속에서 참마음, 자기 마음을 찾아가는 것이 통만법 명일심입니다.

8조 옛 부처님이 나시기 전에 **응연凝然히 한 상이 둥글었다** 하였으니 그것이 무슨 뜻인가.

여기서는 고불미생전古佛未生前에 응연일상원凝然一相圓이고, 대적공실 의두연마에는 뒤에 2구가 더 있습니다. 석가유미회, 가섭기능전입니다. '석가도 오히려 알지 못했거늘 가섭이 어찌 전할 수 있겠는가'라는 말입니다. 법신불의 진리가 언제 시작한 바가 있습니까? 시작한 바가 없어요. 또 법신불의 진리가 끝나는 바가 있습니까? 끝나는 바가 없습니다. 그러니까 시작도 없고 끝도 없습니다. 그것을 무시무종이라고 하죠. 부처께서 나신 데가 있고, 돌아가신 데가 있죠. 부처의 마음자리는 그렇지 않습니다. 부처의 몸, 형상 자리는 나신 때가 있고 돌아가신 때가 있어요. 그러니까 부처가 나시기 전에도 일원상의 진리는 있었죠. 부처께서 돌아가신 후에도 일원상의 진리는 있을 것 아닙니까. 부처께서 깨닫기 전에도 일원의 진리는 있었어요. 열반 후에도 그 진리는 여여하게 남아 있어요. 부처께서 가져가신 게 아닙니다.

이게 '일시무시일 일종무종일' 하나로 시작해서 시작한 바가 없고 하나로 끝나도 끝난 바가 없다고 천부경에 나와 있습니다. 고불미생전 응연일상원, 일원상의 진리는 부처가 나시기 전에도 있었고 가신 뒤에도 있습니다. 그러니까 무시광겁이라고 표현하셨습니다. 일원상 진리 자리에서 하셨나요? 무시광겁에 은현 자재한다고 하셨죠? 그것이 고불미생전 응연일상원입니다.

9조 부모에게 몸을 받기 전 몸은 그 어떠한 몸인가.

이건 전생 이야기를 하는 것인가요? 주산, 팔산, 삼산 선진이 누구로 오셨다는 이야기가 전해져오고 있었어요. 그런데 여기서는 그것이 중요하지 않습니다. 부모미생전, 내가 부모로부터 태어나기 전 몸이 어떠한 몸일까요? 몸이 중요한 게 아니라 한 생각나기 이전 마음이 있죠. 한 생각 나기 이전 마음이 어떤 마음인가요? 그것을 알면 부모미생전도 알게 됩니다. 한 생각 나오기 이전 마음, 그런데 사람들은 한 생각 나기 이전 마음을 생각하지 않고 그 한 생각에 집착합니다. 그래서 그전 것은 잊어버립니다. 거기에 매달려서 계속 갑니다. 그래서 삼천 대천세계가 건립됩니다. 한 생각 나기 전에 본래 마음이 아닌 현실 세계에 마음이 집착되어서 계속 가면 시간이 흐르고 일이 진행되어 복잡해져서 삼천 대천세계가 건립됩니다. 그건 중생 세계입니다.

그런데 한 생각나기 이전에 마음을 챙겨서 그 마음으로 살면 또 다른 삼천 대천세계가 건립되는 것이죠. 아까 말한 현실적인 생각에 얽매여서 건립되는 삼천 대천세계와 자성의 원리에 바탕해서, 일심에 바탕해서 건립되는 삼천 대천세계는 서로 다른 것입니다. 그래서 한 생각나기 이전 마음, 그 마음이 어떤 마음인가를 생각해봐야 합니다.

10조 사람이 깊이 잠들어 꿈도 없는 때에는 그 아는 영지가 어느 곳에 있는가.

이것은 한마디로 **대령에 합한 자리**입니다. 수면 상태 속에서 자연 상태 속에 합한 대령입니다. 수행을 통해서 대령에 합하는 것은 삼매의 경지에 드는 것이거든요. 우리가 잠을 잘 때는 편안하다는 생각도 없이 편안하죠. 잠 잘 때 제일 편하죠. 그게 뭐냐면, 내 아는 영지가 개령이 대령에 합해진 것입니다. 그러다 깨면 개령이 나타나는 것입니다.

11조 일체가 다 마음의 짓는 바라 하였으니 그것이 무슨 뜻인가.

일체유심조 원리를 말씀하셨어요. 이 말은 일체의 모든 것은 다 마음이 작용하여 만들어낸다는 것입니다. 내가 하는 한 생각이 곧 우주요, 우주는 한 생각입니다. 바로 법신불이 짓는 바입니다. 우주가 삼라만상으로 변하죠. 우주가 삼라만상으로 변하는 것도 법신불의 원리에 따라서 변하는 것이죠. 그래서 일체유심조를 알려면 인과보응의 이치를 적실하게 알아야 합니다. 알면 일체유심조의 원리를 알게 됩니다. 일체는 마음이 짓는 것입니다. 이 컵도 마음이 지었죠. 염주도 마음이 지은 거 아닙니까? 다 마음이 지었죠. 모든 것이 마음이 지은 것 아닙니까? 마음 작용을 해서 탁자도 만들고 염주도 만들고 합니다. 그래서 현상적으로 전개되는 모든 삼라만상이 다 심소현, 마음에 나타난 바입니다. 그래서 마음이 멸하면 일체 만유가 멸해지는 것입니다. 그래서 남을 바꾸려고 하지 말고 자기의 마음을 먼저 바꿔야 합니다. 내가 감사에 대해서 생각을 많이 해봤어요. 일상수행의 요법 5조가 '원망 생활을 감사 생활로 돌리자'입니다. 그래서 내가 《감사의 힘》이라는 책을 읽어봤어요. 모두가 하는 말이 원리는 똑같다는 것입니다. 다 내 마음이 그렇게 만든 것입니다. 그래서 자기 마음이 감사로 충만하면 세상이 감사로 충만하게 됩니다. 단체, 인간관계 이런 것이 다 감사로 변합니다. 그런데 자기 마음이 원망으로 가득 차면 세상이 원망스러워집니다. 다 마음이 짓는 것이죠.

12조 마음이 곧 부처라 하였으니 그것이 무슨 뜻인가.

심불일원상이라 하죠. 마음이 곧 부처다. 일원상이 곧 심불이다. 사람에게서 마음이 빠지면 세상이 다 공각입니다. 마음이 빠지고 나면 송장은 참송장이 됩니다. 아무것도 없어요. 그래서 공각입니다. 우리가 수행상으로 볼 때 항상 자기 마음자리를 스스로 잘 보존해야 해요. 조금만 놓아버리면 엉뚱한 데로 가버려요.

13조 중생의 윤회되는 것과 모든 부처님의 해탈하는 것은 그 원인이 어디 있는가.

중생의 윤회와 부처의 해탈과의 차이는 한 마음 아는 것과 한 마음 매한 것의 차이입니다. 한 마음을 알았기 때문에 중생은 윤회하는 것이고 부처는 해탈하는 것입니다. 한 마음을 알면 부처가 되어서 해탈이 되고 그래서 해탈과 윤회의 차이는 한 마음 아는 것과 한 마음 매한 것의 차이입니다. 여기서 윤회와 해탈이 갈립니다.

14조 잘 수행하는 사람은 자성을 떠나지 않는다 하니 어떠한 것이 자성을 떠나지 않는 공부인가.

잘 수행하는 사람은 분리 자성합니다. 분리 자성은 한 마음 잘 내고 잘 들이는 공부입니다. 거둬들일 때 싹 거둬들여야지 찌꺼기를 남겨두면 안 됩니다. 그런데 찌꺼기가 남거든요. 그래서 예전 사람들이 뭐라고 그러냐면 컵에다가 '무저발'이라고 그랬어요. 무저발이란 말은 밑구멍 없는 컵이라는 겁니다. 밑이 없는 컵에다가 물을 담으면 어쩝니까? 물이 새버리죠. 없어지죠. 그런데 밑이 있는 데에 물을 받으면 물이 고여 있죠. 고여 있으면 썩죠. 마음도 마찬가지예요. 마음에 담았다 하면 한 마음 싹 거두어들인다 이 말은 쫙 빠져버리는 것이에요. 그러니까 썩을 것이 없어요. 그러니 이것을 무저발이라고 비유했단 말이죠. 거두어들일 땐 찌꺼기가 없이 깔끔하게 싹 거두어들여야 합니다. 그것이 분리 자성 공부입니다.

15조 마음과 성품과 이치와 기운의 동일한 점은 어떠하며 구분된 내역은 또한 어떠한가.

　마음과 성품과 이치와 기운의 동일한 점과 다른 점은 심성이기心性理氣라고 합니다. 동일한 점으로 볼 때 마음이 곧 성품이죠. 성품과 마음이 다른가요? 마음이 곧 성품이죠. 성품이 곧 이치죠. 성품이 곧 기죠. 일원상 진리 할 때 비었다 그랬죠. 비었는데 광명이 찼다고 그랬죠. 그리고 기가 찼다고 그랬죠. 그것이 일원상 진리라고 그랬죠. 그것을 표현할 때 한쪽에서는 공적 영지의 광명이라고 했고 한쪽에서는 진공 묘유의 조화라고 그랬죠. 조화 자리로 보면 기고 공적 영지의 광명으로 볼 때는 이입니다. 그래서 똑같은 마음자리를 심성이기로 표현했다는 것이죠. 이것이 다 일심 자리, 한 마음 자리입니다. 그런데 이걸 다른 측면에서 보면 성은 체가 되고, 심은 용이 돼요. 그래서 성은 뭐가 되냐면 진공이 됩니다. 심은 묘유가 됩니다. 그럼 이는 뭔가 하면 인과가 됩니다. 기는 실체입니다. 그래서 이가 체가 되서 실체의 기, 용을 운전합니다. 인과 리, 실체의 기 이렇게 구분하는 것입니다. 성은 진공이 되고 체가 되고, 심은 묘유가 되고 용이 되고, 이는 인과가 되고, 체가 되고, 기는 실체가 되어 용이 됩니다.

　16조 우주 만물이 비롯이 있고 끝이 있는가 비롯이 없고 끝이 없는가.
　본체에서 보면 무시무종이고 현상계에서 보면 유시유종입니다. 우주 만물이 간단하죠?

　17조 만물의 인과 보복되는 것이 현생 일은 서로 알고 실행되려니와 후생 일은 숙명宿命이 이미 매하여서 피차가 서로 알지 못하거니 어떻게 보복이 되는가.
　이것은 이생에 지어놓은 것을 다음 생에 왜 받게 되느냐, 이 말입니다. 이것은 몸은 이생이고 저생이고 별 상관이 없어요. 죽는 것은 영식이 중요합니다. 그래서 몸은 버렸더라도 영식은 항상 가지고 다니는 것 아닙니까? 그래서 에드거 케이시라는 사람이 입태되면서 과거 것은 다 잊어버린다고 그랬죠? 잊어버리지만 그 영식에는 과거의 업이 갊아 있어요. 그 영식은 자기가 계속 가지고 다니기 때문에 인과 보복이 되는 겁니다. 몸은 별 상관이 없어요. 그 영식을 따라서 몸의 형체도 변하는 것이죠. 그래서 다음 생에 잘 태어나려면 마음을 잘 다스려야 합니다.

18조 **천지는 앎이 없으되 안다 하니** 그것이 무슨 뜻인가.

공적 영지의 광명 때문입니다. 그래서 공적 영지의 광명은 일체 유정물의 심신 마음 작용을 다 비추어보고 있어요. 수많은 유정물 아닙니까. 인간이 가진 지혜는 공적 영지의 광명의 일부분에 불과합니다.

19조 열반을 얻은 사람은 **그 영지가 이미 법신에 합하였는데,** 어찌하여 다시 개령個靈으로 나누어지며, 전신前身 후신後身의 표준이 있게 되는가.

대령이라고 하는 것은 마음의 분별심이 끊어진 상태를 말합니다. 죽지 않아도 대령에 합할 수 있습니다. 분별심만 끊어지면 대령에 합하게 됩니다. 개령이라고 하는 것은 마음의 분별심이 나타나는 것입니다. 작용을 하는 것이죠. 분별심이 작용하면 개령이 나타나는 것입니다. 그래서 전념과 후념, 전신과 후신이 바로 하나입니다. 개령이 대령에 합했다가 대령이 다시 개령으로 나타나고 계속 왔다 갔다 하는 것입니다. 합했다가 나누었다가, 나누었다가 합했다가 그럽니다. 그래서 일즉다 다즉일이라고 그랬죠? 그게 다 변화가 나타나는 것입니다.

20조 나에게 한 권의 경전이 있으니 지묵으로 된 것이 아니라, 한 글자도 없으나 항상 광명을 나툰다 하였으니 그것이 무슨 뜻인가.

경전에는 세 가지 경전이 있습니다. 문자 경전, 우주 만유 경전, **마음 경전**입니다. 이 중에서 제일 중요한 것이 한 글자도 없는 마음 경전입니다. 마음 속에 무슨 글자가 있어요? 아무것도 없잖아요. 그러나 마음의 조화가 모든 경전을 만들어냅니다. 대종경은 대종사의 감각 감상, 심신 작용 처리건이 정리된 것입니다. 대산종사 법문집도 마찬가지고, 정산종사 법어도 마찬가지입니다. 그래서 마음 작용의 내용들을 기술해놓은 것이 경전이죠. 경전 중에서 제일 경전은 마음 경전입니다. 마음은 한 글자도 없지만 그 경전이 가장 기본 경전이 되어서 일체의 모든 경전들을 만들어냅니다. 합천 해인사에 있는 팔만대장경도 마음자리를 설명해놓은 것입니다.

의두 요목은 사량심으로 하지 말고 좌선 끝나고 의두 연마 시간에 낚시코를 만들어서 걸어야 합니다. 그래서 의두라는 것은 사리에 대해 낚시 바늘 하나 던져가지고 하나 딱 거는 겁니다. 그러니까 그냥 내용 들어가지고 설명하려고 하지 말고 낚시코를 딱 만들어야 된다는 말입니다.

인간이 사는 것이 사리의 큰 바다 아닙니까? 큰 바다에 하나의 낚시코를 탁 걸어야 합니다. 그리고 걸려야 됩니다. 걸리지 않으면 의두 연마가 안 되죠. 걸려가지고 그것을 궁구하고 궁구하다가 딱 터질 때 '아하! 그런 것이구나!' 이렇게 되는 것입니다. 그렇게 의두 요목을 가지고 연마해주시기 바랍니다.

6장
훈련의 전반을 평가하기

– 일기법

재가·출가와 유무식을 막론하고 당일의 유무념 처리와 학습 상황과 계문에 범과 유무를
반성하기 위하여 상시 일기법을 제정하였으며, 학원이나 선원에서 훈련을 받는 공부인
에게 당일내 작업한 시간 수와 당일의 수입·지출과 심신 작용의 처리건과 감각·감상을
기재시키기 위하여 정기 일기 법을 제정하였나니라.

이번 시간은 일기법에 대해 알아봅시다. 우선 **일
기법의 대의**부터 살펴봅시다.

일기법은 훈련의 한 방법이면서 훈련 전반을 평가하는 법입니다. 일기를
정기 일기, 상시 일기로 말씀하셨는데, 훈련의 한 과목으로도 들어가지만 그

내용을 살펴보면 훈련 전체를 평가하는 방법입니다.

예를 들면 시간 수를 기재하고 범한 번수를 기재하죠? 이것은 훈련에 대한 성의를 평가하는 법입니다. 우리가 같은 시간을 사용해도 성의가 있는 것과 없는 것은 그 내용이 판이하게 달라지죠. 그래서 일기법에서 시간 수, 범한 번수를 기재하라는 뜻은 그 사람이 얼마나 성의를 가지고 훈련에 임했느냐를 평가하는 것입니다. 성의만 평가하지 않습니다. 그 사람이 가지고 있는 역량도 평가합니다. 이것은 질적인 평가죠. 아까는 노력한 내용을 평가한 것이지만 실제로 그 사람이 얼마만큼의 능력으로 진급하고 있는지를 평가하는 것이 일기법입니다. 그것을 심신 작용 처리건과 감각 감상을 통해서 평가하게 했습니다. 이렇게 간단한 일기법 속에서 두 가지 내용을 함께 평가하도록 하신 것이 정말 대단하지 않습니까? 대종사의 본의를 확실히 알고 일기 하나하나를 기재해야 합니다.

일기법은 훈련에 대한 동기 유발을 시켜줍니다. 내가 훈련을 더 열심히 나야겠다는 동기를 유발합니다. 우선, 외적 동기 유발입니다. 상시 일기 내용 전체를 살펴보면 유무념을 대조하는 것은 외적으로 자꾸 기재를 해보면서 무념의 번수가 많아지면 무념을 유념으로 바꾸어나가는 겁니다. 그래서 외적으로 나타난 모습을 보고 스스로 공부할 수 있는 동기를 유발시켜나가는 겁니다. 내적으로도 동기 유발을 시켜요. 이것은 자기의 성취감을 고취시켜나갑니다. 그게 바로 심신 작용 처리건과 감각 감상을 기재하는 것입니다. 기재한 내용이 자기 스스로의 만족도를 높여나갑니다. 내적 동기 유발은 교무가 가져야 할 자질 중 가장 중요한 것입니다. 내적 성취감이 있어야 마음이 다른 곳으로 흐르지 못해요. 이것을 못하면 성취감을 엉뚱한 곳에서 찾습니다. 그래서 우리가 교무로서 필요한 것은 자존감입니다. 자존감은 자기의 내적 성취감에서 생깁니다. 거기에 몰입해서 공부하면 마음이 엉뚱한 곳으로 흐르지 않습니다.

또 일기법은 하루를 정리하고 평가하는 법이며, 참회의 성격을 가지고 있습니다. 삼학 수행을 간단없이 하기 위해 매일 일기를 통해서 확인하고 반성하는 것입니다.

∞

상시 일기법

1. 유념·무념은 모든 일을 당하여 유념으로 처리한 것과 무념으로 처리한 번수를 조사 기재하되, 하자는 조목과 말자는 조목에 취사하는 주의심을 가지고 한 것은 유념이라 하고, 취사하는 주의심이 없이 한 것은 무념이라 하나니, 처음에는 일이 잘 되었든지 못 되었든지 취사하는 주의심을 놓고 안 놓은 것으로 번수를 계산하나, 공부가 깊어가면 일이 잘되고 못된 것으로 번수를 계산하는 것이요,
2. 학습 상황 중 수양과 연구의 각 과목은 그 시간 수를 계산하여 기재하며, 예회와 입선은 참석 여부를 대조 기재하는 것이요,
3. 계문은 범과 유무를 대조 기재하되 범과가 있을 때에는 해당 조목에 범한 번수를 기재하는 것이요,
4. 문자와 서식에 능하지 못한 사람을 위하여는 따로이 태조사(太調査) 법을 두어 유념 무념만을 대조하게 하나니, 취사하는 주의심을 가지고 한 것은 흰 콩으로 하고 취사하는 주의심이 없이 한 것은 검은 콩으로 하여, 유념·무념의 번수를 계산하게 하는 것이니라.

이번에는 상시 일기법으로 들어가봅시다. 상시 일기법은 첫째, 유무념 대조 공부입니다. 이 유무념 공부는 일기법 전체를 몰

아서 하는 것과 같습니다. 결국 일기법 전체의 내용 중에서 가장 중요한 것이 유무념 대조입니다. 그렇기 때문에 유무념 대조는 삼학 병진 공부, 무시선 공부와 상통합니다. 유무념 대조는 자성을 잘 활용하는 불리자성* 공부입니다. 결과적으로 일원상의 진리를 육근을 통해서 활용하는 것이 유무념 대조 공부입니다. 그렇다면 유무념 공부를 어떻게 해야 하는지 알아봅시다.

대산종사께서는 유무념 공부의 단계를 말씀하셨습니다. 그 첫 단계는 습관에 표준을 두라는 것입니다. 습관은 자기가 살면서 익혀왔던 것이죠. 이것에 표준을 두는 거예요. 이 습관을 잘 조사해봐야 합니다. 자기 마음을 잘 조사해서 어떤 부분이 과거에 내가 가졌던 습관인지를 알아야 합니다. 세상사를 하면서 자기도 모르게 익힌 습관이 있습니다. 이것을 도가의 습관으로 바꿔야 합니다. 습관이라는 것은 반복된 심신 작용의 결과입니다. 반복하면 그것이 습관이 되잖아요. 그래서 가장 유무념한 초보 단계는 세상에서 익혔던 습관을 하나하나 유무념 조항으로 잡아서 도가의 습관으로 바꾸는 것입니다.

두 번째 단계는 주의심에 표준을 두는 것입니다. 주의심을 가지고 그 일을 취사했는가, 주의심을 챙기지 않고 그냥 습관적으로 했는가. 이것을 대조하는 공부입니다. 주의심은 마음을 챙긴다는 말입니다. 그래서 두 번째 단계를 잘하려면 마음과 몸과 행동을 일치시켜야 합니다. 마음은 마음대로, 일은 일대로, 몸은 몸대로 하면 무념입니다. 그래서 마음, 몸이 하는 일이 일치했을 때 주의심을 챙겼다고 할 수 있습니다.

• 不離自性. 경계를 당해서 마음을 사용할 때 자성불을 떠나지 않는다는 말. 동정간에 육근을 작용할 때 잠시라도 자성을 잊어버리거나 빼앗기지 않는다는 뜻.

세 번째 단계는 일의 성공 유무에 표준을 둡니다. 두 번째 단계에서는 주의심을 챙겼죠? 그런데 주의심을 챙겨도 성공하기도 하고, 실패하기도 합니다. 일기법 원문에도 나와 있습니다. 처음에는 주의를 둔 것으로 대중을 잡고 그다음은 일의 성패로 대중을 잡습니다. 이것은 마음 작용이나 생활 자체가 능률적으로 되게 하기 위함입니다. 능률은 없는데 하는 것만 열심히 합니다. 예전에 수계농원에서 모 심을 때 보면 일을 잘하는 사람은 옷을 안 망쳐요. 그런데 일을 못하는 사람일수록 논에 들어갔다 하면 옷을 다 망쳐요. 하기는 열심히 하는데, 요령과 능률이 없어서 모를 잘 못 심어요. 그러니까 유무념 공부는 마음만 잘 챙겨서도 안 되고 마음도 잘 챙기면서 능률도 올라가야 합니다. 능률이 올라가지 않으면 그것은 잘못된 것입니다. 이왕 우리가 주의심을 가지고 했으면 성공을 해야 하지 않겠어요?

마지막 단계에 대해 말하겠습니다. 일심 지속 여부에다가 표준을 둡니다. 이렇게 되면 하루를 한 건으로 잡을 수 있어요. 아침에 일어났을 때부터 저녁 잠잘 때까지 자기가 해야 할 일과 과정들이 순조롭게 진행될 때의 하루가 유념입니다. 그런데 중간에 마음에 경계가 와서 요동이 있었다면 무념입니다. 하루를 한 건으로 잡을 수 있죠. 그러면 한 달을 한 건으로 잡을 수도 있고 더 나아가서 1년을 한 건으로 잡을 수도 있습니다. 일심이 지속되는 여부를 표준으로 유무념을 잡는 것입니다. 결국 일직심이 얼마나 잘 되는지, 그것을 대조하기 위해서 유무념의 4단계를 대산종사께서 말씀하신 것입니다.

상시 일기법은 학습 상황 중 수양 연구의 시간을 기재하는 것입니다. 예회, 입선은 참석 여부를 기재하죠. 상시 일기는 상시 훈련 중에 하는 것입니다. 상시 속에서 정기 공부의 상황을 파악하기 위해서 이 조목을 주신 것입니다. 대단히 주밀하게 짜인 법이에요. 상시 훈련 중에서도 정기 훈련 과목의 상태를 확인하게 해주신 것이죠. 상시에서 학습 상황을 계속 늘려가기 위해서입니다. 기재하는 것이 중요한 게 아니라 기재한 이유를 상시 속에서 계속 늘려가도록 해주신 법입니다.

계문은 범과 유무의 번수를 기재하라고 하셨습니다. 계문의 특징은 급수별로 공부의 정도에 따라서 10계문씩 주는 것이 특징입니다. 그러니까 보통급은 물론 특신급까지는 학교에서 확실하게 끝내야 합니다. 이것을 학생 때 하지 못하면 정말로 나이 먹어서 골치 아프니까 꼭 이 시기에 수료하기 바랍니다. 보통급을 보면 그냥 세상에서 범할 수 있는 일들이지만 도가에서는 문제가 되니까 계문으로 주셨거든요. 우리의 계문은 다른 종교와 판이하게 달라요. 불교는 비구에게 250계를 주고 비구니에게 500계를 주고 차별을 두었지만 원불교에서는 출, 재가 차별 없이 오직 급수별로 계문을 주셨어요. 계문에서 중요한 것은 한 조목씩 중점적으로 해결해야 한다는 것입니다. 한 조목씩 대조해서 완전히 자유를 얻을 때까지 그 계문을 해야 합니다. 계문이 처음에는 구속이지만 나중에는 자유가 됩니다. 구속 속에서의 자유가 계문의 본의입니다.

태조사 법에 대해 알아봅시다. 이것은 참고로 하고 예전에 염주로 핀을 꽂아서 유무념을 대조도 하고, 또 시계도 나왔죠? 유무념 시계로도 대조를 합니다. 교단에서도 유무념 대조를 하기 위해서 여러 가지로 애쓰고 있습니다. 그러나 교단에서 아무리 노력을 해도 본인이 정말로 마음을 가지고 하지 않으면 소용이 없습니다.

정기 일기법

1. 당일의 작업 시간 수를 기재시키는 뜻은 주야 24시간 동안 가치 있게 보낸 시간과 허망하게 보낸 시간을 대조하여, 허송한 시간이 있고 보면 뒷날에는 그렇지 않도록 주의하여 잠시라도 쓸데 없는 시간을 보내지 말자는 것이요,

2. 당일의 수입·지출을 기재시키는 뜻은 수입이 없으면 수입의 방도를 준비하여 부지런히 수입을 장만하도록 하며 지출이 많을 때에는 될 수 있는대로 지출을 줄여서 빈곤을 방지하고 안락을 얻게 함이며, 설사 유족한 사람이라도 놀고 먹는 폐풍을 없게 함이요,

3. 심신 작용의 처리건을 기재시키는 뜻은 당일의 시비를 감정하여 죄복의 결산을 알게 하며 시비 이해를 밝혀 모든 일을 작용할 때 취사의 능력을 얻게 함이요,

4. 감각이나 감상을 기재시키는 뜻은 그 대소 유무의 이치가 밝아지는 정도를 대조하게 함이니라.

정기 일기법은 선원이나 학원에서 정기로 훈련을 받는 공부인에게 시키는 공부법입니다.

당일의 작업 시간 수, 수입, 지출, 심신 작용 처리건, 감각 감상을 기재하게 했습니다. 이것을 보면 아까 상시 일기는 상시에 쓰는 일기지만 얼마나 정기 공부를 했는지 평가하는 법이라고 했습니다. 그런데 정기 일기는 반대로 정기 훈련 때 쓰는 것이지만, 상시 훈련의 내용을 점검하는 내용이 포함되어 있습니다. 정기와 상시를 주밀하게 같이 훈련하도록 법을 제정해주셨습니다. 이런 것을 일기의 내용에서도 살펴볼 수가 있습니다. 당일의 작업 시간 수는 지난번에 대략적으로 말했습니다. 공부인이 몸으로 짓는 수지 대조를 계산하는 것입니다. 그래서 제가 예전에 쓴 내용을 보니까 7시간은 잠자

고, 2시간은 식사하고, 7시간은 공부하고, 2시간은 노동하고, 2시간은 이동하고, 4시간은 휴식했다고 써놨어요. 하루 24시간 자기가 한 내용대로 기재를 하는 것입니다.

둘째, 당일의 수입·지출을 기재하는 것은 경제적인 수지 대조를 하기 위해서입니다. 지출을 줄이기 위해 노력하고, 수입이 적으면 수입의 방도를 준비하기 위해서 기재하게 했습니다. 언젠가 어느 교도가 제게 전화를 해서 신용카드가 있느냐고 물어요. 없어서 없다고 했죠. 왜 카드를 안 만드냐고 해요. 카드가 있으면 얼마를 쓰는지 다 나온대요. 그래서 저는 카드도 없고 수입 지출을 기재하지 않는다고 하니까, 나중에 나이 들어서 돈 없으면 어쩌려고 그러냐고 뭐라 해요. 그런데 진짜 제가 퇴임하고 보니까 교단사에 일이 많이 생겨요. 요새 열흘 동안 돈이 엄청 나가요. 위기감을 느낍니다. 그래서 경제적인 수지 대조를 통해서 지출은 되도록 줄이고 수입의 방도를 연구하기 위해서 정기 일기를 기재하게 했습니다.

셋째는 심신 작용의 처리건입니다. 이것은 결국 세상 속에서 시비 이해를 밝히기 위해서입니다. 심신 작용 처리건을 자꾸 써서 취사력을 높이라는 것입니다. 지금까지 이론만 말했으니까 제가 기재한 심신 작용 처리건을 발표해보겠습니다. 예전에 학생들과 훈련하며 일과를 다 끝내고 마지막에 공사시간에 한 20분 정도 일기 쓰는 시간을 주고 그 내용을 발표하도록 했어요. 그때 제가 학생들하고 같이 쓴 내용입니다.

제목 : 식욕

어제부터 본격적으로 시작된 훈련. 점점 훈련 분위기가 성숙되면서 재미가 붙는다. 한 시간, 한 시간이 차곡차곡 쌓여간다. 그중에도 가장 재미있는 시간을 들어본다면 식사 시간을 빼놓을 수 없다. 내 옆에 동지들이 함께 식사를 한다. 옆에서 모두 실력을 발휘하면서 어느새 밥을 한 그릇 비워낸다. 그리고 모자라는 반찬을 쉴 새 없이 공급해준다. 천천히 식사를 하던 나는 나의 정량 한 그릇 식사를 맛있게 한다. 그리고 잠시 망설여진다. 수저를 그냥 놓자니 서운한 생각이 든다. 잠시 마음속에서 갈등이 일어난다. 그냥 수저를 놓을 것인가, 아니면 나도 한번 실력을 발휘해볼 것인가. 이런 망설임이 잠깐 오가는 사이에 한 생각이 문득 떠오른다. 주위에서 열심히 먹고 있는 분위기를 깨지 말아야 한다는 생각과 식사를 잘하라고 쉴 새 없이 부식을 날라주는 동지들의 마음을 저버려서는 안 된다는 생각이다. 나의 생각이 여기에 미치자 그만 먹어야 할 정량임에도 불구하고 결국은 밥통을 다시 찾고 말았다. 내 밥을 직접 떠주려는 동지의 친절을 사양하고 적당량을 밥에 담아서 먹고 저녁을 끝냈다.

식사를 마칠 때쯤 상당한 포만감이 느껴졌다. 그냥 수저를 놓지 못한 나의 마음이 야속하기도 하다. 나의 정량으로 식사를 끝냈을 때 수저를 과감히 놓았어야 했다는 후회감이 생겼다. 이런 마음은 옆에서 실력을 발휘한 동지가 "나이 마흔이 넘으면 식욕과 색욕은 떨어진다죠?" 하고 나에게 물을 때 더욱 절실해졌다. 나는 그 말을 듣고 식욕을 못 뗀 나의 저녁을 생각하면서 부끄러워졌다. 그리고 한 나의 대답. "네가 마흔이 되어보면 알 것이 아니냐." 하였다. 그 후 식욕을 못 뗀 나의 취사는 세면을 할 때도 반성되었다. 세면을 하면서 발을 씻으려 몸을 구부리니 배가 불러서 속이 거북한 것이 아닌가. 한 순간 나의 잘못된 심신 작용의 처리는 결국 더 큰 후회를 나에게 가져다줬다.

　마흔이 넘어 식욕을 못 뗀 수도인이 오늘 저녁 순간적으로 취사를 한 셈이다. 주위의 분위기에 따라서 취사가 흔들리는 수도인은 되지 말자. 생생히 살아 있는 물고기는 빗줄기도 타고 올라간다고 하지 않았는가. 모든 사람이 다 그 방향으로 가더라도 법이 아니면 역행하는 저력 있는 수도인이 되리라 다짐해본다.

　이렇게 심신 작용의 처리건을 썼습니다. 어떤 경계를 당해서 심신 작용을 하는 과정이 있죠. 그 과정을 자상하게 쓰는 겁니다. 기록을 하고 난 다음에 그 과정을 갖고 시비 이해를 나누는 것입니다. 이것을 정리해서 기재하죠. 자꾸 기재하다 보면 생활 속에서 내가 걸린 부분을 파악할 수가 있습니다.
　그다음은 감각 감상입니다. 이것은 대소 유무의 이치가 밝아지는 정도를 대조하는 법입니다. 이것도 제가 하나 읽겠습니다.

　제목 : 젊음과 늙음
　오늘 삼동원 신축 건물에 도착하여 숙소를 배정받았다. 스승님들의 간절한 염원이 어린 도량이라고 생각하니 마음에 새로운 감회와 더불어 훈련에 임하는 각오가 새로워진다. 방을 정리하고 복도에 나와보니 문에 사감님의 방이라는 팻말이 나를 반긴다. 점심 식사를 마치고 방에 도착하니 누가 사감을 지우고 젊은 오빠라고 해놨다. 오후의 일과를 마치고 나와보니 또 누가 젊음을 지워버리고 늙음이라고 했다. 늙은 오빠라는 팻말이 나를 반긴다. 그 팻말을 보며 별 감상 없이 지나쳤다. 그런데 저녁 식사를 마치고 내 방 앞에 도착하니 늙음을 지워버리고 그 밑에다가 공사중이라고 써놨다. 그것을 보는 순간 한 감상이 들었다. 젊음과 늙음, 이것이 무엇을 뜻하며 공사중은 무엇을 뜻한단 말인가?

젊음과 늙음은 바로 일원상 진리의 진공 묘유의 조화를 말한다. 일원상의 진리는 진공하고 묘유한 가운데 조화의 능력으로 우주 만유를 변화시키고 있지 아니한가. 진리의 변화 모습은 제대로 법칙과 원칙의 변화라고 할 수 있다. 성·주·괴·공, 생·로·병·사가 바로 일원상 진리의 법칙이다. 따라서 젊음도 곧 일원상 진리 변화의 한 과정이요, 늙음도 일원상 진리 변화의 한 과정이다. 젊음과 늙음이 모두 진공 묘유의 한 과정이라고 하면 젊음과 늙음을 구태여 둘로 볼 필요가 있을 것인가? 젊음은 늙음으로의 과정이요, 늙음은 젊음으로의 과정을 말한다. 그런데 사람들은 이런 이치를 모르고 젊으면 젊음에 떨어지고 늙으면 늙음에 떨어진다. 젊음과 늙음은 둘이 아니요 하나이다. 이런 이치를 알 때 젊음과 늙음은 우리가 활용할 수 있는 일이 아닌가. 이것이 바로 진리의 모습이다. 따라서 젊음과 늙음은 일원상 진리의 한 변화의 측면에서 보는 것이다.

그러나 문제는 이것이 아니다. 진리는 변하면서도 변하지 않는 이치가 있다. 그것을 일원상 진리에서는 돈공이라고 하였다. 따라서 우리 인간에게 있어서 돈공한 자리는 사량 분별을 모두 비워버린 마음의 체 자리이다. 이것을 바로 성품이라고 한다. 성품 자리에서 보면 영원히 변하지 않는 생멸이 없는 자리이다. 이 자리에서 보면 젊음도 늙음도 없다. 항상 여여한 한 마음뿐이다. 그 자리에는 남자도 여자도 없다. 영원히 변하지 않는 그 자리를 찾는 것이 우리 수도인의 목표이다.

늙은 오빠의 방, 공사중이라는 팻말이 나를 다시 진리를 대조해보는 계기를 만들어주었다. 참으로 감사한 계기였다. 그래 공사중, 맞았어. 모두가 다 공사중이지. 우리 모두가 한 때도 쉬지 않는 공사중이야. 그러나 그런 공사가 쉬어버린 자리가 있다. 영원한 그 자리를 아는 사람이 되어야지.

일기가 진짜 재밌는 거예요. 제가 원래 이과 출신이라 글 쓰는 것이 굉장히 무서웠어요. 그런데 저는 일기를 쓰면서 글쓰기를 배웠어요. 예전에 세 가지 혜두가 갖춰야지 견성이 된다는 얘기한 적 있죠? 첫째 혜두는 생각으로 궁굴리는 혜두예요. 이것은 의두 성리, 경전 공부예요. 두 번째 혜두는 말로 표현하는 공부예요. 강연, 회화죠? 세 번째 혜두가 글로 표현하는 혜두예요. 그것이 심신 작용의 처리건, 감각 감상이에요. 이 세 가지가 다 되어야 견성 인가를 하는 것이죠. 그래서 대종경에 보면 삼산 종사께서 견성 인가를 가장 먼저 받으시죠. 강연하는 내용을 들으시고 견성 인가를 하셨죠? 그러기 때문에 일기를 열심히 써야 합니다. 자기 일기 내용으로 반성도 하고 대조도 해야만 공부의 실제 효과가 나타납니다. 일기법 대체로 이해가 가죠?

7장
어느 곳, 어느 때나 참선하기

– 무시선법

대범, 선(禪)이라 함은 원래에 분별 주착이 없는 각자의 성품을 오득하여 마음의 자유를 얻게 하는 공부인 바, 예로부터 큰 도에 뜻을 둔 사람으로서 선을 닦지 아니한 일이 없나니라. 사람이 만일 참다운 선을 닦고자 할진대 먼저 마땅히 진공(眞空)으로 체를 삼고 묘유(妙有)로 용을 삼아 밖으로 천만 경계를 대하되 부동함은 태산과 같이 하고, 안으로 마음을 지키되 청정함은 허공과 같이 하여 동하여도 동하는 바가 없고 정하여도 정하는 바가 없이 그 마음을 작용하라. 이같이 한즉, 모든 분별이 항상 정을 여의지 아니하여 육근을 작용하는 바가 다 공적 영지의 자성에 부합이 될 것이니, 이것이 이른바 대승선(大乘禪)이요 삼학을 병진하는 공부법이니라.

그러므로, 경(經)에 이르시되 「응하여도 주한 바 없이 그 마음을 내라」 하시었나니, 이는 곧 천만 경계 중에서 동하지 않는 행을 닦는 대법이라, 이 법이 심히 어려운 것 같으나 닦는 법만 자상히 알고 보면 괭이를 든 농부도 선을 할 수 있고, 마치를 든 공장(工匠)도 선을 할 수 있으며, 주판을 든 점원도 선을 할 수 있고, 정사를 잡은 관리도 선을 할 수 있으며, 내왕

하면서도 선을 할 수 있고, 집에서도 선을 할 수 있나니 어찌 구차히 처소를 택하며 동정을 말하리요.

그러나, 처음으로 선을 닦는 사람은 마음이 마음대로 잘 되지 아니하여 마치 저 소 길들이기와 흡사하나니 잠깐이라도 마음의 고삐를 놓고 보면 곧 도심을 상하게 되나니라. 그러므로, 아무리 욕심나는 경계를 대할지라도 끝까지 싸우는 정신을 놓지 아니하고 힘써 행한즉 마음이 차차 조숙(調熟)되어 마음을 마음대로 하는 지경에 이르나니, 경계를 대할 때마다 공부할 때가 돌아온 것을 염두에 잊지 말고 항상 끌리고 안 끌리는 대중만 잡아갈지니라. 그리하여, 마음을 마음대로 하는 건수가 차차 늘어가는 거동이 있은즉 시시로 평소에 심히 좋아하고 싫어하는 경계에 놓아 맡겨 보되 만일 마음이 여전히 동하면 이는 도심이 미숙한 것이요, 동하지 아니하면 이는 도심이 익어가는 증거인 줄로 알라. 그러나, 마음이 동하지 아니한다 하여 즉시에 방심은 하지 말라. 이는 심력을 써서 동하지 아니한 것이요, 자연히 동하지 않은 것이 아니니, 놓아도 동하지 아니하여야 길이 잘 든 것이니라.

사람이 만일 오래오래 선을 계속하여 모든 번뇌를 끊고 마음의 자유를 얻은즉, 철주의 중심이 되고 석벽의 외면이 되어 부귀 영화도 능히 그 마음을 달래어 가지 못하고 무기와 권세로도 능히 그 마음을 굽히지 못하며, 일체 법을 행하되 걸리고 막히는 바가 없고, 진세(塵世)에 처하되 항상 백천 삼매를 얻을지라, 이 지경에 이른즉 진대지(盡大地)가 일진 법계(一眞法界)로 화하여 시비 선악과 염정 제법(染淨諸法)이 다 제호(醍醐)의 일미(一味)를 이루나니 이것이 이른바 불이문(不二門)이라 생사 자유와 윤회 해탈과 정토 극락이 다 이 문으로부터 나오나니라.

근래에 선을 닦는 무리가 선을 대단히 어렵게 생각하여 처자가 있어도 못할 것이요, 직업을 가져도 못할 것이라 하여, 산중에 들어가 조용히 앉아야만 선을 할 수 있다는 주견을 가진 사람이 많나니, 이것은 제법이 둘 아닌 대법을 모르는 연고라, 만일 앉아야만 선을 하는 것일진대 서는 때는 선을 못 하게 될 것이니, 앉아서만 하고 서서 못하는 선은 병든 선이라 어찌 중생을 건지는 대법이 되리요. 뿐만 아니라, 성품의 자체가 한갓 공적에만 그친 것이 아니니, 만일 무정물과 같은 선을 닦을진대 이것은 성품을 단련하는 선 공부가 아니요 무용한 병신을 만드는 일이니라. 그러므로, 시끄러운 데 처해도 마음이 요란하지 아니하고 욕심 경계를 대하여도 마음이 동하지 아니하여야 이것이 참 선이요 참 정이니, 다시 이 무시선의 강령을 들어 말하면 아래와 같나니라.

「육근(六根)이 무사(無事)하면 잡념을 제거하고 일심을 양성하며, 육근이 유사하면 불의를 제거하고 정의를 양성하라.」

무시선법 대의 첫 번째는 한 마음, 한 일 속에서 삼학을 병진하는 선입니다. 삼학 공부를 숙달시키는 공부법입니다. 좌선은 정시선이죠? 경계나 일사를 당하면 상황이 달라져요. 그런 상황에서도 선을 할 수 있는 법으로 제시한 것이 무시선법입니다. 따라서 좌선은 수양 공부에만 해당되지만 무시선은 삼학 전체에 해당됩니다. 그래서 삼학 수행의 궁극적 방법은 결국 무시선을 하자는 것입니다. 교리도에서 진공 묘유의 수행문 가장 아래에 있는 것이 무시선, 무처선입니다.

두 번째 대의는 자성의 긍정적 활용에 바탕한 공부법입니다. '이 원상은 눈을 사용할 때에 쓰는 것이니 원만 구족한 것이며 지공 무사한 것이로다'라는 일원상 법어 아시죠? 그러니까 우리의 자성이 원만 구족하고 지공 무사한 점을 일 속에서 실천하는 것이 무시선법입니다. 무시선법은 생활 속에서 자기의 본성을 잘 활용하는 법입니다. 물건이나 기계도 사용하지 않으면 녹습니다. 어떤 물건이든지 일정 시간을 사용하지 않으면 못 쓰게 됩니다. 우리 마음도 마찬가지입니다. 마음도 잘 활용하지 않고 쓰지 않으면 녹슬어버립니다. 그래서 우리의 자성을 일상생활 속에서 사용하자는 것이 무시선법입니다. 자성을 좋은 방향으로 잘 활용하는 방법을 무시선법으로 제시해주셨습니다.

세 번째 대의는 유무념 공부의 숙달된 방법입니다. 그래서 유념선, 무념선 이렇게 말할 수가 있습니다. 유념선은 챙기고 대중 잡는 공부입니다. 마음을 챙길 자리에서 정당하게 잘 챙기는 것이 유념선이죠. 유념선은 동시선이 주가 됩니다. 동한다는 말은 육근을 활용한다는 말이죠. 육근을 활용하는 것을 유념으로 챙겨서 활용해야 합니다.

반대로는 무념선이 있습니다. 무념선은 정할 때 공부입니다. 이것은 잊어버리는 공부죠. 무념할 자리에서 무념을 해야 합니다. 동할 때도 마찬가지로 무념선을 할 수 있습니다. 무념선은 정시선이 주가 되지만 동할 때도 무념선을 할 수가 있습니다. 무념할 자리에서 무념하는 것입니다. 이것을 시지불견視之不見 하고 청지불문聽之不聞 한다고 했습니다.

그런데 여기에서 중요한 것은 유념선이라고 하는 것이 무념에 바탕한 유념이어야 한다는 겁니다. 무념에 바탕하지 않는 유념은 챙기는 곳에 끌려버리게 됩니다. 유무념을 잘하면 무시선을 잘하는 것이 됩니다. 무시선과 유무념은 서로 상통합니다. 무념에는 두 가지가 있습니다. 유무념 처리에 있어 무념은 안 좋은 무념입니다. 무념선에서의 무념은 공부의 최상위 경지입니다. 그래서 뒤에 가면 무시선을 대승선이라고 하셨어요. 무념할 자리에서 무념하는 것, 공부의 최상위 경지라고 볼 수 있습니다. 이 무시선을 다른 측면에서 살펴보면 동정간 불리선입니다. 동할 때도 선이요, 정할 때도 선입니다. 무시선은 동시선이 주체가 되어서 정시선을 아우르는 선법입니다. 이 정도로 무시선의 대의를 정리하겠습니다.

그러면 이제 본문 내용으로 들어가겠습니다. 제일 처음에는 **선**의 정의가 나옵니다. 선이라는 것은 원래 분별 주착이 없는 각자의 성품을 오득하여 마음의 자유를 얻는 공부입니다. 제가 개교의 동기에서 '낙원'은 사로잡힌 마음이 자유롭게 되는 광대무량한 세계라고 했습니다. 결국 선은 사로잡힌 마음, 일에 사로잡히고, 관념에 사로잡힌 그 마음을 해탈해서 자유로운 마음으로 만드는 것입니다. 몸도 사로잡히면 얼마나 괴롭습니까? 그래서 해탈 천도解脫薦度라는 말을 많이 사용하죠. 해탈 천도는 결국은 마음과 몸에 자유를 얻는 것을 말합니다. 그것을 바로 '선'으로 정의하셨습니다.

종합하자면 선은 마음을 잘 쓰는 공부이며, 일 잘하는 공부입니다. 마음만 잘 써서는 안 되며, 일도 잘해야 무시선이 됩니다. 유무념 공부에서 일의 승패에 표준을 두라고 했죠? 그와 마찬가지로 일도 능률적으로 잘해야 무시선이 되는 것이지, 그냥 마음만 챙긴다고 선을 하는 것은 아닙니다. 어느 선진께서 아침 좌선을 하고 나서 몸을 경하게 놀리면 기가 흐트러질까봐 청소 시간에 비질을 하실 때 몸을 조용조용히 하셨어요. 그러니까 대종사께서 혼을 내셨다고 합니다. 청소를 할 땐 청소를 열심히 해야지, 그렇게 하면 되겠어요? 그것은 무시선을 잘못하는 것입니다. 그래서 마음 쓰는 공부, 일 잘하는 공부를 함께 잘하는 사람이 무시선을 잘하는 사람입니다. 이렇게 선의 정의를 첫 단락에 말씀하시고, 그다음에는 무시선의 원리를 밝혀주셨습니다.

이것은 아주 간단합니다. '진공으로 체를 삼고, 묘유로 용을 삼아라' 이것이 무시선의 원리입니다. 이것을 절대 잊어버리면 안 됩니다. 이것을 잊어버리고 일상에서 걷고, 밥 먹고, 공부하기 때문에 무시선이 안 되는 것입니다. 무시선은 항상 진공으로 체를 삼고, 묘유로 용을 삼아야 합니다. 이것을 다른 말로 하면 무념에 바탕해서 유념하라는 뜻입니다. 또 빈 마음에 바탕해서 취사하는 것이 무시선의 원리입니다. 앞에서 계속 강조한 '유념'은 무념에 바탕해야 합니다. 여기서 유념은 묘유죠? 유념은 묘유인데 진공에 바탕한 묘유여야 참묘유가 되는 것입니다. 안 그러면 묘유에 떨어져버립니다.

대종사께서 예를 들어주시길 '진공으로 체 삼는 공부'는 '안으로 마음을 지키되 청정함은 허공과 같이 하라' 하셨습니다. 또 '묘유로 용 삼는 공부'는 '밖으로 경계를 대하되 부동함은 태산과 같이 하라'고 하셨습니다. 대종사께서 세세곡절 일러주셨어요. 그러니까 이것을 일상생활 속에서 그대로 실행만 하면 됩니다. 경계에 흔들리지 말라는 말이죠. 원리가 이해되나요? 이 무시선은 마음과 경계, 동과 정을 아울러서 함께 닦아가는 대승선이라고 말할 수 있습니다.

다음은 **무시선의 방법**입니다. 방법은 정전에서 '응하여도 주한 바 없이 그 마음을 내라'고 하셨어요. '응무소주이생기심應無所住而生其心' 이 말이 어디서 나옵니까? 금강경에 나오죠? 일하는 농부도, 망치를 든 공장도, 사무를 보는 사무원도 선을 닦을 수 있으니 수행을 하면서 일상 속에서 선을 닦으라고 하십니다. 장사하는 사람도, 관리도 선을 할 수 있고 집에서 내왕하면서도 선을 닦을 수 있다고 하셨어요. 그런데 이렇게만 해주신 것이 아니라 세 가지의 단계로 무시선의 방법을 제시하셨습니다.

무시선 방법의 첫째는 마음을 길들이는 단계입니다. 이것을 다른 말로 하면 집심執心의 단계죠. 인간이 모든 생활을 하는 가운데 일용 동작을 전부 선으로 챙기는 단계입니다. 소고삐를 잡는 단계입니다. 일심 집주하는 단계죠. 소가 고삐를 안 꿰려고 이리 뛰고 저리 뛰는 모습을 보면 아이고, 정말 볼만합니다. 사람이 조금 훈련을 하고 선을 하면 실효과가 나타나서 세상 습관들이 녹아나야 하거든요. 그런데 어지간해서는 세상 습관을 버리지 못하는 사람들이 있어요. 옛날 습관 그대로 살아요. 이것은 뭔가 하면 고삐를 잡아서 자기가 일심 집주를 해야 하는데 안 해서 그렇습니다. 무시선의 초보 단계지만 제일 중요한 단계입니다. 그래서 본문에 '경계마다 끌리고 안 끌리는 대중을 잡으라'고 하셨어요. 이것은 경계를 당해서 마음을 길들이는 단계입니다. 마음의 대중심을 잡고 그것을 놓지 않는 단계죠. 집심의 단계입니다. 그런데 어떤 친구는 집심을 너무 열심히 해서 숨을 쉬는데도 끙끙 앓아요. 내가 그러지 말라고 탁 치니까 깜짝 놀라서 바로 마음을 이완시키고 그러는데, 이 마음이라는 것은 잡으면 잡을수록 긴장을 합니다. 긴장, 이완을 잘해야 합니다. 어떤 사람은 너무 긴장을 해서 병이 나고, 어떤 사람은 너무 이완을 해서 도대체가 안 됩니다. 공부라는 것은 조금 애살이 있어야 해요. 하려는 적극성이 있어야 합니다. 그래야 그 사람이 되든지 안 되든지 공부가 되는 것이지 그런 의지가 없으면 자기 마음대로 합니다. 그냥 퍼져서 마음씨만 좋고 말아요. 그런 사람이 있어요. 그래서 이 집심의 단계가 중요합니다.

그다음은 관심觀心의 단계입니다. 집심을 하고 선악 대조를 하는 것은 관심입니다. 내 마음이 선악 경계에서 어떻게 작용하는지를 보는 단계가 2단계입니다. 일상생활을 할 때 반복하는 행동들이 있죠? 세면장에서 세수를 하거나 또 식사를 하거나, 학교에 가거나 이런 생활을 계속 반복하죠. 매일매일 반복되는 생활의 과정이 선입니다. 이것을 자각해야 합니다. 그래야 무시선이 되기 때문에 선을 할 때가 따로 있다는 생각을 버려야 합니다. 즉, 반복하면서 마음이 나태해지지 않아야 합니다. 이것이 무시선의 초입자가 꼭 알아야 할 중요한 부분입니다. 반복되는 그 시간이 선이라는 생각으로 시작하는 것이 무시선의 단계에서 가장 중요한 초점입니다.

마음을 경계에 자유자재하는 단계가 무시선의 세 번째 단계입니다. 2단계에서는 경계에 마음을 한번 맡겨보거든요. 맡겨봐서 자기가 마음을 어떻게 작용하는지 관찰하는 단계죠. 그렇게 해서 마음에 길이 잘 들면 그다음에는 그 경계를 스스로가 생활 속에서 자유자재로 활용하는 단계로 들어갑니다.

소 길들이기로 예를 들자면 소도 한가하고 사람도 한가한 단계입니다. 여기서 소는 육신입니다. 사람은 마음이죠. 마음이 들어서 육신을 끌고 다니죠? 앞의 단계에서는 하여간 오기 싫어서 애를 쓰죠. 마음이 고삐를 잡아서 억지로라도 오게 되는 것이죠. 또 한 단계 더 들어가면 소는 자기의 습관입니다. 사람은 마음의 본성이죠. 본성과 습관의 싸움입니다. 무시선의 마지막 단계에 가면 소도 한가하고 사람도 한가해집니다. 애써가면서 하지 않아도 소가 알아서 가는 겁니다. 이런 단계가 되어야만 무시선 공부가 끝납니다. 그래서 이 단계를 무심無心, 능심能心이라고 합니다.

무심, 능심이 되기 위해서는 집심과 관심의 단계를 잘 거쳐야 합니다. 집심과 관심을 거치지 않고 무심, 능심이 되는 일은 천하에 없어요. 절대로 그렇게 되지 않아요. 그래서 이 무시선법은 선법 중에서 가장 최상위 대승의 선법입니다. 아마 인류 역사상 이런 무시선법을 제시해준 사람은 없을 겁니다. 대종사께서는 우리들로 하여금 일상생활 속에서 가장 높은 단계의 선인 무시선을 통해서 실현하도록 해주셨다는 것을 항상 명심하고 공부해야 합니다. 무시선의 단계를 잘 밟아 경계에 자유자재하도록 노력해야 합니다.

그다음은 **무시선의 결과**에 대해 알아봅시다. 무시선의 결과는 우선 철주의 중심이 되고 석벽의 외면이 됩니다. 철주의 중심이라는 말은 마음이 흔들리지 않는 것입니다. 어떤 경계에도 마음이 흔들리지 않습니다. 그것을 보고 철주의 중심이 섰다고 합니다. 이걸 다른 말로 하면 마음이 가장 안정된 상태입니다. 내불방출內不放出인 것입니다. 내불방출이 무엇입니까? 안에 있는 것이 밖으로 나가지 않습니다. 철주의 중심이 딱 서면 내 안에 있는 마음이 흔들리지 않거든요. 그대로 중심을 딱 잡고 있어요. 이것을 못하면 경계에 흔들리면서 마음이 불안해지고, 끌려가고 그렇죠. 어느 동지가 저한테 와서 어떤 사람이 자꾸 예뻐 보이는데 어떻게 할까요? 묻습니다. 그럴 때가 있어요. 없으면 목석이죠. 그런데 예뻐하는 것은 괜찮아요. 단, 거기에 마음이 끌리면 잘못입니다.

대종사께서 대종경에 그러셨잖아요. 정산도 딸들을 사랑하니까 도인이 아니냐고 물으니까 '그대는 목석이 도인이라고 하겠다'고 하셨잖아요. 예쁜 것은 정상이지만 거기에 본래 마음이 흔들리면 선이 아닙니다. 그래서 무시선의 결과는 철주의 중심이 서서 마음이 어떤 경계에도 흔들리지 않는 상태라고 말씀하신 겁니다. 석벽의 외면은 무엇일까요. 어떤 외경도 침입할 수 없는 상태입니다. 외경이 내 마음에 침입을 못 하는 겁니다. 이것을 다른 말로는 부동심의 상태라 합니다. 외불방입外不防入이죠. 내불방출의 반대죠. 밖의 것이 안으로 들어오지 않는 상태가 됩니다. 일상생활 속에서 선을 잘 닦아나가면 이런 경험을 할 수가 있습니다.

무시선의 두 번째 결과로는 백천 삼매를 얻습니다. '삼매三昧'라는 말을 알아야 합니다. 삼매의 어원은 '사마띠'입니다. 사마띠는 산스크리트어의 음역입니다. 이것을 뜻으로 번역하지 않고 음역을 해서 삼매가 되었어요. 이 삼매가 무엇이냐? 삼매는 잡념을 버리고 대상에만 정신을 집중하는 경지입니다. 인간이 육체에 얽매여 있지만 도달할 수 있는 하나의 정신 집중 상태, 그것을 삼매라고 합니다. 대종사께서는 무시선법의 결과에서 백천 삼매라고 하셨어요. 앞의 백은 일백 백百이고 천은 일천 천千이죠. 그러니까 백천 삼매라는 것은 삼매를 얻지 못하는 경계가 없다는 말이죠. 모두가 삼매입니다.

대종사께서 친필을 세 개 남기셨어요. 사은, 일상 삼매一相三昧, 일행 삼一行三昧를 친필로 남기셨어요. 일상 삼매는 무엇이냐? 정시 삼매입니다. 다른 말로 하면 '한 현상으로 삼매에 든 것'을 일상 삼매라고 합니다. 그러면 일행 삼매는 무엇이냐? 동시 삼매입니다. 이것은 하나의 행동, 즉 마음 작용입니다. 하나하나 마음을 작용하면서 삼매에 듭니다. 이를 동시 삼매라고 하는데 다른 말로 하면 일상 삼매는 입정 삼매입니다. 일행 삼매는 출정 삼매입니다. 얼마나 좋겠습니까? 그러니까 매일매일 반복되는 생활을 중요하게 하라고 했죠. 반복되는 생활을 하면서 그것이 공부의 순간이고 삼매에 드는 것입니다. 동정 간에 무시 삼매가 되는 것입니다. 삼매 아님이 없습니다. 인간이 향유하는 모든 시간 속에서 삼매를 체득할 수 있습니다. 정말 엄청난 일이죠.

제가 지금 강의를 하지만 언제 90분이 지났는지 모르게 금방 지나가거든요. 이것이 설법 삼매죠. 여러분도 청법 삼매죠? 인간이 향유하는 모든 순간이 삼매에 듭니다. 그것을 무시선법의 결과에서 백천 삼매라고 하신 겁니다. 이 말은 하는 일마다 온전한 생각으로 취사를 해서 성공한다는 뜻입니다. 제가 처음에 무시선법의 대의를 말할 때 유념선, 무념선이라고 했죠. 그리고 유무념에서 제일 깊은 단계는 일심 집중의 상태이며 일을 성공시키는 것이 유념이라고 했죠? 하는 일마다 온전한 생각으로 취사를 해서 다 성공해내는데 그것을 백천 삼매라고 합니다.

저는 요즘 오후에 시간이 나면 계속 무시선에 대중을 잡고, 호흡을 하면서 90분 정도 산책을 합니다. 이것이 참 재밌어요. 1번 숨을 들이마시면서 8번 걸음을 걷고, 또 1번 내쉬면서 8번 걸음을 걷고, 이렇게 하며 오르막을 간다든지 하면 호흡이 더 가빠지죠. 그러면 또 짧게 하고, 이렇게 대중심을 가지고 산책을 해요. 여러분들도 학교 갈 때 그냥 다니지 말고 '내가 학교 갈 때까지 선이다'는 생각으로 임하고, 또 서원관에 오면서도 선을 하면서 백천 삼매를 얻어나가야 한다는 자세로 임해보세요. 조금씩 달라집니다. 금방 되는 것이 아니니까 자꾸 노력을 해야 합니다.

무시선의 결과 세 번째는 진대지盡大地가 일진 법계一眞法界로 화한다는 것입니다. 백천 삼매를 얻는다는 것은 시간적으로 본 무시선의 결과입니다. 그런데 진대지가 일진 법계로 화하는 것은 공간적으로 본 무시선의 결과입니다. 사람이 살아가는 대지 허공이 있죠? 그래서 내가 가는 곳마다 삼매가 되어서 법계로 화하는 겁니다. 공간적으로 어디를 가나 삼매의 경지를 맛보게 되는 것입니다. 다른 말로 하면 가는 곳마다 일심으로 법을 실천해서 시방삼계가 모두 법계로 화한다는 뜻이죠. 이렇게 진대지가 일진 법계가 되면 성속이 하나가 됩니다.

예를 들면 서원관은 성이죠? 학교는 속이고요. 학교에 가면 세상 속에 들어가잖아요. 학교 축제 기간만 되면 사람들 마음이 흔들리는 것이 눈에 다 보여요. 그 축제의 장이 사실은 전부 속이에요. 소승은 어떻게 하느냐 하면, 성과 속을 둘로 봐요. 성 따로 있고 속 따로 있는 것이 소승이에요. 그런데 대승에서는 성과 속이 둘이 아니에요. 성속의 장소가 따로 없는 이것이 대승입니다. 이것이 대승선법이에요.

이 속이 어떤가 하면 참 복잡한 경계입니다. 원광대학교만 예를 들어도 조직이고 사회거든요. 그러니까 거기에 교수가 800명, 학생이 2만 명 있습니다. 병원만 하더라도 1,400명이 근무하고 있어요. 이렇게 많은 사람들이 모여 있는 곳에서 무슨 일인들 안 일어나겠어요? 제가 지난번에 참 아픈 종재에 참석했어요. 그 양반이 교육회장을 할 때 제가 원광대학 총장을 직선제에서 공모제로 바꿨어요. 이것이 굉장히 큰일이거든요. 교수 협의회에서 협력을 안 해주면 못 바꿔요. 그런데 이 회장께서 중심을 딱 잡아서 공모제로 바꿔주셨어요. 그런데 그 양반이 안 좋게 가셨어요. 제가 그 재에 참석해서 그

분이 원광대학에 끼친 공덕을 확실히 말하고 감사하게 후생 길을 준비하라고 법문을 했습니다. 학교는 속입니다. 그러나 그 학교가 결국은 일진 법계가 되어야 합니다. 누구부터 그렇게 되어야 하겠어요? 원불교학과 학생부터 그렇게 되어야 하지 않겠어요? 교학과 학생들부터 학교에 가면 학교가 성이라는 생각을 하고, 거기서 운심처사하고 생활하는 것이 모두 일심을 떠나지 않도록 노력해야 합니다. 그래서 이런 마음을 챙기는 사람이 많아질수록 원광대학이 성으로 바뀝니다. 그런 세상이 오는 것이 개벽의 세상이 되는 것 아니겠어요? 우리의 궁극적 목표도 결국 이 세상을 개벽 세상으로 만드는 것 아닙니까? 그 세상은 성속이 하나가 되는 세상입니다. 깨어 있는 사람이 많아질 때 개벽의 세상이 됩니다.

일진 법계라는 의미를 잘 알겠죠? 공간적으로 본 무시선의 결과입니다. 그러니까 우리 무시선법이 대승선법입니다. 결국 학교 생활하는 것도 아무 것도 아닙니다. 한 마음만 잘 챙기면 되는 일입니다. 가정생활도 마찬가지입니다. 생활 속에서 한 마음만 잘 챙기면 일진법계가 되는 것입니다. 지금까지 무시선의 결과를 세 가지로 살펴보았습니다.

그다음 **과거 선법에 대해 비판**하셨습니다. '근래에 선을 닦는 무리' 부분입니다. 과거 선법에 대해서 비판을 하시는 부분입니다. 우선, 성속을 분리해서 생각했다는 것입니다. 그 내용을 보면 처자가 있어도 선을 못하고 직업을 가져도 선을 못해서 결국 산중에 가야합니다. 산중은 성이 되고 세상에 사는 것은 속이 되는 겁니다. 성속을 분리하는 선법으로 선을 닦았는데 그것은 잘못된 선입니다. 제 사주를 보면 산 속으로 들어가라고 해요. 과거 선에서의 잘못된 점은 성속을 분리해서 산에 들어가야 선을 닦을 수 있다고 생각한 점입니다.

　두 번째, 세상살이를 하면서는 선을 닦을 수 없다고 단정을 한 것이 과거 선의 병폐입니다. 대종사께서 현상 세계만 보고 비판하신 것이 아닙니다. 성품의 원리를 보고 비판하셨습니다. 성품의 원리로 볼 때 과거 선이 잘못되었다고 하신 겁니다. 그러면 성품의 원리가 어떤가요? 과거 선은 한마디로 말하면 공적에만 그친 선, 성품이 고요할 때만 닦을 수 있는 선법입니다. 그러면 성품이 공적만 있습니까? 공적이 있는가 하면 영지도 있고, 묘유도 있죠? 그러면 영지와 묘유를 어떻게 닦을 것이냐? 성품 전체를 닦아야 하는 선인데 과거 선, 즉 앉아서만 닦는 선은 공적만 찾아가는 선이거든요. 그런데 성품은 그런 것이 아니잖아요. 공적 영지, 묘유가 함께 있기 때문에 이것을 같이 닦아야 합니다. 앉아서만 하는 선은 병든 선입니다. 대단하시죠? 앉아서만 하는 선은 한편에 치우친 병든 선이라는 말씀을 하실 수 있는 것이 얼마나 자신만만하십니까. 원불교 교역자들이 원불교 교법에 대해서 자신감을 가져야 하는데 그것이 다 어디로 갔는지 정말 안타깝습니다.

　성품의 원리에 비추어 볼 때 공적과 묘유를 함께 닦아야 하는데 공적에만 치우친 것이 과거 선의 병폐입니다. 그래서 처음으로 돌아가서 무시선의 원리를 이야기할때 뭐라고 했습니까? 진공으로 체를 삼고, 묘유로 용을 삼는다고 했죠? 무시선의 전체 내용이 일맥상통합니다. 성품의 원리에 바탕해서 무시선법을 말씀해주신 겁니다.

　마지막으로 무시선의 강령을 몰아서 정리하셨습니다. 그 강령은 원문 그대로 육근이 무사하면 잡념을 제거하고 일심을 양성해라, 육근이 유사하면 불의를 제거하고 정의를 양성하라는 것입니다. 지금까지 한 말씀들을 다 몰아서 하나의 강령으로 표어처럼 말씀하셨습니다. 무사시에는 허공에 합하는 공부를 하고, 일이 없을 때에는 마음을 비우는 공부를 해야 합니다. 다른 말로 사량 잡념을 끌이지 말라는 것입니다.

유사시에는 서원과 공, 법에 바탕해서 심신을 사용하고, 불의를 제거하고 정의를 양성해야 합니다. 우리들은 정말 행복한 줄 알아야 합니다. 이렇게 좋은 법을 대종사께서 밝혀주시고 그 법을 우리가 실천하고 닦아나간다는 것이 얼마나 행복한 일입니까? 항상 긍지와 자부심을 가지고 살아야 합니다.

8장
과거의 잘못을 돌아보기

– 참회문

음양 상승(陰陽相勝)의 도를 따라 선행자는 후일에 상생(相生)의 과보를 받고 악행자는 후일에 상극(相克)의 과보를 받는 것이 호리도 틀림이 없으되, 영원히 참회 개과하는 사람은 능히 상생 상극의 업력을 벗어나서 죄복을 자유로 할 수 있나니, 그러므로 제불 조사가 이구 동음으로 참회문을 열어 놓으셨나니라.

대범, 참회라 하는 것은 옛 생활을 버리고 새 생활을 개척하는 초보이며, 악도를 놓고 선도에 들어오는 초문이라, 사람이 과거의 잘못을 참회하여 날로 선도를 행한즉 구업(舊業)은 점점 사라지고 신업은 다시 짓지 아니하여 선도는 날로 가까와지고 악도는 스스로 멀어지나니라. 그러므로, 경에 이르시되 「전심 작악(前心作惡)은 구름이 해를 가린 것과 같고 후심 기선(後心起善)은 밝은 불이 어둠을 파함과 같나니라」 하시었나니, 죄는 본래 마음으로부터 일어난 것이라 마음이 멸함을 따라 반드시 없어질 것이며, 업은 본래 무명(無明)인지라 자성의 혜광을 따라 반드시 없어지나니, 죄고에 신음하는 사람들이여! 어찌 이 문에 들지 아니하리요.

그러나, 죄업의 근본은 탐·진·치(貪瞋痴)라 아무리 참회를 한다 할지라도 후일에 또다시 악을 범하고 보면 죄도 또한 멸할 날이 없으며, 또는 악도에 떨어질 중죄를 지은 사람이 일시적 참회로써 약간의 복을 짓는다 할지라도 원래의 탐·진·치를 그대로 두고 보면 복은 복대로 받고 죄는 죄대로 남아 있게 되나니, 비하건대 큰 솥 가운데 끓는 물을 냉(冷)하게 만들고자 하는 사람이 위에다가 약간의 냉수만 갖다 붓고, 밑에서 타는 불을 그대로 둔즉 불의 힘은 강하고 냉수의 힘은 약하여 어느 때든지 그 물이 냉해지지 아니 함과 같나니라.

세상에 전과(前過)를 뉘우치는 사람은 많으나 후과를 범하지 않는 사람은 적으며, 일시적 참회심으로써 한 두 가지의 복을 짓는 사람은 있으나 심중의 탐·진·치는 그대로 두나니 어찌 죄업이 청정하기를 바라리요.

참회의 방법은 두 가지가 있으니, 하나는 사참(事懺)이요 하나는 이참(理懺)이라, 사참이라 함은 성심으로 삼보(三寶) 전에 죄과를 뉘우치며 날로 모든 선을 행함을 이름이요, 이참이라 함은 원래에 죄성(罪性)이 공한 자리를 깨쳐 안으로 모든 번뇌 망상을 제거해 감을 이름이니 사람이 영원히 죄악을 벗어나고자 할진대 마땅히 이를 쌍수하여 밖으로 모든 선업을 계속 수행하는 동시에 안으로 자신의 탐·진·치를 제거할지니라. 이같이 한즉, 저 솥 가운데 끓는 물을 냉하게 만들고자 하는 사람이 위에다가 냉수도 많이 붓고 밑에서 타는 불도 꺼버림과 같아서 아무리 백천 겁에 쌓이고 쌓인 죄업일지라도 곧 청정해 지나니라.

또는, 공부인이 성심으로 참회 수도하여 적적 성성한 자성불을 깨쳐 마음의 자유를 얻고 보면, 천업(天業)을 임의로 하고 생사를 자유로 하여 취할 것도 없고 버릴 것도 없고 미워할 것도 없고 사랑할 것도 없어서, 삼계 육도(三界六途)가 평등 일미요, 동정 역순이 무비 삼매(無非三昧)라, 이러한 사람은 천만 죄고가 더운 물에 얼음 녹듯하여 고도 고가 아니요, 죄도 죄가 아니며, 항상 자성의 혜광이 발하여 진대지가 이 도량이요, 진대지가 이 정토라 내 외 중간에 털끝만한 죄상(罪相)도 찾아볼 수 없나니, 이것이 이른바 불조의 참회요, 대승의 참회라 이 지경에 이르러야 가히 죄업을 마쳤다 하리라.

근래에 자칭 도인의 무리가 왕왕이 출현하여 계율과 인과를 중히 알지 아니하고 날로 자행 자지를 행하면서 스스로 이르기를 무애행(無碍行)이라 하여 불문(佛門)을 더럽히는 일이 없지 아니하나니, 이것은 자성의 분별 없는 줄만 알고 분별 있는 줄은 모르는 연고라, 어찌 유무 초월의 참 도를 알았다 하리요. 또는, 견성만으로써 공부를 다 한 줄로 알고, 견성 후에는 참회도 소용이 없고 수행도 소용이 없다고 생각하는 사람이 많으나, 비록 견성은 하였다 할지라도 천만 번뇌와 모든 착심이 동시에 소멸되는 것이 아니요 또는 삼대력(三大力)을 얻어 성불을 하였다 할지라도 정업(定業)은 능히 면하지 못하는 것이니, 마땅히 이 점에 주의하여 사견(邪見)에 빠지지 말며 불조의 말씀을 오해하여 죄업을 경하게 알지 말지니라.

참회문의 대의를 먼저 살펴보겠습니다.

첫째는 자성의 원리에 근거한 공부법입니다. 무시선과 마찬가지죠. 그래서 다른 말로 하면 참회문은 수행 방법의 한 교리 체계입니다. 교리 체계에는 신앙이 있고 수행이 있는데, 참회문은 수행 방법의 교리 체계입니다.

왜 그런지 살펴봅시다. 참회문은 무시선과 함께 인성의 양면성에 근거해서 건립된 교리입니다. 제가 항상 양면성 이야기를 많이 했죠? 긍정성이 있는가 하면 부정성이 있잖아요? 성품의 원리를 성리품에서 '성정, 즉 무선 무악하고, 성동, 즉 능선 능악이라' 하셨습니다. 성품이 동하면 능히 선할 수 있고, 능히 악할 수도 있다는 말입니다. 따라서 무시선과 참회문은 성품이 동할 때 밝히신 공부법입니다. 그렇기 때문에 무시선은 자기의 성품을 잘 활용하는 법이죠. 그리고 참회문은 자신의 성품을 잘못 사용했을 때 수행하는 방법이에요. 우리가 살다 보면 잘못 사용할 수도 있잖아요. 자성을 잘못 활용했을 경우에도 수행하는 방법을 제시해준 것이 참회문입니다. 그렇게 우리가 대의를 살펴볼 수 있습니다.

두 번째 대의는 상생상극의 업력을 벗어나 죄복의 자유를 얻는 공부입니다. '음양 상승의 도를 따라'라고 본문이 시작되지요? 상생상극이 왜 생기느냐? 그 원인은 음양 상승입니다. 지금 가을이 오죠? 이것은 음이 성해지는

444

것이죠? 또 봄이 오면 양이 성해지죠? 태극기도 위는 양이고 파란 것은 음이죠. 일원상의 진리도 결국 음과 양으로 되어 있습니다. 음양이 서로 바탕된 것이 일원상 진리가 순환하는 모습입니다. 음 다음에 양이 반드시 오는 이치나 선인 다음에 선과가 오는 것이나, 악인 다음에 악과가 오는 것과 똑같습니다. 좋은 인을 지으면 선과가 옵니다. 그런데 내가 지은 것을 내가 받는 것이지 다른 사람이 뺏어갈 수 있습니까? 못 뺏어가죠? 절대로 그렇게 될 수 없습니다. 그래서 우리가 안심할 수 있는 겁니다. 선인선과, 악인악과가 확실하기 때문에 그것을 믿고 일상생활 속에서 활용할 수 있는 것입니다. 이 상생상극의 업력을 벗어나서 죄복의 자유를 얻기 위해서 하는 공부가 참회 공부입니다.

세 번째 대의는 모든 성현들의 자비 방편입니다. 잘못한 사람에게도 잘못을 벗어나서 공부할 수 있는 길을 밝혀주셨습니다. 참회의 방법을 열어주신 것은 모든 성현들의 자비 방편입니다. 다른 말로 하자면 자성을 활용해서 선인선과를 짓도록 인도하는 것이 바로 참회문입니다. 참회문을 통해 선인선과뿐 아니라 악인악과를 한 사람에게도 개과천선의 길을 밝혀주셨다고 보면 됩니다. 참회문의 대의를 살펴봤습니다.

참회의 정의로 넘어가보겠습니다. 참회는 옛 생활을 버리고 새 생활을 개척하는 초보입니다. 그리고 악도를 놓고 선도에 들어오는 초문입니다.

살다 보면 누구에게나 전환점이 있습니다. 이 전환점이 옛 생활을 버리고 새 생활을 개척하고, 악도를 놓고 선도에 들어오는 시점입니다. 대단한 결단이 필요한 일이지만, 또한 대단히 경사스러운 일이에요. 예를 들어, 교당에 안 다니던 사람이 교당에 다니게 됐습니다. 대단한 일이죠? 자기 생활이 바뀌는 일이잖아요. 그런데 이 전환점을 몰라서 잘 못해요. 교도들도 막상 주변 사람들에게 교당에 가자고 권하는 경우가 많지 않아요. 자꾸 주위 사람들에게 이런 전환점을 만들어줘야 합니다. 인생의 전환점, 가정을 운영하는 사람도 조직을 운영하는 사람도 마찬가지고 모든 사람이 마찬가지인데, 과거 자기가 했던 방식 그대로만 하면 결국은 뒤떨어집니다. 어떤 계기가 되었든지 이런 전환점을 만들어서 새로운 출발을 해야 합니다. 이렇게 새로운 출발을 하는 것이 바로 참회입니다.

이 참회를 조금 더 가깝게 마음 작용으로 가져와봅시다. 마음 작용하는 방법을 바꾸는 것이 참회입니다. '과거에는 마음을 이렇게 작용했는데 이것을 한번 바꿔보자' 하고 다짐하는 것이죠. '과거에 내가 공부를 하기 싫은 마음이 있었다면 하기 싫지 않은 마음으로 바꿔보자'는 등 옛 생활을 버리고 새 생활로 나가는 것입니다. 다른 말로 전심과 후심을 바꾸는 것이 바로 참회입니다.

참회를 내적으로 정의하면 죄업의 근본인 탐·진·치를 제거하는 것입니다. 그다음 외적으로 정의하면 죄과를 뉘우치고 선을 행하는 것입니다. 안으로 참회하는 것은 내 마음에 깊이 있는 삼독심을 제거하는 것이고, 밖으로 참회하는 것은 죄과를 뉘우치고 선을 행하는 것입니다. 참회에 대한 이런 정의를 대종사께서는 솥 가운데 끓는 물로 비유를 하셨습니다. 솥에 물이 끓는데 위에 찬물을 아무리 부어봐야 결국은 뜨거워지죠? 밑에서 타는 불을 꺼야 합니다. 밑에서 타는 불은 내 마음에서 타고 있는 탐·진·치입니다. 그것을 제거해야만 물이 냉해집니다. 우리는 찬물도 부어야 해요. 찬물을 붓는 것은 죄과를 뉘우치는 일이에요. 참회의 외적 정의와 통하죠? 이렇게까지 쉽게 예를 들어서 말씀하셨습니다.

이 두 가지를 아울러야 진정한 참회가 되는데 우리가 하나 알아야 할 점이 있습니다. 기독교에선 회개를 한다고 하죠? 회개와 참회가 어떻게 다를까요? 회개는 완전히 타력입니다. 기독교에선 죄를 사해주는 능력은 오직 하나님만 가지고 있어요. 일시적인 환희심과 희열심으로 회개가 가능합니다. 그래서 통성기도를 막 하잖아요. 그럴 때 죄를 사해주는 것은 오직 하나님만 가능합니다. 그러나 원불교나 불교의 참회는 자력에 의해서 죄업을 소멸해가는 것입니다. 제가 잘못한 죄는 제가 받을 것 아닙니까? 받을 때 달게 받는 것입니다. 과거에 내가 지은 것이기 때문에 그렇죠. 잘 받으면서 나쁜 인을 또 짓지 않는 것입니다. 이것이 참회입니다. 자기 업을 자기가 받으면서 죄업을 소멸해갑니다.

내적으로는 자기 보상이 옵니다. 참회를 한번 하면 기쁨이 오겠죠? 내가 이렇게 참회를 해서 지난 잘못을 다 받고 소멸시켰다는 자기 보상이 생깁니다. 보상에는 외적 보상, 내적 보상이 있는데 기독교의 회개는 하나님이 주는 외적 보상입니다. 이런 차이가 있는 것을 알고 공부를 해야 합니다.

참회의 방법으로 들어가겠습니다. 참회의 방법에는 사참이 있습니다. 사참은 삼보 전에 죄과를 뉘우치고 날로 선을 행하는 것이라고 하셨습니다. 그래서 불보에 대한 참회는 법신불 전에 죄과를 뉘우치는 것입니다. 그것을 다른 말로 하면 진리 불공입니다. 불보 전에 하는 참회입니다. 또한 법보에 대한 참회입니다. 법에 대조해보아 어긋난 점을 뉘우치는 것입니다. 교법에 대조하는 참회입니다. 그다음 승보에 대한 참회입니다. 스승 앞에 고백하는 참회이죠. 현실적인 참회이기 때문에 대단히 중요합니다. 승보전에 참회를 하면 불보, 법보와 같이 해야 하지만 실제적으로 하는 참회는 승보전에 하는 참회입니다.

사참의 방법에는 무엇이 있을까요? 우선 실심으로 고백하는 것을 말할 수 있겠습니다. 사실적인 마음으로 해야 합니다. 공중에 붕 뜨는 소리를 하지 말아야 합니다. 공타원이 어떤 말씀을 대산종사께 올리니까 다 들으시고 대산종사께서 별주부전을 예로 드셨어요. 별주부전 내용을 보면 용왕이 병에 들었는데 토끼 간을 먹으면 낫는다고 해서 자라가 토끼를 데리고 갑니다. 그런데 토끼가 자기 간을 빼놓고 왔다며 다시 돌아가죠? 그렇게 도망쳐 버렸습니다. 세상에 간을 빼놓고 있는 사람이 어디 있냐고 하며 뛰다가 사냥꾼에게 잡혔죠? 그래서 토끼가 간을 빼서 내놓았다는 말이 나왔죠?

대산종사께서 이렇게 말씀을 하셨어요. "공타원은 간을 다 빼서 보여주신 어른이다." 얼마나 사제 간에 격의가 없습니까? 완전히 하나가 되신 거 아닙니까? 그 예를 들면서 수도인은 자기 스승한테 간을 내보여야 한다고 말씀하셨어요. 두 번째는 고백에 대한 감정을 받아야 합니다. 취사에 대한 방향을 감정 받아야 합니다. 마지막으로 사참은 맹세를 해야 합니다. 다시는 그러지 않겠다는 맹세를 해야 합니다. 이렇게 해야 진정한 사참이 되는 것입니다. 법신불전에 맹세하고, 교법에 맹세하고, 스승에게 맹세하고, 대중에게 맹세해야 합니다. 이것이 사참입니다.

이참의 방법을 살펴봅시다. 이참은 수양·연구·취사의 삼학으로 해야 합니다. 결국 참회문은 무시선법과 같죠? 시발점은 달라도 방법과 결과는 참회와 무시선이 똑같은 것입니다. 이참은 탐·진·치를 제거하는 것이죠? 탐심을 제거하기 위해선 뭘 해야 하느냐, 수양을 해야 합니다. 수양을 통해서 자신의 욕심을 걷어내는 거예요. 걷어내기도 하고 녹여내기도 합니다. 진심은 연구를 가지고 대처해야 합니다. 성질이 날 때 이것이 진심인 줄 알아야 하지 않겠습니까? 못 알아차리니까 진심을 내잖아요. 알아차리는 것이 결국 자기 마음을 보는 것 아닙니까? 왜 마음이 어두워지느냐, 어떻게 해야 마음이 밝아지느냐? 진심을 없애면 마음이 밝아져요. 치심은 취사로 대처해야 합니다. 이참은 다시 말하지만 삼학 수행을 통해서 탐·진·치를 녹여내는 것입니다.

참회의 결과에 대해서 봅시다. 결과는 무시선의 결과와 똑같습니다. 첫째, 천업을 임의로 하고 생사에 자유를 얻습니다. '천업을 임의로 한다'에서 천업은 하늘이 준 업이지, 자기가 지은 업이 아닙니다. 우리는 태어나면서부터 천업을 지고 태어납니다. 기독교식으로 말하면 원죄죠. 결국 성·주·괴·공, 생·로·병·사, 육도 변화하는 원리입니다. 이것을 임의로 한다는 것, 즉 자기 마음대로 하는 것이죠. 천업에 잘 순응하는 것입니다. 저항하지 않는다는 뜻도 되는데 저항해봤자 이길 수가 없어요. 성·주·괴·공으로 변화하고 생·로·병·사로 변화하는데 안 죽는 사람 있어요? 결국 죽게 되어 있어요. 그러니까 여기에 잘 순응하는 것입니다. 순응하면 거기에 걸리고 막힐 것이 없습니다. 순응을 못하고 저항을 하니 막히는 겁니다. 그래서 천업을 공업이라고도 합니다. 같이 지은 업이란 뜻입니다. 천업에 끌리지 않으려면, 내가 태어나면서부터 진리에게 품부 받은 업에 끌리지 않으면 되는데 그것이 바로 생사 자유에 해탈을 얻는 것입니다.

두 번째, 동정 역순이 무비 삼매動靜逆順無非三昧라고 하셨어요. 백천 삼매하고 똑같죠? 무시선법의 백천 삼매나 여기 무비 삼매나 똑같습니다. 동정 역순이 무비 삼매란 말은 동할 때 삼매, 정할 때 삼매, 역경에서의 삼매, 순경에서의 삼매, 이렇게 네 가지로 구분한다는 뜻입니다. 또 동시 삼매, 정시 삼매가 되어 무시 삼매가 되는 것입니다.

역경 삼매라는 것을 대산종사 법문에 의지해서 살펴봅시다. 대산종사께서 고, 괴로움을 해결하는 방법을 세 가지로 말씀하셨어요. 첫째는 인고입니다. 고를 참는 단계예요. 고를 해결하는 데 있어서 가장 기초 단계입니다. 어지간한 고는 인고할 줄 알아야 합니다. 둘째는 안고安苦입니다. 고에 편안하다는 뜻이에요. 이게 그냥 오지 않습니다. 고를 참고 참고 계속 참으면 그다음 단계인 안고로 진입합니다. 이때는 고 자체가 편안해집니다. 이 단계만 되어도 상당합니다. 그러나 이것도 역경 삼매는 아닙니다. 마지막 단계의 고는 낙고樂苦입니다. 고를 즐기는 겁니다. 산업사회에서도 사실은 고를 피하는 대상으로 알았지 수용하지 않았어요. 그런데 많은 미래학자들이 지식 사회에서는 고를 피하지 않고 즐길 것이라고 주장했어요. 죽음을 수용하고 받아들여야지 피해서 될 일이 아니잖아요. 그것을 즐기는 단계를 낙고라고 말씀하셨어요.

'동정 역순이 무비 삼매'에서 역경에서의 삼매는 이 세 가지를 거쳐서 고를 즐길 수 있을 때 말할 수 있습니다. 그런데 역경에서의 삼매는 어른들 법문에 의하면 역경에서 고를 이겨내는 것이 쉽다고 하셨어요. 순경에서는 오히려 사람들이 녹아버려요. 그래서 순경 삼매가 실제적으로는 더 어려워요. 옛말에 잘나갈 때 조심하라고 했습니다. 또 편안하고 좋을 때, 은생어해 해생어은恩生於害害生於恩이라고 하셨죠? 이치는 항상 돌고 돌아서 순경이 있으면 뒤에 반드시 역경이 오고 또 역경 뒤에는 순경이 오거든요. 이렇게 동정 역순이 무비 삼매가 됩니다.

참회문의 마지막은 '진대지가 이 도량'이 됩니다. 무시선에서는 진대지가 일진 법계가 된다고 하셨죠? 그러니 무시선의 결과와 참회문의 결과가 똑같죠? 표현은 좀 다르지만 내용은 같습니다. 제가 강조했듯이, 무시선과 참회의 시작은 다르지만 과정과 결과에 가서는 하나가 됩니다. 참회를 잘하면 우리가 이런 결과를 얻어서 대자유인이 되는 것입니다. 모든 업에서 벗어나서 대자유가 되는 것이 참회문의 결론입니다.

참회의 금기 사항을 공부해봅시다. 본문에 다 제시하고 계십니다. 첫째는 무애행無碍行을 경계하셨어요. 무애행을 왜 하느냐면 나름대로의 이유가 있어요. 이런 말이 있습니다. '행도행음行盜行淫이 불해보리不害菩提요, 음주식육飮酒食肉이 무방반야無妨般若라' 도는 도둑질이고 음은 간음이에요. 도둑질하고 간음하는 것이 보리에는 해롭지 않고, 술 먹고 음식 먹는 것이 반야에는 방해가 되지 않는다는 뜻입니다. 이런 무애행이 왜 나오냐 하면 반야와 보리는 자성 자리라 그렇습니다. 행도행음을 한다 할지라도 텅 빈 본인의 자성 자리에는 방해가 되지 않는다는 말입니다. 무애행을 하는 것입니다. 진묵 스님도 무애행을 하셨어요. 그 내용이 대종경에도 나오죠? 대종사께서 진묵 대사에게는 무애행이 절대로 마음에 걸리는 바가 없다고 하셨습니다. 현실적인 내용만 가지고 지적하신 것이 아니에요. 자성의 원리에 따라 지적하신 것입니다.

자성의 원리가 무엇이냐? 자성에는 분별이 없는 자리가 있죠? 그래서 그 자리에서 보면 행도행음이 불해보리며, 음주식욕이 무방반야라는 말이 맞는 말입니다. 그 자리에서는 모든 것이 녹아나기 때문에 해롭지 않습니다.

그런데 자성 자리가 분별이 없는 자리만 있습니까? 분별이 있는 자리가 있어요. 분별이 있는 자리에서 보면 반드시 인과가 작용합니다. 분별이 없는 자리에선 무애행이 통하지만 있는 자리에선 인과가 소소영령해서 자기가 전부 받는 것입니다. 묘유의 분별이 있는 자리에선 무애행이 통하지 않습니다. 그래서 무애행을 하지 말라고 지적하십니다. 무애행은 그 자체가 죄업입니다. 이걸 우리가 잘 받아들여야 합니다.

대외적으로 활동을 하다 보니, 낮에는 오찬하고 저녁에는 만찬하고 하여간 얻어먹을 일이 많아서 좋은데 와인이 계속 나와서 건배를 하는데 안 마실 수가 없어요. 세상에서 활동하려면 어쩔 수 없이 그런 경우가 있어요. 원불교의 진리관에서 무애행이라고 하는 것은 자기가 받는 죄업을 자기가 짓는다는 것을 확실히 알아야 합니다.

두 번째는 견성 후에 성불의 노력이 없는 것을 경계하십니다. 이 말씀은 설사 자성의 광명을 스스로 보았다 할지라도 그 자체로 수행이 끝난 것이 아니라는 뜻입니다. 전통 대승불교에서 지향하는 수행 방법은 돈오점수죠. 돈오는 자신의 광명을 보는 것입니다. 보는 것으로 수행이 끝나지가 않아요. 그러면 어떻게 하느냐? 다음에는 점수, 닦아나가야 합니다. 왜 닦아야 하느냐면 무시습기 때문에 그렇습니다. 자신이 오랫동안 가졌던 습관에 의한 업이 있습니다. 그 업은 스스로가 닦아서 제거해야 합니다. 사람의 몸도 업의 덩치죠? 몸의 모습도 자기가 지은 업입니다. 그래서 그런 업들을 녹여내야 합니다.

성철 스님은 돈오돈수를 주장하셨는데 근래에 와서 전통 대승불교의 수행 방식은 돈오점수로 이야기되고 있습니다. 뒤의 점수를 하는 것에 대해 수심결에서는 두 가지로 이야기를 합니다. 수상문 정혜, 자성문 정혜를 말하고 있어요. 둘 다 같이 하는 것이 아닙니다. 근기에 따라서 닦습니다. 상근기는 자성문 정혜로 닦고, 하근기는 수상문 정혜로 닦으라는 말을 수심결에서 강조하거든요. 돈오 이후에 필요한 것은 점수이고, 이것을 서서히 녹여내야 합니다.

9장

일원상 신앙의 실천 방법

– 심고와 기도

사람이 출세하여 세상을 살아 가기로 하면 자력(自力)과 타력이 같이 필요하나니 자력은 타력의 근본이 되고 타력은 자력의 근본이 되나니라. 그러므로, 자신할 만한 타력을 얻은 사람은 나무 뿌리가 땅을 만남과 같은지라, 우리는 자신할 만한 법신불(法身佛) 사은의 은혜와 위력을 알았으니, 이 원만한 사은으로써 신앙의 근원을 삼고 즐거운 일을 당할 때에는 감사를 올리며, 괴로운 일을 당할 때에는 사죄를 올리고, 결정하기 어려운 일을 당할 때에는 결정될 심고와 혹은 설명 기도를 올리며, 난경을 당할 때에는 순경될 심고와 혹은 설명 기도를 올리고, 순경을 당할 때에는 간사하고 망녕된 곳으로 가지 않도록 심고와 혹은 설명 기도를 하자는 것이니, 이 심고와 기도의 뜻을 잘 알아서 정성으로써 계속하면 지성이면 감천으로 자연히 사은의 위력을 얻어 원하는 바를 이룰 것이며 낙있는 생활을 하게 될 것이니라.

그러나, 심고와 기도하는 서원에 위반이 되고 보면 도리어 사은의 위력으로써 죄벌이 있나니, 여기에 명심하여 거짓된 심고와 기도를 아니하는 것이 그 본의를 아는 사람이라고

454

할 것이니라.

심고와 기도를 올릴 때에는「천지 하감지위(下鑑之位), 부모 하감지위, 동포 응감지위(應鑑之位), 법률 응감지위, 피은자 아무는 법신불 사은 전에 고백하옵나이다.」하고 앞에 말한 범위 안에서 각자의 소회를 따라 심고와 기도를 하되 상대처가 있는 경우에는 묵상 심고와 실지 기도와 설명 기도를 다 할 수 있고, 상대처가 없는 경우에는 묵상 심고와 설명 기도만 하는 것이니, 묵상 심고는 자기 심중으로만 하는 것이요, 실지 기도는 상대처를 따라 직접 당처에 하는 것이요, 설명 기도는 여러 사람이 잘 듣고 감동이 되어 각성이 생기도록 하는 것이니라.

오늘은 심고와 기도에 대해서 공부해보겠습니다. 먼저 **대의**입니다. 대종사께서 심고와 기도에서 자력과 타력의 필요성에 대해 강조하셨습니다. 자력은 자신할 만한 타력이라고 말씀하셨죠? 자신할 만한 타력을 얻은 사람은 그 타력에 의해서 모든 일을 성공시켜나갈 수 있습니다. 그래서 일상의 모든 경계를 극복하는 데 있어서 자신할 만한 타력을 얻는 것이 중요하다고 봅니다. 자력과 타력은 상호 상승 작용을 합니다. 타력이 얻어지면 자력이 강해져요. 자력은 힘을 받죠? 또 자력이 있는 사람은 타력을 빌려 오기가 쉽겠죠? 그래서 타력이 강하면 자력도 강해지고 자력이 강해지면 타력도 강하게 다가옵니다. 이 두 가지가 서로 상승 작용을 하는 것이 심고와 기도의 대의입니다. 심고와 기도에서는 자신할 만한 타력을 얻은 사람을 강조합니다. 그러면 자신할 만한 타력이 무엇일까요? 바로 법신불 사은의 위력을 말합니다.

두 번째 대의는 일원상의 진리를 신앙하는 방법입니다. 일원상 진리를 어떻게 신앙할 것인가? 심고와 기도로 합니다. 진리의 위력을 얻는데 이 심고와 기도를 통해서 진리의 위력을 빌려오는 것입니다. 이렇게 일원상의 진리를 신앙하는 방법으로서 심고와 기도를 제시하십니다.

심고와 기도를 해야 할 이유를 살펴봅시다. 첫째 이유는 종교의 성사입니다. 성스러운 일입니다. 대종사께서 수행의 시작을 무엇으로 하셨습니까? 물론 의두 연마를 하셨죠. 그 의두를 해결하기 위해 한 일이 무엇이죠? 기도입니다. 대종사 수행의 시작은 기도라고 할 수 있습니다.

그다음 회상의 시작을 위해 하신 최초의 일이 무엇입니까? 방언공사 마치고 산상 기도 하셨죠? 구인 제자를 데리시고 법인성사도 이루셨죠? 최초의 회상을 이루는 일도 기도로 시작하셨어요. 심고와 기도는 종교에서 가장 성스러운 일이라고 할 수 있습니다. 우리가 심고와 기도를 열심히 해야 하는 이유이기도 합니다.

두 번째 심고와 기도를 하는 이유는 감응을 얻는 일입니다. 진리의 위력을 차용하는 겁니다. 천력을 얻는 길입니다. 우리는 자기가 잘나서 무슨 일에 성공했다고 생각할 때가 있습니다. 사람이 살다 보면 일을 잘할 때도 있고 못할 때도 있지요. 잘나갈 때 내 마음을 보면 내가 굉장히 괜찮은 사람이다, 이런 생각을 해요. 자기 능력을 과신하는 것입니다. 알고 보면 모든 일은 기도를 통해서 법신불의 위력에 감응을 얻는 일이거든요. 그 감응을 얻어서 법신불의 위력으로 일을 하는 것입니다. 이렇게 마음 자세를 가져야겠습니다. 예수께서도 '믿는 이는 능치 못한 것이 없다'는 말씀을 하셨습니다. 같은 말입니다.

세 번째 이유는 심고와 기도는 원력을 뭉치는 일입니다. 기도라는 것은 우리의 본래 고향을 계속 사모하는 일과 같습니다. 우리는 법신불을 사모하는 것입니다. 법신불을 계속 사모하면 원력이 뭉쳐집니다. 자동적으로 원력이 뭉쳐져서 서원이 커지게 됩니다. 그래서 기도는 서원을 키우는 공부입니다. 이 원력을 잘 뭉쳐야 자기가 하는 일이나 해야 하는 일을 밀고 나가는 힘이 생기는 겁니다. 사람들의 자신감, 추진력 등은 원력을 뭉친 데서 생긴 것입니다. 시시하게 자기가 조금 안다는 마음에서 나오는 것은 참다운 자신감이 아닙니다. 진짜 자신감은 법신불을 사모해서 원력을 뭉쳐서 생기는 힘입니다.

네 번째는 심력을 쌓는 일입니다. 정력을 쌓는 것이죠. 심고와 기도는 정신 수양의 지름길입니다. 정신 수양을 하는 데 염불, 좌선은 대경대법의 길입니다. 큰 길이죠. 그런데 수양력을 얻는 지름길, 빨리 가는 길은 바로 기도입니다. 이 네 가지가 심고와 기도를 해야 할 필요성입니다.

그다음으로 **기도의 선행 조건**에 대해서 말씀드리겠습니다. 기도를 할 때 어떤 조건을 갖추는 걸 말합니다. 무작정 해서는 안 되는 일입니다. 기도를 할 때는 믿음이 있어야 합니다. 신은 기도의 뿌리라 믿음이 없으면 기도가 되지 않습니다. 대종사께서 삼밭재에서 기도를 하실 때 산신령 만나셨나요? 못 만나셨지만 꼭 만날 수 있다는 믿음으로 5년간 하셨어요. 이 5년간의 기도를 통해서 원력을 뭉쳐 수행의 기초인 자력이 생긴 겁니다. 기도는 가슴으로 느끼고 자기 체험을 해야 합니다.

기도를 할 때 은혜를 느껴야 합니다. 은혜를 못 느끼면 기도가 안 됩니다. 철저하게 사은에 대한 은혜를 느낄 때 감사의 기도가 나옵니다. 내가 사은으로부터 이와 같은 은혜를 입었구나, 하는 감동이 있을 때 기도가 나옵니다. 이러한 은혜의 원리를 알려주신 대종사는 은혜의 성자이십니다. 그래서 철저한 피은이 기도의 선행 조건이 됩니다. 기도 공부를 잘해야 하는데, 기도를 잘해서 힘을 얻을 때 자기 보상도 얻게 됩니다. 기도를 열심히 해서 소원했던 일이 이루어질 때 오는 쾌감이 있어요. 스스로가 자기 보상을 받아서 공부를 더하고, 기도도 더할 수 있는 동력이 생기는 겁니다. 누가 시켜서 하는 것이 아니라, 자기 스스로가 독려해서 공부할 수 있는 그런 힘이 생깁니다. 기도를 할 때는 서원이 있어야 합니다. 서원은 기도의 씨앗이요, 종자입니다.

다음에는 **심고와 기도의 원리**에 대해서 살펴봅시다. 원리의 첫째는 목적성이 있는 심신 작용입니다. 목적을 정하고 그 목적을 향해서 심신 작용을 계속해나가는 것입니다. 가령 학생들은 교무 고시를 잘 봐야 한다는 목적을 갖고 있습니다. 그 목적을 향해 모든 심신 작용을 해야 합니다. 그런데 목적을 정해놓고 심신 작용을 반대로 하는 사람들이 있어요. 그러면 그 일은 이루어지지 않습니다. 사람이 사는 것은 목적 달성을 위해서죠? 그러려면 심신 작용을 반복해야 합니다. 한번만 하고 끝내는 것이 아닙니다. 그러면 목적이 제대로 이루어지지 않습니다. 반복해서 심신 작용을 하는데 이 때도 나태해지지 않아야 합니다. 보통 사람들은 여기에서 어려움을 겪습니다. 한두 번 하면 해도 안 된다는 생각이 난다든지 마음이 나태해집니다. 그러나 한 번, 두 번, 백 번이고 천 번이고 계속해야 합니다. 여러분, 인과의 이치를 믿죠? 인과가 있기 때문에 심신 작용을 하는 대로 진리는 반응합니다. 목적을 정하기는 쉬우나, 정한 그 목적을 향해서 심신 작용을 반복적으로 해가기는 굉장히 어렵다는 점, 또 그 반복 속에서 나태해지지 않기는 더 어렵다는 걸 명심합시다. 목적을 분명히 정하고 그 목적을 향하고 심신 작용을 해나가고, 심신 작용을 하는 가운데 반복을 하고, 반복을 하는 가운데 나태해지지 않아야 하는 것이 심고와 기도의 원리입니다.

두 번째 원리는 피은에 대한 보은입니다. 사은의 공물이라는 것을 아는 순간 심고와 기도가 동반될 수밖에 없습니다. 피은을 자각하는 순간 기도를 할 수밖에 없어요. 그래서 원불교의 심고와 기도는 이적을 바라지 않아요. 기독교에서는 기도를 하다가 막 방언이 터져나온다고 합니다. 마음의 희열심이 차버리면 자기도 모르게 방언이 나오는 것입니다. 우리도 순간적으로 그럴 수가 있겠죠? 하지만 원불교의 심고와 기도는 다릅니다. 어떤 이적, 방언 등을 바라는 심고와 기도를 하는 것이 아니라 진리의 원리에 바탕한 심고와 기도를 하는 것이 원불교 교단의 방향입니다.

이제 우리가 해야 할 심고와 기도를 살펴보겠습니다. 첫째, 참회의 기도를 해야 합니다. 업장과 업력을 녹이는 기도입니다. 몸을 업의 덩어리라고 합니다. 마음을 관리하는 것도 심신 작용이지만 몸을 작용하는 것 역시 심신 작용입니다. 그래서 몸이 업의 덩어리입니다. 이 몸을 잘 관리하는 것이 우리가 해야 할 일입니다. 과거에 자기가 지었던 업을 녹여내는 기도, 참회를 해야 합니다.

둘째, 정진 기도입니다. 자성을 보는 눈을 떠야 합니다. 우리는 신심, 공심, 서원 등을 이야기합니다. 이러한 공부심들이 물러날 때 해야 하는 것이 정진 기도입니다. 기도를 통해서 신심, 공심, 공부심을 되찾는 겁니다. 되찾는다는 건 처음 말한 타력을 얻는 길입니다. 자기 힘이 부족할 때 법신불의 위력을 빌려서 이것을 회복해야 합니다. 법신불의 위력을 얻으면 쉽게 회복이 됩니다. 그런데 자기 혼자 하려고 하면 안 됩니다. 정진 기도를 해야 하는 이유입니다.

셋째, 제중의 기도를 해야 합니다. 보통 기도한다고 하면 자기 개인을 위해 합니다. 더 나아가 가정을 위한 기도도 하는데, 개인이나 가정에 국한된 기도를 하면 기도의 범위가 좁아집니다. 그래서 성직자나, 적어도 신심 있는 교도들은 기도의 범위를 넓혀야 합니다. 넓히는 것, 교당에서 해야 하는 목적 사업을 위한 것이 제중의 기도입니다. 국가에 큰 일이 생기면 국가를 위해 기도합니다. 이렇게 차츰 기도의 범위를 넓히는 것이 제중의 기도입니다.

이제 **심고와 기도의 방법**입니다. 사은의 명호를 지극한 마음으로 부릅니다. 천지 하감지위天地下鑑之位, 부모 하감지위父母下鑑之位, 동포 응감지위同胞應鑑之位, 법률 응감지위法律應鑑之位 이 사은의 명호를 지극한 마음으로 부르는 것이 심고와 기도의 첫 번째 방법입니다. 그런데 여기서 천지와 부모는 하감, 동포와 법률은 응감이라고 하셨어요. 하감은 종적인 수직 관계이고, 응감은 횡적인 수평 관계입니다. 말하자면, 위로는 천지와 부모, 옆으로는 동포와 법률입니다. 천지와 부모가 왜 하감이 될까요? 우리 전통 사상에서 하감은 천지인天地人, 하늘, 땅, 사람입니다. 주역에 천지인 삼재라는 말이 있는데 이 사상과 맞물려 있습니다. 사람 중에서 가장 소중한 것이 부모랍니다. 그래서 효 사상이 나오는 것이고, 유교의 근본 사상이 충효인 것입니다. 천지 하감지위, 부모 하감지위에는 과거 전통 종교의 사상들이 함축되어 있습니다.

동포, 법률은 수평 관계라고 했죠? 좌우에서 응해주는 것입니다. 위에서만 하감해주면 힘을 덜 받아요. 과거 종교의 모든 사상이 상하 관계, 종적 관계에서의 신앙이었습니다. 대종사께서 개벽 시대에 새로운 종교의 문을 여시면서 동포, 법률을 통해 횡적 관계로 그 대상을 넓혀주셨습니다. 동포 응감지위, 법률 응감지위 하는 것은 우주 만유와 상생 상통하는 위력을 얻게 됩니다. 이것이 동포와 법률이 가지는 의미입니다. 심고와 기도를 올릴 때 사은의 명호를 부르는데 이렇게 부르는 이유가 무엇이냐면, 이 명호를 지성스럽게 부르면 초기가 되어요. 기운을 불러와요. 그래서 기운이 와닿을 때 위력이 생기는 것입니다. 사은의 명호를 지극하게 부르면 사실 심고와 기도도 거기서 끝나는 것입니다.

기도의 종류에 대해서도 말씀하셨습니다. 두 종류인데요. 상대처가 있을 때는 묵상 심고, 설명 기도, 실지 기도를 다 할 수 있습니다. 그런데 상대처가 없을 때는 묵상 심고, 설명 기도만 합니다. 실지 기도는 못하죠? 상대처가 없기 때문입니다. 그러면 묵상 심고는 무엇인가요? 마음으로만 고하는 것입니다. 심고입니다. 심고는 가장 좁은 의미의 신앙 방법이라 볼 수 있습니다.

설명 기도는 대중이 알아듣고 감명이 되어 각성이 생기도록 하는 기도입니다. 실지 기도는 상대처에 하는 기도인데, 다른 말로 하면 사실 불공입니다. 실지 기도를 할 때 중요한 점은 그 대상의 성질을 파악하는 것입니다. 나한테 불공을 하려고 하면 내 성질을 파악해야 하잖아요? 마찬가지로 무엇을 좋아하는가 파악해서 그것을 해주는 것이 가장 중요합니다.

기도 속에 심고도 함께 포함됩니다. 우리가 기도할 때 중간에 '묵상 심고 올리겠습니다' 하고 심고 올리죠? 기도의 식순 가운데 심고가 있습니다. 심고보다는 훨씬 넓은 신앙 방법을 기도로 말씀하신 것입니다.

심고와 기도의 자세에 대해서 살펴보겠습니다.

우선 겸허한 마음을 가져야 합니다. 빈 마음, 가난한 마음으로 기도해봄시다. 예수도 가난한 사람에게 복이 있나니 천국이 너희들의 것이라고 하셨죠? 마음이 가난하다는 것은 비었다는 것이며, 빈 마음은 겸허한 마음입니다. 거만한 마음으로 심고를 올리고 기도를 하면 감응을 얻지 못합니다. 항상 겸손하고 겸허하고, 자기 스스로 낮은 가운데 처해 있을 때 기운이 응해지는 법입니다. 자만심을 가지고 있는 사람은 절대로 주위에서 기운이 안 갑니다. 자기가 높기 때문에 그런데, 이것을 스스로 느껴야 합니다. 우주의 원리는 높은 곳에서 낮은 곳으로 모든 것이 흐르죠? 물도 그렇고 진리의 기운도 마찬가지입니다. 그래서 자기 스스로 비어 있고 낮아 있을 때 법신불 진리로부터 기운이 흘러옵니다. 겸허하고 겸손한 마음으로 임해야 하는 이유입니다.

그리고 청정일념으로, 또한 봉공을 하면서 기도해야 합니다. 청정일념이 되면 무해심, 무적심, 무독심이 됩니다. 해하는 마음이 없어요. 우주 대기 제호일심이라 했습니다. 우주의 큰 기틀은 오롯한 한 마음에 있다는 뜻이죠. 그래서 청정 일념을 자기 스스로 관리하면 우주의 기운을 항상 받고 사는 사람이 된다는 것입니다. 봉공을 하면서 기도를 하는 것은 무엇일까요? 이 말은 내가 큰 것을 얻으려면 소중한 작은 것을 내려놔야 한다는 뜻입니다. 자기라고 하는 것을 먼저 내려놓아야 합니다. 봉공할 때 반드시 무아를 말하죠? 왜 무아가 되어야 하냐면, 자기에게 집착되어 있는 사람은 절대로 기도를 할 수가 없기 때문이에요. 공을 위해 일하면서 기도하면 공중에서 도와줍니다. 그래서 '큰 것을 얻으려면 작은 것을 놓으라'고 하죠. 사심으로 기도하면 안 되고 공심으로 기도를 해야 합니다. 이렇게 기도의 자세를 가다듬으면 기도가 잘될 것입니다.

10장

부처께 공을 들이자

– 불공하는 법

과거의 불공 법과 같이 천지에게 당한 죄복도 불상(佛像)에게 빌고, 부모에게 당한 죄복도 불상에게 빌고, 동포에게 당한 죄복도 불상에게 빌고, 법률에게 당한 죄복도 불상에게만 빌 것이 아니라, 우주 만유는 곧 법신불의 응화신(應化身)이니, 당하는 곳마다 부처님(處處佛像)이요, 일일이 불공 법(事事佛供)이라, 천지에게 당한 죄복은 천지에게, 부모에게 당한 죄복은 부모에게, 동포에게 당한 죄복은 동포에게, 법률에게 당한 죄복은 법률에게 비는 것이 사실적인 동시에 반드시 성공하는 불공 법이 될 것이니라.

또는, 그 기한에 있어서도 과거와 같이 막연히 한정 없이 할 것이 아니라 수만 세상 또는 수천 세상을 하여야 성공될 일도 있고, 수백 세상 또는 수십 세상을 하여야 성공될 일도 있고, 한 두 세상 또는 수십 년을 하여야 성공될 일도 있고, 수월 수일 또는 한 때만 하여도 성공될 일이 있을 것이니, 그 일의 성질을 따라 적당한 기한으로 불공을 하는 것이 또한 사실적인 동시에 반드시 성공하는 법이 될 것이니라.

먼저 대의를 살펴보겠습니다. 불공하는 법은 원불교 신앙 구경의 방법입니다. 앞 장에 있는 '심고와 기도'도 전체를 몰아서 말하면 불공으로 귀결됩니다. 불공을 심고와 기도를 포함한 것이라고 설명할 수 있습니다. 원불교 신앙의 방법에 있어서 가장 넓은 개념이 '불공'입니다. 교리도 인과 보응의 신앙문에 사은·사요 가장 아래 처처불상 사사불공이 있습니다. 사은·사요를 실천하는 것이 결국에는 처처불상 사사불공 하자는 것입니다. 그래서 원불교 신앙의 특징은 불공법입니다. 이 불공 속에는 신앙의 모든 방법들이 다 포함되는 겁니다. 설명 기도, 묵상 심고, 실지 기도 등이 모두 다 불공에 포함됩니다.

대종사께서는 불공을 진리 불공과 사실 불공으로 나눠주셨습니다. 진리 불공은 법신불에 올리는 불공이고, 사실 불공은 당처에 올리는 불공입니다. 진리 불공은 진리 전체성의 위력을 얻습니다. 사실 불공을 잘하면 그 개체가 가진 개체성의 위력을 얻게 되는 것입니다. 진리 불공, 사실 불공을 잘하면 어느 시간, 어느 곳에든지 불공 잘하는 거죠? 이것이 원불교 불공의 가장 큰 특징이고, 대종사께서 개벽의 새 시대에 내놓으신 신앙 방법입니다.

다음은 **불공의 내용과 방법**에 대해서 살펴봅시다. 대종사께서 불공하는 법에서 과거 불상에게만 비는 전통 불교의 방식을 지적하셨습니다. '천지에게 당한 죄복도 불상에게 빌고, 부모에게 당한 죄복도 불상에게 빌고, 동포에게 당한 죄복도 불상에게 빌고, 법률에게 당한 죄복도 불상에게 빈다'고 원문에 나와 있죠? 이런 불공은 편협한 불공입니다. 그래서 이 점을 개혁해서 죄복의 권능을 가진 당처에 불공을 올리도록 제시하신 것입니다. 그기 위해서는 성질을 잘 파악해야 해요. 실지 기도에서도 성질을 파악하라고 했죠? 마찬가지로 사실 불공을 할 때도 당처의 성질을 잘 파악해야 합니다. 우주 만유는 법신불의 응화신, 다시 말하면 공적 영지의 광명을 따라서 일체의 것이 나타납니다. 그것이 바로 우주 만유의 응화신입니다. 그래서 그 당처에 우리가 불공을 해야 합니다.

어느 재가 교도랑 카카오톡을 하다가 나온 이야기입니다. 원불교 불공이 진리 불공, 사실 불공인데 그것을 그 교도는 진리 불공은 30퍼센트, 사실 불공이 70퍼센트라고 해요. 사실 불공이 훨씬 더 중요하니 정성을 들여야 한다는 말입니다. 원광대학교에 CK21이라는 사업이 있어요. 그 사업을 발표하러 간 이강래 교수가 그 사업을 신청하러 온 전국 대학교의 발표를 전부 들었답니다. 어떤 대학은 비전을 '실사구시'라고 했답니다. 실사구시는 실학에서 말하는 거죠? 유학이 실천 실학으로 바뀌면서 실사구시라고 했죠? 그것을 비전으로 했답니다. 그런데 원광대학은 휴니버시티라는 개념을 만들었어요. 그렇게 참신하게 해 온 대학은 없었다고 합니다. 다른 대학하고 비교했을 때 아주 훌륭했다고 해요. 이 교수는 전국 대학들의 발표를 전부 들었기 때문에 원광대학이 멋진 것을 압니다. 이처럼 연구 사업 발표 하나도 성질을 잘 파악해서 해야 합니다.

다음은 불공을 올리는 기한에 대한 내용입니다. 기한은 그 일의 성질에 따라서 올려야 합니다. 오랜 시간을 공들일 일도 있고, 짧은 시간 한 때의 심고와 기도, 불공으로 끝날 일도 있습니다. 올리는 기한을 일의 정도에 따라 융통성 있게 사용하라는 것입니다. 이것은 불공하는 법에서 대종사께서 제시하신 내용입니다. 오래 공을 들여야 하는 일을 하루 이틀 공들이고 말면 안 되는 것이고, 하루 이틀이면 끝날 일을 오래 하면 안 된다는 겁니다.

일의 성질에 따라서 기한을 다르게, 융통성 있게 하라는 말씀입니다.

　마지막으로 불공의 자세입니다. 앞서 심고와 기도에서 이야기된 것이지만 모시는 마음으로 해야 합니다. 모실 시侍 시불이 기초가 되어야 합니다. 또한 정성으로 해야 합니다. 심고와 기도를 말할 때 이미 많이 강조했습니다. 마지막으로 성공한다는 확실한 마음, 믿음을 가지고 해야 합니다. 이렇게 하면 불공은 끝납니다. 확실한 믿음을 가지고 하느냐, 반신반의 하느냐에 따라서 불공의 성패가 결정됩니다. 대종사께서는 원만한 신앙의 방법을 제시해주셨는데 그 방법이 불공법입니다. 불공을 통해서 모든 일사를 대하고 경계를 대할 때 극복해가는 방법을 불공법에서 제시하셨습니다. 또 처처불상 사사불공에 대한 특별한 사명감으로 실천하는 생활을 해야 합니다.

11장

지켜야 할 서른 가지 계율

– 계문

계문은 전반적으로 볼 때 작업 취사 공부법입니다. 작업 취사 중에서 사(捨), 놓을 사에 해당하는 내용이 계문으로 편성되어 있습니다. 취사에서 취는 취할 것이고, 사는 버릴 것입니다. 버릴 것은 안 해야 될 것들이죠. 계문은 작업 취사에서 볼 때 취사의 소극적 방법입니다.

계문의 특징으로는 단계성을 두셨어요. 단계적으로 계문을 준수하도록 한 것이 특징입니다. 보통급, 특신급, 법마상전급마다 지켜야 할 계문 10가지씩을 두셨습니다. 불문에 처음 귀의한 초보자로서 지켜야 할 계문부터 시작해서 공부가 순숙되면서 단계를 높여나가도록 했습니다. 또 죄업이 중한 것부터 차례로 지키도록 하셨습니다.

계문에 이런 위계성이 있는가 하면 또 한편으로는 평등성도 포함되어 있습니다. 평등성은 재가출가, 남녀노소, 선악귀천을 막론하고 똑같이 평등하게 계문을 준 것을 말합니다. 출가라고 다른 계문을 지키게 한 것이 아니고, 재가라고 다른 계문을 지키라고 하시지 않았습니다. 전통불교에서는 남녀의 차별을 분명히 두셨죠. 비구는 250계, 비구니는 500계를 주셨으니 엄청난 차별이죠. 500계가 되면 그 안에 별의별 것들이 다 들어 있어요. 특히나 대중 생활을 하는 단체에서는 시비 이해가 많죠. 단체에 살면서 지켜야 할 것들이 많습니다. 그러한 것들이 전부 포함되어 있습니다. 원불교의 계문은 재가출가, 남녀노소, 선악귀천을 막론하고 똑같이 평등하게 30계를 지키도록 한 것이 큰 특징입니다.

그다음 특징으로는 신구의身口意 삼업을 청정하게 한 것입니다. 몸으로 짓는 업, 입으로 짓는 업, 마음으로 짓는 업입니다. 몸과 입과 마음으로 만사를 행할 때 청정하게 계문을 준수하도록 했습니다.

보통급은 주로 몸으로 짓는 업을 방지하도록 형성되어 있습니다. 특신급은 말로 짓는 계문, 상전급은 마음으로 짓는 계문이 주가 되어 있습니다. 계문을 준수해서 수행하는 가운데 신구의 삼업을 청정하게 하는 것이 원불교 계문의 특징입니다. 30계문인데 그 위의 급은 어떻게 할까요? 법강항마위는 자기의 삿된 마음을 항복 받아 자기 마음대로 활용할 수 있는 힘이 생기는 경지입니다. 출가위는 진리를 확철대오 하게 되고 이무애 사무애의 경지를 얻게 됩니다. 이 법위가 되면 자기 스스로 심계를 정하라고 하셨습니다. 30계문으로 끝나는 것이 아닙니다. 그러나 법으로 제정해주신 30계문이 가장 기본입니다.

∞

보통급(普通級) 십계문

　1. 연고 없이 살생을 말며,

　2. 도둑질을 말며,

　3. 간음(姦淫)을 말며,

　4. 연고 없이 술을 마시지 말며,

　5. 잡기(雜技)를 말며,

　6. 악한 말을 말며,

　7. 연고 없이 쟁투(爭鬪)를 말며,

　8. 공금(公金)을 범하여 쓰지 말며,

　9. 연고 없이 심교간(心交間) 금전을 여수(與受)하지 말며,

　10. 연고 없이 담배를 피우지 말라.

　　　보통급 십계문부터 살펴봅시다. 첫째, 살생을 하지 말며입니다. 왜 살생을 하지 말라고 하셨을까요? 살생을 하면 자기 마음 속에 있는 자비의 마음이 상실됩니다. 부처의 법, 부처는 자비불이죠. 전통 불교가 지향하는 바는 한마디로 자비라고 할 수 있어요. 불교에서는 자비의 의미가 굉장히 중요하고, 스승들께서 방편을 베푼다고 하신 겁니다. 그 방편을 불교에서는 자비 방편이라고 합니다. 자비를 실천하기 위해서 방편을 베푸시는 것입니다. 방편은 그 시대, 그 당시, 그 상황, 그 사람에게 딱 맞는 법입니다. 진리와 방편은 어떻게 다를까요? 진리는 보편성을 가지며 방편은 개체성을 가집니다. 시간, 장소, 상황 이 세 가지가 딱 맞을 때 방편이라고 합니다. 그래서 방편에는 보편성은 없고, 불교에선 자비 방편을 베푼

다고 합니다. 부처가 되려면 여러 마음이 있지만 불교의 입장에선 자비심을 갖는 것입니다. 그런데 살생을 하면 이렇게 중요한 자비가 마음에서 상실됩니다. 엄청난 손실이죠.

맹자에 선왕과 대화하는 부분이 있어요. 맹자가 묻습니다. "왕께서 이런 일이 있었다죠." 하면서 이야기를 하는데 내용이 이렇습니다. 선왕이 단상에 앉아 있는데 구실아치가 소를 끌고 가고 있어요. 그런데 소가 벌벌 떨고 있어요. 왕이 "소를 어디에 끌고 가느냐."고 하니까 "도살장으로 끌고 간다." 는 겁니다. 그래서 이 소가 자기가 죽을 것을 알고 벌벌 떨어요. 왕이 가만히 생각하니까 안타깝거든요. 죄가 없으면서 죽을 자리에 가는 것이 안타깝다는 겁니다. 그래서 그 소를 잡지 말고 양으로 바꾸라고 했답니다.

그 일에 대해 맹자가 물었습니다. "소도 짐승이고, 양도 짐승이잖아요. 소하고 양하고 바꾼다고 살생을 안 하는 것은 아니죠." 맹자가 왕에게 "소는 큰 것이고 양은 작은 것인데 큰 것과 작은 것을 바꾸라고 하지 않았느냐?" 했어요. 왕이 가만히 생각해보니까 자기가 다스리는 나라가 비록 작으나 내가 어찌 소 한 마리를 아까워하겠느냐. 이 마음이 무슨 마음인고, 딱 걸린 거예요. 맹자가 '소는 봤고, 양은 보지 못했다'고 합니다. 이해가 됩니까? 소가 벌벌 떠는 것을 봐서 안타까운 마음이 나는 것이고, 양은 눈으로 보지 못한 겁니다. 왕이 깨달은 겁니다. 이것이 자비심이 나오는 겁니다.

제가 왜 전무출신을 한지 아십니까? 제가 수의대학을 다니다가 도살장에 실습을 갔어요. 도살장에선 수의사가 왕이에요. 하루에 50마리씩 대구 시내에서 소비되는 소를 거기서 처리합니다. 거기에 소 머리를 치는 쇠방망이가 있어요. 소를 데려오면 그걸로 딱- 때리면 소가 바로 넘어갑니다. 그러면 공중에 달아서 빙빙 돌리면서 해체를 하는데, 수의사는 손을 한 번 탁 하면 됩니다. 돌아가는 것을 그냥 지켜보더라고요. 제가 그런 광경을 보면서 정말

죄 짓겠다 싶어서 전무출신을 했어요. 자비의 마음이라는 것이 그렇게 소중합니다. 자꾸 살생을 하면 자기에게 살기가 뭉쳐요. 살생을 많이 한 사람을 보면 개들도 꼬리를 딱 내립니다. 그런 기운이 응해지는 겁니다. 살생을 많이 하면 당연히 자비의 마음이 없어집니다. 부처의 길로 가는데 가장 소중한 자비의 마음이 없어지는 겁니다. 그래서 계문의 가장 첫 조목으로 살생을 하지 말라고 주셨습니다.

둘째, 도둑질을 말며입니다. 도둑질을 하면 보시의 마음이 상실됩니다. 불교에서 육바라밀의 첫째가 보시입니다. 원불교에서는 수양·연구·취사라고 하는데, 불교에서는 계, 정, 혜라고 합니다. 원불교와 반대입니다.

육바라밀은 보시布施·지계持戒·인욕忍辱·정진精進·선정禪定·지혜智慧의 순으로, 계에서 시작해서 정, 혜의 순서입니다. 육바라밀로 볼 땐 계, 정, 혜 삼학의 순서입니다. 일원상의 진리로 볼 때 정, 계, 혜입니다. 돈공, 지혜, 광명이잖아요. 육바라밀의 첫째가 보시인데, 보시의 마음은 취사에서 가장 좋은 마음입니다. 우리가 도움 주는 것이 전부 보시입니다. 그런데 도둑질을 하면 마음속에 이 근원적인 보시의 마음이 상실됩니다. 지금 세상에서 이 도둑질이 2차 범죄로 일어납니다. 다른 계문을 범해서, 즉 낭비를 하고 돈이 다 떨어지니까 도둑질을 하는 겁니다. 매스컴에서 많이 볼 수 있죠? 또 도둑질은 탐욕에서 일어나는 행위입니다. 돈이 필요하면 사람이 전부 돈으로 보인답니다. 경주 새등이문화원에 한옥 한 채를 짓는데 저한테 일정 금액을 책임을 줬어요. 그것이 마음에 걸려서 제 마음속에 돈이 들어앉아 있습니다. 그전에는 제 마음속에 돈이 없었거든요. 그런데 과제를 받으니 사람 마음이 달라지는 겁니다. '욕심이란 것이 이렇게 생길 수도 있겠구나' 하고 경험을 했습니다. 또 도벽은 습관입니다. 옛날에 어떤 집에서 아이가 나갔다 오면 나무

작대기라도 하나씩 갖고 들어옵니다. 그래서 아이한테 '네가 살림 잘하겠다'고 칭찬을 했습니다. 그러니까 아이가 습관이 되어서 뭐라도 갖고 들어옵니다. 저도 산책 다니면서 남이 심어놓은 좋은 채소를 보면 '야, 저것 반찬으로 먹으면 좋겠다' 이런 생각이 납니다. 사람의 마음이 그렇게 됩니다. 보시의 마음을 키워가기 위해선 도벽을 없애야 합니다.

세 번째 간음을 말며입니다. 간음은 욕심에서 나옵니다. 간음을 하면 청정한 마음이 상실돼버립니다. 특히나 젊은 시절에 주의해야 합니다. 나이가 들면 자연스럽게 정리됩니다. 남녀 관계를 갖는 데 걸리고 막히는 것이 전혀 없어요. 젊은 시절에는 그렇지 않습니다.

심리학자 프로이트가 밝힌 욕구 이론을 보면 인간의 가장 원초적 본능은 성욕이랍니다. 상당히 일리가 있는 말입니다. 아이가 태어나서 어머니 젖을 빠는 데서부터 성욕이 만족된다고 합니다. 이것이 성장하면서 성욕이 더 발전된답니다. 요즘 사회적으로 이 문제가 많이 생겨서 심지어는 전자발찌를 차는 사람도 있죠. 어떤 사람은 내가 혼자 산다고 하면 세상에는 전부 음양의 이치가 있는데 왜 혼자 사느냐고 합니다. 남녀가 같이 사는 것이 순리 아니냐고 말합니다. 그런데 진리, 즉 일원상의 진리는 음과 양이 나타나는 세계가 있는가 하면 음양이 없는 세계도 있습니다. 그것이 언어도단의 입정처이고, 우주 만유의 본원이고, 제불 조사의 심인이고, 일체 중생의 본성입니다. 본래 자리에 가서는 남녀도 없습니다. 대종사께서는 근본적으로 남녀 결혼을 자유에 맡긴다고 하셨습니다. 왜 자유에 맡기셨느냐? 전통적으로 가톨릭에서는 결혼을 안 합니다. 불교에서도 결혼하지 않습니다. 성직자들은 다 결혼을 하지 않습니다. 불교는 비구, 비구니, 우바새, 우바니로 나눠 사부대중이라고 해요. 이 사부대중이 불교 종단을 형성하는 기본 구성 요소입니다. 그런데 한때 사부대중을 불교 종단에서 육부대중으로 만들려고 했어요. 결혼한 남자 스님, 여자 스님 제도를 두려고 했죠. 그러니까 성철 종정이 종정의 자리를 걸고 불교의 전통 승단은 사부대중이라고 하시며 지켜내셨습니다.

그때 우리는 '대종사님 참 대단한 어른이시다'하고 감탄을 했습니다. 음양의 이치에 입각해서 살겠다고 하면 결혼을 허락하신 것이고, 이 음양이 나타나기 이전 자리에 바탕해서 살겠다 하면 결혼을 안 하고도 살도록 했습니다. 간음을 하면 청정한 마음이 상실되기 때문에 계문을 주신 것입니다.

네 번째, 연고 없이 술을 마시지 말며입니다. 여기에 연고를 넣어주셨죠. 질병에 걸릴 때나 그럴 때 융통성을 발휘하기 위해서 연고 계문을 주신 것입니다. 하지만 전무출신은 연고를 빼고 지켜야 합니다. 정말 특별한 경우 말고는 빼야 합니다.

술을 왜 못 마시게 했을까요. 술의 원료는 물이죠? 물이지만 알코올 성분이라 마시면 몸에 있는 수기를 태워버립니다. 우리가 수양을 하는 것은 수승화강을 위해서 아닙니까? 그런데 이 수기를 태우는 겁니다. 수기를 태우고 화기를 올리는 것이 술입니다. 결과적으로 정신을 혼몽하게 만듭니다. 정신수양과 술은 정반대입니다. 술 좋아하는 사람치고 정신 수양 잘하는 사람 못 봤습니다. 그래서 명동성당에서 쓴 소리를 해달라고 해서 제가 이 이야길 했습니다. 가톨릭 신부와 수녀한테 결혼하지 말라는 것 하나 때문에 엄청나게 많은 것들을 부여했어요. 그것이 뭔가 하면 술 먹어도 되고, 담배 피워도 된다는 것입니다. 종교인들이 모이면 술을 마시는 그룹과 마시지 않는 그룹으로 나뉩니다. 한국종교인들 모임에서는 식사 때 반드시 반주가 나옵니다. 10.4 정상회담 만찬에도, 식사 때마다 와인이 나왔습니다. 그럴 때 어떻게 취사를 해야 하는가 경계가 됩니다. 사람들이 술 계문은 쉽게 없어질 것이라고 생각하지만 맡은 직책이 달라지면 달라질수록 술 계문은 또 다른 얼굴로 다가옵니다. 그래서 성직자들은 연고를 떼버리고, 재가 교도들은 연고자를 잘 적용해서 해결해가도록 해야 합니다. 회상 초창기에 대종사께서 처음 저축조합을 하실 때 담배, 술 참으라고 하셨죠? 그때 담배, 술 그거 안 먹으면 생명에 지장이 있느냐? 이렇게 물으셨어요. 구인 제자들이 생명에는 지장이 없다고 대답을 하셨죠. 그랬더니 "그러면 그거 참자. 참아서 저축조합을 해서 회상에 돈을 모으자." 이렇게 말씀하셨다고 합니다. 담배, 술 안 먹고 그 돈을 모아서 만든 회상이 원불교입니다.

다섯 번째, 잡기를 말며입니다. 화투, 마작, 카지노, 경마 등이 잡기에 속합니다. 요즘은 잡기도 아주 다양해졌어요. 제가 부산 교구장을 할 때 한복을 입고, 국제시장과 영화의 거리를 한 바퀴 돌아봤습니다. 게임방도 한 번씩 들어가봤습니다. 담배 연기가 자욱하고 기계에 돈을 넣으면 화면이 나타나는데, 화면에서 싸움을 하면서 패고, 넘어지고 난리가 납니다. 사람들이 그런 영상에 몰입하고 있어요. 그걸 보면서 저기에 중독이 되면 정말로 못 벗어나겠구나, 하는 생각이 들었습니다. 잡기는 시간을 허비하게 하고, 사람의 마음을 편협하게 끌고 갑니다. 그리고 요행을 바라게 만듭니다. 그래서 잡기를 금하신 것 같습니다.

여섯 번째, 악한 말을 말며입니다. 이것을 악구, 욕설이라고 합니다. 쟁투, 싸움의 화근이 되죠. 그 사람의 인격을 보려면 어떤 언어를 구사하는지를 보면 알 수 있습니다. 원불교 여자 선진 중에 욕을 잘하는 분이 계셨어요. 여장부였습니다. 악구를 해도 유머러스하게 잘 해서, 교화를 엄청나게 하셨어요. 이런 경우는 특별한 사례입니다만 언어는 순화시켜야 합니다. 순화되지 않은 언어를 쓰는 사람은 인격이 자꾸 그쪽으로 간다는 증거입니다. 성장하면서 습득하고 습관화된 언어들을 고쳐나가야겠습니다. 계문을 통해서 악구를 제거하는 노력을 해야 합니다.

일곱 번째, 쟁투를 말며입니다. 지금은 쟁투가 학교 폭력, 군인 폭력, 조직 폭력 등 각종 폭력으로 변했습니다. 구조적으로 발생하는데요. 우리 사회가 학교 폭력이나 군 폭력이 조직화되고 사회적 문제가 되기 이전에는 그냥 다 지나쳤습니다. 저도 사실 어릴 때 친구들한테 많이 맞았어요. 저는 온순한 성격이었어요. 그 당시는 괜히 동네별로 싸움하고, 맞고, 울고 그랬어요. 어릴 때 그런 일 많잖아요? 저는 그렇게 맞고 울고 성장하는 것이 당연하다고 생각했어요. 그런데 지금은 달라요. 학교 폭력만 해도 정말 심각합니다. 원광대학교가 마음인문학 연구학교가 되었는데, 3년간 이론 연구를 해서 우수 기관이 됐습니다. 앞으로 3년은 현장에서 이 이론으로 어떻게 학생들한테 인성 교육을 시키는지 그 내용으로 평가하겠다고 연구재단에서 방향을 정했습니다. 마음인문학연구소는 프로그램을 만들어서 그 이론에 바탕한 학생들 인성을 교육하는 것이 목적이 됐습니다. 그런 방향을 도교육감에게 말했더니, 이 연구소에 연구비 2천만 원을 지원해주었습니다. 이제 시작하는 단계라고 했는데도 지원해준 겁니다. 왜 그랬을까요? 인성 교육을 하건 혹은 다른 교육을 하건, 한국 교육 현장에서 폭력을 제거하는 문제가 그만큼 긴박하다는 반증입니다. 쟁투, 현대사회에서 폭력으로 변화되어 대단히 중요하게 부각되고 있습니다.

여덟 번째, 공금을 범하여 쓰지 말며입니다. 공금과 공물의 중요성을 알아야 합니다. 왜 중요한가 하면, 대중의 정성이 모여서 생긴 것이기 때문입니다. 대중이 정성을 모아서 생긴 공금과 공물에는 대중의 마음이 담겨 있습니다. 공금을 함부로 쓰면 그 죄악이 개인에게 짓는 것보다 더 큽니다. 그런데 중요한 것은 교단에 살다 보면 공금과 공물의 중요성이 자꾸 마음에서 희석되어갑니다. 우리가 지금 먹고 사는 의·식·주 문제를 다 교단에서 해결해 주지 않습니까? 그래서 저도 노인 기초연금을 신청했습니다. 그런데 서울에 있는 교당 하나가 제 명의로 되어 있어서 그것 때문에 안 준답니다. 제가 돈 20만 원을 받으려고 애를 좀 썼습니다. 그런데 그것도 공금이죠. 안 받으면 국가적으로 저축이 되는데 말입니다. 금년에는 38만 원, 이후 2만 원 올려서 40만 원을 받게 됩니다. 사람들은 '원불교' 하면 정직과 검소, 두 가지가 떠오른답니다. 멋지죠? 우리들이 어떻게 사느냐에 따라 바깥에 비춰지는 모습은 천양지차로 달라집니다. 어떤 사람은 인재가 안 들어온다며 후생복지를 잘해야 한다고 주장합니다. 그 말도 맞고 일리가 있어요. 그런데 저는 그것이 근본이 아니라고 생각해요. 근본은 대종사께서 하신 말씀인 '물질이 개벽되니 정신을 개벽하자'에 있습니다. 다른 말로 하면 돈의 세력을 항복 받자는 겁니다. 그러려면 돈에 청렴해야 합니다.

아홉 번째, 심교간 금전을 여수하지 말며입니다. 심교간 이해관계에 얽히지 말라는 말씀입니다. 어느 재가 교도를 만났는데 본인은 이해관계를 확실히 안다고 합니다. 평생 사업을 했기 때문에 어떻게 해야 돈이 벌리는지 눈에 훤히 보인다는 겁니다. 그런데 그것만 생각했지 시비是非, 옳고 그름은 생각을 못했답니다. 심교간 금전 여수는 이해관계도 있지만 시비 관계도 따져야 하니 차라리 보시를 해라, 보시를 하고 이해관계를 따져서 금전을 주고받지 말라는 뜻입니다. 누가 증권 잘한다고 하면 돈 맡기잖아요? 그래서 홀

딱 날리고 말도 못하는 사람 제법 있습니다. 그러니 이런 관계를 처음부터 갖지 말라는 것입니다.

열 번째, 연고 없이 담배를 피우지 말라입니다. 담배의 해독은 의학적으로 증명됐습니다. 그런데 이걸 못 끊어요. 술과 담배는 생명에 지장이 있으니 끊어야 합니다. 담배를 피우면 몸에 훈습이 됩니다. 담배의 기운이 몸에 배어요. 자기도 모르게 담배 냄새에 찌들어요. 그래서 안 피우는 사람 옆에 가면 금방 탄로 납니다. 여기까지가 보통급입니다.

특신급(特信級) 십계문

1. 공중사(公衆事)를 단독히 처리하지 말며,
2. 다른 사람의 과실(過失)을 말하지 말며,
3. 금은 보패 구하는 데 정신을 뺏기지 말며,
4. 의복을 빛나게 꾸미지 말며,
5. 정당하지 못한 벗을 좇아 놀지 말며,
6. 두 사람이 아울러 말하지 말며,
7. 신용 없지 말며,
8. 비단 같이 꾸미는 말을 하지 말며,
9. 연고 없이 아닌 때 잠자지 말며,
10. 예 아닌 노래 부르고 춤추는 자리에 좇아 놀지 말라.

그다음은 특신급 십계문에 대해 설명하겠습니다.

첫 번째, 공중사를 단독히 처리하지 말며입니다. 이 계문은 철저한 공사 정신을 키우라는 말씀입니다. 지도자가 될수록 이 계문을 철저히 지키고 소중하게 생각해야 합니다. 지도자라는 위치에는 결정권이 주어집니다. 결정권이 있는 사람은 취사 하나하나가 더 중요합니다. 그래서 십계문 제일 처음에 넣어주셨습니다. 예를 들면 사산 선진이 공사도 하지 않고 땅을 사셨어요. 공사를 안 했다고 하니까 대종사께서 다시 무르라고 하셨어요. 원불교 교단을 협의체를 통한 공사 정신에 의해서 운영되는 교단으로 키워주시기 위해서 1조에 '공중사 단독 처리하지 말라'는 내용을 강조해주신 것입니다. 아랫사람으로 있을 때에는 자기가 결정권이 없기 때문에 이 조목이 크게 상관없다고 생각되기도 합니다. 그러나 차츰 연조가 높아지고, 지위가 생기면 이 계문을 소중하게 생각해야 합니다.

두 번째, 다른 사람의 과실을 말하지 말며입니다. 타인의 과실을 말하는 것은 상대심에서 나옵니다. 저 사람과 나는 상대적인 관계에 있기 때문에 그 사람의 실수 등을 말해서 상대를 끌어내리는 겁니다. 제 경험에 의하면 타인을 끌어내리기는 굉장히 쉬워요. 타인과 하지 말라는 것에는 사람을 부정해서 키우는 것보다 긍정을 해서 키우자는 정신이 포함되어 있습니다. 긍정을 통해 성장하면서 상생선연相生善緣으로 공동체를 운영해가야겠습니다.

세 번째, 금은 보패 구하는 데 정신을 뺏기지 말며입니다. 여러분들은 해당이 안 되나요? 저는 많이 경험했어요. 도자기를 좋아해서 이 계문을 많이 범합니다. 도자기를 사는 데 몇천만 원을 썼어요. 물론 제 것은 아니고, 앞으로 경주에 박물관을 지으면 전시실을 만들어서 진열할 겁니다. 그런데 이 도자기에 한번 빠지니까 몇 개 사가지고 올 때 차에 앉아 있으면 가방 속에 있는 그 도자기가 보고 싶은 마음이 올라옵니다. 확인하고 싶은 마음이 난다니까요. 그렇게 마음을 뺏겨요. 여자들은 목걸이, 반지에 마음을 뺏기기가 쉽죠? 금은 보패 구하는 데 정신을 뺏기지 않아야 합니다. 저는 도자기를 통해서 경험을 했어요. 그것을 수집하면서 뺏기는 정신은 상당합니다.

네 번째, 의복을 빛나게 꾸미지 말며입니다. 우리는 출가를 할 때 집에서 입던 옷을 다 놓고 옵니다. 교학과 기숙사 안에서 입는 옷을 입습니다. 옷에 따라 모습이 있습니다. 그것을 잘 지켜나가야 합니다. 그런데 가끔 중앙총부 대중 생활 중에도 눈에 확 띄는 사람들이 있죠? 말썽이 생깁니다. 의복을 입는데도 때와 장소에 맞게 입어야 합니다. 어제도 교당 교무가 조끼를 줘요. 한 땀 한 땀 누비로 지어서 주셨습니다. 빛나지는 않죠. 회색 옷이니까요. 빛나진 않지만 최고급이었습니다. 불교 성철 스님의 누비 두루마기, 한국 승문의 상징이라고 해서 사진으로 봤죠? 그 누비 두루마기 진짜 비싼 것입니다. 누빈 코가 풀리면 해지거든요. 그러면 다시 기워요. 그 정도로 누빈 두루마기니까 기워가면서 명품이 된 거죠. 예전에 한 교도가 들려준 이야기가 있어요. 교도가 되기 이전에는 외출을 할 때 옷장을 열면 입을 옷이 없었답니다. 이번 모임은 무슨 옷을 입을까 걱정이 되더래요. 그런데 교도가 된 후에는 옷장을 열면 이것도 입고 갈 옷이고, 저것도 입고 갈 옷이더랍니다. 마음이 그렇게 바뀌더래요. 이렇게 사람이 변해야 해요. 모든 옷이 다 입을 옷이 된 거죠.

다섯 번째, 정당하지 못한 벗을 좋아 놀지 말며입니다. 친구는 제2의 나입니다. 어떤 친구를 사귀느냐에 따라서 나의 품격이 달라진다는 말이 있습니다. 그래서 세상사 인연 중에 끊어야 할 인연이 있으면 끊어야 합니다. 상당한 인격을 갖춘 후에 세상사 인연을 다시 만나야 합니다. 그러면 그 사람이 반드시 감탄을 합니다. 덕 있는 사람과 스승을 항상 가까이하는 것이 중요합니다.

여섯 번째, 두 사람이 아울러 말하지 말며입니다. 이것을 범하는 동기는 자기주장을 관철시키기 위해서입니다. 자기의 주장을 내세우기 위해 두 사람이 아울러 말하게 됩니다. 두 사람이 아울러 말하면 말로 인해서 대중 생활의 질서가 무너집니다. 상대방이 말할 때는 들어주고, 내가 할 때는 상대가 들어주어야 합니다.

일곱 번째, 신용 없지 말며입니다. 신용은 그 사람이 갖고 있는 가장 기본적인 경쟁력입니다. 신용이 있는 사람은 경쟁력을 갖춘 사람이고, 신용이 없는 사람은 경쟁력이 떨어지는 사람입니다. 교당에서 교도들과 함께하면서 경쟁력을 갖추는 사람은 신용을 쌓는 사람입니다. 이것이 무너지면 자기 인격의 토대가 무너진 것이나 마찬가지입니다. 그러면 하는 일도 되지 않습니다. 개인이 가지는 가장 기초적인 경쟁력은 신용임을 알아야 합니다.

여덟 번째, 비단 같이 꾸미는 말을 하지 말며입니다. 이 말의 반대는 실다운 말입니다. 실다운 말을 많이 해야 합니다. 이상하고 기이한 말을 하지 말아야 합니다. 기이한 행동을 하고 기이한 말을 하고, 자꾸 돌려서 말하는 사람이 있습니다. 어떤 사람은 '저 사람은 삼겹살이다. 저 사람은 오겹살이다' 이렇게 말하기도 합니다. 도대체 마음속이 어떤지 모르는 사람입니다. 꾸미는 말보다 실다운 말을 하는 사람이 되어야 합니다. 현실과 생활 속에서 유익한 말을 하는 사람이 되어야겠죠.

아홉 번째, 연고 없이 때 아닌 때 잠자지 말며입니다. 진리가 우리에게 왜 밤을 줬는지 아십니까? 잠을 자라고 줬어요. 왜 낮을 주셨는지 압니까? 일하고 활동하라고 주셨어요. 우주의 돌아가는 주야의 순환에 따라서 우리 생활도 같이 가야 합니다.

열 번째, 예 아닌 노래 부르고 춤추는 자리에 좇아 놀지 말라입니다. 이 계문을 범하는 것은 낭비 생활의 근본이 됩니다. 예 아닌 노래를 부르고 춤추는 자리에 좇아 놀다 보면 자기가 가진 인격의 재산이 다 새나가버립니다. 저번에 내가 밴드에 송소희가 부른 태평가를 올려놓았어요. 태평가가 얼마나 맛깔나고 좋은지 자꾸 듣고 싶어요. 한 번씩 찾아서 듣는데 나도 모르게 끌려가요. 정신을 온통 뺏기지 말고 그 시간에 우리는 진리를 연마해야 합니다.

법마 상전급(法魔相戰級) 십계문
1. 아만심(我慢心)을 내지 말며,
2. 두 아내를 거느리지 말며,
3. 연고 없이 사육(四肉)을 먹지 말며,
4. 나태(懶怠) 하지 말며,
5. 한 입으로 두 말 하지 말며,
6. 망녕된 말을 하지 말며,
7. 시기심(猜忌心)을 내지 말며,
8. 탐심(貪心)을 내지 말며,
9. 진심(瞋心)을 내지 말며,
10. 치심(痴心)을 내지 말라.

마지막으로 **법마상전급 십계문**에 대해서입니다.

첫째, 아만심을 내지 말며입니다. 아만심은 아상의 근본입니다. 금강경에 사상四相이 나오는데 사상의 기본이 아상입니다. 자기라는 상 때문에 인상, 중생상, 수자상이 생깁니다. 아상이 떨어지면 뒤에 나오는 상은 자연히 떨어집니다. 그래서 아만심을 내지 말자는 것은 작은 나, 소아에 집착하지 말자는 말입니다. 그런데 내 잠재의식 속에 에고(자아), 그동안 닦아왔던 수많은 업, 나라는 업이 깔려 있어요. 인간에게 일어나는 모든 잘못은 아상에서 일어납니다.

두 번째, 두 아내를 거느리지 말며입니다. 이것은 개인이 청정해지지 못하기 때문입니다. 더러움에 물들어버립니다. 그리고 가정에 혼란이 오고, 심지어는 가정이 해체되기도 합니다. 또 자녀에게 막대한 혼란을 줍니다. 부모 도리를 제대로 못하게 되겠지요. 이것이 두 아내에서 오는 해독입니다.

세 번째, 연고 없이 사육을 먹지 말며입니다. 사육은 네 발 달린 짐승입니다. 왜 먹지 못하게 하는가? 사람하고 윤기가 가장 가깝기 때문입니다. 두 발 달린 짐승보다 가깝습니다. 윤기가 가장 가까운 사육을 즐겨 먹지 말라고 융통을 좀 주는 것입니다. 저는 아침에 곡식 가루를 만들어서 먹습니다. 몇 가지 곡식을 섞어서 물에 타서 먹고, 고구마를 먹고 아침을 해결합니다. 사는 데 아무 지장이 없어요. 사람들은 저보고 살이 빠졌다고 하는데 괜찮아요. 채식을 한다고 몸에 이상이 생기는 건 아닙니다.

네 번째, 나태하지 말며입니다. 인간의 근면성이 퇴보합니다. 사람은 계속 움직이고 일을 해야 합니다. 왜 진리가 몸을 줬는지 압니까? 일을 하라고 준 것입니다. 또 공부하라고 줬어요. 영식만 가지고는 공부를 못 해요. 진급을 하려면 사람 몸을 받아서 일하고 공부를 해야 해요. 나태하면 진급이 안 돼요. 그래서 육도 중에서 가장 선도는 인도입니다. 사람 몸 받아온 인도가 가장 선도인데 이 때 나태하지 말고 근면하고 성실하게 닦아나가야 합니다.

다섯 번째, 한 입으로 두 말하지 말며입니다. 자기가 한 일을 정당화시키기 위해서 두 말을 합니다. 상황에 따라 임기응변하는 것입니다.

여섯 번째, 망녕된 말을 하지 말며입니다. 망녕된 말은 격에 맞지 않는 말, 상황에 맞지 않는 말입니다. 거짓말, 사실이 아닌 말을 망녕된 말이라고 합니다.

일곱 번째, 시기심을 내지 말며입니다. 시기심은 상대심에서 나옵니다. 상대적 적대심에서 나오는 말이 시기심입니다. 중상모략한다고 하죠. 시기심이 더 발전하면 중상모략으로 갑니다. 그 근본이 시기 질투입니다.

여덟 번째, 탐심을 내지 말며입니다. 탐심은 욕심입니다. 과한 욕심을 내지 말아야 해요. 공부를 하는 데 있어서도 과한 욕심을 내면 부작용이 생깁니다. 순서와 절차에 따라서 차근차근 해야지 욕심을 갖고 하면 공부가 안 됩니다. 그래서 이 탐심은 정신 수양으로 대처해야 합니다.

아홉 번째, 진심을 내지 말며입니다. 성내는 마음, 화내는 것이죠. 진심을 내면 상대에게 상처를 줍니다. 건전한 공동체가 되기 위해서는 상대방에게 상처 주면 안 됩니다.

마지막으로 치심을 내지 말라입니다. 어리석은 마음, 이 어리석음은 사리에 맞지 않는 모든 마음을 말합니다. 가장 넓은 의미입니다. 확실하게 깨닫지 못하고 적당하게 하는 말도 치심입니다. 가장 초보적인 치심은 자기를 비하하는 마음입니다. 여기서 시작해서 확실히 깨닫지 못한 것까지가 치심입니다. 치심은 작업 취사 공부로 대처해야 합니다.

12장

성품을 다스리는 방법

– 솔성 요론

1. 사람만 믿지 말고 그 법을 믿을 것이요,

2. 열 사람의 법을 응하여 제일 좋은 법으로 믿을 것이요,

3. 사생(四生) 중 사람이 된 이상에는 배우기를 좋아할 것이요,

4. 지식 있는 사람이 지식이 있다 함으로써 그 배움을 놓지 말 것이요,

5. 주색 낭유(酒色浪遊)하지 말고 그 시간에 진리를 연구할 것이요,

6. 한 편에 착(着)하지 아니할 것이요,

7. 모든 사물을 접응할 때에 공경심을 놓지 말고, 탐한 욕심이 나거든 사자와 같이 무서워할 것이요,

8. 일일 시시(日日時時)로 자기가 자기를 가르칠 것이요,

9. 무슨 일이든지 잘못된 일이 있고 보면 남을 원망하지 말고 자기를 살필 것이요,

10. 다른 사람의 그릇된 일을 견문하여 자기의 그름은 깨칠지언정 그 그름을 드러내지 말 것이요,

11. 다른 사람의 잘된 일을 견문하여 세상에다 포양하며 그 잘된 일을 잊어버리지 말 것이요,
12. 정당한 일이거든 내 일을 생각하여 남의 세정을 알아줄 것이요,
13. 정당한 일이거든 아무리 하기 싫어도 죽기로써 할 것이요,
14. 부당한 일이거든 아무리 하고 싶어도 죽기로써 아니할 것이요,
15. 다른 사람의 원 없는 데에는 무슨 일이든지 권하지 말고 자기 할 일만 할 것이요,
16. 어떠한 원을 발하여 그 원을 이루고자 하거든 보고 듣는 대로 원하는 데에 대조하여 연마할 것이니라.

솔성 요론의 대의를 살펴보겠습니다. 솔성 요론은 작업 취사의 적극적인 방법입니다. 작업 취사 공부를 하는 데 있어서 취取는 취할 취 자입니다. 솔성 요론은 취해야 할 공부거리입니다. 실천하는 것이 취라고 할 수 있고, 사捨는 계문에 해당합니다. 취는 취해서 써야 할 조항들입니다.

솔성 요론 조목들을 공부 표준으로 실천함으로써 적극적으로 작업 취사를 진행할 수 있습니다. 계문은 우리 안의 부정적인 조항을 밝힌 것이고, 솔성 요론은 우리들이 긍정적으로 취해야 할 요소라 더 중요하다고 볼 수 있습니다. 계문은 모든 성자들이 다 밝혀주셨지만 솔성 요론을 밝혀주신 성자는 별로 안 계십니다. 대종사의 자비가 느껴지시나요. 대종사께서 다른 성자들과 차별화된 법을 밝힌 것 중 하나가 솔성 요론입니다.

또한 솔성 요론은 생활 속에서 활용하는 방법을 조목화한 것입니다. 인간의 삶이란 마음을 사용하는 것인데, 그 마음을 어떻게 사용할 것인가에 관한 방법을 조목화해서 솔성 요론에 밝히셨습니다. 즉, 성품 자리를 경계 속

에서 사용하는 것이고, 직지인심 견성 성불하는 길입니다. 일상생활 속에서 자기 마음자리를 활용해나가는 법이라고 볼 수 있습니다. 솔성 요론 16조목을 한 조목, 한 조목씩 지키는 것은 성리를 바르게 활용하는 것입니다. 우리가 견성을 왜 하자는 것일까요? 결론적으로 솔성을 잘하기 위해서입니다. 솔성의 의미를 볼 때 대단히 높은 단계의 공부법입니다. 대종사께서 대종경에 '천도를 잘 순응하는 것'과, '천도를 잡아 잘 사용하는 것'은 공부의 경지가 다르다고 하셨습니다. 천도에 잘 순응하는 것은 낮은 단계의 공부이고, 천도를 잡아서 일원상의 진리를 일상생활 속에서 잘 활용하는 것은 훨씬 높은 단계의 공부입니다.

마지막으로 솔성 요론의 대의는 무시선법을 조목화한 것입니다. 일상생활에서 무시선법 공부를 구체적으로 어떻게 실천할 것인가에 대해 말하고 있습니다. 16조목 솔성 요론을 잘 실천하면 무시선이 잘 실천되고 있다는 말이기도 하지요.

1조는 사람만 믿지 말고 그 법을 믿을 것이요. 정전 편찬 과정에서 이 조목은 좀 더 아래에 있었습니다. 그런데 편찬 마지막 과정에서 대종사께서 이 조목을 제일 앞에 내주셨습니다. 그만큼 중요하다는 의미입니다. 대종경에 이런 문답이 있습니다. "선생님의 법이 앞으로 어떻게 되겠습니까?" 여쭈니, 대종사께서 "내 법이 바른 법이냐, 바르지 않은 법이냐. 이것이 중요한 것이지 내 사후의 일은 생각하지 않는다. 내 법이 바르면 그 법이 무궁하게 전해질 것이다."고 하셨습니다. '법이 중요하지 그 사람이 중요한 것은 아니다'는 것을 강조하신 것이지요. 주종 관계를 따져보면 법이 주가 되고, 그 법을 운전하는 사람은 종이 됩니다. 교당에서 근무해보면, 확실하게 이 조목을 실천하느냐, 실천하지 못하느냐에 따라 교도들이 내는 신심의 정도가 다릅니다. 법을 주체로 하는 것보다는 그 법을 전하는 사람이 먼저 보인다는 겁니다. 보통 사람은 그렇습니다. 그 근본을 보는 것이 아니라 그 법을 운전하는 사람이 어떤 사람인가에 따라서 신심이 나거나 안 나거나 합니다. 이는 사람에 따라 신심이 흔들려버린다는 내용이기도 합니다.

1조는 법을 보고 솔성을 할지언정 사람을 보고 솔성은 하지 말라는 말씀입니다. 또 이 조목에서는 '사람만 믿지 말고'라고 했습니다. 법을 주체로 해서 사람을 믿고, 그 법을 운용하는 사람을 믿으라는 말씀입니다. 교당 교무는 법을 전하는 매개체입니다. 본래 표준 잡아야 할 것은 대종사의 법입니다. 법을 표준 삼아서 그 사람을 대하고, 자기 상사를 대하고, 자기 아래 사람을 대하는 것이 솔성을 잘하는 것입니다. 솔성 하는 것 알고 보면 굉장히 쉬운데 실제로 생활 속에서 실천하기란 대단히 어렵습니다. 사람을 보고 신심이 흔들리면 솔성을 잘못하는 것입니다.

2조 열 사람의 법을 응하여 제일 좋은 법으로 믿을 것이요. 이 말씀은 조직 구성원의 의견을 중요하게 생각하신 겁니다. 원불교 교단에는 교화단 조직이 있습니다. 단에서 사람들이 모여서 이야기를 하다 보면 반드시 좋은 의견들이 나옵니다. 물론 좋지 않은 의견들도 있습니다. 좋은 의견들 중 어느 것을 선택할 것인가? 이럴 때 중요한 것은 지도자의 혜안입니다. 지도자가 어떤 것을 선택하느냐가 중요하기 때문에, 지도자는 밝은 지혜의 눈을 가져야 합니다. 그런데 지혜의 눈이 없으면 열 사람의 법을 응해서 제일 좋은 법을 선택할 수 없습니다. 이 조목은 지도자가 자기 의견에 집착할 수 있는 가능성을 배제하고 있습니다. 그래서 옛말에 '화이불류和而不流', 화하되 휩쓸리지 말라는 뜻이 있습니다. 이 말은 좋은 법을 선택해야지, 안 좋은 법으로 휩쓸리지 말라는 것입니다. 제가 혜안을 강조했는데, 지도자의 능력 중에서 가장 중요한 것이 많은 사람의 뜻을 읽어낼 수 있는 혜안이기 때문입니다. 그런 마음의 눈이 떠져야 합니다.

성자들의 삶을 살펴보면, 수운 대신사는 정말 혜안이 있으셨습니다. 수운 대신사가 대중에게 제시하는 혜안은 사람이 곧 하늘이라는 '사인여천事人如天'입니다. 사람 섬기기를 하늘처럼 하라는 것입니다. 대종사의 혜안, 이것은 물질이 개벽되니 정신을 개벽하자는 것입니다. 이순신 장군의 혜안도 대단합니다. 12척의 배를 가지고 133척의 왜구를 물리칠 수 있는 혜안은 정말 대단한 것입니다. 혜안으로 많은 사람의 뜻을 뭉쳐서 자기 것으로 만들어 활용했기 때문에 그런 결과가 나온 겁니다. 대중 생활에서 2조는 매우 중요합니다.

3조 사생 중 사람이 된 이상에는 배우기를 좋아할 것이요. 논어의 첫 말씀이 '학이시습지 불역열호學而時習之 不亦說乎'입니다. '배우고 또한 때로 익히면 기쁘지 아니한가' 이 말이 논어의 시작입니다. 공자는 배워서 자꾸 익히는 것을 중요하게 생각하셨습니다. 3조에서 사생은 태란습화胎卵濕化입니다. 그중 가장 고귀한 것이 사람입니다. 우리들은 육도윤회의 많은 유정물 속에서 사람이 되었어요. 이것은 최고의 영광입니다. 그 사람들 중에서 또 원불교 대종사의 법을 만나서 공부하는 사람이 되었잖아요. 이 사생 중에서 가장 존귀한 사람으로서 해야 하는 일이 무엇인가? 배우기를 좋아하는 것입니다. 사람의 일생은 학습의 연속입니다. 평생 동안 배우며 삽니다. 저는 지금도 배웁니다. 인터넷을 검색하고 계속 지혜 연마를 합니다. 강의를 하기 전에는 준비를 합니다. 강의 자체가 배움입니다. 배우기를 좋아하면 그것이 솔성이 되는 것입니다. 자기 성품을 잘 활용하는 것이 됩니다.

평생 배워야 하는데 이것을 잘하면 사요 중에서 지자 본위를 잘하게 됩니다. 지자 본위라는 것은 지자를 스승 삼아서 배우는 것입니다. 그래서 3조는 불공이면서 솔성입니다. 지자를 스승 삼으면 지자에 대한 불공이 되기 때문입니다. 불공을 잘 하면서도 솔성이 되는 것이 배우는 행위입니다. 인생에서 가장 아름다운 모습이 어떤 것인가? 바로 배우는 모습입니다. 참솔성이 이렇게 중요합니다. 우리가 살아가면서 스스로를 아름답게 가꾸는 것은 이 3조를 잘 실천해가는 모습입니다.

4조 지식 있는 사람이 지식이 있다 함으로써 그 배움을 놓지 말 것이요. 상相에 떨어지지 말라는 말입니다. 여기서 상은 지식이 있다는 상입니다. 내가 많이 안다는 상입니다. 이 세상은 지식의 무한 보고입니다. 근본 진리를 밝히고 나서 그 근본에 입각해서 부분지를 계속 밝혀나가야 합니다. 지식에는 근본지가 있고 부분지가 있습니다. 근본지는 지혜, 부분지는 지식입니다.
　사람이 갖춰야 할 지식에는 한이 없습니다. 조금 지식을 가졌다 해서 만족하지 않아야 합니다. 계속해서 지식을 확충시켜나가야 합니다. 그런데 자기가 많이 알고 있다는 상에 걸리면 더 이상 진전이 없습니다. 보통 사람들의 삶이 그렇습니다. 그러니 우리도 조금 아는 부분, 그런 부분에 딱 걸려서 다른 부분으로 지식을 확충시켜나가는 데 게을리하지 말아야겠습니다. 이것이 솔성의 방법입니다. 자기가 지식을 갖추었다 하더라도 혹 상에 한번 걸리면 그때부터 퇴보하여 강급의 길로 가게 되니 조심해야 됩니다.

5조 주색 낭유 하지 말고 그 시간에 진리를 연구할 것이요. 보통 사람들은 주색에 시간을 많이 허비합니다. 그래서 주색에 시간을 허비하지 말고 그 시간을 진리 연마하는 방향으로 전환하라는 말씀입니다. 사람이 주색에 마음을 뺏기면 인격이 파괴됩니다. 자기가 스스로의 인격을 파괴하는 겁니다. 그러니 얼마나 무섭습니까? 주는 술이고, 색은 색 경계입니다. 색 경계는 정당하지 못한 남녀 관계를 말하는데, 여기에 걸리면 인격이 파괴됩니다. 그러니 자기 인격을 파괴시키는 방향을 진리 연마하는 쪽으로 돌리라는 것입니다.

'한량'이라는 말이 있습니다. 한량은 주색 쪽으로 많이 가 있는 사람입니다. 사람이 그쪽에 재미를 붙이면 솔성하고는 거리가 멀어집니다. 솔성은 성품을 거느리는 공부의 높은 단계입니다. 그러니 공부의 높은 단계를 실천하기 위해서 주색 쪽은 딱 끊어버리고, 진리 연구 쪽으로 마음을 돌리는 것이 솔성을 잘하는 것입니다.

6조 한 편에 착하지 아니할 것이요. 이 말씀은 병진, 중도를 말합니다. 마음이 한번 어디에 붙어버리면 떨어지지가 않아요. 그래서 솔성 중에서 제일 어려운 대목이 이 병진, 중도 실천입니다. 중도를 잘 지켜나간다는 것은 솔성의 가장 어려운 경지입니다. 유가에서는 '백인가도야白刃可蹈也 중용불가능야中庸不可能也, 날카롭게 하얀 날이 선 칼도 가히 밟을 수가 있지만, 중도는 행하기가 어렵다'고 합니다. 그러니 중도가 얼마나 어렵겠어요. 사람 사는 모습에서 가장 어려운 모습이 중도 실천입니다. 모든 것은 자기가 어떤 방향을 선택하느냐에 따라서 솔성이 달라집니다. 중도에서 중은 가운데 중中입니다. 중에는 시간적 중, 공간적 중, 상황적 중이 있습니다. 시간적 중은 시간적으로 중도를 잘 잡는 겁니다. 오늘 강의 시간에 늦지 않은 것도 중을 잘 맞춘 것입니다. 다른 일 하다가 늦을 수도 있습니다. 시간을 중도에 맞게 활용한 것입니다. 두 번째는 공간적 중입니다. 제가 서 있는 연단은 가운데 있습니다. 이것이 공간적 중입니다. 중은 편안한 것을 말합니다. 그래서 중을 잡으면 편안해요. 그런데 중이 안 되고 한편에 집착되면 그것은 불안해져요. 그래서 마음이 가장 편안한 때가 언제냐? 시간적으로 공간적으로 중이 될 때입니다.

마지막 상황적 중은 '시소위'라고 합니다. 그 시간, 그 장소, 그 상황입니다. 어떤 사람이 자기 집에 불이 났습니다. 불이 났으면 제일 먼저 끌고 나가야 할 것이 뭐겠어요? '일원상' 네, 맞습니다. 누가 집에 불이 났는데 제일 먼저 집에 봉안된 법신불 일원상을 들고 나오고, 그다음은 전서를 들고 나왔답니다. 그래서 얼마 지나지 않아 불이 꺼졌다고 합니다. 보통 사람들은 불이 나면 금고부터 챙겨요. 이것이 상황에 따른 중도입니다. 자기가 소중하게 생각하는 것에 끌려가요. 그러니 솔성이 잘 안됩니다. 어떤 상황이 주어지건 한편에 집착하지 말고 중도를 행하는 것이 바로 솔성을 잘하는 것입니다.

7조 모든 사물을 접응할 때에 공경심을 놓지 말고, 탐한 욕심이 나거든 사자와 같이 무서워할 것이요. 모든 사물을 접응할 때 공경심을 놓지 말라고 했죠? 공경심을 놓지 말라는 말은 사사불공事事佛供입니다. 즉, 모든 일을 부처께 불공하는 마음으로 경건하고 엄숙하게 대하는 것이죠. 그래서 자기가 접하는 컵, 방석, 마이크 등 일상적으로 쓰는 물건들을 대할 때 공경심을 놓지 말고 사사불공을 하라는 말씀입니다. 부처로 모시라는 뜻입니다. 그런데 물건을 보면 욕심이 나잖아요? 갖고 싶다, 멋지다, 이런 생각이 들면서 욕심이 나기 마련입니다. 그런데 욕심이 나거든 어떻게 하라고 하셨죠? 사자를 보는 것같이 무서워하라고 하셨어요. 무서워하는 것도 결국은 공경심입니다. 공경심으로 대체해야 합니다. 탐욕은 한계가 없어서 가지면 더 가지고 싶습니다. 만족이라는 것이 없어요. 그래서 대종사께서 솔성하는 방법 중에서 경계하신 것이 탐욕입니다. 탐욕 때문에 솔성을 못 해요. 탐욕이 났다고 하면 그것은 솔성하고 멀어지는 겁니다. 그것을 어떻게 돌려야 할까요? 공경심으로 돌리라고 하셨습니다. 이것이 솔성 하는 방법이 됩

492

니다. 성품을 잘 다스리고 활용해야 하는데, 그 방법은 욕심이 날 때 그 욕심을 공경심으로 돌려버리는 것입니다. '사자와 같이 무서워하라'고 예까지 들어주셨습니다. 욕심나는 물건을 공경심으로 돌릴 때 솔성을 잘하는 것이 됩니다.

8조 일일 시시로 자기가 자기를 가르칠 것이요. 이것은 자성반조를 말씀하신 겁니다. '일일 시시, 매일매일 때때로'라는 말이죠. 항상 자기가 스스로를 가르칩니다. 자아에는 두 가지가 있습니다. 가르치는 자아와 가르침을 받는 자아입니다. 가르치는 자아가 가르침을 받는 자아에게 항상 가르쳐야 합니다. 가르치는 자아는 자성입니다. 가르침을 받는 자아는 에고로, 습관적 자아입니다. 이 조목을 실천하는 것은 습관적 자아와 자성과의 싸움입니다. 습관적 자아는 항상 자성으로부터 배워야 한다는 말입니다. 이 두 가지가 일상생활 속에서 정리되어 가르치는 자아, 가르침을 받는 자아를 스스로가 인식해야 합니다. 그러나 인식을 못하고 살기에 바쁩니다. 그런데 이렇게 살면 자아가 자아를 못 가르칩니다. 그래서 대종경에 취사하는 대중을 어떻게 잡냐는 질문에, 일 당할 때에는 주의심을 다해서 일하고, 일 당한 후에는 대조하고 반조하라는 법문을 주셨습니다. 여기에서 대조하고 반조하라는 말은 그 일을 실천하는 습관적 자아가 가르치는 자성적 자아의 말을 잘 듣느냐를 대조한다는 것입니다. 에고가 하자는 대로 했는가, 아니면 자성의 가르침에 따라 했느냐를 대조합니다. 항상 일일 시시로 일을 당할 때마다 대조를 해서 가르치는 자아가 항상 가르침을 받는 자아를 가르쳐서 일을 잘 해가도록 하는 것이 솔성을 잘하는 방법입니다.

《중용》의 첫머리에 '천명지위성天命之謂性 솔성지위도率性之謂道 수도지위교修道之謂敎'라고 했습니다. 유교의 진리적 근거가 《중용》에 나옵니다. 사실 공자는《논어》에 인간사를 논했지 진리적인 내용을 많이 다루지 않았습니다. 그런데 자사가《중용》을 쓰면서 진리의 근본 자리를 밝힌 겁니다. 그 근본 자리의 시작이 바로 '천명지위성, 솔성지위도, 수도지위교' 이 세 문구입니다. 솔성이라는 것이 그만큼 중요합니다.

대종사께서 우리에게 건너뛰는 공부를 제시하신 것입니다. 일상생활 속에서 성품을 잘 다스릴 것인가? 성품에 순응하는 것이 아니라 거느린다고 했거든요. 그 높은 단계를 제시하셨어요. 그 높은 단계를 어떻게 실천할 것인가. 바로 일일 시시로 자기가 자기를 가르치는 겁니다. 자신의 자성을 보지 않으면 실천을 못 합니다. 자성 자리가 항상 여여하게 나타나야 합니다. 가르치는 자아가 주체가 되어서 가르침을 받는 습관적 에고를 끌고 가는 것이 솔성입니다.

9조 무슨 일이든지 잘못된 일이 있고 보면 남을 원망하지 말고 자기를 살필 것이요. 대체로 보통 사람들은 잘못된 일이 있으면 다른 사람 탓으로 돌립니다. 자기는 싹 피합니다. 그런데 대산종사께서는 '네 덕, 내 탓' 그러셨습니다. 이것을 실천하는 방법이 9조입니다. 자기 탓으로 돌리는 것입니다. '네 덕, 내 탓'은 솔성의 지름길입니다. 현재 사회 현상이나, 정치권의 모습을 보면서 항상 공부심과 대조를 해야 합니다. 그 현상들을 보면 대부분 '나의 탓'이 아니라 '상대방의 탓'으로 돌립니다. 제일 심한 곳이 정치권입니다. 정치가들이 9조를 잘 실천하면 정치 문제들이 대부분 해결될 것 같습니다. 솔성 요론 9조는 일을 바루는 첩경입니다. 자기를 먼저 바루고 일을 바르게 해야 하는데, 자기를 바루지 않고 남만 바루려 하고 일만 바루는 것은 솔성을 잘못 실행하는 겁니다. 결국은 상대에 감사해야 합니다. 원불교의 솔성 실천은 감사에서 시작합니다. 감사를 잘하는 사람은 솔성의 도를 잘 지키는 사람이 됩니다.

10조 다른 사람의 그릇된 일을 견문하여 자기의 그름은 깨칠지언정 그 그름을 드러내지 말 것이요. 이 조목을 왜 실천하지 못할까요. 상대심 때문입니다. 그름을 자기에게 돌리는 것이 아니라 상대에게 돌려서입니다. 상대심에 사로잡히면 잘못된 일을 견문하여 자기를 바루는 것이 아니라 상대에게 돌리게 됩니다. 상대심만 떨어지면 이 조목은 실천할 수 있습니다. 대종사께서 그 그름을 드러내지 말라는 솔성의 방법을 말씀하셨습니다. 다른 말로 하면 은악양선隱惡揚善입니다. 은악은 악을 덮어준다는 말입니다. 이것은 마음의 폭이 넓어서 상대방을 내가 품을 수 있어야 실천이 가능한 일입니다. 마음이 좁은 사람이 있고, 넓은 사람이 있습니다. 원래 마음자리는 좁고 넓고 할 것이 없죠. 자성은 이 우주를 다 감싸고도 남습니다. 그런데 자기가 습관적으로 익혀온 마음을 보면 어떤 사람은 좁고 어떤 사람은 넓어요. 자기가 그렇게 만들어온 것입니다. 이 조목은 절대의 세계에서 솔성 하는 방법입니다.

11조 다른 사람의 잘된 일을 견문하여 세상에다 포양하며 그 잘된 일을 잊어버리지 말 것이요.

12조 정당한 일이거든 내 일을 생각하여 남의 세정을 알아줄 것이요. 남의 세정을 알아주는 일을 하면 사람을 얻게 됩니다. 사람이 연조가 깊어지고 나이가 들어가면 따르는 사람이 있어야 합니다. 사람 마음을 얻어야 합니다. 사람 마음을 얻지 못하면 따른다 하더라도 심복은 되지 않습니다. 진정으로 내가 잘 따라야겠다는 마음이 나지 않습니다. 그냥 형식적으로 따르게 됩니다. 인간이 사는 세상에서 가장 중요한 것은 사람을 얻는 것입니다. 그런데 제대로 된 훌륭한 사람을 얻어야 의미가 있습니다. 마음으로 연하는 사람을 얻어야 하는데 그 방법이 그 사람의 세정을 잘 알아서 같이 해주는 겁니다. 복잡한 일을 할 때 그냥 지나가면서 "야, 얼마나 고생하냐." 이런 말 한마디가 참으로 고맙죠. 세정 알아주는 일이라서 그렇습니다. 이런 솔성을 순간순간 경계마다 하자는 것입니다. 이것이 12조에서 제시해주는 솔성의 방법입니다. 그런데 정당한 일에 세정을 알아줘야겠죠. 부정당한 일에 세정을 알아주면 죄악을 조성하는 일에 동조하게 됩니다. 대단히 중요합니다. 이 것이 솔성의 기본 방법입니다.

13조 정당한 일이거든 아무리 하기 싫어도 죽기로써 할 것이요. 살다 보면 하기 싫은 일이 있습니다. 제 강의 들으러 오기 싫을 때도 있을 거예요. 그렇지만 공부는 정당한 일입니다. 아무리 하기 싫어도 죽기로써 해야 합니다. 아침에 일어나서 선하는 것도, 특히 학생 여러분들은 좌선 끝나고 선요가 하죠? 그 음악만 나오면 또 나온다고 싫어하죠. 살다 보면 매일 반복되는 일이 있습니다. 그런 일은 하기 싫기 마련입니다. 하기 싫은 일이라도 죽기로써 해야 합니다. 그래서 정의 실현의 법을 '아무리 하기 싫어도 정의면 죽기로써 해라' 이렇게 밝혀주셨습니다. 정당한 일은 죽음을 무릅쓰고 하라고 강조하셨습니다.

14조 부당한 일이거든 아무리 하고 싶어도 죽기로써 아니할 것이요. 13조의 반대입니다. 13조와 14조를 실천할 때 주의할 일은 정당한 일과 부당한 일을 구분하는 것입니다. 판단을 잘해야 합니다. 판단을 잘한다는 것은 지혜가 있어야 한다는 말이죠. 판단을 잘못하면 버립니다. 대소 유무 시비 이

496

해를 밝혀서 지혜가 단련되어야만 제대로 된 판단을 할 수가 있습니다. 교도로서 법회에 참석하고 일상생활에서 실천해야 할 사종의무는 당연한 일이며 정당한 일이죠? 그것과는 다른 복잡한 일이 얼마든지 인간사에서 나타날 수 있습니다. 우리는 판단을 잘해서 할 일이면 죽기로써 하고, 안 할 일이면 죽기로써 하지 말아야 합니다.

15조 다른 사람 원 없는 데에는 무슨 일이든지 권하지 말고 자기 할 일만 할 것이요. 이 조항 때문에 교도들이 입교 권장을 잘 못하는 것 같습니다. 이 조항 때문에 도가에서 같이 사는 사람들의 인심을 얻으려고 그냥 두는 사례도 있습니다. 그러나 정당한 일이면, 입교 연원은 실천해야 합니다. 죽기로써 실천할 것이요, 조항을 적용해서 적극적으로 해야 합니다. 안 좋은 일로 원이 없는데 계속 권장하면 그 사람이 오히려 싫증을 낼 수 있습니다. 인심을 잃게 되는 것이죠. 박사시화 선진의 일화입니다. 어느 대갓집 마나님을 입교시키려고 계속 그 집에 드나들었습니다. 마나님이 보니까 대문을 삐그덕 열고 들어오는데 사시화 할머니예요. "아이고, 저 할머니가 또 왔다, 나 없다 그래라." 하면서 다락으로 올라가버렸어요. 아이들은 순진하니까 '우리 할머니가 다락에 올라가면서 없다고 그러라'는 말까지 다 했어요. 그러니 그 다락방 할머니가 얼마나 무안했겠어요. 별 수 없이 생불 한 번 뵈러 가서 당신도 제자가 되었어요. 우리도 이 조목 적용을 잘해야 합니다.

16조 어떠한 원을 발하여 그 원을 이루고자 하거든 보고 듣는 대로 원하는 데에 대조하여 연마할 것이니라. 이 조목의 요지는 일을 성공시키는 솔성의 방법입니다. 이 조항을 잘 실천하면 반드시 그 일을 해결하는 해법이 나옵니다. 원을 하나 세우면 보고, 듣는 대로 원하는 바에 대조하는 겁니다.

계속 연마하고 대조해야 합니다. 그러면 이렇게 해결하면 되겠구나, 방법이 나오고 그 일을 해결하는 사람도 반드시 나타납니다. 왜냐하면 인과의 이치는 무심하지 않기 때문입니다. 자기가 원을 세우고 자꾸 대조하는 것은 심신 작용을 계속 하는 것입니다. 인과는 그 심신 작용에 순간순간 반응을 하게 됩니다. 법신불한테 말로 할 필요가 없어요. 말을 안 해도 법신불은 다 알고 계십니다. 그래서 그 일을 해결할 수 있는 해법이 반드시 나오기 마련입니다.

제가 부산에서 금곡 청소년 수련관을 수탁 받았는데, 105억을 들였습니다. 부지가 3천 평인데 그 옆에 성당이 하나 있고, 성당에서 운영하는 복지관이 있습니다. 천주교에서 그 수련관을 수탁 받으면 그 일대가 천주교 타운이 되는 상황이었습니다. 당연히 천주교에서 그 부지에 욕심을 냈습니다. 하지만 저는 그 수련관을 위해 모든 정성을 들이고 대조하고 연마하면서 이 조목을 실천했습니다. 그러다보니 제가 아는 신라대학교 교수 한 분이 심사위원이 되신 거예요. 아- 이렇게 도와주시는 사람이 생기는 것이구나, 하고 생각했죠. 그 일이 정당한 일이라 그렇죠. 또 시에서 사람 하나 추천해서 데려오라고 해요. 그래서 우리 사람이 2명이 되어 5차 투표까지 가서 한 표 차이로 원불교가 수탁 받게 되었습니다. 이런 일이 한번 성공하면 거기서 오는 기쁨, 통쾌함이 정말 큽니다. 제가 금곡 청소년수련관을 수탁 받아서 얼마나 기뻤는지 몰라요. 부산에 있는 모든 교도들도 긍지와 자부심을 가지게 되었습니다. 불교 범어사도 서류를 냈고, 천주교도 서류를 냈는데 모두 이겼습니다. 인과는 틀림이 없습니다. 16조 역시 솔성의 방법입니다.

솔성 요론에서 강조하는 바는 생활 속에서 '성리의 적극적인 활용'으로 요약해서 말할 수 있습니다. 우리는 성리 공부를 해야 합니다. 성리 공부를 어떻게 잘할 것인가? 솔성 요론을 잘 실천하고 솔성 요론에서 밝혀주신 조목을 적극적으로 활용하는 사람이 성리도 잘 활용할 수 있다는 것입니다.

13장

대각 후 첫 설법

– 최초 법어

　　　　　오늘은 최초 법어에 대해서 같이 공부하겠습니다. 대종사께서 최초 법어를 설하신 시기는 '원기 원년 5월'이라고 교사에 나와 있습니다. 원기 원년 5월, 그때 설하신 장소는 영산성지 '이씨 제각'이라고 합니다. 대상은 '구인 제자'였습니다. 당시의 시대적 상황과 사회적 현상을 보면서 저축조합을 시작하며 구인 제자를 중심으로 법어를 설했는데, 그 내용을 잘 정리하여 '최초 법어'라고 명명했습니다.

　최초 법어의 대의를 살펴보겠습니다. 대각을 이루신 대종사의 시대관과 사회관을 최초로 밝히신 장입니다. 즉, 깨달음을 얻은 경지에서 시대와 사회를 보고 앞으로 시대와 사회가 이렇게 될 것이다,라고 예견하고 설해주신 내용이 최초 법어입니다. 성현들께서 설해주신 법문은 무엇을 말할까요? 깨달음의 성품 자리에서, 명경같이 아주 고요하고 맑은 자리, 그런 자리에 비친 주위의 환경과 사물들이 언어로 표현된 것이 성현들의 법문입니다. 제가 '명경'이라고 물에다 비유를 했습니다. 기러기가 물 위를 지나가면 물에 기러기가 비추어집니다. 그런데 기러기가 지나가고 나면 그림자가 없어지잖아요. 그것과 마찬가지입니다. 저도 강의를 하는데 듣는 사람이 잘 들어주면 이야기가 술술 잘 나오는데, 잘 안 들어주면 '대충하고 말지' 하는 생각이 듭니다. 이처럼 상황과 사실들이 그대로 비추어집니다. 대단히 중요한 것입니다. 대종사께서 보신 시대와 사회의 문제 첫 번째는 '인격의 파괴 현상이 일어날 것이다'입니다. 사람들 인격이 파괴될 것인데, 이것이 파괴되고 싶어서 되는 것이 아니라 '바른 인격을 가지고 처사하고 살기가 어려운, 사회적 여건이 될 것'이라고 합니다. 그 사회적 여건이 바로 과학 문명의 발달입니다. 과학 문명이 발달하면서 자기도 모르게 스스로 갖추어야 할 인격이 파괴되는 현상이 다가옵니다. 대종사께서 이 점을 예견을 하셔서 최초 법어를 설하신 겁니다. 이 인격 파괴 현상을 예견하시고 설하신 법어가 수신의 요법입니다. 수신의 요법에 인격을 세워나가는데 앞으로 무엇을 할 것인가를 세밀하게 잘 나타내주셨습니다.

두 번째는 가정 파괴 현상을 예견하셨습니다. 가정이 해체되는 것이죠. 과거는 대가족 중심이었죠. 최초 법어를 설하신 그 당시에도 대가족 제도는 유지되었어요. 그런데 요즘은 가정이 계속 소단위로 나눠집니다. 혼자 사는 인구가 계속 늘어서 독거노인 문제도 대두하고 있죠. 어른과 자녀, 아이들이 함께할 때 건강한 가정이 형성됩니다. 그리고 진정한 가정교육은 어른과 함께 살면서 어른들이 행하는 바를 보고 자랄 때 가능합니다. 그런데 대종사께서 이런 현상이 해체될 것이라고 예견하셨습니다. 이런 가정 파괴 현상을 해결하기 위해 대종사께서 최초 법어에서 '제가의 요법'을 설하셨다고 볼 수 있겠습니다.

　마지막으로 사회 자체가 파괴됩니다. 약육강식의 사회가 된다는 의미입니다. 약육강식은 사회의 엄청난 문제가 될 것입니다. 제가 얼마 전에 기초 연금을 신청했습니다. 기초 연금 대상자는 아주 소시민입니다. 자기가 가지고 있는 재산이 국가가 정한 기준 이하가 되어야 줍니다. 저는 솔직하게 신고했는데 기초 연금이 나왔어요. 그런데 기초 연금이 필요 없는 사람이 우리 사회에는 많이 있습니다. 빈익빈 부익부 현상인 거죠. 이것이 바로 자본주의가 안고 있는 큰 문제점입니다. 사회주의는 이걸 극복했습니다. 공동 노력, 공동 분배가 사회주의 모토죠. 대종사께서 최초 법어를 설하실 당시에는 자본주의와 사회주의가 아주 극명하게 대립되는 시대였고, 사회주의는 해결책을 제시하는 것처럼 보였죠. 그런데도 사회주의가 아닌 자본주의가 이 세상을 지배하는 시대가 올 것이라고 이미 예견하셨어요. 대단하시죠. 약육강식의 사회현상을 통해 사회의 윤리가 파괴된다는 것을 내다보시고 최초 법어를 설하신 것이 아닌가 생각해볼 수 있겠습니다.

　큰 틀에서 두 번째 대의는 시대와 사회의 표현이고, 낙원 세계 건설의 순서와 방법입니다. 원불교가 지향하는 영원한 이상은 뭘까요? '일원 세계 건설'이죠. 다른 말로는 개교의 동기에서 '광대무량한 낙원 세계 건설'이라고 했죠? 대종사께서 왜 원불교를 개교하셨을까요? 원불교를 여신 영원한 목표를 향해서 우리를 이끌기 위해서입니다. 설사 힘이 들더라도 우리는 바로 '광대무량한 낙원 세계 건설'을 향해가야 합니다. 낙원 세계는 현실세계 속에서의 낙원입니다. 기독교에서는 하나님을 믿으면 어디를 갑니까? 천국에 가죠. 불교는 서방정토에 왕생한다고 그러죠? 극락은 서쪽으로 10만 8천리 떨어져 있는데, 그곳에는 누가 주재하신다고 했죠? 지난번 염불법 공부하면서 아미타불이라고 했습니다. 그 아미타불이 축원하는 불국 세계가 있습니다. 그 세계에 태어나는 것이 염원이에요. 그런데 대종사께서는 이런 사후의 이상 세계가 아니라 현실세계 속의 이상 세계를 제시하셨고, 그 이상 세계가 광대무량한 낙원 세계입니다. 앞으로는 개벽의 시대이기 때문에 인지가 밝아지는 시대입니다. 인지가 밝아지는 시대에는 과거 전통 종교가 제시했던 그런 방편이 통하지 않습니다. 실제적인 낙원 세계를 우리가 살아가는 현실 속에서 만들어가는 순서와 방법을 제시하신 것이 최초 법어입니다. 그렇게 보아집니까?

세 번째 대의로 최초 법어와 교리와의 관계를 살펴봅시다. 최초에 설하신 법문이기 때문에 이것이 교리와 관계가 되어야 합니다. 바로 '사은·사요', '삼학·팔조'입니다. 교리 형성 과정에서 볼 때 최초 법어를 설하신 시기와 사은·사요, 삼학·팔조가 제정되는 시기가 다릅니다. 상당한 차이가 있어요. 교강 발표는 1920년 4월 부안 변산 봉래정사를 짓기 전, 초가집에서 하셨습니다. 그때가 원기 5년이고, 최초 법어를 설하신 시기는 원기 원년 5월입니다. 5년의 차이가 있습니다. 이 5년의 시차가 교리와 어떤 관계가 있느냐를 정리하고 넘어가야 합니다. 저는 '수신의 요법'에 삼학의 원형이 제시되어 있다고 봅니다. 삼학이라는 말은 안 붙였지만 삼학의 원형이 최초 법어에 제시되어 있습니다.

그다음 '강자 약자의 진화상 요법'에 사은·사요의 원형이 제시되어 있습니다. 그래서 사은의 윤리로 사요의 실천을 통해서 강약을 실제로 진화시켜나가야 합니다. 이렇게 원기 6년에 사은에 대한 발표를 하셨고 그 원형이 '강자 약자의 진화상 요법'에 그대로 제시되어 있다는 것을 알아야 됩니다. 이미 삼학·팔조, 사은·사요의 원형이 최초 법어에 다 나타나 있죠? 최초 법어가 얼마나 중요한 위치를 차지하는지 알 수 있습니다.

　　　　　　　이제 **최초 법어의 내용**으로 들어가봅시다. 먼저 수신의 요법의 전체적인 윤곽을 살펴보겠습니다.

　최초 법어 '수신의 요법'에는 대종사의 인격관, 사람됨이 제시되어 있습니다. 대종사의 인격관은 어떤 것일까요? 도학과 과학이 병진되는 인간이어야 합니다. 앞으로 과학 문명이 발달되면 발달될수록 과학에 대한 지식을 갖지 않으면 사람 노릇을 못하는 시대가 올 것입니다. 수신의 요법에서 대종사께서 분명히 제시하셨습니다. 인격관의 두 번째는 삼학이 병진되는 인격, 중도 실천의 인격입니다. 이러한 점을 이해하기 위해서 서양의 심리학자가 밝힌 인격관을 먼저 살펴보겠습니다.

　심리학자 W. 제임스라는 사람이 있어요. 이 사람이 자아관, '나'라는 것은 무엇인가를 발표합니다. 이것을 소개하겠습니다. W. 제임스의 자아관은 정신적 자아입니다. 내가 지금 말하는 것이 들리죠? 귀에 어떤 기관이 있어서 들죠? 이 정신이 사고하고 행동하는 주체입니다. 바로 자아, 정신적 자아죠. 항상 이 자리를 빌어서 마음이라 하고, 성품이라고 합니다.

　두 번째는 물질적 자아입니다. 물질적 자아의 첫째는 몸입니다. 어린아이는 몸만이 자기라고 생각합니다. 몸 밖에 있는 사물은 자기라고 생각하지 않아요. 그런데 철이 들면서 자아감이 점점 넓어집니다. 자아감이 확대되는데, '우리 집은 내 것이다', '우리 집에 소속된 들판, 논도 내 것이다'로 확대됩니다. 물질적 자아를 계속 확대시켜나가면 어디에 도달할까요. 성현의 경지에 도달합니다. 대종사께서 제자들과 익산 남중동에 가니 멋진 소나무가 있어요. "저 소나무 참 좋다. 우리 총부로 옮겼으면 좋겠다."고 누군가 말하니, 대종사께서 "우리 총부가 소나무가 있는 남중리를 떠나지 않았고, 남중리가 총부를 떠나지 않았다." 하셨습니다. 또 경편철도 역시 정당하게 이용할 수 있는 표가 있으니 당신 것이라고 하셨습니다. 이 물질적 자아감이 확대되면 허공 법계를 이전등기 내서 모든 것이 자기 것이 됩니다. 주인이 된다는 것입니다. 이런 자아감을 만들기 위해서 공부하는 것입니다. 이러한 것은 소유감의 확대입니다. 자아, 자기라는 것이 확대되는 것입니다. 이것을 물질적 자아라고 W. 제임스가 표현했습니다.

세 번째는 사회적 자아입니다. 역할자로서의 자아죠. 제가 교학대 사감을 했잖아요. 사감을 했던 사람들 만나면 한번 사감은 영원한 사감이라고 그래요. 내가 사감의 역할을 했기 때문에 사감이라는 자아감이 형성되었을 것 아니에요? 며칠 전 함양에 다녀왔습니다. 부산교구에 있는 교도가 함양으로 옮겼어요. 한번 오시라고 편지를 만리장성같이 써서 보냈어요. 함양 병목면 소현리 집을 찾아가니까 교도가 "아이고, 교구장님 오셨습니까?" 해요. 내가 "지금도 교구장이야?" 하니, "그러면 뭐라고 불러야 합니까?" 나한테 묻더라고요. 그래서 그냥 교구장으로 부르라 했어요. 부산 교구장을 했을 때 인연이었으니 그 양반은 지금도 나를 교구장이라고 부릅니다. 이래서 사회적으로 어떤 역할을 했느냐에 따라서 그 사람의 이미지, 자아감이 형성되는 것입니다. W. 제임스가 이렇게 세 가지의 자아관을 이야기했습니다.

그러면 우리 대종사의 인격관은 어떨까요? 첫째는 안정성입니다. 안정성이라는 자아감은 수양을 통해서 형성되는 인격관입니다. 보면 둥둥 뜨는 사람이 있어요. 사람을 만났을 때 첫인상이 편안해야 하는데 불안한 사람이 있잖아요. 술 먹은 사람도 어떤 일을 할 것인가를 예측하지 못해서 옆에 있으면 불안하죠? 전부 안정성이 없어서입니다. 수양을 통해서 정신과 몸을 가라앉히며 안정성을 얻어나가야 합니다. 두 번째는 명료성입니다. 밝다는 것이죠. 밝으니까 판단을 잘합니다. 다른 말로 하면 대소 유무의 이치와 시비 이해의 일을 잘 분석하는 것입니다. 명쾌하다고 그러죠? '저 사람의 취사는 굉장히 명쾌하다'고 말을 합니다. 이런 명료성은 연구를 통해서 형성됩니다. 세 번째 인격관은 역동성입니다. 사람은 활동적이어야 합니다. 활동성이 떨어지면 자아감도 떨어지게 됩니다. 활동을 통해서 자기 스스로를 외부로 나타내거든요. 안정성과 명료성은 안으로 내포되어 있는 것 아닙니까? 그런데 역동성은 몸을 통해서 바깥으로 표현되거든요. 확실하게 표현하는 것은 자기 스스로를 나타내는 겁니다. 원불교 교단에서는 평가의 한 방법으로 법위 사정을 하지요. 그런데 거기에 상응하는 실적이 없으면 제대로 평가를 못 받아요. 실적이라고 하는 것은 대단히 중요합니다. 대종사께서는 놀고먹는 폐풍은 없애고, 활동과 실적을 통해서 교단에 공헌해야 된다고 하셨습니다. 그러면 교단에 공헌하는 방법이 뭘까요? 그 근원적 원천은 바로 역동성에 있습니다. 세부적으로 정, 혜, 계 삼학입니다. 삼학을 통해서 완전한 인격성을 지향해주셨습니다. 이것이 수신의 요법에서 대종사께서 제시하신 방법입니다. 여기 세 가지 중 하나만 없어도 완전한 인격이 되지 않습니다. 다 갖추어나가야 합니다.

∞

수신(修身)의 요법
1. 시대를 따라 학업에 종사하여 모든 학문을 준비할 것이요,

2. 정신을 수양하여 분수 지키는 데 안정을 얻을 것이며, 희·로·애·락의 경우를 당하여도 정의를 잃지 아니할 것이요,
3. 일과 이치를 연구하여 허위와 사실을 분석하며 시비와 이해를 바르게 판단할 것이요,
4. 응용할 때에 취사하는 주의심을 놓지 아니하고 지행(知行)을 같이 할 것이니라.

이제 수신의 요법 각 조항을 살펴봅시다. 1조 시대를 따라 학업에 종사하여 모든 학문을 준비할 것이요. 대종사께서 1조를 통해 당신의 진면목을 보여주셨습니다. 이유가 무엇일까요? 시대를 따라 학업에 종사하라는 말은 학업의 중요성을 나타냅니다. 사람이 인격을 형성하는 데 가장 중요한 것이 학업입니다. 공부를 제대로 해야 한다는 것입니다. 여기서 학업의 의미는 일반적으로 교육을 말합니다. 교육은 인격을 향상시키고 사회를 진화시키는 데 가장 기본적 요건입니다. 그래서 대종사께서 교육의 중요성을 수신의 요법 1조에서 강조하셨습니다. 교육을 통해 인격 형성의 기본적 지식을 갖추라고 하셨습니다. 수신의 요법 1조에서 앞으로 학문의 영역이 엄청나게 발전할 것을 예견하시기도 했습니다. 교육을 통해서 학문을 준비하라고 하셨습니다. 어느 성인이 학문을 준비하고 학업을 준비하라고 가르치셨나요? 그런 분은 이 세상에 없습니다. 학문과 삼학과의 관계를 살펴봅시다. 학문이 삼학 공부를 하는 데 방해가 되냐, 도움이 되냐? 도움이 됩니다. 학문과 삼학의 관계는 상호 상승 작용을 합니다. 학문을 잘하면 삼학이 잘 추진되고, 삼학 공부를 잘하면 학문도 잘하게 됩니다. 서로 상쇄 관계가 아니라는 것을 수신의 요법 1조에서 제시하신 것이죠. 그래서 학교 공부 필요 없다, 안 해도 된다, 그렇게 말하면 안 됩니다. 학교에는 교

양과목이 있습니다. 교양과목은 굉장히 중요한데, 시대를 따른 학업이기 때문입니다. 학업에 종사하라는 말은 교양과목을 잘 이수하라는 말씀입니다. 이것을 잘하면 도학과 과학이 병진되는 것이라고 볼 수 있겠습니다.

2조 정신을 수양하여 분수 지키는 데 안정을 얻을 것이며, 희·로·애·락의 경우를 당하여도 정의를 잃지 아니할 것이요. 삼학 중에서 정신 수양 공부의 원형을 2조에서 제시합니다. 정신 수양은 경계와 일 속에서 닦아야 한다는 것입니다. 여기서 중요한 것은 분수 지키는 데 안정을 얻는 것입니다. 분수가 뭘까요? 자기 분수에 안정하여야 경계 속에서 수양이 됩니다. 분수를 잘 조절하려면 욕심을 잘 조절해야 합니다. 욕심 조절을 잘하면 자기 분수가 드러납니다. 자기 능력 이외의 일을 벌이면 결국은 그 일에 휩싸이게 됩니다. 자기도 모르는 사이에 휩싸여 고통 받게 됩니다. 그러니 자기 능력 이외의 일을 벌이지 말아야 합니다. 이것이 분수입니다.

제가 잘하는 말이 있는데 '지족이행知足而幸'입니다. 족은 발 족足 자죠? 족 자를 족할 족 자로 새깁니다. 만족할 줄 알면 그것이 행이다, 이 말이 명언입니다. 행복은 어디서 올까요? 행복 지수라는 단어가 있죠? 한국 사람들은 행복 지수가 낮다고 합니다. 우리보다 못 사는 방글라데시, 인도 사람들의 행복 지수가 더 높답니다. 이 나라들은 GNP가 굉장히 낮아요. 그런데 행복 지수는 높아요. 삶에 만족하니까 그러는 겁니다. 인도에 한국 사람들이 도착하면 거지 떼가 돈 한 푼 달라고 몰려옵니다. 그렇게 얻어먹으면서도 만족합니다. '지족이행'이라고 자기 스스로가 마음의 분수를 지키느냐 못 지키느냐에 따라서 행복 지수가 달라집니다. 또 사람마다 환경이나 경계에 얼마나 단련했느냐에 따라 적응하고 못하고가 달라집니다. 적응이 되면 행복하고 적응을 못하면 행복감을 느끼지 못하거든요. 자기 스스로가 족함을 알아야 행복합니다.

　옛말에 '고막고어다원苦莫苦於多願'이라는 말이 있습니다. 황석공 소서에 나오는 말로 '원하는 것이 많은 것보다 괴로운 것이 없다'입니다. 괴로운 고는 원이 많은 데서 온다는 겁니다. 인간의 모든 고통은 다원, 즉 원하는 것이 많아서 그러는 것이죠. 분수를 모르고 지키지 못하며 많은 것을 원하는 거죠. 그래서 자기 분수를 지켜야 합니다. 이렇듯 정신 수양의 요체는 바로 분수를 지키는 것입니다. 여기에서 분수와 분발심의 차이를 또 알아야 합니다. 분수를 지키자니 분발심이 안 나고 분발심을 내자니 분수가 안 되고 그럴 수도 있겠죠. 분발심은 내되 분수의 경계는 잘 지키는 것이 분수 지키는 근본 뜻이라 볼 수 있습니다. 또 '희·로·애·락의 경우를 당하여도 정의를 잃지 말 것이요'라고 했는데, 이것은 오감을 말합니다. 오감을 다른 말로 하면 감정입니다. 감정에 흔들리면 희·로·애·락에 끌려가니까 감정을 자기가 조절할 줄 알아야 합니다. 정신 수양 최고의 목적은 자기의 감정을 스스로 조절하는 것입니다. 그래서 희·로·애·락을 자기의 감정에 맞게 중도로 잘 활용하는 것이 대종사께서 바라는 정신 수양의 모습입니다.

　희·로·애·락에 끌려가지 않으려면 어떻게 해야 하나요? 몸과 마음을 극에서 극으로 쓰지 말아야 합니다. 기쁠 때는 마냥 기뻐하고, 슬플 때는 나락에 떨어지도록 슬퍼하면 안 된다는 말입니다. 수양을 하는 공부의 과정에 있는 사람은 마음을 이렇게 쓰면 안 됩니다. 하지만 수양 공부가 끝난 사람은 기쁠 때는 최고로 기쁘고, 슬플 때는 최고로 슬픈, 즉 극과 극으로 쓸 수 있는 능력이 나옵니다. 그것이 수양력이죠. 그런데 수양을 닦는 과정에 있는 사람이 마음을 극과 극으로 쓰면 해독이 됩니다. 그 예로 대종사께서 잘못된 일에 꾸중을 하실 때는 조실에서 하신 꾸중이 총부 정문까지 들렸다고 합니다. 그렇게 극과 극으로 쓰시며 기뻐하실 때는 깔깔 대소하셨다 합니다. 그래도 정신의 요체가 흔들리지 않습니다. 이것이 희·로·애·락을 당하여도 정의를 잃지 않게 되는 경우입니다.

3조 일과 이치를 연구하여 허위와 사실을 분석하며 시비와 이해를 바르게 판단할 것이요. 여기서 중요한 것은 허위와 사실을 분석하는 것입니다. 허위는 뭘까요? 비진리적인 것입니다. 비양심적인 것입니다. 또 허위는 과불급이 있는 마음이나 일입니다. 사실은 진리적인 것, 양심적인 것입니다. 과불급이 없는 중도의 마음입니다. 흔히 이런 말을 합니다. 대인 관계 속에서 사용하는 말인데, "너 양심의 가책이 안 드냐?" 네 양심에 비추어보라는 것입니다. 생각이 거꾸로 되면 허위와 사실이 바르게 보이지 않습니다. 전도顚倒, 즉 거꾸로 보입니다. 사실이 허위가 되고 허위가 사실이 됩니다. 그것은 집착 때문입니다. 집착으로 인해 허위와 사실이 거꾸로 보입니다.

왜 사리 연구를 할까요? 실제의 일 속에서 허위는 허위로 판단하고 사실은 사실로 판단하는 능력을 갖추기 위해서입니다. 허위와 사실이 잘 분석되면 시비 이해가 바르게 됩니다. 시비 이해가 바르게 판단되겠죠. 시비 이해는 솔성 하는 도에서 대단히 중요한 요소입니다. 솔성은 성품을 거느린다는 말이죠. 대종사께서는 천도에 따르는 것은 보살의 경지고 천도를 마음껏 활용하는 것은 부처의 경지라고 하셨습니다. 여기서 말하는 솔성은 따르는 것이 아니라 성품을 거느리는 것입니다. 거느리는 것은 참도를 가지고 잡아쓰는 것입니다. 잡아 쓰는 데 있어서 가장 중요한 잣대가 바로 시비 이해입니다. 옳고, 그름, 이로움, 해로움 이 네 가지 잣대를 대야 합니다. 그런데 생각이 한번 집착되면 판단이 전도됩니다. 이것이 쉬울 것 같죠? 천만의 말씀입니다. 절대로 쉽지 않습니다. 한번은 제게 경계가 하나 왔어요. 누가 어떤 사람을 함께 만나자는 거예요. 어떻게든 안 만나고 피하고 싶은데 무슨 핑계 댈 것이 없어요. 그쪽에서는 자꾸 만나자 하는데 어떤 핑계로든지 안 만나고 그 상황을 모면하고 싶었어요. 결국 제가 "어떤 기회를 봐서 자연스럽게 만나겠습니다." 하고 양해를 구하라고 전했어요. 그렇게 안 만나고 넘어 갔는데 그 후에 일이 터지는데 엄청났어요. 만약에 그때 그 사람을 만났다면 내 이름도 구설수에 함께 올라갔다 내려갔다 했겠지요. 하여간 사람 하나 만나는 것조차 그렇다는 말입니다. 어려운 경계가 우리들에게 언제 닥쳐올지 몰라요.

시비 이해를 분석하고 판단할 때 마음에 가린 것이 없어야 합니다. 그래야 바른 분석과 바른 판단이 나옵니다. 다른 말로 하면 자기라는 상에 집착하지 않아야 합니다. 상에 집착하면 바른 판단이 나올 수가 없어요. 이 공부가 일기법에서 밝혀주셨듯이 감각 감상과 심신 작용의 처리건을 잘 쓰는 공부입니다. 감각 감상과 심신 작용의 처리건을 잘 하는 사람은 자기라는 상을 경계 속에서 항상 바라보면서 조절할 수 있는 판단 능력을 갖게 됩니다.

4조 응용할 때 취사하는 주의심을 놓지 아니하고 지행을 같이 할 것이니라. 이 4조는 삼학 중 작업 취사 과목으로, 작업 취사에서 가장 중요한 주의심을 강조하신 것입니다. 작업 취사의 핵심은 주의심을 챙겼느냐 안 챙겼느냐 입니다. 이 주의심은 취사의 관건이 됩니다. 과거 농경 사회에서 주의심은 신속하지 못했죠. 그런데 지금은 스피드가 중요한 사회가 되었죠? 이런 사회에서 주의심은 더욱 중요한 취사의 요건으로 작용합니다. 순간적 부주의가 엄청난 결과를 초래하기 때문입니다. 사람이 살아가는 도처에 각종 위험이 도사리고 있습니다. 과학 문명이 발달됨에 따라서 스피드를 즐기는 사람들이 늘어나고 있습니다. 이런 사람에게 필요한 것이 주의심입니다. 순간적 실수가 엄청난 재앙을 가져다주죠. 주의심은 취사의 미분 상태에서 작용하는 것입니다. 미분 상태란 이렇게 할까 저렇게 할까 판단하기 이전을 말합니다. 취하고 사하기 이전의 작용, 이것이 주의심입니다. 취사할 때 주의심이 제대로 작용해야겠죠. 취사를 작용한 후에 주의심을 챙기면 이미 늦어버린 것입니다. 그러니 취사의 미분 상태에서 주의심을 작용하는 그것이 목표입니다.

그런데 마음 작용이라는 것은 대단히 미세합니다. 마음 작용을 진행하는 도중이 아니라 진행하기 전에 주의해야 합니다. 진행 도중에 주의심을 챙기면 힘과 노력이 더 들어갑니다. 그래서 취사가 갈라지기 이전에 주의심을 작용해야 한다고 강조합니다. 일을 하는데 시작의 중요성이 부각됩니다. 한번 시작한 일은 돌이키기 힘드니 시작은 대단히 중요합니다. 시작할 때부터 주의심을 챙겨서 끝까지 지행이 합일되게 하자는 것입니다. 지행합일知行合一은 아는 것과 행하는 것을 같이 하는 것이죠?

지행합일이 왜 안 될까요? 무시습기 때문입니다. 무시로 익힌 자기의 습관, 기운입니다. 이것을 정전에는 어떻게 표현했을까요. '철석같이 굳은 습관'이라고 했습니다. 그 습관에 의해 인력에 끌려가는 것입니다. 인引 자는 이끌 인이죠. 끌려가는 것입니다. 교통사고 많이 나는 장소 있죠. 유독 사고가 많이 나는 장소가 있어요. 그래서 사고 다발 구역이라는 표지판을 세워 주의를 줍니다. 사고가 한 번 나면 또 나는 것입니다. 왜 날까요. 도로의 요건도 있지만 그 주위에서 인력이 끌어당기는 것입니다. 사고 쪽으로 인력이 작용하기 때문이거든요. 이 인력을 끊어버려야 해요.

그다음에 지행합일이 안 되는 이유는 뭘까요? 구조적으로 지행합일이 안될 수도 있어요. 지금 사회적 현상이 그렇습니다. 구조와 소신과의 관계를 살펴봅시다. 정치를 예로 들어봅시다. 만약 제가 속한 당에서 이쪽으로 결정을 합니다. 그런데 자기 소신은 그것이 아니거든요. 이럴 때 어찌 해야 할까요? 취사가 잘못될 수도 있겠죠? 잘못된 방향으로 결정되는데 대다수 사람들이 모르고 따라갑니다. 구조와 소신은 대단히 복잡 미묘한 것입니다. 우리는 개인적 실천보다는 집단적 실천을 더 중요하게 여겨야 합니다. 지행합일이 안 되는 또 다른 원인은 불같이 일어나는 욕심 때문입니다. 욕심이 앞서면 어떻게 해도 지행합일이 안 됩니다. 이 정도로 삼학의 원형이 되는 수신의 요법을 살펴보았습니다.

∞

제가(齊家)의 요법

1. 실업과 의·식·주를 완전히 하고 매일 수입 지출을 대조하여 근검 저축하기를 주장할 것이요,
2. 호주는 견문과 학업을 잊어버리지 아니하며, 자녀의 교육을 잊어버리지 아니하며, 상봉 하솔의 책임을 잊어버리지 아니할 것이요,
3. 가권(家眷)이 서로 화목하며, 의견 교환하기를 주장할 것이요,
4. 내면으로 심리 밝혀 주는 도덕의 사우(師友)가 있으며, 외면으로 규칙 밝혀 주는 정치에 복종하여야 할 것이요,
5. 과거와 현재의 모든 가정이 어떠한 희망과 어떠한 방법으로 안락한 가정이 되었으며, 실패한 가정이 되었는가 참조하기를 주의할 것이니라.

제가의 요법 대의를 우선 살펴봅시다. 대종사의 가정관이 나타나 있습니다. 가정은 사회를 이루는 최소 기본 단위입니다. 인격을 완성하는데 사회화를 시작하는 곳이 바로 가정입니다. 인간은 사회적 동물이죠. 그래서 사회의 구조와 사회의 환경에 적응해서 살아가면서 사회화가

일어나야 합니다. 사회화가 일어나지 않는 사람은 자기의 울에 갇혀서 사는 사람입니다. 이 사회화의 최소 단위인 가정을 통해서 사회화가 시작됩니다.

또한 가정은 인격 형성의 가장 중요한 환경이 됩니다. 가정의 환경에 따라 인격의 틀이 달라집니다. 그래서 저는 가정은 인격의 제2의 모태라고 생각합니다. 사람의 인격이 형성되는 두 번째 모태가 바로 가정입니다. 그래서 아버지는 아버지의 역할을 잘하고 어머니는 어머니의 역할을 잘해야 합니다. 자녀는 자녀의 역할을 잘하는 것이 가장 기본적인 것 아닐까요? 이런 것들이 가정에서 잘 형성되고, 형성된 것을 넓히면서 사회 조직 생활에 적용할 수 있습니다.

그다음, '제가齊家', 즉 가정을 다스린다는 것은 사회를 다스리는 기본이 됩니다. 맹자에 이러한 말이 나옵니다. 노오로老吾老 이급인지로以及人之老 유오유幼吾幼 이급인지유以及人之幼 천하가운어자天下可運於掌, 해석하면 '나의 집 노인을 공경하는 마음을 남의 집 노인에게까지 미치게 하고, 나의 집 어린이를 사랑하는 마음을 남의 집 어린이에게까지 미치게 하면, 천하를 손바닥 위에서 마음대로 움직일 수가 있을 것이다'입니다. 천하를 운전하고 다스리는 것이 바로 위에서 말한 것입니다. 아주 적실하고도 멋지게 표현해주셨어요. 가정을 다스린다는 것이 얼마나 소중하고 중요한지를 맹자는 이렇게 표현한 것입니다. 전생에 좋은 업을 가지고 좋은 인을 많이 짓고 복덕을 많이 쌓고 공덕을 많이 쌓은 사람이 가정에 태어나면 그 가정도 같이 따라갑니다. 따라가게 되는 이치가 있어요. 그런데 아무리 좋은 사람이라도 잘못된 가정에 태어나면 가정의 영향을 받아서 잘못될 수도 있습니다. 그래서 저는 교도들한테 말합니다. '나 죽고 나거든 저 양반 제발 우리 집에 오세요. 심고 좀 올려달라'고 합니다. 이생 부모만큼만 내생에도 그런 부모를 만나면 좋겠습니다. 그러려면 독실한 교도 가정에 태어나는 것이 중요하겠죠? 다음

생에 전무출신을 하고 안하고는 어떤 가정에 태어나느냐에 따라서 달렸어요. 이런 이치를 철저히 알아서 가정은 인격의 틀을 갖추는 중요한 곳이라는 것을 깨달아야 합니다.

1조 실업과 의·식·주를 완전히 하고 매일 수입 지출을 대조하여 근검 저축하기를 주의할 것이요. 1조에서는 실업과 의·식·주를 완전히 하라는 것이 제일 중요한 내용입니다. 제가는 가정 다스리는 법이죠. 가정을 다스리기 위해서는 실업과 의·식·주를 통한 경제적 안정이 가장 기초가 됩니다. 대종사께서 가정의 기본이 경제적 안정을 기하는 것임을 강조하셨어요. 경제적 안정은 가정 형성의 한 축이기 때문에 정당한 직업, 실업을 통해서 안정을 갖춰야 합니다. 여기서 실업은 직업을 말합니다. 정당한 직업을 통해야 한다는 말입니다. 이것이 1조의 가장 핵심입니다. 정당한 직업이 없으면 가정의 안정을 취할 수가 없어요. 직업을 소홀히 하면 절름발이 생활이 됩니다. 실업과 의·식·주를 완전히 하라는 말씀은 가정의 기본이 되는 축을 잘 형성하라는 의미입니다.

1조에서 또 수지 대조를 철저히 하는 것에 대해 말씀하셨죠. 약국을 하는 한 교도가 전화를 했어요. 어머니가 약사이고, 그 명의로 아들이 약국을 운영하는 상황입니다. 전화로 "돈 좀 법니까?" 물었죠. "당최 돈이 안 모입니다." "왜요?" "아들이 돈을 너무 헤프게 쓰니 돈이 모이질 않습니다." 사람이 살아가는데 자기가 지출해야 하는 수준이 있어요. 그 수준을 벗어나게 돈을 써버리면 그 가정은 경제적 안정을 기할 수가 없게 됩니다. 그래서 수지 대조를 해야 합니다. 수지 대조를 하라는 것은 수입의 방안을 적극적으로 찾으라는 뜻입니다. 교당도 마찬가지입니다. 교당도 경제적 안정을 기해야 되는데 교도들의 유지, 희사금만으로 꾸려나가도록 되어 있습니다. 그러니 이 구조를 개선해야 됩니다. 제가 부산교구장 할 때 부산교당에 거주했습니다. 부산교당은 국제시장과 연계하여 교당에서 자체적으로 수입의 기반을 마련하는 구조를 만들었습니다. 교당 1층은 옷가게가 전세로 들어와 있고, 사진관도 있고, 지하 주차장도 운영합니다. 한 달에 상당한 수입이 들어오는 구조입니다. 제가 근무할 때는 그랬어요. 전국 교당에서도 부산교당을 벤치마킹해서 교당을 신축할 때엔 지역사회와 연계해서 수입의 방안을 강구할 수 있는 구조를 만들면 좋겠습니다.

수입 지출을 대조하라는 말에는 수입의 방안을 적극적으로 찾아보라는 의미도 포함되어 있습니다. 또 수입과 지출을 철저히 하라는 것은 지출은 억제하라는 말씀입니다. 원불교 회상은 근검 저축의 소산입니다. 구인 선진에서 비롯된 저축조합이 지출은 억제하고 공익을 지향하고 있습니다. 개인적 지출을 줄여 공익을 위한 저축으로 전환하는 것이 저축조합의 근본 취지이죠. 원불교 회상은 근검 저축을 통해 기초를 다져왔다는 것을 확실히 알아야 합니다. 돈은 써 버릇하면 재미가 납니다. 기분 좋다고 마구 쓰면 헤퍼지기 마련입니다. 그래서 의·식·주가 충분하더라도 낭비를 방지하기 위해서 수입과 지출을 대조하게 하신 것입니다. 가정에 의·식·주가 충분하더라도 지출을 억제하고 낭비를 방지하기 위해서 수지 대조를 철저히 해야 합니다. 이것은 인과의 이치에 바탕되어 있습니다. 어떻든지 간에 수지 대조를 통해서 지출을 줄여나가는 것은 수입 지출을 대조하라는 의미입니다.

1조의 세 번째 뜻은 원불교의 직업관을 표현하고 있습니다. 실업과 의·식·주를 완전히 하라는 것은 직업을 완전히 하라는 말로, 직업을 갖고 열심히 노력하라는 것입니다. 직업은 신성한 것이죠. 직업을 갖고 열심히 노력하는 것은 불공의 행위, 즉 신앙의 방법인 불공을 잘하는 것입니다. 그래서 직업은 천하고 고통스러운 것이 아니라 신성한 것입니다.

2조 호주는 견문과 학업을 잊어버리지 아니하며, 자녀의 교육을 잊어버리지 아니하며, 상봉 하솔의 책임을 잊어버리지 아니할 것이요. 호주에 대한 책임을 말씀하십니다. 호주가 할 일 세 가지를 여기에 제시하십니다. 호주에겐 견문과 학업의 책임이 있습니다. 견문과 학업을 충실하게 하라는 뜻입니다. 호주가 견문과 학업을 못해서 무식하면 그 가정은 함께 무식해집니다. 견문과 학업을 호주가 계속 해나가면 이는 호주가 배우는 것이 다른 가족을 가르치는 행위가 됩니다. 자기가 열심히 배우면 가족들도 따라서 견문과 학식을 충실히 해나가기 때문이죠. 조직에서도 책임자가 견문과 학식에 충실하고 계속 배우고 견문을 넓혀나가면 조직의 구성원은 책임자가 하는 것을 보고 따라 하기 때문에 배우는 것이 곧 가르치는 것입니다. 애써서 자녀들을 억지로 가르치려고만 하지 말고 호주 스스로가 계속 배워나가야 합니다. 지금은 평생교육의 시대입니다. 배움에는 끝이 없습니다.

자녀 교육을 잊어버리지 않는 것도 호주의 책임입니다. 자녀 교육은 가정 진화의 제일 조건입니다. 가정을 진화시키려면 자녀를 잘 교육시켜야죠. 사실 강조하지 않아도 한국 사람들이 너무 잘하는 분야이죠. 심지어 넘칩니다. 공교육에 만족하지 못하니까 어디로 갑니까? 사교육으로 가죠? 사교육에까지 투자를 합니다. 공교육비도 만만치 않은데 말이죠. 이 조항은 대종사께서 강조하지 않으셔도 너무 잘하고 있다고 봅니다. 이 조항도 교육을 게을리하는 민족이나 국가에 적용하면 반드시 필요한 제가의 조건으로 자리 잡을 것입니다. 여기서 말하는 자녀 교육은 학교 교육만 이야기하는 것이 아니죠. 가정 교육도 포함합니다. 가정 교육은 환경 교육입니다. 가정환경을 통해 자녀들을 교육시킨다는 말입니다. 교육 환경이 얼마나 중요한지 예를 들어보겠습니다. 현재 중앙총부에 향적당 있죠? 그곳은 과거에 서원관 식당이었어요. 제가 식당 앞을 지나가는데 어떤 사람이 여학생 식당에서 나오며 걷는데 손이 왔다 갔다 춤추는 듯해요. 나는 저 사람이 정신이 나갔나 왜 저러지 했는데, 사감이 오는 것을 알고 바로 고쳐서 걸어요. 그런데 내가 식당 앞을 지나는데 행진곡이 울려 퍼져요. 저 역시도 손이 왔다 갔다 해요. 음악에 맞춰 자동적으로 되는 겁니다. 환경이 이렇게 중요합니다. 어떤 환경에서 자랐느냐, 어떤 환경에서 교육을 받느냐에 따라 그 사람의 인격이 좌우됩니다.

또한 호주는 상봉 하솔의 책임을 잊어버리지 말아야 합니다. 그래서 위로 잘 받들고, 아래로 잘 거느리라고 합니다. 내가 위로 어떻게 받드느냐에 따라서 아랫사람들도 나를 본받게 됩니다. 그래서 상봉을 잘해야 하고, 상봉을 잘하면 하솔은 자연히 잘되는 것입니다.

하솔에 대해서 네 가지 정도로 이야기해보겠습니다. 첫째는 물리적 수단을 동원하는 것입니다. 매로 치는 것이 물리적 수단이 될 수 있겠죠. 하솔의 가장 낮은 단계, 제일 하급 수준입니다. 그런데 이것도 때론 필요합니다. 나한테 맞은 교무들 있잖아요? 대중 앞에서 회초리 맞은 사람들, 전체 모임에서 맞은 사람들, 맞은 사람은 지금도 기억하고 있어요. 나는 잊어버렸어요. 물리적 수단을 이용해서 하솔을 하는 것은 제일 낮은 수준의 하솔이지만 필요한 하솔입니다. 두 번째는 물질적 보상을 동원하는 것입니다. 어제 저녁에 한 교무가 뭐 챙긴 것 없냐고 하더라고요. 그래서 가만히 생각해보니까 저 사람이 나한테 바라는 것이 있구나 싶어서 저녁 때 나한테 들어오는 과일을 한 상자 만들어 전해줬습니다. 그런 물질적 보상을 받는 것이 아무것도 아닌 것 같죠. 그런데 굉장히 위안이 될 때가 있습니다. 저도 숙소 유리문을 열고 누군가 뭘 놓고 가는 것 같아서 보니까 고구마 한 상자가 놓여 있어요. 상자를 보니까 어떤 교당이라고 써 있길래 전화를 했어요. 교무가 더 필요한 것 없냐고 해요. 어떤 대상이든 적당한 물질적 보상은 하솔을 하는 데 있어 반드시 필요합니다.

세 번째는 규범적 상징을 동원하는 것입니다. 호주로서의 존경과 위신에 해당됩니다. 가정에 호주의 위신이 딱 서야 됩니다. 자녀를 가르치기 위한 상당히 높은 단계의 하솔입니다. 조직을 운영하는 사람도 마찬가지입니다. 지도자의 존경과 위신이 상대방에게 확실하게 서면 하솔이 자연스럽게 잘됩니다. 그래서 이 규범적 상징을 동원해서 하솔을 잘해야 합니다.

네 번째는 사회적 상징을 통해서 하솔을 하는 겁니다. 이것은 애정과 용납을 말합니다. 사회적으로 출세한다는 것은 대단히 중요합니다. 사회적으로 존경과 애정을 받게 되면 자동적으로 사회적 상징이 따라 가요. 저는 어릴 때 우리 아버지가 굉장히 자랑스러웠어요. 우리 부모님은 정말로 멋진 분이셨다고 생각해요. 우리 아버지가 제가 초등학교에 다닐 때 축사 하시고, 또 제가 다니는 학교에 이사도 하셔서 남들이 쟤 아버지가 좀 한다, 그렇게 봤어요. 저도 자랑스러웠습니다. 이것이 바로 사회적 상징입니다. 자기 스스로를 잘 관리해서 사회적 상징이 자녀들에게 교육이 될 수 있는 방안을 강구하는 것이 하솔 방법에서 최고 수단입니다.

3조 가권家眷이 서로 화목하며, 의견 교환하기를 주장할 것이요. 가족 구성원과의 관계를 밝힌 조목입니다. 가족 구성원 간에 어떤 관계를 가져야 하는가? 가족끼리 화목한 것은 가정을 구성하는 데 가장 기본적인 요소입니다. 화목하면서 의견 교환을 하라고 하셨죠. 중요한 말씀입니다. 의견 교환을 못하는 가정이 참 많아요. 가정 다스리는 데 의견 교환을 대단히 중요한 것으로 제시하셨습니다. 의견 교환의 필요성을 살펴봅시다. 먼저 의견 교환은 가족 구성원 간 소통과 화합의 방법입니다. 원불교 교단도 마찬가지입니다. 여러분들도 서원관에서 소통이 잘 되나요? 잘해야 합니다. 의견 교환을 하면 소통이 원활해집니다. 상대방을 이해하게 되는 것입니다. 두 번째는 정신적으로나 지식적으로 생활이 향상됩니다. 상대가 가지고 있는 지식, 생각을 공유하면서 자기화 할 수 있어요. 공동의 공유를 할 때 가정도 향상의 길로 갑니다. 의견 교환의 필요성 세 번째는 가족 간 대화의 시간을 연장해줍니다. 요즘 가정 문제가 왜 심각해지겠어요. 현대사회에서 일어나는 가정의 문제 중 가장 큰 원인은 시간이 없다는 겁니다. 서로 바쁘다는 핑계로 가족 간 대화의 시간이 적어져요. 맞벌이하는 가정이 많다보니 서로 만나서 이야기하는 시간을 다른 일이나 직업에 빼앗기게 되죠. 그래서 가족 간 대화의 시간이 축소되어 가족 구성원 간의 관계가 원만하지 못한 관계로 형성될 수밖에 없습니다. 이것을 늘리려면 정기적으로 의견 교환 시간을 가져야 합니다. 일주일에 몇 번씩 가지려면 실질적으로 만만치 않아요. 가정은 하숙집이 아니죠. 요즘은 주 52시간 근무제로 완화를 하지만, 가족 구성원 간 의견 교환을 하려는 노력을 하지 않으면 안 됩니다.

4조 내면으로 심리 밝혀 주는 도덕의 사우가 있으며, 외면으로 규칙 밝혀 주는 정치에 복종하여야 할 것이요.

제가의 필요조건 두 가지를 여기서 제시하십니다. 첫째는 안으로 종교를 가져 도덕 사우의 지도를 받으라고 했습니다. 요즘 사람들이 '나는 종교 필요 없다'는 말을 많이 합니다. 종교의 필요성을 느끼지 못해서 종교를 갖지 않는 사람들이 상당히 많아요. 그런데 왜 종교를 가져야 할까요? 종교를 가져야 하는 가장 중요한 이유가 있습니다. 종교를 신앙하며 종교의 교법이 지향하는 도덕적 규범을 익히는 것입니다. 여기서 도덕적 사우를 가지라는 것은 그 가정을 지도하는 스승을 가지라는 말입니다. 도덕적 사우를 가지면 가정의 정신적 축이 형성됩니다. 가정을 지도하는 스승을 모시게 됩니다. 이 정신적 축이 형성되면, 가정에 다가오는 어떤 순경과 난경도 극복할 수 있는 힘이 생깁니다. 살다 보면 어려운 경계도 있고 좋은 경계도 있죠. 그런 경계가 다가올 때 경계를 극복할 수 있는 힘은 바로 가정의 스승, 도덕의 사우를 갖는 데에서 생깁니다. 다른 말로 법 있는 선지식을 통해서 가정을 다스리라는 말씀입니다. 스승은 가정이 가야 될 방향을 제시하기 때문에 가정의 모든 난관을 극복하게 될 겁니다.

4조 두 번째 조건은 법률을 다스리는 데 법률에 순응을 하자는 것입니다. 사은 보은에 있어서 법률에 대한 보은을 하라는 것입니다. 그래서 법률에 순응을 하지 않으면 어떤 결과가 오냐, 법망에 걸려서 가정 파괴 현상이 일어납니다. 법망에 한번 걸리면 그 가정은 반드시 파괴됩니다. 가정을 온전히 지켜나가기 위해서 사회의 일반법, 정치법 등의 법망에 걸리지 말아야 합니다. 그러려면 법에 잘 따르고 순응해야 한다고 제가의 요법에서 제시하십니다. 안으로는 도덕의 사우를 갖고, 바깥으로는 일반적인 정치나 법률에 순응하면서 가정을 잘 다스리라고 하셨습니다.

5조 과거와 현재의 모든 가정이 어떠한 희망과 어떠한 방법으로 안락한 가정이 되었으며, 실패한 가정이 되었는가 참조하기를 주의할 것이요. 중요한 것 두 가지가 있습니다. 자기 가정 다스리는 데에만 정신을 쓰지 말고 다른 사람이 가정 다스리는 것을 본보기로 삼으라는 것입니다. 다른 사람이 가정을 어떻게 다스리는지 잘 보고 본받아야 합니다. 자기 일 하고 자기 가정 다스려야 되는데 남이 어떻게 하는가에 마음을 쓸 만한 여유를 가지기가 쉽지 않습니다. 여유를 가져야지 자기 가정 다스리는 것과 다른 사람이 가정 다스리는 것을 비교할 수 있거든요. 두 가지로 비교해야 합니다. 우선 희망을 참조해야 합니다. 어떤 희망일까요? 비전, 꿈이죠. 어떤 꿈을 갖고 있을까요? 호주가 그 가정이 나아갈 방향을 제시하고 가족들을 어떻게 동원하느냐에 따라 가정 다스리는 것에 성공과 실패가 좌우됩니다. 두 번째로 방법을 참조해야 합니다. 한 가정의 희망을 성공시키는 데 수단이 동원되어야 합니다. 어떤 방법으로 성공했는가 비교해서 참조하는 것입니다.

과거, 현재, 미래의 모든 가정들을 서로 비교해서 희망과 방법을 참조하는 것을 제가의 요법에서 마지막으로 강조하셨습니다.

∞

강자·약자의 진화(進化)상 요법

1. 강·약의 대지(大旨)를 들어 말하면 무슨 일을 물론하고 이기는 것은 강이요, 지는 것은 약이라, 강자는 약자로 인하여 강의 목적을 달하고 약자는 강자로 인하여 강을 얻는 고로 서로 의지하고 서로 바탕하여 친 불친이 있나니라.

2. 강자는 약자에게 강을 베풀 때에 자리 이타 법을 써서 약자를 강자로 진화시키는 것이 영원한 강자가 되는 길이요, 약자는 강자를 선도자로 삼고 어떠한 천신 만고가 있다 하여도 약자의 자리에서 강자의 자리에 이르기까지 진보하여 가는 것이 다시 없는 강자가 되는 길이니라. 강자가 강자 노릇을 할 때에 어찌하면 이 강이 영원한 강이 되고 어찌하면 이 강이 변하여 약이 되는 것인지 생각 없이 다만 자리 타해에만 그치고 보면 아무리 강자라도 약자가 되고 마는 것이요, 약자는 강자 되기 전에 어찌하면 약자가 변하여 강자가 되고 어찌하면 강자가 변하여 약자가 되는 것인지 생각 없이 다만 강자를 대항하기로만 하고 약자가 강자로 진화되는 이치를 찾지 못한다면 또한 영원한 약자가 되고 말 것이니라.

이번에는 강자·약자 진화상의 요법 대의를 살펴봅시다.

첫 번째 대의는 대종사께서 사회를 보신 관점과 개선 방안입니다. 대종사께서 깨달음의 입장에서 세상을 보시니까 어떤 모습이었죠? 역학 관계입니다. 역학 관계는 강과 약의 관계입니다. 대종사께서 보신 사회관은 강약의 역학 관계였습니다. 이 세상에서는 강과 약을 통해서 주고받으며 진화하고 강급하는 복잡한 요소들이 움직이고 있습니다. 여러 가지 복잡한 요소들이 움직이는데 그것을 정리하니 '강과 약의 진화', 강과 약의 교섭 관계였습니다.

두 번째로 사회 진화의 방법을 제시하셨습니다. 강자·약자 진화상의 요법이라는 것이죠. 퇴보하는 사회가 아니라 진화하는 사회로 만드는 방법으로 이 법을 제시하셨습니다.

세 번째는 사은·사요 상생의 윤리에 바탕을 두고 있습니다. 최초 법어에 원불교 교리의 원형이 제시되어 있다고 했죠? 원기 원년 5월에 주로 말씀하셨는데 교강 발표와는 시차가 있다고 했습니다. 최초 법어에는 사은·사요라는 표현은 안 쓰셨지만 그 깨달음의 경지에서 보신 사은·사요가 사회적으로 실천되는 원형으로 강자·약자 진화상의 요법으로 제시해주신 것입니다. 사은은 뭘까요? 강자·약자 진화의 원리가 됩니다. 사요는 강자·약자 진화의 구체적 방법입니다. 원리는 사은이지만 강·약 진화의 구체적 방법은 사요입니다.

강약의 대지를 정의해주신 것을 살펴볼까요? 강이란 무슨 일을 물론하고 이기는 것입니다. 약은 무슨 일을 막론하고 지는 것입니다. 그러면서 대종사께서 그 뒤에 해석을 붙이셨어요. 그 중요한 내용이 강자는 약자로 인해서 강의 목적을 달성한다고 하셨어요. 약자는 강자로 인해 약자임을 알게 됩니다. 강약의 성격을 비추어서 알아봅시다. 첫째는 상대성입니다. 원문에 나와 있듯이 강은 약으로 인해서 강이 됐습니다. 강과 약이 상대 되었으니까 강자인지를 알았다는 말입니다. 약자는 강으로 인해 자기가 약인 줄 알았습니다. 이것은 독립된 개념이 아닙니다. 하나를 놓고 강이다, 약이다 말할 수 없죠? 나 이외의 사람과 상대했을 때 나는 지금 강이구나, 약이구나 비교가 됩니다. 그렇게 상대적인 성격을 갖게 됩니다. 두 번째 성격은 부분성입니다. 모든 부분에 약은 없다는 것입니다. 그런데 우리는 보통 착각합니다. 한 부분이 강이면 모든 부분이 강한 것처럼 인식하는 우를 범합니다. 절대 그렇지 않습니다. 부분적인 것입니다. 전체적인 강은 없어요. 그래서 항상 부분적이라는 걸 인정해야 합니다. 세 번째는 집단성입니다. 개인에게도, 집단에도 적용이 됩니다. 그래서 대학과 대학을 비교해서 어디가 강이다 어디가 약이다 판단하게 됩니다. 취업은 어디가 강이고 어디가 약이고, 법인 전입금은 어디가 강이고 약인지 자료가 있습니다. 이렇게 부분성과 상대성, 집단성이 다 같이 작용합니다. 개인에게만 작용하는 강약이 아니라 집단에게 작용하는 강약입니다. 대종사께서 '강자 약자 진화상의 요법'을 내놓으실 때 개인의 강약보다는 집단의 강약에 주안점을 두었다고 봐야 합니다. 세계 2차대전으로 약육강식의 사회현상이 일어났지요. 그런 상황을 생각할 때 집단성을 더 중요하게 보신 것이 강약의 성격이 아닌가 생각합니다.

　　　　　　　진화의 방법에 대해서 영원한 강이 되는 길입니다. 강자는 자리 이타법을 쓰라고 했죠. 자기도 이롭고 남도 이로워야 합니다. 보시를 하는 것도 사실은 이타지만 자리가 되는 것이죠? 강이 영원한 강이 되기 위해서는 자리 이타법을 써야 합니다. 자리 이타를 쓴다는 것은 약자를 착취하지 말고 억압하지 말라는 뜻입니다. 그런데 이런 말이 있습니다. 다허다장多虛多藏, 내가 많이 비우면 많이 받게 됩니다. 다허는 이타고, 다장은 자리입니다. 내가 많이 비워서 많이 보시한다. 즉, 강자가 스스로 가진 것을 베풀어서 약자를 돕는 것 자체가 훗날 다장이 되는 것입니다. 영원한 강을 유지하게 되는 것입니다.

그런데 반대로 다장다허多藏多虛도 있어요. 결과적으로 다 나가게 되겠죠? 인과의 이치가 분명해요. 뺏으면 다 나가는 것입니다. 그래서 부자가 3대를 못 간다고 합니다. 왜죠? 강자가 강자의 노릇을 잘 못해서입니다. 강자라고 함부로 억압하고 약탈하니 영원한 강자가 될 수 없습니다. 대종사께서 강자 약자 진화상의 요법에서 강은 더 강이 되어 영원한 강자가 되라는 말씀을 하셨어요. 강자가 가져야 할 마음 자세는 굴기하심屈己下心입니다. 가장 낮은 마음을 가지면 그 결과는 최상심이 됩니다. 그리고 낮은 곳에 처해 있으면 주위에서 기운이 어디로 올까요? 기운이 어떻게 흐릅니까? 높은 데서 낮은 데로 흐르죠? 물도 높은 데서 낮은 데로 흐르죠? 그래서 낮은 곳에 처해 있으면 주위에서 사람들이 기운을 보내주는 것입니다. 그래서 계속 진화, 진급할 수 있는 길이 열리게 됩니다.

약자가 강자 되는 길을 살펴봅시다. 이것은 강자를 선도자 삼을 줄 알아야 합니다. 강자에게 대항하거나 거부하지 말자는 것입니다. 대항 안 하고 거부 안 하자면 무엇이 필요할까요? 쓰라린 인내와 노력이 필요합니다. 약자로서 인내와 노력이 없으면 절대로 약자가 강자가 될 수 없는 이치입니다. 한 예로 원광대학교 동문회가 있어요. 서울과 익산에 있는데 각각 분위기가 다릅니다. 서울에 있는 동문회는 3개월마다 CEO 포럼회가 있어요. 포럼이 열리니 아주 끈끈하게 결속이 돼요. 끈끈한 내막을 살펴보니까 자기들이 원광대학교 졸업장을 가지고 서울에 진출했다는 것입니다. 서울에 진출해서 CEO가 되기까지의 과정은 약자였죠? 서울에서는 서울대학교 출신하고 원광대학교 출신 중에 어디가 강자겠어요? 서울이라는 곳에서 얼마나 인내와 쓰라린 노력을 했겠어요. 서로 동병상련으로 알아요. 그래서 끈끈한 인간관계가 형성되어 있는 것입니다. 엄청난 결속력이 있어요.

약자는 약자를 면하기 위해서 인내와 노력이 필요하다고 했죠? 인내와 노력입니다. 힘을 갖추기 전까지는 절대로 대항하고 거부하지 말고 강자를 선도자 삼아서 자기 스스로가 강자가 되려고 노력할 때 강이 되는 것이죠. 이렇게 두 가지를 알고 나면 대체적인 강·약 진화의 방법이 정리가 됩니다.

강과 약의 종류를 살펴보겠습니다. 하나는 영원한 강자, 두 번째는 강이 변해서 약이 되는 강자, 세 번째는 약이 변해서 강이 되는 약자, 네 번째는 영원한 약자 이렇게 네 가지 종류입니다.

영원한 강자는 한마디로 진급에서 진급으로 가는 것입니다. 이것이 가장 바람직하죠. 계속 진급합니다. 해생어은은 강이 변해서 약으로 가는, 즉 진급에서 강급으로 떨어지는 것입니다. 은생어해는 약이 변해서 강이 되는, 즉 강급에서 진급으로 가는 것입니다. 그리고 영원한 약자는 약에서 약으로 계속 갑니다.

이렇게 네 가지로 변화하는데 자력에 의해서 일어나는 변화는 강이 노력을 잘해서 자기가 자력으로 계속 강자가 되는 것입니다. 약은 약의 노릇을 잘하면 강이 될 수 있죠. 그래서 자기 노력을 가지고 강자가 되는 요소가 있습니다. 두 번째는 타력에 의해서 일어나는 변화입니다. 이것은 약자는 강이 될 때 강자가 이끌어주는 타력에 의해서 강이 될 수 있죠? 또 약자는 강자가 약탈하고 그러면 계속 약이 될 수도 있죠? 그래서 타력에 의해 강·약의 변화가 일어날 수도 있고 자력에 의해 강·약의 변화가 일어날 수도 있습니다. 그래서 자력과 타력이 함께 작용하는 것이 강·약 진화상 요법이 지향하는 모습이라고 볼 수 있습니다. 대종사께서 강·약 진화상 요법을 내놓으셨다는 것은 사회를 보는 관점에서 인류 역사상에는 없는 일을 하신 것입니다.

∞

지도인으로서 준비할 요법

1. 지도 받는 사람 이상의 지식을 가질 것이요,
2. 지도 받는 사람에게 신용을 잃지 말 것이요,
3. 지도 받는 사람에게 사리(私利)를 취하지 말 것이요,
4. 일을 당할 때마다 지행을 대조할 것이니라.

지도인으로서 준비할 요법을 봅시다. 먼저 대의를 살펴봅시다. 사회와 조직의 책임은 지도자에게 있습니다. 지도자의 판단 여하에 따라 그 조직이 어떻게 갈 것인가 방향이 정해집니다. 그래서 지도자로서 준비할 요법을 최초 법어 마지막에 두셨습니다. 사회와 조직의 모든 책임이 지도자에게 있기 때문에 지도자의 요법을 제시하신 것입니다. 사회조직에서 진, 강급의 결정은 지도자의 판단에 따릅니다. 단체의 발전을 위해서 비전을 제시하는 것도 지도자의 몫이기 때문에 지도자로서 준비할 요법을 따로

정해서 밝혀주셨습니다. 한 사회를 이끌어갈 지도자들이 무엇을 할 것인가, 그 요법을 최초 법어에서 제시하셨습니다. 다시 한 번 강조하면 지도인으로서 준비할 요법에는 지도자의 중요성이 강조되어 있습니다. 지도자를 왜 이렇게 강조하셨는지 볼까요? 피터 드러커Peter Ferdinand Drucker는 '리더'에 대해 '따르는 사람이 있는 사람이다'고 아주 간단하게 정의합니다. 펠로우와 리더십에 대한 언급도 합니다. 리더가 있으면 반드시 펠로우, 따르는 사람이 있게 되죠. 따르는 사람이 없는 리더는 지도자 자격이 없죠. 리더십이 먼저일까요, 펠로우십이 먼저일까요? 두 가지가 다 필요한 것인데 사실 리더력이 아주 확실하고 충실할 때 따르는 사람이 생기는 것 아니겠습니까? 그래서 중요한 것은 리더십입니다. 리더가 리더십을 발휘할 수 있을 때 따르는 사람이 생기는 것이고 그때 사회의 질서와 안정이 유지됩니다. 그래서 마지막에 지도인으로서 준비할 요법을 대종사께서 제시를 해주신 것 같습니다.

1조 지도 받는 사람 이상의 지식을 가질 것이요. 지혜가 아니라 지식이라고 했습니다. 사회 일반적으로는 지식을 말합니다. 지식이 있느냐 없느냐에 따라서 지도자에 대한 믿음이 좌우됩니다. 사회 일반적으로 갖추어야 될 지식이 있죠. 그 지식의 기반을 확실하게 가진 사람은 믿음이 가는 지도자입니다. 그런데 그 지식이 결여되면 그 조직으로부터 믿음의 기반이 무너집니다. 앞으로의 세상은 밝은 세상입니다. 밝은 세상에는 지식이 없는 사람의 지도는 먹혀들지 않습니다. 원불교 교리 중에도 사요에 지자 본위가 있죠? 그러니까 끊임없이 사회에 필요한 지식을 갖추어야 되는 것입니다. 지자 본위에서 지자가 지도자가 되어야 한다고 하셨어요. 지도 받는 사람 이상의 지식을 갖추어서 지자가 다스리는 사회가 되어야 합니다. 그래야 바른 사회로 이끌어갈 수 있습니다.

2조 지도 받는 사람에게 신용을 잃지 말 것이요. 리더가 갖추어야 될 정신적 요건을 제시하신 것입니다. 그 정신적 요건은 신용입니다. 리더를 따르는 사람들에게 신용을 잃어버리면 따르는 자가 기꺼이 따르겠습니까? 아닙니다. 그래서 지도자는 신용을 튼튼히 해서 지도자, 리더자가 갖추어야 될 정신적 요건을 확실하고 탄탄하게 갖춰야 합니다. 신용을 잃어버리면 정신적 요건에 결함이 생기기 때문에 구성원으로부터 권위를 상실하게 됩니다. 지도자의 권위를 상실합니다. 정신적으로 순종하고 따르는 것도 권위에 의해서 그럴 수 있습니다. 하지만 그것은 관료주의 체제 아래에서일 뿐입니다. 관료의식을 갖고 있기 때문에 무조건 아랫사람이 윗사람을 섬겨야 됩니다. 이런 관료주의 체제는 산업사회의 중심 체제였습니다. 대종사께서는 산업사회를 거쳐 사회가 지식 정보사회로 간다고 하셨어요. 그래서 권위로써 아래에 있는 피지도자들을 따르게 하는 것이 아니라 신용을 통해서 따르는 사람을 지도하게 하신 것입니다. 그래서 리더로서 갖추어야 될 가장 중요한 것은 정신적 요건인 신용이라는 것입니다.

3조 지도 받는 사람에게 사리를 취하지 말 것이요. 리더가 갖추어야 될 물질적 요건을 제시해주신 것입니다. 다른 말로 하면 리더는 따르는 사람들에게 물질에 청렴해야 됩니다. 물질에 청렴하지 못하고 착취하면 강자·약자의 진화상 요법에도 어긋납니다. 약자들을 억압하고 약탈하면 안 되거든요. 그래서 물질적 청렴도를 제시하신 것이 3조의 요지입니다. 지도자는 후한 지도자, 베푸는 지도자가 되어야 합니다. 다시 말하면 후덕한 지도자가 되어야 합니다. 이런 지도자에게 사람들이 따릅니다. 또 지도자는 봉공의 모습으로 솔선수범해야 합니다. 그럴 때 따르는 사람들이 순응합니다. 만약에 리더와 펠로우 사이에 물질적 관계로 사리가 끼면 지도력을 상실하게 됩니다. 그래서 3조에서는 사리를 취하지 아니하여서 베풀고 후덕하고 봉공을 솔선수범해서 실천하는 리더를 제시하셨습니다.

4조 일을 당할 때마다 지행을 대조할 것이니라. 이것은 리더의 실천적 조건입니다. 그 조건이 일을 당할 때마다 지행을 대조하라는 것입니다. 지행을 대조하라는 것이 아는 것 따로, 행하는 것 따로 하는 리더는 지도자의 모습이 아닙니다. 자기가 알았으면 알고 있는 내용을 그대로 실천해야 합니다. 항상 지행을 대조해야 합니다. 일 당할 때마다 하라고 하셨는데, 이 말은 순간순간 지행을 대조하라는 것입니다. 그래서 지도자는 스스로가 실천하고 스스로가 모범을 보여주어야 합니다. 모범을 보여주면 그대로 따르게 됩니다. 요즘 사회현상을 한번 살펴봅시다. 지도자 한 사람 잘못 만나면 그 사회가 어떻게 되는지 확연히 보여주고 있습니다. 그 사회는 발전하는 것이 아니라 퇴보합니다. 현명한 지도자를 만나게 되면 그 사회와 조직은 발전하는 조직이 됩니다. 훌륭한 지도자 리더를 못 만나면 그 사회는 퇴보됩니다. 정치적인 내용이라 실례를 들어 자세히 얘기하면 좋겠지만 그럴 수가 없습니다. 그래서 사람들이 깨어나야 합니다. 펠로우들이 깨어나야 해요. 펠로우가 깨어 있어서 훌륭한 지도자를 알아야 합니다. 훌륭한 지도자를 알아야만 뽑을 것 아닙니까? 그래서 펠로우도 중요합니다.

최초 법어는 아주 중요한 법문입니다. 수신의 요법에서부터 지도인으로서 준비할 요법까지 다 중요합니다. 대종사께서 구상하신 인격관도 여기에 다 들어 있어요. 또 대종사께서 보시는 사회관도 이 속에 다 있습니다. 지도인 상도 들어 있습니다. 세 가지 대종사의 관점이 최초 법어 속에 녹아 있습니다. 이 최초 법어를 통해 대종사께서 깨달음을 얻으시고 염원하셨던 광대

무량한 낙원 세계를 우리가 만들어가야 된다는 각오를 갖자고 말씀드리고
싶습니다.

14장

고통과 즐거움에서 벗어나기

– 고락에 대한 법문

고락(苦樂)의 설명

대범, 사람이 세상에 나면 싫어하는 것과 좋아하는 것 두 가지가 있으니, 하나는 괴로운 고요 둘은 즐거운 낙이라. 고에도 우연한 고가 있고 사람이 지어서 받는 고가 있으며, 낙에도 우연한 낙이 있고 사람이 지어서 받는 낙이 있는 바, 고는 사람 사람이 다 싫어하고 낙은 사람 사람이 다 좋아하나니라. 그러나, 고락의 원인을 생각하여 보는 사람은 적은지라, 이 고가 영원한 고가 될는지 고가 변하여 낙이 될는지 낙이라도 영원한 낙이 될는지 낙이 변하여 고가 될는지 생각 없이 살지마는 우리는 정당한 고락과 부정당한 고락을 자상히 알아서 정당한 고락으로 무궁한 세월을 한결같이 지내며, 부정당한 고락은 영원히 오지 아니하도록 행·주·좌·와·어·묵·동·정 간에 응용하는 데 온전한 생각으로 취사하기를 주의할 것이니라.

먼저 **고락에 대한 법문의 개요**입니다. 인간 생활에는 두 가지가 있죠. 하나는 싫어하는 고^苦요, 하나는 좋아하는 낙^樂입니다. 모든 인간사는 고 아니면 낙입니다. 인간 사회에서 볼 수 있는 관점을 고락으로 보셨습니다. 이 점에서 부처와 조금 차이가 있습니다. 부처께서는 고라고 보셨기 때문이죠. 발심한 동기로부터 부처와 대종사는 차이가 있습니다. 근본적인 부분에 문제가 있었기 때문에 그렇습니다.

부처의 발심은 어디서부터 시작되었을까요? 생·로·병·사의 고통에서 시작되었죠. 그 경험은 사문유관四門遊觀에서 시작됩니다. 사문유관을 통하여 인생은 그렇게 고통스러운 것이구나, 모든 것이 그러하니 이 고통의 문제를 해결해야겠다는 발심을 가졌습니다. 왕궁가에서 살다가 인간사로 나가서 사문유관을 해보니 고에 허덕이는 사람을 당신 눈으로 확인하시고, 이 문제를 해결하기 위한 발심에서 시작하였습니다.

그렇다면 대종사께서는 어떠할까요? 우주 자연현상에서 발심이 시작됩니다. 이는 완전히 다릅니다. 여름에 비 오기 전 뭉게구름을 볼 때, 해와 달이 뜨고 지는 모습을 볼 때 이 모든 것을 의심했습니다. 옥녀봉에 달이 걸려 있는 모습을 보고 옥녀봉에 가면 잡을 수 있을 것 같았는데 그렇지 않았죠. 그래서 대종사의 발심을 관천기의상이라 했습니다. 인간의 고통을 보고 발심한 것이 아니라 자연현상을 보고 발심했습니다.

부처는 고를 해결하기 위해서 설산고행 하다가 보리수나무 아래에서 대각했죠. 그러나 대종사께서는 우주 자연을 보고 의심을 했습니다. 한번은 어머니가 밥을 하다가 솥뚜껑을 열어보니 김이 밥솥에서 훅 올라왔습니다. 집집마다 밥을 하여 김이 하늘로 올라가니까 구름이 되었구나, 이 정도로만 생각해도 마음이 편안해졌습니다. 이러한 생각들을 바탕하여 의심이 깊어졌습니다. 의심이 깊어지고 생각이 깊어지니 5년 동안 삼밭재에서 끊임없이 기도할 수 있었죠. 그 이치를 알려는 노력을 한 것입니다.

다시 말하지만, 대종사와 부처의 수도는 근본적인 부분은 같지만 시작에 있어서 다릅니다. 부처는 인생의 고통을 해결하기 위해 깨닫고 법을 설했습니다. 그 법은 고집멸도 사성제입니다. '인생은 고다, 그럼 고는 어디서 오는가? 집에서 온다. 집이 원인이다. 그리고 집은 육바라밀을 통해서 멸해야 한다' 이렇게 인생을 고로 보셨습니다. 반면 대종사께서는 일원상 서원문에서 우주의 성·주·괴·공과 만물의 생·로·병·사의 변화를 자연의 공도로 보셨습니다. 생·로·병·사를 고로 본 것이 아니라, 자연스럽게 흐르는 이치로 보시고 자연에 순응해야 한다고 하셨습니다.

생·로·병·사의 해탈은 부처는 '고'이지만 대종사는 '순응'하라고 하십니다. 그냥 잘 따르면 된답니다. '업이 나에게 오면 왔나 보구나, 같이 있다가 가는 것이다'라고 생각하면 쉽습니다. 부처는 태어난 자체를 고라고 하셨죠, 생·로·병·사는 인간이 따라야 할 자연의 공도입니다. 여덟 가지 고 중에서 네 가지가 더 있는데 애별리고愛別離苦, 구불득고求不得苦, 원증회고怨憎會苦, 오온성고五陰盛苦가 그것입니다. 애별리고는 사랑하는 사람이 떠나는 이별입니다. 사람들은 사랑해서 결혼을 합니다. 하지만 이것은 순간적인 마음이기도 합니다. 조금 있으면 좋아하는 대상이 다시 생깁니다. 없어졌다, 생겼다 하는 것이 살다 보면 자동적으로 생깁니다. 춘향전에 이별하는 장면이 있습니다. 방자가 하는 말이 "왜 그리 이별을 오래합니까?" 이별이라는 것은 '너 잘 있거라, 나 잘 간다' 하면 끝나는 것인데, 그것을 보면 애별리고를 알 수 있습니다. 구불득고는 얻고자 하는 것을 얻지 못하는 것이 고통이라는 뜻입니다. 저도 말년에 퇴임하고 구불득고가 생기려는 징조가 보입니다. 원증회

고는 원수를 만나는 것입니다. 살다 보면 보기 싫은 사람이 있어요. 그런 사람 만나는 것, 그것이 고입니다. 오온성고는 욕심이 치성하는 것입니다. 누구에게나 다 있어요. 프로이트는 인간은 어린 시절부터 성욕이라는 기본 욕구를 갖고 있다고 합니다. 이런 것이 이루어지지 않을 때 오는 것이 바로 오음성고입니다. 이것을 정리해서 부처께서는 팔고라고 하셨습니다. '고'에서 시작한 것을 어떻게 해결할 것인가, 하는 것이 가장 기본 틀입니다. 대종사께서는 인생에 고만 있는 것이 아니라 고와 낙이 함께 있다고 하셨습니다. 삶이 힘든 이유는 고락의 종류를 모르기 때문입니다. 고락의 종류만 알면 인간이 직면하는 문제를 다 해결할 수 있습니다.

첫째, 현재 고락의 과거 원인에 대한 분류입니다. 고든 낙이든 지금 느끼는 게 있죠. 분명히 그것은 과거에 원인이 있습니다. 원인이 있어서 고락을 느낍니다. 우연히 받는 고락과 지어서 받는 고락으로 구분합니다. 우연한 고락은 원인을 모르는 고입니다. 우연한 낙은 원인을 모르는 낙이겠죠. 지어서 받는 고락은 원인을 아는 고이고, 지어서 받는 낙은 원인을 아는 낙 이렇게 4가지가 있습니다. 그러나 성가 중에 '우연히 받는 고락 어디 있으랴. 알고 보면 지어 받는 고락이니라'라는 말이 있습니다. 알고 보면 과거에 지어서 받는 고락이지 짓지 않은 것은 없습니다. 우연히 받는 고락이 대부분 차지하고 있지만 그 원인을 모르는 경우도 많습니다.

둘째, 현재 고락의 가치에 따른 고락입니다. 순간순간 잘 살펴보세요. 현재 고락이 가치 있는가, 없는가에 따라 고락이 완전히 달라집니다. '가치'에는 정의, 불의, 시비 이해 등의 명제가 따라 붙습니다. 가치가 있는 것은 정의, 시是, 이利이고, 가치가 없는 것은 불의, 비非, 해害입니다. 가치에 따라서 지금 내가 받고 있는 고락을 분석해봅시다. 정당한 고락, 부정당한 고락으로 나눠봅니다. 정당한 고는 고가 변해서 낙이 됩니다. 낙이 될 고는 정당한 고입니다. 낙이 변해서 낙이 될 낙은 정당한 낙입니다. 부정당한 고락은 고가 변해서 고가 되는 고, 낙이 변해서 고가 될 낙입니다. 세밀하게 분석해보세요. 그래서 현재 내가 순간순간 느끼며 지나간 그것이 정당한가 부정당한가? 그 순간에 따라 고락이 변화됩니다.

셋째, 현재 고락의 미래 변화에 따른 분류입니다. 고락에도 과거, 현재, 미래가 있습니다. 그래서 삼세 인과 이치로 고락을 보셨습니다. 불생불멸과 인과보응의 관점으로 고락을 보셨습니다. 여러 가지 종류가 나오는 겁니다. 변하는 고락과 영원한 고락으로 미래 변화에 따라 변화함을 정리했습니다. 영원한 고락에서 영원한 고는 고가 변해서 고가 될 고, 영원한 낙은 낙이 변해서 낙이 될 낙, 변하는 고는 고가 변해서 낙이 될 고, 변화하는 낙은 낙이 변해서 고가 될 낙입니다.

여기에서 우리가 해야 할 공부가 있습니다. 12가지로 고락의 변화가 일어납니다. 12가지의 변화를 어디에 두고 분석했는가 하면 현재 고락을 보고 변화를 예측했습니다. 불생불멸과 인과보응의 이치를 바탕으로 한 것입니다. 인과보응의 이치로 볼 때 고락이 천차만별로 변한다는 것을 고락의 법문에서 설명했습니다. 고를 낙으로 변화시키고 낙을 낙으로 만들기 위한 것이 목적입니다. 대종사께서 처음에 고락을 설명할 때 좋아하는 것과 싫어하는 것 두 가지로 말씀하셨죠. 사람들이 싫어하는 것은 고는 고가 되고 낙이 고가 되는 것이고, 좋아하는 것은 고가 낙이 되고 낙은 낙이 되는 것입니다. 이것을 일원상 서원문에서 '은생어해는 될지언정 해생어은은 되지 말자'라고 한 것과 같습니다. 대종사의 위대함을 느끼게 합니다. 고락의 종류에서 확실히 공부해야 됩니다. 고가 낙이 되고 낙이 낙이 되도록 해야 합니다. 그러기 위해서 정당한 고락은 계속 수용하고, 정당하지 않은 낙은 수용하면 안 됩니다. 이렇게 공부를 할 때 싫어하는 고는 멀리하고 좋아하는 고를 가까이 할 수 있는 원리와 방법을 찾아볼 수 있습니다.

낙을 버리고 고로 들어가는 원인
1. 고락의 근원을 알지 못함이요,
2. 가령 안다 할지라도 실행이 없는 연고요,
3. 보는 대로 듣는 대로 생각나는 대로 자행 자지로 육신과 정신을 아무 예산 없이 양성하여 철석 같이 굳은 연고요,
4. 육신과 정신을 법으로 질박서어 나쁜 습관을 제거하고 정당한 법으로 단련하여 기질 변화가 분명히 되기까지 공부를 완전히 아니한 연고요,
5. 응용하는 가운데 수고 없이 속히 하고자 함이니라.

다음은 낙을 버리고 고로 들어가는 원인에 대한 말씀입니다. 원인의 첫째는 고락의 원인을 모르기 때문입니다. 이것은 무지의 소치입니다. 인과의 이치지만 나의 심신 작용에 따라 고락이 변하는 것인데 그 이치를 모르는 겁니다. 인과의 이치를 확실히 알고 보면 고락은 자기 손바닥에 있습니다. 자연히 해결됩니다. 그래서 '고를 버리고 낙으로 들어간다'고 하셨습니다.

두 번째 '가령 안다 할지라도 실행이 없는 연고요'라고 하셨죠. 이것은 실천이 없는 소치입니다. 낙을 원하면서도 고로 들어가는 까닭을 실천하지 못하기 때문입니다. 실천을 못한다는 것은 고를 잘 받아서 녹여내는 공부를

하지 못하는 까닭입니다. 고를 자기 마음속에서 녹여내야 하는데 그것을 하지 못하니까 고를 버리고 낙에 들어가지 못합니다. 낙에 넘치지 말아야 하는데 낙에 빠져버립니다. 넘치는 낙이 변하여 고가 됩니다. 이런 실천을 통해서 고로 들어가지 않고 낙을 수용하는 사람이 되어야 합니다.

세 번째 '보는 대로 듣는 대로 생각나는 대로 자행 자지로 육신과 정신을 아무 예산 없이 양성하여 철석 같이 굳은 연고요'라고 하셨습니다. 이것은 습관의 소치입니다. 철석같이 굳은 습관 때문에 낙을 버리고 고로 들어갑니다. 이것이 쉬운 듯하지만 쉽지 않습니다. 습관 하나 고치는 것이 절대로 쉽지 않다는 걸 우리는 잘 알고 있습니다.

네 번째 '육신과 정신을 법으로 질박아서 나쁜 습관을 제거하고 정당한 법으로 단련하여 기질 변화가 분명히 되기까지 공부를 완전히 아니한 연고요'라고 하셨습니다. 이는 기질 변화가 되지 않은 소치입니다. 수양에는 심성 수양과 기질 수양이 있습니다. 기질을 바꾼다는 것은 굳은 습관을 바꾸는 것입니다. 공부하는 사람의 궁극적인 목표는 기질 변화인데, 이것이 쉽지 않습니다. 제가 출가 당시의 기질과 지금의 기질을 비교해봤습니다. 저는 어렸을 때 사교성이 많이 부족했습니다. 하지만 지금은 사람들이 저에게 사회성이 없다는 말을 하지 않습니다. 제 기질이 바뀐 것입니다. 기질이 바뀌지 않았다면 지금까지 헛공부한 것입니다. 도가에 들어와서 기질을 바꾸지 못하면 정말 슬픈 거죠.

다섯째 '응용하는 가운데 수고 없이 속히 하고자 함이니라'고 하셨습니다. 이는 욕속심*의 결과입니다. 욕속심을 제거하기 위해서는 공을 들여야 합니다. 사회적으로 '내공을 기른다'고 표현합니다. 2014년 남북회담 때 국

---

* 무언가를 빨리 이루려고 하는 욕심.

정원 직원이 우리 차에 탔습니다. 다 끝나고 서울로 돌아와서 종교인 4명에게만 명함을 주었습니다. 원래 국정원 직원들은 인연 관계에 칼 같습니다. 그런 분들이 우리 차에 내공이 쌓인 분들 네 분이 함께 하셔서 차를 운용하고 시간을 잘 맞추게 되어서 감사하다며 명함을 줬습니다. 내공을 쌓아서 자신을 변화시켜야지 욕속심을 가지고 하려고 하면 반드시 실패합니다. 낙을 버리고 고로 들어가는 마지막을 경계하신 것이 이것입니다.

고락의 공부 방법에 대해 살펴보겠습니다. 정당한 고락과 변하는 고를 잘 수용합시다. 변하는 고는 수용하고 변하는 낙을 수용해서는 안 됩니다. 우리의 공부법은 확실합니다. 정당한 고락, 변하는 고도 잘 수용해야 합니다. 우선 고를 내치지 말고 잘 수용하세요. 그러면 그 고가 변하여 낙이 됩니다. 이 두 가지는 고락을 통한 적극적 대처 방법입니다. 피하지 말고 정면 승부를 해보세요.

두 번째로 소극적 방법이 있습니다. 부정당한 고락을 멀리하고 변하는 낙도 즐기지 말아야 합니다. 부정당한 고락을 수용하면 강급으로 갑니다.

세 번째로 집단적 고락과 개인적 고락에 대한 이해가 있어야 합니다. 한 예로 세월호는 집단적으로 일어난 고의 사건입니다. 국가가 집단적으로 고에 떨어지니까 그 집단의 모든 사람이 고통을 느낍니다. 영화 〈명량〉이 뜨게 된 까닭이 그 당시에 필요했던 지도자의 부재 현상을 〈명량〉을 통해서 대리 만족하게 된 거라는 얘기가 있습니다. 그래서 개인적 고락은 집단적 고락과 함께합니다. 개인이 아무리 즐겁다 하더라도 집단이 고통스러우면 작은 즐거움에 그칩니다. 진정한 낙이 아니죠. 그래서 이치를 확실히 알아서 전체적으로 실행해가야 합니다. 집단의 운영을 어떻게 하느냐에 따라 개인의 고락

내지는 집단의 고락이 달려 있습니다. 그래서 우리는 항상 진화, 진급의 방향으로 낙을 불러오고 긍정적으로 나아가야 합니다. 대종사께서 사은을 내놓으신 까닭이 상극의 세계를 상생으로 바꾸기 위해서입니다. 그러기 위해서는 사은의 윤리가 필요합니다. 삼학 공부를 하는 것도 사은 상생의 윤리를 실천하는 데 필요해서입니다. 집단적 고락과 개인적 고락에 대한 것을 분명히 하여 실천해야 합니다.

　고락에 대한 법문을 마치겠습니다. 개개인이 가진 시각에 따라 관점이 형성됩니다. 우리들 삶에 있어 고락관은 대종사께서 밝혀주신 것을 바탕으로 실천해가려는 의지와 노력이 필요합니다.

15장

아픈 세상은 어떻게 치유되는가?

– 병든 사회와 그 치료법

사람도 병이 들어 낫지 못하면 불구자가 되든지 혹은 폐인이 되든지 혹은 죽기까지도 하는 것과 같이, 한 사회도 병이 들었으나 그 지도자가 병든 줄을 알지 못한다든지 설사 안다 할 지라도 치료의 성의가 없다든지 하여 그 시일이 오래되고 보면 그 사회는 불완전한 사회가 될 것이며, 혹은 부패한 사회가 될 수도 있으며, 혹은 파멸의 사회가 될 수도 있나니, 한 사회 가 병들어가는 증거를 대강 들어 말하자면 각자가 서로 자기 잘못은 알지 못하고 다른 사람 의 잘못하는 것만 많이 드러내는 것이며, 또는 부정당한 의뢰 생활을 하는 것이며, 또는 지 도 받을 자리에서 정당한 지도를 잘 받지 아니하는 것이며, 또는 지도할 자리에서 정당한 지 도로써 교화할 줄을 모르는 것이며, 또는 착한 사람은 찬성하고 악한 사람은 불쌍히 여기며, 이로운 것은 저 사람에게 주고 해로운 것은 내가 가지며, 편안한 것은 저 사람을 주고 괴로 운 것은 내가 가지는 등의 공익심이 없는 연고이니, 이 병을 치료하기로 하면 자기의 잘못을 항상 조사할 것이며, 부정당한 의뢰 생활을 하지 말 것이며, 지도 받을 자리에서 정당한 지 도를 잘 받을 것이며, 지도할 자리에서 정당한 지도로써 교화를 잘 할 것이며, 자리(自利) 주의를 버리고 이타 주의로 나아가면 그 치료가 잘 될 것이며 따라서 그 병이 완쾌되는 동시에 건전하고 평화한 사회가 될 것이니라.

대종사께서는 '병든 사람과 그 치료법'이라 안하시고 '병든 사회와 그 치료법'이라 하셨습니다. 오늘은 '사회'를 강조하신 이유를 세밀하게 살펴보겠습니다. 사회를 건전하게 만들면 결론적으로 사람들의 생활도 건전해지고 행복해집니다. 대종사께서 사회학을 하신 어른은 아니죠. 하지만 사회를 본 관점이 분명하셨습니다.

사회학에서 말하는 '사회를 보는 관점'에는 두 가지가 있습니다. 바로 사회명목론과 사회실재론입니다. 어느 것이 맞는지에 대해서는 사회학에서도 확실한 결론이 나지 않았습니다. 하지만 사회를 보는 관점은 대체적으로 이두 가지로 나뉩니다. 명목론은 사회는 개인의 집합에 불과하다고 주장합니다. 개인일 때는 사회라고 안 합니다. 사람과 사람이 만나야 사회가 이루어집니다. 대인 관계 속에서 사회가 형성됩니다. 이렇게 형성된 사회는 개인의 집합에 불과합니다. 그래서 개인이 흩어지면 사회는 없어집니다. 사회명목론에서 사회는 개인의 집합에 불과한 것으로 사회가 어떤 영향력도 미치지 못한다는 주장을 내포하고 있습니다. 개인이 모인 사회라는 명목, 즉 이름만 있습니다. 어떤 개인에게 영향력을 행사하지 못하고 개인들이 집합해서 모여진것이 사회라고 보는 것입니다. 실재론은 사회는 개인이 모여서 집합, 형성되었지만 사회라고 하는 존재가 실재한다는 주장입니다. 즉, 사회는 실재하고 실제로 있습니다. 그래서 개인에게 막대한 영향력을 행사합니다.

542

사회명목론과 사회실재론 중 '병든 사회와 그 치료법'은 어디에 근거한 법문일까요? 실재론입니다. 사회가 개인에게 영향력을 행사한다는 입장입니다. 개인에게 도움을 주기도 하고 잘못했을 때는 구속하기도 합니다. 이것이 사회의 역할입니다. 그래서 실재론적 입장에서 볼 때 사회도 하나의 사회불社會佛입니다. 사요 강의할 때, 사요는 인간불에 대한 불공 방법이라고 여러 번 강조했습니다. 그래서 우주 만유 삼라만상 전체가 다 사은의 보은 불공 대상이 된다는 말입니다.

대종사께서는 그중에서도 사요를 말씀하셨어요. 그러면 우주 만유 당처불 중에서 가장 권능이 뛰어난 인간에게 어떻게 불공할 것이냐. 인간 불공을 제시해주신 것이 바로 사요라는 설명은 했습니다. 여기에서 사람들이 모이면 사회라고 한다죠? 사회명목론의 입장에서 볼 때 사회불은 인간에게 아무런 영향력을 행사하지 못합니다. 그런데 실재론적 입장에서 볼 때, 사회도 엄연한 하나의 존재라서 영향력 행사는 물론 도움도 주고 구속도 합니다. 사회불이라는 단어가 성립되는 근거이지요. 이 사회불에 대한 불공의 방법을 제시한 것이 '사요'입니다.

병든 사회의 증상에 대해 말씀드리겠습니다. 병든 사회와 그 치료법 앞부분에 '병든 사회의 증상'에 대해 세 가지로 말씀하셨습니다.

첫째, '불완전한 사회가 된다'입니다. 이 말은 사회의 안정이 깨어진다는 말입니다. 가정은 대체로 '편안함', '보금자리'와 같은 느낌을 줍니다. 집에 가면 아버지, 어머니가 계시고 할아버지도 계실 수도 있고 형제도 있습니다. 가정이 실제로 보금자리가 되면 편안해집니다. 가정은 들어가서 쉬는 장소가 됩니다. 그런데 병든 사회가 되면 상황이 달라집니다. 안정된 보금자리가 깨집니다. 꼭 가정만이 아니라 조직이나 단체 등 모두의 안정이 깨어집니다. 그래서 불안정한 가정이 되고, 불안정한 조직이 되고, 불안정한 국가, 사회가 되는 병든 사회의 증상을 말씀하신 것입니다.

우리 사회를 한번 살펴봅시다. 지난 세월호 사건 이후에 우리 사회가 안정이 되었나요? 안정이 되지 않았어요. '세월호'라는 한 사건이 국가와 사회, 불안하게 만들었죠? 이게 바로 대종사께서 보신 병든 사회의 증상입니다. 지도자가 잘못했든지 조직적인 움직임이 없었든지 여러 가지 원인이 있겠죠. 그런 원인들에 의해 사회가 안정되지 못하고 병들어버렸습니다. 불완전한 사회의 증상을 병든 증상으로 내다보셨고, 그렇게 안정성이 깨진 상황을 병든 사회의 첫 번째 증상이라 볼 수 있습니다.

두 번째, 부패한 사회가 된다고 하셨습니다. 부패의 반대는 청렴입니다. 깨끗하지 못한 것입니다. 후진국일수록 부패 현상이 심하고, 선진국일수록 부패 없는 청렴한 사회, 깨끗한 사회가 됩니다. 조직과 단체가 건전하려면 정직한 사회가 되어야 합니다. 또 정직이 통하는 사회가 되어야 합니다. 정직이 통하지 않으면 그 사회는 부패합니다. 병든 사회가 되는 것입니다. 부정부패를 경고하신 것이라고 볼 수 있습니다. 부패한 사회에서는 돈이 잘 통합니다. 돈만 주면 안 되는 일이 없어요. 어떤 분이 중국이나 인도에서 사업을 할 때 공무원들을 상대하다 보면 '되는 일도 없고 안 되는 일도 없다'고 합니다. 규칙이 없이 돈으로 협상을 하는 거죠. 이런 사회가 병든 사회입니다. 대종사께서 왜 원불교를 이 땅에 창교하셨는가? 부패한 사회를 깨끗한 사회, 청렴한 사회로 만들기 위해서입니다. 저도 군대 생활을 34개월 했습니다. 군대에 가서 좋은 것도 배우지만 안 좋은 것도 배웁니다. 군대에선 돈만 주면 안 되는 것이 없던 시절도 있었습니다. 부패한 조직인 거죠. 앞서

544

중국과 인도의 예를 들었지만 되는 일은 정확하게 돼야 합니다. 또 안 되는 일은 안 된다고 말해야 합니다. 원리와 원칙에 입각해서 되는 일은 되고 안 되는 일은 안 되어야 합니다. 원리 원칙이 정립된 사회, 그런 사회를 우리는 부패하지 않은 사회라고 볼 수 있습니다.

세 번째, 파멸의 사회가 된다고 하셨어요. 사회가 완전히 무너지고, 부서지고, 깨져서 파멸됩니다. 그래서 결국 파멸의 사회로 되는 거죠. 그래서 대종사께서는 병든 사회의 증상을 세 가지로 제시하셨습니다.

그렇다면 대종사께서 말씀하신 병든 사회의 증상은 어떤가? 총 다섯 가지로 말씀하셨습니다.

병든 사회의 증상 첫째는 각자가 서로 자기 잘못은 알지 못하고 다른 사람의 잘못만 드러내는 것입니다. 이러한 일은 살다 보면 흔히 있는 일입니다. 자기 잘못은 알지 못하고 상대방에게 그 잘못을 전가하는 겁니다. 세상에는 이런 일이 많죠. 원불교 교법으로는 이러한 것을 원망병, 즉 다른 사람을 원망하는 병이라고 합니다. 사회가 건전하려면 이 원망병이 사라져야 합니다. 다른 사람의 잘못을 자꾸 드러내고 잘못을 전가하는 현상들이 나타나면 그 사회는 병든 사회입니다.

병든 사회의 증상 두 번째는 부정당한 의뢰 생활을 하는 것입니다. 한 예로 제가 서울의 작은 병원에 가서 법회를 보고 왔어요. 서울대학교 원불교 학생회를 '서원회'라고 합니다. 서원회를 졸업하면 대학원인 '대원회'로 편입됩니다. 대원회 회원들끼리 모여서 운영을 하는데 거기서 법회를 보고 왔습니다. 법회 후 저녁 식사를 하면서 대화한 내용입니다. 대원회 멤버 한 명이 이슬람 국가를 자주 간답니다. 이슬람 국가에 가서 일원상 서원문에 밝혀 주신 '은생어해 해생어은'을 온몸으로 느꼈답니다. 체험해보지 않은 사람은 모를 것이라고 해요. 자기는 뼈저리게 느꼈다는 것을 강조했습니다.

　이슬람 국가인 중동은 석유가 많이 납니다. 그 석유로 돈을 버니 돈이 많습니다. 그 석유를 팔아먹고 사는 나라들은 모든 국민들이 다 놀고먹는답니다. 그래서 이슬람 국가에 외국인 노동자들이 엄청나게 들어와 일을 합니다. 일을 하지 않고 그냥 살면 어떻게 되겠어요? 은생어해인가요? 해생어은인가요? 그건 해생어은입니다. 석유가 나오는 것은 은혜입니다. 하지만 그 은혜로움이 결국은 무엇으로 변하게 되나요. 해가 되겠죠? 그 젊은 대원회 회원이 '부정당한 의뢰'가 일상적으로 통하는 것을 보고 이 이치를 실감했다는 것입니다. 부정당한 의뢰 생활을 하면 사람들마다 개인의 능력이 사장되어버립니다. 개인의 능력이 더 개발되어야 하는데 그렇게 되지 않습니다. 교무들도 마찬가지입니다. 출가식을 한 후 어떤 곳으로 발령을 받느냐에 따라 개인의 능력이 최대한 발휘될 수도 있고, 사장될 수도 있습니다. '인력 소모 현상'이라고 있습니다. 저는 소모 인력입니다. 교무 퇴임을 하면 일을 하지 않게 되잖아요. 직업이 없습니다. 그때부터 교단에서 부양해줘야 하니 소모 인력인 겁니다. 그나마 이런 정전 강의를 통해 소모 인력이 조금이나마 경제활동을 하고 있습니다. 우리는 소모 인력이 되면 안 됩니다. 우리는 교단을 위해서 죽을 때까지 공헌하고 노력해야 합니다. 선택해서 가는 인사 발령이 아닙니다만 인사 발령이 난 곳에 가서는 어떻게든지 소모 인력이 되지 않도록 노력해야 합니다. 그것은 교단에 빚지는 일입니다. 맡은 일에 최선을 다하며 교단에 공헌해야 합니다. 그것이 부정당한 의뢰 생활을 하지 않는 것입니다. 저는 출가식 이후 지금까지 한 번도 휴무를 안했고, 휴양도 안 해봤습니다. 교단에 들어온 이상 공중사라는 것이 얼마나 소중하고 공금이 얼마나 소중한지를 알아서 부정당한 의뢰 생활을 하지 않는 것입니다.

　세 번째 증상은 '지도 받을 자리에 정당한 지도를 받지 않는 것'입니다. 지도 받을 자리에 정당한 지도를 받지 않으면 지자의 능력이 사장됩니다. 반대로 지도 받을 자리가 됐을 때 지도를 받으면 지자가 됩니다. 지도 받을 자리나 배울 자리가 있을 때, 배워야 하는 것을 배우지 않으면 결국 지자의 능력은 사장되어 지자 노릇을 못하게 됩니다. '지도 받을 자리에서 지도를 잘 받자'는 말을 현대적으로 표현하면 '엑설런스형 인간'을 만드는 겁니다. 제가 이 강의를 준비하기 위해 과거에 알았던 것을 상기하기도 하지만 다시 연마하며 새롭게 느껴지는 부분도 있습니다. 그러니 강의를 할수록 자꾸 능력이 더 개발됩니다. 이러다 보면 원불교 내에서 정전 강의에 있어서는 '강의 괜찮게 하는 사람'으로 인정받게 됩니다. 지도 받을 자리에 확실하게 지도를 받아버리면 진리는 그 사람을 더 키워줍니다. 더 잘하는 사람으로 만들어줍니다. 엑설런스형 인간이 되어 수월성이 점차 커져갑니다. 그 분야의 우수성이 키워집니다. 그런데 지도 받을 자리에 지도를 받지 않기 때문에 엑설런스형 인간이 사장됩니다. 부정당한 의뢰 생활은 개인의 능력을 사장시키죠? 지도 받을 자리에서 지도를 받지 않으면 수월성과 지자의 능력이 사장됩니다. 그러면 사회는 퇴보의 길을 걷기 마련입니다.

　네 번째 병의 증상은 '지도할 자리에 정당한 지도로 교화를 할 줄 모르는 병'입니다. 지도할 위치에 있을 경우에는 확실하게 지도를 해야겠죠. 지도할 자리에 정당한 지도로 교화할 줄 모르는 것은 관료의식 때문입니다. 윗사람이 가르치려 할 때 아랫사람이 지도를 받지 않으려는 경향도 있어요. 하지만 가르칠 위치에서는 무조건 가르쳐야 합니다. 제가 교정원장을 할 때 총부 식당에서 점심 식사를 합니다. 식당에 가면 간부급 교무들이 앉는 자리가 있어요. 저는 젊은 사람들과 앉아서 이야기도 나누고 싶은데, 자리가 정해져 있다 보니 어쩔 때는 저 혼자 밥을 먹기도 합니다. 참 딱하죠. 자리가 비어 있어도 와서 앉지를 않아요. 그 자리에 앉으면 시비를 듣기 때문에 안 앉는다는 것을 알았습니다. 그 사실과 분위기를 알고 나니 좀 속이 상하기도 하고 쓸쓸하기도 했습니다. 그럴 필요가 뭐가 있을까? 밥 먹는데 자리가 뭐가 그리 중요할까? 어디 앉으면 어떻습니까? 자꾸 젊은 사람들과 함께 해야 하는데, 나이 먹었다고, 또 간부라고 자리를 정해놓으니 자꾸 외로워지는 면도 있습니다. 외롭지 않으려면 결국 스스로 내려가야 합니다. 그래서 확실한 지도를 하자는 것입니다.

다섯 번째는 '공익심이 없는 병'입니다. 공익심이 없는 병을 세 가지로 제시하셨습니다. 착한 사람은 칭찬해주고, 악한 사람은 불쌍히 여기라는 말씀입니다. 다시 말해 선한 사람을 '잘한다'고 칭찬하라는 것이죠. 그다음 '악한 사람은 불쌍히 여기라'입니다. '에잇, 저 사람 잘못하니까 마음이 고소하다. 지가 그러면 그렇지' 하는 마음이 생길 수 있습니다. 동지들 간에도 상대심이 나서 그런 마음이 나옵니다. 대종사께서는 '공익심'이 없기 때문에 그런 마음이 일어난다고 하셨습니다. 공익심이 없는 것이 병든 사회의 중요한 증상 중의 하나입니다. 대인 관계를 살피는 건 간단합니다. 법문에 밝혀주신 것처럼 잘하는 사람은 '잘한다'고 말해주면 됩니다. 용기 있게 잘하는 사람을 보면 '너 진짜 잘한다. 정말 잘한다' 이렇게 북돋아주면 됩니다. 못하는 사람은 고소하게 여기지 말고 불쌍히 여겨서 자비를 베풀어야 합니다. 부처의 슬픔은 잘못하는 중생들을 볼 때 나는 마음입니다. 잘못하는 중생들, 악한 사람을 불쌍히 여기고 슬퍼하시는 겁니다.

548

그다음 본분에서 '이로운 것은 저 사람에게 주고 해로운 것은 내가 가지며'라고 했습니다. 병이 든 사회에서는 이로운 것을 내가 가져와버립니다. 반대로 하면 사회의 병이 낫습니다. 부처께서는 자해自害 해라 그러셨습니다. 자해타리自害他利 하라는 것이죠. 그런데 진리에서 볼 때는 자해가 자리가 됩니다. 자해를 자리 삼는 공부, 즉 자해를 자리 삼을 줄 알아야만 실천이 가능합니다. 사회적 분위기가 자해타리로 나가야 건전한 사회가 되며, 자리타해가 되면 계속 병든 사회일 수밖에 없습니다.

또 '편안한 것은 저 사람에게 주고 괴로운 것은 내가 갖자'고 하셨습니다. 공익심을 구체적으로 말씀하신 겁니다. 편안한 것은 상대방에게 돌려주고 괴로운 것은 내가 담당하는 것입니다. 이 공익심을 바로 신앙 행위의 극치라고 봅니다.

이제 **병든 사회의 치료 방법**을 살펴보겠습니다.

자기 잘못을 항상 대조하는 것입니다. 이 말은 대외 관계에서 잘못을 상대방에게 전가시키지 말자는 것입니다. 세상을 바르게 하는 기초가 스스로를 먼저 바르게 하는 것입니다. 그래서 자기 잘못을 항상 대조하라는 것인데 이 말을 역으로 해석하면 대외 관계에서 '항상 감사하라'입니다. '감사'야말로 원망병의 근본적인 치료 방법입니다. 교단에서도 감사할 자리에서 감사하지 못하고 원망만 하며 평생을 사는 사람이 있습니다. 사람이니 살다 보면 자기도 모르게 그렇게 되기도 합니다. 원망하는 것이 습관이 된 사람은 늘 원망할 거리를 찾습니다. 작은 것이라도 찾아서 원망합니다.

그래서 병든 사회의 가장 근원적 치료 방법이 바로 '감사'입니다. '은혜의 핵을 터트리라'는 말입니다. 대종사께서는 '은혜의 성자'십니다. 은혜의 성자로 이 땅에 오셔서 우리에게 가르친 것, 세상 병을 치료하기 위해 가르친 것이 바로 '감사'입니다. 이 '감사'라는 처방전을 통해 세상 병을 바루게 하셨습니다. 그래서 감사는 약재입니다. 인생의 요도는 약재일까요, 의술일까요? 인생의 요도는 사은·사요로 약재이죠. 공부의 요도는 삼학·팔조로 의술이고요. 감사라는 약재를 가지고 세상 병을 치료하려고 하신 건 대종사의 포부이기도 합니다.

치료 방법 두 번째는 '부정당한 의뢰 생활을 하지 말자'입니다. 자력 양성을 말하고 있습니다. 개인적인 자력은 물론 집단적인 자력도 포함합니다. 자력의 반대 개념은 의뢰입니다. 여기에는 정당한 의뢰가 있고 부정당한 의뢰가 있습니다. 정당한 의뢰는 어떤 것입니까? 아팠을 때나 어렸을 때는 자력이 없습니다. 이때는 부모에게 의뢰할 수밖에 없습니다. 반면 부모는 점차 늙어가니 자력이 없어져갑니다. 그럴 때도 정당한 의뢰입니다. 자력으로 할 수 있는데 의뢰를 하는 것이 부정당한 의뢰입니다. 이 의뢰가 많아지면 세상도 병이 듭니다. 부정당한 의뢰를 하지 않으려면 자기 불공을 열심히 해야 합니다. 방 청소는 물론 빨래 등도 자력으로 하려고 노력해야 합니다. 과거 교구장, 교정원장, 원광학원이사장 할 때는 방 청소는 물론 빨래까지 누가 다 해줬어요. 그런데 퇴직을 하니, 모든 것을 스스로 해야 해요. 그때 많이 배워두었으면 퇴직 후에도 혼자 할 수 있었을 것인데, 한참 후에야 그걸 다 배웠습니다. 스스로 할 줄 아니까 지금은 사는 것이 아주 편해졌습니다. 부정당한 의뢰 생활을 하지 않는 사람이 많으면 많을수록 그 사회는 건전한 사회로 향합니다. 그래서 자기 불공도 열심히 하면서 자력으로 할 수 있을 때까지는 최대한 해야 상대도 편안합니다. 그렇게 되면 상대 불공도 됩니다. 원불교 교단에 선거가 있습니다. 선거를 하면 좋지 않은 말이 어디서 나오는지 알게 됩니다. 바로 같이 근무했던 사람에게서 나옵니다. 같이 생활해봤으니 다 알게 되잖아요. 그래서 좋은 말도 가까운 사람에게서 나오고, 좋지 않은 말도 가까운 사람에게서 나옵니다. 그러니 부정당한 의뢰 생활을 하지 말아야 합니다. 저는 지방에 법회를 갈 때도 되도록 교당에 의뢰하지 않으려고 합니다. 자력으로 갔다가 자력으로 오려고 합니다. 교당에 있는 교무들에게 불편을 드리지 않기 위한 저의 불공법입니다. 또 가서도 응접에 신경 쓰이게 하면 안 됩니다. 힘들게 하면 다음부터 안 부릅니다. 사소한 것 같지만 정당한 의뢰와 부정당한 의뢰의 차이가 이렇게 큽니다. 의뢰 생활을 하지 않아야 치료가 됩니다.

세 번째 치료 방법은 '지도 받을 자리에 정당한 지도를 잘 받을 것이며'입니다. 사요에서 지자 본위를 제대로 잘하라고 하셨습니다. 계급, 직위, 자본에 끌리지 말고 지자 본위를 제대로 하자는 것입니다. 또한 이 치료 방법은 선천 시대에 생겨난 모든 조직과 제도, 질서 등의 요소를 모두 깨버리는 겁니다. 깨버리지 않고는 절대 지자 본위가 안 됩니다. 어떤 분은 사람을 잘 키우고, 어떤 분은 사람을 못 키워냅니다. 스스로 한번 고민해봐야 합니다. 나는 사람을 잘 키우는 사람인가? 잘못 키우는 사람인가? 사람을 잘 키우는 사람은 다른 사람의 재주를 자기 재주로 삼을 줄 아는 사람입니다. 대종경에 밝혀주셨듯이 '세상에서 가장 큰 재주는 다른 사람의 재주를 내 재주로 삼는 것'이라고 했습니다. 사람을 어떻게 잘 키울 것인가? 지자 본위를 확실하게 하는 겁니다. 교화 현장에서도 조직의 구성원들 중에서 키울 사람은 잘 키워내야 합니다. 교단에서도 제일 중요한 것이 인재를 키우는 일입니다. 인재를 키우는 방법은 '지도'입니다. 정당한 자리에서 지도를 잘 받아 사람들을 잘 키워내는 작업, 지자 본위를 잘해서 인재를 키워내야 합니다.

네 번째는 '지도할 자리에 정당한 지도로써 교화를 잘 할 것'이라고 하셨습니다. 이것을 다른 말로 하면 가르치는 불공입니다. 가르치는 불공을 잘 하려면 실력을 갖춰야 합니다. 어떻게 실력을 갖춰야 할까요. 노력을 해야 합니다. 원불교는 일요일마다 법회를 봅니다. 법회를 준비할 때 내가 가진 모든 실력을 총동원해서 준비합니다. 법회 중 20분, 30분 동안 대중에게 감명을 주는 설교를 해야 합니다. 감명을 주지 않는 설교는 하나마나입니다. 설교는 교단의 교화 의식 중 가장 중요한 위치를 차지하고 있습니다. 원불교는 역사가 천단하기 때문에 교화의 가장 핵이 설교가 될 수밖에 없습니다. 설교를 통해 제대로 가르쳐야 합니다. 설교에서 감명을 받으면 법회에 나오지 말라고 해도 나옵니다. 그러니 교도들이 만족할 만한 설교 연마에 모든 실력을 들이대는 노력을 쉬면 안 됩니다. 노력은 바로 실력이니 정당한 지도를 잘 해서 교화해나가야겠습니다.

다섯 번째 치료 방법은 '자리 주의를 버리고 이타 주의로 가는 것'입니다. 공익심을 통해서 병든 사회를 치료하는 겁니다. 이 이타가 바로 자리가 된다는 말씀을 드렸었죠. 다른 사람을 이롭게 하는 것, 그 자체가 바로 내가 이롭게 되는 것입니다. 이타는 절대로 자해가 아닙니다. 인과를 모르는 사람은 이것을 실천하지 못합니다. 그러나 인과를 아는 사람은 이것을 실천할 수 있습니다. 문제는 실천을 하는가 못 하는가입니다. 저 사람이 인과를 깨쳤나 못 깨쳤냐를 결정하는 것이 바로 이것입니다. 실천을 하는 사람은 인과를 아는 사람이고, 실천하지 못하는 사람은 말로만 인과를 안다고 할 뿐입니다. 공익심은 신앙문의 극치라고 말씀드렸는데, 불공의 극치가 바로 공익심이기도 합니다.

마지막으로 병든 사회의 치료 결과는 '건전하고 평화한 사회가 된다'입니다. 이 병든 사회에 제시한 약재를 써서 치료를 하게 되면 건전하고 평화로운 사회가 된다는 말입니다. 이것을 개교의 동기에서는 광대무량한 낙원 세계라고 말씀하셨습니다. 그래서 사은·사요라는 약재는 병든 사회를 치료하는 처방전이 됩니다.

여러분, 예스맨만 있는 사회는 어떻겠어요? 건전한 사회가 될까요? 그렇지 않습니다. 누군가는 '노'라고도 할 수 있어야 합니다. 그래야 가르치게 됩니다. 가르치고 배우는 관계가 '예스'와 '노'의 관계 속에서 이루어집니다. '예스'와 '노'를 함께 활용해서 그 사회를 건전한 사회로 만들어가야겠습니다. 이렇게 하는 것이 '병든 사회와 그 치료법'의 요지이며 결과입니다.

16장
마음과 몸을 함께 학습하다

– 영육 쌍전 법

과거에는 세간 생활을 하고 보면 수도인이 아니라 하므로 수도인 가운데 직업 없이 놀고 먹는 폐풍이 치성하여 개인·가정·사회·국가에 해독이 많이 미쳐 왔으나, 이제부터는 묵은 세상을 새 세상으로 건설하게 되므로 새 세상의 종교는 수도와 생활이 둘이 아닌 산 종교라야할 것이니라. 그러므로, 우리는 제불 조사 정전(正傳)의 심인인 법신불 일원상의 진리와 수양·연구·취사의 삼학으로써 의·식·주를 얻고 의·식·주와 삼학으로써 그 진리를 얻어서영육을 쌍전하여 개인·가정·사회·국가에 도움이 되게 하자는 것이니라.

오늘은 **영육 쌍전 법**을 공부하겠습니다. 영육 쌍전 법의 대의와 강령은 원만한 수도인, 원만한 사회인을 만드는 방법을 제시한 것입니다. 다시 말하면 종교인, 수도인의 모습이 어떠해야 할 것인지에 대한 모델을 제시해주셨습니다. 또 수도를 하지 않고 일반 사회생활을 하는 사람도 스스로를 어떤 모습으로 만들어야 할 것인지, 그 모델을 제시한 장입니다. 또 다른 장으로는 이상적인 인간상이 있습니다. 인간의 모습이 어떠해야 될 것인지 그 이상적인 인간상을 제시한 곳이 바로 영육 쌍전 법입니다.

시대에 따라서 지향하는 인간상은 다를 수 있습니다. 산업사회가 지향하는 인간상은 이성적인 인간상입니다. 산업사회를 살아가는 사람은 아주 강한 자기 이성으로 살아야 됩니다. 그러나 지식 정보사회가 지향하는 인간상은 엑셀런스형 인간입니다. 또한 감성적 인간입니다. 이렇게 시대별로 지향하는 인간상이 다릅니다. 뿐만 아니라 지역적인 특성과 특징에 따라 추구하는 인간상이 다를 수 있습니다. 한국에서 지향하는 인간상, 미국이나 일본, 유럽, 동구권 등에서 지향하는 인간상, 지역적으로 지향하는 인간상이 다를 수 있습니다. 지역과 시대마다 지향하는 인간상이 서로 다른 것은 그 시대, 그 장소가 가진 특수성 때문입니다. 영육 쌍전 법에서 대종사께서 제시한 인간상은 가장 보편적인 인간형입니다. '이렇게 되어야 된다'는 보편적 인간형을 제시해주신 것이 영육 쌍전 법의 대의와 강령이라 할 수 있습니다.

두 번째는 원불교 교법의 혁신적 의미가 강하게 내포되어 있습니다. 영육 쌍전 법에서는 과거 종교인의 병폐증이 지적되어 있습니다. 선천시대 수도인들은 수양에만 치중했습니다. 수도, 즉 영적인 면에만 치중했죠. 영적인 면에 치중했기 때문에 직업 없이 놀고먹는 폐풍이 생겼습니다. 대종사께서 이 점을 지적한 것입니다. 사실 스님, 신부, 목사 등 다른 종교인들에 비해 원불교 교무는 힘든 면이 있습니다. 불가에 '이판사판'이라는 말이 있습니다. 이판승은 선만 잘하면 됩니다. 이판승들은 동·하 3개월 선만 잘하면 제대로 된 이판 스님으로 인정받습니다. 이판 스님은 선만 잘하면 되고, 사판승은 일만 잘하면 됩니다. 무슨 말이냐면, 자기가 맡은 주지나 원주 역할만 잘 하면 된다는 것입니다. 대종사께서는 과거 수도인이 영적에 치중된 이 현상을 치유하겠다고 밝히신 것입니다. 일반 사회인의 경우 육신적인 면에 치중합니다. 종교를 갖지 않고 직장을 갖고 사는 사람들의 생활을 보면 평생 동안 하는 일이 의·식·주 해결을 위한 것입니다. 그래서 종교를 갖지 않고 일반 사회생활을 하는 사람은 '영적인 면'을 등한시하겠죠. 의·식·주를 위해서 평생을 바쳐야 하는 병폐 현상을 대종사께서 영육 쌍전 법에서 지적하셨습니다. 그러면서 당신이 지향하시는 '새 세상의 새 종교는 수도와 생활이 둘이 아닌 종교가 되어야 된다'는 점을 강조하셨습니다. 즉, 산 종교가 되어야 한다는 것과 수도와 생활이 둘이 아니라는 점입니다. 둘이 아닌 살아 있는 종교, 그것을 원만한 종교의 모습으로 보신 것입니다. 과거 종교에 대해 지적하신 것은 정신적인 면에 치중했다는 점입니다. 사회인들은 육신 생활에 치중했죠. 그래서 종교는 원불교 교리로 볼 때 삼학입니다. 육신의 의·식·주입니다. 종교인에게는 공부가 주가 되고, 보통 사람에게는 사업이 주가 됩니다. 도학과 과학으로 구분됩니다. 결론적으로 종교는 혜와 복입니다. 그래서 복족족 혜족족한다고 하지요. 복족족 혜족족, 이것은 어떤 분을 가리킬까요? 영육을 쌍전한 부처, 또는 그런 분을 지칭합니다. 그래서 삼귀의에 '귀의불 양족존'이라 했죠. 부처에게 귀의하되 어떤 부처여야 하느냐? 양족, 두 가지가 족족하다. 그게 바로 복이 족족하고 혜가 족족하다 이 말입니다. 그래서 대종사께서는 영육 쌍전 법을 통해 영과 육, 다시 말하면 복과 혜를 쌍전하는 원만한 인간상을 추구하도록 만들어주신 것입니다.

대종사께서 제시하신 교단의 3대 사업이 있습니다. 교화, 교육, 자선의 3대 사업을 제시하셔서서 일을 하도록 만들었습니다. 이 3대 사업을 통해 교단에 혁혁한 성과를 내야 영육 쌍전을 잘 하는 사람입니다.

지금부터는 **영육 쌍전의 원리적인 면**을 살펴보겠습니다. 일원상의 진리에서 살펴보면, 일원상의 진리를 우리는 '진공 묘유하다' 합니다. 이 진공은 뭘까요? 법신불입니다. 묘유는 뭡니까? 화신불이에요. 현실적으로 나타난 부처를 말하죠. 진공 자리는 내 안에 갊아 있는 자성 본원을 말하는 것입니다. 내 안에 갊아 있는, 그렇기 때문에 그것을 법신불이라 합니다. 우리도 법신불 아닙니까? 일원상 진리가 법신불이죠? 법신불 진리의 한 면만을 말하는 것입니다. 진리의 또 다른 면이 반드시 있다는 말입니다. 그 진리의 다른 면은 '묘유'입니다. 그러면 묘유는 뭘까요? 법신불의 진리가 형상적으로 나타난 것인데, 그것을 화신불이라고 합니다. 진리 자리에서 볼 때 '진공'을 '체'라고 합니다. '묘유'는 '용'입니다. 체와 용, 진공은 또 불생불멸의 자리라고도 합니다. 묘유는 인과보응의 자리입니다. 또 진공 자리를 일원상 서원문에서는 '언어도단의 입정처 자리'라고도 했습니다. 법신불, 진공의 자리, 묘유의 자리는 '유무 초월의 생사문'이라 했습니다. 이렇게 표현을 달리하셨지만, 모두 진공 묘유를 밝히신 것입니다. 영육 쌍전 법은 진공의 자리를 닦아 들어가는 것으로, 영적 측면을 말합니다. 또 묘유의 자리를 닦아 들어가는 것을 육적 측면이라 합니다. 그래서 정신이 함양되고, 의·식·주가 생겨납니다. 영육 쌍전 법의 원리는 진공 묘유의 일원상의 진리에 바탕한 것입니다.

원불교 교법 전체가 대종사께서 진리를 깨친 후, 그 진리의 원리에 의해 만들어졌습니다. 그러니까 영육 쌍전 법도 일원상의 진리에 근거해 제시하신 것이지, 영육 쌍전이라는 말이 좋아서 단순히 '우리가 영육 쌍전해야 된다'라고 말씀하신 것이 아닙니다. 모든 교법이나 제도 등을 일원상의 진리에 맞춰야 합니다. 일원상 진리 원리에 근거해 나온 법이기 때문에 그렇다고 볼 수 있습니다.

두 번째는 인간의 원리에서 살펴보겠습니다. 사람은 몸과 마음이 함께하는 존재입니다. 만약 몸은 없고 마음만 있으면 '영'입니다. 몸만 있고 마음이 없으면 어떻게 되나요? 송장입니다. 그래서 몸과 마음이 분리되면 인간이 아닙니다. 사람이라고 할 수가 없습니다. 그래서 영적인 면에만 치중할 수도 없고 육적인 면에만 치중해서도 안 됩니다. 인간 자체가 몸과 마음이 함께 존재해야 인간이기 때문입니다.

영과 육, 이 두 가지 면을 풍부하게 해야 합니다. 육이 요구하는 것은 뭘까요? 의·식·주입니다, 의·식·주 이 세 가지를 풍부하게 하는 것이 인간이 살아가는 모습입니다. 그래서 마음공부만 잘하면 불완전한 인간입니다. 마음공부를 잘하면 마음만 부자이고, 몸은 가난한 사람이 되는 것이거든요. 부처 당대에 부처께서 길을 가시다가 걸식을 하셨죠. 그 당시 수행 집단은 어찌 보면 걸식 집단이기도 했습니다. 수도 집단 중에서 제일 편리한 집단이 걸식 집단이 아닌가 생각합니다. 밥을 안 해먹으면 일이 줄어서 할 일이 없어집니다. 걸식하고 와서 자기 그릇만 씻으면 일이 끝납니다. 부처께서 수도인이 전생에 정신은 닦았지만 복을 못 지었구나, 그렇게 말씀하셨습니다.

또 부처께서 길을 가시다가 코끼리 한 마리를 보았는데, 부잣집 코끼리인 듯 금으로 치장하고 멋진 띠를 둘렀어요. 부처께서는 저 코끼리는 전생에 복은 많이 지었지만 지혜를 닦지 못해 코끼리가 됐구나, 하고 생각했죠. 다음 생이 걱정되는 사람들이 있습니다. 바로 조직폭력배들입니다. 사람이 의·식·주를 정당하게 구해야 하는데 그들은 그러지 못해서입니다. 의·식·주를 정당하게 구하는 사람만이 온전한 인간이라고 봅니다. 복과 혜가 원만한 사람이 되어야 한다며 대종사께서 영육 쌍전 법을 제시하셨습니다.

이렇게 두 가지 측면으로 살펴보았는데, 이제 방법으로 들어가보겠습니다. **영육 쌍전의 방법**을 두 가지로 정전에서 밝히셨습니다. 첫째는 일원상 진리와 삼학으로써 의·식·주를 얻으라고 하셨습니다. 사람이 살아가는 데 꼭 필요한 것이 의·식·주 삼건인데, 이 삼건을 얻는 방법에는 여러 가지가 있겠지요. 요즘에는 대학을 졸업하는 것이 중요하지 않고, 대학을 나와서 취업을 하느냐 못하느냐가 더 중요해졌습니다. 그러나 취업을 했다 하더라도 왜 취업을 했느냐가 중요하거든요. 바로 의·식·주 삼건을 위해서입니다. 취업을 해서도 마음에 들지 않아 3개월을 버티는 사람들이 많지 않답니다. 학교에서는 취업률을 높이기 위해서 취업을 시키지만 3, 4개월 있다가 나온답니다. 의·식·주 삼건을 얻는 방법이 자기와 맞지 않기 때문입니다. 문제는 이러한 천차만별, 천종만종의 직업, 직장으로 의·식·주 삼건을 구하는데, 어떤 수단으로 의·식·주 삼건을 구하느냐는 것입니다. 이 문제의 방법을 제시하신 것이 바로 '영육 쌍전 법'이라고 볼 수 있겠습니다. 구하는 수단과 방법, 원리는 바로 진리와 삼학이 되어야 합니다. 진리와 삼학이 동원되지 않는 의·식·주 삼건, 진리와 삼학이 동원되지 않은 채 얻어지는 의·식·주 삼건은 잘못된 것입니다. 이 점은 굉장히 중요합니다. 법이 아닌 방법으로 의·식·주 삼건을 구한 것입니다. 물론 그렇게 구할 수도 있습니다. 하지만 이런 것 때문에 사회에 많은 문제들이 일어납니다. 이런 사회적 문제는 왜 생기는가? 의·식·주를 얻는 데 동원되는 수단과 방법이 잘못되어서입니다. 그래서 대종사께서는 의·식·주 삼건을 얻을 때, 바로 일원상의 진리와 삼학을 통해 얻으라고 하셨습니다. 정직하게 사는 사람이 사회적으로 성공하지 못하나요? 우리는 조급증이 나서 비법적으로 속히 얻고자 합니다. 그런데 진리가 그것을 눈감아주지 않습니다. 정직하게 살면 일시적으로는 손해를 볼 수 있지만 과거, 현재, 미래 이 삼세를 놓고 생각해보세요. 그것이 아닙니다. 정직하게 사는 사람이 대우받는 세상, 그 세상이 바로 광대무량한 낙원 세계입니다. 피터 드러커는 '영리법인은 비영리법인의 정신을 배워야 한다'고 했습니다. 영리법인은 영리를 취하는 법인입니다. 종교 법인은 비영리법인이죠? 영리를 추구하는 법인은 비영리법인, 즉 영리를 추구하지 않는 법인으로부터 그 정신을 배워야 된답니다. 이 말은 '진리와 삼학으로 의·식·주를 구하는 정신을 배워라'는 말입니다.

영육 쌍전 법의 두 번째 방법으로 '의·식·주와 삼학으로 그 진리를 얻는다'고 하셨습니다. 의·식·주 삼건을 위해서 열심히 활동하는 가운데 일원상의 진리가 체득되어야 공부와 사업이 나뉘지 않게 된다는 말입니다. 그러지 않으면 공부는 공부로, 사업은 사업으로 나뉘게 됩니다. 의·식·주 삼건이 나뉘지 않도록 열심히 노력을 합니다. 노력하는 그 속에서 일원상의 진리를 체득해야 된다는 말입니다. 저번에 원불교 영산 성지에서 농사를 짓는 교무가 있다고 말했죠? 웬만한 농사를 보면 그 원리가 환하게 눈에 보인답니다. 한번은 저와 차를 타고 가면서 인삼밭을 보았어요. 인삼밭 옆에 콩이 쭉 잘 자라고 있었습니다. 그 콩을 보더니 "교산님, 저 콩 먹으면 못씁니다." "왜 그러냐?" "제초제를 엄청나게 뿌렸습니다." 딱 보고 알아냈어요. 사람들은 의·식·주 삼건을 위해 여러 가지 연구를 하고 노력을 합니다. 노력하면서 얻어지는 것이 있어야 되는데, 바로 그것은 일원상의 진리입니다. 그래야 의·식·주에 복만 머무르지 않고 복이 해로 변하게 됩니다. 지혜로 변화해야 합니다. 그래서 그 교무가 "유기농을 하려면 욕심을 버려야 합니다."고 했습니다. 유기농과 욕심이 무슨 관계가 있을까요? 제가 설명해드리죠.

인간의 욕심은 끝이 없습니다. 가령 한 평의 땅이 있습니다. 일반적인 농법으로 하면 한 평에 벼를 50포기 심습니다. 유기농을 하면 한 평에 30포기를 심습니다. 왜 50포기를 심겠어요? 많은 곡출을 얻기 위한 것이지요. 또 많이 먹으려고 그럽니다. 근데 유기농으로 농사를 지으려면 30포기만 심어야 합니다. 20포기를 포기해야 합니다. 유기농을 하겠다는 사람들은 이 사실을 알고도 50포기를 고집합니다. 50포기와 30포기가 큰 차이가 있을까요? 원리적으로 30포기를 심으면 50포기 심은 벼들과 다르게 자란답니다. 50포기 논은 전부 위로만 자랍니다. 반면 30포기만 심은 벼는 옆으로 자랍니다. 공간이 있어서 포기가 옆으로 튼실하게 자랍니다. 이렇게 자라는 벼는 대가 튼튼합니다. 통풍도 잘 됩니다. 병충해에도 잘 견딥니다. 하지만 50포기 논은 벼가 밀식이 되어 공기가 통하지 않고 웃자라서 대가 튼튼하지 않아 병충해에 약합니다. 그 병충해를 물리치기 위해 농약을 칩니다. 그래서 심을 때부터 욕심을 버려야 합니다. 유기농에도 인과의 이치가 작용하는 겁니다. 그러므로 우리가 일 속에서 진리를 연마해야 합니다.

한 가지 예를 더 들자면 비닐하우스를 말할 수 있겠습니다. 모든 식물과 동물은 자연으로부터 영양소를 받습니다. 첫째 영양소는 햇볕입니다. 두 번째는 공기, 세 번째가 물입니다. 땅과 하늘은 서로 순환하고 교류를 합니다. 상호작용하죠. 땅과 하늘이 서로 교류하지 못해 상호작용이 안 되면 공기가 정화되지 않습니다. 땅과 하늘이 맞닿아 순환을 할 때 비로소 땅은 땅의 역할을 할 수 있고, 하늘은 하늘의 역할을 할 수 있는 것입니다. 천지은이거든요. 그런데 비닐하우스는 하늘과 땅을 갈라놓습니다. 비닐로 격리시킨 것이죠. 하늘은 하늘이고 땅은 땅으로 각자 존재합니다. 이것은 원리적으로 맞지 않습니다. 이렇게 일사를 통해서 진리의 세계를 터득하는 것이 바로 영육 쌍전 법의 방법입니다. 유기농이라는 농사 하나에도 엄청난 진리가 숨어 있는데, 유기농은 일이고 사업입니다. 이 사업에도 엄청난 진리의 세계가 있고, 그 속을 파고들면 진리의 세계를 터득할 수가 있는 겁니다. 이렇게 되면 일하는 것이 얼마나 재미있겠어요?

　'의·식·주와 삼학을 통해서 진리를 얻으라'는 이 말씀이 개교의 동기에 나온 '사실적 도덕의 훈련'입니다. 사실적 도덕의 훈련이 바로 '의·식·주와 삼학으로써 진리를 얻어 나가는 것이다'고 볼 수 있습니다. 영리법인의 경험을 배우라는 그 말은 사실적 도덕의 훈련을 통한 경험을 통해 의·식·주를 얻고 진리를 얻어나가는 방법을 배우라는 말입니다.

　　　　　　마지막으로 **영육 쌍전의 결과**를 살펴보겠습니다. 이 결과를 육대 강령이라고 합니다. 정신의 삼강령, 육신의 삼강령을 말합니다. 정신의 삼강령은 수양·연구·취사죠? 육신의 삼강령은 뭘까요? 바로 의·식·주입니다. 영육 쌍전을 하면 육대 강령이 원만해지는 것입니다. 온전한 인격이 됩니다. 그래서 복 없는 수도인, 또 지혜 없는 일반인이라는 말은 잘못된 말입니다. 이는 영육 쌍전을 잘못한 것이기도 하고, 잘못된 결과가 그렇게 나타난다는 말이기도 합니다. 육대 강령 중 한쪽 강령이 아닌 정신의 강령과 육신의 강령 둘 다 온전해야 온전한 인간이 되는 것입니다. 그래서 정산종사께서 '얼마나 못난 수도인이면 의·식·주를 걱정하겠냐?'고 하셨습니다. '제대로 된 수도인, 제대로 된 종교인이 되면 의·식·주는 그 속에 따라오는 것이다'는 말씀입니다. 수도하는 생활 가운데 의·식·주가 구해지는 것입니다. 그래서 저는 돈이 없어도 걱정을 안 합니다. 생길 것이니까 걱정할 필요가 없습니다. 저에게 지금 과제가 있습니다. 과제가 있지만 걱정은 안 합니다. 세월이 가면 될 일이니까요. 이번 일요일에 어느 지방으로 기공식을 갑니다. 기공식을 하면 집을 하나 지어야 하는데, 결국 돈이 들어가야 합니다. 내게 얼마를 부담하라는 것입니다. 그런데 저는 '그냥 되겠지', '누군가는 인연이 나타나겠지' 하는 염원을 합니다. 영육 쌍전 공부를 통해 온전한 인간, 온전한 세상을 만들어가야 합니다. 정신세계만 지향하는 사회와 제도도 잘못된 것이고, 육신의 의·식·주 삼건만 지향하는 사회와 제도도 잘못된 것이라 봅니다.

자본주의에서는 이익 추구가 우선이지만 영적인 측면을 보충해야 합니다. 반면 사회주의는 공동 작업, 공동 분배를 지향합니다. 그러니 열심히 일 안하고 수확을 많이 내려고 애쓰지 않아도 얼마큼은 줍니다. 그러니 적당히 하면 된다는 분위기가 형성될 수 있습니다. 그렇게 되니까 GNP도, 생산량이 올라가질 않습니다. 자기 것이 된다는 확신이 있다면 아마도 죽기 살기로 할 것입니다. 하지만 '이것 해봤자 내 것도 아닌데'라고 생각하면 정성도 없어지고 대충하고 맙니다. 이걸 하면 내 것이 된다는 확신이 정성을 다하게 만들고, 마음 자세를 달라지게 합니다. 그래서 사회주의와 자본주의는 같이 가야 됩니다. 같이 갈 때 온전한 사회가 됩니다. 저는 사회주의의 제도와 체제까지도 섭렵할 수 있는 이론과 이념을 가진 종교가 원불교라고 생각합니다.

영육 쌍전의 결과 두 번째는 '진리적 종교의 신앙과 사실적 도덕 훈련의 궁극적 모습'입니다. 영육 쌍전하는 모습을 우리가 현실에서 실현해내도록 합시다. 이 정도로 영육 쌍전 법에 대한 설명을 마치려 합니다.

17장

마음 학습의 단계적 목표

– 법위 등급

공부인의 수행 정도를 따라 여섯 가지 등급의 법위가 있나니 곧 보통급·특신급·법마상전급·법강항마위(法强降魔位)·출가위(出家位)·대각여래위(大覺如來位)니라.

1. 보통급은 유무식·남녀·노소·선악·귀천을 막론하고 처음으로 불문에 귀의하여 보통급 십계를 받은 사람의 급이요,

2. 특신급은 보통급 십계를 일일이 실행하고, 예비 특신급에 승급하여 특신급 십계를 받아 지키며, 우리의 교리와 법규를 대강 이해하며,
   모든 사업이나 생각이나 신앙이나 정성이 다른 세상에 흐르지 않는 사람의 급이요,

3. 법마상전급은 보통급 십계와 특신급 십계를 일일이 실행하고 예비 법마상전급에 승급하여 법마상전급 십계를 받아 지키며,
   법과 마를 일일이 분석하고 우리의 경전 해석에 과히 착오가 없으며,
   천만 경계 중에서 사심을 제거하는 데 재미를 붙이고 무관사(無關事)에 동하지 않으며,
   법마상전의 뜻을 알아 법마상전을 하되 인생의 요도와 공부의 요도에 대기사(大忌事)는 아니하고,

세밀한 일이라도 반수 이상 법의 승(勝)을 얻는 사람의 급이요,

4. 법강항마위는 법마상전급 승급 조항을 일일이 실행하고 예비 법강항마위에 승급하여,

육근을 응용하여 법마상전을 하되 법이 백전 백승하며,

우리 경전의 뜻을 일일이 해석하고 대소 유무의 이치에 걸림이 없으며,

생·로·병·사에 해탈을 얻은 사람의 위요,

5. 출가위는 법강항마위 승급 조항을 일일이 실행하고 예비 출가위에 승급하여,

대소 유무의 이치를 따라 인간의 시비 이해를 건설하며,

현재 모든 종교의 교리를 정통하며,

원근 친소와 자타의 국한을 벗어나서 일체 생령을 위하여 천신 만고와 합지 사지를 당하
여도 여한이 없는 사람의 위요,

6. 대각여래위는 출가위 승급 조항을 일일이 실행하고 예비 대각여래위에 승급하여,

대자 대비로 일체 생령을 제도하되 만능(萬能)이 겸비하며,

천만 방편으로 수기 응변(隨機應變)하여 교화하되 대의에 어긋남이 없고 교화 받는 사람
으로서 그 방편을 알지 못하게 하며,

동하여도 분별에 착이 없고 정하여도 분별이 절도에 맞는 사람의 위니라.

정전의 제일 마지막 장입니다. 먼저 **법위 등급의 대의**를 살펴봅시다.

첫째는 수행편 내지 정전의 결론 부분으로 정전 공부의 궁극적 목표는 법위 등급입니다. 정전이 총서편, 교의편, 수행편으로 나눠졌죠? 이 세 편을 잘 공부한 사람이 어떤 모습을 나타낼 것이냐는 질문에 단계별로 대답하신 장이 법위 등급입니다. 법위 등급은 인격의 모습을 등급화한 것입니다. 그래서 대산종사께서 이 법위 등급을 말씀하시면서 '천지가 생긴 이래 처음 나온 법이다'고 하셨어요.

부처께서도 공부를 하면 어떤 모습일 거라고 말씀하셨는데요, 홍익 학당

윤홍식 씨가 《대승기신론》과 《화엄경》을 강의했습니다. 강의를 하면서 불교의 수행 방법을 그 두 권에서 추려냈습니다. 불교의 수행 등급은 52단계랍니다. 52단계를 하려면 복잡하고 정신없을 것 같아요. 윤홍식 씨나 되니까 52단계로 정리할 수 있지 보통 사람이 《대승기신론》과 《화엄경》을 봐서는 그런 공부 단계를 빼낼 수가 없다고 봅니다. 대종사께서는 3급 3위로 간략하게 하셨습니다.

두 번째는 공부의 단계별 목표를 제시하셨다는 것입니다. 단계별 목표에는 '동기 유발의 효과'가 있습니다. '동하여도 분별에 착이 없고 정하여도 분별이 절도에 맞는 위니라'하는 내용이 있습니다. 그것을 하라고 합니다. 그런데 우리들이 그렇게 할 수 있겠어요? '생·로·병·사에 해탈을 얻은 급이요' '대소 유무의 이치를 보아다가 시비 이해를 건설하는 것이요'라고 하셨는데, 과연 그렇게 할 수 있나요? 못한다고 봅니다. 동기 유발이 되지 않는 겁니다. 다만 자기 정도에 적합한 단계를 제시하신 겁니다. '아, 나 정도면 저 정도는 할 수 있겠다' 하는 단계를 제시하신 것입니다. 그래서 법위는 사다리와 같은 겁니다.

법위 단계별 목표는 너무 높지도 않고 너무 낮지도 않아야 합니다. 너무 낮다는 말은 시시하다는 뜻입니다. 공부할 때 동기 유발은 자기 정도에 맞아야 됩니다. 그래서 성현들께서 방편을 쓰시고, 수기 응변한다 하십니다. 방편과 수기 응변이 바로 그 사람의 정도에 맞는 공부법을 제시해주시는 것이라는 말입니다. 법위 등급은 단계별로 제시되어 있고 파괴와 초월이 없습니다. 파괴는 시시해서 없어도 되는 것이고, 초월은 여기서 뛰어서 저리 가는 것인데 할 수가 없는 것이죠. 단계를 파괴하고 초월하면 연결이 안 됩니다. 법위 등급은 한 단계씩 거쳐야 그다음 단계에 진입할 수 있는 정도를 갖출 수 있습니다. 그래서 매 단계가 아주 정밀하게 서로 연결되어 있습니다.

세 번째는 공부의 목표인 동시에 평가의 표준이 됩니다. 법위 등급은 평가의 표준입니다. 평가는 대단히 중요합니다. 이것을 '법위 사정한다'고 말합니다. 원불교 교단의 법위 사정은 법위 등급 원문이 아니라, 부수적인 조건들에 많이 편중되어 있는 면도 있습니다. 법위 등급의 원문을 돌이켜볼 필요가 있습니다. 원문으로 평가할 수 있는 도구를 만들어야 합니다. 즉, 원문에 바탕한 설문을 만들어서 통계를 내어 그 사람의 정도를 점검 내지 평가할 수 있어야 합니다. 그런데 이 도구가 합리성이 있느냐 없느냐에 따라 잘된 도구냐 잘못된 도구냐 판가름이 납니다. 법위 등급 원문으로 도구화하고 합리적인 방법으로 평가할 수 있는 법위 사정을 개발해내는 일이 중요하다고 봅니다. 물론 이 도구를 만드는 것은 결코 쉽지 않습니다. 많은 시행착오를 거치면서 가장 최적화되고 객관성을 갖춘 도구를 만들어야 합니다. 하나하나의 시행착오마다 원불교 이념과 제도, 사상에 부적합한 것은 빼내버리고 방향에 맞는 이념과 사상으로 평가의 도구를 만들어야 됩니다. 이것이 법위 등급에서 가장 중요한 과제라고 생각합니다.

이제 본문 내용으로 들어가겠습니다. 법위 등급의 첫째는 **보통급**입니다. 보통급은 '유무식·남녀·노소·선악·귀천을 막론하고 처음 불문에 귀의하여 보통급 십계를 받은 사람의 급이요'입니다.

여기서 중요한 것은 유무식·남녀·노소입니다. 세상의 통념에 따르면 인간을 보는 관점은 유무식·남녀·노소·선악·귀천으로 나뉩니다. 일반 사람들이 보는 관점을 대종사께서는 보통급에서 이렇게 적시하셨습니다. 이 통념은 선입관이 됩니다. 유무식·남녀·노소·선악·귀천은 세상의 통념인데 입교를 하고 보통급이 되는 순간 그 통념은 깨져버립니다. 그 예가 대종경에 나옵니다. '도량에 품행이 좋지 못한 사람이 드나들고 있다. 추방함이 옳지 않겠는가' 하고 제자들이 대종사께 여쭤보는 법문이 있습니다. 대종사께서는 '세상에서 그 사람이 어떻게 살았던지 간에 일단 불문에 들어와서 원불교에 입교를 하는 순간 세상의 통념, 남녀·노소·선악·귀천의 통념이 깨져버린다. 또 깨버려라. 그런 사람이 오히려 들어와야 된다'고 하셨습니다. 그런 사람들을 원불교가 제도해야 맞다는 말씀이 포함되었다고 봅니다. 도가에 들어오는 순간 세상에서 가졌던 통념들은 깨집니다. 그래서 보통급이 굉장히 중요합니다. 대산종사께서는 '불지출발'이라 하셨습니다. 또 보통급은 기점이 됩니다. 기점은 출발선입니다. 100미터 달리기를 하는 운동선수가 출발할 때 부정 출발을 하면 다시 해야 합니다. 즉, 기점을 밟지 않으면 결승선에 도착했더라도 무효가 됩니다. 그래서 기점이 되는 보통급이 굉장히 중요합니다. 남녀·노소·선악·귀천 일반 사람들이 원불교 불문에 귀의해 기점을 딛고 불지를 향해 출발하게 되는 급이 바로 이 보통급입니다.

보통급에서 해야 될 공부는 뭐가 있을까요? 보통급 10계문과 사종의무입니다. 사종의무는 조석심고, 보은헌공, 법회출석, 연원지도입니다. 신앙 수행의 출발점으로 조석심고가 가장 기본입니다. 심고와 기도 장에서 심고 올리는 방법은 이미 공부했습니다. 조석심고에서 신앙과 수행이 시작되는데, 보통급은 이 사종의무를 잘 지키고 사종의무를 했는가 안했는가가 점검되어야 합니다. 요즘은 9인 연원 실천을 하지 않아도 시간이 지나면 특신급으로 올라갑니다. 바로 이런 문제 때문에 원문에 바탕한 법위 사정의 평가 기준이 마련되어야 한다는 것입니다. 이 사종의무는 대단히 중요한데, 보통급에서 해야 될 공부의 방향으로 대종사께서는 유무식·남녀·노소·선악·귀천 모든 사람을 막론하여 제시하셨기 때문입니다.

　다시 한 번 강조하고 싶은 것은 보통급에서 특신급으로 올라가는 조건 중 가장 중요한 조건으로 연원지도를 꼭 넣어야 한다는 것입니다. 연원지도를 한 사람은 특신급으로 올리고, 연원지도를 못한 사람은 특신급으로 올리면 안 됩니다. 교단에서 여러 가지 교화의 물꼬를 터나가려고 많은 노력들을 합니다. 교육 교화 현장에서 교무들이 하고 계십니다만, 가장 중요한 연원지도의 의무 조항은 항상 강조해야 합니다. 이 사항은 항상 교무들이 확실하게 인식하고, 교도들에게 인식시킬 수 있도록 해야 합니다.

　　　　　　　　　두 번째 단계는 **특신급**입니다. 대산종사께서는 특신급을 입지 단계라고 하셨어요. 뜻을 확실하게 세운다는 말입니다. 심리학에서는 입지 단계를 회심이라 합니다. 마음을 돌이킨다는 뜻이죠. 불조요경佛祖要經 목우십도송牧牛十圖頌에서 '회수'가 나옵니다. 수는 머리 수首로, 머리를 돌이킨다는 뜻입니다. 다시 말해 입지 단계는 '세상의 사람에서' '도가의 사람으로' '돌아서고 뜻이 선다'는 말입니다. 도가의 인물로 뜻을 세워 돌아서게 되는 것이죠. 그래서 특신급은 대단히 중요한 단계입니다. 특신급에서 그 사람의 인격과 기초가 틀 잡힌다고 했습니다. 인격의 틀, 기초의 틀이 잡힙니다. 집을 짓는 데 기초가 중요하죠? 기초를 어느 정도 하느냐에 따라 몇 층으로 지을 것인가 결정 납니다. 특신급 공부를 통해 어떤 인격의 기초를 다지느냐에 따라 항마판이 될 것인지, 여려판이 될 것인지 결정이 됩니다. 특신급에서 기초를 잘 놓아야 하겠지요? 사람이 인격의 기초를 다지는 것을 특신급에서 해야 될 공부의 단계라고 볼 수가 있겠습니다.

　대종사께서는 법위 등급 조목에 삼학으로 각 단계별 공부 표준을 제시하셨습니다. 특신급에서 제일 먼저 제시한 것이 '취사 단계의 정도'입니다. 특신급에서의 취사 단계는 '보통급 십계를 떼어버리고 특신급 십계를 받은 급이요'라고 했습니다. 특신급에서 취사의 표준은 바로 보통급을 떼버려야 한다는 것입니다. 특신급 십계로 공부해야 한다고 분명히 밝히셨습니다. 계문 대조할 때 보통급은 주로 몸으로 짓는 중계가 많은데 특신급은 말, 언어를 조심하는 것입니다. 언어에 대한 것이 특신급 십계에 많이 포함되어 있습니다. 그래서 신·구·의 삼업이라 하셨습니다. 신·구·의 삼업 중 신身을 제일 먼저 넣은 것은 보통급이고, 그 다음이 입 구口입니다. 보통은 '구시화문口是禍門'이라 하죠. 그런데 정산종사께서는 '구시화복지문口是禍福之門이다' 하셨습니다. 즉, 입을 가지고 화만 짓는 것이 아니라 복도 얼마든지 지을 수 있다는 것입니다. 어떤 사람을 칭찬하고 잘한 점을 드러내주어서 복을 지을 수 있다는 것입니다. 이와 같이 언어와 말을 통해 취사를 잘하는 표준을 제시한 것이 바로 특신급 십계의 특징입니다.

특신급 두 번째로 연구의 정도를 제시하셨습니다. 특신급이 되면 연구는 어느 정도 되어야 되느냐? 교리와 법규를 대강 이해하는 정도가 되어야 한다고 하셨습니다. 이 '대강 이해'라고 하는 것은 '대체를 안다'는 말입니다. 어떻게 대체를 알 수가 있느냐? 그 방법이 뭐겠습니까? 우선 경전을 많이 읽어야 합니다. 경전 독서, 경전을 많이 보라는 말이지요? 이 단계에서는 이해를 하건 그렇지 않건 경전 읽는 것에 재미가 붙으면 됩니다. 경전 읽는 것 자체가 재미가 있어서 자꾸 읽고 입력되도록 만들어야 합니다. 그래야 대강 이해의 정도, 대체를 알게 되는 정도에 도달할 수 있습니다. 많이 읽어서 경전의 독서를 통해 대체를 파악하는 정도를 사리 연구의 공부 단계로 특신급에서 제시하신 것이라 볼 수 있습니다.

그다음, 수양의 정도입니다. 신앙, 사업, 생각, 정성 이 네 가지로 말씀하셨어요. 어떤 신앙, 사업, 생각, 정성인가? 다른 세상에 흐르지 않아야 합니다. 신앙이 흘러간다 이 말은 '신앙이 흔들린다'는 말입니다. 어떤 종교의 신앙과 비교해도 흔들리지 않는 단계입니다. 대종사 교법에 대한 확신이 서 있는 것입니다. 사업도 마찬가지입니다. 목표가 하나 생기면 일하는 재미도 생깁니다. 사업에 목표가 생겨서 작은 것이라도 달성될 때 오는 기쁨이 있습니다. 새등이문화원을 신축하면서 요새 그 기쁨을 누리며 살고 있습니다. 부담해야 하는 것이 있어서 좀 부담은 되지만 조금씩 이루어지면서 마음에 희열심이 납니다. 기쁨이 샘솟는 것입니다. 사람에게는 목표가 있어야 사는 재미가 있습니다. 목표가 없으면 사는 재미도 없습니다. 사업의 방향이 정해지면 그것을 향해서 계속 정성을 들이게 됩니다. 새등이문화원 건물 하나를 신축하면서 사업에 대해 새롭게 이해하는 계기가 되었습니다. 조금씩 진척되는 것을 보고 기쁨과 희열을 느끼는 단계를 경험했습니다. 생각과 정성도 마찬가지입니다. 어떤 목표가 정해지면 계속 그 쪽으로 생각과 정성을 들이게 됩니다. 생각과 정성을 들이면 자연히 바깥에서 응해옵니다. 응해오는 이치가 있어요. 일이 되도록 응해오는데 그것이 바로 진리입니다. 이 네 가지가 세상에 흐르지 않는 단계입니다. 흐르지 않는 단계는 어떤 경계를 당한다 하더라도 흐트러지지 않는다는 말입니다. 이런 사람을 '정신의 주체성이 확립된 사람'이라고 말할 수 있습니다. 주체성이 확립되면 어떤 유혹에도 흔들리지 않게 됩니다. 대산종사께서는 특신급에서 상근기는 지극한 신심을 가지면 '일초즉입 여래위一超卽入如來位'다. 한 번 뛰어서 바로 여래로 들어갈 수 있다고 하셨습니다. 그 대표적인 사람이 육조 혜능대사입니다. 오조 홍인대사와 육조 혜능대사간 법을 전하는 이야기를 한번 보시면 바로 이해가 됩니다.

특신급에서는 자기중심의 강한 비판적 사람이 되는 것이 금기 사항입니다. 특신급에 오래 머물면 자기중심의 강한 비판적 사람이 되기가 쉬우니 특신급에 오래 머물지 말아야 합니다.

법마상전급은 한마디로 '심리 공부 단계'라고 대산종사께서 말씀하셨습니다. 마음공부에 재미가 붙는 단계입니다. 재미가 붙을 뿐 아니라, 심리 공부를 하면 세밀해집니다. 마음에 아주 세밀한 법과 마를 구별하는 세밀 공부를 하게 됩니다. 삼학 정도를 법마상전급에서는 어떻게 제시했는지 살펴보겠습니다.

인생의 요도와 공부의 요도에 대기사는 아니하고, 세밀한 일이라도 반 수 이상 법의 승을 얻는 급이다, 여기까지가 취사 공부의 단계를 말씀해주신 겁니다. 법마상전급 십계를 받아 지키면서 공부의 요도와 인생의 요도에 대기사는 아니한다고 했는데, 대기사란 크게 꺼리는 일입니다. 크게 꺼리는 일이란 대중의 지탄을 받는 일을 말합니다. 현실적으로 볼 때 정치적인 법망에 걸리는 것, 자기 양심에 크게 부끄러운 일도 포함됩니다.

종합해서 말하면, 원불교 경전과 법규에 크게 저촉되는 일이 바로 대기사입니다. 그런데 법마상전급이 되면 이 대기사는 범하지 않는다는 겁니다. 세밀한 일이라도 반 수 이상 법의 승을 얻는 취사를 합니다. 법마상전에서 상전 자체가 법과 마가 서로 싸운다는 말이거든요. 이럴까 저럴까, 할까 말까, 법과 마를 분석해서 싸우는 겁니다. 싸우는데 법이 마를 반 수 이상 이긴답니다. 어느 정도까지 취사 공부의 표준을 제시한 것입니다. 저 정도가 되어야 그 사람이 법마상전급이라는 말입니다. 그래서 법마상전급에서 취사 공부의 표준은 '인화'로 나타납니다.

두 번째는 연구 공부입니다. 법마상전급에서는 법과 마를 일일이 분석한다고 했습니다. 여기서 일일이 분석한다는 것이 중요합니다. 내 마음속에서 법 아닌 것을 놓치지 않는 겁니다. 아닌 것은 아닌 걸로 보는 것이죠. 그런데 우리는 아닌 것을 아닌 걸로 보지도 못하고 지나가는 경우가 많습니다. 절대로 마를 놓치지 않고 보는 건데, 확실히 이기지는 못하지만 반 수 이상은 이기는 거지요.

그다음 경전 해석에 과히 착오가 없는 단계입니다. 특신급에서는 대강 이해한다고 했죠. 대강 이해의 단계에서 경전 해석에 과히 착오가 없는 단계입니다. 이 단계로 올라서야지만 법마상전급이 되는 것입니다. 이 내용을 내 안으로 비춰볼 때, 자기 마음속에 일어나는 생각의 법과 마를 분석하는 것도 포함됩니다. 내 마음속에서 일어나는 생각이 '잘못됐다, 잘된 생각이다' 구별을 합니다. 살다 보면 나도 모르는 사이에 시시각각 수많은 마음들이 나옵니다. 그 마음들 속 법과 마를 분석하는 겁니다. 내적으로는 자기 마음속의 작용을 보는 것이고, 외적으로는 현상의 일을 보고 법과 마를 분석, 판단합니다. 현상의 일을 보고 법과 마를 분석, 판단하는 것이 법과 마를 일일이 분석한다는 뜻입니다. 내적으로는 마음속에서 일어나는 법과 마를 분석하고, 바깥으로는 인간과 인간 사이에서 일어나는 일들을 보고 분석하고 하는 것이 법마상전급 단계에서의 사리 연구입니다.

그다음은 수양 공부입니다. '천만 경계 중에서 사심을 제거하는 데 재미를 붙인다'고 했습니다. 마음공부의 재미입니다. 다른 재미가 아니라 마음공부의 재미, 이렇게 재미를 붙이는데 끝에다 조목 하나를 달아놨습니다. '무관사에 부동한다'고 했습니다. 무관사가 뭘까요? '재미'부터 이야기해봅시다. 재미를 붙이면 혼자 재미를 느낍니다. 그래서 이 심리 공부, 즉 마음 깊이 하는 공부는요. 누구도 모르게, 귀신도 모르게, 하늘도 모르게, 아무도 모르게 자기 스스로가 심독희자부心獨喜自負 하는 것입니다. 마음에 혼자 기뻐하고, 스스로 빛나는 겁니다. '아, 좋다' 이렇게 자부합니다. 심리 공부에 들어가면 이렇게 됩니다. 마음속에서 스스로 기뻐지는 겁니다. 그리고 무관사를 말씀하시는데 이 무관사에 부동한다는 것은 법가지를 잘하는 겁니다. '법가지 한다'는 말 들어봤나요? 직역하면 '법을 가히 머무른다'에 대해 원불교 사전에서는 '법가지'에 대해 '주법主法의 책임을 가진 사람이 자기보다 법력이 못하다 할지라도 스스로의 법력을 감추어버리고 주법을 잘 받들어 모시는 것'이라 설명하고 있습니다. 법가지를 잘한다는 것은 자기 일이 아니면 간섭하지 않아야 됩니다. 그 사람 본의로 맡겨주는 거죠. 예를 들면 종법사께서 교정원장을 임명합니다. 임명을 하시면 교정원장이 하실 일을 종법사께서 일일이 다 간섭하면 되겠어요? 또 교정원장은 종법사께 여쭙고 결재를 맡아야 될 일이 있죠? 그런 것을 안 하면 되겠어요? 이것이 법가지입니다. 법이 가히 어디에 머물 건지 머무는 자리를 잘 알아서 잘 처리하는 것, 이것이 무관사 부동입니다. 무관사에 부동하다는 것은 법통을 잘 지키는 거예요. 법마상전급이 그렇습니다.

법마상전급에서 주의 사항이 있습니다. 중근기를 조심해야 합니다. 금기 사항이죠. 대단히 중요한 겁니다. 중근기는 스스로 재미가 나기 때문에 나나 이렇게 하지 누가 이렇게 재미있게 공부하는 사람이 있나, 하는 아만심이 생깁니다. 아만심이 생겨서 중근의 늪에 떨어지기가 쉬우니까 스승을 저울질하고 교단의 현실을 비판합니다. 물론 비판의 시각을 갖는 것은 좋습니다. 하지만 법가지를 잘해서 스승의 감정을 받은 후에 비판을 해야지, 그렇지 않으면 중근에 떨어져 헤매면서 거기에서 나오지 못할 수도 있습니다. 그

574

러니 주의가 필요하다 이 말입니다.

        법강항마위는 대산종사께서 한마디로 '심신 조
복 단계'라고 하셨습니다. 마음과 몸을 완전히 조복 받은 단계가 법강항마
위입니다. 법마상전급에서는 심리 공부를 하는데, 몸과 마음을 조복 받아
요. 마음 조복을 받았다는 것은 마음에서 일어나는 마구니들을 다 제거할
수 있는 능력이 생겼다는 말입니다. 몸을 조복 받았다는 말은 몸이 하자는
대로 끌려가는 것이 아니라 채찍질을 해서 끌려가지 않게 하는 것입니다. 대
종경 수행품 54장에 '소 이야기'가 나오죠. 그 내용이 바로 심신 조복 단계
에 관한 내용입니다. 소는 마음이고 마구니를 상징합니다. 이것을 조복 받
는 것입니다.

취사의 단계에서 '육근을 운용하여 법마상전을 하되 법이 백전백승한다'
고 했습니다. 이것이 법강항마위에서 취사의 표준을 제시해주신 것입니다.
법마상전급에서는 반 수 이상의 법이 승을 얻는다고 했는데, 여기서는 법이
백전백승하는 겁니다. 법이 다 이깁니다. 30계문이 다 떨어진 단계입니다. 삼
심계문을 떼버리면 무엇을 하는가? 자기 스스로 심계를 만들어 공부합니다.
나는 이 부분에 계문을 만들자, 해서 마음을 다스려나가는 것입니다. 이 단
계는 법이 백전백승하기 때문에 마구니가 생긴다 하더라도 그것을 이겨내고
다 조복 받아 스스로가 그 속에서 자기를 잘 단련해나가는 단계입니다. 법
강항마위에서 취사 단계라 할 수 있습니다.

그다음 연구는, '우리 경전의 뜻을 일일이 해석하고 대소 유무의 이치에
걸림이 없다'입니다. 이게 큰 공부 표준이죠. 그래서 모든 우주 만유를 볼 때

'대소 유무'로 풀어냅니다. 대 자리만 알면 초견성이고, 유무 자리까지 알아야 상견성이라고 하셨습니다. 그리고 유무의 변화까지 헤아려 알아야 합니다. 즉, 내가 이 일을 하면 이 일의 여파가 변해서 뒤에 어떤 변화로 올 것인가까지 예측할 수 있어야 합니다. 그래야 유무 변화에 토를 떼게 되는 것입니다. 그런데 우리가 보기에 상당한 경지에 있는 사람이 '내가 이 일을 함으로써 뒤에 어떤 여파가 생길 것인가'를 예측하지 못하고 취사하는 사람들이 참 많더라는 것입니다. 한마디로 후유증이 없어야 됩니다. 그래서 혜력, 지혜의 힘이 생기면 다른 것들이 자연히 알아지는 이치가 있어요. 자기도 모르게 그냥 알아지는 겁니다. 혜력이 생기면 그렇게 됩니다. 제가 서울에서 어느 교도를 만났습니다. 그 교도가 어느 교당에서는 공부를 안 가르치더랍니다. 자기는 공부가 하고 싶은데, 그래서 교리 공부를 가르치는 교당에 일요일 아닌 평일에 찾아가 교리 공부를 배웠답니다. 교리 공부를 하고 나니 '아, 원불교 교리가 이렇구나!' 하는 대체를 알게 되었답니다. 원래 기독교 신자였고, 순복음교회에서 행정조직을 운영하는 사무원으로 일했답니다. 그런데 원불교인과 결혼을 해서 전향을 했답니다. 일요일에는 교당에 가지만 교리 법회가 아니라서 평일에 교리를 가르치는 교당에 가서 배웠는데, 배우고 나니 자기가 하는 상담, 교육학 등이 자연스럽게 알아지더랍니다. 이렇게 공부를 통해 혜력이 생기면 자연스럽게 알아지는 이치가 있습니다. 그래서 경전 해석에 걸리고 막힘이 없는 단계가 바로 법강항마위입니다.

그다음, 수양입니다. '생·로·병·사에 해탈을 얻었다'고 했죠. 여기서 '해탈'이라고 하는 것을 어떻게 해석해야 되는가? 좌탈입망坐脫立亡 하는 그런 것을 말하는 것이 아닙니다. 우주의 성·주·괴·공, 인간의 생·로·병·사와 육도 변화 이것은 자연의 공도입니다. 이 자연의 공도를 그대로 알아서 순응하는 겁니다. 별 뾰족한 수가 없어요. 순응하는 것입니다. 그래서 법강항마위의 정도는 순응입니다. 순응의 반대는 거역입니다. 거역, 거부하지 않습니다. 그런데 이것은 쉬운 것이 아닙니다. 제가 교당에 근무할 때, 교도 병문안을 갔어요. 곧 돌아가실 때가 됐어요. 그러면 교무가 천도법문이나 생사에 대한 이야기를 해줘야 하는데 그게 쉽지 않다는 것입니다. 실제로 왜 쉽지 않은가 하면 그런 말을 하면 우리 교무가 나 죽으라고 하는 소리구나, 하고 오해를 할 것 같아서입니다. '생·로·병·사에 해탈을 얻었다' 이 말은 생·로·병·사는 자연의 공도이기 때문에 그것에 끌리지 않는다는 말입니다. 그래서 그대로 받아들이는 겁니다. 산업사회에서는 생사를 거부하고, 지식 정보사회에서는 생사에 순응한다고 합니다. 사람들의 마음이 그렇게 형성된답니다. 그만큼 정신이 개벽한다, 즉 정신이 열려간다는 뜻이기도 합니다. 그래서 생·로·병·사, 성·주·괴·공, 육도 변화는 천업이라 하셨습니다.

출가위는 대산종사께서 '심신 자유'라 하셨습니다. 법강항마위는 심신 조복 단계지만 출가위에 오면 심신에 자유를 얻어버리는 겁니다. 취사를 어떻게 말씀하셨나요. 한 단계 더 들어갔습니다. 항마위에서는 대소 유무의 이치에 걸림이 없다고 했는데, 그 이치를 보아다가 인간에게 일어나는 시비 이해를 건설하는 겁니다. 대소 유무의 이치를 보아다가 시비 이해를 건설한다, 이 말은 대소 유무의 이치를 자유자재로 활용한다는 말입니다. 인간사를 건설하는 데 이치에 어긋남이 없도록 취사하는 겁니다. 연구는 현재 모든 종교의 교리에 정통합니다. 모든 종교의 진리들을 일원상의 진리와 연결시킬 수 있는 능력입니다. 모든 종교의 교리에 정통한다는 말은 부수적인 의례라던지 여러 가지 소소한 제목들을 아는 것이 아니라, 모든 종교의 원리가 하나인 것을 안다는 말입니다. 그래서 대산종사께서 게송에 '진리는 하나'라고 하셨습니다. 또 정산종사께서는 '동원도리'라고 했습니다. 모든 원리가 한 도리입니다. 진리는 하나, 동원도리 이치에 입각해 모든 종교의 교리를 해석해낼 수 있다는 말입니다. 어떤 사람이 대종사에 대해 말하는데 '비행기 만드는 것도 아시냐'고 물었죠? 그러니까 '원리를 아는 것이지 비행기 만드는 기술 자체를 아는 것은 아니다'고 했습니다. 대종사께서 '니 말이 옳다' 그러셨죠? 대종사는 유학자가 보면 삼천 제자를 거느리신 공자로 보이는 겁니다. 스님이 보면 석가모니 부처처럼 보이고, 도가 사람이 보면 노자로 보이는 겁니다. 그런가 하면 구들장 잘 놓는 기술자가 볼 때는 구들장 최고 기술자가 되는 겁니다. 중앙총부 공회당 구들 놓는 이야기를 한 적이 있죠? 각자 자기가 가진 전공을 갖고 대종사를 뵈면 그렇게 보이는 겁니다. 자기는 그것만 알기 때문에 그렇습니다.

그다음 수양은 범부의 생활은 원·근·친·소, 자타 속에서 살아갑니다. 모든 사람의 삶의 모습을 보면 그 속에서 다 그렇게 살아갑니다. 그런데 이 출가위가 되면 원·근·친·소가 끊어져버립니다. 원·근·친·소에 끌리지 않는다는 말입니다. 자타의 국한도 벗어납니다. 네 일이다, 내 일이다 이것을 벗어납니다. 내게 맡아진 일만 내 일이 아니라, 전체가 다 내 일이 됩니다. 세상의 아픔이 내 아픔이 됩니다. 세상의 잘못이 내 잘못이 되는 것입니다. 이는 원·근·친·소, 자타 국한을 벗어나서 그런 것입니다. 이 단계는 소국집을 벗어나야 됩니다. 작은 것에 국집하는 것을 벗어나지 못하면 출가위는 안 됩니다. 그래서 교단 일이 내 일이 되고, 나라 일도 세계 일도 내 일이 되는 겁니다. 수양의 단계를 표준으로 제시해주셨습니다.

마지막으로 **대각여래위**입니다. 취사 공부는 만능이 겸비한다고 하셨어요. 그래서 대자비불이 되는 겁니다. 또 대자비심이 납니다. 자비심은 사랑 자慈, 슬플 비悲입니다. 잘하는 것 보면 잘한다고 칭찬하고, 못하는 것을 보면 어떻게 저렇게 할까 슬퍼하며 걱정해주고 그 사람이 잘하도록 도와주는 것이 비입니다. 금강경에서는 이 심법을 호념이라고 했습니다. 대호념, 크게 호념한다는 것입니다. 제자들이 잘나서 크는 것 같아도 스승의 호념에 제자가 큽니다. 부모의 호념에 자녀가 크죠? 성현의 호념에 일체 중생이 보호 속에서 살아가는 것입니다. 그래서 가장 큰 판국의 취사는 대자비의 화신이 되는 것입니다.

그다음 연구는 '방편을 알지 못하게 한다'입니다. 저는 대산종사께 이 방편에 몇 번 걸렸습니다. 지나고 나서 생각해보니 '아, 정말로 대산종사께서 저를 자비 방편으로 키워주셨구나' 그걸 느꼈습니다. 진리와 방편의 차이는 '보편성에 있다'는 것입니다. 방편은 특수성입니다. 하지만 진리는 항상 어딜 가나 다 맞는 겁니다. 다 맞지만 방편은 특수성이 있기 때문에 시간과 장소, 그때의 상황에 맞는 것입니다. 그렇게 무량 방편을 설하여 중생을 제도하는데 그 중생이 '내가 방편을 받아갖고 제도를 받는구나' 하는 것을 알지 못하게 하는 겁니다. 대종사 성비에 '천만방편과 무량 법문'이라는 내용이 있습니다. 대종사께서는 천만 방편으로 제도를 하시고, 무량 법문을 설하셨습니다. 그만큼 제도의 방편이 무궁무진하신 겁니다.

마지막으로 수양은, 여래위의 책거리입니다. '동하여도 분별에 착이 없고 정하여도 분별이 절도에 맞는 위'라는 것은 여래위의 책거리라 봅니다. 가장 어렵습니다. 공부의 최고 경지가 이 경지입니다. 책거리 어떻게 하죠? 지금 우리는 정전 책거리 하고 있습니다. '여래위를 책거리한다'는 말은 여래를 떼버린다는 말입니다. 여래를 어떻게 뗄 거냐? 정하여도 분별이 절도에 맞는 것, 동하여도 분별에 착이 없는 것입니다. 어지간한 도인도 할 수 있다고 하셨어요. 가장 어려운 것은 '정하여도 분별이 절도에 맞는다'입니다. 딱 정했는데 그 분별이 절도에 딱딱 맞는 겁니다.

예를 들어봅시다. 대종사께서 대각하시고 방언 공사 마치시고 기도하시고 변산으로 5년 들어가셨죠? 변산으로 생활이 대종사께서 정하는 시간 아닙니까? 불교의 학명 스님도 그것을 몰랐죠. 학명 스님이 대종사께 지어 보낸 시가 '투천산절정透天山絕頂이요', 하늘을 꿰뚫는 절정 이것은 대종사가 그런 분이라는 말입니다. '귀해수성파歸海水成波로다' 대종사 같은 분은 바다에 가서 파도를 이뤄야 된다 그 말입니다. 즉, 세상에 나가서 일을 해야 된다는 말입니다. '불각회신로不覺回身路하야', 몸 돌이킬 곳을 깨닫지 못해서 '석두의 작가石頭倚作家라', 석두에 의지해 집을 짓고 있구나. 세상으로 나아가서 파도를 일으켜 제도 사업을 해야 하는데 안 하고, 왜 석두암에 와서 있느냐는 말입니다. 이건 꼭 신수대사하고 육조대사 게송 짓기 이야기와 같습니다. 대종사께서 답을 보내셨는데 '절정천진수絕頂天眞秀요', 절정은 제대로 그냥 빼어난 것이고 '대해천진파大海天眞波로다', 대해는 천진파도 그대로다. '부각회신로復覺回身路하니', 몸 돌이킬 곳을 다시 내가 깨달으니 '고로석두가高露石頭家라', 고로 석두에 의지해가지고 드러나 있다. 이렇게 주고받은 시가 정감이 있습니다. 내용 자체가 성리가 아니라 대종사의 현상 모습을 보고 그렇게 표현한 것입니다.

대종사께서 5년간 정하셨죠? 정하여도 분별이 왜 절도에 맞느냐? 석두암에서 하신 일이 교강 발표, 즉 법을 제정하신 일입니다. 만생령을 제도할 수 있는 법망을 변산에서 5년간 짜신 것입니다. 이는 분별이 절도에 맞다는 말입니다.

그리고 두 번째 한 일은 인연 만나는 일을 하셨습니다. 석두암에서 사람 만나는 일을 많이 하셨습니다. 불법연구회의 초대 회장 할 인연까지 만드셨습니다. 추산 서중안 선생도 변산에 계시는 대종사를 찾아뵙고 불법연구회에 들어왔습니다. 그래서 많은 초창 인연들을 만나셔서 세상을 제도하려는 기초를 세우신 것입니다. 이것이 다 분별이 절도에 맞는 것입니다. 정하여도 분별이 절도에 맞는다. 즉, 가만히 아무 일도 안 하고 있는 것 같아도 오만 년 대운의 교단 법망을 변산에서 짜실 수 있는 것입니다. 정하여도 분별이 절도에 맞은 것입니다. 실제로 대종사께서는 당신의 생활로써 몸소 여래의 지극한 최고의 경지를 부안 변산에서 우리에게 보여주신 것입니다. 여래의 최고 경지, 이렇게 되면 얼마나 좋겠습니까?

정전 강의를 이제 다 마쳤습니다. 감사합니다.

나오며

이 시대의 트렌드에 대하여

'우리 시대의 트렌드와 원불교'라는 주제로 몇 마디 더 하겠습니다. 우리 시대의 트렌드, 트렌드가 뭐죠? 흐름입니다. 흘러가는 물줄기, 그 물줄기가 우리 시대의 트렌드입니다. 우리 시대의 트렌드를 원불교에 부합시켜 생각해보았습니다.

첫째로, 융복합을 시대의 트렌드로 봅니다. 융복합이라는 트렌드를 갖고 있기 때문에 단독으로는 살 수는 없습니다. 과거 선천 시대는 문을 다 잠그고 들어앉아서 살았습니다. 그렇지만 후천개벽 시대에는 다 나옵니다. 나와서 사람과 사람이 만납니다. 분야와 분야, 모든 분야, 사람과 사람도 만나야 새로운 트렌드에 적응할 수 있습니다. 그래서 지금은 협력, 융복합하지 않으면 안 됩니다. 대종사께서 왜 원불교를 만드셨느냐? 이 융복합 트렌드의 전형적인 표준이 원불교입니다. 원불교는 무엇을 융복합 했느냐? 교법의 총설에 나오는 것처럼, 세계의 모든 종교도 통합하여 활용하겠다 하셨습니다. 원불교는 이런 시대적 트렌드에 맞게 만들어져 있습니다.

두 번째 창조의 시대입니다. 창조는 새로운 것을 만들어내는 걸 말합니다. 이제 벤치마킹의 시대는 지났고, 엑셀런스마킹을 해야 합니다. 새로운 것을 창조해야 살아남는다는 말입니다. 벤치마킹만 하면 계속 2등밖에 못합니다. 자꾸 발전해서 창조의 트렌드에 맞추려면 엑셀런스마킹을 해야 됩니다. 대종사께서 다가오는 시대, 즉 창조의 시대를 예견하시고 엑셀런스마킹을 통해 내주신 종교가 원불교입니다.

세 번째 트렌드는 마음 산업 시대입니다. 이제 마음이 중요한 시대가 되었습니다. 인성이 중요해졌습니다. 이 천만 물질을 활용하는 데 있어서 마음 하나가 조종되어 물질을 활용하게 된다고 하셨습니다. 그 마음 운전을 어떻게 하느냐에 따라 활용의 정도는 달라지는 것입니다. 그래서 마음이 중요한 새로운 시대가 우리 앞에 다가왔다는 것입니다. 그런 트렌드에 대비해서 대종사께서 원불교를 내주셨습니다.

이 세 가지 트렌드의 흐름을 이해해야 합니다. 이 트렌드를 원불교 교단이 책임지고 있다는 꿈과 희망을 갖고 교화 현장에 임해야겠습니다. 이 강의를 듣는 사람들이 꿈과 희망을 잊지 말고 계속해서 정진해나갈 때 대종사의 법을 제대로 실천하는 사람들이 될 것입니다.

교산 이성택 교무의 원불교 정전 강의

어떻게 살 것인가

초판 1쇄 발행 2019년 1월 21일
초판 2쇄 발행 2019년 3월 18일

지은이 이성택
펴낸이 신민식

편집인 최연순

펴낸곳 가디언
출판등록 제2010-000113호

주 소 서울시 마포구 토정로 222 한국출판콘텐츠센터 319호
전 화 02-332-4103
팩 스 02-332-4111
이메일 gadian7@naver.com
홈페이지 www.sirubooks.com

인쇄 · 제본 ㈜현문자현
종이 월드페이퍼㈜

ISBN 979-11-89159-16-0 (03290)

이 도서의 국립중앙도서관 출판예정도서목록(CIP)은 서지정보유통지원시스템 홈페이지
(http://seoji.nl.go.kr)와 국가자료공동목록시스템(http://www.nl.go.kr/kolisnet)에서
이용하실 수 있습니다.(CIP제어번호: CIP2019000747)